物 権 法

民法大系(2)

石田　穣

物　権　法

民法大系 (2)

信　山　社

はしがき

物権法は、おそらく民法の中で最も問題の多い分野である。しかも、物権法の根幹に係わる問題が多い。たとえば、所有権の二重譲渡の問題がこれである。一般に、所有権の二重譲渡においては、AはBとCの両者に所有権を二重に移転することができ、BとCの優劣は対抗要件具備の先後で決定するとされている。Bに所有権を移転したAは所有者でなくなるはずであるのに、なにゆえにCにも所有権を移転することができるのであろうか。これは、民法を勉強した者なら誰でも一度は感じる疑問である。所有権の二重譲渡の問題については、いろいろな見解が示されているが、しかし、右の疑問が解決されているとはいえない。私見によれば、Bに所有権を移転したAがCにも所有権を移転するのは不可能なのである。それゆえ、右の疑問が解決されていないのは当然なのである。

法解釈学が学問であるならば、論証不能な法命題によって解釈論を展開するのは許されない。われわれ民法の研究者の任務は、論証不能な法命題を論証可能であるかのように説明に技巧を凝らすことではなく、論証不能な法命題であればそれを率直に承認し、論証可能な法命題によって解釈論を展開していくことである。本書は、このような基本的立場から物権法の全般を再検討したものである。本書が物権法の研究になにがしかの刺激になることができるならば幸いである。

本書の出版については、信山社の袖山貴社長の多大な御援助を頂いた。袖山社長は、本書のような採算のとれない研究書の出版を快く引き受けて下さった。また、信山社から本書に続いて『担保物権法』を出版するための準備を進めているが、これも袖山社長の御好意によるものである。ここに記して、心から感謝を申し上げる。

信山社の久保真一氏には校正などの骨の折れる仕事をして頂いた。また、今井守、稲葉文子の両氏にも種々の御配慮を頂いた。これらの諸氏にも感謝の意を表する。

平成二〇年三月

石田　穣

目次

第五章　地　上　権……………………四二九

凡　例

文献（ゴシックは略称で引用したもの）

一　立法資料

法典調査会　民法主査会議事速記録一―六巻（日本学術振興会）
法典調査会　民法総会議事速記録一―五巻（日本学術振興会）
法典調査会　民法整理会議事速記録一―七巻（日本学術振興会）
法典調査会　民法議事速記録一―六五巻（日本学術振興会）
法典調査会　民法議事速記録一―一〇巻（昭和五〇年―五六年、法務図書館）
法務大臣官房司法法制調査部監修　日本近代立法資料叢書1―32巻（昭和五八年―平成元年、商事法務研究会）
日本立法資料全集1巻―（平成二年―、信山社）
日本立法資料全集別巻1巻―（平成五年―、信山社）
広中俊雄編著　日本民法典資料集成1巻―（平成一七年―、信山社）
広中俊雄編著　民法修正案（前三編）の理由書（昭和六二年、有斐閣）
広中俊雄編著　第九回帝国議会の民法審議（昭和六一年、有斐閣）
前田達明編　史料民法典（平成一六年、成文堂）
法典質疑会　法典質疑録一―三巻（平成元年、宗文館書店）
民法修正案理由書

二　概説書

浅井清信　物権法論（昭和三四年、法律文化社）
吾妻光俊　例解民法精義総則・物権法・担保物権法（昭和二九年、白桃書房）
吾妻光俊　物権法・担保物権法（新版）（昭和四一年、弘文堂）
淡路剛久＝鎌田薫＝原田純孝＝生熊長幸　民法Ⅱ（三版）（平成一七年、有斐閣）
石田喜久夫　物権法（昭和五二年、日本評論社）
石田喜久夫　口述物権法（昭和五七年、成文堂）→石田(喜)で引用
石田文次郎　物権法論（全訂改版一五版）（昭和二〇年、有斐閣）→石田(文)で引用
板橋郁夫＝湯浅道男　物権法（昭和五〇年、成文堂）
伊藤進編著　民法Ⅱ（改訂版）（平成一七年、北樹出版）
稲本洋之助　民法Ⅱ（昭和五八年、青林書院新社）
乾昭三＝荒川重勝編　新民法講義3（昭和五七年、有斐閣）
今泉孝太郎　物権法論（昭和四二年、泉文堂）
入江眞太郎　物権法要論上（昭和四年、大同書院）
岩田　新　物権法概論（昭和四年、同文館）

内田　貴　民法Ⅰ（三版）（平成一七年、東京大学出版会）
宇都宮充夫　物権法（平成一八年、成文堂）
遠藤浩＝大塚直＝良永和隆＝工藤祐巌＝鎌野邦樹＝花本広志＝長谷川貞之
要論物権法（平成四年、青林書院）
遠藤浩＝川井健＝原島重義＝広中俊雄＝水本浩＝山本進一編
民法(2)（四版増補版）（平成一五年、有斐閣）
近江幸治　民法講義Ⅱ（三版）（平成一八年、成文堂）
大沢正男　民法二五講（昭和四五年、早稲田大学出版部）
大村敦志　基本民法Ⅰ（三版）（平成一九年、有斐閣）
奥田昌道＝鎌田薫編　民法2（平成一七年、悠々社）
小野憲昭＝加藤輝夫＝後藤泰一＝庄菊博＝野口昌宏＝山口康夫
講説物権法（二版）（平成一七年、不磨書房）
於保不二雄　物権法(上)（昭和四一年、有斐閣）
甲斐道太郎＝石田喜久夫編
民法三〇講(2)（昭和四七年、法律文化社）
甲斐道太郎＝石田喜久夫編
民法教室(1)（昭和五六年、法律文化社）
甲斐道太郎＝乾昭三＝椿寿夫編
新民法概説(1)（平成七年、有斐閣）
加賀山茂　民法体系Ⅰ（平成八年、信山社）
片山金章　物権法（昭和二五年、評論社）
勝本正晃　物権法概説上（昭和一三年、厳松堂書店）

勝本正晃　物権法（訂正版）（昭和二七年、創文社）
加藤雅信　新民法大系Ⅱ（二版）（平成一七年、有斐閣）
金山正信　物権法（総論）（昭和三九年、有斐閣）
川井　健　設例民法学2（昭和五五年、一粒社）
川井　健　物権法（昭和六〇年、日本評論社）
川井　健　民法概論2（二版）（平成一七年、有斐閣）
川井健＝鎌田薫編　物権法・担保物権法（平成一二年、青林書院）
川島武宜　民法Ⅰ（昭和三五年、有斐閣）
川添清吉　民法講義（物権）（昭和一〇年、厳松堂書店）
河津八平　民法総則・物権法三三講（昭和六〇年、成文堂）
川名兼四郎　物権法要論（訂正五版）（大正九年、金刺芳流堂）
河原　格　入門物権法（平成一六年、八千代出版）
鎌田薫＝加藤新太郎＝須藤典明＝中田裕康＝三木浩一＝大村敦志編著
民事法Ⓘ（平成一七年、日本評論社）
北川善太郎　物権（三版）（平成一六年、有斐閣）
久保　久　物権法要綱（大正一二年、厳松堂書店）
小池隆一　日本物権法論（昭和七年、清水書店）
小出廉二　物権法（昭和二六年、明治大学出版部）
小林一俊　民法Ⅰ（三訂版）（昭和五九年、創成社）
近藤英吉　物権法論（改訂版）（昭和一二年、弘文堂）
斎藤常三郎　日本民法講義物権（昭和一一年、弘文堂）

佐久間毅　民法の基礎2（平成一八年、有斐閣）
三野昌治　物権法要義（訂再版）（昭和一八年、巌松堂）
篠塚昭次　民法セミナーII（昭和四六年、敬文堂出版部）
篠塚昭次＝川井健編　物権法・担保物権法（昭和五七年、青林書院新社）
資本主義民法研究会　民法講義物権法（昭和三四年、文人書房）
清水元＝山野目章夫＝良永和隆
　新・民法学2（二版）（平成一六年、成文堂）
白羽祐三＝山田創一　物権法講義（平成一三年、駿河台出版社）
末川　博　物権法（昭和三二年、日本評論社）
末弘厳太郎　物権法上（一二版）（昭和一〇年）、下（三版）（大正一二年、有斐閣）
鈴木信次郎　物権法概説（昭和三六年、法務総合研究所民事研修編集室）
鈴木禄弥　物権法講義（五訂版）（平成一九年、創文社）
宗宮信次＝池田浩一　物権法論（新版）（昭和四四年、有斐閣）
田井義信＝岡本詔治＝松岡久和＝磯野英徳
　新物権・担保物権法（平成一四年、法律文化社）
高島平蔵　物権法（改訂新版）（昭和六一年、評論社）
高島平蔵　物権法の世界（平成四年、敬文堂）
田島　順　物権法（昭和一〇年、弘文堂）
立石謙輔　民法教科書（第二編物権）（大正一五年、巌松堂書店）
田中整爾**編**　現代民法講義2（二版）（平成一〇年、法律文化社）
田中実＝新田敏　民法講義2（昭和五五年、有斐閣）
田中実＝山本進一編　民法総則・物権法（昭和四六年、法学書院）
田山輝明　物権法（二版）（平成一六年、弘文堂）
田山輝明　通説物権・担保物権法（三版）（平成一七年、三省堂）
千葉恵美子＝藤原正則＝七戸克彦
　民法2（二版補訂版）（平成二〇年、有斐閣）
月岡利男　物権法講義（補訂版）（平成一八年、法律文化社）
富井政章　民法原論二（合冊）（大正一二年、有斐閣）
鳥谷部茂＝橋本恭宏＝松井宏興
　導入対話による民法講義（物権法）（平成一三年、不磨書房）
中川淳編　民法Ⅰ（昭和六一年、法学書院）
中川善之助＝森泉章　民法大要総則・物権法・担保物権法（全訂版）（昭和五六年、勁草書房）
中島弘道　物権法（昭和三一年、学芸書房）
永田菊四郎　新民法要義二（改訂版）（昭和三四年、帝国判例法規出版社）
永田眞三郎＝松本恒雄＝松岡久和＝中田邦博＝横山美夏

エッセンシャル民法2（平成一七年、有斐閣）

長野　潔　物権法（昭和一〇年、非凡閣）

中村萬吉＝中村宗雄　民法通論上（一一版）（昭和二一年、厳松堂書店）

中山知己＝草野元己＝清原泰司＝岸上晴志＝鹿野菜穂子＝鶴井俊吉

民法2（平成一七年、不磨書房）

奈良正路　物権法新釈一、二分冊（昭和八年）、三分冊（昭和九年、法鈴閣）

西村峯裕＝久保宏之　コモンセンス民法2（二版）（平成一八年、中央経済社）

沼　義雄　民法要論（物権）（大正一五年、厳松堂書店）

野原重隆　民法（総則・物権）（昭和五九年、北樹出版）

野村豊弘　民法Ⅱ（平成一六年、有斐閣）

早川弥三郎　物権法要論（大正一三年、明治堂書店）

林　良平　物権法（昭和二六年、有斐閣）

林良平編　物権法（昭和六一年、青林書院）

原島重義＝高島平蔵＝篠原弘志＝石田喜久夫＝白羽祐三＝田中整爾＝新田敏

民法講義2（昭和五二年、有斐閣）↓原島ほかで引用

半田正夫　物権法（昭和六一年、有斐閣）

半田正夫　やさしい物権法（四版）（平成一七年、法学書院）

平井一雄編　民法Ⅱ（平成一四年、青林書院）

平野裕之　物権法（二版）（平成一三年、弘文堂）

平野裕之　民法Ⅰ（三版）（平成一七年、新世社）

広中俊雄　物権法（二版増補）（昭和六二年、青林書院）

船越隆司　物権法（三版）（平成一六年、尚学社）

舟橋諄一　物権法（昭和三五年、有斐閣）

星野英一　民法概論Ⅱ（昭和五一年、良書普及会）

本田純一＝湯川益英＝原田剛＝橋本恭宏

ハイブリッド民法2（平成一九年、法律文化社）

槇　悌次　物権法（昭和五三年、文真堂）

槇　悌次　物権論概論（昭和五九年、有斐閣）

松井宏興＝鈴木龍也＝上谷均＝今村与一＝中山知己

プリメール民法2（三版）（平成一七年、法律文化社）

松尾弘＝**古積**健三郎　物権法（平成一七年、弘文堂）

松岡義正　民法論物権法（昭和六年、清水書店）

松坂佐一　民法提要物権法（四版増訂）（昭和五九年、有斐閣）

丸山英気　物権法入門（平成九年、有斐閣）

三潴信三　物権法提要上（全訂二七版）（昭和四年、有斐閣）

水本浩＝遠藤浩編　物権法（昭和六〇年、青林書院）

水本浩＝甲斐道太郎

民法（総則物権）講義（昭和四四年、青林書院新社）

三淵忠彦　日本民法新講総則編物権編（昭和四年、梓書房）

宮川　澄　民法講義物権担保物権（昭和三三年、青木書店）

宮本健蔵編著　マルシェ物権法・担保物権法（改訂二版）（平成一七年、嵯峨野書院）

三和一博＝平井一雄編　物権法要説（平成元年、青林書院）

森泉　章　民法入門物権法（二版）（平成八年、日本評論社）

森泉章＝菅野耕毅＝近江幸治＝竹内俊雄
基本民法学Ⅰ（昭和六一年、法学書院）

森泉章＝武川幸嗣　物権法（三版）（平成一八年、日本評論社）

森山武市郎　物権法講義上（昭和三年、松華堂書店）

薬師寺志光　物権法概論（昭和三六年、法政大学出版局）

柳澤秀吉＝多田利隆編著
物権法・担保物権法（改訂版）（平成一六年、嵯峨野書院）

山川一陽　物権法講義（二版）（平成一八年、日本評論社）

山川一陽＝小野健太郎　民法総則・物権法（新訂版）（平成一七年、法研出版）

山口純夫編　物権法（平成四年、青林書院）

山下博章　物権法論上（昭和二年、有斐閣）

山下博章　物権法概要（昭和六年、有斐閣）

山野目章夫　物権法（三版）（平成一七年、日本評論社）

山野目章夫　初歩からはじめる物権法（五版）（平成一九年、日本評論社）

山本進一＝甲斐道太郎＝椿寿夫＝乾昭三＝中川淳編
物権法（昭和四八年、青林書院新社）

遊佐慶夫　民法概論（物権篇）（全訂四版）（大正一四年、有斐閣）

柚木　馨　物権法（昭和二三年、真日本社）

柚木馨＝高木多喜男　判例物権法総論（補訂版）（昭和四七年、有斐閣）

横田秀雄　物権法大意（四版）（大正一〇年、清水書店）

横田秀雄　物権法（改版増補二四版）（大正一二年、清水書店）

横田秀雄　物権法論（三版）（大正一三年、厳松堂書店）

吉田　久　日本民法論物権編（昭和三三年、日本評論新社）

好美清光＝米倉明編　民法読本1（昭和五三年、有斐閣）

我妻栄＝有泉亨　物権法（新訂版）（昭和五八年、岩波書店）

我妻栄＝有泉亨＝川井健
民法①（二版）（平成一七年、勁草書房）

我妻栄＝幾代通＝川井健
民法案内3、4（平成一八年、勁草書房）

三　注釈書

梅謙次郎　民法要義二（明治二九年、和仏法律学校＝明法堂）

井上英治　物権法（改訂版）（平成一〇年、法曹同人）

岡松参太郎　註釈民法理由中（八版）（明治三二年、有斐閣）

梶　康郎　民法釈義総則編・物権編（大正一四年、松陽堂）

亀山貞義＝高木豊三　民法講義物権編一―三（四版）（明治三二年、講法会出版）

中島玉吉　民法釈義二上（訂正一三版）（大正一三年、金刺芳流堂）

松波仁一郎＝仁保亀松＝仁井田益太郎
　帝国民法正解物権編（明治二九年、日本法律学校）

三潴信三　所有権乃至地役権（五版）（大正八年、巌松堂書店）

我妻栄＝有泉亨　コンメンタール民法――総則・物権・債権――（補訂版）（平成一八年、日本評論社）

基本法コンメンタール物権（五版）（平成一七年、日本評論社）

条解民法Ⅰ（改訂版）（昭和六二年、三省堂）

逐条民法特別法講座②（平成三年、ぎょうせい）

注釈民法(6)（新版）（平成九年）、(7)（新版）（平成一九年、有斐閣）

ポケット注釈全書民法総則・物権法（新版）（昭和六一年、有斐閣）

民法コンメンタール(2)―(4)（平成元年―四年、ぎょうせい）

民法注解財産法２（平成九年、青林書院）

注解判例民法１b（平成一一年、青林書院）

判例コンメンタール物権法（昭和三九年、コンメンタール刊行会）

新・判例コンメンタール３（平成三年、三省堂）

四　その他

民法講座３（昭和五九年、有斐閣）

石田　穣　民法総則（平成四年、悠々社）→石田(穣)で引用

五　外国法文献

(1)　フランス法

Marty et Raynaud, Les biens, par Jourdain, 1995.

Mazeaud (H.L et J.)－**Chabas**, Leçons de droit civil, t. II, vol. 2, Biens, 8ᵉ éd., 1994 et t. III, vol. 1, Sûretés, Publicité foncière, 6ᵉ éd., 1988.

Piedelièvre, Traité de droit civil, 2000.

Planiol et Ripert, Traité pratique de droit civil français, 2ᵉ éd., t. III, par Picard, 1952.

Ripert et Boulanger, Traité de droit civil d'après le traité de Planiol, t. III, 1958.

Simler et Delebecque, Droit civil, 1989.

(2)　ドイツ法

Baur－Stürner, Lehrbuch des Sachenrechts, 17. Aufl. 1999.

Juris Praxiskommentar BGB, Bd. 3, Sachenrecht, 2. Aufl. 2005.

Münchener Kommentar zum Bürgerlichen Gesetzbuch,

unterschiedliche Auflagen, die Nachweise beziehen sich auf die laufende Auflage.

Schwab–Prütting, Sachenrecht, 32. Aufl. 2006.

Staudinger, Kommentar zum Bürgerlichen Gesetzbuch mit Einführungsgesetz und Nebengesetzen, unterschiedliche Auflagen, die Nachweise beziehen sich auf die laufende Auflage.

Westermann, Sachenrecht, 7. Aufl. 1998.

Wilhelm, Sachenrecht, 3. Aufl. 2007.

(3) スイス法

Berner Kommentar zum schweizerischen Privatrecht, unterschiedliche Auflagen, die Nachweise beziehen sich auf die laufende Auflage.

Kommentar zum Schweizerischen Privatrecht Schweizerisches Zivilgesetzbuch II, 1998.

Rey, Die Grundlagen des Sachenrechts und das Eigentum, 1991.

Schmid, Sachenrecht, 1997.

Steinauer, Les droits réels, 3e éd., 1997.

Tuor–Schnyder–Schmid, Das Schweizerische Zivilgesetzbuch, 11. Aufl. 1995.

略語表

一　法　令（民法の条文はカッコ内では常に条文のみで示した。条文と条文は・で結び（一条・二条）、同じ条文の項（号）と項（号）はそのまま並べて表記した（一条一項二項））

旧　昭和二二年改正前の民法

民施　民法施行法

不登　不動産登記法

不登令　不動産登記令

不登規　不動産登記規則

地上権　地上権ニ関スル法律

建物区分　建物の区分所有等に関する法律

被災区分建物　被災区分所有建物の再建等に関する特別措置法

借地借家　借地借家法

罹処　罹災都市借地借家臨時処理法

立木法　立木ニ関スル法律

遺失　遺失物法

国賠　国家賠償法

動産債権譲渡特　動産及び債権の譲渡の対抗要件に関する民法の特例等に関する法律

仮登記担保　仮登記担保契約に関する法律

商　商法

会社　会社法
手　手形法
小　小切手法
民訴　民事訴訟法
民執　民事執行法
民保　民事保全法
非訟　非訟事件手続法
家審　家事審判法
家審規　家事審判規則
破　破産法
刑　刑法
狩猟法　鳥獣の保護及び狩猟の適正化に関する法律

二　判例

最(大)判　最高裁判所(大法廷)判決
大(連)判(決)　大審院(連合部)判決(決定)
東京高判　東京高等裁判所判決
静岡地浜松支判　静岡地方裁判所浜松支部判決
民(刑)集　最高裁判所民事(刑事)判例集および大審院民事(刑事)判例集
民(刑)録　大審院民事(刑事)判決録
裁判集民　最高裁判所裁判集民事
裁判例(一)民　大審院裁判例(一)民事判例
判決全集　大審院判決全集
評論一巻民　法律学説判例評論全集一巻民法
高民集　高等裁判所民事判例集
下民集　下級裁判所民事裁判例集
家月　家裁月報
訟月　訟務月報
新聞　法律新聞
判時　判例時報
判タ　判例タイムズ

三　雑誌

一法　一橋大学研究年報法学研究
一論　一橋論叢
岡法　岡山大学法学会雑誌
関法　関西大学法学論集
金法　金融法務事情
九法　九大法学
ジュリ　ジュリスト
上法　上智法学論集
志林　法学志林（法政大学）
新報　法学新報（中央大学）
神院　神戸学院法学
神法　神戸法学雑誌（神戸大学）
西南　西南学院大学法学論集
青法　青山法学論集

成法　成城法学
千法　千葉大学法学論集
専法　専修法学論集
曹時　法曹時報
早法　早稲田法学
登研　登記研究
同法　同志社法学
都法　東京都立大学法学会雑誌
日法　日本法学
判タ　判例タイムズ
判評　判例評論
阪法　阪大法学
広法　広島法学
法協　法学協会雑誌（東京大学）
法研　法学研究（慶應義塾大学）
法雑　大阪市立大学法学雑誌
法時　法律時報
法セ　法学セミナー
法政　法政研究（九州大学）
法叢　法学論叢（京都大学）
法論　法律論叢（明治大学）
北法　北大法学論集
民研　民事研修
民商　民商法雑誌
名法　名古屋大学法政論集
洋法　東洋法学
立法　立教法学
立命　立命館法学

第一章　序　論

第一節　物権の概念

一　通説的見解

(1) 通説的見解によれば、物権とは一定の物を直接に支配して利益を受ける排他的な権利である。[1] 通説的見解によれば、一定の物に対する直接的かつ排他的な支配が物権を特徴づける基本的メルクマールである。

（1） 物権の概念については、山中康雄「物権の本質」愛知大学法経論集三七・三八号一頁以下（昭和三七年）、安田幹太「物権の本質」民法論文集上一七九頁以下（昭和四五年）、高島平蔵「物権概念の意義と機能について――いわゆる『物権的権利』論への序説として――」早法五一巻一・二号三九頁以下（昭和五一年）、於保不二雄「公示なき物権の本質」民法著作集Ⅰ――財産法――一六一頁以下（平成一二年）、鷹巣信孝「所有権とはどのような権利か」所有権と占有権――物権法の基礎理論――一頁以下（平成一五年）参照。

(2) まず、一定の物を直接に支配するとは、権利者が他人の行為を必要とすることなく一定の物を直接に支配することを意味する。この点で、物権は、権利者が権利の内容を実現するために他人の行為を必要とする債権と異なる。物権が一定の物に対する直接的な支配権であるということから、物権にはその内容の完全な実現が妨害されているか妨害されるおそれがある場合に目的物の返還や妨害排除、妨害予防などを請求することができる権能、すなわち、物権的請求権（物上請求権）が認められ、また、他人の行為を介して間接的に一定の物を支配するにすぎない債権に優先する効力、すなわち、物権の優先的効力が認められる。もっとも、債権に優先する効力は、物権が対抗要件を備えた場合にのみ認められる。

(3)　次に、排他的な権利とは、物権が存在する場合に同じ目的物の上にこれと両立しえない物権の存在を認めないということである(1)。この点で、物権は、同一内容の権利が複数成立しうる債権と異なる。物権が一定の物を排他的に支配するということから、物権には先に成立した、あるいは、先に対抗要件を備えた物権がこれと両立しえない物権に優先するという優先的効力が認められる（前述したように、優先的効力は物権が債権に優先する意味にも用いられる）。

（1）　わが国では物権の排他性が物権の最も重要なメルクマールとして強調されているが、比較法的にみれば、物権の排他性はあまり問題とされていないことに注意すべきである。

ドイツ法では、物権法に関する最も代表的な体系書の一つである Baur–Stürner の物権法は排他性 Ausschließlichkeit について全く言及していない。

スイス法では、Tuor–Schnyder–Schmid の体系書が排他性 Ausschließlichkeit について言及しているが、その内容は、所有権の消極的側面、すなわち、物を占有している者への引渡請求権および不当な侵害を排除する権限を意味するというものであり（Tuor–Schnyder–Schmid, S. 662 f.）、わが国でいわれている排他性とは全く異なる。

これに対し、フランス法ではわが国でいわれている排他性に近いことが主張されている。すなわち、Planiol et Ripert は、物権はすべての者に対抗することができる opposabilité という効力を有するが、これは、物権は債権や後順位の物権、低順位の物権に優先する効力 droit de préférence と、物権者が物について第三者に追及することができる権利 droit de suite として現れるとする（Planiol et Ripert, Traité pratique de droit civil français, 2e ed., t. Ⅲ, par Picard, 1952, n° 45）。Marty et Raynaud は、排他性 exclusivité に言及し、所有権は物の上に競合する一切の権利を排除することができるとする（Marty et Raynaud, Les biens, par Jourdain, 1995, n° 41－1）。

(4)　以上は典型的な物権についてのものであり、例外も存在する。まず、物権の客体が一定の物ではなく、質権や抵当権の場合のように権利が物権の客体になることもある（三六二条・三六九条二項）。次に、排他性のない物権もある。たとえば、先取特権の順位や効力がその成立時の順序に従わないのがそうである（三二九条―三三一条・三三四条・三三九条）。他方、債権であっても排他性を有するものがある。たとえば、登記をした不動産賃借権（六〇五条）や所有権などの設定、移転、変更または消滅についての仮登記をした請求権（不登一〇五条二号・一〇六条）がそうである。

二　通説的見解の問題点

物権の概念に関する通説的見解には次のような問題点があると考える。

(1)　一定の物に対する直接的な支配権であるということについて

(イ)　通説的見解は物権の客体を一定の物であるとするのであるが、所有権の客体が物であるのは当然である。所有権は物の使用・収益・処分という物に対する全面的支配権であるからである。また、占有権の客体も物であると考えてよいであろう。

しかし、他物権（地上権、抵当権など）の客体は物自体ではなく原則として物に対する他人の所有権であると思われる。たとえば、地上権などの用益物権は、他人の所有権のうち物の使用価値を支配する権能を支配するのである。また、抵当権などの担保物権は、権利質（三六二条）や地上権・永小作権の上の抵当権（三六九条二項）などの場合を除き他人の所有権のうち物の交換価値を支配する権能を支配するのである。つまり、他物権は原則として他人の所有権を支配することによって物を支配するのである。それゆえ、他物権の客体は原則として他人の所有権であると考えられる。(1)

さらに、一般先取特権の客体は他人の所有権やその他の財産権であるし（三〇六条参照）、また、準占有権の客体は、債権や特許権などの財産権である（二〇五条参照）。

(1)　石田(穣)・二二二頁。

(ロ)　物権とは他人の行為を介することなく一定の物を直接に支配する権利であるとする点については、物権であっても権利者は他人の行為（作為・不作為）を介することなく一定の物を支配することはできないというべきである。たとえば、売買契約によって一定の物の所有権を取得した買主は売主の引渡しという行為を介さなければ目的物を支配することができないのである。あるいは、土地所有者との地上権設定契約によって地上権を取得した者は土地所有者の引渡しという行為を介さなければ目的物を支配することができないのである(1)。さらに、すべての物権者は一定の物に対する支配につき他人が妨害をしないという他人の不作為を介さなければ目的物を支配することができないのである(2)。特に、この点は一切の物権についていいうることであり、通説的見解が成り立ち難いことを明確に示しているといわざるをえない。

(1) 山中康雄「物権の本質」愛知大学法経論集三七・三八号九頁（昭和三七年）。
(2) 鷹巣信孝「所有権とはどのような権利か」所有権と占有権——物権法の基礎理論——一四頁以下（平成一五年）参照。

(ハ) (a) 物権は一定の物に対する直接的な支配権であるということから物権的請求権が認められるとする点については、根拠がないといわざるをえない。なぜなら、すでに述べたように、物権が一定の物に対する直接的な支配権であるという前提にそもそも疑問があるからである（本書三頁以下参照）。また、後述するように債権（物に対する直接的な支配権でないことに異論はない）にも妨害排除請求権などが認められるべきだからである（本書九六頁以下参照）。

(b) AがBとCに同一不動産を二重に譲渡した場合、通説的見解によれば、先に対抗要件を具備した方が優先し（排他性）、双方とも対抗要件を具備しなければ相互に権利を主張することはできないとされる（本書一三〇頁参照）。それゆえ、Bは、一定の物に対する直接的な支配権としての所有権を取得しただけでは足りず排他性を有する所有権を取得しなければCに対し物権的請求権を行使することができないといわざるをえない。したがって、物権が一定の物に対する直接的な支配権であるということから物権的請求権が認められるとするのはこの点でも疑問である。

(ニ) (a) 物権は一定の物に対する直接的な支配権であるということから債権に優先する効力が認められるとする点についても、根拠がないといわざるをえない。なぜなら、ここでも物権が一定の物に対する直接的な支配権であるという前提に疑問があるばかりでなく、物権が一定の物を直接的に支配し債権が他人の行為を介して一定の物を間接的に支配するということから直ちに物権が債権に優先するという結論は出てこないからである。つまり、一定の物に対する直接的な支配と間接的な支配が競合した場合になぜ直接的な支配が優先するのか理由が示されていないのである。

(b) 通説的見解によれば、対抗要件を具備した物権のみが債権に優先するとされる。すなわち、排他性のある物権のみが債権に優先することになる。それゆえ、物権は一定の物に対する直接的な支配権であるということから直ちに債権に優先するわけではなく、物権が排他性を有する場合にはじめて債権に優先することになるのである。したがって、物権が一定の物に対する直接的な支配権であるということから物権は債権に優先するというのはこの点でも疑問である。私見によれば、物権は債権に優先する場合もあるが、これは物権の排他性の問題であると考える。すなわち、物権は他の物権を否認することができるという効力を有するから、同様にして債権も否認することができるという効力を有すると考える。

(2) 一定の物に対する排他的な支配権であるということについて

(イ)(a) 通説的見解は、物権の排他性とは物権が存在する場合に同じ目的物の上にこれと両立しえない物権の存在を認めないということであるとする。しかし、通説的見解も、同じ目的物の上に同順位の先取特権が並存したり(三三二条)、同順位の先取特権と質権が並存する(三三四条)ことも認めている。あるいは、同じ目的物の上に同順位の根抵当権が並存することも認めている(三九八条の一二第二項)。なお、共有や準共有を同じ目的物の上の物権の並存と解せば(本書三七五頁参照)、この場合にも同じ目的物の上に物権が並存することになる。

(b) 通説的見解は、前述したように、物権が債権に優先する根拠を物権の直接的な支配権としての性質から導き出す(本書一一頁参照)。しかし、物権が債権に優先する根拠は物権の排他性から導き出されるべきである。すなわち、物権はこれと両立しえない他の物権の存在を否認することができるとすれば、それとのバランス上、物権はこれと両立しえない債権の存在も否認することができると解すべきである。

(c)　それゆえ、物権の排他性とは、物権が法律上あるいは取引当事者の意思により他の物権と同順位であるとされる場合を除き、その内容の完全な実現が妨害される限りにおいて同じ目的物の上の他の物権や債権を否認することができることをいうと解するのが妥当である（本書二〇頁以下参照）。

(ロ)　(a)　通説的見解は、物権には排他性があるが、債権には対抗要件を備えたような場合を除き排他性がないというのであるが、そのような債権に限らず債権にも排他性があると思われる。(1)

（1）　債権の排他性については、末弘厳太郎「債権ノ排他性ニ就テ」志林一七巻一〇号一頁以下、一二号一五頁以下（大正四年）参照。

(b)　(α)　よく挙げられる例であるが、A俳優がB劇場に対し一定の日時にB劇場に出演することを約束し、さらに、AがC劇場に対しても同じ日時にC劇場に出演することを約束した場合を考えてみよう。通説的見解は、この場合、BとCの債権がともに両立することを認め、いずれの債権が実現されるかはAの自由意思によるとする。そして、実現されなかった方の債権は履行不能として損害賠償債権に変わるとする。

(β)　しかし、たとえば、CがBの債権を知りつつAと出演契約を結び、AにおいてCの債権取得によりBが害されるのを知っていた場合、Cの債権を認めてCを保護する必要があるとは思われない。CがBの債権を知りつつ、つまり、Bを害することを知りつつAと出演契約を結ぶのは自由競争の範囲外というべきであり、Bの債権を侵害する不法な行為というべきである。(1)また、AはBと出演契約を結んだ以上その契約を遵守すべきであり、Bを害するのを知りつつCと同一の出演契約を結んでBを害すべきではない。そのような自由意思をAに認める必要は全くない。

（1）　磯村保「二重売買と債権侵害――『自由競争』論の神話――」神法三五巻二号三八五頁以下（昭和六〇年）参照。

(γ)　民法四二四条一項は債権者を害する債務者の行為につき債務者と受益者が債権者を害することを知っていれば債権者は当該行為を取り消すことができるとしているが（詐害行為取消権）、これは右に述べたのと同じ考え方に立っているというべきである。

たとえば、ＸがＹに対し金銭債権を有しているところ、Ｙが唯一の財産である不動産を安価でＺに譲渡しＸが害されることになったが、その際、Ｙ、Ｚともこの譲渡によりＸが害されることを知っていたとしてみよう。この場合、ＸはＹＺ間の譲渡を取り消し不動産についてのＺの所有権を否認することができる。これは、ＺがＸの債権が害されるのを知りつつＹから不動産の譲渡を受けるのは自由競争（ＸがＹから当該不動産によって債権の満足を受けるのとＺが当該不動産をＹから譲り受けることの自由競争）の範囲外でありＸの債権を不当に侵害し許されないからである。また、Ｘに対し金銭債務を負担するＹはこの債務を履行すべきであり、Ｘを害することを知りながらＺに不動産を譲渡してＸを害すべきではないからである。Ｘに対する債務を履行しないで、Ｘを害することを知りつつＺに不動産を譲渡する自由意思をＹに認める必要は全くない。以上のような詐害行為取消権の趣旨は、Ａの二重出演契約の場合にもそのまま当てはまるのである。

(δ)　以上によれば、ＣがＢの債権を知りつつＡと出演契約を結び、ＡにおいてＣの債権取得によりＢが害されるのを知っていた場合、詐害行為取消権の場合と同じように、ＢはＣの債権を否認することができるという結論が出てきそうであるが、そのような結論を出すためにはさらに以下の検討が必要である。

(c)　Ａの二重出演契約の場合のような特定債権（以下、金銭債権以外の債権を特定債権という）の排他性を詐害行為取消権と比較しつつ基礎づける場合、さらに検討しなければならないのは次の二点である。

(α)　第一は、詐害行為取消権においては債務者の無資力が要求されるが、特定債権においてはこれは要求されないということである。詐害行為取消権においては金銭債権が問題であり、債務者が無資力でなければ債権者を害するということは生じない。これに対し、特定債権においては債務者が無資力でなくても債権者は害される。特定債権においては債権者にとって債務者による特定の行為（給付）の履行が重要であり、これが行われない限り債権者は債務者が無資力でなくても害されるのである。たとえば、金銭債権者は債務者が一般財産である不動産を他に譲渡しても債務者が無資力でない限り害されないが、その不動産の所有権移転請求権を有する特定債権者は債務者が不動産を他に譲渡すればこれを取得することができなくなり債務者が無資力でなくても害されるのである。

(β)　第二は、詐害行為取消権においては取消しの効果はすべての債権者（金銭債権者）のために生じるが（四二五条）、特定債権においては特定債権による否認の効果は特定債権者にのみ生じるということである。詐害行為取消権において取消しの効果がすべての債権者のために生じるのは、金銭債権である取消債権は債務者の一般財産から満足を受けるという点で他の債権者の金銭債権と同一順位にあるからである。これに対し、特定債権、たとえば、所有権移転請求権は債務者の特定の財産を対象とし、特定債権の対象となった特定の財産は、原則として、一般財産から離脱し、他の債権者はその特定の財産から満足を受けることを期待すべきでなくなる（特定債権者による特定の財産の取得が他の債権者にとって詐害行為になる場合は別である）。それゆえ、特定債権による否認の効果はその特定債権者にのみ生じるのである。[1]

(1)　Aの二重出演契約の場合、BのAに対する出演請求権の対象となったAの芸能活動はAの一般財産を構成しない。そして、BがCの債権を否認すればBはCを排除してAの出演を受けることができるが、Aの芸能活動はAの一般財産を構成せず、Bによる否認の効果が他の債権者に及ばないのは当然である。

(d)　以上によれば、Bは、AにおいてCの債権取得によりBが害されるのを知っていた場合（Aが知らなかった場合はほとんど考えられない。Aの悪意は事実上推定されると解される）、Bの債権を知りつつ出演契約を結んだCの債権を否認することができると解するのが妥当であろう。そうだとすれば、この場合、Bの債権は排他性を有することになる。[1]　詐害行為取消権は、債権の排他性を認める一つの場合であると考えられるのである。なお、Bは、Cの債権を否認した場合、さらには、Cに対し妨害予防や妨害排除を求めることができると解される（本書九六頁以下参照）。

(1)　Cが善意の場合、BはCの債権を否認することができない。この場合、BとCの債権は並存し、いずれの債権を履行するかはAの意思によって決るということになるであろう。Aは、Bに出演を約束した以上これを無視してCの債権を履行すべきでないようにもみえるが、しかし、これでは善意で債権を取得したCが害される。結局、Aがいずれの債権を履行するかを決定し、履行されなかった債権は履行不能による損害賠償債権に転化すると考えるべきであろう。

(ハ) 物権の排他性から物権にはこれと両立しえない物権に優先する効力が導かれるという点については、単なるトートロジーにすぎないと思われる。なぜなら、物権の排他性とは、物権はこれと両立しえない物権の存在を否認することができる効力をもつということであるとされるのであるが、これは、物権はこれと両立しえない物権に優先するということを意味するものに外ならないからである。

(ニ) 前述したように、通説的見解が物権に対する優先的効力を物権の排他性から導きながら債権に対する優先的効力を物権の直接的な支配権としての性質から導くのは一貫していないと思われる。なぜなら、物権がこれと両立しえない物権の存在を否認することができる効力をもつのならば、これとのバランス上、物権はこれと両立しえない債権の存在も否認することができる効力をもつと考えるのが一貫しているからである（本書五頁参照）。

(ホ) 前述したように、通説的見解は物権的請求権を物権の一定の物に対する直接的な支配権としての性質から導き出す。しかし、AがBとCに同一不動産を二重に譲渡し、BとCがともに対抗要件を具備しない場合、通説的見解によれば、BとCは、一定の物に対する直接的な支配権としての所有権を取得するが、相互に物権的請求権を行使することはできないとされる（本書一三〇頁参照）。この場合、BとCはともに排他性のない所有権を取得しており、所有権の排他性が物権的請求権と関係していると考えられる。通説的見解においては、物権の排他性と物権的請求権の関係が明確でない。

(3) その他について　通説的見解は、物権とは一定の物に対する直接的・排他的な支配権であるとしながらその例外となる物権の存在を認める。また、排他性のある債権の存在も認める。したがって、通説的見解のいう物権の概念は、すべての物権に共通するものではないのであり、また、必ずしも債権に対して独自性を有するものでもないのである。そうだとすれば、通説的見解のいう物権の概念にどの程度の意義があるかは疑問である。

三　物権の概念

(1)　これまでの検討により、通説的見解のいう物権の概念を維持することはできないと考える。物権と債権の法的性質を明確に区別するのは困難であり、物権と債権の区別は単なる沿革上のものにすぎない場合もある。そこで、物権とは物や権利を支配する権利で民法や他の法律により物権として規定されたものをいうと定義するのが最も簡明であろう。

(2)　このように定義された物権は、その共通の法的性質において債権に対し独自性を示すものではないが、しかし、原則として債権に対し次のような特徴を示すと考えられる。

第一に、後述するように、物権は、原則としてその発生・変更・消滅の要件として公示方法を必要とするが（本書一三七頁参照。通説は、公示方法を単なる対抗要件であるとする）、債権は、原則としてその発生・消滅の要件として公示方法を必要としない。なお、債権の変更については公示方法が必要であると考える（四六七条。債権総論に譲る）。

第二に、物権の排他性は相手方の主観的要素の有無を問わず生じるが、債権の排他性は、原則として相手方が当該債権を知りつつこれを侵害する権利を取得する場合に生じる（本書二二頁以下参照）。また、物権的請求権は妨害者の主観的要素の有無を問わず生じるが、債権による妨害排除請求権などは、多くの場合において妨害者が当該債権を知りつつこれを妨害する場合に生じる（本書九六頁以下参照）。

第三に、物権は、原則として破産の際に取戻権（破六二条）や別除権（破二条九項・六五条）として債権に優先して保護される。

第二節　物権の客体

一　序

(1)　物権の客体は、物や権利である。所有権や占有権の客体は物であり、他物権の客体は他人の所有権やその他の財産権である。準占有権の客体は、財産権である。

(2)　物権の客体のうち特に重要なのは物である。なぜなら、物は最も重要な物権である所有権の客体であり、また、他物権の場合にもその客体である他人の所有権の客体として他物権と密接な関係を有するからである。そこで、以下、所有権の客体としての物を中心にして説明するが、詳細は民法総則に譲り(1)、ここでは概略の説明にとどめる。

（1）　石田(穣)・二二二頁以下参照。

(3)　一般に、所有権の客体としての物は「特定性」と「独立性」を有しなければならないとされている。「特定性」についてはあまり問題がないが、しかし、「独立性」については問題が多く、後述するように「独立性」の要件は不要であると解するのが妥当である(本書一二頁以下参照)。以下、順次説明してみよう。

二　物の特定性

(1)　物とは有体物を指すが(八五条)、特定していなければならない。なぜなら、物は使用・収益・処分という全面的支配権としての所有権の客体であり、特定していなければ所有権の客体になりえないからである。たとえば、AがB文房具店から万年筆一個を買う旨の契約を結んでも、万年筆が特定していなければ、AはBに対しいずれかの万年筆一個の所有権を移転せよと請求することができるにとどまり、いずれかの万年筆一個を全面的に支配することはできず、いずれかの万年筆一個に対するAの所有権は成立しないのである。

(2)　有力な学説は、物の特定とは社会通念上のものであり、物が物理的に変更しても社会通念上同一物であると考えられる場合には特定性を失わないとする。[1] しかし、ここには区別されるべき二つの問題があると思われる。第一は、所有権の客体としての特定の物の同一性の問題である。たとえば、ある物Aが別の物Bに変わったかどうかの問題であり、変わらなければ（同一性があれば）Aに対する所有権はそのまま存続するが、変われば（同一性がなければ）Aに対する所有権は消滅しBに対する所有権が新たに発生するのである（所有者が同一とは限らない）。第二は、他物権の客体としての他人の所有権の特定の問題である。たとえば、AがBからある倉庫の中のB所有の商品全部（常時出し入れがあり変動する）につき譲渡担保権（流動動産譲渡担保権）の設定を受けた場合、流動動産譲渡担保権に関する一般的見解を前提にすれば（私見については担保物権法に譲る）、譲渡担保権の客体としてのBの所有権は変動するが、しかし、ある倉庫の中の商品全部に対する所有権という範囲では特定している。この場合、譲渡担保権の客体の特定性に欠けるところはないと考えられる（最判昭五四・二・一五民集三三巻一号五一頁は、構成部分の変動する集合動産につき、その範囲が特定される場合には一個の集合物として譲渡担保権の目的になるとする）。有力な学説は以上の二つの問題を区別していないのであるが、第一の物の同一性の問題は物Aが物Bに変わったかどうかの問題であり物権の客体の特定性の問題ではないというべきであろう。

（1）　我妻＝有泉・一二頁。

(3)　有力な学説は、一般先取特権の客体は特定されていないとする。[1] しかし、一般先取特権の客体は「債務者の総財産」（三〇六条）とされており、債務者のすべての所有権およびその他の財産権が客体であって、特定性に欠けるところはないというべきであろう。

（1）　舟橋・八頁以下、我妻＝有泉・一六頁。

三　物の独立性

(1)　(イ)　通説は、所有権の目的物は独立した物でなければならないとする。独立した物とは、物の一部あるいは構成部分でないことを意味する。物の一部あるいは構成部分であるかどうかは社会通念により決定される。他方、通説は、一筆の土地の一部であっても独立した物になりうるとし、あるいは、立木ニ関スル法律の適用を受けない立木は土地の一部であるが土地とは別個に取引される場合には独立した物になるとする。

(ロ) 今、物Aの一部あるいは構成部分を甲、物Aの他の部分を乙としてみよう（物Aの一部あるいは構成部分かどうかは社会通念によって決定される）。この場合、甲に対し乙に対するのとは別に所有権による支配（使用・収益・処分）が可能であり、かつ、甲に対する所有権による支配が乙に対する所有権による支配に格別の支障をきたさなければ、甲は乙とは別の所有権の客体になりうる（乙とは独立の物になりうる）と解して差し支えないと考える。なぜなら、この場合、甲も乙もそれぞれ別個に所有権による支配が可能であることが前提とされており、また、原則として公示方法を備えなければ甲、乙についての物権変動は生じず（本書一三七頁参照。通説は第三者に対抗できないとする）第三者が不当に害されることはないからである。後述のように、一筆の土地の一部や立木ニ関スル法律の適用を受けない立木（土地の一部）は独立の所有権の客体になりうるが（本書一四頁、一五頁参照）、これは、土地の他の部分とは別にこれらに対する所有権による支配が可能で、かつ、そのようにしても土地の他の部分に対する所有権による支配に格別の支障をきたさず、また、これらについての物権変動は登記や明認方法（木の皮を削って所有者名を墨書したりすること）によって公示されなければ効力を生じず第三者は害されないからである。

(ハ) 物Aの一部あるいは構成部分が独立した物になる時点は、当事者がそれを独立の物として取り扱った時であると解してよいであろう。たとえば、当事者が一筆の土地の一部につき売買契約や賃貸借契約を結んだ時がこれである。一筆の土地の一部の時効取得の場合には、占有者がその部分につき占有を始めた時である（時効の効力は起算日に遡る（一四四条））。

(ニ) 以上により、物の一部あるいは構成部分であっても、物の他の部分とは別に所有権による支配が可能であり、かつ、そのようにしても物の他の部分に対する所有権による支配に格別の支障をきたさなければ、独立の物になりうると解すべきである。そして、それが独立の物になる時点は当事者がそれを独立の物として取り扱った時である。それゆえ、所有権の客体として物の独立性を要求することは特に必要でないと考える。

(2)　(イ)　以上を前提にすれば、取引当事者は、物Aの一部あるいは構成部分であっても、それがAの他の部分とは別に所有権による支配が可能であり、かつ、そのようにしてもAの他の部分に対する所有権による支配に格別の支障をきたさなければ、Aの他の部分とは別の所有権の客体にする（Aの他の部分とは別の独立の物にする）ことができると解される。取引当事者のこのような意思が明確でない場合には、Aの一部あるいは構成部分はAの他の部分とは別の所有権の客体にならないと考えてよいであろう。

(ロ)　(a)　一筆の土地の一部であっても、取引当事者の意思により一筆の土地の他の部分とは別の所有権の客体になりうる。そこで、一般に、一筆の土地の一部の譲渡も可能であり（大(連)判大一三・一〇・七民集三巻四七六頁、最判昭三〇・六・二四民集九巻七号九一九頁）、一筆の土地の一部の時効取得も可能であるとされている（大(連)判大一三・一〇・七民集三巻五〇九頁）。もっとも、後述するように登記をもって物権変動の効力要件と解する私見によれば（本書一三七頁参照）、一筆の土地の一部の譲渡や時効取得によりその所有権を取得するためには分筆の上所有権取得の登記をすることが必要である。

(b)　土地を構成する土、砂、石垣、溝渠、沓脱石、岩石、鉱物なども取引当事者の意思により土地の他の部分とは別の所有権の客体になりうる（大判大七・三・一三民録二四輯五二三頁は、硅石に関し反対。なお、最判昭五七・六・一七民集三六巻五号八二五頁、同判平一七・一二・一六民集五九巻一〇号二九三一頁は、公有水面の埋立てのため土砂が投入された場合、土砂は、埋立権者が埋立地の所有権を取得するまでは公有水面の地盤に附合せず、これとは独立の動産であるとする）。この場合、物権変動の公示方法は明認方法である。なお、鉱業権者や採石権者が鉱物や岩石・砂利を採取する場合、これらは土地の他の部分とは別の所有権の客体として扱われると考えられる（鉱業法五条・一二条、採石法四条参照）。

(ハ)　(a)　建物の構成部分であっても、取引当事者の意思により建物の他の部分とは別の所有権の客体になりうる。たとえば、雨戸や入口の戸などの建物の内外を遮断する建具類は建物の構成部分であるが（大判昭五・一二・一八民集九巻一一四七頁）、取引当事者がこれらを建物とは別個に取引の対象にする場合には建物の他の部分とは別の所有権の客体になる。この場合、物権変動の公示方法は明認方法である。

(b) 一棟の建物に構造上区分された数個の部分で独立して住居、店舗、事務所または倉庫その他建物としての用途に供することができるものがある場合、取引当事者の意思によりその各部分はそれぞれ別個の所有権の客体になりうる（区分所有（建物区分一条）。本書四〇一頁以下参照）。

(二) (a) 立木は、通常、土地（地盤）の一部あるいは構成部分と考えられているが（最判昭三四・八・七民集一三巻一〇号一二二三頁、同判昭三六・三・一四民集一五巻三号三九六頁）、立木ニ関スル法律によって登記されたものは土地とは別の不動産とみなされる（立木法二条）。すなわち、立木ニ関スル法律によって登記された立木は土地の他の部分とは別の所有権の客体になる。

(b) 立木ニ関スル法律によって登記されない立木であっても、取引当事者の意思により土地の他の部分とは別の所有権の客体になりうる。たとえば、取引当事者は土地とは別個に立木だけを売買の対象にすることができる。このことは、通説・判例（大判明三八・二・一三民録一一輯一二〇頁、同判大四・一二・八民録二一輯二〇二八頁、同判大一〇・四・一四民録二七輯七三二頁など）の認めるところである。この場合の物権変動の公示方法は明認方法である。

(ホ) 未分離果実は、立木と同じように土地（地盤）の一部あるいは構成部分と考えられるが、取引当事者の意思により土地の他の部分とは別の所有権の客体になりうる。これも、通説・判例（大判大五・九・二〇民録二二輯一四四〇頁、同判大九・五・一五民録二六輯六二二頁、同判昭一三・九・二八民集一七巻一九二七頁）の認めるところである。この場合の物権変動の公示方法も明認方法である。

四 物の個数

(1) (イ) 物の個数は、取引当事者の意思が明確であればそれによって定まる。

(ロ) 単一物や合成物は、通常、取引当事者によって一個の物として扱われているから一個の物である。しかし、たとえば、宝石付指輪の取引で売主が台座だけを売り宝石を買主に賃貸した場合、宝石付指輪は二個の物である。

(ハ) 集合物も取引当事者が一個の物として取引する場合には一個の物であるが、複数の物として取引する場合には複数の物である。たとえば、取引当事者がある山に生育する立木全部の売買につき個々の立木を問わず全体として代金額を定めれば立木全部は一個の物であるが、個々の立木に応じて代金額を定めれば立木全部は複数の物である。(1)

(1)　判例は、すでに述べたように（本書一二頁参照）、構成部分の変動する集合動産につき、その範囲が特定される場合には一個の集合物として譲渡担保権の目的になるとしている（最判昭五四・二・一五民集三三巻一号五一頁）。しかし、譲渡担保権における集合物論には疑問がある。詳細は担保物権法に譲る。

(2)　取引当事者の意思が明確でない場合には、社会通念や物の物理的形態などにより判断するが、単一物や合成物は一個の物、集合物は複数の物とされることが多いであろう。

五　一物一権主義

(1)　一物一権主義とは、一つの物の上には一つの所有権のみが成立し、一つの所有権の客体は一つの物であるという原則である。まず、一つの物の上には一つの所有権のみが成立するということは、物権の排他性の現れであり、広く一つの物の上には両立しえない複数の物権は成立しないことを意味するとされている。次に、一つの所有権の客体は一つの物であるということは、物の一部あるいは構成部分は物の他の部分とは別の所有権の客体にならず、また、複数の物は一つの所有権の客体にならないことを意味するとされている。

(2)　しかし、一物一権主義には多くの問題点があると考える。

(イ)　一つの物の上には一つの所有権のみが成立するという点については、共有（二四九条以下）に関して疑問がある。共有は一つの所有権の分有であり一物一権主義に反しないとも考えられるが、しかし、共有は複数の所有権の並存と理解することも可能である（本書三七五頁参照）。

(ロ)　一つの物の上には両立しえない複数の物権は成立しないという点については、たとえば、一つの物の上に複数の同順位の先取特権が成立するとされているし（三三〇条一項一号・三三二条）、また、一つの物の上に同順位の先取特権と質権が成立するともされている（三二四条）。さらに、根抵当権の分割譲渡（三九八条の一二第二項）においては、一つの物の上に同順位の複数の根抵当権が成立するともされている。これらの場合、あるいは「両立しえない物権」の並存ではないと考えられているのかもしれないが、しかし、一般に、物権の排他性の現れとして一つの物の上の複数の抵当権は順位を異にすると説明されているのである。

(ハ) 物の一部あるいは構成部分は物の他の部分とは別の所有権の客体にならないという点については、前述したように物の一部あるいは構成部分は物の他の部分とは別の所有権の客体になりうると解するのが妥当である（本書一二頁以下参照）。

(ニ) 複数の物は一つの所有権の客体にならないという点については、前述したように、一般的には複数の物として扱われる物であっても取引当事者の意思により一つの所有権の客体になりうると解するのが妥当である（本書一五頁以下参照）。

(3) 以上のように、一物一権主義には問題点が多く、学問上あまり意義のある概念だとは思われない。それゆえ、今日、これを強いて維持する必要はないと考える。

第三節　物権の効力

一　序

(1) (イ) 通説的見解　通説的見解によれば、物権の効力には優先的効力と物権的請求権（物上請求権）の二つがある。

(ロ) 優先的効力とは、物権の客体に係わる他の権利に優先する効力である。優先的効力にも二つがある。第一は、両立しえない物権に優先する効力であり、先に成立した、あるいは、先に対抗要件を備えた物権が他の物権に優先する。これは、物権の排他性の直接の効果である。対抗要件を備えないため排他性のない物権は優先的効力を有しない。

第二は、債権に優先する効力である。これは、物権は物に対する直接的な支配権であるが、債権は債務者の行為を介して間接に物の上に支配を及ぼす間接的な支配権にすぎないということから生じる。もっとも、対抗要件を備えないため排他性のない物権はここでも優先的効力を有しない。反対に、登記をした賃借権（六〇五条）のように物権に優先する債権もある。

(ハ)　物権的請求権とは、物権者は物権の内容の完全な実現が妨害されているか妨害されるおそれがある場合に妨害者に対し目的物の返還や妨害排除、妨害予防などを請求することができる権利である。これは、物権が物に対する直接的な支配権であることに由来する。

(ニ)　物権者は目的物が第三者の手に帰しても第三者に対し物権を主張しうるが（追及権）、追及権は物権の優先的効力か物権的請求権のいずれかに還元される。また、物権者は物権の不当な侵害者に対し損害賠償を請求することができるが（物権の対世的効力）、これは、債権侵害の場合であっても同じであり、物権特有の効力ではない。

(2)　批　判　通説的見解には次のような疑問がある。

(イ)　優先的効力について　第一に、すでに指摘したように、両立しえない物権に優先する効力は排他性とトートロジーであり、排他性の外に物権に優先する効力を観念する必要はない（本書九頁参照）。第二に、これもすでに指摘したように、債権に優先する効力も物権の排他性として理解されるべきである（本書五頁参照）。第三に、通説的見解は物権の優先的効力を物権に特有の効力として理解するが、しかし、債権も排他性を有し他の権利（物権、債権を問わない）に優先する場合もあるのであるから（本書二二頁以下参照）、物権に特有の効力であるとはいえない。

(ロ)　物権的請求権について　第一に、通説的見解は、物権的請求権の根拠を物権の直接的な支配権に求めるが、しかし、すでに述べたように、根拠がないといわざるをえない（本書四頁参照）。物権的請求権の根拠は、後述するように、物権的請求権を認めなければ物権という権利を承認した意味がないこと、物権的請求権を認めるのが起草者の見解に合致すること、占有権に占有訴権が認められている以上他の物権にも物権的請求権が認められるべきであること、に求められるのが妥当である（本書五三頁以下参照）。第二に、通説的見解は物権的請求権は物権に特有の効力であり、債権には原則として妨害排除や妨害予防請求権は認められないとするようであるが、しかし、後述するように、債権に基づく妨害排除や妨害予防請求権も広く認められるべきである（本書九六頁以下参照）。第三に、前に述べたように、通説的見解においては、物権的請求権と物権の排他性の関係が明確でない（本書九頁参照）。

(ハ) その他について　通説的見解は、物権の対世的効力を物権に特有の効力でないとするが、しかし、これは優先的効力や物権的請求権についても同じである。

(3) 私　見　物権の効力には種々のものがあるが、対外的な効力としては主に次の三つが挙げられるべきである。なお、これらの効力は、いずれも物権に特有のものであるとはいえないが、物権の有する効力であることに変わりはない。

第一は、排他性である。これは、物権は法律上あるいは取引当事者の意思により他の物権と同順位とされる場合を除き物権の内容の完全な実現が妨害される限りにおいて他の物権や債権を否認することができる効力である。

第二は、物権的請求権である。これは、物権の内容の完全な実現が妨害されているか妨害されるおそれがある場合に妨害者に対し目的物の返還や妨害排除、妨害予防などを請求することができる効力である。

第三は、損害賠償請求権である。これは、物権の不当な侵害者に対し損害賠償を請求することができる効力である。(1)

(1) 一般に、損害賠償請求権は物権の対世的効力と呼ばれている。これは、物権はすべての人に対する権利であるから絶対権あるいは対世権であり、債権は特定の人に対する権利であるから相対権であるといわれることに対応している。

しかし、物権はすべての人に対する権利であるというのは、物権者はすべての人に対して物権を不当に侵害しないように主張することができるということを意味するが、債権者であってもすべての人に対して債権を不当に侵害しないように主張することができることに変わりはない（我妻栄・新訂債権総論八頁以下（昭和三九年）参照）。債権者であっても、債権の不当な侵害者に対しては損害賠償を求めることができるし、さらには、後述するように、妨害排除や妨害予防を求めることも可能である（本書九六頁以下参照）。それゆえ、物権を絶対権あるいは対世権とし債権を相対権とするのは妥当でない。したがって、損害賠償請求権を物権の対世的効力と呼ぶのも妥当でないと考える。

二　排他性

(1)　排他性の概念

(イ)　物権の排他性(1)とは、法律上あるいは取引当事者の意思により物権が他の物権と同順位とされる場合を除き、物権はその内容の完全な実現が妨害される限りにおいて他の物権や債権を否認することができる効力である(2)（本書六頁参照）。

（1）　物権の排他性については、林良平「物権変動の対抗要件と物権の排他性」神法一巻二号二四七頁以下（昭和二六年）、吉田豊「物権法における『排他性』と『対抗力』について」東京学芸大学紀要第三部門社会科学二四集八九頁以下（昭和四七年）、鷹巣信孝「所有権とはどのような権利か」所有権と占有権――物権法の基礎理論――一頁以下（平成一五年）参照。

（2）　一般に、動産先取特権は排他性を有しないとされている。動産先取特権は、その順位が法定されており、先順位や同順位の動産先取特権や動産質権に対しては排他性を有しない（三三〇条・三三四条）。しかし、動産先取特権は、後順位の動産先取特権や無担保債権に対しては優先し排他性を有するというべきである。

(ロ)　物権が法律上あるいは取引当事者の意思により他の物権と同順位とされる場合としては、複数の動産先取特権が競合する場合（三三〇条一項一号三号）や動産先取特権と動産質権が競合する場合（三三四条・三三〇条一項一号）、同順位の根抵当権が競合する場合（三九八条の一二第二項）などがある。共有や準共有を複数の物権の並存であると解せば（本書三七五頁参照）、この場合にも複数の物権は同順位であり、これらの物権の間では物権の排他性の問題は生じない。

(2)　排他性の内容

(イ)　(a)　物権の排他性は、原則として、後に成立すべき物権や債権に対して生じる。この場合、物権の排他性は後に成立すべき物権や排他性のある債権の成立を阻止するという形で機能する（後順位としての権利の成立は阻止しない）。排他性のない債権の成立は阻止しない。たとえば、ＢがＡから土地の所有権を取得した後でＣがＡから当該土地を賃借した場合、Ｃは賃借権を取得するものの賃借権に基づきＢの所有権のうち使用収益権能を否認しＢに対し賃借権を主張することはできない（本書二二頁参照）。すなわち、Ｃは賃借権を取得するが、排他性のある賃借権の取得は阻止されるのである。

(b) 先に成立した物権に対しても物権の排他性が生じる場合がある。たとえば、動産先取特権の順位は成立の時間的前後を問わず法定されているから（三三〇条）、動産先取特権は場合により先に成立した動産先取特権を否認することができるし、不動産保存と不動産工事の先取特権は先に成立した抵当権を否認することができるのである（三三九条）。この場合、物権の排他性は先に成立した物権を排除する（順位を下げる）という形で機能する。

(c) 先に成立した債権に対しても物権の排他性が生じる場合がある。たとえば、ＢがＡ所有の土地をＡから賃借したが登記や引渡しを受けないでいるうちにＣがＢの賃借権を知らずにＡから当該土地を買い受け登記を備えた場合、ＣはＢの賃借権が排他性を有するのを否認することができる。この場合、Ｂは善意のＣの所有権を否認することはできない。他方、ＣはＢが先に公示方法を備えていればＢの賃借権が排他性を有するのを否認することはできない。そこで、右の場合、Ｂの賃借権とＣの所有権は先に公示方法を備えた方が優先し（Ｂの占有は公示方法に準じて扱われる。Ｂが占有している場合、Ｃには調査義務があり、原則として悪意の場合と同視される。Ｃが悪意の場合、ＡにおいてＣの所有権取得によりＢが害されるのを知っていれば、ＢがＣに優先する。以上につき、本書二三頁参照）、ＣがＢの賃借権が排他性を有するのを否認することができるのである。物権の排他性は、ここでは先に成立した債権が排他性を有するのを阻止するという形で機能する。

(ロ) 物権の排他性は、物権の内容の完全な実現が妨害される限度で生じる。たとえば、被担保債権額がそれぞれ一〇〇〇万円の一番抵当権と二番抵当権が存在し目的物の競売の売却代金が一五〇〇万円の場合、一番抵当権者は自己の被担保債権の完全な満足が妨害される限度で二番抵当権を否認することができる。そこで、一番抵当権者は二番抵当権者が売却代金から五〇〇万円の配当を受けることは阻止することができないのである。あるいは、地上権の設定されている土地が第三者に譲渡された場合、地上権者は地上権の完全な実現が妨害される限度で第三者の所有権を否認することができる。そこで、地上権者は第三者に対し第三者の所有権のうち土地の使用権能を否認して地上権を主張することができるが、第三者の所有権の全部の権能を否認することはできないのである。

(ハ)　物権の排他性は、他の物権に対してばかりでなく債権に対しても生じる。物権が他の物権を否認する効力を有するとすれば、これとのバランス上、物権は債権も否認する効力を有すると解するのが妥当である。たとえば、土地の抵当権者は抵当権成立後に設定された賃借権を否認し土地の競売をすることができるのである。

(ニ)　物権の排他性による他の物権や債権の否認の効果は、先取特権の順位が法定されていることなどを考えれば、物権者の否認の意思表示を待つまでもなく当然に生じると解される。これに対し、債権による他の物権や債権の否認の効果は、後述するように、原則として債権者による否認の意思表示によって生じると解される（本書二三頁以下参照）。

(ホ)　(a)　前述したように、債権も排他性を有する（本書六頁以下参照）。債権の排他性は、以下の二つの場合に生じる。なお、以下においては、Bを債権者、Aを債務者、Cを第三者とする。

(α)　第一に、BのAに対する債権が公示方法を備えている場合（物権的権利。本書三四頁以下参照）、Bは、Cの善意悪意を問わず、また、AにおいてCの権利取得によりBが害されるのを知っていたと否とを問わず、Cの権利を否認することができる。たとえば、登記された賃借権（六〇五条）の設定されている土地が第三者に譲渡された場合、賃借人は第三者に対し第三者の所有権のうち土地を使用収益する権能を否認し賃借権を主張することができる（所有権の全部の権能を否認することはできない）。

(β)　第二に、BのAに対する債権が公示方法を備えていない場合、CがAから権利を取得した時にBの債権の存在を知っており（したがって、Cの権利取得によりBが害されるのを知っており）、かつ、AにおいてCの権利取得によりBが害されるのを知っていれば（ほとんどの場合、AはBが害されるのを知っている。Aが知っていることは事実上推定される）、BはCの権利を否認することができる（本書六頁以下参照）。この場合、Cの権利が物権であっても同じである。債権の存在を知りつつ物権を取得し債権者を害する者を保護する必要はないからである（詐害行為取消権の場合にも同じである（本書六頁以下参照）。

たとえば、BがAから不動産を譲り受ける旨の契約を結んだが登記を備えないでいたところ、Cがこれを知りつつAから当該不動産を譲り受けて先に登記を備え、かつ、AにおいてCの所有権取得によりBが害されるのを知っていた場合、BはAに対する所有権移転請求権という特定債権に基づきCの所有権を否認することができる（本書一三九頁以下参照）。なお、Bが目的物を占有している場合、CにはBの権利について調査義務があり、これを調査しなければ原則としてBの債権を知っていたものとして扱われるべきである。なぜなら、占有者が占有物について行使する権利は適法に有するものと推定されるし（一八八条。本書五四二頁以下参照）、また、占有は、動産については公示方法とされており（一七八条）、不動産についても公示方法とされる場合があるからである（借家権（借地借家三一条一項）、農地や採草放牧地の賃借権（農地法一八条一項））。

(b)　債権の排他性も、債権の内容の完全な実現が妨害される限度で生じる。たとえば、前述したように、登記された賃借権の賃借権者は、賃借地の所有権を取得した第三者に対し、第三者の所有権のうち土地の使用収益権能を否認することができるが、所有権の全部の権能を否認することはできない。

(c)　債権の排他性による否認の効果は、債権が物権的権利である場合には債権者による否認の意思表示を待つまでもなく当然に生じると解してよいであろう。債権が物権的権利である場合、それは物権に準じた内容を有するからである。

これに対し、債権が物権的権利でない場合、債権の排他性による否認の効果は、詐害行為取消権の場合に準じて債権者による否認の意思表示によって生じると解するのが妥当であろう。もっとも、否認の意思表示は、その当否がいずれ当事者間の紛争解決の前提問題として裁判所の判断を受けるから（たとえば、Aが同一日時にB劇場とC劇場に二重に出演することを約束したケースでBがCの債権を否認しCに対し妨害予防の訴訟を提起した場合、否認の意思表示の当否は妨害予防請求の前提問題として裁判所の判断を受ける）、裁判上行使されなくてもよいと考えられる。なお、当事者の利害を考慮し、否認の意思表示は、債権者が否認事由を知った時から二年以内、否認事由が生じた時から二〇年以内に行われなければならないと解される（時効期間。一二六条参照）。

(3)　排他性による否認の効果

(イ)　相手方の権利が成立していない場合、排他性による否認は相手方の権利（債権については排他性のある権利）の成立を阻止するように機能する（後順位としての権利の成立は阻止しない）。なお、物権的権利でない債権の排他性は相手方の権利が成立した場合にのみ生じると解すべきである。相手方の権利の成立を阻止するのは、債権の保護にとって過ぎたるものであり必要でないからである。

(ロ)　(a)　相手方の権利が成立している場合、排他性による否認は、相手方の権利の喪失や機能停止、順位の低下、相手方の権利が排他性を有することの阻止をもたらすと考えられる。いずれになるかは、否認する側の権利と相手方の権利の内容や性質を比較して判断される。

(b)　たとえば、BがAから不動産を買い受ける旨の契約を結んだが登記を備えないでいたところ、Cがこれを知りつつ同一不動産をAから買い受ける旨の契約を結び先に登記を備えた場合、Bは、AにおいてCの所有権取得によりBが害されるのを知っていれば、Cの所有権を否認することができる。この場合、Cは所有権を喪失する（所有権は登記なしにAに復帰する）。

(c)　あるいは、たとえば、登記のされた賃借権の設定されている土地を第三者が買い受けた場合、第三者の所有権は賃借権により使用収益権能を否認される。この場合、第三者の使用収益権能は機能を停止すると考えられる。この場合の使用収益権能の機能停止は賃借権が存在する間に限られ、賃借権が消滅すれば使用収益権能はその機能を回復する。

(d)　また、たとえば、すでに成立している動産先取特権に優先する動産先取特権が成立した場合、すでに成立していた先取特権の順位が低下する。

三　物権的請求権（物上請求権）

(1)　序　物権的請求権の詳細については後述することにし（本書三七頁以下参照）、ここでは概略のみを説明する。

(2)　物権的請求権

(イ)　物権的請求権とは、物権の内容の完全な実現が妨害されているか妨害されるおそれがある場合に妨害者に対し目的物の返還や妨害排除、妨害予防などを請求することができる物権の権能である。

(ロ)　物権的請求権は、物権の排他性と密接な関連を有する。なぜなら、物権的請求権は物権者が相手方に対し物権の内容の完全な実現を求める権利であるが、これは、物権者が相手方において物権の内容の完全な実現を妨害する権利を有するのを阻止するか排除することができること、すなわち、物権の排他性を前提としているからである。しかし、物権的請求権は物権の排他性とトートロジーではない。なぜなら、物権の排他性は、物権者が相手方の権利を否認することができるという権能にとどまり、相手方に対し物権に基づき一定の行為を求めるということまでは含まないからである。

(ハ)　物権的請求権には、その行使の際の費用を誰が負担するかという重要な問題がある。これについては行為請求権説と忍容請求権説が対立しており、行為請求権説は物権者は相手方の費用負担で物権の内容の完全な実現を求めうるとするのに対し、忍容請求権説は物権者は自己の費用負担で物権の内容の完全な実現をもたらすのに際し相手方の忍容を求めうるにすぎないとする。

四　損害賠償請求権

(1)　損害賠償請求権とは、物権が不当に侵害され物権者に損害が生じた場合に侵害者に対し損害賠償を請求することができる物権の権能である。これは、不法行為の問題であり、不法行為の要件（七〇九条以下）を満たせば損害賠償を請求することができる。損害賠償請求権も物権の排他性と密接な関連を有する。なぜなら、損害賠償請求権は、物権者が相手方において物権の侵害を正当化する権利を有するのを阻止するか排除して、すなわち、物権の排他性を前提として、相手方に対し物権の侵害を理由に損害賠償を求めるものだからである。

(2)　損害賠償請求権は、物権に由来して生じるが、物権との関係は稀薄である。すなわち、物権が譲渡されても損害賠償請求権が当然に譲渡されるとはいえないし、また、損害賠償請求権を物権とは独立に譲渡することは可能である。さらに、損害賠償請求権は物権とは独立に消滅時効によって消滅する。それゆえ、損害賠償請求権は、後述の物権的請求権と異なり（本書五五頁以下参照）、物権に由来して生じるものの物権との関係は稀薄であるということができる。

第四節　物権法定主義と物権の種類

一　物権法定主義

(1)　序　民法一七五条は、「物権は、この法律その他の法律に定めるもののほか、創設することができない」と規定する。これは、物権法定主義といわれる。[1]

（1）　物権法定主義については、中馬義直「民法第百七十五条論」鹿児島大学教育学部教育研究所研究紀要人文社会科学篇九巻四〇頁以下（昭和三二年）、鈴木一郎「民法一七五条と慣習法」東北学院大学論集経済学四一号一六三頁以下（昭和三七年）、中尾英俊「物権法定主義」民法講座2一頁以下、七戸克彦「物権法定主義――比較法的・沿革的考察――」慶應義塾大学法学部法律学科開設百年記念論文集法律学科篇五八五頁以下（平成二年）、多田利隆『『慣習法上の物権』の問題点」半田正夫教授還暦記念論集（民法と著作権法の諸問題）三頁以下（平成五年）、鳥谷部茂「現代取引と物権法定主義」椿寿夫教授古稀記念（現代取引法の基礎的課題）三四一頁以下（平成一一年）参照。

(2)　立法趣旨　起草者によれば、物権法定主義の立法趣旨は次の二点に要約することができると思われる。第一は、所有権に附着している旧来の（封建時代の）種々雑多な物権を整理し、物に対する全面的支配権としての所有権を確立するということである。起草者は、法典調査会において、物権法定主義の立法趣旨として、ある者がある物の所有権を取得してもそこに旧来のような種々雑多な物権が附着していれば、所有者は所有権を取得したといっても実質上無意味であり、所有者はその物に対し愛着をもたず物の改良が妨げられると説明しているが、[1] これは右に述べた趣旨において理解されるのである。[2]

第二は、従来の種々雑多な物権を整理し取引の安全をはかるということである。[3]

（1） 民法総会議事速記録一巻八九頁以下。
（2） 広中・一七頁参照。
（3） 民法総会議事速記録一巻八九頁以下、民法議事速記録六巻七頁。

(3) 内 容

物権法定主義は、次の二つの内容をもっている。

第一は、物権は民法やその他の法律が定めるものの外これを創設することができないということである。たとえば、当事者は民法やその他の法律が定めていない物権を合意によって作り出すことはできない。ここでいう法律は、命令（政令・省令・条例など）を含まない。[1] 慣習法も含まないことについては後述する（本書三〇頁参照）。

第二は、当事者は民法やその他の法律が定めている物権の内容を変えることができないということである。たとえば、当事者が地上権を第三者に譲渡することができないと定めるのは物権法定主義に反する（民法は、地上権の譲渡性を当然の前提にしている）。もっとも、このような合意は当事者間で債権的効力を有すると解される。それゆえ、所有者は、譲渡禁止を知って地上権を譲り受けた譲受人に対し、地上権の譲渡人において譲受人の地上権取得により所有者が害されるのを知っていれば、譲渡禁止債権に基づき譲受人の地上権を否認することができると考えられる（債権の排他性。本書二二頁以下参照）。

（1） 民法議事速記録六巻一〇頁。

(4) 物権法定主義の緩和

(イ)　物権法定主義によれば、民法やその他の法律が定める物権だけが物権である。そこで、慣習上の物権的権利――民法やその他の法律が定める物権に準じる内容をもつ慣習上の権利――も認められないようにみえる。しかし、慣習上の物権的権利を一切否認するのは取引界の需要を満たさず妥当でないとも考えられる。それゆえ、後述するように、判例は物権法定主義にもかかわらず温泉権を慣習上の物権的権利として承認し（本書二九頁参照）、学説も温泉権や水利権を慣習上の物権的権利として承認しているのである（本書三〇頁参照）。そこで、物権法定主義の緩和が検討されなければならない。

(ロ)　物権法定主義の立法趣旨は、前述したように、旧来の種々雑多な物権を整理して物に対する全面的支配権としての所有権を確立することと取引の安全をはかるということである（本書二六頁以下参照）。そうだとすれば、所有権の確立と取引の安全が害されなければ慣習上の物権的権利を承認しても物権法定主義の立法趣旨に反しないというべきである。しかし、民法一七五条は、右の立法趣旨を実現する手段として「物権は、この法律その他の法律に定めるもののほか、創設することができない」と規定しているのであり、右の立法趣旨を実現する手段としては過大な文言を用いているというべきである。

一般に、法律の規定においては、立法者がそれによって実現しようとした基本的価値判断、すなわち、立法趣旨が重要であり、立法趣旨は解釈者（裁判官）を拘束するが、規定の文言は必ずしも解釈者を拘束しないと解すべきである。なぜなら、規定の文言は、立法趣旨を実現する手段であるが、常に立法趣旨を過不足なく実現するために用いられているとは限らないからである。そこで、規定の文言が立法趣旨に適合しない場合には立法趣旨に適合するように規定の文言に一定の制限を附す解釈が行われるべきである。これは、ドイツの学者のいう目的論的制限 teleologische Reduktion、あるいは、私のいう立法趣旨不適合型欠缺であるが[(1)]、民法一七五条はその好個の例というべきである。

以上のような検討によれば、民法一七五条の文言にもかかわらず所有権の確立や取引の安全が害されなければ慣習上の物権的権利を認めても物権法定主義に反しないということになるであろう。

（1） 石田穣「法解釈方法の基礎理論」法解釈学の方法二三頁以下、三二頁（昭和五一年）参照。

二 慣習上の物権的権利

(1) 序 慣習上の物権的権利とは、民法やその他の法律が定める物権に準じる内容を有する慣習上の権利である。何らかの公示方法を備え、物権と同じような排他性を有する。

(2) 判 例

(イ) 判例は、温泉権を慣習上の物権的権利として認めている。温泉権に関する判例としては長野県浅間温泉事件が有名であるが、この判例は、「温泉専用権即所謂湯口権ニ付テハ該温泉所在ノ長野県松本地方ニ於テハ右権利カ温泉湧出地（原泉地）ヨリ引湯使用スル一種ノ物権的権利ニ属シ通常原泉地ノ所有権ト独立シテ処分セラルル地方慣習法存スル」（大判昭一五・九・一八民集一九巻一六一一頁）と判示し、温泉権を慣習上の物権的権利であるとした（これより先、大判明三八・一二・六民録一一輯八三頁は、「鉱泉採酌権」を「一種ノ物権」であると判示していた）。

(ロ) 水利権については、判例は、妨害排除請求権を認めるものの（大判明二九・五・六民録二輯五巻一一頁、同判明三八・一〇・一一民録一一輯一三二六頁、同判昭九・一〇・二三判決全集昭和九・一〇年度七二三頁など）、慣習上の権利であるとするにとどまり（大判明三八・一〇・一一民録一一輯一三二六頁、同判大六・二・六民録二三輯二〇二頁など）、慣習上の物権的権利であるとは明言していない。

(ハ) その他、判例は、他人の所有地内に井泉を掘ることを禁止する慣習上の物上的権利は認められないとし（大判明三七・三・七刑録一〇輯四二九頁）、土地につき慣習上の地表のみの所有権（いわゆる上土権）も認められないとする（大判大六・二・一〇民録二三輯一三八頁）。さらに、判例は、登記なくして第三者に対抗することができる慣習上の地役権も認められないとする（大判昭二・三・八新聞二六八九号一〇頁）。

(ニ) 以上のように、判例は、慣習上の物権的権利として明示的には温泉権を認めるのみであり、慣習上の物権的権利の承認に慎重な態度を示している。

(3)　学　説

(イ)　これに対し、学説は広く慣習上の物権的権利を承認しているといってよい。

(ロ)　しかし、慣習上の物権的権利を承認する法的根拠については見解が二つに分かれている。

第一の見解は、民法一七五条の「法律」には慣習法が含まれるとする。[1]

第二の見解は、慣習上の物権的権利は民法一七五条には制約されず法の適用に関する通則法三条によって認められるとする。[2]

(1)　末弘・四一頁以下、林・二四頁、末川・二七頁、柚木＝高木・四三頁以下、石田(喜)・二二頁以下、我妻＝有泉・二六頁、松坂・一三頁以下、川井・七頁。

(2)　舟橋・一八頁、稲本・五六頁以下、中尾英俊「物権法定主義」民法講座2五頁、広中・三三頁以下、丸山・一一頁、注釈民法(6)二二二頁（徳本鎮執筆）、田中編・一四頁以下（田中整爾＝下村正明執筆）、松尾＝古積・二〇頁、近江・九頁、月岡・九頁、山川・二一頁、鈴木・四三六頁。

(ハ)　まず、第一の見解であるが、起草者は民法一七五条の「法律」の中に慣習法は含まれないと考えていた。[1] また、民法は「法律」と「慣習」を明確に使い分けている（たとえば、「法律」についての三三条・一七五条・三〇三条と「慣習」についての二一七条・二二八条・二六三条・二九四条参照）。しかし、それにもかかわらず民法一七五条の「法律」の中に慣習法が含まれるとする十分な説明はされていない。

次に、第二の見解であるが、慣習上の物権的権利がなぜ民法一七五条に制約されないのか必ずしも十分な理由が示されていないと思われる。[2]

(1)　民法議事速記録六巻七頁以下。

(2)　もっとも、舟橋・一八頁は、慣習上の物権的権利が民法一七五条の立法趣旨に反しない場合、すなわち、それが「自由なる所有」を妨げる意味での封建的物権関係でなく、かつ、ある種の公示方法を有するか、または、その存在がその地方に周知のものである場合、慣習上の物権的権利は民法一七五条の制約を受けることなく法の適用に関する通則法三条によって認められるとする

（注釈民法⑹二一二頁（徳本鎮執筆）も同旨）。これは、次に述べる私見に近い。松尾＝古積・二一〇頁も参照。

(4) 私　見

(イ) 慣習上の物権的権利であっても、前述したように、民法一七五条の立法趣旨に反しない限りこれを認めても同条に反しないと考える（本書二八頁以下参照）。すなわち、慣習上の物権的権利であっても、所有権の確立を阻害せず、かつ、取引の安全を害さなければ、これを認めても民法一七五条に反しないと思われる。そして、慣習が法律と同一の法的効力を承認されるのは法の適用に関する通則法三条の要件を満たす場合である。それゆえ、民法一七五条の立法趣旨に反しない慣習上の物権的権利は同条の制約を受けることなく法の適用に関する通則法三条の要件を満たす場合に法的効力を認められるということになるであろう[1]。

（1） 船越・二五頁は、封建的内容を有せず、近代社会に適合し、制定法上の物権関係の空隙を補充する場合に慣習上の物権的権利を承認する。佐久間・六頁も参照。

(ロ) 民法施行法三五条は、「慣習上物権ト認メタル権利ニシテ民法施行前ニ発生シタルモノト雖モ其施行ノ後ハ民法其他ノ法律ニ定ムルモノニ非サレハ物権タル効力ヲ有セス」と規定する。これは、物権法定主義を民法施行前に発生した慣習上の物権的権利に推し及ぼした規定である[1]。それゆえ、民法施行前に発生した慣習上の物権的権利であっても、所有権の確立を阻害せず、かつ、取引の安全を害さなければ、民法施行法三五条に制約されることなく、法の適用に関する通則法三条の要件を満たす場合に法的効力を有すると考える。

（1） 民法施行法議事要録一巻七九頁以下参照。

(ハ) 以上のような検討によれば、温泉権ばかりでなく、水利権についても、何らかの公示方法を伴っていれば慣習上の物権的権利として承認してよいと考えられる。

これに対し、他人の所有地内に井泉を掘ることを禁止する慣習上の物上的権利（大判明三七・三・七刑録一〇輯四二九頁参照）は、慣習上の地役権であるが、地役権については民法に規定があるから法の適用に関する通則法三条の「法令に規定されていない事項に関するもの」という要件を満たさず、法の適用に関する通則法三条の要件を満たす慣習上の物権的権利とはいえないであろう。これは、民法上の地役権であり、当事者がこれを設定した場合にその効力を否定する理由はないと思われる。登記なくして第三者に対抗することができる慣習上の地役権も（大判昭二・三・八新聞二六八九号一〇頁参照）、同様にして民法上の地役権であるが、登記をもって物権変動の効力要件とみる私見によれば、その効力を認めることはできないと考える（登記をもって対抗要件とみる通説によっても同じであろう）。上土権（大判大六・二・一〇民録二三輯一三八頁参照）については、土地の他の部分に対する所有権による支配を著しく困難にし所有権の確立を阻害するから民法一七五条に反し認められないと解される。

三　物権の種類

(1)　序　物権には、民法の定める所有権・占有権・用益物権・担保物権の外に民法以外の法律の定めるものがある。また、慣習上の物権的権利などのその他の物権的権利も認められている。以下、これらの権利について簡単に説明する。

(2)　所 有 権　所有権は、最も代表的な物権であり、物の使用・収益・処分という物に対する全面的支配権である。所有者は、法令の制限内において自由にその所有物の使用・収益・処分をすることができる（二〇六条）。

(3)　占 有 権　占有権とは、自己のためにする意思をもって物を所持することにより成立する物権である（一八〇条）。占有者は、占有保持・占有保全・占有回収の三つの訴えからなる占有の訴えを提起することができる（占有訴権。一九七条以下）外、善意であれば占有物から生じる果実を取得することができ（一八九条一項）、また、占有物の上に行使する権利を適法に有するものと推定される（一八八条）。

(4)　用 益 物 権　用益物権とは、他人の物の使用や収益などをすることができる物権である。地上権・永小作権・地役権・入会権の四つがある。

(イ)　地上権　地上権とは、他人の土地において工作物や竹木を所有するためにその土地を使用することができる物権である（二六五条）。地下または空間の上下の範囲を定めて地上権を設定する区分地上権（地下権、空中権）も認められている（二六九条の二）。建物所有を目的とする地上権は、建物所有を目的とする賃借権とともに借地権と呼ばれ（借地借家二条一号）、借地借家法の規律も受ける。

(ロ)　永小作権　永小作権とは、小作料を支払って他人の土地で耕作または牧畜をすることができる物権である（二七〇条）。しかし、永小作権が設定されるのは稀であり、他人の土地で耕作または牧畜をする場合には、通常、賃借権（六〇一条）が利用されている。永小作権は、農地法の規律も受ける。

(ハ)　地役権　地役権とは、一定の目的のために他人の土地を自己の土地の便益に供することができる物権である（二八〇条本文）。たとえば、他人の土地を通路として利用する場合（通行地役権）や他人の土地を通って引水する場合（引水地役権）がこれである。

(ニ)　入会権　入会権とは、一定の地域の村落住民が一定の山林や原野などを合有的に支配する慣習上あるいは時効によって成立する物権である。民法は、入会権につき、共有の性質を有する入会権と共有の性質を有しない入会権に分け、前者については各地方の慣習によるほか共有に関する規定を適用するとし（二六三条）、後者については各地方の慣習によるほか地役権に関する規定を準用するとしている（二九四条）。用益物権としての性質をもつのは共有の性質を有しない入会権であり、共有の性質を有する入会権は共同所有の一形態である合有である。

(5)　担保物権　担保物権とは、債権を担保するために設定される物権である。留置権・先取特権・質権・抵当権の四つがある。このうち、留置権と先取特権は、法律上当然に成立し法定担保物権といわれる。これに対し、質権と抵当権は、当事者の約定により成立し約定担保物権といわれる。

(イ)　留置権　留置権とは、他人の物の占有者がその物に関して生じた債権を有する場合にその債権の弁済を受けるまでその物を留置することができる物権である（二九五条一項本文）。留置権者（債権者）が一定の物を留置することにより債務者による債務の弁済を促すことを目的としている。

(ロ)　先取特権　先取特権とは、民法やその他の法律の規定に従い債務者の財産について他の債権者に先立って債権の弁済を受けることができる物権である（三〇三条）。先取特権には、債務者の総財産の上に成立する一般先取特権（三〇六条）と特定の財産の上に成立する特別先取特権の二つがある。そして、特別先取特権は、さらに、特定の動産の上に成立する動産先取特権（三一一条）と特定の不動産の上に成立する不動産先取特権（三二五条）の二つに分かれる。

(ハ)　質　権　質権とは、債権の担保として債務者または第三者から受け取った物を占有しその物について他の債権者に先立って債権の弁済を受けることができる物権である（三四二条）。質権者（債権者）は、目的物を留置して債務者による債務の弁済を促すとともに、目的物を競売して売却代金や売得金から他の債権者に優先して弁済を受けることができる。質権は、財産権もその目的とすることができる（三六二条一項）。質権には、動産の上に成立する動産質権（三五二条）、不動産の上に成立する不動産質権（三五六条）、財産権の上に成立する権利質権（三六二条）の三つがある。

(ニ)　抵当権　抵当権とは、債務者または第三者が占有を移さずに債務の担保に供した不動産について他の債権者に先立って債権の弁済を受けることができる物権である（三六九条一項）。最も代表的な担保物権であるといってよい。抵当権は、地上権や永小作権もその目的とすることができる（三六九条二項）。一般の抵当権は特定の債権を担保するためのものであるが、不特定の債権のうち元本確定期日に存在する債権を極度額の限度で担保する根抵当権といわれるものもある（三九八条の二）。

(6)　民法以外の法律の定める物権　たとえば、鉱業権（鉱業法一二条）、採石権（採石法四条三項）、漁業権（漁業法二三条一項）がこれである。

(7)　物権的権利

(イ)　ここで物権的権利とは、慣習上の物権的権利の外に、物権に準じる内容をもつ権利、すなわち、通常何らかの公示方法を備え、物権と同じような排他性を有する権利をいう。

(ロ) 慣習上の物権的権利については、すでに述べたので省略する（本書二九頁以下参照）。

(ハ) 慣習上の物権的権利以外の物権的権利としては、たとえば、公示方法を備えた賃借権（六〇五条、借地借家一〇条一項二項・三一条一項、農地法一八条一項）がある。賃借権は、本来、民法上債権とされているものであるが、公示方法を備えた賃借権は、物権と同じような排他性を有し物権に準じる内容をもつので物権的権利といってよいであろう（債権でないという趣旨ではない。物権に準じる内容をもつ債権という意味である）。なお、罹災都市借地借家臨時処理法は、非常事態に対処するため、公示方法を備えない賃借権にも物権と同じような排他性を認め、これを物権的権利として取り扱っている（罹処一〇条）。

第二章　物権的請求権（物上請求権）

第一節　序

一　物権的請求権の概念

(1)　通説的見解　通説的見解によれば、物権的請求権(1)(2)とは、物権者が物権の内容の完全な実現が妨害されているか妨害されるおそれがある場合に目的物の返還や妨害排除、妨害予防などを請求することができる権利である。

（1）　物権的請求権については、鳩山秀夫「所有権より生ずる物上請求権」民法研究二巻一一七頁以下（昭和五年）、川島武宜「物権的請求権に於ける『支配権』と『責任』の分化」法協五五巻六号二五頁以下、九号三四頁以下、一一号六七頁以下（昭和一二年）、田島順「物権的請求権の取扱」法叢四〇巻二号五一頁以下（昭和一四年）、金山正信「物権的請求権」同法六九号一頁以下、七〇号四八頁以下（昭和三七年）、伊藤高義・物権的返還請求権序論──実体権的理解への疑問として──（昭和四六年）、玉樹智文「妨害除去請求権の機能に関する一考察──ドイツにおける議論を巡って──」林良平先生還暦記念論文集（現代私法学の課題と展望）中二一七頁以下（昭和五七年）、山田晟「物権的請求権としての『引取請求権』について」法学協会百周年記念論文集三巻一頁以下（昭和五八年）、佐賀徹哉「物権的請求権」民法講座2一五頁以下、田中康博「物権的請求権の拡張」六甲台論集三二巻二号一七三頁以下（昭和六〇年）、大木康「物権的請求権の消滅時効に関する覚書──通説に対する疑問を中心として──」慶應義塾大学大学院法学研究科論文集二二号一五五頁以下（昭和六〇年）、川角由和「近代的所有権の基本的性格と物権的請求権との関係──その序論的考察──」九法五〇号六一頁以下、五一号二七頁以下（昭和六〇年─六一年）、小川保弘「物権的請求権に関する研究」物権法研究一頁以下（昭和六〇年）、石田喜久夫「物権的請求権について」物権法拾遺一頁以下（昭和六一年）、七戸克彦「我が国における『物権的請求権』概念の推移──旧民法から現行民法に至るまで──」慶應義塾大学大学院法学研究科論文集二五号七九頁以下（昭和六二年）、田中康博「物権的請求権における『責任要件』について」六甲台論集三四巻四号一二三頁以下（昭和六三年）、三野陽治「物権的請求権と請求権規範」洋法三一巻一・二号一頁以下（昭和六三年）、田中康博「所有権に基づく物権的請求権の請求権内容について」京都学園法学創刊号五三頁以下（平成二年）、鎌野邦樹「物権的請求権について――妨害排除と『自力救済』を中心に――」高島平蔵教授古稀記念（民法学の新たな展開）一一九頁以下（平成五年）、和田真一「費用の過大さを理由とする妨害排除請求の制限――BGB二五一条二項の適用範囲論をめぐって――」立命二二五・二二六号二七頁以下（平成五年）、川角由和「ネガトリア責任と金銭賠償責任との関係について――ドイツにおける判例分析を中心に――」広中俊雄先生古稀祝賀論集（民事法秩序の生成と展開）五三七頁以下（平成八年）、堀田親臣「物権的請求権の再検討――成立要件という側面からの考察――」広法二二巻二号一六一頁以下、三号六一頁以下（平成一〇年一一年）、川角由和「ヨホウ物権法草案以降におけるネガトリア請求権規定（一〇〇四条）形成史の探究――イミッシオーン規定（九〇六条）との関連性を顧慮した覚え書き――」ドイツ民法典の編纂と法学四一九頁以下（平成一一年）、堀田親臣「物権的請求権と費用負担の問題についての一考察――自力救済との関係を中心に――」広法二二巻四号二〇七頁以下、二三巻一号一四一頁以下（平成一一年）、於保不二雄「物権的請求権の本質」民法著作集I――財産法――八七頁以下（平成一二年）、堀田親臣「物権的請求権における共働原因と費用負担――ドイツ法における議論を中心に――」広法二三巻四号一六五頁以下、二四巻一号八九頁以下（平成一二年）、道垣内弘人「物権的請求権：『法と経済学』風」石田喜久夫先生古稀記念（民法学の課題と展望）一九九頁以下（平成一二年）、柳沢弘士「ドイツ警察責任法立法史管見」日法六六巻三号四八一頁以下（平成一二年）、堀田親臣「物権的請求権の破産法上の取り扱いに関する一考察――損害賠償請求権との対比を念頭に置いて――」広法二四巻四号八七頁以下、二五巻一号二七頁以下（平成一三年）、鷹巣信孝「所有権に基づく妨害排除請求権」所有権と占有権――物権法の基礎理論――五七頁以下（平成一五年）、川角由和「エドアルト・ピッカー著『物権的妨害排除請求権』―― Eduard Picker, Der negatorische Beseitigungsanspruch ――」龍谷法学三七巻二号一頁以下、三号一頁以下、四号一頁以下、三八巻一号一頁以下、三九巻二号一〇七頁以下（平成一六年）、松岡久和「物権的請求権」要件事実論と民法学との対話一八六頁以下（平成一七年）、川角由和「物権的請求権の独自性・序説――ヴィントシャイト請求権論の『光と影』――」原島重義先生傘寿（市民法学の歴史的・思想的展開）三九七頁以下（平成一八年）、西村峯裕＝古座昭宏「物権的請求権の相手方」産大法学四一巻一号三九頁以下（平成一九年）参照。

（2）ローマ法においては、所有権の保護手段として、所有物返還訴権 rei vindicatio と否認訴権 actio negatoria が認められていた。このうち、否認訴権は、妨害者の権利主張を伴う所有権侵害の排除に向けられたが（権利主張を伴わない単なる事実的侵害は占有侵害とされた）、権利主張を伴う必要性は次第に弱められていった（Münchener Kommentar, §1004 Nr. 2）。

ドイツ民法においては、物権的請求権として、返還請求権 Herausgabeanspruch（九八五条）、妨害排除請求権 Beseitigungsanspruch および妨害予防請求権 Unterlassungsanspruch（一〇〇四条）、引取請求権 Verfolgungsrecht（一〇〇五条）が認められている。ドイツ普通法は妨害排除請求権における妨害者の権利主張を伴う所有権侵害の必要性を完全に否定したが（権利主張を伴わない単なる事実的侵害でよい）、ドイツ民法もこれにならっている（Münchener Kommentar, §1004 Nr. 2）。引取請求権については後述する（本書八九頁以下参照）。

スイス民法においては、返還請求権と妨害排除請求権、妨害予防請求権が認められている（六四一条二項）。引取請求権については特に規定がない。妨害排除請求権における妨害者の権利主張を伴う所有権侵害の必要性は、ドイツ民法の場合と同様に否定されている（Berner Kommentar, §641 Nr. 89）。

フランス民法においては、物権的請求権について特に規定がない。しかし、学説は返還訴権 action en revendication と否認訴権 action négatoire を認めている。否認訴権においては、ローマ法におけるのと同様、妨害者の権利主張を伴う所有権侵害の必要性が維持されており、実務上ほとんど用いられていない。これに代わるものとして用いられているのが占有訴権 action possessoire である（大塚直「生活妨害の差止に関する基礎的考察――物権的妨害排除請求と不法行為に基づく請求との交錯――」法協一〇四巻二号一二四頁以下（昭和六二年）参照）。

(2) 物権的請求権に基づく復元請求

(イ) 目的物が滅失、損傷した場合、物権的請求権に基づきその復元を求めることはできるであろうか。あまり議論されていない。

(ロ) まず、目的物が滅失（全部滅失）した場合、物権が消滅すると解される。それゆえ、物権的請求権に基づき目的物の復元を求める余地はないといえよう。民法一九一条も、占有物が滅失した場合、損害賠償の問題として処理している。

(ハ) 目的物が損傷した場合、物権は消滅しない。しかし、目的物が滅失した場合にその復元を請求することができないこととのバランス上、物権的請求権に基づきその復元を求めることはできないと解すべきであろう[(1)]。民法一九一条も、占有物が損傷した場合、損害賠償の問題として処理している。

（1） 広中・二六七頁は、Aの石垣が崩れ落ちBの花壇が毀損されても、BはAに対し妨害排除請求権によって花壇の修復を求めることはできないとする。

(3) 結び 以上によれば、物権的請求権とは、目的物が滅失、損傷しその復元を求める場合を除き、物権者が物権の内容の完全な実現が妨害されているか妨害されるおそれがある場合に目的物の返還や妨害排除、妨害予防などを請求することができる権利であるということになるであろう。

二　物権的請求権の種類

(1)　序　物権的請求権には、大きく分けて行為請求権と忍容請求権の二つがある。

行為請求権とは、物権者が相手方（妨害者）に対し相手方の費用負担で一定の行為をすることを求める請求権であり、これには、さらに、返還請求権、妨害排除請求権、妨害予防請求権の三つがある。

忍容請求権とは、物権者が自己の費用負担で一定の行為をするに際し相手方に対してその忍容を求める請求権であり、引取請求権がその代表的なものである。

(2)　行為請求権

(イ)　返還請求権　返還請求権とは、物権者が目的物を無権原で占有しているかこれに準じる者に対しその者の費用負担で目的物の返還を求める請求権である。たとえば、土地の所有者が当該土地の不法占有者に対し当該土地の返還を求めるのがこれである。無権原の占有者に準じる者とは、たとえば、Aの庭石が隣接地であるBの庭にBの帰責事由により落下した場合、Bは庭石の占有を取得していないものの自己の権利領域内にAの庭石があり占有しているのに準じる状態にあるが、このような状態にある者をいう。返還請求権は、目的物が不動産の場合には明渡請求権、動産の場合には引渡請求権ともいわれる。

(ロ)　妨害排除請求権　妨害排除請求権とは、物権者が目的物の占有を失うという態様以外の態様で物権を妨害されている場合に妨害者に対しその者の費用負担で排除を求める請求権である。たとえば、Aの庭石がAの帰責事由により隣接地であるBの庭に落下した場合にBがAに対し庭石の排除を求めるのがこれである。

(ハ)　妨害予防請求権　妨害予防請求権とは、物権者が物権を妨害されるおそれがある場合に妨害のおそれを生じさせている者に対しその者の費用負担で妨害予防を求める請求権である。たとえば、Aの庭石がAの帰責事由により隣接地であるBの庭に落下しそうな場合にBがAに対し落石を予防するため適当な措置をとるように求めるのがこれである。

(3) 忍容請求権　忍容請求権にも種々のものがあるが、ここではその代表例として引取請求権[1][2]を説明するにとどめる。引取請求権とは、物権者が相手方に対し物権者の費用負担で目的物を引き取るのを忍容するように求める請求権である。たとえば、Aの庭石がA・Bの帰責事由によることなく隣接地であるBの庭に落下した場合、AはBに対し庭石引取りの忍容を求めることができるというのがこれである。

（1） 引取請求権については、山田晟「物権的請求権としての『引取請求権』について」法学協会百周年記念論文集三巻一頁以下（昭和五八年）参照。

（2） 引取請求権についてはドイツ民法一〇〇五条に規定がある。しかし、ドイツにおいてこの規定はあまり重視されていないようである。たとえば、Baur-Stürner の体系書はこの規定について何らの説明もしていない。Jauernig は、相手方が物権者の引取りに同意すれば引取請求権は余計であるし、相手方が同意しなければ物権者の返還請求権が生じるから、この規定は無意味であるとする（Jauernig, Bürgerliches Gesetzbuch, 9. Aufl. 1999, § 1005 Nr. 1）。

後述するように、相手方が正当な理由なく引取りの忍容を拒否した場合には物権者に返還請求権が発生すると解すべきであり（本書四八頁以下参照）、引取請求権は返還請求権発生の前提としての意義のみを有すると思われる。注釈民法(6)一六七頁以下（好美清光執筆）も参照。

三　物権的請求権と費用負担

(1) 序

(イ) 物権的請求権は、誰の費用負担によって行使されるのであろうか。物権的請求権は、行為請求権の場合には相手方の費用負担で行使され、忍容請求権の場合には物権者の費用負担で行使されることに異論はない。それゆえ、物権的請求権は誰の費用負担で行使されるのかという問題は、物権的請求権は行為請求権と忍容請求権のうちどちらの請求権として現れるのか、あるいは、どのような場合に行為請求権として現れ、どのような場合に忍容請求権として現れるのか、という問題である。

(ロ)　(a)　ここで費用とは、物権的請求権が実現されるのに必要な費用である。Aの庭石が隣接するBの庭に落下した場合に即して説明してみよう。

第一に、AやBがCに依頼して庭石をBの庭からAの庭に移動した場合に生じる費用、たとえば、Cに支払う報酬は費用に入る。(1)

第二に、AやBが強制執行に要した費用（執行費用（民執四二条））も費用に入る。たとえば、強制執行においてCに対し庭石をBの庭からAの庭に移動させるのに要した費用がこれである（四一四条二項本文、民執一七一条）。

第三に、訴訟費用や弁護士費用（物権的請求権の行使に必要な限度に制限されるのは当然である）も費用に入る。これらの費用も物権的請求権が実現されるのに必要だからである。なお、忍容請求権においては、相手方が正当な理由なく忍容を拒否すれば行為請求権の問題となるから（本書四八頁以下参照）、忍容請求権についての訴訟費用や弁護士費用はほとんど考えられないが、たとえば、BがAによる庭石引取りの忍容請求を正当な理由なく拒否したのに、Aが庭石の返還訴訟を提起しないで庭石引取りの忍容訴訟を提起し勝訴した場合（このような忍容訴訟は可能である（本書九一頁参照））、Aは庭石引取りの費用を負担し、Bは訴訟費用（Aの訴訟費用）や弁護士費用（Aの弁護士費用）を負担するということになるであろう（このようなケースでAがBに対し弁護士費用を求めることはあまり考えられないが、これを求めた場合にはBが弁護士費用も負担する）。

(1)　川井・一四頁以下は、第一の費用のみが費用に入るとする。

(b)　AがBに対し庭石の返還を求めて訴えを提起し勝訴した場合、費用については次のようになるであろう。

執行費用については当然にB負担となる（民執四二条一項）。訴訟費用（Aの訴訟費用）についても当然にB負担となる（民訴六一条。ただし、訴訟費用の一部につきA負担となることがある（民訴六二条・六三条））。弁護士費用（Aの弁護士費用）については、執行費用や訴訟費用のように当然にB負担となるわけではないので、AはBに対する庭石返還訴訟において弁護士費用の支払いを併せて訴えておくべきである（庭石返還請求が認められれば、弁護士費用の支払請求も認められる）。

(2) 学　説　物権的請求権と費用負担の問題については二つの学説が対立している。

(イ) 行為請求権説　これは、物権的請求権は相手方の費用負担で行使される、すなわち、物権的請求権は行為請求権として現れるとする。基本的には行為請求権説をとるのが学説の多数であり、判例（大判昭一二・一一・一九民集一六巻一八八一頁（妨害が不可抗力で生じた場合や物権者が妨害を受忍する義務がある場合を除くとする））でもある。もっとも、基本的には行為請求権説をとる学説であっても細部では区々に分かれている。

まず、第一の見解は、物権的請求権は社会観念上妨害者と評価されるべき者の費用負担で行使されるとする。そして、たとえば、Aの庭石が大雨で隣接地のBの庭に落下した場合、BはAの庭石を占有していずAによる庭石の引取りを阻止しない限りAの庭石所有権を妨害しているとはいえず、むしろ、AがBの庭に庭石を所有することによりBの庭所有権を妨害していると評価され、それゆえ、BはAに対し庭石の妨害排除請求権を行使することができるが、AはBに対し庭石の返還請求権を行使することができず庭石の引取りを忍容すべき旨を求めうるにすぎないとする。(1)

第二の見解は、物権者は不可抗力で妨害が生じた場合を除き相手方の費用負担で物権的請求権を行使することができるとする。(2)

第三の見解は、物権者は相手方の費用負担で物権的請求権を行使することができるが、相手方は負担した費用に関し不法行為の原理により物権者に償還を求めることができるとする。(3)

以上のうち、第一の見解が行為請求権説の中で支配的である。(4)

(1) 第一の見解をとるのは、於保・三五頁以下、柚木＝高木・四五三頁以下（ただし、本文の庭石の設例で、Bは庭石の占有を取得するが庭石所有権を妨害していないとする）、石田(喜)・一三頁以下、我妻＝有泉・二六五頁、山田晟「物権的請求権としての『引取請求権』について」法学協会百周年記念論文集三巻一頁以下（ただし、本文の庭石の設例で、BがAによる庭石の引取りを阻止しても、AはBに対し庭石の引取請求権を有するのみで庭石の返還請求権を有しないとする）（昭和五八年）、小川保弘「日本における所有物妨害除去請求権の請求権内容について」物権法研究四九頁以下（昭和六〇年）、川角由和「近代的所有権の基本的性格と物権的請求権との関係——その序論的考察——」九法五一号六三頁以下（昭和六一年）、広中・二四三頁以下、田中康博「所有権に基づく物権的請求権の請求権内容について」京都学園法学創刊号六七頁以下（平成二年）、注釈民法(6)一六八頁以下（好美清光執筆）、平野・三一頁以下、松尾＝古積・三五頁以下（相隣地間で第三者の行為や自然力によって妨害が生じた場合には相隣関係における費用分担の規定を類推適用するとする）、山川・五〇頁。

(2)　第二の見解をとるのは、松坂・九頁以下、北川・二四頁。船越・三四頁以下、山野目・八二頁以下、月岡・一五頁も参照。

(3)　第三の見解をとるのは、近江・三四頁以下。川井・一三頁以下も参照。

(4)　Baur–Stürner は、妨害排除請求権について次のように述べている。

妨害排除請求権は、妨害が人の行為または意思活動に還元される場合や、現実的または潜在的な妨害が人の手によって作られた施設から生じる場合に認められる。しかし、妨害がもっぱら自然現象または不動産の自然の性質に起因する場合には妨害排除請求権は否定される。この場合、所有者は危険を受けている者による危険の除去を忍容しなければならない（Baur–Stürner, S. 125）。

(ロ)　忍容請求権説　これは、物権的請求権は物権者の費用負担で行使される、すなわち、物権的請求権は忍容請求権として現れるとする。基本的には忍容請求権説をとる学説もかなり有力であるが、細部では区々に分かれている。

第一の見解は、物権者は妨害につき相手方に帰責事由があれば負担した費用に関し不法行為に基づき相手方に対し損害賠償を求めることができるとする(1)。

第二の見解は、物権者は妨害につき相手方に帰責事由がなければ自己の費用負担で目的物の引取りや妨害排除、妨害予防をし相手方に対しその忍容を求めることができるのみであるが、相手方に帰責事由があれば相手方の費用負担で目的物の返還や妨害排除、妨害予防を求めることができるとする(2)。

第三の見解は、第二の見解に立ちつつ妨害につき当事者双方に帰着事由がない場合には共同の費用負担になるとする(3)。

第四の見解は、物権者は相手方が自らの行為で物権の妨害をもたらした場合を除き物権者の費用負担で物権的請求

権を行使するとする。(4)

（1） 第一の見解をとるのは、稲本・七八頁以下（七一七条の土地工作物所有者責任に準じ、不可抗力で樹木が隣接地に倒れたような場合であっても、隣接地所有者は、負担した費用につき樹木所有者に損害賠償を求めうるとする）、鈴木・二一頁以下。

（2） 第二の見解をとるのは、近藤・一一頁以下、末川・四四頁以下、川島一〇八頁（返還請求権については、相手方が善意占有者であれば物権者による占有回復を受忍する義務を負い、悪意占有者であれば物権者の住所へ目的物を持参または送付する義務を負うとする（川島・一〇五頁））、舟橋・四六頁、丸山・一九頁、加藤・三八頁以下。

（3） 第三の見解をとるのは、渡辺洋三「物権的返還請求権と妨害排除請求権」民法演習Ⅱ一〇〇頁以下（昭和三三年）、金山・五四頁以下、田山・三二頁以下。

（4） 第四の見解をとるのは、星野・二二頁、内田・三六六頁。

(3) 検　討

(イ) Aの庭石が隣接地であるBの庭に落下したという設例に即しつつ学説を検討してみよう。

(ロ) まず、行為請求権説の第一の見解であるが、これは、Aの庭石がBの庭に落下しただけではBは庭石の占有を取得せず、BはAの庭石所有権を妨害しているとはいえないが、AはBの庭に庭石を所有していることによりBの庭所有権を妨害しているとする。そして、AはBに対し庭石の引取りの忍容を求めうるだけで庭石の返還を請求することができないが、BはAに対し庭石の妨害排除を請求することができるとする。

しかし、庭石の落下につきBに帰責事由（故意・過失ばかりでなく土地工作物の設置・保存の瑕疵（七一七条）のような場合も含む）があるがAには帰責事由がない場合（たとえば、BがAとの境界線附近で工事をし、その振動でAの庭石がBの庭に落下した場合）を考えると、Bに庭石の占有がないとしても、Bは庭石の占有を取得してAに庭石を返還することができるのであるから、帰責事由のないAによる帰責事由のあるBに対する返還請求権を否認するのは妥当でない。また、右の場合、庭石の落下はもっぱらBの帰責事由によるのであるから、AがBの庭に庭石を所有していても、それはBが帰責事由により自ら招いたというべく、AがBの庭所有権を妨害していると解すべきではない。それゆえ、BのAに対する妨害排除請求権を認めるのは妥当でない(1)（本書四九頁参照）。この検討から明らかなように、問題は、Bが庭石の占有を取得したかどうかではなく、庭石の落下につきA・Bに帰責事由があるかどうか、Bが庭石の占有を取得して庭石を返還することができるかどうか、ということであると思われる。

(1) 広中・二六六頁は、Aの石垣が隣接地所有者であるBの過失によりBの土地に崩落した場合、AはBの土地所有権を妨げているとは評価されず、Bは崩れ落ちた石や土砂の占有を取得してAに返還する義務を負うとする。

(ハ) 次に、行為請求権説の第二の見解であるが、これによれば、不可抗力によって庭石が落下した場合、AはBに対し庭石引取りの忍容を請求することができるだけであり、また、BはAに対し庭石排除の忍容を求めることができるだけであって、いずれか先に忍容を求めて原状を回復した方が費用を負担することになり、妥当でないと思われる。また、不可抗力でなく庭石が落下した場合、たとえば、Aの帰責事由により庭石が落下した場合（Bには帰責事由がないとする）、帰責事由のあるAが帰責事由のないBの費用負担で庭石の返還を求めることができることになり不当であるばかりでなく、Aは不可抗力の場合には自ら費用を負担するのに帰責事由のある場合には費用を負担しないことになり著しくアンバランスである。

(ニ) 次に、行為請求権説の第三の見解であるが、これによれば、庭石の落下につき双方の当事者に帰責事由がない場合（不法行為の原理上帰責事由がない場合）、Aが返還請求権を行使すればBが費用を負担し、Bが妨害排除請求権を行使すればAが費用を負担することになる。それゆえ、先に物権的請求権を行使した方が有利となり、妥当でないと思われる。また、庭石の落下に帰責事由のあるAが帰責事由のないBに対し返還請求権を行使する場合、Bは負担した費用につきAに対し損害賠償を請求することになるが、このような手続きは煩瑣であり、AはBに対し自己の費用負担による庭石引取りの忍容を求めうるだけであるとする方が簡明である。

(ホ) 次に、忍容請求権説の第一の見解であるが、これによれば、庭石の落下につき双方の当事者に帰責事由がない場合、先に忍容を求めて原状を回復した方が費用を負担することになり、妥当でないと思われる。

また、庭石の落下につき帰責事由のないAが帰責事由のあるBに対し引取りの忍容を請求する場合、Aは負担した費用を損害賠償としてBに請求することになるが、このような手続きは煩瑣であり、AはBに対し返還を請求することができるとする方が簡明である。

(ヘ) 次に、忍容請求権説の第二の見解であるが、これによれば、庭石の落下につき双方の当時者に帰責事由がない場合、双方とも相手方に対し自己の行為の忍容を請求することができるだけとなり、結局、先に忍容を求めて原状を回復した方が費用を負担することになる。(1) これは、たびたび述べてきたように妥当でないと考える。

(1) 舟橋・四六頁。

(ト) 次に、忍容請求権説の第三の見解であるが、庭石の落下につき双方の当事者に帰責事由がない場合、当事者双方の共同の費用負担になるとする。しかし、AはBの庭に何らの権原もなく庭石を所有してBの庭を使用しているのであり、これは、他人の物を使用するには何らかの権原を必要とし、何らの権原もなく他人の物を使用するのは他人の所有権の侵害であって許されないという所有権に関する法原則に反する。このことは、Aに帰責事由がなくても同じである。そのため、Aは、帰責事由がなくても権原なくBの庭を使用すればBに対し使用利益相当の不当利得の返還義務を免れないのである。そして、AはBの帰責事由によりBの庭に庭石を所有することを余儀なくされたわけではない。すなわち、Bは帰責事由により自らAがBの庭に庭石を所有することを招いたわけではない。Bが帰責事由により自らAがBの庭に庭石を所有することを招いた場合には、AがBの庭に権原なく庭石を所有しても所有権に関する法原則に反するとはいえないが、設例の場合はそうでない。それゆえ、AはBの庭に権原なく庭石を所有することによりBの庭所有権を妨害しているというべきである。他方、Bの庭にAの庭石があることにBに帰責事由がない以上、BはAによる庭石の引取りを正当な理由なく拒否しない限りAの庭石所有権を妨害しているとはいえない。そうだとすれば、所有権に関する法原則に反しているAの費用負担で庭石は原状に回復されるべきである。(1)

(1)　川角由和「近代的所有権の基本的性格と物権的請求権との関係――その序論的考察――」九法五一号六六頁以下（昭和六一年）は、ドイツのPickerの見解によりつつ、妨害排除とは、自らに割り当てられた権利領域を逸脱して他人の権利領域の完全性を侵害した妨害者がその権利領域のズレを矯正することであるという。鷹巣信孝「所有権に基づく妨害排除請求権」所有権と占有権――物権法の基礎理論――九四頁以下（平成一五年）は、所有者は自己の物を自己の支配領域内で保持・管理し、他人の支配領域を侵害しない義務を負うという。

(チ)　最後に、忍容請求権説の第四の見解であるが、庭石の落下が双方の当事者の行為によらないで生じた場合、双方とも相手方に対し自己の行為の忍容を請求することができるだけとなり、結局、先に忍容を求めて原状を回復した方が費用を負担することになる。これは、しばしば述べてきたように妥当でないと考える。

(4)　私　見　Aの庭石が隣接するBの庭に落下したという設例に即して私見を述べてみよう。

(イ)　(a)　庭石の落下につきAに帰責事由（故意・過失ばかりでなく、土地工作物の設置・保存の瑕疵（七一七条）のような場合も含む）があるがBにはない場合、AはBに対し庭石引取りの忍容を求めうるだけであるが、BはAに対し妨害排除を求めうると解してよいであろう。この場合、庭石の落下はもっぱらAの帰責事由によって生じたのでありAがBの庭に権原なく庭石を所有することによりBの庭所有権を妨害しているといってよく、Aの費用負担によってBの庭所有権の妨害状態は解消されるべきである。他方、庭石の落下がもっぱらAの帰責事由によって生じた以上、BはAによる庭石引取りを正当な理由なく拒否しない限りAの庭石所有権を妨害しているというべきではない。それゆえ、AはBに対し庭石引取りの忍容請求権を有し、BはAに対し庭石の妨害排除請求権を有すると解される。

　Bが正当な理由なくAによる庭石引取りの忍容を拒否した場合（Bに正当な理由があるのは、引取りの時期が都合が悪いなど忍容の拒否が一時的な場合である。Bが永久に忍容の拒否をするのは許されない）、Bは庭石の落下に帰責事由があるのと同じに扱われ、A・B双方に帰責事由がある後述の(c)の場合として処理されることになるであろう。

(b)　庭石の落下につきAに帰責事由がないがBにはある場合、AはBに対し庭石の返還を求めうるが、BはAに対し庭石排除の忍容を求めうるだけであると解してよいであろう。この場合、庭石の落下はもっぱらBの帰責事由によって生じたのであり、BがAの庭石所有権を妨害している（Aの庭石がBの庭にあることによりAの庭石所有権の内容の完全な実現が妨害されている状態をBが生じさせている）といってよく、Bの費用負担によってAの庭石所有権の妨害状態は解消されるべきである。他方、AがBの庭に権原なく庭石を所有するのは、前に述べたように、権原なく他人の物を使用することはできないという所有権に関する法原則に反するようにもみえるが（本書四七頁参照）、しかし、Aはこのことを Bの帰責事由によって余儀なくされたのであり、すなわち、Bはこのことを帰責事由によって自ら招いたのであり、このような場合にはAがBの庭に権原なく庭石を所有しても所有権に関する法原則に反しないというべきである。それゆえ、AはBによる庭石の排除を正当な理由なく拒否しない限りBの庭所有権を妨害しているとはいえない。以上により、AはBに対し庭石の返還請求権を有し、BはAに対し庭石排除の忍容請求権を有すると解される。

Aが正当な理由なくBによる庭石排除の忍容を拒否した場合、Aは庭石の落下に帰責事由があるのと同じに扱われ、A・B双方に帰責事由がある次に述べる(c)の場合として処理されることになるであろう。

(c)　庭石の落下につきA・B双方に帰責事由がある場合、AはBに対し庭石の返還請求を、BはAに対し庭石の妨害排除請求をそれぞれ行うことができるが、費用負担は双方の帰責事由の程度に応じて決定されると解してよいであろう。この場合、Aは帰責事由をもってBの庭に権原なく庭石を所有することによりBの庭所有権を妨害しているが、しかし、これにはBの帰責事由も関与している。他方、Bは帰責事由をもってAの庭石がBの庭にあることを生じさせAの庭石所有権を妨害しているが、しかし、これにはAの帰責事由も関与している。それゆえ、Aの庭石所有権とBの庭所有権の妨害状態はそれぞれの帰責事由の割合による費用負担によって解消されるべきである。すなわち、AはBに対し庭石の返還請求を、BはAに対し庭石の妨害排除請求をそれぞれ行うことができるが、費用負担は双方の帰責事由の割合によって決定されるべきである。

たとえば、庭石の落下につきAに三割、Bに七割の帰責事由がある場合、Aが費用の三割、Bが費用の七割を負担する。そこで、AがBに対し庭石の返還を求める場合であっても、BがAに対し庭石の妨害排除を求める場合であっても、Aが費用の三割、Bが費用の七割を負担する。どちらが先に訴えを提起するかによってA・Bの費用負担の割合が変わることはない。

費用負担の割合は判決主文に明記すべきであろう。[(1)] 費用負担の割合が判決主文で明記された場合、執行費用はそれに基づき算定されるべきである（民執四二条四項参照）。訴訟費用もそれに基づき算定されるべきである（民訴六四条本文参照）。右の例でいえば、基本的にはAが訴訟費用の三割、Bが訴訟費用の七割を負担することになるであろう。弁護士費用も前記の費用負担の割合に基き算定されるべきである。右の例でいえば、Aは自己の返還請求の実現に必要な弁護士費用の三割とBの弁護士費用のうちBが妨害排除を請求すればその実現に必要であったとみられる弁護士費用の三割を負担し、自己の返還請求の実現に必要な弁護士費用から右の額の合計を差し引いた額を弁護士費用として請求することができるということになるであろう。

前述の(a)(b)で忍容請求を受けた当事者が正当な理由なくこれを拒否した場合、庭石の落下につきA・B双方に帰責事由がある場合と同じに扱われるが、この場合の費用負担の割合は、忍容請求を拒否した当事者の事情と相手方の庭石落下に対する帰責事由を比較して決定されることになるであろう。

（1）　広中・二六九頁、山野目・九〇頁以下参照。静岡地浜松支判昭三七・一・一二下民集一三巻一号一頁は、隣接する土地の境界の土止めの修復工事を求める訴えにおいて、土止めの崩壊は隣接地所有者双方の過失によるとし、判決主文において「被告は原告両名と共同して……別紙練石積設計書記載の工事をなしその費用の半額を負担するか原告が単独で工事を行った時はその費用合計金十五万七千円の半額金七万八千五百円を負担しなければならない」と判示した。

(d)　庭石の落下につきＡ・Ｂ双方に帰責事由がない場合、ＡはＢに対し庭石引取りの忍容を求めうるだけであるが、ＢはＡに対し庭石の妨害排除を求めうると解してよいであろう。この場合、Ａは、Ｂの庭に権原なく庭石を所有している。ＡがＢの庭に権原なく庭石を所有するのは、権原なく他人の物を使用することができないという所有権に関する法原則に反する。そして、ＡはＢの帰責事由によりこのことを余儀なくされたわけではない、すなわち、Ｂは帰責事由によりこのことを自ら招いたわけではない。それゆえ、ＡはＢの庭に権原なく庭石を所有することによってＢの庭所有権を妨害しているというべきである。他方、Ｂは、Ｂの庭にＡの庭石があることにつき帰責事由がない以上、Ａによる庭石の引取りを正当な理由なく拒否しない限りＡの庭石所有権を妨害しているというべきではない。以上により、ＡはＢに対し庭石引取りの忍容を求めうるもののその返還を請求することができないが、ＢはＡに対し庭石の妨害排除を請求することができると解してよいであろう。

ＢがＡからの庭石引取りの忍容請求を正当な理由なく拒否した場合、Ｂは庭石の落下につき帰責事由がある場合と同じに扱われると解してよいであろう。それゆえ、この場合は前述の(b)の場合として処理される。

(ロ)　以上の検討によれば、物権的請求権は、原則として行為請求権として現れるが、物権の妨害につき物権者に帰責事由があるが相手方にはない場合、および、物権の妨害につき双方の当事者に帰責事由がない場合で、相手方が物権者による妨害状態の解消を正当な理由なく拒否しなければ物権を妨害しているとはいえない場合には忍容請求権として現れるということになるであろう。

四　物権的請求権の自力救済と費用負担

(1)　序　物権的請求権を有する者が自力で権利内容の実現をはかる場合、費用負担との関係はどうなるであろうか。ここでは、Ａの庭石が隣接地であるＢの庭に落下したという設例に即して検討してみよう。

(2)　自力救済の要件

(イ)　一般に、自力救済は、裁判所の助けを待っていたのでは権利の実現が不可能か著しく困難になるという急迫した事情が存在し、かつ、権利の行使の仕方が相当な場合（最判昭四〇・一二・七民集一九巻九号二一〇一頁）、および、占有者が奪われた占有を自力で回復する場合に限り認められている。

(ロ)　しかし、一般的見解のいう自力救済の要件は厳格にすぎると考えられ、その要件の緩和が検討されるべきである。その詳細は別に述べた所に譲るが[(1)]、種々の状況に応じて自力救済がかなり弾力的に認められるべきである。

（1）　石田(穣)・六七頁以下参照。

(3)　物権的請求権と自力救済

(イ)　まず、AがBに対し庭石の返還請求権を有する場合を考える。設例においてはBがAの庭石の占有を奪った場合でないことを考えれば、Aは、原則として、Bの物理的抵抗を排除したり、BによるBの庭への立入り拒否の明確な意思の表示を無視して自力救済を行うことは許されないと解すべきであろう。双方の暴力行為などの違法行為が誘発されやすいからである。これに対し、Bが物理的抵抗をしなかったり、Bが庭への立入り拒否の明確な意思の表示をしない場合、AはBに対し庭石の引渡しを催告した上でBの庭に立ち入り庭石を引き取ってよいと解される。AがBに対し庭石の返還請求権を有する場合、私見によれば、Bが単独で費用を負担するか、AとBが一定の割合で費用を分担すべきであるから（本書四八頁以下参照）、AはBに対し自力救済に要した費用の全部あるいは一部の償還を請求することができる。

(ロ)　次に、AがBに対し庭石引取りの忍容請求権を有する場合を考える。この場合、Bが正当な理由なく庭石引取りの忍容を拒否すればAのBに対する庭石の返還請求権が発生する（本書四八頁以下参照）。それゆえ、この場合の自力救済は右の(イ)の場合の自力救済として扱われることになるであろう。Bが正当な理由により庭石引取りの忍容を拒否した場合（前述のように、引取りの時期が都合が悪いなど忍容の拒否が一時的な場合（本書四八頁参照））、Aによる自力救済は許されない。

(ハ)　次に、Bが Aに対し庭石の妨害排除請求権を有する場合を考える。Bは、Aが物理的抵抗をしなかったり、AがAの庭への立入り拒否の明確な意思の表示をしない場合、Aに対し妨害の排除を催告した上でAの庭に立ち入り庭石を元の場所に戻すことができると解される。BがAに対し庭石の妨害排除請求権を有する場合、私見によれば、Aが単独で費用を負担するか、AとBが一定の割合で費用を分担すべきであるから（本書四八頁以下参照）、BはAに対し自力救済に要した費用の全部あるいは一部の償還を請求することができる。

(ニ)　次に、BがAに対し庭石排除の忍容請求権を有する場合を考える。Aが正当な理由なくBによる庭石排除の忍容を拒否した場合、BはAに対し妨害排除請求権を有することになるから（本書四九頁以下参照）、この場合の自力救済は前述の(ハ)の問題として処理される。Aが正当な理由により庭石排除の忍容を拒否した場合、Bによる自力救済は許されない。

五　物権的請求権の根拠

(1)　序　通説的見解は、物権的請求権の主要な根拠は物権が物に対する直接的な支配権であることであるとする。しかし、すでに述べたように、物権が物に対する直接的な支配権であるとすることには疑問があり（本書三頁以下参照）、また、債権（物に対する直接的な支配権でないことに異論はない）にも妨害排除請求権などが認められるべきであるから（本書九六頁以下参照）、通説的見解は妥当でないといわざるをえない。さらに、通説的見解によれば、BとCがAから同一不動産を二重に譲り受けたがともに対抗要件を備えない場合、BとCは、ともに物に対する直接的な支配権である所有権を取得するが、それには排他性がなく相互に物権的請求権を行使することができないとされる（本書一三〇頁参照）。それゆえ、物権的請求権の根拠を物に対する直接的な支配権に求める通説的見解にはここにも疑問がある。

(2)　物権的請求権の根拠　物権的請求権が認められるべき根拠としては次の三点が重要である。

(イ)　第一は、物権の内容を完全に実現する法的手段が与えられないとすれば、物権という権利を認めても意味がないということである。たとえば、土地の所有者が不法占有者に対し返還を求めえないとすれば、物に対する使用・収益・処分という全面的支配権としての所有権は基本的な制約を受けることになり、土地の所有者といっても意味がないのである。このことは、土地の所有者は不法占有者に対し不法行為による損害賠償請求権や不当利得に基づく利得返還請求権をもつことを考えても同じである。それゆえ、物や権利を支配する権利としての物権はその支配が妨害される場合にそれを排除する権能を当然に内包していると解すべきである。

(ロ)　第二は、起草者は物権的請求権を肯定していたということである。旧民法財産編三六条一項本文は、「所有者其物ノ占有ヲ妨ケラレ又ハ奪ハレタルトキハ所持者ニ対シ本権訴権ヲ行フコトヲ得」と規定していた。現行民法は、一八九条二項や二〇二条一項において「本権の訴え」を予定しているものの旧民法財産編三六条一項本文のような規定は設けなかった（ドイツ民法九八五条以下、スイス民法六四一条二項は、所有権に基づく物権的請求権について規定している）。その理由は、起草者によれば、「本権ノ訴ハ之ハ所有権ニ限ルモノテナク総テノ権利ニ付テアリマスカラ若シ然ウ云フコトヲ書クナラハ各権利ノ訴ニ付テモ本権ノ訴ヲ起スコトヲ得ルト云フヤウニ書カナケレハナラヌ然ウ云フコトハ寔ニ煩ハシイカラシテ省クコトニシマシタ(1)」というのである。以上によれば、起草者は、物権的請求権（物権に関する「本権の訴え」）を肯定しつつも起草上の煩わしさから規定を設けるのを省略したといえよう(2)。それゆえ、物権的請求権を認めるのは、起草者の意思に適合するものではあっても、それに反するものではないのである。

(1)　民法議事速記録七巻八八頁。

(2)　占有権については「占有の訴え」（占有訴権。一九七条）が規定されている。これは、起草者によれば、占有の訴えは迅速に決定する必要があるため通常の事件とは管轄や証明その他が異なり、そのため、特別の訴えを許す趣旨で特に規定されたとされる（民法議事速記録六巻二〇七頁）。

(ハ)　第三は、占有権に占有訴権、すなわち、占有保持・占有保全・占有回収の訴えが認められている以上（一九七条以下）、他の物権にも物権的請求権が認められるべきであるということである。占有権が占有訴権によって保護されている以上、これとのバランス上、他の物権も物権的請求権によって保護されるべきであるといえよう。もちろん、実力行使（自力救済を含む実力行使一般を指す）を抑止し占有者の生活の平和を維持するという占有訴権が認められる主要な理由（本書五五四頁以下参照）は十分考慮しなければならないが、(1) しかし、物権的請求権も特に仮処分と結びつくことにより実力行使を抑止し物権者の生活の平和を維持することに貢献するのである。それゆえ、占有権に占有訴権が認められていることを他の物権に物権的請求権を認める根拠の一つにしても不当であるとはいえないであろう。

（1） 川島・一〇三頁以下参照。

六　物権的請求権の法的性質

(1)　学　説　物権的請求権の法的性質については大きく分けて三つの学説がある。

第一は、債権説(1)（準債権説）である。これは、物権的請求権を債権、あるいは、債権に準じるものであるとする。

第二は、独立請求権説(2)である。これは、物権的請求権を物権から派生するが物権とは別の独立した請求権であるとする。

第三は、物権説(3)である。これは、物権的請求権を物権の動的形態あるいは物権の効力とするものである。判例は、この立場をとる（大判大五・六・二三民録二二輯一一六一頁、同判大六・三・二三民録二三輯五六〇頁）。

以上のうち、独立請求権説が多数である。

（1） 債権説（準債権説）をとるのは、川名・三頁以下、末弘・五四頁、松本烝治・人法人及物六九頁（大正二五年）、鳩山秀夫「所有権より生ずる物上請求権」民法研究二巻一八一頁以下（昭和五年）、石田(文)・四六頁以下。

（2） 独立請求権説をとるのは、林・三三頁、末川・三五頁、舟橋・四〇頁、金山・五〇頁、柚木＝高木・四四五頁、原島ほか・三〇頁（高島平蔵執筆）、我妻＝有泉・二三頁、稲本・六五頁以下、松坂・九頁、平野・二六頁、船越・四〇頁、田山・二三頁、川井・一一頁、近江・二六頁。

（3） 物権説をとるのは、三潴・一六頁、近藤・一〇頁、渡辺洋三「物権的返還請求権と妨害排除請求権」民法演習Ⅱ一〇二頁以下

（昭和三三年）、川島・一〇三頁、石田(喜)・一一頁。

(2)　検　討

(イ)　まず、債権説であるが、物権的請求権は物権と不可分一体の関係にあり、これを債権とするのは妥当でない。すなわち、物権的請求権は物権と運命をともにし、物権が譲渡されれば物権的請求権も譲渡されるし（大判昭三・一一・八民集七巻九七〇頁）、物権的請求権を物権とは別に独立して譲渡することはできないと解される。また、物権的請求権は物権とは別に独立して消滅時効にかからない[1]（大判大五・六・二三民録二二輯一一六一頁（所有権に基づく物権的請求権））。債権説は物権的請求権と物権の間のこのような密接な関連性に適合せず妥当でないと考える。

（1）　石田(穣)・六三三頁以下参照。

(ロ)　次に、独立請求権説であるが、この見解は、物権は物に対する直接的な支配権であり人に対し一定の行為を求める権能を含んでいないが、物権的請求権は物権から派生するものの人に対し一定の行為を求める権能であり物権とは独立のものであるという理解に立脚する。

しかし、すでに述べたように、物権が物に対する直接的な支配権であるというのは疑問であり、むしろ、物権も人に対し一定の行為（主として物権を妨害しないという行為）を求めることによって物や権利を支配する権能であると解すべきである（本書三頁以下参照）。それゆえ、物権も人に対し一定の行為を求める権能を含んでおり、独立請求権説を支持することはできないと考える。

(ハ)　最後に、物権説であるが、これまでの検討に照らし正当であると考える。

物権は物や権利を支配する権能であるが、これは他人が物権者の物や権利の支配を妨害しないという前提によって成り立っている。他人が物権者による物や権利の支配を妨害すれば、物や権利を支配するという物権の権能は無意味になるからである。それゆえ、物権は物や権利に対する支配が妨害される場合にはそれを排除する権能を当然に内包していると解すべきである。このような意味において、物権的請求権は物権の内容を構成する。したがって、物権とは、物や権利を支配し、その支配が妨害される場合にはこれを排除することができる権能であるということができるのである。

七　物権的請求権と他の請求権

(1) 生活妨害　生活妨害(1)とは、騒音、振動、煤煙、臭気、日照・通風の妨害などを指すが、物権的請求権は生活妨害の排除や予防を求める法的手段としても用いられている。

たとえば、土地所有者や建物所有者が生活妨害を受けている場合、所有者は土地や建物の使用・収益・処分に関して種々の制約を受けている。建物を住居として利用できないとか住居として利用できても窓を開けられない、防音装置が必要、洗濯物を乾かせないなどの制約、土地や建物を他人に安くしか貸せないとか安くしか売却できないなどの制約がこれである。このように、生活妨害によって土地所有権や建物所有権の内容の完全な実現が妨害されているといってよい。それゆえ、生活妨害を物権的請求権で対処するのは妥当であると考える。

他方、人格権や不法行為上の権利により生活妨害に対処することも考えられる。そこで、人格権に基づく生活妨害の排除や予防（最判平九・一二・一八民集五一巻一〇号四二四一頁は、日常生活上不可欠の道路の通行をその敷地所有者により妨害されている者は、妨害排除や妨害予防を請求する人格権的権利を有するとする）、不法行為に基づく差止請求（最判平七・七・七民集四九巻七号二五九九頁は、道路を走行する自動車の騒音、排気ガスなどにより生活妨害を受けた道路周辺の住民が不法行為に基づき国などに対し道路供用の差止めを求めたケースにつき、道路の有用性が大きいことを理由にこれを棄却した）も検討されていくべきである。

（1） 生活妨害については、大塚直「生活妨害の差止に関する基礎的考察――物権的妨害排除請求と不法行為に基づく請求との交錯――」法協一〇三巻四号一頁以下、六号一一六頁以下、八号六〇頁以下、一一号八六頁以下、一〇四巻二号七五頁以下、九号一頁以下、一〇七巻三号八六頁以下、四号一頁以下（昭和六一年～平成二年）参照。

(2) 物権的請求権と他の請求権の競合

(イ) 物権的請求権と契約上の請求権の競合

(a) (α) AがBに対しA所有の土地を賃貸したが何らかの理由で賃貸借契約が終了した場合、AはBに対し所有物返還請求権と賃貸借終了に伴う契約上の返還請求権（賃貸借が終了したら土地を返すという合意に基づく返還請求権）の二つの請求権を有するようにみえる。この場合、両者の請求権の関係はどうなるであろうか。これは請求権競合論[1]といわれる問題であるが、ここでは簡単な考察をするにとどめ、詳細な検討は他日を期すことにしたい。

（1）　請求権競合論については、四宮和夫・請求権競合論（昭和五三年）参照。

（β）　前述の設例については、大きく分けて三つの考え方がある。

第一は、請求権競合説[1]であり、Aは、Bに対し所有物返還請求権と契約上の返還請求権の両者を有し、いずれか一方を選択して行使することができるとする。そして、一方で敗訴しても他方で再訴することができるとする。判例は、この見解をとる（大判昭一二・七・一〇民集一六巻一一七七頁（契約上の返還請求権で敗訴しても所有物返還請求権で再訴することができるとする））。

第二は、法条競合説[2]であり、当事者間に契約関係がある場合には契約関係が優先して適用され、AはBに対し契約上の請求権のみを有するとする。

第三は、請求権規範競合説[3]であり、AはBに対し所有物返還請求権と契約上の返還請求権の双方の法的性質を伴せもつ一個の請求権を有するとする。

以上のうち、最近では請求権規範競合説、あるいは、これと同旨と思われる見解が有力になりつつある。

（1）　請求権競合説をとるのは、川名・六二頁、近藤・一三頁、石田(文)・三五五頁以下、林・三八頁、末川・三八頁、金山・五六頁、柚木＝高木・四五四頁、船越・四四頁以下、川井・一五頁、松尾＝古積・三七頁、山川・三〇頁以下。
（2）　法条競合説をとるのは、稲本・六七頁、加藤雅信・財産法の体系と不当利得法の構造五七五頁以下（昭和六一年）、鈴木・二〇頁。
（3）　請求権規範競合説をとるのは、四宮和夫・請求権競合論一四六頁以下（昭和五三年）。星野・二三頁、広中・二四六頁以下、注釈民法(6)一二七頁以下（好美清光執筆）、近江・三九頁以下は同旨か。

（γ）　まず、AのBに対する所有物返還請求権について考えてみよう。この場合、一般に、Bは抗弁として賃借権の存在を、Aは再抗弁として賃借権の終了を、Bは再々抗弁として土地の返還と敷金の返還の同時履行の抗弁権などを主張することができるとされている。このように、一般に所有物返還請求権においてもA・B間の契約関係を反映した処理がなされているわけである。A・B間に契約関係があるのにこれを無視して処理するのは不当であるから(たとえば、Bが土地の返還と敷金の返還の同時履行の抗弁権を主張できないとすればBの利益が不当に害される)、右の一般の取扱いは妥当であるといえよう。もっとも、AのBに対する請求権は所有権に基づくものであり消滅時効にかからないと解される。

次に、AのBに対する契約上の返還請求権について考えてみよう。この場合、問題は返還請求権が一〇年で消滅時効にかかるかどうかであるが(一六七条一項)、契約上の返還請求権の背後には所有権が控えているのであり、このようなケースでは所有物返還請求権とのバランス上消滅時効にかからないと解するのが妥当である。そして、このようなA・B間の物権関係を反映した処理は、所有物返還請求権においてA・B間の契約関係を反映した処理がなされていることとの対比からも妥当であるといえよう。

以上の検討によれば、所有物返還請求権によっても契約上の返還請求権によっても物権関係と契約関係の双方を考慮した同一の法的処理──消滅時効にかからないが、その他の点は契約関係で処理される──が行われるべきことになるであろう。そうだとすれば、AはBに対し同一内容の二個の請求権を有するとする必要はないから、Aは所有物返還請求権と契約上の返還請求権の双方の法的性質を伴せもつ一個の請求権を有すると解すべきである。それゆえ、請求権規範競合説が妥当であろう。

(b) (α) AがBからB所有の土地を買い受けた場合、AはBに対し所有権に基づく明渡請求権(所有物返還請求権)と契約上の明渡請求権の二つの請求権を有するようにみえる。この場合、両者の請求権の関係はどうなるであろうか。この問題についても、請求権競合説、法条競合説、請求権規範競合説の三つの考え方がありうるが、あまり議論されていない。

(β) 後述するように、AがBから所有権を取得するのはAが登記を備えた時点であると考えられる(本書一四九頁参照)。そして、ここでも請求権規範競合説の立場に立ち、Aは所有権に基づく明渡請求権と契約上の明渡請求権の双方の法的性質を伴せもつ一個の請求権を有すると解すべきであろう。具体的には、AはBに対し土地の明渡しと代金支払いの同時履行など契約関係を反映した請求権を有するが、この請求権は所有権を反映して消滅時効にかからないと解される。(1)

(1)　同旨、四宮和夫・請求権競合論一四八頁（昭和五三年）。広中・二四八頁、注釈民法(6)一三二頁以下（好美清光執筆）は同旨か。

(ロ)　物権的請求権と不当利得に基づく返還請求権の競合

(a)　AがBに対しA所有の土地を売却し引き渡したが売買契約が無効であったり取り消された場合、AはBに対し引き渡した土地に関して所有物返還請求権と不当利得に基づく返還請求権の二つの請求権を有するようにみえる。この場合、両者の請求権の関係はどうなるであろうか。(1)これは不当利得に基づく返還請求権をどう考えるかという問題に係わるものであり、ここでは簡単な考察をするにとどめ、詳細な検討は不当利得法に譲りたい。

(1)　この問題については、川村泰啓「契約の無効・取消と不当利得」契約法大系Ⅶ一五四頁以下（昭和四〇年）、我妻栄「法律行為の無効取消の効果に関する一考察――民法における所有物返還請求権と不当利得との関係――」民法研究Ⅱ一六五頁以下（昭和四一年）、山下末人「不当利得――無効・取消・解除と不当利得の関係を中心に――」法と政治二四巻二号一頁以下（昭和四八年）、鈴木禄弥「所有権の捲き戻し的変動」物権法の研究――民法論文集Ⅰ――一二七頁以下（昭和五一年）、四宮和夫・請求権競合論一六三頁以下（昭和五三年）、加藤雅信・財産法の体系と不当利得法の構造五二一頁以下（昭和六一年）参照。

(b)　前記の設例において成立する不当利得は給付不当利得であるとするのが最近の有力な傾向である。すなわち、この場合の不当利得は、民法七〇三条・七〇四条によって処理されるのではなく、A・B間の無効あるいは取り消された売買契約の清算として契約法理によって処理されるというのである。

このような給付不当利得に基づく返還請求権と所有物返還請求権がどのように関連するかは、やはり請求権規範競合説によって考えることになるが、AはBに対し土地の返還と代金の返還の同時履行などに関しては契約法理によって処理されるものの所有権を反映して消滅時効にかからない一個の請求権を有すると解するのが妥当であろう(1)。

(1) 同旨、四宮和夫・請求権競合論一六九頁(昭和五三年)。広中・二四九頁は同旨か。

第二節 所有物返還請求権 (rei vindicatio)

一 序

所有物返還請求権とは、所有者が無権原の占有者あるいはこれに準じる者に対し所有権に基づき目的物の返還を請求することができる権利をいう。物権的請求権のうち最も典型的なものの一つである。無権原の占有者に準じる者とは、たとえば、Aの庭石が大雨により隣接地であるBの庭に落下した場合のように、Bは庭石の占有を取得していないものの自己の権利領域内にAの庭石があり占有しているのに準じる状態にある者をいう。

二 要件

(1) 序 所有物返還請求権は、所有者が無権原の占有者の占有により、あるいは、これに準じる者の権利領域内に目的物が存在することにより、占有を失っている場合に生じる。すなわち、所有物返還請求権が発生するための要件は、所有者が目的物の占有を失っていること、それが無権原の占有者の占有により、あるいは、これに準じる者の権利領域内に目的物が存在することにより生じたこと、である。そして、後述するように、無権原の占有者に帰責事由が必要かどうかは場合により異なるが、無権原の占有者に準じる者には帰責事由が必要である(本書六六頁以下参照)。

(2) 所有者が目的物の占有を失っていること 所有者が目的物の占有を失っている場合には次の二つがある。

第一は、所有者が直接占有を失った場合である。たとえば、土地の所有者が不法占有者によって当該土地の直接占有を失うのがこれである。

第二は、所有者が間接占有を失った場合である。たとえば、Aがその所有の土地をBに賃貸していたところCが当該土地を不法に占有した場合である。この場合、AはCに対しAに返還することを求めうるのか、それとも、Bに返還することを求めうるのかという問題がある（本書六八頁以下参照）。

(3)　所有者が無権原の占有者の占有により、あるいは、これに準じる者の権利領域内に目的物が存在することにより、占有を失っていること

(イ)　(a)　所有者が占有権原のある者の占有により目的物の占有（直接占有）を失っている場合、所有物返還請求権は生じない。たとえば、相手方の占有が地上権、永小作権、質権、賃借権などに基づき行われる場合、所有者は直接占有を失うが、所有物返還請求権は生じない。

(b)　事務の管理者（六九七条以下）が目的物を占有する場合、所有物返還請求権は生じないと解すべきである。なぜなら、管理者による占有は不法性を欠き、また、所有者は管理者の占有により利益を受けるのであって、管理者の費用負担で占有の回復を行うのは妥当でないからである。たとえば、Aの家畜が逸走し、Bが家畜への危害を避けるためこれを保護した場合、Bの占有には不法性がなく、また、AはBの占有により利益を受けるから、Bの費用負担で家畜の原状回復を行うのは妥当でない。それゆえ、この場合、所有者は所有物返還請求権を行使することができず、所有物引取請求権を行使しうるにすぎないと解すべきである。

(ロ)　所有者が無権原の占有者の占有により、あるいは、これに準じる者の権利領域内に目的物が存在することにより、目的物の占有を失っている場合であっても、所有物返還請求権の行使が権利の濫用になる場合、所有者が所有物返還請求権を行使するのは許されない（1）（一条三項）。

(ハ)　無権原の占有者あるいはこれに準じる者について

（1）　石田（穣）・五七頁以下参照。

(a)　無権原の直接占有者

(α)　無権原の直接占有者とは、たとえば、他人の土地を自ら不法占有する者がこれである。

(β)　一般に、無権原の直接占有者が第二審の口頭弁論終結時に占有（直接占有と間接占有の双方）を失っている場合、この者に対する所有物返還請求権は認められないと解されている[(1)]（大判大六・三・二三民録二三輯五六〇頁）。直接占有者であった者が占有を失っている以上、所有権を妨害しているとはいえないからである。もっとも、直接占有者であった者は直接占有をしていた際に返還義務を負っていた場合には占有を失っても返還のための費用負担責任を免れないと解すべきであろう。なぜなら、このように解さないと、たとえば、新しい返還義務者が生じた場合でその者が無資力の場合に所有者が害されるし、他方、このように解しても直接占有者であった者は返還義務を負っていた場合を前提としており不当に害されないからである。そこで、直接占有者であった者が返還義務を負っていた場合、新しい返還義務者と直接占有者であった者が並存して返還のための費用負担責任を負うことになるであろう。

（1）　Aの土地を不法に占有したBが当該土地上に建物を建ててこれをCに譲渡したが移転登記をしていない場合、AはBに対して所有物返還請求権を行使することができる（最判平六・二・八民集四八巻二号三七三頁。大判昭一三・一二・二民集一七巻二二六九頁は反対。なお、最判昭三五・六・一七民集一四巻八号一三九六頁は、BがCに未登記建物を譲渡した後に裁判所の嘱託でB名義の保存登記がされた場合、AのBに対する所有物返還請求権の行使は認められないとし、最判昭四七・一二・七民集二六巻一〇号一八二九頁は、Bが建物所有者であるCとの合意により建物の単なる登記名義人になった場合、AのBに対する所有物返還請求権の行使は認められないとする）。後述するように、BがCに移転登記をしなければ建物所有権はBにとどまっていると解すべきであり（本書一三七頁参照）、それゆえ、Bは建物を所有してAの土地を占有しているからAのBに対する所有物返還請求権が認められると考える。この場合の判決主文は、Bは建物を収去してAに土地を明け渡せ、となる。Cが建物に住んでいる場合にはCもAの土地を占有しており、AのBに対する所有物返還請求権とともにAのCに対する所有物返還請求権も認められる。この場合の判決主文は、Cは建物から退去してAに土地を明け渡せ、となる。我妻＝有泉・一七二頁以下、広中・二四四頁以下、田中康博「建物収去・土地明渡請求の相手方――最高裁一九九四年二月八日判決を契機に――」京都学園法学一六号一頁以下（平成七年）、民法注解三三頁以下（難波孝一執筆）、田尾桃二「建物の登記名義人と建物収去土地明渡し」司法研修所論集創立五十周年記念特集号一巻一二四頁以下（平成九年）、横山美夏「請求の相手方と登記」法叢一五四巻四・五・六号三五一頁以下（平成一六年）、原田昌和「建物収去・土地明渡請求の相手方」立法六八号一頁以下（平成一七年）、川井・三四頁以下、西村峯裕＝古座昭宏「物権的請求権の相手方」産大法学四一巻一号六八頁以下（平成一九年）も、理由は異なるがAのBに対する所有物返還請求権を認める。

(γ)　従来の無権原の直接占有者に代わり新たな無権原の直接占有者が生じた場合、この者に対する所有物返還請求権はどうなるであろうか。

第一に、新占有者に無権原の占有取得につき帰責事由がある場合、所有者の新占有者に対する所有物返還請求権が認められてよいであろう。所有者にも新占有者の占有取得につき帰責事由がある場合には所有者と新占有者の帰責事由の割合に従って費用負担が決定される（本書四九頁以下参照）。なお、新占有者に帰責事由がある場合、返還義務は新占有者が負うが、前占有者が占有していた際に返還義務を負っていた場合には返還のための費用負担責任は新占有者と前占有者が並存して負うことになる（本書六三頁参照）。

第二に、新占有者に無権原の占有取得につき帰責事由がなく所有者に帰責事由がある場合、所有者の新占有者に対する所有物返還請求権は認められず所有物引取請求権のみが認められると解すべきである。新占有者は権原なく所有者の物を占有しているが、これは所有者が帰責事由により自ら招いたものであり、新占有者が所有者の所有権を妨害しているとはいえず、新占有者の費用負担による返還を認めるのは妥当でないからである。この場合、所有者は、新占有者に対し目的物引取りの忍容を求め、前占有者が占有していた際に返還義務を負っていた場合には前占有者に対し新占有者からの目的物引取りの費用負担を求めることになるであろう（所有者と前占有者の帰責事由の割合に応じて両者の間で分担される。この場合の帰責事由の割合は、前占有者が占有を取得した際の所有者と前占有者の帰責事由、新占有者が占有を取得した際の所有者と前占有者の帰責事由を総合して決定することになるであろう）。

第三に、新占有者の無権原の占有取得につき新占有者と所有者の双方に帰責事由がない場合、所有者の新占有者に対する所有物返還請求権が認められるべきである。この場合、新占有者は権原なく所有者の物を占有している。そして、新占有者は所有者の帰責事由によりこのことを余儀なくされたわけではない、すなわち、所有者は帰責事由により自らこのことを招いたわけではない。それゆえ、新占有者は所有者の物を権原なく占有することにより所有者の所有権を妨害しているというべく、所有者は新占有者に対し所有物返還請求権を有すると解すべきである。前占有者が占有していた際に返還義務を負っていた場合には、新占有者と前占有者が並存して返還のための費用を負担することになる。

(b) 無権原の間接占有者　無権原の間接占有者とは、たとえば、Aの土地をBが不法に占有しこれをCに賃貸した場合のBがこれである。この場合、AのBに対する所有物返還請求権の行使の仕方には種々のものがある（本書六九頁以下参照）。間接占有者が第二審の口頭弁論終結時に占有（間接占有。直接占有を有しないことは当然の前提になっている）を失っている場合、所有物返還請求権はこの間接占有者であった者に対しては認められない。他方、従来の無権原の間接占有者に代わり新たな無権原の間接占有者が生じた場合、新間接占有者に対しては、前述の新直接占有者に対する場合と同様、新間接占有者に無権原の占有取得につき帰責事由がなく所有者に帰責事由がある場合を除き所有物返還請求権が認められる（本書六四頁以下参照）。新間接占有者に無権原の占有取得につき帰責事由がなく所有者に帰責事由がある場合、所有物引取請求権が認められるかであるが、新間接占有者は目的物を直接占有していないから所有者が新間接占有者から目的物を引き取ることはできず、また、所有者が直接占有者から目的物を引き取るにつき新間接占有者の忍容を求める必要もなく、所有者の新間接占有者に対する所有物引取請求権は認められないと解すべきである（本書八九頁参照）。前間接占有者と新間接占有者の費用負担については、右の(a)の場合に準じて考えればよい。

(c) 無権原の占有者に準じる者　無権原の占有者に準じる者とは、たとえば、Aの庭石が隣接地所有者のBの帰責事由によりBの庭に落下した場合のBがこれである。この場合、Bは庭石を占有していないが占有を取得して庭石を返還すべきであり、Aの所有物返還請求権が認められる。

右の設例でBに代わりCが無権原の占有者に準じる者になった場合（CがAの庭石の占有を取得することなくBからAの庭石があるBの土地を買った場合など）、AのBに対する所有物返還請求権や所有物引取請求権は認められない。他方、Cが庭石の落下につき帰責事由を有する場合にはAのCに対する所有物返還請求権が認められるが、それ以外の場合にCが帰責事由を有することは考えられず、それ以外の場合にはAのCに対する所有物引取請求権のみが認められる（後述するように、無権原の占有者に準じる者に対する所有物返還請求権は同人に帰責事由がある場合にのみ認められる（本書六七頁以下参照））。前の無権原の占有者に準じる者と新しい無権原の占有者に準じる者の費用負担については、右の(a)の場合に準じて考えればよい。

(4)　無権原の占有者あるいはこれに準じる者の帰責事由の必要性

(イ)　一般に、無権原の占有者に帰責事由があることは必要でないとされている。しかし、無権原の占有者の帰責事由の必要性は場合により異なる。また、無権原の占有者に準じる者の帰責事由は常に必要である。なお、従来の無権原の占有者あるいはこれに準じる者に代わって新たな無権原の占有者あるいはこれに準じる者が生じた場合についてはすでに述べたので（本書六四頁以下）、以下ではこの場合を除外して説明する。

(ロ)　第一に、占有者に無権原の占有取得につき帰責事由がある場合、所有者に占有者の無権原の占有取得につき帰責事由があるかどうかを問わず所有物返還請求権が認められてよい（所有者にも帰責事由がある場合、所有物返還請求権行使の費用負担は両者の帰責事由の割合に応じて決定される（本書四九頁以下参照））。

第二に、占有者に無権原の占有取得につき帰責事由はないが所有者に帰責事由がある場合、所有者の占有者に対する所有物引取請求権は生じるものの所有物返還請求権は生じないと解すべきであろう。なぜなら、この場合、占有者は権原なく所有者の物を占有しているが、これはもっぱら所有者の帰責事由に基づくのであり、すなわち、所有者が帰責事由により自ら招いたのであり、占有者が所有者の所有権を妨害しているとはいえず、占有者の費用負担による返還を認めるのは妥当でないからである。

第三に、占有者の無権原の占有取得につき占有者・所有者の双方に帰責事由がない場合、所有物返還請求権を認めるのが妥当である。占有者が他人の物を権原なく占有する場合、占有者は、帰責事由がなくても、他人の物を占有するには何らかの権原を必要とするという所有権に関する法原則（本書四七頁参照）に反している。そして、占有者は所有者の帰責事由によりこのことを余儀なくされたわけではない、すなわち、所有者は帰責事由によりこのことを自ら招いたわけではない。それゆえ、占有者が所有者の物を権原なく占有することにより所有者の所有権を妨害しているというべく、占有者の費用負担により妨害状態が解消されるべきであり、所有者の占有者に対する所有物返還請求権が認められるべきであろう。たとえば、BがAの土地を自己の土地と誤信して占有しているがそのことにつきA・B双方に帰責事由がない場合、Bは権原なくAの土地を占有している。そして、BはAの帰責事由によりこのことを余儀なくされたわけではない、すなわち、Aは帰責事由によりこのことを自ら招いたわけではない。それゆえ、Aは、所有権に関する法原則に反するBに対し土地の返還を請求することができるというべきである。

第四に、Aの庭石が隣接地であるBの庭に落下したケースのように、Bは目的物の占有を取得していないが目的物がBの権利領域内にある場合、そのことにつきBに帰責事由があればAに帰責事由があるかどうかを問わず所有物返還請求権が認められてよい（Aにも帰責事由がある場合、所有物返還請求権行使の費用負担は両者の帰責事由の割合に応じて決定される（本書四九頁以下参照））。Bに帰責事由はないがAに帰責事由がある場合、Aの庭石がBの権利領域内にあることはAが帰責事由により自ら招いたことであり、BはAによる庭石の引取りを正当な理由なく拒否しない限りAの庭石所有権を妨害しているとはいえず、Aの所有物引取請求権は認められるが所有物返還請求権は認められない。AとBの双方に帰責事由がない場合、AはBの庭に権原なく庭石を所有している。そして、AはBの帰責事由によりこのことを余儀なくされたわけではない、すなわち、Bは帰責事由によりこのことを自ら招いたわけではない。それゆえ、AはBの庭に権原なく庭石を所有することにより他人の物を使用するには何らかの権原が必要であるという所有権に関する法原則（本書四七頁参照）に反しBの庭所有権を妨害しているというべきである。他方、Aの庭石がBの権利領域内にあることにつきBに帰責事由がない以上、BはAによる庭石の引取りを正当な理由なく拒否しない限りAの庭石所有権を妨害しているとはいえない。したがって、この場合、Aの所有物引取請求権は認められるが、所有物返還請求権は認められない。以上のように、無権原の占有者に準じる者に対する所有物返還請求権はこの者に帰責事由がある場合に限り認められる。

三　内　容

(1) 序　所有物返還請求権は、占有者の占有の態様などにより種々の内容をもつ。

(2) 占有者が直接占有をする場合　これには二つの場合がある。

(イ) 第一は、Aの土地をBが不法に占有するような場合である。この場合、AはBに対し土地の返還を請求することができる。

(ロ) 第二は、Aがその所有の土地をBに賃貸していたがBがAに無断でCに当該土地を転貸し、Cが当該土地を直接占有しているような場合である。この場合、AはCに対し所有物返還請求権を行使することができるが、その内容は二つに分かれる。

まず、Aが民法六一二条二項によりBとの賃貸借契約を解除した場合、AはCに対し自己に返還することを求めることができる。

次に、AがBとの賃貸借契約を解除しない場合、AはBがBへの返還を拒否しているかBがBへの返還を受けることができない（所在不明など）場合を除きCに対しBへの返還のみを求めることができると解すべきである(1)（ドイツ民法九八六条一項後段参照。最判昭二六・四・二七民集五巻五号三二五頁は、Aは賃貸借契約を解除しなくてもCに対し自己への返還を求めることができるとする。最判昭二六・五・三一民集五巻六号三五九頁は、Bは外国人でCに賃借権を譲渡後本国に帰国してしまったという事案に関し同旨）。AがCに対し自己への返還を求めることができるとすれば、Bの利益が不当に害されるからである。Aが当初BがBへの返還を拒否していなかったのでCに対しBへの返還を求めて訴求し勝訴したが、Bが強制執行の時点で返還を受けるのを拒否するか返還を受けることができない場合、Aは強制執行をすることができなくなる。そこで、Aは、このような事態が生じるおそれがある場合には、Cに対しBへの返還を求めて訴えを提起するとともに、これと併合してCに対しBが返還を受けるのを拒否するか返還を受けることができない場合には自己への返還を求める旨の訴えを提起すべきであろう（民執三一条二項参照）。

（1）同旨、林・三七頁以下、東孝行「所有権の私法的制限に関する一考察（続）——拘束関係にある所有者の第三者に対する所有権にもとづく請求権——」神法一二巻三号三五五頁以下（昭和三七年）、星野英一「判例評釈」判例民事法昭和二十六年度一二五頁以下（昭和三八年）、我妻＝有泉・二六二頁、注釈民法(6)一七六頁（好美清光執筆）。この問題については、東・前掲が詳細な文献である。

(3)　占有者が間接占有をする場合　この場合の所有物返還請求権の行使の仕方には次の三つがある。

(イ)　第一は、所有者が占有者（間接占有者）に対し返還を求める場合である。たとえば、Aの土地を不法に占有したBがこれをCに賃貸し、AがBに対し返還を求める場合である。この場合、Bが強制執行の時点で直接占有をしていればAのBに対する返還の強制執行（Bの占有を解いてAに占有を取得させる）は可能であるが、Bが強制執行の時点で直接占有をしていなければAのBに対する返還の強制執行は不可能である。そこで、後者の場合、AはBのCに対する返還請求権を差し押えこの請求権を行使するという方法で強制執行を行うことになるであろう(1)（民執一七〇条）。なお、AのBに対する返還請求の勝訴判決の確定によってB・C間の賃貸借契約は履行不能により終了し(2)（最判昭三二・一二・三民集一一巻一三号二〇一八頁、同判昭四二・六・二二民集二一巻六号一四六八頁参照）、BはCに対し返還請求権を有すると解される。

（1）注釈民法(6)一七九頁（好美清光執筆）参照。
（2）石田穣・民法V二五一頁以下（昭和五七年）参照。

(ロ)　第二は、所有者が占有者に対し直接占有を取得した上での返還を求める場合である。たとえば、右の(イ)の設例でいえば、AがBに対し直接占有を取得して返還せよと要求する場合である。BのCに対する返還請求が可能であることが必要であるが、直接占有を取得して返還せよというAのBに対する返還請求の勝訴判決の確定によってB・C間の賃貸借契約は履行不能により終了し、BのCに対する返還請求は可能であるというべきであろう。Bが直接占有を取得しない場合にはAはBに対し間接強制（民執一七二条）の方法でこれを強制し、Bが直接占有を取得した時点で返還の強制執行をすることになるであろう。なお、第二の場合にも、AはBのCに対する返還請求権を差し押えこの請求権を行使するという方法で強制執行をしてもよいと解すべきであろう。

(ハ)　第三は、所有者が占有者に対し占有者が直接占有者に有する返還請求権の譲渡を求める場合である。たとえば、(イ)の設例でいえば、AがBに対しBがCに有する返還請求権の譲渡を求める場合である（大判昭九・一一・六民集一三巻二一二二頁参照）。Aは、返還請求権の譲渡を求める訴訟の勝訴判決の確定によってBのCに対する返還請求権を取得する（民執一七四条）。なお、ここでもAによるBのCに対する返還請求権の譲渡を求める訴訟の勝訴判決の確定によりB・C間の賃貸借契約は履行不能により終了し、BはCに対し返還請求権を取得すると解してよいであろう。

(4)　占有者に準じる場合　たとえば、Aの庭石が隣接地所有者であるBの帰責事由によりBの庭に落下した場合、Bは庭石の占有を取得しないがこれを取得してAに返還する義務を負う（本書四五頁以下参照）。この場合、AのBに対する勝訴判決の主文は、庭石がBの庭というBの権利領域内にあることを考慮し、通常の所有物返還請求権の場合と同じである（BはAに対し庭石の占有を取得して引き渡せという判決主文でなく、BはAに対し庭石を引き渡せという判決主文になる）といってよいであろう。

(5)　返還の場所

(イ)　不動産について　不動産の返還の場所は、その所在地である。

(ロ)　動産について

(a)　動産の返還の場所は、原則として動産の本来の所在場所である。(1)　動産は、本来の所在場所においてその効用を十分に発揮することができるからである。

たとえば、Bが旅行中のAの保持する動産を過失により自己の動産と思って自宅にもち帰った場合、Aにそのことにつき帰責事由がなければ返還の場所はAの住所である。そこで、BはAの動産をAの住所に持参するかそこに送付することになる。Aにも帰責事由がある場合、BがAの動産をAの住所に持参するかそこに送付するが、その費用はA・Bの帰責事由に応じてA・Bが分担して負担することになる。

他方、A・B双方に帰責事由がない場合、Bは占有を取得した場所で返還すれば足りると解すべきである（Bは占有取得場所まで動産を持参するかそこに送付するのに要する費用を負担するが、Aはその場所に受け取りに行くかそこから自宅に送付してもらうのに要する費用を負担する）。もっとも、この場合であっても、Aの住所における返還の方がBにとって有利な場合には、返還の場所はAの住所である。

Aに帰責事由があるがBには帰責事由がない場合、AはBに対し所有物引取請求権を有するが所有物返還請求権は有しない（本書六六頁参照）。この場合、引取りの場所は後述するように動産が現に存在する場所である(2)（本書九一頁参照）。

占有者に準じる者については、その者に帰責事由がある場合にのみ返還義務が生じるが（本書六七頁以下参照）、返還の場所はやはり動産の本来の所在場所である。占有者に準じる者に帰責事由がなければ所有物引取請求権の問題となり、引取りの場所は動産が現に存在する場所である。

(1) 動産の返還の場所は動産が現に存在する場所と異なりうるので、その場合には判決主文で返還の場所を明示すべきである（広中・二五三頁。注釈民法(6)一七〇頁（好美清光執筆）も参照）。たとえば、BがAのガレージにあったAの自動車を勝手に乗り回しこれを自宅においていた場合の判決主文は、BはAの自動車をAのガレージに持参してAに引き渡せ、となるべきである。

(2) 広中・二五三頁注（12）は、Aがその所有する動産を旅行中のBの所持品の中にうっかりして紛れ込ませ、Bが過失なくその動産を自己のものと信じて自宅にもち帰った場合、返還の場所はBの自宅であるとする。これによれば、Aは、Bの自宅に行って動産の返還を受けるか送付の費用を支払って自宅へ送付してもらうことになり、返還の費用を負担することになる。これは、実質上、Aの所有物返還請求権でなく所有物引取請求権を認めることになるであろう。私見によれば、右の場合、Aに帰責事由がありBには帰責事由がないのであるから、Aの所有物返還請求権は認められず、Aの所有物引取請求権のみが認められ、引取りの場所はBの自宅である。

(b) 占有者あるいは占有者に準じる者に代わって新たな占有者あるいは占有者に準じる者が生じ、これらの者が返還義務を負う場合についても、返還の場所は(a)に述べたのと同じである。

四　その他

所有者が占有者から目的物の返還を受ける際に生じるその他の問題については民法一八九条―一九一条・一九六条に規定がある。これについては、占有権の個所で詳論する（本書五四六頁以下参照）。

第三節　金銭に関する所有物返還請求権について

一　序

(1)　通説的見解　一般に、金銭については所有と占有が一致し、たとえば、BがAの金銭を窃取してもその金銭が封筒に封入されているなどの形で特定性を維持していない限り金銭所有権はBに移転するとされている（最判昭二九・一一・五刑集八巻一一号一六七五頁、同判昭三九・一・二四判時三六五号二六頁）。そして、AはBに対し不当利得に基づく返還請求権を有するが、この返還請求権は通常の債権であってBに対する他の債権者の債権に優先するものではないとされている。

(2)　物権的価値返還請求権説　通説的見解に対しては、最近、BがAの金銭以外の物を窃取すればその物の所有権はBに移転せず、AはBに対し所有物返還請求権を有し、この返還請求権はBに対する他の債権者の債権に優先するのに、金銭の場合にはAのBに対する返還請求権はBに対する他の債権者の債権に優先しないというのはアンバランスであるという批判に立脚しつつ、Aは金銭所有権を構成する価値所有権と物所有権のうち物所有権を失うものの価値所有権を失わず、価値所有権に基づきBに対し金銭の有した価値の返還を求めることができ、この価値返還請求権はBに対する他の債権者の債権に優先する（物権的価値返還請求権）とする見解が有力に主張されている。[1]

（1）　広中・二五七頁以下、四宮和夫「物権的価値返還請求権について」四宮和夫民法論集九七頁以下（平成二年）。加藤雅信・財産法の

体系と不当利得法の構造六六七頁以下（昭和六一年）は、「価値の上のヴィンディカチオ」という概念を用いるが、ほぼ同旨。川井・一三頁も参照。なお、伊藤高義「物としての金銭――金銭をめぐる返還請求権への視点として――」南山法学三一巻一・二号三一三頁以下（平成一九年）も参照。

(3) 検　討

(イ) 通説的見解の問題点は物権的価値返還請求権説の主張する通りであると考える。

(ロ) しかし、物権的価値返還請求権説にも次のような問題点がある。

すなわち、BがAの金銭を窃取した場合、Aは価値所有権を有しBは物所有権を有するとするが、そうだとすれば、金銭の価値はAに帰属しBに帰属していないのであるから、AがBに対し価値の返還を求める必要は全くないはずである。AがBに対し返還を求めうるのは、Bの取得した物所有権のはずである。それゆえ、物権的価値返還請求権説を支持することはできないと考える。

二　当事者間の関係について

(1) まず、BがAから窃取した金銭が特定性を維持している場合、一般に説かれているように、Aは金銭所有権を失わず、Bに対し金銭所有権に基づき窃取された金銭の返還を請求することができる。もちろん、Bは、原則として窃取した金銭そのものでなくても同じ金額である限り別の金銭で返還してもよい。しかし、これは、金銭の性質上、原則として別の金銭で返還しても窃取した金銭による返還と同視されるというだけで、AがBの窃取した金銭に対し所有権を有しないという趣旨ではない。

(2) BがAから窃取した金銭が特定性を維持していない場合、Aは窃取された金銭に対する所有権を失う。その代わり、Aは、一般に説かれているように、Bに対し不当利得に基づき返還請求をすることができる。

(3) Bが窃取した金銭を他の金銭と両替したり窃取した金銭で預金したりダイヤモンドを買ったりした場合、代位物（両替金（特定していることが前提になる）や預金債権、ダイヤモンド）はAの所有に属する（預金債権についてはAが預金者）と解される。Bは窃取した金銭で代位物を取得したのであり、Bを保護する必要は全くない。物権的価値返還請求権説は、代位物はBの所有に属する（預金債権についてはBが預金者）としつつ、Aは代位物からBに対する他の債権者に優先して満足を受けることができるとする。[1] しかし、代位物をBの所有に属させる必要はない。預金債権についてはAを預金者とすると銀行が害されるとも考えられるが、銀行は債権の準占有者に対する弁済（四七八条）によって保護されるから不都合はない。

（1）広中・二五九頁、四宮和夫「物権的価値返還請求権について」四宮和夫民法論集一一六頁（預金債権について）（平成二年）。

三　第三者に対する関係について

(1)　BがAから窃取した金銭が特定性を維持していたり、窃取した金銭の代位物がAに帰属する場合、Aが他の債権者に優先して所有権に基づき金銭やその代位物の返還を求めうるのは当然である（代位物が預金債権の場合、Aは銀行に対し自己への払い戻しを求めうる）。

(2)　BがAから窃取した金銭が特定性を失いAがBに対し不当利得に基づく返還請求権を有する場合、窃取した金銭によりBの一般財産が何らかの形で増加していれば（窃取した金銭の支出により他の金銭の支出を免れたような場合を含む）、Aはその増加分から他の債権者に優先して不当利得に基づく返還を請求することができると解される。右の増加分はまずAへの弁済に当てられるべきであり、Bの他の債権者は右の増加分から弁済を受けることを期待すべきでないからである。これは、不動産工事の先取特権において、工事によって生じた不動産の価格の増加分はまず工事の設計、施行、監理をした者の工事の費用の弁済に当てられるべきであり、他の債権者は右の増加分から弁済を受けることを期待すべきでないというのと同じである（三二七条）。あるいは、共益費用の一般先取特権において、先取特権者による財産保存などの行為により債務者の一般財産が減少を免れた分はまずその先取特権者の財産保存などに用した費用の弁済に当てられるべきであり、他の債権者は右の減少を免れた分から弁済を受けることを期待すべきでないのと同じである（三〇六条一号・三〇七条）。

Bの一般財産は窃取した金銭に相当する分だけ増加していると推定（法律上の推定）されるべきであろう。このことは、金銭の不当利得について一般的に認められている。そこで、Bの他の債権者は増加分が減少・消滅したことを立証すべきであり（最判平三・一一・一九民集四五巻八号一二〇九頁参照）、これが立証されなければ、AはBが窃取した金銭に相当する額につき他の債権者に優先して不当利得による返還請求権を行使することができると解される。

(3) (イ) BがAから窃取した金銭をそのままの形で、あるいは、別の金銭に形を変えて（両替金）Cに債務の弁済として交付した場合、当該金銭はAの所有に属し、Cは当該金銭を善意取得したかどうかの問題として処理されるべきである（ドイツ民法九三二条・九三五条二項、スイス民法九三五条参照）。この場合、金銭の流通性にかんがみ民法一九二条―一九四条は適用されず、有価証券の善意取得に関する商法五一九条二項、小切手法二一条が類推適用されると解すべきである。そこで、Cは窃取した金銭につき善意無重過失であれば金銭所有権を善意取得するが、Cに悪意重過失があればAは金銭所有権に基づきCに対し当該金銭の返還を請求することができる。Cに悪意重過失があり善意取得が成立しないケースでCのもとで金銭の特定性が失われた場合、AはCに対し不当利得に基づく返還請求をすることができる。この場合、右の金銭によるCの一般財産の増加分の減少・消滅が立証されない限り、Aは他の債権者に優先して不当利得による返還を請求することができる。

(ロ) BがAから窃取した金銭がBのもとで特定性を失ったケースでこの金銭によるBの一般財産の増加分がCに対する債務の弁済に当てられた場合、金銭が特定性を維持していた場合とのバランス上、Cにおいて右の増加分（Aに帰属すべき増加分）が債務の弁済に当てられたことにつき善意無重過失であれば、Cは善意取得に準じて保護されると解すべきである。Cが悪意重過失を有すれば、右の弁済によるCの一般財産の増加分の減少・消滅が立証されない限り、AはCに対し他の債権者に優先して不当利得に基づく返還請求権を行使することができる。

(ハ) 判例は、BがCに対し債務を弁済したが、その弁済に当てた金銭が、社会通念上、BがAの従業員に横領させた金銭あるいはBがAの従業員の横領した金銭を騙取した金銭であると認められる場合、AはCに対しCがこれらの事情につき悪意重過失を有すれば不当利得に基づき返還請求をすることができるとする（最判昭四九・九・二六民集二八巻六号一二四三頁。なお、最判昭四二・三・三一民集二一巻二号四七五頁も参照）。BがAの従業員から取得した金銭はBのもとにおいて特定性を失ったようであるが、判例の事案においては、右の金銭によるBの一般財産の増加分（Aに帰属すべき増加分）がCに移転したものと考えられ、Cがそのことにつき善意無重過失であれば善意取得に準じて保護されると解してよいであろう。(1) Cが悪意重過失を有すれば、これまで説明してきたようにAのCに対する不当利得に基づく返還請求権の問題になる。

（1）右の判例は、Cが悪意重過失を有する場合、金銭の受領は法律上の原因を欠き不当利得になるとする。そこで、Cが善意無重過失であれば法律上の原因があるとするようである。これについては、本文で述べたように、Cが善意無重過失であれば善意取得に準じて法律上の原因を有すると解すべきである。

加藤雅信・財産法の体系と不当利得法の構造六六九頁以下（昭和六一年）、広中・二六一頁以下は、この問題を詐害行為取消権（四二四条）に準じて処理すべきだとする。しかし、これらの論者も、金銭が特定性を維持している場合には善意取得の問題として扱うと思われ、金銭が特定性を失った場合に詐害行為取消権の問題として扱うのはそれとバランスを欠き妥当でないと考える。また、AのBに対する権利を物権的権利であるとしながら詐害行為取消権の問題として扱うのは一貫していないと思われる。

(4)　Bの債権者がBがAから窃取した金銭（特定性あり）や窃取した金銭の代位物を差し押えた場合、Aは所有権を主張し第三者異議の訴え（民執三八条）を提起することができる。

(5)　Bが破産した場合、AはBが窃取した金銭（特定性あり）や窃取した金銭の代位物に関し取戻権（破六二条）を有すると解される。AのBに対する不当利得に基づく返還請求権は、Bが窃取した金銭によるBの一般財産の増加分の減少・消滅が立証されない限り、一般先取特権に準じて優先的破産債権（破九八条）として扱われるべきである。

第四節　所有物妨害排除請求権（actio negatoria）

一　序

所有物妨害排除請求権とは、所有者が無権原者により占有喪失以外の態様で所有権を妨害されている場合にその排除を請求することができる権利をいう。

二　要　件

(1)　序　所有物妨害排除請求権は、所有権が無権原者により占有喪失以外の態様で妨害されている場合に生じる。すなわち、所有物妨害排除請求権が発生するための要件は、所有権が占有喪失以外の態様で妨害されていること、それが無権原者により生じたこと、である。無権原者に帰責事由が必要かどうかは場合により異なる。

(2)　所有権が占有喪失以外の態様で妨害されていること

(イ)　所有権が占有喪失以外の態様でその内容の完全な実現が妨害されていれば所有物妨害排除請求権が生じる。たとえば、ＡがＢの下水溝を埋め立てた場合、Ｂは下水溝が存在する部分の土地所有権に基づき下水溝を埋め立てた土砂の排除を請求することができるし（大判大四・一二・二民録二一輯一九六五頁）、所有者の不動産に他人名義の登記がある場合、所有者は所有権に基づき登記の抹消を請求することができる。

(ロ)　所有者が目的物を直接占有している必要はない。たとえば、所有者が他人に賃貸した物につき第三者が妨害している場合、所有物妨害排除請求権が生じる。

(ハ)　所有権の目的物が滅失した場合、所有物妨害排除請求権は生じない（本書三九頁参照）。たとえば、Ｂの家屋がＡの庭石落下で完全に倒壊した場合、Ｂの家屋所有権は消滅する。それゆえ、Ｂは家屋所有権に基づき庭石の排除を請求することができず、敷地所有権に基づき庭石の排除を請求することができるにとどまる。

(3)　所有権が無権原者により妨害されていること

(イ)　(a)　所有権が権原を有する者に妨げられている場合、所有物妨害排除請求権は生じない。たとえば、袋地所有者が公路に至るまで他人の土地を通行する場合（二一〇条）などがこれである。

(b)　所有権に何らかの支障が生じてもそれが社会生活上受忍すべき範囲にとどまる場合には所有権が妨害されているとはいえず、所有物妨害排除請求権は生じない。受忍範囲にとどまるかどうかは、主として、所有権に生じた支障の態様・程度、所有権に支障を生じさせた相手方の行為の態様、相手方が当該の行為をやめた場合に生じる相手方の不利益の態様・程度を比較して決定される。たとえば、A工場の騒音、振動、煤煙などにより近隣の土地所有者Bが不利益を受けている場合、Bの不利益が当該土地に居住できないなどの重大なものであれば所有物妨害排除請求権を認める方向で考えるが、Bの不利益が不快感にとどまるなど軽微でAが騒音、振動、煤煙などの発生の防止に十分な措置をとり、かつ、A工場の操業が社会的に有用である場合には所有物妨害排除請求権を認めない方向で考えるというのがこれである。(1)

(1)　大塚直「生活妨害の差止に関する基礎的考察――物権的妨害排除請求と不法行為に基づく請求との交錯――」法協一〇七巻四号一頁以下（平成二年）参照。舟橋・三六頁以下も参照。

(c)　所有権が無権原者により妨げられている場合であっても所有物妨害排除請求権の行使が権利の濫用になる場合、所有者が所有物妨害排除請求権を行使するのは許されない（一条三項）。たとえば、宇奈月温泉場の引湯管が無断でAの荒蕪地約二坪部分を通っていることを知ったBがAから当該二坪部分を買い受け宇奈月温泉場に対し当該二坪部分（および、他の部分）を高価に買い取ることを要求し、さらには所有権に基づき当該二坪部分を通る引湯管の撤去を求めたが、引湯管を撤去すれば宇奈月温泉場が莫大な損失を蒙る場合、Bの所有権に基づく引湯管撤去請求は権利の濫用であって許されない（大判昭一〇・一〇・五民集一四巻一九六五頁（宇奈月温泉事件））。

(ロ) 所有権の妨害に第三者の行為や自然力が係わっていても所有物妨害排除請求権の発生を妨げない。たとえば、Aの庭石が第三者の行為や自然力によって隣接地であるBの庭に落下した場合（A・B双方に帰責事由がないとする）、AはBの庭に権原なく庭石を所有している。そして、AはBの帰責事由によりこのことを余儀なくされたわけではない、すなわち、Bは帰責事由によりこのことを自ら招いたわけではない。それゆえ、AはBの庭に権原なく庭石を所有することによりBの庭所有権を妨害しており、BはAに対し所有物妨害排除請求権を有すると解される（本書五一頁参照。大判昭五・一〇・三一民集九巻一〇〇九頁は、Aからその所有の建物を賃借したBがCからその所有の砕石機を借りて借家に備えつけ借家契約終了後もそれを撤去しない場合、AはCに対しその撤去を要求することができ、Cが撤去しなければAはCに対し損害賠償を請求できるとした）。

なお、Aの庭石が附近一帯の自然災害によりBの庭に落下したような場合、BはAに対し所有物妨害排除請求権を有するが、Aにすみやかな庭石の引取りを期待するのは酷であるとも考えられる。このような場合、BはAによる庭石の引取りが期待できるようになってからAに対し所有物妨害排除請求権を行使すべきであり、Aによる庭石の引取りが期待できないのに所有物妨害排除請求権を行使するのは権利の濫用として許されないと解すべきである(1)。

(1) 鷹巣信孝「所有権に基づく妨害排除請求権」所有権と占有権――物権法の基礎理論――一二二頁以下（平成一五年）参照。

(ハ) (a) 妨害物の所有者が妨害物を第三者に譲渡した場合、所有物妨害排除請求権はどうなるであろうか。Aの庭石が隣接地であるBの庭に落下したケースでAがCに庭石を譲渡した場合に即して考えてみよう。

(α) 右の場合、AはBの庭に権原なく庭石を所有してBの庭所有権を妨害しているとはいえないので、BのAに対する所有物妨害排除請求権は認められないであろう。それゆえ、BのAに対する所有物妨害排除請求権が認められるためには、第二審の口頭弁論終結時においてAが庭石を所有していることが必要である。

(β) BのCに対する所有物妨害排除請求権が認められるかどうかは場合により異なる。

第一に、BがAに対し所有物妨害排除請求権を有していなかった場合、BのCに対する所有物妨害排除請求権は原則として認められないであろう。Cは妨害排除責任を負わないAの立場を前提にAから庭石を譲り受けるからである。しかし、庭石の落下につきCに帰責事由がある場合、BのCに対する所有物妨害排除請求権が認められるべきである。そして、所有物妨害排除請求権行使の費用負担はB・Cの帰責事由の割合に従って決定されることになるであろう(本書四九頁以下参照)。BがAに対し所有物妨害排除請求権を有しないのは、庭石の落下につきBに帰責事由があるがAには帰責事由がない場合であり(本書四九頁参照)、本件の設問の場合にはBに帰責事由がある。なお、庭石の落下につきCに帰責事由があってもCが庭石を譲り受ける際にAがBの庭に庭石を所有する権原を有しCがこれを承継することができると過失なく信じ、Cがそのように信じるにつきBに帰責事由があるような場合、CがBの庭に権原なく庭石を所有するのはBの帰責事由により余儀なくされた、すなわち、Bは帰責事由により自らこのことを招いたといってよく、BのCに対する所有物妨害排除請求権は認められない。

第二に、BがAに対し所有物妨害排除請求権を有していた場合、Cが庭石を譲り受ける際にAがBの庭に庭石を所有する権原を有しCがこれを承継することができると過失なく信じたなどCにはBの庭に権原なく庭石を所有することにつき帰責事由がなく、BにはCがBの庭に権原なく庭石を所有することにつき帰責事由がある場合にはBのCに対する所有物妨害排除請求権は認められないが、それ以外の場合にはBのCに対する所有物妨害排除請求権が認められるべきであろう。(1) 右に述べたような意味でBに帰責事由がありCに帰責事由がない場合、CがBの庭に権原なく庭石を所有するのはBの帰責事由により余儀なくされた、すなわち、Bは帰責事由により自らこのことを招いたといってよく、BのCに対する所有物妨害排除請求権を認めるべきでない。他方、Cに帰責事由がある場合、Bの帰責事由の有無を問わずBのCに対する所有物妨害排除請求権が認められるが、Bに帰責事由があれば所有物妨害排除請求権行使の費用負担はB・Cの帰責事由の割合に従って決定される。BとCの双方に帰責事由がない場合、Cは、Bの庭に権原なく庭石を所有しているが、Bの帰責事由によりこのことを余儀されたわけではない、すなわち、Bは帰責事由により自らこのことを招いたわけではなく、BのCに対する所有物妨害排除請求権が認められるべきである(本書五一頁参照)。

(1) 小川保弘「日本における所有物妨害除去請求権の請求権内容について」物権法研究八六頁以下(昭和六〇年)は、Aに妨害排除責任が発生していた場合、それは庭石所有権と結合する状態債務的責任として庭石所有権とともにCに移転するとする。広中・二六七頁以下もほぼ同旨。しかし、庭石を譲り受ける際にCに帰責事由がなくBに帰責事由がある場合にBのCに対する所有物妨害排除請求権を認めるのは妥当でなく、この場合にはBのCに対する庭石排除の忍容請求権、次に述べるBのAに対する費用負担請求権を認めれば十分である。

(γ) AはCへの庭石の譲渡により妨害排除責任を免れるが、それまで妨害排除責任を負っていた場合には妨害排除に要する費用負担責任を免れないと解すべきであろう。(1) なぜなら、Aが費用負担責任を免れるとすればBがCに対し妨害排除請求権を有する場合であってもCが無資力であればBが害されるし、他方、Aは妨害排除責任を負っていた場合であるから費用負担責任を免れないとしても不当に害されないからである。そこで、Aが妨害排除責任を負っていたケースでBがCに対し所有物妨害排除請求権を有する場合にはCとAが並存して費用負担責任を負うことになる。(2) これに対し、Aが妨害排除責任を負っていたケースでBがCに対し庭石排除の忍容請求権を有する場合にはAだけが費用負担責任を負うことになるであろう(Bは、庭石を排除し、その費用をAに請求する)。

(1) 小川保弘「日本における所有物妨害除去請求権の請求権内容について」物権法研究八六頁以下(昭和六〇年)、広中二六七頁。
(2) 小川・前掲八七頁以下、広中・二六七頁。

(b) 妨害物の所有者が妨害物の所有権を放棄した場合、所有物妨害排除請求権はどうなるであろうか。たとえば、Aの庭石がAの帰責事由により隣接地であるBの庭に落下したケースでAが庭石の所有権を放棄した場合、BのAに対する所有物妨害排除請求権はどうなるであろうか。

一般に、権利の放棄をするのは自由であるが、権利の放棄によって他人の利益を不当に害することは許されないと考えられる（三九八条参照）。そこで、Aが妨害排除責任を負っていた場合には、Aは庭石所有権を放棄することによって妨害排除責任を免れることはできないと解すべきであろう[1]（東京高判昭五一・四・二八判時八二〇号六七頁）。この場合、Aによる所有権の放棄は無効であるといってよいであろう。

（1）同旨、我妻＝有泉・二六八頁、川角由和「近代的所有権の基本的性格と物権的請求権との関係――その序論的考察――」九法五一号七四頁以下（昭和六一年）、鷹巣信孝「所有権に基づく妨害排除請求権」所有権と占有権――物権法の基礎理論――一〇〇頁以下（平成一五年）。小川保弘「日本における所有物妨害除去請求権の請求権内容について」物権法研究六四頁注（3）（昭和六〇年）は、Aが所有権を放棄することにより妨害排除責任を免れるのは疑問であるとする。

(4)　無権原者の帰責事由の必要性

(イ)　一般に、無権原者に帰責事由があることは必要でないとされている。しかし、これは場合により異なる。なお、無権原者から妨害物を譲り受けた者に関してはすでに述べたので（本書七九頁以下参照）、以下ではこの者を除外して説明する。

(ロ)　第一に、無権原者に帰責事由がある場合、所有者に帰責事由があるかどうかを問わず所有物妨害排除請求権が認められてよい（所有者にも帰責事由がある場合、所有物妨害排除請求権行使の費用負担は両者の帰責事由の割合に応じて決定される（本書四九頁以下参照））。

第二に、無権原者に帰責事由はないが所有者に帰責事由がある場合、所有者の無権原者に対する妨害排除の忍容請求権は生じるものの所有物妨害排除請求権は生じないと解すべきであろう。なぜなら、この場合、所有権の妨害は所有者の帰責事由に基づくのであり、すなわち、所有者が帰責事由によりこのことを自ら招いたのであり、無権原者の費用負担による妨害排除を認めるのは妥当でないからである。

第三に、所有権の妨害につき無権原者・所有者の双方に帰責事由がない場合、所有物妨害排除請求権を認めるのが妥当であろう。たとえば、Aの庭石が隣接地であるBの庭にA・B双方の帰責事由なく落下した場合、AはBの庭に権原なく庭石を所有している。そして、AはBの帰責事由によりこのことを余儀なくされたわけではない、すなわち、

Ｂは帰責事由によりこのことを自ら招いたわけではない。それゆえ、ＡはＢの庭に権原なく庭石を所有してＢの庭所有権を妨害しているというべきである。他方、Ｂは庭石の落下につき帰責事由がない以上Ａによる庭石の引取りを正当な理由なく拒否しない限りＡの庭石所有権を妨害しているとはいえない。したがって、この場合、ＢがＡに対し所有物妨害排除請求権を有し、ＡはＢに対し所有物引取請求権を有すると解されるのである。

三　内　容

(1)　所有物妨害排除請求権の内容は所有権の妨害の解消であり、所有物返還請求権の場合のような種々の問題は生じない。

(2)　多少問題となるのは、たとえば、Ａの庭石が隣接地であるＢの庭に落下しＢがＡに対し所有物妨害排除請求権を有する場合、庭石がどのような状態におかれれば所有権の妨害が解消されるのかである。

これについては、庭石がＢの庭の外に出されＢによる庭使用に何らの支障もきたさなくなればＢの庭所有権の妨害が解消されるといってよいであろう。庭石が元の場所に戻されることは必ずしも必要ではない。

第五節　所有物妨害予防請求権

一　序

所有物妨害予防請求権とは、所有者が無権原者により所有権を妨害されるおそれがある場合にその予防を請求することができる権利をいう。

二　要　件

(1)　序　所有物妨害予防請求権は、所有権が無権原者により妨害されるおそれがある場合に生じる。すなわち、所有物妨害予防請求権が発生するための要件は、所有権が妨害されるおそれがあること、それが無権原者により生じていること、である。無権原者に帰責事由が必要かどうかは場合により異なる。

(2)　所有権が妨害されるおそれがあること

(イ)　所有権が妨害されるおそれがあるというためには、抽象的な可能性では足りず、具体的な可能性がなければならない。無権原者は妨害を予防するために自己の費用で何らかの措置をとらなければならないからである。

(ロ)　無権原者がかつて所有権の妨害をしたことは必要でない（大判昭七・一一・九民集一一巻二二七七頁、同判昭一二・一一・一九民集一六巻一八八一頁は、無権原者がかつて所有権の妨害をしたことを要件とすることなく所有物妨害予防請求権を認める）。ドイツ民法は無権原者がかつて所有権の妨害をしたことを所有物妨害予防請求権発生の要件としているが（一〇〇四条）、所有者が所有権の妨害のおそれが具体的にある場合にその予防を請求できないとするのは妥当でなく、無権原者がかつて所有権の妨害をしたことは所有権の妨害のおそれがあるかどうかの判断材料にとどまると解すべきであろう。

(3)　所有権が無権原者により妨害されるおそれがあること

(イ)　(a)　ここで無権原者とは、妨害を生じさせることにつき権原を有しない者である。所有権が権原を有する者に妨げられるおそれがある場合、所有物妨害予防請求権は生じない。たとえば、袋地所有者が公路に至るまで他人の土地を通行するおそれがある場合（二一〇条）、所有物妨害予防請求権は生じない。

(b)　所有権に何らかの支障が生じるおそれがあってもその支障が社会生活上受忍すべき範囲にとどまる場合には、所有権が妨害されるおそれがあるとはいえず、所有物妨害予防請求権は生じない。また、所有物妨害予防請求権の行使が権利の濫用に該当する場合にその行使が許されないのは当然である（一条三項）。

(ロ)　所有権を妨害するおそれは、無権原者の行為が一因となって生じていればよい。たとえば、Aの庭石が第三者の行為や自然力によって隣接地であるBの庭に落下しそうな場合（A・B双方に庭石の落下のおそれにつき帰責事由がないとする）、AはBの庭所有権を妨げる権原を有しないのに庭石を所有することによりBの庭所有権を妨害するおそれを生じさせている。そして、Aの庭石がA・B双方の帰責事由なくBの庭に落下した場合、BはAに対し所有物妨害排除請求権を有する、すなわち、Aは妨害排除の費用を負担しなければならない（本書五一頁、八二頁以下参照）。そうだとすれば、Aは自己の費用負担で庭石の落下の予防措置をとるべきである、すなわち、BはAに対し所有物妨害予防請求権を有すると解すべきである。

(ハ)　(a)　妨害を惹起するおそれのある物の所有者がその物を第三者に譲渡した場合、所有物妨害予防請求権はどうなるであろうか。Aの庭石が隣接地であるBの庭に落下しそうなケースでAがCに庭石を譲渡した場合に即して考えてみよう。

(α)　右の場合、Aは庭石を所有することによりBの庭所有権を妨害するおそれがあるとはいえないので、BのAに対する所有物妨害予防請求権は認められないであろう。それゆえ、BのAに対する所有物妨害予防請求権が認められるためには、第二審の口頭弁論終結時においてAが庭石を所有していることが必要である。

(β)　BのCに対する所有物妨害予防請求権が認められるかどうかは場合により異なる（大判昭一二・一一・一九民集一六巻一八八一頁は、一般にBのCに対する所有物妨害予防請求権が認められるとする）。

第一に、BがAに対し所有物妨害予防請求権を有していなかった場合、BのCに対する所有物妨害予防請求権は原則として認められないであろう。BがAに対し所有物妨害予防請求権を有しないのは、後述するように、庭石が落下しそうなことにつきBに帰責事由があってAに帰責事由がない場合であり（本書八七頁以下参照）、この場合には逆にBがAの庭石所有権を妨害するおそれがあるからAのBに対する庭石の落下を予防するための所有物妨害予防請求権が認められるべきであって、CはAの有する所有物妨害予防請求権の承継を前提に庭石を譲り受けるからである。これに対し、庭石が落下しそうなことにつきCにも帰責事由がある場合にはBのCに対する所有物妨害予防請求権を認めるべきである。そして、この場合にはB・Cの帰責事由の割合に従って費用負担が決定されることになるであろう（本書四九頁以下参照）。

もっとも、庭石が落下しそうなことにつきCに帰責事由があっても、Cが庭石を譲り受ける際にBの費用負担で庭石落下の予防措置がとられると過失なく信じ、Cがそのように信じるにつきBに帰責事由があるような場合、CはBの帰責事由により庭石の所有によってBの庭所有権を妨害するおそれを生じさせるのを余儀なくされた、すなわち、Bは帰責事由により自らこのことを招いたといってよく、BのCに対する所有物妨害予防請求権は認められない。

第二に、BがAに対し所有物妨害予防請求権を有していた場合、Cが庭石を譲り受ける際に過失なくBの費用負担で庭石落下の予防措置がとられると信じたなど庭石の所有によりBの庭所有権に妨害を生じさせるおそれがあることにつき帰責事由がなく、BにはCがそのように信じたことなどにつき帰責事由がある場合を除き、BのCに対する所有物妨害予防請求権を認めてよいであろう。このような意味でBに帰責事由がありCに帰責事由がない場合、CはBの帰責事由により庭石の所有によってBの庭所有権を妨害するおそれを生じさせるのを余儀なくされた、すなわち、Bは帰責事由により自らこのことを招いたといってよく、BのCに対する所有物妨害予防請求権は認められない。これに対し、庭石の所有によってBの庭所有権を妨害するおそれを生じさせることにつきCに帰責事由がある場合、Bにそのことにつき帰責事由があると否とを問わずBのCに対する所有物妨害予防請求権を認めてよい。Bに帰責事由がある場合には所有物妨害予防請求権行使の費用負担はB・Cの帰責事由の割合に従って決定される。BとCの双方に帰責事由がない場合、BとCの双方に帰責事由なくCの庭石がBの庭に落下した場合にはBのCに対する所有物妨害排除請求権が認められ、CのBに対する所有物返還請求権は認められない（本書五一頁、六七頁以下、八二頁以下参照）、すなわち、Cの費用負担でCの庭石が排除されることを考えれば、Cの費用負担で妨害予防措置をとる、つまり、BのCに対する所有物妨害予防請求権を認めてよいであろう（本書八八頁参照）。

(γ)　Aが妨害予防責任を負っていた場合、AはCへの庭石の譲渡により妨害予防責任を免れるが、所有物妨害排除請求権の場合と同じように、妨害予防に要する費用の負担責任を免れないと解すべきであろう（本書八一頁参照）。そこで、A

が妨害予防責任を負っていたケースでBがCに対し所有物妨害予防請求権を有する場合にはCとAが並存して費用負担責任を負うことになる。これに対し、Aが妨害予防責任を負っていたケースでBがCに対し妨害予防の忍容請求権を有する場合にはAだけが費用負担責任を負うことになるであろう（Bは、Cの忍容のもとに妨害予防の措置をとり、その費用をAに請求する）。

(b) 妨害を惹起するおそれのある物の所有者がその物の所有権を放棄した場合、所有物妨害予防請求権はどうなるであろうか。これについては、所有物妨害排除請求権の場合と同様に考えてよいであろう（本書八一頁以下参照）。つまり、Aが妨害予防責任を負っていた場合には、Aは所有権の放棄によって妨害予防責任を免れることはできないと解される（放棄は無効）。

(4) 無権原者の帰責事由の必要性

(イ) 一般に、所有権の妨害のおそれにつき無権原者に帰責事由があることは必要でないとされている。しかし、これは場合により異なる。なお、無権原者から妨害を惹起するおそれのある物を譲り受けた者に関してはすでに述べたので（本書八五頁以下参照）、以下ではこの者を除外して説明する。

(ロ) 第一に、無権原者に帰責事由がある場合、所有者に帰責事由があるかどうかを問わず所有物妨害予防請求権が認められてよい。所有者にも帰責事由がある場合には所有物妨害予防請求権行使の費用負担は両者の帰責事由の割合に応じて決定される（本書四九頁以下参照）。たとえば、Aの庭石が隣接するBの庭にA・B双方の帰責事由により落下しそうな場合、Aの庭石所有権とBの庭所有権はともに妨害されるおそれがある。そこで、AはBに対し庭石所有権に基づき、BはAに対し庭所有権に基づき、それぞれ所有物妨害予防請求権を有する。どちらの請求においても、費用負担はA・Bの帰責事由の割合に応じて決定される。どちらが先に妨害予防請求権を行使したかを問わない。

第二に、無権原者に帰責事由はないが所有者に帰責事由がある場合、所有者の無権原者に対する妨害予防の忍容請求権は生じるものの所有物妨害予防請求権は生じないと解すべきであろう。なぜなら、この場合、所有権の妨害のおそれは所有者の帰責事由に基づくのであり、すなわち、所有者が帰責事由によりこのことを自ら招いたのであり、無権原者の費用負担による妨害予防を認めるのは妥当でないからである。たとえば、右の庭石の設例でAに帰責事由はあるがBに帰責事由がない場合、AはBに対し庭石所有権に基づく所有物妨害予防請求権を有しない。これに対し、BはAに対し庭所有権に基づく所有物妨害予防請求権を有する。

第三に、無権原者・所有者の双方に帰責事由がない場合、所有者が妨害が生じた場合には所有物返還請求権や所有物妨害排除請求権を有するときに所有物妨害予防請求権を有すると解するのが妥当であろう。たとえば、Aの庭石がA・B双方の帰責事由なくBの庭に落下した場合、BはAに対し所有物妨害排除請求権を有する、すなわち、Aは妨害排除につき費用を負担しなければならない（本書五一頁、八二頁以下参照）。そうだとすれば、Aの庭石がA・B双方の帰責事由なくBの庭に落下しそうな場合、Aは自己の費用負担で庭石の落下の予防措置をとる、すなわち、BはAに対し庭所有権に基づき所有物妨害予防請求権を有すると解すべきである。他方、Aの庭石がA・B双方の帰責事由なくBの庭に落下した場合、AはBに対し所有物返還請求権を有しない、すなわち、Aは自己の費用で庭石を引き取らなければならない（本書五一頁、六七頁以下、八二頁以下参照）。そうだとすれば、Aの庭石がA・B双方の帰責事由なくBの庭に落下しそうな場合、Aは自己の費用で庭石の落下の予防措置をとる、すなわち、AはBに対し庭石所有権に基づく所有物妨害予防請求権を有しないと解すべきである。

三　内　容

所有物妨害予防請求権の内容は、所有権の妨害のおそれの解消である。相手方の不作為を求める場合が多いが（たとえば、境界線附近に庭石を置かないこと）、作為を求めることもある（たとえば、庭石が落下しないように適当な支えを設けること）。

第六節　所有物引取請求権

一　序

所有物引取請求権とは、所有者が無権原の占有者（次の二(3)で述べるように、無権原の直接占有者）あるいはこれに準じる者に対し所有権に基づき目的物の引取りの忍容を請求することができる権利をいう。無権原の占有者に準じる者とは、Aの庭石がAの帰責事由により隣接地であるBの庭に落下した場合のように、Bは庭石の占有を取得していないものの自己の権利領域内にAの庭石があり占有しているのに準じる状態にある者をいう（本書六一頁参照）。

二　要件

(1)　序　所有物引取請求権は、所有者が無権原の占有者の占有により、あるいは、これに準じる者の権利領域内に目的物が存在することにより、占有を失っている場合に生じる。無権原の占有者あるいはこれに準じる者に帰責事由があるかどうかは問わない。

(2)　所有者が占有を失っていること　これについては、所有物返還請求権について述べたのと同じである（本書六一頁以下参照）。

(3)　所有者が無権原の占有者の占有により、あるいは、これに準じる者の権利領域内に目的物が存在することにより、占有を失っていること

(イ)　無権原の占有者とは、無権原の直接占有者を意味する。間接占有者は目的物を直接占有していず、所有者が間接占有者から目的物を引き取ることはできないし、また、直接占有者から目的物を引き取るにつき間接占有者の忍容を求める必要もないからである。

(ロ)　所有者が占有権原のある者の占有により占有を失っている場合、所有物引取請求権は生じない。また、所有物引取請求権の行使が権利の濫用になる場合、その行使が許されないのは当然である（一条三項）。

(ハ)　無権原の占有者が第二審の口頭弁論終結時に占有を失っている場合、あるいは、目的物が第二審の口頭弁論終結時に無権原の占有者に準じる者の権利領域から外に出ている場合、これらの者に対し所有物引取請求権は認められないと解される。所有者がこれらの者から目的物を引き取ることはできないし（無権原の占有者に準じる者については、所有者は目的物をその権利領域から引き取ることはできない）、また、所有者が目的物を引き取るにつきこれらの者の忍容を求める必要もないからである。

(ニ)　従来の無権原の占有者あるいはこれに準じる者に代わって新たな無権原の占有者あるいはこれに準じる者が生じた場合、所有物引取請求権はこれらの新たな無権原の占有者あるいはこれに準じる者に対して認められる。これらの者の帰責事由の有無を問わない。所有物引取請求権は、所有者が自己の費用で目的物を引き取るのに際し相手方にその忍容を求めうるにすぎないものだからである。

(4)　無権原の占有者あるいはこれに準じる者の帰責事由の必要性　無権原の占有者あるいはこれに準じる者に帰責事由があることは必要でない。所有物引取請求権は、所有者が自己の費用で目的物を引き取るのに際し相手方にその忍容を求めうるにすぎないものだからである。

三　内　容

(1)　所有物引取請求権の内容には二つのものがある。

第一は、所有者が自己への引取りの忍容を求める場合である。たとえば、Aの庭石が隣接地であるBの庭に落下した場合、AはBに対し自己への引取りの忍容を求めることができる。

第二は、所有者が第三者への引取りの忍容を求める場合である。たとえば、Aがその所有の庭をBに賃貸したところAの庭に存していたAの庭石が隣接地であるCの庭に落下した場合、Aは原則としてCに対しBへの引取りの忍容を求めることができるにとどまる（本書六八頁以下参照）。

(2) 所有者が所有物返還請求権を行使しうる場合であってもこれを行使しないで所有物引取請求権を行使することは許されるであろう。(1)

(3) 引取りの場所は、不動産・動産を問わず、それが現に存在する場所である。

（1） 近江・三五頁参照。

四 その他

(1) 所有者が所有物引取請求権を行使するのに必要な範囲内の行為により相手方に損害を生じさせた場合、所有者がどのような責任を負うかは問題である。たとえば、Aの庭石が隣接地であるBの庭に落下し、AがBの庭に立ち入って庭石を引き取るためにやむをえずBに損害を生じさせた場合、Aはどのような責任を負うであろうか。

(2) (イ) Aの庭石がAの帰責事由によりBの庭に落下した場合、Aの庭石がBの庭所有権を妨害するのはAの不法行為を構成する。それゆえ、Aが庭石を引き取るために必要な範囲内の行為によりBに損害を生じさせても、その損害は不法行為による損害賠償の範囲に入る（四一六条参照）といえよう。

(ロ) Aの庭石がBの帰責事由によりBの庭に落下した場合、Aが庭石を引取るために必要な範囲内の行為によりBに損害を生じさせれば、それはBが帰責事由により自ら招いたといってよく、Aの損害賠償責任は生じない。Aは、庭石を引き取るのに必要な範囲を超えた行為によりBに損害を生じさせた場合に不法行為による損害賠償責任を負うにとどまる（過失相殺（七二二条二項）もありうる）。

(ハ) 庭石の落下につきA・B双方に帰責事由がない場合、Aは権原なくBの庭に庭石を所有してBの庭所有権を妨害しており、自己の費用で庭石を引き取らなければならない（本書五一頁、六七頁以下、八二頁以下参照）。それゆえ、Aは庭石を引き取るために必要な範囲内の行為によりBに損害を生じさせてもそれを賠償しなければならないと解すべきであろう。これは、一種の無過失損害賠償責任であるが、土地所有者は隣地使用請求権に基づき隣地を使用して隣人に損害を生じさせた場合に償金支払義務を負うとされており（二〇九条二項。本書三〇九頁以下参照）、これとのバランスからいってもAに損害賠償責任を認めるのが妥当であろう。(1)

（1）　山田晟「物権的請求権としての『引取請求権』について」法学協会百周年記念論文集三巻一一二頁（昭和五八年）参照。

第七節　所有権以外の物権に基づく物権的請求権

一　序

所有権以外の物権についても物権的請求権が考えられるが、その内容は所有権に基づく物権的請求権と必ずしも同じではない。そこで、以下、所有権以外の物権に基づく物権的請求権について説明する。

二　地上権に基づく物権的請求権

(1)　地上権者は、「他人の土地において工作物又は竹木を所有するため、その土地を使用する権利を有す」（二六五条）るが、この権利の内容の完全な実現をはかるため所有権に基づく物権的請求権と同内容の物権的請求権を有する。すなわち、地上権者は、地上権に基づく返還請求権・妨害排除請求権・妨害予防請求権・引取請求権などを有する。地上権者は、地下権・空中権、つまり、区分地上権（二六九条の二）に基づいても同様の物権的請求権を有すると解される。(1)

（1）　広中・二七六頁参照。

(2)　地上権に基づく物権的請求権は、二〇年の消滅時効により消滅するようにみえる（一六七条二項）。しかし、すでに述べたように、物権的請求権は物権の内容を構成し（本書五六頁以下参照）、物権的請求権を物権から独立に消滅時効により消滅させるのは妥当でなく、物権的請求権は物権が消滅時効により消滅した場合に消滅すると解すべきである。それゆえ、地上権に基づく物権的請求権も独自に消滅時効により消滅することはなく、地上権が消滅時効により消滅した場合（一六七条二項で二〇年）に消滅すると解される。

三　永小作権に基づく物権的請求権

永小作権者は、「他人の土地において耕作又は牧畜をする権利を有す」（二七〇条）るが、この権利の内容の完全な実現をはかるため地上権に基づく物権的請求権と同内容の物権的請求権を有する。

四　地役権に基づく物権的請求権

地役権者は、「設定行為で定めた目的に従い、他人の土地を自己の土地の便益に供する権利を有す」（二八〇条本文）るが、この権利の内容の完全な実現をはかるため物権的請求権を有する（最判平一七・三・二九判時一八九五号五六頁は、地役権に基づく妨害排除や妨害予防請求権を認める）。一般に、地役権は占有を伴わず返還請求権や引取請求権は認められないと解されている。しかし、たとえば、常時通行する通行地役権の場合のように占有を伴う地役権も存在すると解すべきである（本書四六九頁以下参照）。地役権が占有を伴う場合、地役権者は、妨害排除請求権や妨害予防請求権はもちろん、返還請求権や引取請求権も有する。地役権が占有を伴わない場合であっても、判例は同じ占有を伴わない抵当権につき返還請求権を肯定しており（最(大)判平一一・一一・二四民集五三巻八号一八九九頁(傍論)、同判平一七・三・一〇民集五九巻二号三五六頁）、地役権者は、妨害排除請求権や妨害予防請求権はもちろん、返還請求権や引取請求権も有すると解すべきである（原則として承役地所有者への明渡しや引取りの請求になる（本書六八八頁以下参照））。地役権に基づく物権的請求権は、地役権が承役地の占有者において取得時効に必要な要件を具備する占有をすることにより消滅すれば（二八九条）、それに伴い消滅する。その他については、地上権に基づく物権的請求権と同じである。

五　入会権に基づく物権的請求権

入会権者は、一定の山林や原野などを共同で支配する慣習上あるいは時効によって成立する合有的権利を有するが、この権利の内容の完全な実現をはかるため物権的請求権を有する。「共有の性質を有する入会権」（二六三条）の場合、物権的請求権の内容は所有権に基づく物権的請求権と同じである。これに対し、「共有の性質を有しない入会権」（二九四条）の場合、地役権の規定が準用されるので返還請求権と引取請求権は認められないようにもみえるが、しかし、後述するように、「共有の性質を有しない入会権」とは他人の土地において雑草や雑木を採取するなど他人の土地を共同で支配する権利であり、地上権や永小作権に近く、地役権の規定は準用される余地がないのである（本書四九一頁参照）。それゆえ、「共有の性質を有しない入会権」についても返還請求権や引取請求権を認めるのが妥当であろう（1）。「共有の性質を有しない入会権」に基づく物権的請求権は、入会権が二〇年の消滅時効により消滅する（一六七条二項）ことによって消滅する。

（1）　広中・二七七頁参照。

六　留置権に基づく物権的請求権

留置権者は、他人の物を占有し「その物に関して生じた債権を有するときは、その債権の弁済を受けるまで、その物を留置することができ」（二九五条一項本文）る権利を有するが、この権利の内容の完全な実現をはかるため物権的請求権を有する。もっとも、留置権は占有の喪失によって消滅するから（三〇二条本文。ただし、留置権者が占有を奪われた場合、留置権者は占有回収の訴え（二〇〇条一項）により留置物を取り戻すことができ、この場合には占有が継続していたものとみなされ（二〇三条但書）、留置権は消滅しない）、留置権者は返還請求権と引取請求権を有しない（留置権者が二九八条二項により留置物を賃貸あるいは質入れした場合には留置権は消滅せず（三〇二条但書）、賃貸あるいは質入関係が終了すれば留置権に基づく返還請求権と契約上の返還請求権の請求権規範競合の問題になる（本書五八頁以下参照））。留置権者が妨害排除請求権と妨害予防請求権を有することには問題がない。一般に、担保物権は被担保債権の消滅時効とは別に独自に消滅時効にかかることはないと解されるが（1）（三九六条参照）、留置権は占有を失えば消滅するから、その不行使（留置しない）により消滅時効にかかることはこの点からもないといえよう。留置権に基づく物権的請求権は、留置権が被担保債権の消滅時効の完成に伴い消滅することによって消滅する。

（1）　石田（穣）・六三四頁以下参照。

七　先取特権に基づく物権的請求権

先取特権者は、「債務者の財産について、他の債権者に先立って自己の債権の弁済を受ける権利を有す」（三〇三条）るが、この権利の内容の完全な実現をはかるため物権的請求権を有する。先取特権は占有を伴わないが、判例は同じ占有を伴わない抵当権につき返還請求権を肯定しており（最(大)判平一一・一一・二四民集五三巻八号一八九九頁（傍論）、同判平一七・三・一〇民集五九巻二号三五六頁）、返還請求権や引取請求権を認めて差し支えないと考える（原則として債務者への明渡しや引取りの請求になる（本書六八頁以下参照））。先取特権者が妨害排除請求権や妨害予防請求権を有することには問題がない。一般先取特権については物権的請求権を否定する見解もあるが[1]、しかし、一般先取特権の内容の完全な実現が妨害されているか妨害されるおそれがある場合に物権的請求権を否定する理由はなく、これを認めるのが妥当であろう。先取特権に基づく物権的請求権も、先取特権が被担保債権の消滅時効の完成に伴い消滅することによって消滅する。

（1） 広中・二七九頁。

八 質権に基づく物権的請求権

(1) 質権者は、「債権の担保として債務者又は第三者から受け取った物を占有し、かつ、その物について他の債権者に先立って自己の債権の弁済を受ける権利を有す」（三四二条）るが、この権利の内容の完全な実現をはかるため物権的請求権を有する。

(2) 不動産質権に基づく物権的請求権の内容は、地上権に基づく物権的請求権と同じである。不動産質権に基づく物権的請求権は、質権が被担保債権の消滅時効の完成に伴い消滅することによって消滅する。

(3) 動産質権においては、「動産質権者は、継続して質物を占有しなければ、その質権をもって第三者に対抗することができない」（三五二条）と規定されている。この規定の趣旨は、質物の継続的な占有が動産質権が存続するための要件であるというものであると解される（本書一三七頁参照）。それゆえ、占有の喪失は動産質権の消滅をもたらすから、質権に基づく返還請求権や引取請求権は認められない（もっとも、占有を奪われた質権者は占有回収の訴えによって質物を取り戻すことができ（三五三条）、この場合には占有が継続していたものとみなされ（二〇三条但書）、質権は消滅しない）。動産質権に基づく妨害排除請求権や妨害予防請求権を認めてよいことには問題がない。動産質権に基づく物権的請求権は、質権が被担保債権の消滅時効の完成に伴い消滅することによって消滅する。

(4)　権利質権に基づく返還請求権や引取請求権を認めてよいことに問題はないと思われる。たとえば、第三者が第三債務者の財産（権利質権の目的である権利の目的物や一般財産）を不法に占有している場合、その財産につき第三債務者（第三債務者が受け取ることを拒否している場合などには質権者）への返還請求権や引取請求権を認めてよいであろう（本書六八頁以下参照）。権利質権に基づく妨害排除請求権や妨害予防請求権も認められる（第三者が第三債務者の財産（権利質権の目的である権利の目的物や一般財産）を滅失・損傷・減少させる場合など）。権利質権に基づく物権的請求権も、質権が被担保債権の消滅時効の完成に伴い消滅することによって消滅する。

九　抵当権に基づく物権的請求権

抵当権者は、「債務者又は第三者が占有を移転しないで債務の担保に供した不動産について、他の債権者に先立って自己の債権の弁済を受ける権利を有す」（三六九条一項）るが、この権利の内容の完全な実現をはかるため物権的請求権を有する。抵当権者は、妨害排除請求権や妨害予防請求権を有するのはもちろん、返還請求権（最(大)判平一一・一一・二四民集五三巻八号一八九九頁(傍論)、同判平一七・三・一〇民集五九巻二号三五六頁。最判平三・三・二二民集四五巻三号二六八頁は、返還請求権を否定していた）や引取請求権も有すると解される（原則として債務者や物上保証人への明渡しや引取りの請求（本書六八頁以下参照）。返還請求権以外の抵当権に基づく物権的請求権を認めたものとして、大判昭六・一〇・二一民集一〇巻九一三頁、同判昭七・四・二〇新聞三四〇七号一五頁、最判昭五七・三・一二民集三六巻三号三四九頁、同判平六・五・一二判タ八六七号一七一頁）。抵当権に基づく物権的請求権は、抵当権が被担保債権の消滅時効の完成に伴い消滅することによって消滅するし（三九六条）、また、抵当権が抵当不動産につき第三者の取得時効に必要な要件を具備する占有により消滅することによっても消滅する（三九七条）。

第八節　債権に基づく妨害排除請求権

一　序

一般に、債権者は債権が公示方法を備えた賃借権のような場合を除き妨害排除請求権を有しないとされている。そして、これが債権を物権から分かつ特徴の一つであるとされている。しかし、以下の検討から明らかなように、債権に基づく妨害排除請求権(1)も広く認められるべきである。

（1） 債権に基づく妨害排除請求権については、柚木馨「債権に基く妨害除去請求権」神法五巻一・二号一〇八頁以下（昭和三〇年）、好美清光「債権に基く妨害排除についての考察」一法二号一六五頁以下（昭和三四年）、赤松秀岳「債権に基づく妨害排除の問題は、なお論ずべき点を残していないか」現代契約と現代債権の展望一巻二五頁以下（平成二年）、近江幸治「債権に基づく妨害排除請求」半田正夫教授還暦記念論集（民法と著作権法の諸問題）三一二頁以下（平成五年）参照。柚木・前掲は、相手方（妨害者）が債権の存在を知っていたか知りうべき場合に債権に基づく妨害排除請求権を認める。

二　債権に基づく妨害排除請求権

(1) 債権が物権的権利である場合について　債権が物権的権利である場合、たとえば、公示方法を備えた賃借権（六〇五条、借地借家一〇条一項二項・三一条一項、農地法一八条一項）のような場合、債権は物権と同様の排他性をもつ（本書二二頁以下参照）。それゆえ、この場合、債権者は、相手方が債権の内容の完全な実現を妨害する権利を有するのを阻止あるいは排除し、物権と同様に妨害排除請求権を行使することができると解してよいであろう。

(2) 債権が物権的権利でない場合について　これは、通常の債権の場合であるが、次の三つに分けて考察するのが妥当である。

(イ) 相手方が債権者の債権の内容と両立しえない内容の権利を有する場合　これは、債権者の債権と相手方の権利はともに成立するが、内容的には両立しえないという場合である。たとえば、B劇場がA歌手との間で〇年〇月〇日〇時にAがB劇場に出演する旨の契約を結んだところ、その後、C劇場もAとの間で出演の場所を除き同内容の契約を結んだ場合である。この場合、Bは、AにおいてCの債権取得によりBが害されるのを知っていることを前提に（以下、同じ。Aは、ほとんどの場合にBが害されるのを知っている。Aが知っていることは事実上推定される）、CがA・B間の契約を知りつつAと契約を結べばCの債権を否認することができるが、CがA・B間の契約を知らずにAと契約を結べばCの債権を否認することができない（本書六頁以下参照）。そうだとすれば、Bは、CがA・B間の契約を知っていた場合にはCに対しCの債権を否認して自己の債権に基づき妨害排除請求権（あるいは、妨害予防請求権）を行使することができるが、CがA・B間の契約を知らなかった場合にはCに対しCの債権を否認して自己の債権に基づき妨害排除請求権（あるいは、妨害予防請求権）を行使することはできないと解してよいであろう。

(ロ)　相手方が債権者の債権の内容と部分的に両立しえない内容の権利を有する場合

(a)　たとえば、BがAからA所有の土地を賃借したところ（未登記で未占有）、その後、Cがこれを知りつつAから当該土地の所有権を取得した場合、Bの賃借権とCの所有権は土地の使用収益権能の範囲で両立しえない。この場合、BはCの所有権のうち使用収益権能を否認しCに対し賃借権を主張することができる。Bの賃借権を知りつつ、すなわち、Bの賃借権が害されるのを知りつつ所有権を取得したCを保護する必要はないからである（本書二二頁以下参照）。それゆえ、BはCがBによる土地の使用収益を妨害する場合、Cに対しCの所有権のうち使用収益権能を否認して賃借権に基づき妨害排除請求権を行使することができる。なお、BがCの所有権を全面的に否認することができないのは当然である。

(b)　右のケースでCが当該土地の全部を占有する場合、BはCに対し賃借権に基づき土地の明渡請求権を行使することができると解される。このように解さなければ、Cに対し賃借権を主張することができるBが害されるし、このように解してもBの賃借権による否認を受けるCは何ら害されないからである。

(ハ)　相手方が右の(イ)(ロ)の権利を有しない場合　これは、次の二つの場合に分けられる。

第一は、たとえば、BがAからA所有の土地を使用貸借で借りたところ、その後、Aに対し金銭債権を取得したCが当該土地に木材を搬入したような場合である。この場合、Cによる金銭債権の取得はBの債権を妨害せずBによるCの権利の否認は問題にならない（当然、AにおいてCの権利取得によりBが害されるのを知っていることも問題にならない）。そして、Cの金銭債権は木材搬入を正当化せず、Cは木材搬入に関しては無権利者であるからCを保護する必要は全くない。したがって、BはCに対してCがBの使用借権を知っていたと否とを問わずCの権利を否認することなく使用借権に基づき妨害排除請求権を行使することができると解してよいであろう。

第二は、右の設例でCが何らの権利も有しない場合である。この場合、CはAから何らの権利も取得していないから、BによるCの権利の否認は問題にならない（当然、AにおいてCの権利取得によりBが害されるのを知っていることも問題にならない）。そして、Cは無権利者でありCを保護する必要は全くない。それゆえ、この場合もBはCに対しCがBの使用借権を知っていたと否とを問わず使用借権に基づき妨害排除請求権を行使することができると解してよいであろう。

(3) 結　び

(a) 以上のように、債権にも妨害排除請求権や妨害予防請求権、さらには、明渡請求権（引渡請求権）も認められると解するのが妥当である。

(b) 債権に基づく妨害排除請求権などの法的性質については、物権的請求権に準じて考えればよいであろう（本書五五頁以下参照）。すなわち、債権が譲渡されれば妨害排除請求権なども譲渡されるし、妨害排除請求権などを債権から分離して譲渡することはできない。また、妨害排除請求権などは債権から独立に消滅時効にかかることはないと解される。債権は他から妨害を受ければ当然これを排除する権能を内包しており、債権に基づく妨害排除請求権などは債権の内容を構成すると考えられる。

三　賃借権に基づく妨害排除請求権

(1) 債権に基づく妨害排除請求権については特に賃借権に基づく妨害排除請求権[1]が議論されているので、二においても若干触れたがここで前述した私見によりつつこの問題を検討してみよう。

（1） 賃借権に基づく妨害排除請求権については、好美清光「賃借権に基づく妨害排除請求権」契約法大系Ⅲ一六六頁以下（昭和三七年）、新田敏「賃借権に基づく妨害排除請求権に関する一考察」法研三九巻九号二三頁以下（昭和四一年）、天野弘「不動産賃借権者による妨害排除請求権の代位行使という判例理論の再検討」判タ二八六号九頁以下、二八八号二七頁以下（昭和四八年）、好美清光「不動産賃借権侵害と妨害排除、損害賠償」不動産法大系Ⅲ（改訂版）五九五頁以下（昭和五〇年）、佐藤義彦「不動産賃借権に基づく妨害排除請求の可否」同法三一巻五・六号六三頁以下（昭和五五年）、中井美雄「不動産賃借権に基づく妨害排除――財産権体系と権利保護制度についての一つの視点――」民事救済法理の展開四六頁以下（昭和五六年）、吉田豊「賃借権の妨害排除」現代契約法大系3八四頁以下（昭和五八年）、田山輝明「賃借権にもとづく妨害排除」森泉章教授還暦記念論集（現代判例民法学の課題）四七五頁以下（昭和六三年）参照。

(2)　判例は、賃借権が物権的権利の場合には妨害排除請求権を認めるが（最判昭二八・一二・一八民集七巻一二号一五一五頁（罹処一〇条）、同判昭二九・六・一七民集八巻六号一一二一頁（罹処二条）、同判昭二九・一〇・七民集八巻一〇号一八一六頁（戦時罹災土地物件令六条）、同判昭三〇・四・五民集九巻四号四三一頁（罹処一〇条））、そうでない場合にはこれを否定するようである（最判昭二九・七・二〇民集八巻七号一四〇八頁）。これに対し、学説は、ほぼ一致して賃借権が物権的権利の場合には妨害排除請求権を認めており、さらに、賃借権が物権的権利でない場合であっても不法占有者に対しては妨害排除請求権を認める傾向にある。

(3)　(イ)　まず、賃借権が物権的権利の場合に妨害排除請求権を認めるべきことに私見としても異論はない。

(ロ)　次に、賃借権が物権的権利でない場合であるが、これは次の三つに分けられる。

第一は、相手方が賃借権の内容と両立しえない内容の権利を有する場合である。たとえば、相手方も賃借人の賃借権の目的物に対し同一内容の賃借権を有するような場合である。この場合、賃借人は、賃貸人において相手方の賃借権取得により賃借人が害されるのを知っていることを前提に（以下、同じ）、相手方が賃借人の賃借権を知って賃借権を取得した場合には相手方に対し相手方の賃借権を否認して妨害排除請求権を行使することができると解される。なお、賃借人が目的物を占有している場合、相手方に賃借人の権利についての調査義務があり、相手方は原則として賃借権を知っていたものとして扱われる（本書二二三頁参照）。

第二は、相手方が賃借権の内容と部分的に両立しえない内容の権利を有する場合である。たとえば、相手方が賃借権の目的物の所有権を取得したような場合である。この場合、賃借人は相手方が賃借人の賃借権を知って所有権を取得した場合には相手方に対し相手方の所有権のうち使用収益権能を否認して賃借権を主張し妨害排除請求権を行使することができると解される。なお、賃借人が目的物を占有している場合、相手方は原則として賃借権を知っていたものとして扱われる。

第三は、相手方が右の第一および第二の権利を有しない場合である。この場合、賃借人は相手方に対し相手方が賃借人の賃借権を知っていたと否とを問わず妨害排除請求権を行使することができると解される（賃借人による相手方の権利の否認は問題にならないし、当然、賃貸人において相手方の権利取得により賃借人が害されるのを知っていることも問題にならない）。

第三章　物権変動

第一節　序

一　物権変動の意義

(1)　物権変動の意義　物権変動とは、物権の発生・変更・消滅をいう。別に物権の得喪変更ともいわれる（一七七条）。

(2)　物権変動をもたらす原因　物権変動をもたらす原因には三つのものがある。

第一は、法律行為である。たとえば、所有権移転の合意や地上権設定契約を組成する法律行為がこれである。これらの法律行為により所有権が移転したり地上権が発生したりする（もっとも、後述するように所有権移転登記や地上権設定登記も必要である（本書一三七頁参照））。

第二は、法律の規定である。これには種々のものがあるが、たとえば、時効（一六二条・一六三条・一六七条二項・一八三条・二八九条・三九六条・三九七条）、混同（一七九条一項二項）、無主物先占（二三九条一項）、遺失物拾得（二四〇条）、埋蔵物発見（二四一条）、附合（二四二条―二四四条）、混和（二四五条）、加工（二四六条）、公用徴収（土地収用法二条・五条―七条）、没収（刑一九条など）などがこれである。これらの法律の規定により物権変動が生じる。

第三は、その他である。たとえば、自分の材料で自ら行った家屋の建築、あるいは、家屋の滅失がこれである。これらにより家屋所有権が発生したり消滅したりする。

(3)　原始取得と承継取得

(イ)　一般に、物権の取得には原始取得と承継取得の二つの形態があるといわれている。前述の物権変動をもたらす原因に即していえば、原始取得とは第二と第三の場合の物権の取得であり、承継取得とは第一の場合の物権の取得である。

(ロ) (a)　しかし、物権の取得を原始取得と承継取得に二分する一般の見解は疑問である。

第一に、たとえば、ＢがＡの土地所有権を時効で取得する場合、一般に原始取得とされているのであるが、ＢはＡから所有権を取得するのであるから、Ｂの権利取得は承継的であるといえよう。それゆえ、この場合を単なる原始取得として把握するのは妥当でない。

第二に、たとえば、地上権設定契約の場合、一般に承継取得とされているのであるが、地上権の設定においては土地の使用権能が地上権の存続期間中地上権者に一時的に附与されるのであり、この場合を所有権の譲渡のように物権の永久的な移転の場合と同一に把握するのは妥当でない。

(b)　そこで、物権の取得の分類については次のように考えるべきである。

物権の取得は、法定取得と約定取得に二分される。

まず、法定取得であるが、これは法律の規定上あるいは条理上物権が取得される場合である（前述の第二と第三の場合）。そして、法定取得は、さらに、法定原始取得と法定承継取得、法定設定取得に三分される。法定原始取得とは、自分の材料で自ら建物を建築した場合のように他人から物権を取得したのではない場合である。法定承継取得とは、時効の場合のように法律上あるいは条理上他人から物権の移転を受けた場合である。(1) 法定設定取得とは、法定地上権（三八八条）の場合のように法律上あるいは条理上他人から物権の設定を受けた場合である。

次に、約定取得であるが、これは他人との約定によって物権が取得される場合である（前述の第一の場合。遺贈の場合も入る。遺贈の場合、受遺者はいつでもこれを放棄することができるから（九八六条）、遺贈による取得は約定による取得に準じる）。そして、約定取得も、さらに、約定原始取得と約定承継取得、約定設定取得に三分される。約定原始取得とは、注文者が請負人の材料で建物を建てたが両者の合意で建物の所有権を原始的に注文者に帰属させるという場合のように他人から物権を取得したのではない場合である。約定承継取得とは、家屋の売買契約の場合のように約定により他人から物権の移転を受けた場合である。約定設定取得とは、抵当権の設定契約の場合のように約定により他人から物権の設定を受けた場合である。(2)(3)

（1） 他人から物権の移転を受ける際にその物権に附着していた制限（抵当権附所有権の場合の抵当権など）が消滅するか否かを問わない。たとえば、抵当権の設定されている他人の不動産を時効取得する場合、時効取得者が抵当権を認容しつつ占有していた場合には抵当権附の不動産を取得するが、時効取得者が抵当権を否認しつつ占有していた場合には抵当権の附着しない不動産を取得する（石田(穣)・六〇九頁）。いずれの場合においても、時効取得者は他人から不動産所有権を承継取得する（石田(穣)・六〇八頁は原始取得と解したが、これを改める）。

（2） 滝沢聿代・物権変動の理論一四〇頁（昭和六二年）は、フランス民法における所有権取得原因として次のように分類する。

法律行為による取得――承継取得（契約・遺言）

法定の取得 ＜ 原始取得（先占・附合）／承継取得（相続・時効）

（3） 近江・三八頁以下は、承継取得を移転的承継と設定的承継に二分する。

二 物権変動と公示の原則・公信の原則(1)

（1） 不動産の物権変動と公示の原則・公信の原則については、山田晟「土地の動化について」田中先生還暦記念（商法の基本問題）四一三頁以下（昭和二七年）、シンポジウム「不動産登記制度改正の問題点」私法九号六三頁以下（昭和二八年）、鳩山秀夫「不動産物権の得喪変更に関する公信主義及び公示主義を論ず」債権法における信義誠実の原則三七頁以下（昭和三〇年）、我妻栄「不動産物権変動における公示の原則の動揺――物権法開講に際して――」民法研究Ⅲ五一頁以下（昭和四一年）、幾代通「不動産登記と公信力」不動産登記法の研究三頁以下（昭和四八年）、同「不動産登記の公信力問題に関する若干の補論」同書三一頁以下、半田正夫「不動産登記と公信力」民法講座2一九七頁以下、星野英一「物権変動論における『対抗』問題と『公信』問題」民法論集六巻一二三頁以下（昭和六一年）、田口勉「不動産物権変動における公信の原則と対抗要件――機能的側面における比較を中心に――」早稲田大学大学院法研論集四六号一三九頁以下（昭和六三年）、有川哲夫「不動産登記の公信力に関する覚書」名城法学四一巻別冊二七九頁以下（平成三年）、吉田豊「不動産登記の公信力と民法九四条二項」新報一〇〇巻二号三一五頁以下（平成六年）、伊藤進「取引法における『公信の原則』の位置」椿寿夫教授古稀記念（現代取引法の基礎的課題）一頁以下（平成一一年）、石川清「不動産登記の公信力についての若干の考察」登研六二三号八一頁以下（平成一一年）、田口勉「明治後期および大正期における物権変動論――公信の原則の位置づけ、影響を中心に――」関東学園大学法学紀要一〇巻一号一二五頁以下（平成一二年）、同「ドイツ不動産法上の公信の原則の成立――中世からドイツ民法典成立に至るまでの不動産法の発展における位置づけを中心に――」同誌一一巻二号一九頁以下（平成一三年）、七戸克彦「不動産物権変動における公示の原則の動揺・補遺」民研六〇四号二頁以下、六〇五号二頁以下、六〇六号二頁以下、六〇七号二頁以下、六〇八号二頁以下、六〇九号一二頁以下（平成一九年）参照。

(1)　公示の原則

(イ)　公示の原則とは、物権変動は何らかの手段によって第三者に公示されなければならないという原則である。物権変動が何らかの手段により第三者に公示されなければ、第三者は物権変動を知りえず取引の安全が害される。そこで、近代法においては一般に公示の原則が認められている。民法は、物権変動の公示の手段として、不動産については登記（一七七条）を、動産については占有（一七八条）を用意している。

(ロ)　不動産の公示の手段は登記である。登記は、国家の管理する登記簿という公けの帳簿に物権変動を記録し、これによって物権変動を第三者に公示しようとする制度である。第三者は、登記簿を閲覧することによって物権変動を知ることができる。最も完全な公示の手段であるといってよく、不動産物権変動の公示の手段として近代法において広く採用されている制度である。

(ハ)　動産の公示の手段は占有である。占有とは「自己のためにする意思をもって物を所持する」（一八〇条）ことであるが、物を占有する者は何らかの権利を有する蓋然性が高いから、動産の公示の手段として採用されているのである。しかし、物権変動に伴う占有の承継には物の現実の引渡し（一八二条一項）の外に外形的な変動を伴わない簡易の引渡し（一八二条二項）や占有改定（一八三条）、指図による占有承継（一般にいわれる指図による占有移転。一八四条。本書五三六頁参照）も含まれ、占有は動産の物権変動を公示する手段としてははなはだ不十分である。そこで、重要な動産については、物権変動を一定の帳簿に記録し、これによって物権変動を公示することが行われている（農業動産信用法、自動車抵当法、建設機械抵当法など）。

(2) 公信の原則

(イ) 公信の原則とは、物権の存在を推測させる外形（登記、占有など）が真実の物権を伴っていない場合であってもその外形を信頼した者を保護する原則である。これによって取引の安全がはかられる。民法は、動産について公信の原則を採用している（一九二条―一九四条）。公示の原則が採用されている場合であっても公信の原則が不要になるとはいえない。なぜなら、物権変動が登記や占有などによって公示されるべき場合であっても、公示の手段が常に真実の物権の所在を反映しているとは限らないからである。

(ロ) 不動産については公信の原則は採用されていない。不動産の物権変動は登記によって公示されているが、不実の登記も少なくないといわれる。そこで、登記を信頼した者を保護する必要があり、不動産にも公信の原則を導入することが考えられるが、しかし、他方、公信の原則を導入すれば真の権利者が権利を失うこともあるのであり、不動産についてはこのような静的安全が重視されて公信の原則は導入されていないのである。もっとも、近時、判例上、民法九四条二項の類推により部分的に公信の原則による処理が行われつつあるのは注目すべきことである。すなわち、判例によれば、不実登記の作出につき権利者に帰責事由があり、第三者が不実登記を真実と信じて取引すれば、第三者は信頼に対応した権利を取得するとされるのである(1)（最判昭四一・三・一八民集二〇巻三号四五一頁、同判昭四四・五・二七民集二三巻六号九九八頁、同判昭四七・一一・二八民集二六巻九号一七一五頁など）。なお、ドイツ民法（八九二条以下）やスイス民法（九七三条以下）は、不動産について公信の原則を採用している(2)。

(1) 判例による民法九四条二項の類推適用については、石田(穣)・三二六頁以下参照。

(2) フランス民法は、不動産について公信の原則を採用していないが、しかし、判例は、表見所有権 propriété apparente という制度により部分的に公信の原則による処理をしている。表見所有権の制度とは、広義では、当事者により作出された所有権についての仮装の外観を信頼した者は保護されるということ（フランス民法一三二一条（contre-lettres））、および、不実の外観を共通の（一般に共通の）、かつ、不可避の錯誤（erreur commune et invincible）により信頼した者は保護されるということを意味するが、狭義では、後者を意味する（Mazeaud-Chabas, t. II, vol. 2, n°s 1402 à 1408）。表見所有権については、上井長久「フランス判例法における表見所有権について――不動産取引における第三者保護の法理――」法論四六巻四号一〇一頁以下（昭和四八年）、武川幸嗣「フランスにおける外観法理と仮装行為理論の関係――民法九四条二項論のための基礎的研究として――」慶應義塾大学大学院法学政治学論究一六号二〇九頁以下（平成五年）参照。

(ハ)　動産については公信の原則が採用されている。これは、動産は頻繁に取引されるため取引の安全＝動的安全をはかる必要性が強いためである。民法一九二条―一九四条がこれを定めているが、動産については公信の原則が比較法的にも広く採用されているといってよい（フランス民法二二七九条以下、ドイツ民法九三二条以下、スイス民法七一四条二項・九三三条以下）。

(ニ)　民法の定める公信の原則は、占有を信頼して取引した者が無過失の場合にのみ適用され（一九二条）、しかも、盗品や遺失物については例外を認めているが（一九三条・一九四条）、手形・小切手・株券やその他の「金銭その他の物又は有価証券の給付を目的とする有価証券」については、その強度の流通性にかんがみ、より高度の公信の原則が採用されている。すなわち、これらの有価証券については、取引した者が善意無重過失であれば公信の原則が適用され、しかも、盗品・遺失物について例外が認められていないのである（手一六条二項・手七七条一項一号、小二一条、会社一三一条二項、商五一九条二項）。金銭の善意取得も右の有価証券の善意取得と同様に扱われるべきである（本書二九〇頁以下参照）。

第二節　物権行為

一　序

(1)　物権行為[1]とは、物権変動、すなわち、物権の発生・変更・消滅をもたらす法律行為である。そして、私見によれば、法律行為とは、意思表示と同義であり、原則として、表意者が法律関係の発生・変更・消滅という法律関係の変動を意欲しそれを表示する意思をもって表示する行為をいう。(2) 契約（意思表示の合致）や、要物契約における物の授受は、法律行為ではない。契約を組成する意思表示が法律行為であり、意思表示の合致や物の授受は、法律行為から法律効果が生じるための要件、つまり、法律行為の効力要件であっても法律行為の内容を構成しないのである。そこで、物権行為とは、たとえば、所有権移転の合意を組成する法律行為、すなわち、所有権の移転を意欲しそれを表示する意思をもって表示する行為や、抵当権設定契約を組成する法律行為、すなわち、抵当権の設定を意欲しそれを表示する意思をもって表示する行為などである。

登記や引渡しは、物権行為を組成しない。後述するように、登記や引渡しは物権変動の効力要件であると解されるが（本書一三七頁参照）、物権行為に関する私見によれば、登記や引渡しは物権行為から効力が生じるための要件であり物権行為の内容を構成しない。結局、物権変動は物権行為と登記・引渡しにより効力を生じるのである。ドイツにおいても、登記や引渡しは物権行為（Das dingliche Rechtsgeschäft）を構成せず、物権変動は物権行為と登記・引渡しによって生じると解されている。(3)

（1） 物権行為については、川名兼四郎「物権ノ設定移転ヲ論ス」法協二一巻二号二〇三頁以下（明治三六年）、岡松参太郎「我国法上ニ於ケル物権契約」志林五七号一〇頁以下、五八号一頁以下（明治三七年）、同「物権契約論」法協二六巻一号三二頁以下、二号七九頁以下（明治四一年）、石坂音四郎「物権ノ設定移転ニ関スル我国法ノ主義」改纂民法研究上三二五頁以下（大正八年）、横田秀雄「物権契約ヲ論ス」法学論集（合本再版）一頁以下、二六頁以下（大正一三年）、永井寿吉「物権変動と債権債務関係」法曹会雑誌四巻一二号九頁以下（大正一五年）、吾妻光俊「独逸民法に於ける物権契約の抽象性」法協五一巻五号四三頁以下（昭和八年）、磯谷幸次郎「所有権の移転に関する物権契約説を検討す」法曹会雑誌一二巻一一号一頁以下（昭和九年）、田島順「物権契約の問題」法叢四四巻二号一頁以下（昭和一六年）、林良平「動産所有権譲渡行為に就いて——主として比較法制的考察に基き——」国民経済雑誌七二巻六号四九頁以下（昭和一七年）、有泉亨「物権行為の意義について——特に売買における所有権の移転を中心として——」京城帝国大学法学会論集一四冊三号六三頁以下（昭和一八年）、勝本文夫「物権の変動について」法研二〇巻二号一頁以下（昭和二二年）、山本進一「わが民法における物権行為の独自性と有因

性」法論二九巻一号一頁以下、四・五号四三頁以下（昭和三〇年〜三一年）、小川幸一「物権行為と二重譲渡」判タ一〇六号一七頁以下、一〇八号一八頁以下（昭和三五年）、原島重義「債権契約と物権契約」契約法大系Ⅱ一〇二頁以下（昭和三七年）、有川哲夫「物権契約に関する学説史的考察」福岡大学法学論叢二〇巻四号二八三頁以下（昭和五一年）、石田喜久夫「引渡主義の成立――物権行為理解のために――」物権変動論五九頁以下（昭和五四年）、谷口貴都「物権契約の歴史的展開」早稲田大学大学院法研論集三一号一六五頁以下、三四号二〇三頁以下、三五号二五五頁以下、三六号二五九頁以下、三七号一六五頁以下、三九号一八九頁以下（昭和五九年〜六一年）、海老原明夫「一九世紀ドイツ普通法学の物権移転理論」法協一〇六巻一号一頁以下（平成元年）、鷹巣信孝「所有権移転論の検討」物権変動論の法理的検討一頁以下（平成六年）、石田喜久夫「物権行為について」林良平先生献呈論文集（現代における物権法と債権法の交錯）一頁以下（平成一〇年）、於保不二雄「物権行為について」民法著作集Ⅰ――財産法――一一九頁以下（平成一二年）、崔建遠「立法論の観点からみた物権行為と中国民法」（市川英一訳）横浜国際経済法学一四巻三号一〇七頁以下（平成一八年）参照。

（2）　石田（穣）・二四三頁以下。

（3）　Westermann, Sachenrecht, 7. Aufl. 1998, S. 279; Münchener Kommentar, § 929 Nr. 43; Schwab-Prütting, Sachenrecht, 32. Aufl. 2006, S. 59 f.

(2)　物権行為については次の二つの問題がある。第一は、究極的には物権変動を目的とする債権行為（債権の発生・変更・消滅をもたらす法律行為。後述のように、売買契約を組成する法律行為など（本書一一四頁以下参照））が行われた場合に当該の債権行為とは別個に当該の物権変動をもたらす物権行為を行う必要があるかという問題である。これは、物権行為の独自性といわれる問題である。第二は、物権行為の独自性を認めた場合に物権行為の原因となる債権行為の無効は物権行為の無効をもたらすかという問題である。これは、物権行為の無因性といわれる問題である。以下、それぞれの問題について検討してみよう。

二　物権行為の独自性

(1)　序　究極的には物権変動を目的とする債権行為が行われた場合に当該の債権行為とは別個に当該の物権変動をもたらす物権行為を行う必要があるであろうか。[1]

（1）　物権行為の独自性については、物権行為について掲げた文献（本書一〇九頁以下）参照。

(2) フランス民法とドイツ民法

(イ) 序　物権行為の独自性についてはフランス民法とドイツ民法が興味ある対照をなしている。

(ロ) フランス民法　フランス民法においては物権行為の独自性は認められていないといってよい(1)。すなわち、フランス民法においては、所有権は債権の効力として（par l'effet des obligations）移転するとされている（七一一条。一一三八条も参照）。そこで、売買契約が締結されれば、特別のことがない限りその時点で売買契約の効果として売主は所有権を失い、買主は所有権を取得する。したがって、所有権の移転は売主の義務ではないのである。

所有権の移転が遅れることもある。たとえば、月賦販売契約においては、最後の月賦代金が支払われた時点で所有権が移転するとされる。不特定物の売買契約においては、目的物が特定された時点で所有権が移転するとされる。これらの場合であっても、売買契約の効果として所有権が移転するが、所有権の移転は、売買契約の時ではなく、最後の月賦代金の支払いや目的物の特定の時点まで遅れるとされる。

以上のように、いずれの場合であっても売買契約とは別に所有権を移転させる行為をすることは要求されていないのである。

(1) 以下の叙述は、Mazeaud-Chabas, t. II, vol. 2, n°s 1612 à 1619 に負っている。

(ハ) ドイツ民法　これに対し、ドイツ民法においては物権行為の独自性が明確に認められている。

まず、不動産についてであるが、所有権は、売買契約が締結されただけでは移転せず、所有権移転の合意 Auflassung と登記 Eintragung がなされた時に移転するとされる（八七三条・九二五条）。それゆえ、ここでは、売買契約とは別個の物権行為（Auflassung）によって所有権が移転するとされているのである。

次に、動産についてであるが、所有権は、やはり、売買契約が締結されただけでは移転せず、所有権移転の合意 Einigung と引渡し Übergabe がなされた時に移転するとされる（九二九条）。それゆえ、ここでも、売買契約とは別個の物権

行為（Einigung）によって所有権が移転するとされているのである。(1)

（1）　スイス民法においては、ドイツ民法の Auflassung という制度は設けられていないが、ドイツ民法とほぼ同じである。まず、不動産の所有権が移転するためには、売買契約が締結されただけでは足りず（スイス債務法一八四条一項）、登記がされなければならない（スイス民法六五六条一項）。次に、動産の所有権が移転するためには、やはり、売買契約が締結されただけでは足りず（スイス債務法一八四条一項）、引渡しがされなければならない（スイス民法七一四条一項）。そして、不動産と動産のいずれにおいても、所有権の移転は、売買契約とは別個の物権行為（Verfügungsvertrag, dingliche Einigung, dinglicher Vertrag）によってなされ、不動産の物権行為は、売主の登記所に対する意思表示の中にあるとされる（Berner Kommentar, IV 1. Abteilung 2. Teilband, S. 4 f. Nr. 13 ff.; Tuor-Schnyder-Schmid, S. 745）。

(3)　わが国における物権行為の独自性

(イ)　通説的見解　通説的見解は、フランス民法とほぼ同じ立場をとり、物権行為の独自性を認めない。すなわち、通説的見解によれば、売買契約が締結されれば特別の事情がない限りその時点で当然に目的物の所有権が移転し、売買契約とは別個の所有権を移転させる行為は必要とされていない。そして、所有権の移転時期が定められている場合や不特定物の売買契約の場合などにおいても、目的物の所有権は所有権の移転時期の到来や目的物の特定により当然に移転するとされ、売買契約とは別個の所有権を移転させる行為は必要とされていないのである。判例の立場も通説的見解と同じである（大判大八・七・五民録二五輯一二五八頁）。

以上のような通説的見解に対しては、少数ながらも物権行為の独自性を認める見解も有力に主張されている。(1)

（1）　勝本・四三頁以下、山本進一「わが民法における物権行為の独自性と有因性」法論二九巻一号二八頁（昭和三〇年）、末川・五九頁以下、浅井・三一頁以下、石田（喜）・三九頁以下、鷹巣信孝「所有権移転論の検討」物権変動論の法理的検討四七頁以下（平成六年）、注解判例民法1b三五頁（安永正昭執筆）、田山・四四頁以下、近江・五一頁以下。

(ロ)　起草者の見解　起草者の見解は物権行為の独自性を認めるものであったと思われる。起草者は、売買契約についての説明において、強いて通そうとつとめるものでもないがとしながらも、「我々ノ見マシタ所テハ仮令特定物ノ上ニ存スル物権ノ移転ヲ目的トスル場合ト雖モ先ツ其権利ヲ移転スル義務ヲ生シテ其義務カ直チニ履行セラルルソレハ既ニ議決ニナツタ所ノ物権ノ総則第百七十七条ノ規定ニ依テ直チニ移転スル併シナカラ其前ニ――前ニト云ツテモ必ス時カ其間ニ幾ラ隔タルト云フ意味ヲ以テ言フノテハナイ兎ニ角其義務カ生シテ其義務カ生スル瞬間ニ履行セラルル斯ウ見ル方カ正シイト斯様ニ考ヘタノテアリマス」(1)と述べている。この起草者の見解によれば、売買契約により所有権移転の義務が生じ、この義務が民法一七六条（当時一七七条）の意思表示によって履行され所有権が移転するということになる。それゆえ、起草者は、物権行為（一七六条の意思表示）の独自性を認めていたといえよう。物権行為の独自性は、このような起草者の見解に立脚して検討されなければならない。

(1) 民法議事速記録二六巻三頁。

(ハ) 私　見

(a) (α) 民法五五五条によれば、売買契約は「当事者の一方がある財産権を相手方に移転することを約し、相手方がこれに対してその代金を支払うことを約することによって、その効力を生ず」る。つまり、売買契約は、売主が目的物の所有権を移転することを約束し、買主が代金を支払うことを約束することによって効力を生じるのである。換言すれば、売買契約は、売主が所有権を移転することによって、あるいは、買主が代金を支払うことによって効力を生じるとはされていないのである(1)（要物契約である消費貸借契約（五八七条）、使用貸借契約（五九三条）、寄託契約（六五七条）との差に注意）。以上のように、売買契約においては、民法上、その締結により所有権が当然に移転するとされているわけではなく、その締結により売主に所有権移転義務が生じる、すなわち、買主に所有権移転請求権が生じると構成されているのである(2)(3)。通説的見解は、このような売買契約に関する民法上の構成に十分な注意を払っていないといわざるをえない。

(1) 起草者も、民法五五五条を「当事者ノ一方カ或権利ヲ相手方ニ移転シ其相手方カ代金ヲ支払フコトヲ約スルニ因リテ其効力ヲ生ス」と規定した場合、「移転スルコトヲ約スルトモ読メマスケレトモ又移転スルコトニ依リテトモ読メルサウスルト直グニ移転シナイトキハ売買ノ約束ガナイト云フヤウニ見ヘル疑ガアルソコデ約シト書イテ置キマシタ」と説明している（民法議事速記録二六巻二〇頁）。

（2）　川名兼四郎「物権ノ設定移転ヲ論ス」法協二一巻二号二〇四頁以下（明治三六年）、石坂音四郎「物権ノ設定移転ニ関スル我国法ノ主義」改纂民法研究上三三五頁以下（大正八年）、末川博「特定物の売買における所有権移転の時期――物権契約に関する一考察――」民法上の諸問題五一頁（昭和一一年）、勝本・五〇頁、篠塚・四頁以下、石田（喜）・三五頁以下、田山・四二頁以下、近江・五二頁参照。

（3）　物権行為の独自性をとるドイツ民法やスイス民法も、売買契約の締結により売主に所有権移転義務が生じると規定し、その締結により所有権が当然に移転するとは規定していない。

すなわち、ドイツ民法四三三条は「（一項）ある物の売主は売買契約によって買主に物を引き渡し所有権を移転する義務を負う。（二項）買主は売主に合意された代金を支払い物を引き取る義務を負う」と規定し、スイス債務法一八四条一項は「売買契約によって、売主は買主に目的物を引き渡し所有権を移転する義務を負い、買主は売主に代金を支払う義務を負う」と規定している。

(β)　以上のように、売買契約の締結により買主に所有権移転請求権が発生するが、これは、当事者の売買契約を組成する債権行為、すなわち、所有権移転請求権の発生を意欲しそれを表示する意思をもって表示する行為の合致により生じるのである。

(b)　(α)　それでは、所有権移転行為＝物権行為は売買契約とどのような関係に立つのであろうか。売主は、売買契約の締結によって目的物の所有権を移転する債務を負担する。所有権移転行為は、この債務の履行行為に外ならない。[1][2]つまり、売主は、売買契約の履行行為として所有権移転行為＝物権行為を行うのである。このことは、売買契約と同時に所有権が移転する場合であっても同じである。この場合、売主は、所有権移転の債務を負担すると同時にその履行行為として所有権移転行為を行っていると考えられる。

（1）　岡松参太郎「物権契約論」法協二六巻二号八五頁以下（明治四一年）、石坂音四郎「物権ノ設定移転ニ関スル我国法ノ主義」改纂民法研究上三三八頁以下（大正八年）、勝本・五〇頁、石田（喜）・三五頁以下、田山・四二頁以下参照。

（2）　ドイツにおいても同様の見解が示されている（Schwab-Prütting, Sachenrecht, 32. Aufl. 2006, S. 57）。

(β)　これを売買契約を組成する債権行為との関連でいえば、次のようになるであろう。売買契約を組成する債権行為、すなわち、所有権移転請求権を発生させる債権行為により、買主に所有権移転請求権が発生し、売主に所有権移転債務が発生する。それゆえ、売主の所有権移転行為＝物権行為は、債権行為によって生じた売主の債務の履行行為に外ならないのである。

(c) このように考えれば、わが国の民法においては、物権行為は債権行為から明確に区別され、物権行為の独自性を承認しなければならないというべきであろう。民法一七六条は、まさに、このような物権行為についての規定であり、それゆえに、物権編の中に規定されていると解すべきであろう[1]。

（1） 田山・四五頁、近江・五二頁参照。

(d) 債権行為によって生じた債務の履行行為としての物権行為は単独行為であると解してよいであろう。債権行為が効力を生じるためには相手方の同意、つまり、相手方の意思表示との合致が必要である。そうだとすれば、債権行為によって生じた債務の履行行為としての物権行為についてまで相手方の同意を求める必要はなく、これを単独行為と解してよいであろう。

(e) 物権行為がいつ行われるかについては、後述する物権変動の時期の問題の個所で説明するが（本書一五〇頁参照）、原則として、不動産については登記の時、動産については引渡しの時と考える。

三 物権行為の無因性

(1) 序 物権行為の無因性[1]とは、物権行為の独自性を承認した場合に物権行為の原因となっている債権行為の無効は物権行為の無効をもたらすかという問題である。ドイツ民法においては、債権行為の無効は物権行為の無効をもたらさず、物権行為の無因性が承認されている。たとえば、BがAから不動産を譲り受けた場合、売買契約が無効であってもBは不動産の所有権を取得するとされる（もっとも、AはBに対し不当利得に基づき所有権の返還を請求できる）。そこで、Bから不動産を譲り受けたCは不動産の所有権を取得し、A・B間の売買契約の無効にもかかわらず保護されるのである[2][3]。

(1) 物権行為の無因性については、暐道文芸「所有権移転行為ニ関スル有因主義及ヒ無因主義ヲ論ス」民法研究一五四頁以下(大正一〇年)、横田秀雄「物権契約ヲ論ス」法学論集(合本再版)一〇頁以下(大正一三年)、永井寿吉「物権変動と債権債務関係」法曹会雑誌四巻一二号九頁以下(大正一五年)、吾妻光俊「独逸民法に於ける物権契約の抽象性」法協五一巻五号四三頁以下(昭和八年)、末川博「物権行為とその原因」法と経済八巻一号一頁以下(昭和一二年)、吾妻光俊「物権契約概念の後退」一論八巻四号四二頁以下(昭和一六年)、林良平「動産所有権譲渡行為に就いて——主として比較法制的考察に基き——」国民経済雑誌七二巻六号四九頁以下(昭和一七年)、山田晟「登記主義と有因主義との結合について」杉山教授還暦祝賀論文集八一三頁以下(昭和一七年)、有泉亨「物権行為の意義について——特に売買における所有権の移転を中心として——」京城帝国大学法学会論集一四冊三号八八頁以下(昭和一八年)、加藤一郎「クライネ『無因主義の歴史的制約』——東ドイツの法学への手がかりとして——」法協七二巻三号七五頁以下(昭和三〇年)、山本進一「わが民法における物権行為の独自性と有因性」法論二九巻四・五号四三頁以下(昭和三一年)、原島重義「『無因性』確立の意義について——『無因性』概念の研究その一——」法政研究二四巻一号七一頁以下(昭和三二年)、同「『無因性』概念の系譜について——『無因性』概念の研究その二——」九州大学法学部創立三十周年記念論文集(法と政治の研究)四五一頁以下(昭和三二年)、広瀬稔「無因性理論についての一考察——ドイツ普通法学における所有権譲渡理論を中心として——」法叢七七巻二号四四頁以下(昭和四〇年)、我妻栄「ヘック著『無因的物権行為論』」民法研究Ⅲ七九頁以下(昭和四一年)、有川哲夫「物権契約に関する学説史的考察」福岡大学法学論叢二〇巻四号二八三頁以下(昭和五一年)、石田喜久夫「有因論による無因論批判の一斑——シュトローハルの所説をめぐって——」物権変動論八四頁以下(昭和五四年)、海老原明夫「一九世紀ドイツ普通法学の物権移転理論」法協一〇六巻一号一頁以下(平成元年)、於保不二雄「物権行為について」民法著作集Ⅰ——財産法——一一九頁以下(平成一二年)、松尾弘「物権変動の意思主義と無因主義——第三者権利保護資格要件論の基礎づけ——」遠藤浩先生傘寿記念(現代民法学の理論と課題)一八一頁以下(平成一四年)参照。

(2) ドイツ民法における物権行為の独自性・無因性は、Savigny の影響を受けたものであり、法的安定性と法的明確性に役立つとされている(Baur–Stürner, S. 47 f.)。

(3) スイス民法においては、物権行為の無因性は認められていない(スイス民法九七四条二項参照)。スイス連邦裁判所は、物権行為の無因性を採用したこともあったが、その後これを変更し、現在では物権行為の有因性を認めている(Berner Kommentar, IV 1. Abteilung 2. Teilband, S. 4 f. Nr. 13 ff.; Tuor–Schnyder–Schmid, S. 747)。

(2) わが国における物権行為の無因性

(イ) 通説的見解は物権行為の独自性を認めていないので、ここではそもそも物権行為の無因性の問題は生じない。

(ロ)　物権行為の独自性を認める学説の間では、物権行為の無因性を主張する見解もあるが、(1)取引当事者は債権行為が無効であれば物権行為も無効であると考えているのが通常であるとし、当事者が特約で債権行為の無効は物権行為に影響しないとした場合を除き物権行為の無因性を否定する見解が多い。(2)

(1)　末川・七五頁以下、浅井・三一頁以下。松尾弘「物権変動の意思主義と無因主義――第三者権利保護資格要件論の基礎づけ――」遠藤浩先生傘寿記念（現代民法学の理論と課題）一八一頁以下（平成一四年）、松尾＝古積・四五頁以下は、物権行為の独自性を否定しつつ、概念上債権的意思表示と区別された物権的意思表示の無因性を認める。しかし、債権的意思表示とは別個に物権的意思表示を観念することは、両者が概念上の区分であっても実質上物権行為の独自性を認める考え方であると思われる。

(2)　山本進一「わが民法における物権行為の独自性と有因性」法論二九巻四・五号六八頁（昭和三一年）、石田(喜)・四七頁、田山・四九頁、近江・五四頁以下。

(ハ)　前述したように、物権行為は債権行為によって生じた債務の履行行為である（本書一一四頁以下参照）。それゆえ、債権行為が無効で債務が生じなければ、当事者が反対の特約をした場合を除き、その履行行為である物権行為も無効であると解すべきである。したがって、物権行為の無因性は原則として認められない。

第三節　物権変動

一　序

物権変動とは、物権の発生・変更・消滅であるが、ここには次の二つの問題がある。第一は、物権変動は当事者の意思表示のみによって生じるのか、それとも、当事者の意思表示の外に何らかの形式（登記や引渡しなど）が必要かという問題である。これは、物権変動における意思主義と形式主義の問題である。第二は、物権変動はいつ生じるのかという問題である。これは、物権変動の時期の問題である。いずれも大きな問題であり、物権法の中心的な問題であるといってよい。

二　フランス民法とドイツ民法における意思主義と形式主義

(1)　序　物権変動における意思主義と形式主義の問題においても、フランス民法とドイツ民法は興味ある対照を示している。

(2)　フランス民法

(イ)　フランス民法(1)は、わが国において支配的な意思主義・対抗要件主義のモデルになったといわれる。それゆえ、フランス民法の研究はわが国の民法解釈学にとって極めて重要である。

フランス民法は、意思主義の立場に立つ。すなわち、フランス民法によれば、物権変動は当事者の意思表示のみによって生じ、登記や引渡しなどの形式は要求されていない(七一一条・一一三八条)。

(1)　フランス民法については、伊藤道保「一九五五年、フランス不動産登記制度の改正について」比較法研究一六号三五頁以下(昭和三三年)、高島平蔵「フランスおよびドイツにおける近代的不動産公示制度の展開」近代的物権制度の展開と構成一五一頁以下(昭和四四年)、星野英一「フランスにおける不動産物権公示制度の沿革の概観」民法論集二巻一頁以下(昭和四五年)、同「フランスにおける一九五五年以降の不動産物権公示制度の改正」同書一〇七頁以下、鎌田薫「不動産二重売買における第二買主の悪意と取引の安全——フランスにおける判例の『転換』をめぐって——」比較法学九巻二号三一頁以下(昭和四九年)、同「フランスの土地公示制度」不動産登記の諸問題上一一九頁以下(昭和四九年)、滝沢聿代・物権変動の理論六四頁以下、二三五頁以下(昭和六二年)、七戸克彦「『対抗』のフランス法的理解——不動産物権を中心に——」慶応義塾大学大学院法学研究科論文集二六号六五頁以下(昭和六二年)、浜上則雄「不動産の二重譲渡と対抗要件」阪法一四五・一四六号三二頁以下(昭和六三年)、浦野雄幸「フランスの不動産物権公示制度における公示《Publicité》の効力について」判例不動産登記法ノート(二)一頁以下(平成元年)、横山美夏「不動産売買契約の『成立』と所有権の移転——フランスにおける売買の双務予約を手がかりとして——」早法六五巻二号一頁以下、三号八五頁以下(平成二年)、松尾弘「所有権譲渡の『意思主義』と『第三者』の善意・悪意」一論一一〇巻一号一六五頁以下(平成五年)、吉井啓子「不動産公示の消極的効果としての『不知』の推定——フランスの不動産公示における『認識』の位置付け——」同法四六巻六号一五九頁以下、四七巻一号一六三頁以

下（平成七年）、横山美夏「競合する契約相互の優先関係」法雑四二巻四号二九四頁以下、四三巻四号六三頁以下、四五巻三・四号四六四頁以下（平成八年）、今村与一「フランス不動産公示制度の起原——抵当権と不動産公示の邂逅（その二）——」岡法四九巻三・四号二七七頁以下（平成一二年）、同「意思主義と書証主義」日仏法学二三号一四二頁以下（平成一七年）参照。

(ロ) (a) もっとも、不動産については当事者は公示（publicité）をしないと先に公示をした第三者に対抗することができない(1)（一九五五年一月四日のデクレ三〇条一款一項）。そこで、売買契約によって所有権を取得した当事者であっても公示をしなければ同一売主から目的物を二重に買い受け先に公示をした第三者に対抗することができず、第三者の方が優先して所有者になるとされる。二重の買主のいずれも公示をしない場合には第一買主が優先し、いずれも公示をした場合には先に公示をした買主が優先するとされる(2)。

(1) 一九五五年一月四日のデクレ三〇条一款一項は、「公示に服する証書や裁判上の決定は、公示されない限り、同一の不動産について同一の前主から同一の公示義務に服する証書や裁判上の決定により競合する権利を取得し、かつ、公示をした第三者や先取特権または抵当権の登記をした第三者に対抗することができない」と規定する。

(2) Mazeaud–Chabas, t. II, vol. 2, n° 1642.

(b) (α) フランス民法においてまず注意しなければならないのは、明文で第一買主は公示をした第二買主に対抗することができないとされていることである（一九五五年一月四日のデクレ三〇条一款一項）。したがって、ここから、第一買主と第二買主がともに公示をしない場合、第一買主が優先するという前述の Mazeaud–Chabas のような解釈が無理なく導き出されるのである。さらに、第一買主は公示をしなくても完全な所有者になり、第二買主は無権利者である売主と譲渡契約を結んだことになるとする見解が有力に主張されている(1)。わが国においては、売主は第一買主と第二買主の双方に二重に所有権を移転することができ、このうち先に登記をした買主が優先するが、第一買主と第二買主がともに登記をしない場合には、両者とも所有権を取得するものの相互の間においては所有権を主張することができないとする法命題（以下、所有権の二重譲渡の法命題という）を唱える学説が通説的であるが、これはフランス民法の状況とはかなり異なるというべきである。

（1） Ripert et Boulanger, Traité de droit civil d'après le traité de Planiol, t. Ⅲ, 1958, n° 348 ; Mazeaud–Chabas, t. Ⅲ, vol. 1, n° 707 ; Simler et Delebecque, Droit civil, 1989, n° 652.

(β)　第二買主であっても先に公示をすればなぜ第一買主に優先して所有権を取得することができるのかについては、わが国の所有権の二重譲渡の法命題のような主張は少なくとも近時においてはあまりみられない。

たとえば、Mazeaud–Chabas は、(α)で述べたように第一買主と第二買主のいずれも公示を備えない場合には第一買主が優先するとし、さらに、証書の公示は他人に不動産を譲渡した後で同一不動産を二重に譲渡した譲渡人の権利の欠如を除き証書が有しうる欠陥を治癒しないとする[1]。これによれば、第一の売買により所有権は売主から第一買主に移転して売主は無権利者となるが、第二買主は無権利者である売主との取引であっても先に公示を備えれば無権利者との取引という欠陥が治癒されて所有権を取得し、その反面第一買主は所有権を失うと考えられているといえよう。

この趣旨をさらに明確に述べるのは Simler et Delebecque である。すなわち、Simler et Delebecque は、AがBに不動産を売却した場合、Bは公示なしに直ちに完全な所有者になるとする。それゆえ、Aは、同一不動産をCに二重に売却することはできず、二重に売却すれば他人の物の売却になるとする。しかし、Cが先に公示をすれば、これは、無効の売却に効力を附与し、有効であった売却から効力を奪うことになるとする[2]。

以上のような学説は、明らかにわが国において通説的な所有権の二重譲渡の法命題を前提としていない。なお、さらに、Ripert et Boulanger[3], Marty et Raynaud[4], Malaurie et Aynès[5], Piedelièvre[6]においても所有権の二重譲渡の法命題を前提にした説明はされていない。

以上のように、わが国の意思主義・対抗要件主義が由来したとされるフランス民法において、現在、所有権の二重譲渡の法命題が一般的であるとはいえないことに注意すべきである[7]。

（1） Mazeaud–Chabas, t. Ⅲ, vol. 1, n° 707.

（2） Simler et Delebecque, Droit civil, 1989, n° 652.

（3） Ripert et Boulanger, Traité de droit civil d'après le traité de Planiol, t. Ⅲ, 1958, n° 348.

（4） Marty et Raynaud, Droit civil, t. Ⅲ, vol. 1, 1971, n° 688.

（5） Malaurie et Aynès, Cours de droit civil, t. IX, 9 ͤ éd., 1998, n° 647.

（6） Piedelièvre, Traité de droit civil, 2000, n° 414.

（7） フランスの学説については、滝沢聿代・物権変動の理論一二六頁、一三〇頁注(23)（昭和六二年）参照。

(ハ) さらに、動産の物権変動はわが国の場合と全く異なる。

動産においては、わが国におけるように引渡しがなければ第三者に対抗できないとはされていない。動産の買主は、引渡しを受けなくても所有権を第三者に主張することができるのである。そして、この場合、第三者の保護は善意取得によって行われる。

フランス民法においては、その二二七九条が善意取得について一般的に定めている。しかし、フランス民法一一四一条は動産の二重譲渡の場合について第二買主であっても善意で先に現実の引渡しを受ければ所有権を取得すると定めており、これはフランス民法二二七九条を動産の二重譲渡の場合に当てはめた規定であるとされている[1]。これによれば、第一買主が動産を譲り受ければ売主は無権利者になるが、無権利者である売主と取引した第二買主は善意取得によって保護されるということになる。それゆえ、ここでは所有権の二重譲渡の法命題は全く問題にならないことに注意すべきである。

（1） Mazeaud–Chabas, t. Ⅱ, vol. 2, n°s 1621 à 1624.

(ニ) 以上のように、フランス民法は、わが国の意思主義・対抗要件主義のモデルであるとされているにもかかわらず、わが国の状況とはかなり異なるといわざるをえない。

(3) ドイツ民法　ドイツ民法[1]は、形式主義の立場に立つ。前述したように、ドイツ民法によれば、物権変動は、物権を変動させる旨の当事者の合意と登記や引渡しによって生じる（本書一一一頁以下参照）。

まず、不動産についてであるが、所有権の移転に関していえば、物権変動は、不動産所有権移転の合意Auflassungと登記Eintragungによって生じる（八七三条・九二五条）。不動産所有権移転の合意と登記は同時に行われる必要はないが、いずれにせよ、両者の要件が充足された時点で所有権が移転する。

次に、動産についてであるが、所有権の移転に関していえば、物権変動は、所有権移転の合意EinigungとÜbergabeによって生じる（九二九条）。所有権移転の合意と引渡しは同時に行われる必要はないが、いずれにせよ、両者の要件が充足された時点で所有権が移転する。なお、引渡しは、現実の引渡しの外に簡易の引渡しや占有改定、返還請求権（目的物を第三者が占有する場合の所有権譲渡人の第三者に対する返還請求権）の譲渡を含むとされており（九二九条―九三一条）、登記のように明確な形式とはいい難く、それゆえ、動産については物権変動が生じたかどうか不明確である場合が少なくない。(2)

(1)　ドイツ民法については、山田晟「動産法における引渡主義と有因主義との結合――動産所有権譲渡の要件としての引渡――」比較法雑誌二号二三九頁以下（昭和一六年）、同「登記主義と有因主義との結合について」杉山教授還暦祝賀論文集八一三頁以下（昭和一七年）、高島平蔵「フランスおよびドイツにおける近代的不動産公示制度の展開」近代的物権制度の展開と構成一五一頁以下（昭和四四年）、有川哲夫「『土地所有権取得法』（一八七二年）の研究――所有権譲渡理論を中心として――」名城法学一九巻三・四号一一一頁以下、二〇巻三・四号七六頁以下、二一巻二号一頁以下、二四巻一号一九頁以下（昭和四五年―四九年）、七戸克彦「ドイツ民法における不動産譲渡契約の要式性――『ドイツ法主義』の理解のために――」法研六二巻一二号二七七頁以下（平成元年）、石田剛「不動産物権変動における公示の原則と登記の効力――プロイセン＝ドイツ法の物権的合意主義・登記主義・公信原則――」立法四六号一二九頁以下、四九号一二四頁以下、五一号五三頁以下（平成九年―一一年）、舟橋秀明「一九世紀におけるドイツ所有権譲渡理論について――学説史的考察――」早稲田法学会誌五〇巻二四三頁以下（平成一二年）、石川清「ドイツ不動産物権と登記」Think司法書士論叢九七号七頁以下（平成一二年）、大場浩之「日本とドイツにおける不動産公示制度の歴史的変遷――担保制度の発展との関係を中心に――」早稲田大学大学院法研論集一〇四号五三頁以下、一〇五号七一頁以下、一〇六号七七頁以下、一〇七号一〇一頁以下、一〇八号七七頁以下（平成一四年―一五年）、同「日本とドイツにおける登記制度の発展――登記法制定後を中心に――」早稲田法学会誌五四巻一頁以下（平成一六年）、同「ドイツにおける登記と土地債務（Grundschuld）の関係――公示制度と非占有担保制度の理論的関係の解明を目的として――」早法八〇巻四号一四三頁以下、八一巻一号四七頁以下、二号一三五頁以下（平成一七年～一八年）、同「ドイツにおける仮登記（Vormerkung）についての考察――不動産物権変動論との関係を中心に――」早法八一巻四号二四九頁以下、八二巻一号五五頁以下、二号七一頁以下、四号一頁以下、八三巻一号七三頁以下（平成一八年～一九年）、亀田浩一郎「ドイツ動産譲渡法理における引渡・占有改定」法論七九巻二・三号一二九頁以下（平成一九年）、同「動産譲渡要件としての引渡・占有改定」同誌七九巻六号一三七頁以下（平成一九年）参照。

（2） スイス民法も形式主義の立場に立つ。すなわち、前述したように、不動産については登記が、動産については引渡しが所有権移転の要件とされている（本書一一二頁注（1）参照）。

(4) まとめ　以上のように、フランス民法においては意思主義が、ドイツ民法においては形式主義がとられている。フランス民法においては、物権変動が生じたかどうか必ずしも明確でないし、また、不動産の物権変動につき公示を第三者に対する対抗要件であるとするため、「対抗」とは何かをめぐって困難な問題が生じうる。[1] これに対し、ドイツ民法においては、多くの場合に物権変動が生じたかどうか明確であり、また、「対抗」とは何かをめぐる困難な問題は生じない。

（1） このことは、フランス民法に関してスイスの学者によっても指摘されている（Berner Kommentar, IV 1. Abteilung 2. Teilband, S. 4 Nr. 12）。

三　わが国における意思主義と形式主義――民法一七六条と同法一七七条・一七八条――

(1) 序　通説的見解は、物権変動は当事者の意思表示のみによって生じ（一七六条）、登記や引渡しは第三者に対する対抗要件である（一七七条・一七八条）と解している。すなわち、通説的見解は、フランス民法と同様の意思主義の立場に立っている。これに対する異説は、現在、ほとんどないといってよい。

これは民法一七六条と同法一七七条・一七八条の関係をどのように理解するかという問題であるが、後述するように、通説的見解はほとんど異説がないにもかかわらず重大な疑義を有する見解であると思われる（本書一二七頁以下参照）。特に、所有権の二重譲渡の法命題、すなわち、売主は第一買主と第二買主の双方に二重に所有権を移転することができ、このうち先に登記をした買主が優先するが、第一買主と第二買主がともに登記をしない場合には、両者とも所有権を取得するものの相互の間においては所有権を主張することができないとする法命題（本書一一九頁参照）は、ほとんど論証されることなく自明の理のように主張されているが、論証不能の法命題であるといわざるをえない。以下、民法一七六条と同法一七七条・一七八条に関する学説(1)を検討しつつこのことを明らかにしてみよう。

(1)　民法一七六条と同法一七七条・一七八条に関する学説については、川名兼四郎「物権ノ設定移転ヲ論ス」法協二一巻二号二〇三頁以下（明治三六年）、岡村玄治「民法第百七十七条ニ所謂第三者ノ意義ヲ論シ債権ノ不可侵性排他性ニ及フ」志林一七巻六号一頁以下、七号一頁以下（大正四年）、同「再ヒ民法第百七十七条ニ所謂第三者ノ意義及ヒ債権ノ排他性ニ就テ附賃借権物権説」同誌一八巻三号三五頁以下、四号三二頁以下、五号七七頁以下（大正五年）、石坂音四郎「意思表示以外ノ原因ニ基ク不動産物権変動ト登記」改纂民法研究上三四七頁以下（大正八年）、岡村玄治「『対抗スルコトヲ得ス』の意義」志林二五巻一一号四三頁以下（大正一二年）、吾妻光俊「意思表示による物権変動の効力」東京商科大学研究年報法学研究二号二〇九頁以下（昭和八年）、浅井清信「登記の効力に関する一考察」判例不動産法の研究七九頁以下（昭和一三年）、勝本文夫「物権の変動について」法研二〇巻三号一九頁以下（昭和二二年）、山中康雄「権利変動におけるいわゆる対抗要件」法政研究一五巻三・四号四一頁以下、一六巻一・二号五一頁以下（昭和二三年）、林良平「物権変動の対抗要件と物権の排他性」神法一巻二号二四七頁以下（昭和二六年）、山中康雄「権利変動論」名法一巻三号二八七頁以下（昭和二七年）、シンポジウム「不動産登記制度改正の問題点」私法九号四六頁以下（昭和二八年）、宮崎俊行「不動産物権二重譲渡の理論」法研二七巻一号二二頁以下（昭和二九年）、岡村玄治「一物一所有権の公理と不動産登記の効力」志林五四巻四号一頁以下（昭和三二年）、小川幸一「物権行為と二重譲渡」判タ一一〇号三〇頁以下（昭和三五年）、宮崎俊行「民法制定より神戸先生に至る物権変動論」法研三八巻一号九九頁以下（昭和四〇年）、半田正夫「不動産の二重譲渡へのひとつのアプローチ」北法一六巻四号三八頁以下（昭和四一年）、山中康雄「民法一七七条について」愛知大学法経論集五一・五二号一頁以下（昭和四一年）、半田正夫「いわゆる『二重譲渡』について——二重譲渡に関する諸問題の統一的理解のための一提言——」北海学園大学法学研究三巻一頁以下、四巻一号三三頁以下（昭和四二年）、神戸寅次郎「物権変動論」神戸寅次郎著作集(下)二一九頁以下（昭和四五年）、同「物権重複論」同書五〇九頁以下、篠塚昭次「対抗力問題の原点」登研二七〇号一頁以下（昭和四五年）、篠塚昭次＝月岡利男「対抗力問題の原点」同誌二七一号一頁以下（昭和四五年）、同「不動産登記における公信力説の形成と展開」同誌二七二号一頁以下、二七三号一頁以下（昭和四五年）、篠塚昭次「不動産登記における公信力説の形成と展開」同誌二七四号一頁以下（昭和四五年）、月岡利男「不動産物権変動と対抗問題」沖大論叢一三巻一号五一頁以下（昭和四八年）、半田正夫「公信力説と登記の公信力」登研三三二号一頁以下、三二七号一頁以下、三三一号一頁以下（昭和四九年—）、鎌田薫「不動産二重売買における第二買主の悪意と取引の安全—フランスにおける判例の『転換』をめぐって—」比較法学九巻二号三一頁以下（昭和四九年）、吉原節夫「対抗要件の意義」不動産法大系Ⅰ（改訂版）一三三頁以下（昭和五〇年）、シンポジウム「不動産物権変動と登記の意義」私法三七号三頁以下（昭和五〇年）、有川哲夫「オーストリア法における不動産の二重譲渡」福岡大学法学論叢二一巻三・四号五九五頁以下（昭和五三年—）、石田喜久夫「対抗問題から公信力へ」物権変動論一七五頁以下（昭和五四年）、同「現代の物権変動論—民法一七七条の第三者につき善意・悪意を問題としない判例・通説の根拠を問う—」同書一九一頁以下、半田正夫「不動産所有権の二重譲渡に関する諸問題」不動産取引法の研究三頁以下（昭和五五年）、不動産登記制度研究会「不動産物権変動の法理」ジュリ増刊（昭和五八年）、松岡久和「不動産所有権二重譲渡紛争について」龍谷法学一六巻四号六五頁以下、一七巻一号一頁以下（昭和五九年）、半田正夫「不動産登記と公信力」民法講座2一九七頁以下、磯村保「二重売買と債権侵害—『自由競争』論の神話—」神法三五巻二号三八五頁以下、三六巻一号二五頁以下、二号二八九頁以下（昭和六〇年—六一年）、七戸克彦「不動産物権変動における対抗力の本質—ボアソナードを起点として—」慶応義塾大学大学院法学研究科論文集二三号七一頁以下（昭和六一年）、星野英一「日本民法の不動産物権変動制度—母法フランス法と対比しつつ—」民法論集六巻八七頁以下（昭和六一年）、同「物権変動論における『対抗』問題と『公信』問題」同書一二三頁以下、七戸克彦「不動産物権変動における意思主義の本質—売買契約を中心として—」慶応義塾大学大学院法学研究科論文集二四号一二一頁以下（昭和六一年）、石田喜久夫「対抗問題と第三者」物権法拾遺一九頁以下（昭和六一年）、滝沢聿代・物権変動の理論（昭和六二年）、石田喜久夫「不動産登記と公信力」不動産登記制度一〇〇周年記念論文集（不動産登記をめぐる今日的課題）二一一頁以下（昭和六二年）、浜上則雄「不動産の二重譲渡と対抗要件」阪法一四五・一四六号三二頁以下（昭和六三年）、高橋良彰「ボアソナードの二重譲渡論について—『倫理』・『自然法』・『実定法』をめぐる覚書—」都法三〇巻一号六三五頁以下（平成元年）、松尾弘「ローマ法における所有概念と所有物譲渡法の構造—所有権譲渡理論における『意思主義』の歴史的および体系的理解に向けて—(I)」横浜市立大学論叢社会科学系列四一巻三号二〇一頁以下（平成二年）、多田利隆「民法一七七条の『対抗』問題における形式的整合性と実質的整合性—消極的公示主義構成の試み—」民商一〇二巻一号二二頁以下、二号二八頁以下、四号二一頁以下（平成二年）、江南義三「意思表示ノミニ因ル所有権移転（nuda voluntas domini ad rem transferendam）について—一七六条の解釈に関する一提案—」ローマ法・市民法研究五九頁以下（平成二年）、七戸克彦「対抗要件主義に関するボワソナード理論」法研六四巻一二号一九五頁以下（平成三年）、同「意思主義の今日的妥当性—特に証拠保全との関係で—」半田正夫教授還暦記念論集（民法と著作権法の諸問題）二六頁以下（平成五年）、多田利隆「消極的公示主義と民法一七七条の適用範囲」高島平蔵教授古稀記念（民法学の新たな展開）一五三頁以下（平成五年）、松尾弘「所有権譲渡の『意思主義』と『第三者』の善意・悪意」一論一一〇巻一号一五九頁以下、一一一巻一号九一頁以下（平成五年—六年）、鷹巣信孝「対抗要件論の検討」物権変動論の法理的検討八五頁以下（平成六年）、松尾弘「不動産譲渡法の形成過程における固有法と継受法の混交――所有権譲渡理論における『意思主義』の歴史的および体系的理解に向けて(Ⅱ)――」横浜国際経済法学三巻一号一頁以下、二号三三頁以下、四巻一号一〇三頁以下（平成六年—七年）、西台満「不動産の二重売買」秋田大学教育学部研究紀要人文科学・社会科学四七集一九頁以下（平成七年）、石田剛「不動産二重売買における公序良俗」奥田昌道先生還暦記念（民事法理論の諸問題）下一二九頁以下（平成七年）、松岡久和「民法一七七条の第三者・再論――第三者の主体的資格と理論構成をめぐる最近の議論――」同書一八五頁以下、滝沢聿代「物権変動論のその後の展開」成法五〇号一頁以下、五二号一七五頁以下（平成七年—八年）、同「民法九四条二項と民法一七七条の適用関係」星野英一先生古稀祝賀（日本民法学の形成と課題）上一九五頁以下（平成八年）、「物権変動論の最前線――不動産の二重譲渡問題を中心に――」姫路法学二〇号一四九頁以下（平成八年）、月岡利男「物権変動論史」日本民法学史・各論九九頁以下（平成九年）、鈴木禄弥「不動産二重譲渡の法的構成――いわゆる『公信力説』について――」物権変動と対抗問題三〇頁以下（平成九年）、辻義教「物権変動論――鏡に映ったリンゴの売買――」阪南論集社会科学編三三巻三号一四一頁以下（平成一〇年）、横山美夏「『対抗スルコトヲ得ス』の意義」新／不動産登記講座2一頁以下（平成一〇年）、小川清一郎「不動産物権変動と対抗問題」新報一〇四巻八・九号四三三頁以下（平成一〇年）、大西泰博「登記・占有と第三者」早法七四巻三号三九九頁以下（平成一一年）、松尾弘「日本民法の所有権譲渡における意思主義の規範性と妥当性」法研七二巻一二号三九一頁以下（平成一一年）、滝沢聿代「二重譲渡と転得者――相対的構成とは何か――」成法六一号九五頁以下（平成一二年）、於保不二雄「公示なき物権の本質」民法著作集Ⅰ――財産法――一六一頁以下（平成一二年）、松岡久和「石田喜久夫先生の物権変動論Ⅰ――一七六条論を中心に――」石田喜久夫先生古稀記念（民法学の課題と展望）二三一頁以下（平成一二年）、田中淳子「石田喜久夫先生の物権変動論Ⅱ――一七七条『第三者』論（公信力説）を中心として――」同書二八三頁以下、湯浅道男「石田喜久夫先生の物権変動論Ⅲ――転得者問題を中心に――」同書三三九頁以下、川村洋子「所有権取引における第三者論覚書」志林九八巻二号三三頁以下（平成一三年）、松尾弘「『初期継受ローマ法』における所有概念と所有物譲渡法の一断面――所有権譲渡理論における『意思主義』の歴史的および体系的理解に向けて――」横浜国際経済法学九巻三号二五九頁以下（平成一三年）、鷹巣信孝「民法一七七条について――私見の要約と修正・補足――」佐賀大学経済論集三四巻三号七七頁以下（平成一三年）、松尾弘「物権変動における『対抗の法理』と『無権利の法理』の間――第三者保護法理の体系化と『権利保護資格の法理』の位置づけ――」慶應法学六号三七一頁以下、七号五〇七頁以下（平成一八年）、大場浩之「ドイツにおける仮登記（Vormerkung）についての考察――不動産物権変動論との関係を中心に――」早法八一巻四号二四九頁以下、八二巻一号五五頁以下、

二号七頁以下、四号一頁以下、八三巻一号七三頁以下（平成一八年一）参照。

(2) 学説の検討　通説的見解によれば、物権変動は当事者の意思表示によって生じるが、登記や引渡しをしなければ第三者に対抗することができない。この結果、たとえば、Aがその所有の不動産をBに譲渡したが移転登記をしていない場合、Bは不動産の所有権を取得するもののAから同一不動産を譲り受け先に登記を備えたCに対抗することができず、Cが所有者になる（Bは無権利者になる）とされる（いわゆる二重譲渡のケース）。そして、このような法的処理を説明するために通説的見解の内部で多くの学説が主張されている。そこで、以下においては、右の二重譲渡の設例に即しつつ主要な学説の問題点を検討することにしよう。

(イ) 第三者主張説

(a) 第三者主張説(1)は、かつて有力に主張された学説であるにとどまらず、現在においてもなお影響力を保持しているといってよい。

第三者主張説によれば、BはAとの譲渡契約によって当事者間においてはもちろん第三者に対する関係でも完全な所有権を取得するが、Aから同一不動産を二重に譲り受けたCが先に登記を備えA・B間の物権変動を否認したりA・B間の物権変動と両立しない事実（CがAと譲渡契約を結んだこと）を主張すればA・B間の物権変動はなかったことになりCが所有者になるとされる。

(1) 第三者主張説をとるのは、末弘・一五一頁以下、中島・六六頁以下、石田(文)・一〇五頁以下、舟橋・一四六頁以下、柚木＝高木・二〇一頁以下、吉原節夫「対抗要件の意義」不動産法大系I（改訂版）一三九頁以下（昭和五〇年）、浜上則雄「不動産の二重譲渡と対抗要件」阪法一四五・一四六号三三頁以下（昭和六三年）、近江・七〇頁以下。佐久間・五六頁以下も参照。

(b) 第三者主張説には、論理的な矛盾はないが、次のような疑問がある。

第一に、第三者主張説がいうようにBはAから完全な所有権を譲り受けるとすればAは完全な無権利者になり、それゆえ、Aと譲渡契約を結んだCも完全な無権利者である。この完全な無権利者であるCがA・B間の物権変動を否認したりA・B間の物権変動と両立しない事実を主張することによりなにゆえにA・B間の物権変動がなかったものとなるのか理解することができない。

第二に、第三者主張説は無権利者との取引について定める民法一九二条や同法九四条二項と実質上全く異なった処理をしており妥当でない。まず、AがBに動産を譲渡し完全な無権利者になった場合、民法一九二条によれば、Cは善意無過失でなければBより先に引渡しを受けても所有権を取得することはできない。しかし、第三者主張説によれば、Cは悪意過失を有していてもBより先に引渡しを受ければA・B間の物権変動を否認したりこれと両立しない事実を主張することにより所有権を取得することができる。これは、実質上民法一九二条と全く相反する処理をしているといわざるをえない。次に、AがBに不動産を譲渡し完全な無権利者になった場合、民法九四条二項によれば、A・B間に虚偽表示の通謀があり、かつ、Cが善意でなければ、CはBより先に登記を備えても所有権を取得することはできない。しかし、第三者主張説によれば、A・B間に虚偽表示の通謀がなくても、あるいは、Cが悪意であっても、CはBより先に登記を備えA・B間の物権変動を否認したりこれと両立しない事実を主張すれば所有権を取得することができる。これは、実質上民法九四条二項と全く異なる処理をしているといわざるをえない。

(ロ)　相対的無効説

(a)　相対的無効説(1)によれば、BはAとの譲渡契約によって所有権を取得するが、登記をしなければ先に登記を備えたCに対する関係では物権変動の効力が生じず所有権を取得しないとされる。そして、Cに対する関係ではAが所有者であるから、CはAとの譲渡契約により所有権を取得するとされる。

(1)　相対的無効説をとるのは、川名・一四頁以下、中川善之助「相続と登記――判例の転化とその説明――」相続法の諸問題一六六頁以下（昭和二四年）、末川・九三頁以下。船越・一二二頁、加藤・七六頁以下は、この説に近いか。

(b) 相対的無効説には次のような疑問がある。

第一に、AはBとの譲渡契約によりBに所有権を移転しておきながら、登記をBに移さなければなぜCとの関係では所有者にとどまりCに所有権を移転することができるのか理解できない。Aは、Bに所有権を移転した以上所有者でなくなりCに対する関係でも所有権を有していないはずである。(1)

第二に、AはBに所有権を移転した以上無権利者であるから、相対的無効説は、無権利者であるAと取引したCを保護するためにAに登記があればCとの関係ではAが所有者であるとしていると思われる。しかし、一般に無権利者と取引したCの保護は表見法理によって行われるのであるが、相対的無効説は表見法理による処理と著しく異なった処理をしており妥当でない。すなわち、表見法理によれば、Cの善意や無過失が要求され、また、Cを保護するためにAを所有者とすることは行われていないのに(2)（一九二条や九四条二項においても、無権利者と取引した第三者を保護するために無権利者を権利者とすることは行われていない）、相対的無効説によれば、Cの善意や無過失は要求されず、また、Cを保護するためにAが所有者であるとされているのである。

第三に、BとCがともに未登記の場合、BとCがどのような関係に立つのか明確でない。おそらくBとCの両者が所有権を取得するとするのであろうが、そうだとすればAがなぜBとCの両者に二重に所有権を移転することができるのか理解できないし、また、不法占有者に対しBとCがどのような関係に立つかも不明である。

(1) 二段階物権変動説（加藤・七六頁以下）は、BはAから不動産を譲り受ける旨の契約を結んでも登記を備えない場合、Aに対しては所有権の使用・収益・処分権能を主張することができるが、Cに対しては債権的範囲でのみ権利を主張することができるとする（萌芽的物権）。そして、Bは登記を備えればCに対しても主張できる所有権を取得することができるとする（絶対的物権）。また、Aから所有権を譲り受ける旨の契約を結んだBが登記を備えずAに登記がある場合、Cとの関係ではAが絶対的物権としての所有権を有し、Cは登記を備えればAから絶対的物権としての所有権を取得することができるとする。

意欲的な見解であるが、しかし、相対的無効説の場合と同様に、AはBに所有権の使用・収益・処分権能を移転しておきながら、登記をBに移さなければなぜCとの関係では完全な所有者にとどまりCに完全な所有権を移転することができるのか理解できない。

Aは、Bに所有権の使用・収益・処分権能を移転した以上完全な所有者でなくなり、Cに対する関係でも完全な所有権を有していないはずである。

（2）　星野英一「時効に関する覚書――その存在理由を中心として――」民法論集四巻一七三頁以下（昭和五三年）参照。

(ハ)　不完全物権変動説(1)

(a)　不完全物権変動説は、以上の第三者主張説や相対的無効説の難点を克服するために登場した学説とみられ、通説的見解である所有権の二重譲渡の法命題（本書一一三頁以下参照）を主張する代表的学説である。判例も現在では不完全物権変動説をとっている（最判昭三三・一〇・一四民集一二巻一四号三一一一頁。大(連)判大一五・二・一民集五巻四四頁、同判昭一二・五・二九法学六巻一〇号七六頁は、相対的無効説をとっていた）。

その説くところは、こうである。BはAとの譲渡契約によって所有権を取得するが、登記を備えない限りその所有権に排他性がない。他方、Aは登記を移転しない限り完全な無権利者にはなっておらず、Aから同一不動産を二重に譲り受けたCも所有権を取得するが、やはり登記を備えない限りその所有権に排他性がない。BとCは、いずれも登記を備えない時点では相互に相手方に対し対抗できず所有権を主張することができない。そして、BとCのいずれか先に登記を備えた方が排他性のある所有権を取得して最終的に所有者となり、他方は最終的に無権利者になる。なお、BとCは、登記を備えなくても不法行為者に対しては対抗でき所有権を主張することができる。

（1）　不完全物権変動説をとるのは、我妻＝有泉・一四九頁以下、一五一頁、一七一頁以下。浅井清信「登記の効力に関する一考察」判例不動産法の研究九三頁以下（昭和一三年）、星野・三八頁以下も同旨。

(b)　不完全物権変動説は、Bに所有権を譲渡したAがなにゆえにCにも所有権を譲渡することができるのかに関し排他性のない所有権という概念を導入する。そしてBがAから排他性のない所有権を取得した場合にはAは完全な無権利者にならないとし、CはAから排他性のない所有権（未登記の場合）あるいは完全な所有権（登記をした場合）を取得するとするようである。この点に第三者主張説や相対的無効説に対する特色があるといえよう。

しかし、不完全物権変動説にも次のような疑問がある。

第一に、所有権をBに譲渡したAがなぜCにも所有権を譲渡することができるのか理解できない。AはBに所有権を譲渡しても登記を移転しない限り完全な無権利者ではないとするが、完全な無権利者ではないということはAが所有者であるということを意味するものではない。完全な無権利者ではないということからAが所有者であるかの如き結論を導くのは全くの論理の飛躍である。Aは、Bに所有権を譲渡した以上いかなる意味でも所有権を有していないはずであり、Cに排他性のない所有権であってもこれを譲渡することはできないはずである。いわんや、Cが登記を備えればCはAから完全な所有権を取得することになりそうであるが、これを理解することはできない。(1)

第二に、BとCの双方が未登記でBが不動産を占有している場合、Cは不動産を使用・収益することができず、Aに対し移転登記請求権や損害賠償請求権を有するにすぎない。これでは、Cは所有権を有するというものの債権を有するというのと大差ない。

第三に、よく指摘されることであるが、BとCの双方が未登記で第三者が不動産を不法に占有している場合、BとCのいずれが所有者として権利を行使することができるのか明確でない。(2)

(1) 星野英一「物権変動論における『対抗』問題と『公信』問題」民法論集六巻一四七頁以下（昭和六一年）は、BはAから不動産の所有権を譲り受けても登記を備えなければ第三者に対抗しえない不完全な所有権しか取得できず、Aは同一不動産をさらにCに売ってCに登記を備えさせる地位・権利を有しており無権利者にはならないという。しかし、Aは不完全な所有権ではあれこれをBに移転したのであり、なにゆえにCに完全な所有権を取得させることができるのか理解できない。

(2) ここで所有権の二重譲渡の法命題（本書一二三頁以下参照）を前提とするその他の若干の学説を検討しておこう。

① 限定附不完全物権変動説　限定附不完全物権変動説によれば、BはAとの不動産譲渡契約によって登記を備えなくても原則として完全な所有権を取得するが、Cが善意無過失でAと同一不動産につき二重に譲渡契約を結びB・Cともに登記を備えない場合、BもCも排他性のない所有権を取得し先に登記を備えた方が完全な所有者になるとされる（松岡久和「不動産所有権二重譲渡紛争について」龍谷法学一七巻一号一三頁以下（昭和五九年））。

この見解においても、不完全物権変動説に対する疑問、すなわち、Bに所有権を移転したAがなにゆえにCにも所有権を移転することができるのかという疑問がそのまま当てはまる。

② 法定制度説　法定制度説によれば、民法一七七条は、二重譲渡に関して登記を先に備えた方を物権を先に取得したとみなし、かつ、登記を備えなければB・Cのいずれも他方に対し自己の権利を主張しえないという趣旨の法定の制度を定めた規定であるとされる（川井・三〇頁、鈴木・一三四頁。鈴木禄弥「不動産二重譲渡の法的構成――いわゆる『公信力説』について――」物権変動と対抗問題三〇頁以下（平成九年）も参照。なお、稲本・一三二頁以下、松尾＝古積・六二頁以下も参照）。法定制度説は、AがBとCに二重に所有権を移転することができることを前提にし、これは法律がそのように定めたから可能なのだとするようである。しかし、このような論理的に成り立ち難いことを法律が定めたのかどうかがまさに問題であり、法律がそのように定めたとみる根拠は示されていないと思われる。

③ 法定制限説　法定制限説によれば、AからB・Cへの所有権移転は意思表示のみで二重になされうるが、それぞれの所有権移転には民法一七七条の第三者の出現を許容するという意味での法定の制限がついており、先に登記を備えた方が最終的な所有者になるとされる（広中・七〇頁以下）。しかし、法定制限説においても、なぜAがBとCの双方に所有権を移転することができるのか理解できない。

④ 法定失権説　法定失権説によれば、Aと二重に譲渡契約を結んだBとCは未登記の間はそれぞれ相互に主張できない所有権を取得するが、先に登記を備えた方が法律上完全な所有権を取得し、他方は法律上所有権を失うとする（滝沢聿代・物権変動の理論一九〇頁以下（昭和六二年）、同「民法九四条二項と民法一七七条の適用関係」星野英一先生古稀祝賀（日本民法学の形成と課題）上一九五頁以下（平成八年））。しかし、法定失権説においても、なぜAがBとCの双方に所有権を移転することができるのか理解できない。

(二) 公信力説

(a) これまで検討してきた諸説がいずれもCは権利者であるAとの取引で所有権を取得すると構成する（第三者主張説は、Cは最終的には権利者であるAとの取引で所有権を取得するとする）のに対し、Cは無権利者であるAとの取引で所有権を取得すると構成するのが公信力説である。(1) 現在、かなり有力な学説であるといってよい。

その説くところは、こうである。AはBに所有権を譲渡することによって登記を移転しなくても無権利者になる。それゆえ、Cは原則として無権利者であるAとの譲渡契約によって所有権を取得することはできないが、CがAの登記を信じて契約を結んだ場合には取引の安全をはかるためCに所有権が帰属することを承認すべきである（一九二条参照）。そして、この場合、所有者であるBは所有権を失うのである。

（1） 公信力説をとるのは、岡村玄治「民法第百七十七条ニ所謂第三者ノ意義ヲ論シ債権ノ不可侵性排他性ニ及フ」志林一七巻六号四三頁以下（大正四年）、半田正夫「不動産の二重譲渡へのひとつのアプローチ」北法一六巻四号四八頁以下（昭和四一年）、篠塚・一〇〇頁以下、石田(喜)・九三頁。

(b) 公信力説は、無権利者であるAの登記を信頼してAと取引をしたCは保護されるという民法一九二条の善意取得あるいはこれに準じた処理を主張するものであり、論理的破綻を示さない。しかし、公信力説にも次のような疑問がある。

第一に、公信力説のように解すると、民法一七八条の処理は同法一九二条の処理と同じことになり、民法一九二条の外になにゆえに同法一七八条が規定されているのか理解できない（1）。

第二に、公信力説は登記の公信力を一般的に認めるものではないようであるが、そうだとすれば、なぜ登記の公信力を不動産の二重譲渡の場合に限って認めるのか理解できない。

（1） 鎌田薫「不動産二重売買における第二買主の悪意と取引の安全――フランスにおける判例の『転換』をめぐって――」比較法学九巻二号一二三頁（昭和四九年）、我妻＝有泉・一五〇頁参照。

(ホ) 詐害行為取消権説

(a) これまで検討してきた諸説はいずれも物権法の問題として自説を展開するが、これに対して債権法（特定債権）の問題として自説を展開するのが詐害行為取消権説（1）である。

その説くところは、こうである。Bは、Aと不動産につき譲渡契約を結んだが未登記の場合、Aに対し完全な所有権の移転を求める特定債権を有する。そこで、AがCにも不動産を二重に譲渡しCに登記を移転した場合、BはCが悪意であれば民法四二四条によりA・C間の譲渡契約を取り消すことができる（特定債権の性質上Aの無資力の要件は不要）。Cとさらに譲渡契約を結んだ転得者Dがいる場合、Dは善意であれば民法四二四条一項但書により保護される。

（1）詐害行為取消権説をとるのは、磯村保「二重売買と債権侵害――『自由競争』論の神話――」神法三五巻二号三八五頁以下（昭和六〇年）。同旨として、石本雅男「判例批評」民商四五巻五号一六三頁以下（昭和三七年）。好美清光「Jus ad rem とその発展的消滅――特定物債権の保護強化の一断面――」一法三号四一五頁以下（昭和三六年）も参照。

(b) 詐害行為取消権説は、二重譲渡の問題を詐害行為の問題としてとらえ、この問題に新しい境地を切り開いたということができる。また、その結論は非常に妥当である。しかし、詐害行為取消権説にも次のような疑問がある。

第一に、民法一七七条と同法四二四条の関係が明確でない。この点に関し、詐害行為取消権説は、民法一七七条により保護に値しない第三者が同法四二四条により所有権を否認されるとする。[1] しかし、第三者が民法一七七条により保護に値するかどうかが判断されるのであれば、問題は民法一七七条によって処理されれば十分であり、民法一七七条の外に同法四二四条による必要はないと思われる。

第二に、BがAから不動産の所有権（不完全な所有権）を取得し、Cがこれを知りつつAから同一不動産の所有権を取得して先に登記を備えた場合、詐害行為取消権説によれば、Cは、完全な所有権を取得するが（Bは所有権（不完全な所有権）を失う）、Bによる詐害行為取消権の行使によって所有権を失うと考えられているようである。そうだとすれば、AはBに所有権を移転した後でなぜCにも所有権を移転することができるのかという不完全物権変動説などの有する根本的な問題点がここでも解消されていないと思われる。

（1）磯村保「二重売買と債権侵害――『自由競争』論の神話――」神法三五巻二号四〇三頁（昭和六〇年）。

(ヘ) 法定証拠説

(a) これまで検討してきた諸説がいずれも二重譲渡を実体法上の問題として処理するのに対して、これを訴訟法上の問題として処理するのが法定証拠説[1]である。

法定証拠説によれば、登記や引渡しはBとCのいずれを優先させるべきかに関する法定証拠であるとされる。たとえば、法定証拠説をとる安達説によれば、不動産の二重譲渡においてはAはBと譲渡契約を結べば登記を移さなくてもBに所有権が移転して無権利者となりCは同一不動産につきAとの取引により所有権を取得することができないが、登記は譲受けの前後に関する法定証拠であり、かりに第二買主であるCが先に登記を備えれば先に譲り受けたものとみなされ、Cが所有者となってBに優先するとされる[2]。

（1）　法定証拠説をとるのは、石坂音四郎「意思表示以外ノ原因ニ基ク不動産物権変動ト登記」改纂民法研究上三六三頁以下（大正八年）、金山・二五二頁以下、安達三季生「一七七条の第三者」判例演習Ⅱ（増補版）五一頁（昭和四八年）、鷹巣信孝「対抗要件論の検討」物権変動論の法理的検討一三六頁（平成六年）。

（2）　安達・前掲。

(b)　法定証拠説には次のような疑問がある。

第一に、自由心証主義を原則とする民事訴訟法のもとにおいて登記や引渡しを法定証拠として扱うことには疑問がある[1]。また、譲受けの前後に関する事実認定は証拠と経験則に基づき適正に行われうるのであり、特に他の場合の事実認定にくらべて困難であるわけではない。それゆえ、譲受けの前後が法定証拠によって決定される必要もないといわざるをえない。

第二に、悪意の第三者や背信的悪意者がどのように扱われるのか明確でない。悪意の第三者や背信的悪意者は第二買主であるが、法定証拠説によればこれらの者であっても先に登記を備えれば第一買主とみなされるから、悪意の第三者や背信的悪意者の問題は生じないということであろうか。かりに善意の第二買主や背信的悪意者でない第二買主が先に登記を備えれば第一買主とみなされるということであれば、譲受けの前後に関する事実認定の困難さの程度は第二買主が悪意者や背信的悪意者であるかどうかにより差があるわけではなく妥当でない。

第三に、証拠と経験則に基づき、BがAから不動産を譲り受ける旨の契約を結んだが登記を備える前にCがAから同一不動産を譲り受ける旨の契約を結び先に登記を備えたことが認定される場合、あるいは、このことが当事者間で争いがない場合、安達説によれば、AがBに不動産を譲渡すれば登記を移さなくてもBに所有権が移転しAは無権利者になるが、Cが無権利者であるAと譲渡契約を結び先に登記を備えれば先に譲り受けたものとみなされ所有者として扱われることになる。しかし、無権利者であるAと取引したCは本来無権利者であり、この無権利者であるCが先に登記を備えればなにゆえに先に所有権を取得したとみなされ所有者になるのか理解できない。

第四に、Cは無権利者であるAと取引しても先に登記を備えれば先に所有権を取得したとみなされ所有者になるとされるが、これは無権利者との取引に関する民法一九二条や同法九四条二項と実質上全く異なった処理をしており妥当でないといわざるをえない（本書一二八頁参照）。

（1）　時効に関する法定証拠説に対し同旨を述べるのは、星野英一「時効に関する覚書――その存在理由を中心として――」民法論集四巻一八一頁（昭和五三年）。

(3)　起草者の見解　民法一七六条と同法一七七条・一七八条の関係についての起草者の見解は明確でない。法典調査会において、横田国臣委員は、Bが物権者Aから意思表示のみで物権を取得し物権者になれるのに登記・引渡しを受けないとなぜ第三者Cに対抗することができないのかという疑問を提起しているが(1)、起草者はこれに対し明確な説明を与えていない。したがって、起草者は民法一七六条と同法一七七条・一七八条の関係について明確な考え方を有していなかったといわざるをえない。起草者は、少なくとも登記・引渡しが物権変動の要件になるという考え方はとらなかったと説明しているが(2)、しかし、民法一七六条と同法一七七条・一七八条の関係についての見解が明確でない以上、結局、この問題についての解釈は学説・判例に任されているというべきである。

（1） 民法議事速記録六巻二九頁以下（一七七条について）、三八頁以下（一七八条について）。

（2） 民法議事速記録六巻三三頁。

⑷ 私見

(イ) 民法一七六条と同法一七七条・一七八条の関係をどのように理解するかについては、これらの条文は物権変動は当事者の意思表示と登記・引渡しがプラスされて生じることを定めていると解するのが妥当である。（1） すなわち、物権変動は、当事者の意思表示と登記・引渡しの双方が行われた場合にはじめて生じるのである。このように解せば、論理的破綻に陥らず、また、民法一七七条・一七八条が同法一九二条や同法四二四条などに対して独自の存在意義を有しうると考える。

（1） 同旨の結論をとるのは、吾妻光俊「意思表示による物権変動の効力」東京商科大学研究年報法学研究二号二〇九頁以下（昭和八年）。近藤・三六頁以下もほぼ同旨。

(ロ) 私見の内容を具体的に述べれば次の通りである。

第一に、物権変動は当事者の意思表示（物権行為）と登記・引渡しによって生じるが、このうち、当事者の意思表示について規定しているのが民法一七六条であり、登記・引渡しについて規定しているのが民法一七七条・一七八条である。第二に、当事者の意思表示は、登記・引渡しの際に行われる必要はないが、登記・引渡しを伴わなければ効力を生じない。すなわち、登記・引渡しは物権変動の効力要件である。この趣旨において、私見はドイツ民法やスイス民法のような形式主義である。

(ハ) (a) 物権変動は当事者の意思表示と登記・引渡しによって生じるとする私見に対しては、次のような批判が考えられる。

(b) 第一は、私見は「物権の設定及び移転は、当事者の意思表示のみによって、その効力を生ずる」とする民法一七六条に反するのではないかという批判である。

たしかに民法一七六条の文言だけをみればこれに反するようにみえる。しかし、物権変動については民法一七六条だけが規定しているのではなく同法一七七条・一七八条も規定しているのであり、それゆえ、民法一七六条と同法一七七条・一七八条を総合的に把握しなければならない。このような総合的な把握の結果民法一七六条の「意思表示のみに」という文言に反するようにみえる結論が出ても特に問題ではないと考える。そして、以上のような解釈の方法は、実は、時効の効力発生の要件に関して通説のとるところなのである。すなわち、通説は、時効の効力発生の要件に関し、民法一四五条と同法一六二条・一六三条・一六七条を総合して時効が効力を生じるためには時効期間の経過と当事者による時効の援用の双方を必要とすると解している。(1) このような結論は時効期間の経過により直ちに時効の効力が生じると規定する民法一六二条・一六三条・一六七条の文言に反するようにみえるし、また、時効は当事者が援用しなければ裁判所はこれによって裁判することができないと規定する民法一四五条の文言にも反するようにみえるが、しかし、これらの条文の総合的な把握という観点から正当化されているのである。民法一七六条と同法一七七条・一七八条の関係もこれと全く同じである。それにもかかわらず私見のような見解が民法一七六条の文言に反するという理由で通説により退けられてきたのは理解に苦しむといわざるをえない。

(1)　石田(穣)・五四三頁参照。

(c)　第二は、民法一七六条と同法一七七条・一七八条はフランス民法の意思主義・対抗要件主義を採用したものであり、私見のような形式主義・効力要件主義はこれらの条文の立法趣旨に反するのではないかという批判である。

しかし、すでに起草者の見解の検討の所で示したように、起草者は民法一七六条と同法一七七条・一七八条の関係について明確な考え方をもたず、この問題をどのように処理するかは学説・判例に任されていると解されるのであり（本書一三六頁以下参照）、私見がこれらの条文の立法趣旨に反するものではないと考える。

さらに、民法一七六条と同法一七七条・一七八条はフランス民法の意思主義・対抗要件主義を採用したという点についても、前に説明したように、この問題に関するフランスとわが国の状況はかなり異なっており（本書一一八頁以下参照）、特にわが国において通説的な所有権の二重譲渡の法命題（本書一二三頁以下参照）がフランスにおいても通説的であるとはいえないのである。それゆえ、フランス民法の状況を参考にすべきであるのは当然であるが、民法一七六条と同法一七七条・一七八条の問題は、結局は民法を中心とするわが国の実定法全体の状況に基づき解決されなければならないのである。

なお、さらに、わが国でいわれる意思主義・対抗要件主義には種々の重大な疑義があり、特にその中心的法命題とされる所有権の二重譲渡の法命題はほとんど論証されることなく自明の理のようにいわれているが論証不能であり、意思主義・対抗要件主義を支持することは到底できないというべきである（本書一二七頁以下参照）。

(d) 第三は、当事者の意思表示と登記・引渡しによって物権変動が生じると解する私見はわが国の取引慣行に反するのではないかという批判である。

しかし、物権変動の時期の所で述べるように、私見は通常の場合にわが国の取引慣行に合致しこれに反するものではないと考える（本書一四九頁以下参照）。

(e) 第四は、私見によれば、たとえば、不動産の買主は売買契約を結んでも登記を備えなければ所有権を取得することができず保護が弱いのではないかという批判である。

しかし、買主は所有権移転請求権という特定債権の帰属者として保護を受ける。そこで、たとえば、不動産の不法占有者に対しては特定債権に基づき自己または売主への明渡しを求めうると解されるし（本書九六頁以下参照）、あるいは、債権侵害を理由に損害賠償を求めることができるのである。また、二重譲渡における第二買主に対する関係においても次に述べるように適正に保護される。それゆえ、右の批判も当たらないと考える。

(5) 私見と二重譲渡　私見によれば、二重譲渡の問題は次のように処理される。

AがBに不動産を譲渡しても登記を移転しない場合、Bは所有権を取得せず所有権移転請求権という債権（特定債権）を取得する。Aは同一不動産につきCと二重に譲渡契約を結ぶことは全く可能であり、この場合、Cも登記を備えなければ所有権を取得せずBと同様の債権を取得するにとどまる。つまり、B・Cのいずれも登記を備えなければともに同一内容の債権を有することになる。

B・Cのいずれかが登記を備えればその者が所有権を取得し、他方の債権は原則として履行不能により損害賠償債権に転化する。この意味において、原則として先に登記を備えた方が優先するわけである。

しかし、CがBの債権を知りつつAから不動産の譲渡を受けて先に登記を備えた場合で、かつ、AにおいてCの所有権取得によりBが害されるのを知っていた場合（以下、同じ。Aはほとんどの場合にBが害されるのを知っている。Aの悪意は事実上推定される）、すでに述べたように債権にも排他性があるから（本書二二頁以下参照）、Bは所有権移転請求権という特定債権に基づきCの所有権を否認することができる。(1)そして、BがCの所有権を否認すればCの所有権は当然にAに復帰する。(2)さらに、債権にも妨害排除請求権が認められるから（本書九六頁以下参照）、Bは所有権移転請求権という特定債権に基づく妨害排除請求権の行使としてCに対し登記の抹消を求め、次いでAに対し移転登記を求めることにより所有権を取得することができるのである。BがCに対し直接移転登記を請求することができるかどうかは、債権にも明渡請求権が認められるから（本書九六頁以下参照）、Aの利益を不当に害さない場合には可能であるといってよいであろう（本書一八六頁以下参照）。

登記を備えたCから不動産を譲り受けた転得者DとBの関係については、Bは民法四二四条一項但書の趣旨によりDが悪意の場合（DがBの所有権移転請求権を知りつつCから不動産を譲り受けた場合）に限りDの所有権を否認することができると解される。(3)

以上のように、私見においては、二重譲渡の問題は論理一貫して処理され、しかも、その結論は極めて妥当なものであると考える。

（1） Bが否認することができるかどうかはBのCに対する抹消登記請求訴訟などにおいて前提問題として裁判所の判断を受けるから、Bの否認は裁判上行使されなくてもよいと解される（本書二三頁参照）。
Bの否認は、Cや転得者Dの利益を考慮し、民法四二六条に準じて、BにおいてAとCが悪意で譲渡契約を結んだことを知った時から二年以内、AとCの譲渡契約の時から二〇年以内に行われるべきである（本書二三頁以下参照。磯村保「二重売買と債権侵害――『自由競争』論の神話――」神法三五巻二号四〇四頁（昭和六〇年）参照）。

Bは、Cが登記を備え所有権を取得する前であってもCの特定債権を否認することができるからである（本書六頁以下参照）。
（2） 磯村・前掲四〇三頁参照。
BがCの所有権を否認した場合、A・C間の契約は履行不能になる。なお、CはAとの契約時にA・B間の契約を知っていたからAに対し損害賠償を求めることはできないと解される（五六一条後段・五六二条二項・五六三条三項・五六五条・五六六条一項二項・五七〇条本文参照）。
（3） 磯村・前掲四〇三頁以下参照。
Bは、Cが善意であればDが悪意であってもDの所有権を否認することはできないと解すべきであろう。なぜなら、そのように解さないとCが善意でAから不動産を取得した後にA・B間の譲渡契約が一般に知れ渡った場合、Cは不動産の完全な所有者でありながら実際上これを処分することができなくなるからである（失踪宣告後その取消前に善意でなされた行為の効力に関する幾代通・民法総則（二版）四三頁（昭和五九年）参照）。

Bは、結局、C、Dの両者が悪意の場合にDの所有権を否認することができる。この場合、BがDの所有権を否認すれば、所有権はCに復帰する。BがCの所有権も否認すれば、所有権はAに復帰する。なお、AはCとの契約時に悪意であればよく、C・Dの契約時の悪意は問題にならない。

四 物権変動の時期

(1) 序　物権変動の時期の問題(1)については、特に所有権の移転時期が重要であり、判例・学説も所有権の移転時期を中心にして展開されている。そこで、以下においては所有権の移転時期を中心にして物権変動の時期の問題を説明してみよう(2)。

（1） 物権変動の時期の問題については、末川博「特定物の売買における所有権移転の時期――物権契約に関する一考察――」民法上の諸問題二九頁以下（昭和一一年）、吉原節夫「『特定物売買における所有権移転の時期』に関する戦後の判例について――民法一七六条の研究(1)――」富大経済論集六巻三・四号二一〇頁以下（昭和三六年）、同「物権変動の時期に関する判例の再検討――民法一七六条の研究(2)――」同誌七巻二号七六頁以下、八巻一号一頁以下（昭和三六年）、シンポジウム「動産売買における所有権移転の時期」私法二四号三頁以下（昭和三七年）、船越隆司「特定物売買における所有権移転時期について」新報七〇巻八号一六頁以下（昭和三八年）、吉原節夫「特定物売買における所有権移転の時期――学説評価の転機を指摘して――」民商四八巻六号三頁以下（昭和三八年）、太田知行・当事者間における所有権の移転――分析哲学的方法による研究の試み――（昭和三八年）、加藤高「所有権移転の時期」不動産法大系Ⅰ（改訂版）二七五頁以下（昭和五〇年）、湯浅道男「物権変動論序説のための覚え書（二）――近時の所有権移転時期論をめぐって――」愛知学院大学論叢法学研究一九巻四号三九頁以下（昭和五一年）、鈴木禄弥「所有権移転の時期」物権法の研究――民法論文集Ⅰ――一〇九頁以下（昭和五一年）、佐藤隆夫「民法一七六条の法的意義」薬師寺博士米寿記念（民事法学の諸問題）四三頁以下（昭和五二年）、石田喜久夫「売買における所有権の移転時期――その一、ローマ法――」物権変動論一五頁以下（昭和五四年）、同「売買における所有権の移転時期――その二、ゲルマン法――」同書三六頁以下、同「売買と所有権移転」同書一〇五頁以下、同「不動産所有権移転の時期をめぐる論争――鈴木禄弥教授の反論を中心に――」同書一二八頁以下、坂本武憲「所有権移転の時期――特定物売買を中心に――」内山尚三＝黒木三郎＝石川利夫先生還暦記念（現代民法学の基本問題）上一七七頁以下（昭和五八年）、滝沢聿代「物権変動の時期」民法講座2三三一頁以下、甲斐道太郎「特定物売買における所有権移転時期の問題――鈴木・石田論争を中心に――」不動産法の現代的展開六〇頁以下（昭和六一年）、鷹巣信孝「所有権移転論の検討」物権変動論の法理的検討一頁以下（平成六年）、松岡久和「石田喜久夫先生の物権変動論Ⅰ――一七六条論を中心に――」石田喜久夫先生古稀記念（民法学の課題と展望）二三一頁以下（平成一二年）参照。

(2)　フランス民法においては、所有権の移転時期は原則として売買契約の時である（本書一一一頁参照）。ドイツ民法とスイス民法においては、所有権の移転時期は、原則として、不動産については登記の時、動産については引渡しの時である（本書一一一頁以下、一一二頁注(1)参照）。

(2)　判　例

(イ)　判例(1)は、原則として売買契約の時に売主から買主に所有権が移転するとしている。

(1)　判例については、吉原節夫「『特定物売買における所有権移転の時期』に関する戦後の判例について――民法一七六条の研究(1)――」富大経済論集六巻三・四号三一〇頁以下（昭和三六年）、同「物権変動の時期に関する判例の再検討――民法一七六条の研究(2)――」同誌七巻二号七六頁以下、八巻一号一頁以下（昭和三六年）、同「特定物売買における所有権移転の時期――学説評価の転機を指摘して――」民商四八巻六号三頁以下（昭和三八年）参照。

以下に述べる判例については、それは判例の述べる一般論であって、具体的な事案と対比した場合にそれを直ちに判例として扱ってよいかどうか疑問だとする見解もある（川島・一五四頁以下、吉原・前掲）。これは、判例とは何かという問題に関連するが、判例とは裁判所が重要と考えた事件の要素と裁判の結論から構成される法命題であると解すべきである（石田穣「判例研究の方法」民法と民事訴訟法の交錯一四七頁以下（昭和五四年）参照）。このような見解に立つ場合、もちろん疑問のあるケースもあるが、判例は原則として売買契約の時に所有権が移転するとしていると思われる。

(ロ) 特定物の売買契約においては、所有権は売買契約の時に移転する（大判大二・一〇・二五民録一九輯八五七頁、最判昭三三・六・二〇民集一二巻一〇号一五八五頁など。これに対し、大判昭三・一一・五評論一八巻民二八七頁は、事案は明らかでないが、所有権が売買契約の時に当然に移転するものではないという）。売買予約の場合には予約完結権が行使された時に売買契約が成立するからその時に所有権が移転し（大判大七・九・一六民録二四輯一六九九頁）、借地契約における建物買取請求権の場合には建物買取請求権が行使された時に建物の売買契約が成立するからその時に所有権が移転する（大判昭七・一・二六民集一一巻一六九頁）。第三者に所有権を移転する旨の第三者のためにする契約（五三七条）の場合には第三者が受益の意思表示をした時に所有権が移転する（大判明四一・九・二二民録一四輯九〇七頁）。遺贈の場合には遺言の効力が生じた時に所有権が移転する（大判大五・一一・八民録二二輯二〇七八頁、同判大一〇・五・三〇民録二七輯九八三頁（いずれも債権の遺贈のケース）参照）。

(ハ) 特定物の売買契約においても当事者が特約で月賦代金完済の時に所有権が移転する旨定めた場合にはその時に所有権が移転する（大判昭九・七・一九刑集一三巻一〇四三頁）。不動産の売買契約において当事者が特約で代金完済、所有権移転登記手続きの完了までは所有権は買主に移転しない旨定めた場合には所有権は売買契約の時に移転しない（最判昭三八・五・三一民集一七巻四号五八八頁）。特定物の売買契約に関し荷為替附で物品が発送された場合には買主が貨物引換証と引き換えに代金を支払って物品を受け取った時に所有権が移転する（大判昭三・一〇・一一民集七巻九〇三頁）。倉庫業者に寄託してある特定物の売買契約に関し売主が受寄者宛の荷渡依頼書を買主に交付したケースで一定期日までに代金を支払わなければ売買契約は失効する旨の特約がある場合には所有権は売買契約と同時に移転しない（最判昭三五・三・二二民集一四巻四号五〇一頁）。不動産につき債務負担附遺贈がなされ債務完済まで受遺者は不動産の名義人になれないとされた場合には債務完済の時に所有権が移転する（大判大元・九・二四民録一八輯七三九頁）。他人の物の売買契約など売主が売買契約当時所有権を有しなかった場合には売主が所有権を取得した時にそれが移転する

（大判大八・七・五民録二五輯一二五八頁、最判昭四〇・一一・一九民集一九巻八号二〇〇三頁。大判大四・一〇・二三民録二一輯一七五五頁は、債務者が将来取得する不動産につき抵当権設定契約が結ばれた場合には債務者が不動産を取得した時に効力が生じるとする）。不特定物の売買契約の場合には目的物が特定した時に所有権が移転する（最判昭三五・六・二四民集一四巻八号一五二八頁）。選択によって特定する不特定物の遺贈の場合には目的物が選択により特定した時（四〇六条以下）に所有権が移転する（東京高判昭二三・三・二六高民集一巻一号七八頁）。

(3)　学　説　学説では大きく分けて三つの見解が対立している。

(イ)　契約時移転説　これは、判例と同じく、原則として売買契約の時に所有権が移転するが、これとは異なる特約がある場合（特約の定める時に移転）や不特定物の売買契約の場合（特定の時に移転）などは別であるとする。(1)　この見解は、物権行為の独自性を認めない立場から主張されており、判例とも合致し、かなり有力である。

（1）　契約時移転説をとるのは、末弘・八三頁以下、金山・一〇二頁以下、柚木＝高木・一〇九頁以下、我妻＝有泉・五九頁以下、滝沢聿代「物権変動の時期」民法講座2五三頁以下、平野・五五頁、船越・六七頁以下、北川・三九頁、川井・二一頁。山野目・一八頁、佐久間・四〇頁以下も参照。

(ロ)　登記・引渡・代金支払時移転説　この見解は、売買契約時に所有権が移転するという契約時移転説はわが国の取引慣行に反するとし、原則として、登記、引渡し、代金支払いのいずれかが行われた時に所有権が移転するとする。この見解は、物権行為の独自性を認める立場と認めない立場の双方から主張されており、現在最も有力である。

(a)　まず、物権行為の独自性を認める立場からのものであるが、原則として、登記や引渡し、代金支払いは売買契約とは別個の物権行為であり、これらの物権行為のいずれかが行われた時に所有権が移転するとする。そして、この解釈はわが国の取引慣行にも合致するとする。(1)

（1）　末川博「特定物の売買における所有権移転の時期――物権契約に関する一考察――」民法上の諸問題二九頁以下（昭和一一年）、勝本・五二頁以下、山本進一「わが民法における物権行為の独自性と有因性」法論二九巻一号二六頁以下（昭和三〇年）、浅井・三三頁以下、篠塚・五三頁、鷹巣信孝「所有権移転論の検討」物権変動論の法理的検討三三頁以下（平成六年）、近江・五八頁以下。石田（喜）・三九頁以下は同旨か。田山・五四頁以下は、物権行為の独自性を認めつつ原則として代金支払いの時に所有権が移転するとする。松尾＝古積・四七頁以下は、実質上物権行為の独自性を認めつつ（本書一一七頁注（1）参照）、債権的意思表示とは区別される物権的意思表示が行われた時に所有権が移転するとする。

(b) 次に、物権行為の独自性を認めない立場からのものであるが、所有権の移転は売買契約の効力によって生じるとしつつ、原則として、登記や引渡し、代金支払いの時に所有権が移転するとする。この見解もわが国の取引慣行に合致するとしている。(1)

（1） 舟橋・八六頁以下、加藤正男「売買における所有権の移転時期」法セ一九六一年五月号四四頁（昭和三六年）、槇・五四頁以下、松坂・二九頁、甲斐道太郎「特定物売買における所有権移転時期の問題──鈴木・石田論争を中心に──」不動産法の現代的展開七五頁（昭和六一年）、広中・五四頁以下、月岡・二二二頁。

川島武宜博士は、はじめ、売買契約の有償性を強調し原則として代金支払いの時に所有権が移転するとしていたが（同・所有権法の理論二四八頁以下（昭和二四年））、その後、本文に述べた見解に改めたもののようである（川島・一五三頁）。

(ハ) 段階的移転説　以上の諸学説はいずれも一定時点で所有権が移転するとするのに対し、所有権は売買の過程で段階的に移転すると主張するのが段階的移転説である。この見解は、斬新な着想のために学界に大きな波紋を投じ、現在かなりの支持を獲得しつつある。

段階的移転説によれば、売買のプロセスにおいて、所有権はある一定時点で一挙に移転するのではなく、所有権の内容をなす諸々の権能が部分的に段階的に移転するのであり、それゆえ、特定の所有権移転時期を論じるのは不可能であるとされる。また、売買のプロセスにおいて発生する諸問題は当事者間における契約関係や対抗要件の具備、債権者代位権などによって解決されるから、所有権の移転時期を論じる必要もないとされる。(1)

（1） 鈴木禄弥「所有権移転の時期」物権法の研究──民法論文集Ｉ──一〇九頁以下（昭和五一年）。

段階的移転説を支持するのは、柚木＝高木・一〇八頁以下、湯浅道男「物権変動論序説のための覚え書（二）──近時の所有権移転時期論をめぐって──」愛知学院大学論叢法学研究一九巻四号五七頁（昭和五一年）、星野・三四頁以下、内田・四二七頁以下。稲本・一〇三頁以下も参照。加藤・九七頁は、登記前には萌芽的物権が移転し、登記時に絶対的物権が移転するとする（本書一二九頁注(1)参照）。

(4) 学説の検討

(イ) まず、多くの学説に共通することであるが、学説は、物権変動は当事者の意思表示によって生じるとしつつその時期がいつかを論じている。しかし、すでに検討したように、物権変動は当事者の意思表示と登記・引渡しによって生じると解すべきである（本書一三七頁参照）。

(ロ) 契約時移転説については、登記・引渡・代金支払時移転説が批判するように、売買契約の締結によって直ちに所有権が移転するというのは取引慣行あるいは取引当事者の意識に反するであろう。登記（不動産）や引渡し（動産）の時に所有権が移転するとした方が取引当事者の意識に合致するであろう。

(ハ) 登記・引渡・代金支払時移転説については、不動産に関しては登記時、動産に関しては引渡時とする限度で正当であると考える。不動産の引渡時については、引渡しをしたが登記を移転しない場合には何らかの理由により売主に所有権が留保されていることが多いと思われる。代金支払時については、代金を支払っても登記の移転（不動産）や引渡し（動産）がない場合には何らかの理由により売主に所有権が留保されていることが多いであろうし、また、いくら代金を支払えば所有権が移転するのか明確でない。

(ニ) (a) 段階的移転説については、まず、所有権の移転時期を論じるのが不可能であるとはいえない。売買のプロセスのどの時点で所有権が移転するかは、どの時点で移転するとするのが妥当かという定義（解釈）の問題であり、妥当かどうかを別とすればどのように定義するのも可能である。たとえば、売買契約の時に所有権が移転すると定義するのも可能であり、登記、引渡し、代金支払いのいずれかの時に所有権が移転すると定義するのも可能である。所有権の移転時期は、認識の問題ではなく定義の問題である。

(b) 次に、所有権の移転時期を論じるのは不必要であるともいえない。ここでは三つの例に即して説明してみよう

（当然のことながら、段階的移転説を含む通説を前提として説明する）。

第一に、売主をA、買主をB、売主の債権者をCとした場合、BがCに権利を主張するには対抗要件の具備が必要であり、Bが所有権を取得したかどうかは問題にならないとされる(1)。しかし、たとえば、CがA・B間の売買契約後にAから目的不動産を賃借した場合、Bは対抗要件を具備しても所有権を取得していなければCに対し明渡しを請求することができないし、また、Cが背信的悪意を有する賃借人であればBは所有権を有する限り対抗要件を具備していなくてもCに対し明渡しを請求することができるはずである。したがって、これらの場合にはAからBに所有権が移転したか否かを論じる必要がある。

第二に、売主Aと買主Bが第三者Cに対し目的物の返還や妨害排除、妨害予防を請求する場合、A・Bは所有権を有しなくても特定債権や債権者代位権に基づきこれらの請求が可能であるから所有権の移転を論じる必要はないとされる(2)。そこで、まず、Aが目的不動産をBに引き渡したが登記を移転していない状態でBがAに無断でCに目的不動産を賃貸した場合、AがCに対し明渡しを求めうるかどうかを考えてみよう。Aが所有者であればこれを認めてよいであろう（自己に対する明渡しか、それとも、Bに対する明渡しかという問題はある。本書六八頁以下参照）。しかし、Aが所有者でなければ明渡しの請求は認められないであろう。なぜなら、AはBに対し代金債権という金銭債権しか有しえないし、また、BはCに対し明渡請求権をもたないからAはBに代位してこれを行使することもできないからである。次に、Aが目的物の不法占有者Cに対し明渡請求をする場合を考えてみよう。Aが所有者であればこの請求は認められる。しかし、Aが所有者でなければAはBに対する代金債権に基づきBのCに対する明渡請求権を代位行使することになるが、これはBが資力を有する場合やBがCに対し明渡しを請求している場合には認められない。したがって、以上のような場合にはAからBに所有権が移転したか否かを論じる必要がある。

第三に、第三者Cが売主Aと買主Bに対して民法七一七条の土地工作物所有者責任を問う場合、Cは登記名義人に対してのみ右の責任を追及することができるから、この問題でも所有権の移転を論じる必要はないとされる。[3] しかし、かりに登記名義人が土地工作物所有者責任を負うとしても、Cが登記名義人でない者に対しその者が所有者であることを立証して土地工作物所有者責任を追及するのを否定する理由はないと思われる[4]（登記名義人に資力がなく、所有者に資力がある場合に実益がある）。したがって、ここでもAからBに所有権が移転したか否かを論じる必要がある。

（1）　鈴木禄弥「特定物売買における所有権移動の時期」物権法の研究──民法論文集Ⅰ──一一五頁（昭和五一年）。
（2）　鈴木・前掲一一八頁以下。
（3）　鈴木・前掲一一九頁以下。
（4）　我妻＝有泉・一七三頁参照。

(c)　(α)　(i)　以上のように、所有権の移転時期を論じるのは可能であるし、また、必要でもある。しかし、段階的移転説がいうように、売買のプロセスにおいて所有権の諸権能が段階的に移転すると解する方が妥当である場合も少なくない。

たとえば、売買契約において、まず目的物が引き渡され、次に登記が移転された場合、まず所有権の使用収益権能が移転され、次に所有権の処分権能が移転されたと解するのがこれである。このように解する場合、目的物が引き渡されたが登記が移転されない段階においては、売主と買主は所有権の諸権能を分かち合うことになる。すなわち、売主は処分権能を有し、買主は使用収益権能を有することになる。これは、部分的所有権ともいうべきものである（部分的所有権は、所有権の二重譲渡の法命題（本書一二三頁以下参照）とは全く異なる）。そこで、第三者が目的物を不法に占有する場合、売主は処分権能に基づき、買主は使用収益権能に基づき、それぞれ明渡請求権を行使することができると解してよいであろう（売主は、原則として買主への明渡しを請求できる（本書六八頁以下参照））。これに対し、第三者が目的物の設置・保存の瑕疵により損害を受けた場合、民法七一七条一項の解釈として、処分権能を有する売主は所有者として、使用収益権能を有する買主は占有者として損害賠償責任を負うと考えるのが妥当であろう。

(ii) 所有権の諸権能が段階的に移転する場合、所有権の移転時期の問題はそれぞれの権能がいつ移転するかの問題になる。この場合、所有権の移転時期は当然複数存在するのであり一つではない。たとえば、所有権の使用収益権能の移転時期は引渡しの時、処分権能の移転時期は登記の時という具合である。もっとも、この場合において決定的に重要なのは処分権能の移転時期である。なぜなら、処分権能は所有権の最も中心的な権能であり、多くの問題は処分権能がいつ移転するかにより解決されるからである。それゆえ、所有権の諸権能が段階的に移転する場合、通常、所有権の移転時期として処分権能の移転時期が論じられれば十分である。私見によれば、処分権能の移転時期は、次の(5)で述べるように、原則として、不動産にあっては登記の時、動産にあっては引渡しの時である。

(β) 以上を要約すれば、こうである。

第一に、所有権の諸権能が一挙に移転する場合、所有権の移転時期はその時である。

第二に、所有権の諸権能が段階的に移転する場合、所有権の移転時期はそれぞれの権能が移転する時（複数）である（たとえば、使用収益権能の移転時期は引渡しの時、処分権能の移転時期は登記の時というように）。もっとも、通常、所有権の移転時期として処分権能の移転時期を考えれば十分である。

(5) 私　見

(イ) 以上の検討を踏まえ、私見としては次のように考える。

物権変動（段階的変動の場合には処分権能の変動）は、不動産にあっては当事者の意思表示（物権行為）と登記、動産にあっては当事者の意思表示（物権行為）と引渡しによって生じる。それゆえ、物権変動の時期は、原則として、不動産にあっては登記の時、動産にあっては引渡しの時である。(1)

このような解釈は、以下のような長所を有すると考える。第一に、物権変動の時期が明確である。特に、不動産については極めて明確である。第二に、取引慣行あるいは取引当事者の意識に合致する。取引当事者は、通常の場合、登記や引渡しの時に物権が変動すると考えていると思われる。

（1）　石田(文)・七六頁は、原則として、不動産については登記の時、動産については引渡しまたは代金支払いの時に物権が変動するとする。

(ロ)　当事者の意思表示（物権行為）は、多くの場合、登記や引渡しの時に行われると考えられる。すなわち、多くの場合、当事者は物権を変動させる意思で登記や引渡しを行うと思われる。もっとも、当事者の意思表示は、登記や引渡しの時以外の時に行われてもよく、たとえば、売買契約の時に行われることもありうる。登記や引渡しの後に行われることもないとはいえない。当事者の意思表示が売買契約の時に行われた場合には物権変動は登記や引渡しの時に生じるが、当事者の意思表示が登記や引渡しの後に行われた場合には物権変動は意思表示の時に生じる。

第四節　不動産の物権変動と登記

一　登記の意義

(1)　登記の意義

(イ)　登記(1)とは、国家が備えつける登記簿という公簿に一定事項を記録することをいう。主として不動産登記法がこれを規律している。

（1）　登記については、岡松参太郎・（講述）不動産登記法、原義次郎・不動産登記法註解（明治三二年）、隈部三郎・不動産登記法詳説（明治三三年）、松本修平・現行不動産登記法要義（明治三九年）、三宅徳業・増訂不動産登記法正解（大正五年）、坂垣不二男・不動産登記法正義（大正六年）、稲森啓造・実例手続不動産登記法釈義（大正一〇年）、菰淵清雄・改正不動産登記法註解（昭和六年）、舟橋諄一・不動産登記法（昭和一二年）、土生滋穂・概説民法第百七拾七条(昭和一三年)、我妻栄ほか・不動産の登記(不動産セミナー(2))(昭和三二年)、法務研究会編・改正不動産登記法解説(昭和三六年)、浦野雄幸・改正不動産登記法(昭和三九年)、杉之原舜一・不動産登記法の諸問題(昭和三九年)、同・新版不動産登記法(昭和四五年)、篠塚昭次編・不動産登記法講義(昭和四七年)、幾代通・不動産登記法の研究(昭和四八年)、木茂鉄=木茂隆雄・不動産登記の原理(昭和四八年)、香川保一編・登記研究三〇〇号記念(不動産登記の諸問題)上下(昭和四九年—五一年)、中川善之助=兼子一監修・不動産法大系Ⅳ(改訂版)(昭和四九年)、幾代通=宮脇幸彦=賀集唱=枇杷田泰助=吉野衛=浦野雄幸編・不動産登記講座Ⅰ—Ⅴ(昭和五一年—五五年)、吉野衛・判例からみた不動産登記の諸問題(昭和五二年)、幾代通・登記請求権——実体法と手続法の交錯をめぐって——(昭和五四年)、吉野衛・注釈不動産登記法総論(新版)上下(昭和五七年)、赤羽二郎・三訂解説不動産登記法(昭和五九年)、中村均・不動産登記の理論と実務(昭和六〇年)、幾代通・不動産物権変動と登記(昭和六一年)、日本司法書士会連合会編・不動産登記制度の歴史と展望(昭和六一年)、藤原勇喜・不動産登記の実務上の諸問題(昭和六一年)、小川勝久・新版不動産登記法(権利編)(昭和六二年)、谷山忠也(清水湛監修)・条解=不動産登記事務取扱手続準則(新版)(昭和六二年)、半田正夫編・注釈不動産登記法(昭和六二年)、法務省法務総合研究所編・不動産登記制度一〇〇周年記念論文集(不動産登記をめぐる今日的課題)(昭和六二年)、幾代通=浦野雄幸編・判例先例コンメンタール不動産登記法(改訂版)Ⅰ—Ⅳ(昭和六二年)、沢田省三・やさしい不動産登記法上下(昭和六二年—六三年)、田中康久編著・不動産登記制度百周年記念(不動産登記制度と実務上の諸問題)上下(昭和六二年—六三年)、法務省民事局第三課職員編・不動産登記実務総覧(全訂版)(上)(下)(昭和六二年)、浦野雄幸・判例不動産登記法ノート(一)—(三)(昭和六三年—平成三年)、山崎敏彦・登記代理委任契約論(昭和六三年)、故・木茂隆雄司法書士追悼論集(不動産登記に関する司法書士の役割)(平成元年)、香川保一編・全訂不動産登記書式精義上中下(平成三年)、林良平=青山正明編・注解不動産法6(補訂版)(平成四年)、香川最高裁判事退官記念論文集(民法と登記)上中下(平成五年)、幾代通=徳本伸一・不動産登記法(四版)(平成六年)、浦野雄幸・新・新不動産登記読本(平成六年)、鎌田薫=寺田逸郎=小池信行編・新/不動産登記講座一—七(平成一〇年—一二年)、遠藤浩=青山正明編・基本法コンメンタール不動産登記法(四版補訂版)(平成一〇年)、幾代通=浦野雄幸編・新編不動産登記法一—五(平成一一年)、山野目章夫=斎木賢二=松岡直武編・実務論点集　新不動産登記法(平成一七年)、登記研究編集室編・平成一六年改正不動産登記法と登記実務(解説編)(平成一七年)、小川勝久・新・不動産登記法のみちしるべ(平成一八年)参照。

(ロ)　登記事務を掌る官署は登記所と呼ばれ、不動産の所在地を管轄する法務局もしくは地方法務局もしくはその支局または出張所が管轄登記所になる(不登六条一項)。登記所における事務は、登記官が行う(不登九条)。

(2)　登記簿の編成

(イ)　登記簿は、登記記録が記録される帳簿である（不登二条九号）。登記記録は、一筆の土地または一個の建物ごとに作成される電磁的記録であり（不登二条五号）、表題部と権利部に区分して作成される（不登一二条）。以前は、登記簿は土地登記簿と建物登記簿の二つに区分されていたが、平成一六年の不動産登記法の改正に際し、このような区分は廃止された。

(ロ)　(a)　表題部は、表示に関する登記が記録される部分であり（不登二条七号）、権利部は、権利に関する登記が記録される部分である（不登二条八号）。権利部は、さらに、所有権に関する甲区とそれ以外の権利に関する乙区に分かれる（不登規四条四項）。

(b)　表題部には土地または建物の表示に関する登記が記録される。土地の表示に関する登記の登記事項は、土地の所在地、地番、地目、地積などである（不登三四条）。建物の表示に関する登記の登記事項は、建物の所在地、家屋番号、種類、構造、床面積などである（不登四四条）。

(c)　甲区の事項欄には所有権に関する事項（売買契約により所有権を取得したなど）が記録され（不登五九条）、順位番号欄にはその記録の順序が記録される（不登規一四七条一項）。

(d)　乙区の事項欄には所有権以外の権利に関する事項（地上権の設定など）が記録され（不登五九条）、順位番号欄にはその記録の順序が記録される（不登規一四七条一項）。

(ハ)　以上のように、登記簿には、表題部に表示された土地や建物の権利に関する事項が順位をつけて記録されている。このような土地や建物を中心にする登記簿の編成は物的編成主義といわれる（ドイツ法、スイス法も同じ）。これに対し、人を中心にする登記簿の編成は人的編成主義といわれる（フランス法）[(1)]。

（1）　フランスでは、特定の人ごとに公正証書や判決などを編綴し登記簿としている（Mazeaud-Chabas, t. Ⅲ, vol. 1, n°s 696 et s.）。

(3)　表題部の登記（表示に関する登記）

(イ)　(a)　登記簿の表題部には土地または建物の表示に関する事項が記録される（不登二条七号）。これは、表示に関する登記といわれる（不登二条三号）。

(b)　土地については、所在地、地番、地目、地積などが登記されるが（不登三四条）、所有権の登記（所有権の保存登記）のない土地については、この外に、所有者の氏名または名称、住所、共有の場合の持分も登記される（不登二七条三号）。

(c)　建物については、所在地、家屋番号、種類、構造、床面積などが登記されるが（不登四四条）、所有権の登記のない建物については、この外に、所有者の氏名または名称、住所、共有の場合の持分も登記される（不登二七条三号）。附属建物があれば、その所在地、種類、構造、床面積も登記される（不登四四条一項五号）。建物または附属建物が区分建物（不登二条二二号）である場合には、右の登記の外に、一棟の建物の構造、床面積なども登記される（不登四四条一項七号）。

(ロ)　以前は登記簿とは別に土地台帳と家屋台帳の制度があり、土地や建物の表示に関する事項が記載されていた。しかし、昭和三五年の不動産登記法の改正において土地台帳と家屋台帳の制度が廃止され、土地や建物の表示に関する事項は登記簿の表題部に登記されることになったのである。

(ハ)　表題部には現存するすべての土地や建物ができるだけ正確に表示されることが望ましい。そこで、不動産登記法はこの点に関しいくつかの規定を設けている。

第一に、新たに生じた土地や表題登記（表示に関する登記のうち表題部に最初にされる登記（不登二条二〇号））のない土地の所有権を取得した者は、その所有権の取得の日から一か月以内に表題登記を申請しなければならない（不登三六条）。新築した建物や区分建物以外の表題登記のない建物の所有権を取得した者は、その所有権の取得の日から一か月以内に表題登記を申請しなければならない（不登四七条一項）。この申請を怠った場合には一〇万円以下の過料に処せられる（不登一六四条）。

第二に、登記は当事者による申請や官庁・公署の嘱託によって行われるのが原則であるが（不登一六条一項）、表示に関する登記は登記官の職権によっても行われうる（不登二八条）。

第三に、登記官は、表示に関する登記の際に土地または建物の表示に関する事項を調査することができる（不登二九条一項）。登記官は、調査に際して、土地や建物を検査したり、関係人に対し文書の提示を求めたり質問をしたりすることができる（不登二九条二項）。

㈡　登記所は、土地または建物の表示に関する登記をした場合、一〇日以内にその旨を当該土地または建物の所在地の市町村長に通知しなければならない（地方税法三八二条一項）。市町村長は、この通知を受けた場合、遅滞なく当該土地または建物についての異動を土地課税台帳または家屋課税台帳に記載・記録しなければならない（地方税法三八二条三項）。これは、課税の便宜のために行われる。

⑷　権利部の登記（権利に関する登記）

(イ)　甲区には所有権に関する事項が記録され、乙区には所有権以外の権利に関する事項が記録される（不登規四条四項）。

(ロ)　(a)　甲区・乙区に記録される権利に関する登記は、原則として当事者の申請や官庁・公署の嘱託に基づき行われる（申請主義。不登一六条一項）。

(b)　当事者による登記の申請は、原則として、登記権利者（登記によって直接に利益をうる者（不登二条一二号）。買主、抵当権の設定を受ける者など）と登記義務者（登記によって直接に不利益を受ける登記名義人（不登二条一三号）。売主、抵当権設定者など）が共同して行わなければならない(1)（共同申請主義。不登六〇条）。

(1)　比較法的にみれば、共同申請主義をとる国はあまりない。ドイツでは、当事者のいずれか一方による単独申請とされている（Baur-Stürner, S. 163）。スイスでは、権利を手放すか負担を負う当事者、たとえば、所有権を譲渡する所有者の単独申請とされている（スイス民法九六三条一項。Tuor-Schnyder-Schmid, S. 649）。フランスでは、公示に服するすべての証書は公正証書の形で作成されるが（一九五五年一月四日のデクレ四条）、公証人は当事者の意思と関係なく証書を公示しなければならないとされている（一九五五年一月四日のデクレ三二条一項）。

(c)　例外として、当事者による単独申請が認められることもある。たとえば、判決や相続による登記（不登六三条）、登記名義人の表示の変更の登記（不登六四条一項）、仮登記（不登一〇七条一項）などがこれである。

(d)　(α)　登記の申請には、電子情報処理組織を使用する方法（不登一八条一号。オンライン申請）と書面を提出する方法（不登一八条二号）の二つがある。

(β)　申請人は、登記の申請に際し、申請人の氏名または名称、登記の目的などの情報（申請情報）を登記所に提供しなければならない（不登一八条）。さらに、申請人は、正当な理由がある場合を除き、登記義務者を識別することができる情報（登記識別情報（不登二条一四号）。従来の登記済証に代わるものであって、数字や記号により登記義務者本人であることを確認することができる機能をもつ）を登記所に提供しなければならない（不登二二条）。また、申請人は、登記原因を証する情報を登記所に提供しなければならない（不登六一条）。

(γ)　登記官は、申請人自らが登記名義人となる場合において登記を完了した場合、申請人が希望しない場合などを除き申請人に対しすみやかに当該登記に係わる登記識別情報を通知しなければならない（不登二一条）。

(ε)　登記の申請があった場合、登記官は、申請が適法であるかどうかを審査しなければならない。登記官は、表示に関する登記（不登二九条）や本人確認（不登二四条）の場合を除き、登記の申請が不動産登記法の形式上の要件を満たすかどうかを審査し、登記事項が真実であるかどうかは審査しない（形式的審査主義（最判昭三五・四・二一民集一四巻六号九六三頁））。そして、この審査の結果、不動産登記法二五条に該当する事由があれば、登記官は登記の申請を却下しなければならない（不登二五条）。

(ハ)　登記は原則として当事者の申請や官庁・公署の嘱託に基づき行われるが（不登一六条一項）、登記官が職権で行うこともある（不登二八条など）。なお、官庁・公署の嘱託に基づき登記が行われる場合としては、公売処分に関する登記（不登一一五条）や、国または地方公共団体が登記権利者や登記義務者となる権利に関する登記（不登一一六条）などがある。

(ニ)　登記官の過誤により誤った登記がされて関係者に損害が発生した場合、国の損害賠償責任が生じる（国賠一条一項）。

(5)　登記の種類　登記は、本登記（終局登記）と仮登記に大別される。これまで、一般に、登記は本登記と予備登記に大別され、予備登記は予告登記と仮登記に区分されていた。予告登記は、登記原因の無効または取消しによる登記の抹消または回復の訴えが提起された場合にこれを公示して第三者が不測の損害を蒙るのを防止しようとするものであるが、平成一六年の不動産登記法の改正に際し廃止された。そこで、本書においては、本登記と仮登記という区分を用いることにする。

(イ)　本登記（終局登記）　本登記は、さらに、以下の各登記に分けられる。

(a)　記入登記　記入登記とは、一定の登記原因に基づき一定の事項を登記するものであって、変更登記・更正登記・回復登記・抹消登記・附記登記でなく、かつ、本登記の順位を保全する登記（仮登記）でないものをいう。たとえば、所有権の登記（所有権の保存登記）、所有権の移転登記、抵当権の設定登記などであり、最も普通に行われる登記である。

(b)　変更登記

(α)　変更登記とは、登記の内容が登記後に変わった場合（権利の主体が変わった場合を除く。これは、前述のように記入登記である）に行う登記であり（不登二条一五号）、たとえば、抵当権の被担保債権額が減少した場合に行われる登記である。なお、変更登記と次に述べる更正登記を併せて広義の変更登記と呼び、更正登記を除外した変更登記を狭義の変更登記と呼ぶこともある。

(β)　変更登記は、第三者の利益を害するおそれがあるから、登記上利害関係を有する第三者がいる場合にはその承諾がなければ行うことができない（不登六六条）。第三者は承諾義務を負う場合もある。たとえば、第三者が承諾をする旨の特約をしていた場合がこれである。(1)　第三者が承諾義務を負うのに承諾しない場合、当事者はその承諾を求めて訴訟を提起し、勝訴判決をえて変更登記の申請をすることになるであろう(2)（民執一七四条参照）。変更登記は、附記登記によって行われる（不登六六条）。

(1)　幾代通＝徳本伸一・不動産登記法（四版）一八〇頁（平成六年）。

(2)　同旨、幾代＝徳本・前掲。

(c)　更正登記

(α)　更正登記とは、登記の内容に錯誤や遺漏がある場合に登記の内容を訂正するために行われる登記であり（不登二条一六号）、たとえば、抵当権の被担保債権額が登記官の過誤により真実とは違って登記された場合に改めるというのがこれである。

(β)　更正登記は、登記上利害関係を有する第三者がいる場合にはその承諾がなければ行うことができない（不登六六条）。更正登記においても、第三者は承諾義務を負う場合がある。たとえば、抵当権の被担保債権額が一〇〇〇万円であるのに当事者の過誤により二〇〇〇万円として登記されたが、第三者がこれを知りつつ転抵当権の設定を受けた場合、第三者には被担保債権額を一〇〇〇万円とする更正登記につき承諾義務があると解される。更正登記は、附記登記によって行われる（不登六六条）。

(d)　回復登記　回復登記には二つのものがある。

(α)　第一は、抹消された登記を回復する登記であり、登記上利害関係を有する第三者がいる場合にはその承諾をえなければならない（不登七二条）。第三者が承諾義務を負う場合があることについては変更登記について述べたのと同じである。

(β)　第二は、登記記録の全部あるいは一部が滅失した場合に行う登記の回復の登記である（不登一三条）。

(e)　抹消登記　抹消登記とは、登記を抹消する登記であり、申請人は、登記上利害関係を有する第三者がいる場合にはその承諾をえて申請しなければならない（不登六八条）。第三者が承諾義務を負う場合があることについては変更登記について述べたのと同じである。登記官が職権で登記を抹消する場合には、登記権利者、登記義務者、登記上利害関係を有する第三者に異議申立ての機会を与えなければならない（不登七一条）。

(f)　附記登記　附記登記とは、すでにされた権利に関する登記についての変更登記や更正登記などのすでにされた権利に関する登記と一体のものとして公示する必要があるものをいう（不登四条二項）。この場合、すでにされた権利に関する登記は主登記といわれる（不登四条二項）。附記登記の順位は、主登記の順位により、同一の主登記についての附記登記の順位は、その前後による（不登四条二項）。

(ロ)　仮登記

(a)　仮登記(1)は、本登記の順位を保全するために行われる。すなわち、仮登記が行われた場合、本登記の順位は仮登記の順位による（不登一〇六条）。仮登記は、仮登記権利者と仮登記義務者の共同申請により行われるが（不登六〇条・一〇七条二項）、仮登記義務者の承諾がある場合や仮登記を命じる裁判所の処分（不登一〇八条）がある場合には仮登記権利者の単独申請により行われる（不登一〇七条一項）。

（1）　仮登記については、横田秀雄「仮登記ノ効力ヲ論ス」法学論集（合本再版）五六頁以下（大正一三年）、同「仮登記ノ効力」同書七七頁以下、板木郁郎「不動産登記法第七条第二項の意義―請求権保全の仮登記を中心として―」立命館三十五周年記念論文集法経篇二六一頁以下（昭和一〇年）、川島一郎「仮登記の効力」総合判例研究叢書民法(6)一頁以下（昭和三二年）、柚木馨「仮登記の対抗力」民研五四号一五頁以下（昭和三六年）、香川保一「仮登記に関する登記」登研一七八号一五頁以下、一七九号一七頁以下、一八〇号一三頁以下、一八一号二五頁以下、一八二号三五頁以下、一八四号一一頁以下、一八五号一一頁以下、一八六号一一頁以下、一八八号二一頁以下、一八九号二三頁以下、一九〇号二三頁以下、一九一号二一頁以下（昭和三七年―三八年）、吉野衛「仮登記の一考察―不動産登記法第一〇五条との関係を中心として―」判評七九号六頁以下、八〇号一頁以下、八一号一頁以下、八二号一〇頁以下（昭和四〇年）、我妻栄「仮登記の効力について」民法研究Ⅲ一〇五頁以下（昭和四一年）、生熊長幸「仮登記について―物権・債権という概念との関係において―」法学三六巻三号一頁以下（昭和四七年）、宮本聖司＝高橋爽一郎「仮登記」不動産法大系Ⅳ（改訂版）三四三頁以下（昭和四九年）、仲江利政「仮登記の効力と本登記手続」不動産登記講座Ⅱ二三一頁以下（昭和五二年）、丹野達「仮登記権利者の地位」同書二四九頁以下、吉野衛「将来の請求権のための仮登記」登研六〇〇号一五頁以下（平成一〇年）、生熊長幸「仮登記―1・実体関係」新／不動産登記講座3二七五頁以下（平成一〇年）、南敏文「仮登記―2・手続関係」同書三〇五頁以下、赤松秀岳「仮登記制度とドイツ民法典編纂―帝国司法庁（Reichsjustizamt）の役割に着目して―」民商一一九巻四・五号一六六頁以下、六号二八頁以下、一二〇巻一号九二頁以下（平成一一年）、大内和直「仮登記の効力への一考察」石田喜久夫先生古稀記念（民法学の課題と展望）三五九頁以下（平成一二年）参照。

(b)　仮登記は、本登記をするための手続上または実体法上の条件が具備していない場合に行われる。それには次の三つの場合がある。

(α)　手続上の条件が具備していない場合（不登一〇五条一号）　これは、登記の申請に際し、申請情報（不登一八条）と伴せて登記所に提供しなければならないとされる一定の情報を提供することができない場合である。登記識別情報（不登二二条本文）および登記原因についての第三者の許可・同意・承諾を証する情報を提供することができない場合がこれである（不登規一七八条）。

(β) 不動産登記法三条各号に掲げる権利の設定・移転・変更または消滅に関する請求権を保全する場合、および、この請求権が始期附または停止条件附あるいはその他将来において確定することが見込まれる場合（不登一〇五条二号） たとえば、所有権移転請求権あるいは停止条件附所有権移転請求権を保全するために仮登記を申請するというのがこれである。Aは、その所有の不動産をB名義にしておいた場合、Bに対して有する移転登記請求権を保全するために仮登記を申請することができるとされる（大判昭一五・六・二九民集一九巻一一一八頁）。この場合の請求権は、移転登記に関する請求権であって、不動産登記法三条各号に掲げる権利の設定・移転・変更または消滅に関する請求権ではない。それゆえ、Aは不動産登記法一〇五条二号を類推して仮登記を申請することができると解すべきであろう。

(γ) 不動産登記法三条各号に掲げる権利に期限や条件がついている場合 不動産登記法三条各号に掲げる権利に期限や条件がついている場合にも同法一〇五条二号を類推適用して仮登記を申請することができる。この場合、請求権の保全が問題になっているのではないので、不動産登記法一〇五条二号の類推適用によって処理されるのである。もっとも、私見のように登記をもって物権変動の効力要件であると解すれば権利に期限や条件がついている場合はほとんど考えられない（たとえば、条件附賃借権が考えられる。この場合、賃借人は、条件附賃借権を仮登記で保全しておけば、条件が成就した場合に賃借権につき仮登記に基づき本登記をすることができる（賃借人は賃貸人に対し登記請求権を有すると解される（本書一六二頁参照））。

(c) 不動産登記法一〇五条一号で仮登記をすべき場合に同条二号で仮登記をしても仮登記の効力に消長をきたさないし（最判昭三二・六・七民集一一巻六号九三六頁参照(1)）、これとは逆に不動産登記法一〇五条二号で仮登記をすべき場合に同条一号で仮登記をしても同じである。

（1）大判昭一一・八・七民集一五巻一六四〇頁は、登記上条件附賃借権の仮登記であることが明白であれば、登記中に「請求権保全ノ仮登記」という文字が使用されていても条件附賃借権の仮登記として有効であるとする。

(d)　仮登記は、あらゆる種類の本登記について認められる。そこで、移転登記や設定登記、所有権の登記（大判大一四・六・一七民集四巻五九九頁）、変更登記、回復登記について仮登記が認められる。抹消登記についても仮登記が認められる（大決大一〇・七・二五民録二七輯一三九九頁）。Aがその所有の不動産につきBとの通謀でBに虚偽の移転登記をした場合のようにAが善意の第三者Cに自己の権利を主張することができない場合（九四条二項）にAのBに対する抹消登記請求権や移転登記請求権を保全するための仮登記を認めてよいかについては、Cを不当に害するわけではなく、不動産登記法一〇五条二号を類推して仮登記を肯定してよいであろう（大決大一〇・七・二五民録二七輯一三九九頁参照）。

仮登記された権利の移転や仮登記された権利の移転請求権に関する仮登記については問題がある。(1)　登記実務は、仮登記された所有権の移転については主登記である仮登記を、仮登記された所有権移転請求権の移転については当該仮登記に対する附記登記を(2)、仮登記された所有権移転請求権の移転請求権については当該仮登記に対する附記登記である仮登記をすることができるとしている（昭三六・一二・二七民事甲第一六〇〇号法務省民事局長通達・登記先例集追Ⅲ七四三頁）。しかし、仮登記された所有権の移転については当該仮登記に対する附記登記をするのが簡明であろう(3)（他は妥当である）。

（1）この問題については、香川保一「仮登記に関する登記」登研一八九号二四頁以下、一九〇号二三頁以下、一九一号二一頁以下（昭和三八年）、生熊長幸「仮登記上の権利の処分」不動産登記講座Ⅱ二六六頁以下（昭和五二年）、幾代通「仮登記上の権利の処分とその登記」不動産物権変動と登記一三二頁以下（昭和六一年）、小池信行「仮登記された権利の処分とその登記――実務の取扱いを中心として――」不動産登記制度と実務上の諸問題下一二九頁以下（昭和六三年）、南敏文「仮登記された権利の処分とその登記」香川最高裁判事退官記念論文集（民法と登記）上二〇七頁以下（平成五年）参照。

（2）最判昭三五・一一・二四民集一四巻一三号二八五三頁は、仮登記された所有権移転請求権の譲渡に関し当該仮登記に対する附記登記をすることができるとする。

(3) 幾代通＝徳本伸一・不動産登記法〔四版〕二二二頁以下（平成六年）参照。

(e) 仮登記の効力については後述する（本書一九八頁以下参照）。

(6) 登記を必要とする権利

(イ) 登記を必要とする民法上の物権

(a) 登記を必要とする民法上の物権は、所有権、地上権、永小作権、地役権、先取特権、質権、抵当権である（不登三条一号―七号）。

(b) これに対し、民法上の物権であっても、占有権、入会権（大判大一〇・一一・二八民録二七輯二〇四五頁）、留置権、一般先取特権は登記を必要としないとされている。占有権は、物に対する現実的な支配を保護するものであるから、登記なしには成立しないとするのは妥当でなく、登記を必要としないといってよいであろう。入会権は、慣習上あるいは時効によって成立する権利であり、永年の入会慣行によって事実上公示されていると考えられ、やはり登記を必要としないといってよいであろう。留置権は、物を占有する限りで認められ占有と不可分のものと構成されており（三〇二条参照）、占有によって不十分ながらも公示されているといってよく、登記を必要としないとされている。一般先取特権は、民法上、登記なくして特別担保を有しない債権者に優先するとされている（三三六条本文。もっとも、特別担保を有する債権者、たとえば、抵当権者に対しては、登記なしには優先しえない）。

(c) (α) 区分所有権の対象となる一棟の建物の共用部分は区分所有者の共有（後述するように合有。本書四一〇頁以下参照）に属するが（建物区分一一条一項）、この共有は登記される必要がない（建物区分一一条三項）。共用部分の共有持分（共用部分全体に対する持分。本書四一〇頁以下参照）は、区分所有者の専有部分（登記される）と運命をともにし、専有部分と切り離して処分されず（建物区分一五条）、登記される必要がないからである。

(β) 民法上の物権についてではないが、罹災建物が滅失し、または、疎開建物が除却された当時から引き続きその建物の敷地またはその換地に借地権を有する者は、その借地権の登記やその借地上の建物の登記がなくても昭和二一年七月一日から五年以内にその土地の権利を取得した第三者に対し借地権を主張することができるとされる（罹処一〇条）。

第二次世界大戦後の混乱期にとられた暫定的措置である。

(ロ)　登記を必要とする民法上の物権以外の権利

(a)　不動産賃借権は、登記をすれば第三者に対してもこれを主張することができる（六〇五条、不登三条八号）。不動産賃借権は、債権であり、登記をしなくても当事者間では債権としての効力を有するが、登記をすれば物権的権利となるのである（本書三五頁参照）。一般に、民法六〇五条の解釈として、賃借人は賃貸人に対し登記請求権を有しないと解されているが、登記請求権を有すると解すべきである。(1) 民法六〇五条は賃借権の登記を予定し、また、不動産登記法三条八号は賃借権が登記の対象になるとしているのであるから、賃借人の登記請求権を否定すべき理由はない。

（1）　星野英一・借地・借家法三八三頁以下（昭和四四年）、石田穣・民法V二四二頁、二四七頁注（18）（昭和五七年）参照。

(b)　不動産の買戻権は、登記をした場合には物権的権利となる（五八一条一項、不登九六条）。買戻権は、債権的権利であり、登記をしなくても当事者間では債権的な効力を有するが、登記をすれば物権的権利となるのである（本書三四頁以下参照）。登記をした買戻権の変動は登記によって行われ、たとえば、買戻権の譲渡は移転登記によって行われる（大判大一一・一二・二一民集一巻七八六頁、同判昭八・九・一二民集一二巻二二五一頁など参照。これに対し、登記をしていない買戻権の譲渡は、買戻権の相手方に対する通知または相手方の承諾（四六七条）によって行われる（最判昭三五・四・二六民集一四巻六号一〇七一頁参照））。

(ハ)　登記を必要とする特別法上の物権　特別法上の物権には、一般の登記簿に登記されるものと特別の登記簿に登記されるものの二つがある。

(a)　一般の登記簿に登記されるのは、採石権である（不登三条九号）。採石権は、他人の土地において岩石および砂利を採取することができる物権である（採石法四条）。

(b)　特別の登記簿に登記されるのは、立木の所有権と抵当権（立木登記簿（立木法一二条）に登記。立木法一六条・二一条）、工場財団抵当権（工場財団登記簿（工場抵当法一八条）に登記。工場抵当法三六条）、建設機械抵当権（建設機械登記簿（建設機械抵当法七条）に登記。建設機械抵当法七条一項）などである。なお、自動車抵当権は、自動車登録ファイルに登録される（自動車抵当法五条一項）。

(7) 登記を必要とする物　登記を必要とする物は、取引の客体となりうる不動産である（不登一条参照）。道路など公用の制限を受けている不動産であっても取引の客体となりうるものであれば登記の対象となる（大判大七・一二・一九民録二四輯二三四二頁参照）。

二　登記の効力要件

(1) 序　登記が本来の効力、すなわち、物権変動を生じさせる効力を有するには有効なものでなければならない。登記が有効であるための要件、つまり、登記の効力要件は、登記が存在するかどうか（あるいは、継続して存在するかどうか）、登記手続きが適法になされているかどうか、登記内容が実体関係に符合しているかどうか、の三つの点で問題となる。以下、この三つの点について説明してみよう。

(2) 登記が存在するか

(イ) 序　登記が有効であるためには、まず、登記が存在しなければならない。この関係で問題なのは、登記官による原始的不記録（原始的遺脱）、登記記録の滅失、登記官による後発的不記録（後発的遺脱）、登記の抹消である。学説は、おおむね、登記官による原始的・後発的不記録の場合には登記は効力を有しないとし、登記記録の滅失の場合には登記が回復されれば登記は効力を保持するとし、登記の抹消の場合には権利者が自ら抹消した場合を除き登記は効力を保持するとする。しかし、学説は、それぞれの場合の利益状況を十分に検討することなく、登記官によって登記事項が登記簿に記録されない以上登記は存在しないなどの理由により多分に形式的に結論を出していると思われる。また、登記が効力を有しないということが何を意味するのかの検討も不十分である。そこで、以上の点に留意しつつこの問題を説明してみよう。

(ロ) 原始的不記録（原始的遺脱）

(a) 原始的不記録とは、当事者が適法に登記を申請し受理されたが、登記官が登記事項の全部あるいは一部を登記簿に記録しなかった場合である。

一般に、当事者が適法に登記を申請し受理されても、登記官が登記簿に記録しない以上登記が存在するとはいえないとされている（大判大七・四・一五民録二四輯六九〇頁は、登記官が登記申請を受理し当事者に登記済証を交付しても登記簿に記録しない以上登記が存在するとはいえないとする）。この結果、適法に登記を申請した当事者は不利益を受けるが、国家賠償法の問題として処理されると考えられているようである。

(b)　(α)　当事者が適法に登記を申請し受理されたが登記官が登記事項を登記簿に記録しなかった場合、当事者としては登記に必要な行為を全部行ったのに当事者の関与しない事由により現在登記事項が登記簿上記録されていない状態にある。それゆえ、これは、登記記録の滅失や登記事項の後発的不記録、登記の不法抹消の場合に近い。すなわち、登記記録の滅失などの場合においても、当事者としては登記に必要な行為を全部行ったのに当事者の関与しない事由により現在登記事項が登記簿上記録されていない状態になっているからである。登記記録の滅失などの場合、一度は登記がされているが、しかし、現在は登記事項が登記簿上記録されていない状態になっているのであり、一度は登記がされたことは取引の安全にとってそれほど大きな意味をもつとは思われない。取引の安全にとって決定的に重要なのは現在における登記簿上の記録の状態であるからである。

(β)　以上により、当事者が適法に登記を申請し受理されたが登記官が登記事項を登記簿に記録しなかった場合、登記記録の滅失などの場合に準じて、一度登記はされたが現在登記事項が登記簿上記録されていない状態と同視して処理するのが妥当である。この場合、物権変動は生じたが、現在それが公示されていない状態、つまり、実体関係と登記が符合しない状態ということができる。たとえば、BがAから不動産の譲渡を受け適法に登記を申請し受理されたが登記官が登記簿に記録しなかった場合、Bは不動産の所有権を取得するが、登記上はAが所有者になっているのである。

(γ)　それゆえ、登記官による原始的不記録は民法九四条二項の類推によって処理されるべきである。すなわち、当事者が登記官による原始的不記録について、故意に、あるいは、重過失により、これを放置し、第三者が登記官による原始的不記録がないと無重過失で信じたり（当事者が故意に放置していた場合）、無過失で信じた場合（当事者が重過失で放置していた場合）、民法九四条二項を類推し、当事者は第三者に対し登記官による原始的不記録に係わる権利を主張することができないと解するのが妥当であろう。

(ハ)　登記記録の滅失　登記記録の全部あるいは一部が滅失した場合、法務大臣は、登記官に対し一定の期間を定めて登記記録の回復に必要な処分を命じることができる(1)（不登一三条）。この場合、登記記録の回復に必要な処分が行われれば、登記記録は滅失しなかったことになり、従前の登記の順位が保持されると解すべきであろう(2)。すなわち、この場合、登記は効力を失わないと解される。

（1）この問題および以下に述べる登記の後発的不記録、登記が不法に抹消された場合の問題については、香川保一「登記の対抗力の存続要件——対抗力の存続には登記の存続を必要とするか——」民研一〇〇号七九頁以下（昭和四〇年）、鈴木重信「登記の不当抹消等と登記の効力」不動産法大系Ⅳ（改訂版）一二六頁以下（昭和四九年）、良永和隆「登記の存続と対抗力」新／不動産登記講座2一三三頁以下（平成一〇年）参照。

（2）平成一六年の改正前の不動産登記法二三条は、登記簿の滅失の場合、法務大臣の定める三か月より少なくない期間中に当事者が登記の回復を申請すれば従前の登記の順位が保持されると規定していた。

(ニ)　後発的不記録（後発的遺脱）

(a)　後発的不記録とは、登記官が一度登記簿に記録された事項を新登記簿への移記などに際して記録しなかった場合である。

判例は、一度なされた登記の効力は失われないとする（大判昭一〇・四・四民集一四巻四三七頁、最判昭三二・九・二七民集一一巻九号一六七一頁。古くは、登記の効力が失われるとしていた（大判大八・八・一民録二五輯一三九〇頁））(1)。学説では、当事者に帰責事由がない以上登記の効力は失われないとして判例を支持する見解もあるが、登記簿に記録されていない以上登記の効力は失われるとする見解も有力である(2)。

（1）柚木＝高木・一四九頁、広中・七二頁、鈴木・一六八頁。

（2）　舟橋・一五一頁、金山・二三一頁、我妻＝有泉・一二四頁、松坂・六〇頁、幾代通＝徳本伸一・不動産登記法（四版）四九一頁以下（平成六年）、注釈民法(6)四五六頁（原島重義＝児玉寛執筆）。

(b)　(α)　有力説のように登記が効力を失うと解する場合、通説的見解を前提にすれば以下のようになるであろう。たとえば、AからBに不動産が譲渡され移転登記も行われたが、新登記簿への移記などに際し登記官によってこれが記録されなかった場合、Bは排他性のある所有権を失って排他性のない所有権の帰属者になり、Aは第三者に所有権を移転しうる地位に復帰するということになりそうである。しかし、Bは完全な所有者になっていたのであり、登記官による後発的不記録という自己の関与しない事由によって排他性のある所有権を剝奪されるのは不当である。他方、Aは完全な無権利者になっていたのであり、登記官による後発的不記録によって第三者に所有権を移転しうる地位に復帰するというのも妥当でない。

第三者が登記上の所有名義人であるAを所有者と信じてAと取引する場合にこれを保護する必要があるとも考えられるが、これは表見法理の問題であり、第三者の善意が要求される。しかし、通説的見解においては第三者は悪意であっても保護されるのである（一七七条の第三者は悪意であってもよいとされる（本書二〇五頁以下参照））。また、表見法理の場合、第三者が保護されるためにはAが無権利者であっても全く差し支えがなく、Aを第三者に所有権を移転しうる地位に復帰させる必要は全くないのである（九四条二項や一九二条においても、無権利者と取引した第三者を保護するために無権利者を権利者にすることは全く行われていない。本書一一九頁参照）。

以上のように、登記は効力を失うとする有力説を支持することは到底できないと考える。

(β)　登記官による後発的不記録は、登記記録の滅失の場合に非常に近い。すなわち、両者とも、一度は登記がされたが現在は登記事項が登記簿上記録されていない状態にある。そして、登記記録の滅失の場合、その回復に必要な処分が行われれば従前の登記の順位が保持される、つまり、登記は効力を失わないと解される。それゆえ、登記官による後発的不記録の場合にも登記は効力を失わないと解するのが妥当であろう。

この場合、物権変動は効力を保持しているが、登記上は物権変動が生じる前の状態、つまり、実体関係と登記が符合しない状態ということができる。そこで、当事者が登記官による後発的不記録について、故意に、あるいは、重過失により、これを放置し、第三者が登記官による後発的不記録がないと無重過失で信じたり（当事者が故意に放置していた場合）、無過失で信じた場合（当事者が重過失で放置していた場合）、民法九四条二項を類推し、当事者は第三者に対し登記官による後発的不記録に係わる権利を主張することができないと解するのが妥当であろう。

(ホ)　登記の抹消

(a)　(α)　登記が権利者の意思に基づかないで不法に抹消された場合、登記の効力はどうなるであろうか。判例は、登記官が過誤により抵当権の登記を抹消した場合（大(連)判大一二・七・七民集二巻四四八頁）や登記義務者が不法に抵当権の登記を抹消した場合（最判昭三六・六・一六民集一五巻六号一五九二頁）、登記の効力は失われないとする。そして、登記を抹消された当事者は登記上利害関係を有する第三者の承諾をえて登記の回復を申請することができるが（不登七二条）、第三者は承諾を拒否することができないとする（最判昭三六・六・一六民集一五巻六号一五九二頁、同判昭三九・七・一〇民集一八巻六号一一一〇頁）。学説の多くも、抹消は抹消登記という一種の登記であり、実体に符合しない抹消登記は無効であるから登記が抹消されても効力を失わないという。

(β)　登記の不法抹消の場合の利益状況は、登記官による後発的不記録の場合とあまり変わりはない。すなわち、一度なされた登記は抹消されて現在登記事項が登記簿上記録されていない状態にあるからである。そこで、登記官による後発的不記録の場合と同様、登記の効力は失われないと解すべきである。この場合、物権変動は効力を保持しているが、登記上は物権変動が生じる前の状態、つまり、実体関係と登記が符合しない状態ということができる。それゆえ、当事者が登記の不法抹消について、故意に、あるいは、重過失により、これを放置し、第三者が正しく抹消されたものと無重過失で信じたり（当事者が故意に放置していた場合）、無過失で信じた場合（当事者が重過失で放置していた場合）、民法九四条二項を類推し、当事者は第三者に対し登記の不法抹消に係わる権利を主張することができないと解するのが妥当であろう。当事者は、民法九四条二項の類推により保護される第三者がいる場合、その第三者は抹消された登記の回復につき承諾義務を負わないから不法に抹消された登記の回復登記を申請することができなくなる。

(b)　(α)　一般に、登記が権利者の意思に基づき抹消された場合、登記の効力は失われ回復登記は認められないとされる（大判昭一五・六・二九民集一九巻一一一八頁（仮登記について））。この場合、登記をもって物権変動の対抗要件と解する通説的見解においては、権利者は排他性のある権利を失い、権利者の前主は第三者に権利を移転しうる地位に復帰するということになるであろう。これに対し、登記をもって物権変動の効力要件と解する私見においては、登記の効力が失われるとすれば、権利者は権利を失い、権利は権利者の前主に復帰するということになるであろう。

(β)　以上のような前提に立って、登記が権利者の意思に基づき抹消された場合に登記が効力を失うかどうかを検討してみよう。

(i)　まず、権利者が登記の抹消によって権利を放棄する意思がある場合、権利が所有権であれば不動産は無主物となり国庫に帰属する（二三九条二項）。前主が当然に所有者（通説的見解によれば第三者に所有権を移転しうる地位）に復帰するのではない。この場合、登記の抹消は権利放棄の公示であり、抹消前の登記は効力を失わないと解される。

(ii)　次に、権利者が登記の抹消によって不実の外観を作出する意思がある場合、民法九四条二項の問題になる。たとえば、Bが所有権はBにあるが登記上はAが所有者であるという不実の外観を作出するためにAからBへの所有権移転登記を抹消した場合がこれである。この場合、登記の抹消によって登記は効力を失わないが、Aが所有者であると無重過失で信じてAから不動産の譲渡を受けたCは民法九四条二項の類推により保護される（Cは、Bの回復登記につき承諾義務を負わない）。このようなCがいない場合、Bは抹消した登記の回復登記を申請することができると解してよいであろう。通謀虚偽表示の場合においても、権利者による真正な登記名義の回復が認められている（本書一八八頁以下参照）。

(iii)　次に、Bが登記の抹消によりAに所有権を復帰させる意思を有する場合、Aが承諾すれば所有権はAに復帰する（通説的見解においても、第三者に所有権を移転しうる地位がAに復帰するのではなく、完全な所有権がAに復帰すると考えられる）。この場合、登記の抹消により登記は効力を失うと解してよいであろう。

(iv) Bの意思がいずれであるか明確でない場合、右の(iii)の場合として登記の効力は失われると解するのが妥当であろう。

(3) 登記手続きが適法か

(イ) 二重登記

(a) 登記記録は、一筆の土地または一個の建物ごとに作成される（不登二条五号）。一筆の土地や一個の建物について二重に登記をするのは許されない（二重登記）(1)。すでに登記がされている土地や建物につき二重に登記を申請するのは不適法であり、登記官により却下される（不登二五条三号）。

(1) 二重登記については、香川保一「重複登記の処理について」登研二一〇号一頁以下、二一一号一頁以下、二一二号九頁以下、二一三号七頁以下、二一四号一五頁以下（昭和四〇年―）、吉野衛「二重登記の効力」不動産法大系Ⅳ（改訂版）一一〇頁以下（昭和四九年）、平田春二「重複登記の効力」不動産登記講座Ⅱ一七五頁以下（昭和五二年）、吉野衛「二重登記」判例からみた不動産登記の諸問題一八五頁以下（昭和五二年）、稲葉威雄「二重登記とその解消」香川最高裁判事退官記念論文集（民法と登記）上一三一頁以下（平成五年）、村上昇康「二重登記」新／不動産登記講座2二四九頁以下（平成一〇年）参照。

(b) (α) 土地や建物の表示に関する登記が著しく事実と食い違っていて更正登記も許されない場合、当該の表示に関する登記は無効である（更正登記をしても無効（大判昭四・四・六民集八巻三八四頁））。この場合、当事者から事実に合致した表示に関する登記の申請があれば、登記官は二重の登記として申請を却下すべきではなく、申請を受理して、職権で無効な表示に関する登記を抹消し（不登二八条参照）、新たに表示に関する登記をすべきである。これに対し、土地や建物の表示に関する登記と事実の食い違いが小さく更正登記が許される場合、登記は更正登記により是正されるべきであるから、それによらないで事実に合致した表示に関する登記を申請するのは二重登記となり許されない。

(β)　表示に関する登記において事実に反する所有者名が記録されている場合、これは更正登記によって是正されるべきである（不登三一条・三三条一項）。それゆえ、更正登記によらずに真実の所有者名による表示に関する登記を申請するのは二重登記となり許されない。

(c)　(α)　二重登記の申請がなされ誤って受理されて二重登記が現出した場合、原則として後からの登記は無効であり抹消されるべきである。

(β)　もっとも、例外的に後からの登記が有効であると解される場合もある。たとえば、AがBとCに同一不動産を二重に譲渡し、Bの申請に基づき表示に関する登記がされた後でCによる表示に関する登記の申請が誤って受理され二重に表示に関する登記が行われた場合、Cの方が先に所有権の登記をすればCが所有者となるから後からの表示に関する登記を有効として扱うのが妥当である(1)（前の表示に関する登記は無効として抹消）。

(1)　我妻＝有泉・一二六頁。

(ロ)　偽造（変造）文書による登記

(a)　一般に、偽造（変造を含む。以下、同じ）文書によって登記が行われた場合であっても登記が実体関係に符合すれば有効であるとされている（最判昭四二・一〇・二七民集二一巻八号二一三六頁）。そして、たとえば、不動産の売主が買主の偽造文書による移転登記のため代金支払いと移転登記の同時履行の抗弁権を失った場合、売主は買主に対し登記の抹消を求めることができるとされている。この一般にいわれる理論は、いうまでもなく、物権変動は当事者の意思表示によって生じ、登記は第三者に対する対抗要件にすぎないという前提に立つものである。

(b)　登記を物権変動の効力要件とみる私見によれば、次のようになるであろう。偽造文書によって登記が行われても、登記義務者に登記を保有させておく正当な理由がない場合（登記義務者の利益が不当に害されない場合）、偽造文書による登記は有効であり物権変動の効力が生じると解すべきである。これに対し、登記義務者が同時履行の抗弁権を失うような場合には、登記権利者は偽造文書による登記であるから保護に値しない反面、登記義務者は大きな不利益を受けるから、登記は無効であり物権変動の効力は生じないというべきである。このように解すると登記権利者から当該登記に係わる不動産を譲り受けたりした第三者が害されるおそれがあるが、第三者は民法九四条二項の類推によって保護されるべきである。

そこで、たとえば、Aから不動産を買い受けたBが代金未払いであるのに偽造文書により所有権の取得登記をしCに転売して移転登記を終了した場合、Aの所有権はBやCに移転せず、AはCに対し所有権を主張することができる。(1) しかし、AがB名義の登記について、故意に、あるいは、重大な過失により、これを放置し、CがBの登記が有効であると無重過失で信じたり（Aが故意に放置していた場合）、無過失で信じた場合（Aが重過失で放置していた場合）、Cは民法九四条二項の類推により保護される。この場合、A・B間の不動産譲渡契約は真正であることを考慮し、Bの登記の瑕疵は治癒され、所有権はA→B→Cと移転すると解してよいであろう。

（1） 学説は反対である。舟橋・一一六頁以下、石田喜久夫「判例批評」民商四五巻三号一二二頁以下（昭和三六年）、川島一郎「登記の申請における重大な瑕疵と登記の効力」登研二〇二号四頁以下（昭和三九年）、我妻＝有泉・一二九頁、広中・八二頁以下、注釈民法(6)三四三頁以下（山田晟執筆）参照。

(ハ) その他登記手続きに瑕疵のある登記

(a) (α) 登記手続きに必要な書面に関して瑕疵がある場合　一般に、登記が実体関係に符合すれば有効であると解されている。たとえば、代理人による登記申請に代理権限を証する書面が欠けていた場合（大判昭三・五・二五新聞二八七六号九頁）、保証書（登記済証が滅失した場合にこれに代わる書面。現行法では廃止）による登記申請の要件がないのに保証書によって登記が行われた場合（最判昭三一・七・一七民集一〇巻七号八五六頁）、未成年者による登記申請の登記原因につき親権者の同意を証する書面が欠けていた場合（最判昭三七・三・一六民集一六巻三号五六七頁）、登記は実体関係に符合すれば有効であるとされる。

(β)　私見によれば、登記義務者に登記を保有させておく正当な理由がない場合、登記は有効である（登記義務者に登記を保有させておく正当な理由があれば登記は無効。この場合、九四条二項の類推適用もありうる）。

(b)　(α)　登記申請人の権限や能力に関して瑕疵がある場合

(i)　ここでも、一般に、登記が実体関係に符合すれば有効であるとされている。たとえば、無権代理人によって登記手続きがなされても、登記は実体関係に符合すれば有効であるとされる。

(ii)　なお、無権代理人による登記手続きとされた事例の多くは、代理権があるか表見代理が成立すると解すべき場合であることに注意すべきである。たとえば、最判昭二九・一二・一七民集八巻一二号二一八二頁や同判昭三一・七・二七民集一〇巻八号一一二二頁は、登記手続きをした代理人の代理権は本人の死亡により消滅することを前提とするが（一一一条一項一号）、しかし、この二つの判例はいずれも登記義務者の代理人に関するものであり、この場合、代理権は相手方の利益のために与えられており、本人の死亡による代理権の消滅を認めるのは相手方の利益を不当に害するから、本人が死亡しても代理権は消滅しないと解すべきである(1)（現行の不登一七条一号は、登記手続きのための代理権は本人の死亡により消滅しないと規定している）。あるいは、最判昭四一・一一・一八民集二〇巻九号一八二七頁は、登記手続きに表見代理の規定は適用されないとしているが、表見代理の規定が類推適用されると解すべきである(2)（最判昭三七・五・二四民集一六巻七号一二五一頁は、表見代理の規定が適用されるとする）。

(1)　登記の場合に限らず、一般に、代理権が相手方の利益のために与えられた場合、本人の死亡により代理権が消滅するとすれば相手方の利益が害されるから、本人が死亡しても代理権は消滅しないと解すべきである（石田(穣)・四一七頁以下参照）。

(2)　石田(穣)・四四四頁参照。

(β)　私見によれば、ここでも、登記義務者に登記を保有させておく正当な理由がない場合、登記は有効である(1)（登記義務者に登記を保有させておく正当な理由があれば登記は無効。この場合、九四条二項の類推適用もありうる）。

（1）判例は、無能力者（制限行為能力者）による登記手続きには同意権者の同意が必要であり、同意のない登記申請は却下されるべきであるが、同意権者の同意のない登記申請が誤って受理された場合には、抗告の方法（登記官の決定に対し裁判所に抗告する。現行法では廃止）で抹消を求めることはできず、通常の抹消登記の申請手続きを踏まなければならないとする（大決大五・一二・二六民録二二輯二五二一頁、同決大八・三・二〇民録二五輯四三七頁。大判昭一〇・二・二五民集一四巻二二六頁は、未成年者が特別代理人の同意なしに所有権の取得登記をした場合、登記は当然無効ではないという）。

制限行為能力者（不動産やその他の重要な財産に関する権利の得喪を目的とする行為を制限されている被補助人を含む。私見によれば、成年被後見人は成年後見人の同意があれば瑕疵のない行為をすることができるから（石田(穣)・一一七頁以下）、ここでいう制限行為能力者に含まれる）が同意権者の同意なくして登記手続きをすることができるかどうかについては、まず、制限行為能力者が登記義務者の場合、登記により制限行為能力者が不利益を受けることもあるから（たとえば、同時履行の抗弁権を失うなど）、制限行為能力者は同意権者の同意なしに登記手続きをすることはできないと解すべきである。もっとも、制限行為能力者が同意権者の同意なしに登記手続きをした場合であっても、制限行為能力者に登記を保有させておく正当な理由がなければ、当該登記は有効であると解される（制限行為能力者に登記を保有させておく正当な理由があれば登記は無効。この場合、九四条二項の類推適用もありうる）。次に、制限行為能力者が登記権利者の場合、登記により一般的には利益を受けるから、制限行為能力者は同意権者の同意なしに登記手続きをすることができると解してよいであろう（五条一項但書参照）。税務上の不利益については、同意権者の同意をえて登記手続きをした場合であっても同じであり、特に問題とする必要はないであろう。

(4)　登記内容が実体関係に符合しているか

(イ)　登記に符合する不動産が存在しない場合

(a)　登記に符合する不動産が存在しない場合、当該登記は無効である。登記に符合する不動産が存在するかどうかは、登記の内容と問題となる不動産を比較し、社会通念上登記の内容が当該不動産を表示しているといえるかどうかという観点から判断される（最(大)判昭四〇・三・一七民集一九巻二号四五三頁は、敷地の地番が七九番であるのに八〇番とした建物の登記につき、建物の表示全体において建物の同一性を認識できる程度の軽微な誤りで容易に更正登記ができる場合には建物保護ニ関スル法律一条の「登記シタル建物ヲ有スルトキ」に該当するとした）。

(b)　登記に符合する不動産が存在しなくてもそれに符合する不動産が後から現れた場合、当該登記は原則としてその時から有効になる。たとえば、存在しない不動産につき売買を原因としてAからBに移転登記がされたがそれに符合する不動産が後から現れた場合、当該登記は原則としてその時から有効になる（もっとも、Aに登記を保有させておく正当な理由があれば登記は無効。本書一七一頁参照）。

これとは逆に、登記に符合する不動産が存在しても当該不動産が滅失した場合、当該登記はその時から無効になる。建物が滅失したため無効になった登記を新築建物に流用することはできないとされる（最判昭四〇・五・四民集一九巻四号七九七頁、同判昭六二・七・九民集四一巻五号一一四五頁）。しかし、登記を流用する趣旨や、旧建物と新建物の類似性、旧建物の滅失と新建物の建築の間の時間的間隔などを考慮して判断すべきである(1)（最判昭六二・七・九民集四一巻五号一一四五頁の少数意見参照）。

（1）石田(穣)・二三三頁参照。

(ロ) 登記に符合する権利が存在しない場合

(a) 登記に符合する権利が存在しない場合、当該登記は無効である。たとえば、無権利者がなした所有権の登記（所有権の保存登記）、地上権であるのに抵当権としてなされた登記がこれである。共同相続人の一人が相続不動産につき単独相続として登記し第三者に譲渡して移転登記をした場合、相続登記と移転登記はその相続人の持分の限度で有効であり（持分を超える限度で無効）、他の相続人は第三者に対し自己の持分に基づき更正登記を求めることができる（最判昭三八・二・二二民集一七巻一号二三五頁参照）。

(b) 登記に符合する権利が存在しなくても登記に符合する権利が後から生じた場合、当該登記は原則としてその時から有効になる。たとえば、代物弁済の予約につき所有権移転登記がなされても予約完結権が行使されればその時から効力を生じるし（最判昭二三・七・二〇民集二巻九号二〇五頁）、通謀虚偽表示による売買の登記がなされても実際に売買契約が結ばれればその時から効力を生じる（最判昭二九・一・二八民集八巻一号二七六頁。もっとも、売主に登記を保有させておく正当な理由があれば登記は無効。本書一七一頁参照）。

(c) 抵当権の登記が被担保債権の消滅により無効になった後にそれを新しい被担保債権のために流用することは認められるであろうか(1)。第三者の利益を不当に害しなければ認めてよいであろう（大判昭一一・一・一四民集一五巻八九頁参照）。すなわち、流用前に抵当権の消滅を前提に抵当不動産を取得した第三者や流用前に抵当権の消滅を前提に抵当権の設定を受ける旨合意した第三者などがいる場合には流用を認めるとこれらの者を害するから流用は認められないが、これらの者がいない場合には流用を認めて差し支えない（最判昭四九・一二・二四民集二八巻一〇号二一一七頁は、担保仮登記（仮登記担保権）の流用後に利害関係を有するに至った者は流用に係わる仮登記の無効を主張できないとする）。なお、流用前に抵当権の消滅を前提に抵当権の設定を受ける旨合意した第三者がいる場合には流用することができないが、この第三者に劣後する後順位抵当権としての流用ならば差し支えないと解される（大判昭八・一一・七民集一二巻二六九一頁参照）。

（1） 登記の流用については、北川弘治「無効登記の流用」不動産法大系Ⅳ（改訂版）一五九頁以下（昭和四九年）、満田忠彦「登記の流用」登記研究三〇〇号記念（不動産登記の諸問題）下五三頁以下（昭和五一年）、菅原勝伴「無効登記の流用」不動産登記講座Ⅱ一五五頁以下（昭和五二年）、半田正夫「無効登記の流用に関する諸問題」民研二五〇号三九頁以下（昭和五三年）、玉田弘毅「抵当権登記の流用」不動産登記制度一〇〇周年記念論文集（不動産登記をめぐる今日的課題）二〇一頁以下（昭和六二年）、今村与一「登記流用の論理と背理」岡法四四巻三・四号四〇三頁以下（平成七年）、笠井修「登記の流用」新／不動産登記講座2 二〇七頁以下（平成一〇年）参照。

(ハ) 登記に符合する権利変動の態様や過程が存在しない場合

(a) (α) 登記に符合する権利変動の態様が存在しない場合であっても、登記が権利変動の真の態様がもたらしうる権利状態に合致していれば有効である。たとえば、贈与であるのに売買を登記原因としてなされた移転登記は有効である（大判大九・七・二三民録二六輯一一七一頁）。

(β) 通謀虚偽表示などの無効な登記原因に基づいてなされた登記は抹消登記によって是正されるべきであるが、是正のために権利者への移転登記が行われても有効であり（大判大一〇・六・一三民録二七輯一一五五頁など）、このことは登記原因の取消しなどを理由とする登記の是正のために権利者への移転登記が行われた場合であっても同じである（大判大五・四・一一民録二二輯六九一頁（買戻しについて）、同判大九・八・九民録二六輯一三五四頁（買戻しについて）参照）。

(b) (α) 登記に符合する権利変動の過程が存在しない場合であっても、登記が権利変動の真の過程がもたらしうる権利状態に合致していれば不当な不利益を受ける者がない限り有効である。

(β) これについては、中間省略登記(1)が有名である。中間省略登記とは、たとえば、所有権がA→B→Cと移転する場合にA→B→Cと移転登記がされずに中間者Bの登記を省略してA→Cと移転登記がされることをいう。

一般に、CがAに対し中間省略登記を求める請求権を有するかどうかは別として（この問題については後述する。本書一八三頁以下、一八六頁以下参照）、すでになされた中間省略登記は有効であると解されている。判例も、A・B・Cの合意があれば有効であるとしたり（大判大五・九・一二民録二二輯一七〇二頁）、Bの同意がなくてもBの利益が不当に害されなければBは中間省略登記の抹消を請求することができないとしている（最判昭三五・四・二一民集一四巻六号九四六頁）。また、AがBと通謀しAの不動産につきBに虚偽の移転登記をしたケースで、Aが当該不動産をCに贈与しA・B・C合意の上でBからCに移転登記をした場合、本来Bの登記を抹消し（あるいは、BからAへの移転登記をし）AからCへ移転登記をすべきなのにそれを省略した中間省略登記であるが有効であるとされる（大判大九・七・二三民録二六輯一一七一頁）。さらに、Aの相続人Bが相続財産をCに譲渡してAからCに譲渡されたように移転登記をした場合、Bの相続登記が省略された中間省略登記であるが有効であるとされている（大判昭一五・六・一民集一九巻九四四頁、最判昭二九・一二・二四民集八巻一二号二二九二頁）。

私見によれば、中間者Bが中間省略登記に同意するかBに登記を経由させる正当な理由がなければすでになされた中間省略登記は有効である（Bが中間省略登記に同意せず、かつ、Bに登記を経由させる正当な理由があれば中間省略登記は無効。この場合、九四条二項の類推適用もありうる。本書一八七頁以下参照）。

（1）　中間省略登記については、石田文次郎「中間省略の登記を論ず」法叢二六巻四号三二頁以下（昭和六年）、舟橋諄一「中間省略登記の効力」新報四四巻一一号一頁以下（昭和九年）、香川保一「登記請求権について」登研一三六号七頁以下、一三九号一〇頁以下、一四四号一頁以下、一四五号一頁以下（昭和三四年）、同「中間省略の登記手続——判例理論と登記実務の調整試論——」民研九八号七頁以下、九九号一一頁以下（昭和四〇年）、半田正夫「中間省略登記の効力と登記請求権」民研二〇七号四四頁以下（昭和四七年）、柳川俊一「中間省略の登記」不動産法大系Ⅳ（改訂版）九八頁以下（昭和四九年）、高木多喜男「中間省略登記のできる場合」不動産登記講座Ⅰ九一頁以下（昭和五一年）、同「中間省略登記の効力」同書一一五頁以下、吉野衛「中間省略の登記」判例からみた不動産登記の諸問題三五三頁以下（昭和五二年）、幾代通「中間省略登記の効力について」不動産物権変動と登記九三頁以下（昭和六一年）、住吉博「『要約登記』序説」登研五〇六号一頁以下、五〇七号五一頁以下（平成二年）、飛沢隆志「中間省略登記請求権の諸問題」香川最高裁判事退官記念論文集（民法と登記）上二九四頁以下（平成五年）、山本進一「中間省略登記請求権について」法論六七巻二・三号三〇一頁以下（平成七年）、山川一陽「中間省略登記」小野幸二教授還暦記念論集（二一世紀の民法）六六頁以下（平成八年）、李載鎮「中間省略登記の法理」比較法学三〇巻二号一頁以下（平成九年）、成田博「中間省略登記」新／不動産登記講座3三五七頁以下（平成一〇年）、山口国夫「中間省略登記の効力」清和法学研究六巻一号四五頁以下（平成一一年）参照。

(γ) 未登記不動産を譲り受けた場合、本来は譲渡人が所有権の登記（所有権の保存登記）をして譲受人に移転登記をすべきであるが、これを省略して譲受人が自己の名で所有権の登記をしてもよいと解されている（冒頭省略登記。大判大八・二・六民録二五輯六八頁）。私見によれば、譲渡人が冒頭省略登記に同意するか譲渡人に登記を経由させる正当な理由がなければ冒頭省略登記は有効であると解される（譲渡人が冒頭省略登記に同意せず、かつ、譲渡人に登記を経由させる正当な理由があれば冒頭省略登記は無効。この場合、九四条二項の類推適用もありうる。本書一八七頁以下参照）。

三 登記請求権

(1) 登記請求権の概念

(イ) 通説的見解　通説的見解は、登記請求権(1)(2)を実体法上の登記請求権と登記法上の登記請求権に分ける。

実体法上の登記請求権とは、実体法上権利者が相手方に対して登記をするのに協力を求める権利である。たとえば、不動産の買主は売主に対して売買契約に基づき移転登記請求権を有するし、不動産の所有者は偽造文書によって不法に所有権の登記（所有権の保存登記）をした者に対して所有権に基づき抹消登記請求権を有する。

登記法上の登記請求権とは、登記法上登記権利者が登記義務者に対して登記の共同申請を求める権利である。登記法上の登記請求権は、登記簿上の登記義務者に対してのみ成立する。たとえば、不動産がA→B→Cと譲渡されたが登記名義がAにとどまっている場合、Bは登記簿上の登記義務者ではなく、CはBに対して実体法上の登記請求権を有するものの登記法上の登記請求権を有しない。

(1) 登記請求権については、中島玉吉「登記請求権」民法論文集（四版）三七〇頁以下（大正一一年）、浅井清信「登記請求権について」判例不動産法の研究一頁以下（昭和一三年）、香川保一「登記請求権について」登研一三四号三頁以下、一三五号一一頁以下、一三六号七頁以下、一三九号一〇頁以下、一四四号一頁以下、一四五号一頁以下（昭和三四年）、金山正信「登記請求権の観念」同法一三巻三号一頁以下（昭和三六年）、幾代通・登記請求権（昭和五四年）、石田喜久夫「登記請求権」物権変動論一四二頁以下（昭和五四年）、安達三季生「登記

請求権に関する試論—その発生原因と法的性質—」民法学の歴史と課題一二三頁以下（昭和五七年）、月岡利男「登記請求権—その根拠、発生原因について—」民法講座2二三三頁以下、吉野衛「登記請求権」不動産登記制度百周年記念（不動産登記制度と実務上の諸問題）上一三七頁以下（昭和六二年）、新田敏「登記引取請求権についての一考察—主として受領遅滞との関連において—」半田正夫教授還暦記念論集（民法と著作権法の諸問題）六六頁以下（平成五年）、田代亮一「登記請求権と香川登記法学」香川最高裁判事退官記念論文集（民法と登記）中一頁以下（平成五年）、徳本伸一「登記請求権の意義と法的性質」新／不動産登記講座2二六九頁以下（平成一〇年）、於保不二雄「登記請求権」民法著作集I—財産法—二七九頁以下（平成一二年）参照。

(2)　登記請求権は、比較法的にみればあまり問題とされていない。たとえば、フランスでは登記請求権は問題とされていない。ドイツでも、一般的には登記請求権は問題とされていないが、権利者は登記の内容が実際の権利関係に符号しない場合に符合させるための請求権を有するとされている（ドイツ民法八九四条）。これは、物権的請求権とされる（Baur–Stürner, S. 201）。スイスでは、権利を手放すか負担を負う当事者が登記を申請するが（本書一五四頁注(1)参照）、その相手方は右の者に対し債権的登記請求権を有するとされている（スイス民法六六五条一項。Tuor–Schnyder–Schmid, S. 679）。また、物権者は登記の内容が実際の権利関係に符合しない場合に符合させるための請求権を有するとされているが（スイス民法九七五条一項）、これは物権的請求権（特別の妨害排除請求権）であるとされる（Berner Kommentar, §641 Nr. 124）。

(ロ)　検　討　通説的見解には次のような疑問がある。

第一に、実体法上の登記請求権とは実体法上権利者が相手方に対して登記をするのに協力を求める権利であるとするが、登記をするのに協力を求めるとは登記を共同で申請する（不登六〇条）のを求めることに外ならない。登記を共同で申請するのを求めることができなければ登記をするのに協力を求めることができるといっても無意味だからである。そうだとすれば、実体法上の登記請求権と登記法上の登記請求権を区別することができるかどうか疑問である。

第二に、不動産がA→B→Cと譲渡されたがAに登記名義がとどまっている場合、CはBに対して実体法上の登記請求権を有するものの登記法上の登記請求権は有しないとするが疑問である。この場合、CがBに対して実体法上の登記請求権を有するというのは、CはBに対しAから登記を取得してCに移転登記をせよという内容のものであろう。そうだとすれば、Cは登記法上の登記請求権によっても同じ内容の請求をすることができるといわざるをえない。すなわち、CはBに対しAから登記を取得してCへの移転登記の共同申請をせよという請求をすることができるはずである。それゆえ、ここでも実体法上の登記請求権と登記法上の登記請求権を区別することができるかどうか疑問である。

第三に、登記法上の登記請求権は登記簿上の登記義務者に対してのみ成立するとするが、たとえば、AからBに不動産が譲渡された場合、AはBに対して租税上の負担を免れるため登記法上の登記請求権(登記引取請求権)を有するとされているところ、この場合、Bは登記簿上の登記義務者ではない。したがって、この点に関しても通説的見解には疑問がある。

(ハ) 私見　以上の検討によれば、実体法上の登記請求権と登記法上の登記請求権を区別する必要はないというべきである。登記請求権とは、登記簿上の登記義務者(不登二条一三号)やその他の者に対して登記の申請を請求することができる権利であり、登記請求権が成立するためには実体法および登記法の双方の要件を満たす必要があるといえば足りる。

(2) 登記請求権の発生原因

(イ) 序　登記請求権の発生原因とは、登記請求権はどのような原因に基づいて発生するかという問題であり、そこで発生した登記請求権がどのような法的性質を有するかという問題とは必ずしも関係しない。異なった原因に基づいて発生した登記請求権であっても同じ法的性質をもつことはありうる。

(ロ) 判例・学説

(a) 判　例　判例は、登記請求権が生じる場合として次の三つの場合を挙げ、登記請求権の発生原因を多元的に説明する(多元説)。

第一に、登記請求権は、物権の効力として、すなわち、物権的請求権として生じる。そして所有権に基づく登記請求権は消滅時効にかからない（大判大一一・八・二一民集一巻四九三頁）。

第二に、登記請求権は、実体法上の権利関係と登記上の権利関係が符合しない場合で甲が乙に対しこれを符合させる義務を負担する場合に甲がこれを符合させるために甲に生じる。たとえば、夫が夫の同意のない妻による妻の不動産についての抵当権設定行為を取り消したケースで（旧一四条参照）、妻が当該不動産を第三者に譲渡し移転登記をした場合、妻は抵当権の登記の抹消登記請求権を失わないとされる（大判明三九・六・一民録一二輯八九三頁）。この場合、妻は第三者に対し抵当権の登記を抹消する義務を負担すると考えられる。それゆえ、右の場合の抹消登記請求権は、実体法上の権利関係と登記上の権利関係が符合しない場合で甲が乙に対しこれを符合させる義務を負担する場合に甲がこれを符合させるために甲に生じるとされていると思われる。あるいは、不動産がＡ→Ｂ→Ｃと譲渡されその旨の移転登記がなされたがＡ→ＢおよびＢ→Ｃの譲渡がいずれも無効でＡに所有権がとどまっている場合、ＢはＣに対し抹消登記請求権を有するとされる（最判昭三六・四・二八民集一五巻四号一二三〇頁）。この場合、ＢはＡに対しＣの登記を抹消した上で自己の登記を抹消する義務を負担している。それゆえ、右の場合の抹消登記請求権は、実体法上の権利関係と登記上の権利関係が符合しない場合で甲が乙に対しこれを符合させる義務を負担する場合に甲がこれを符合させるために甲に生じるとされていると思われる(1)。

第三に、登記請求権は、当事者間の特約によって生じる。たとえば、不動産がＡ→Ｂ→Ｃと譲渡されたが当事者（Ａ・Ｂ・Ｃ）間にＡ→Ｃという中間省略登記の特約がある場合、ＣはＡに対して移転登記請求権を有する（大判大一〇・四・一二民録二七輯七〇三頁（特許権の移転登録について）、最判昭三八・六・一四裁判集民六六号四九九頁、同判昭四〇・九・二一民集一九巻六号一五六〇頁）。

（1）大判昭一二・一二・二八民集一六巻二〇八二頁は、Ａの土地につきＣが勝手に自己に移転登記をしたケースでＡからＢに土地所有権が移転された場合、ＡはＣに対して抹消登記請求権を失わないとする。この場合、ＡはＢに対しＣの登記を抹消してＢに登記を移転する義務を負担している。それゆえ、右の場合の抹消登記請求権は、実体法上の権利関係と登記上の権利関係が符合しない場合で甲が乙に対しこれを符合させる義務を負担する場合に甲が符合させるために甲に生じるとされていると思われる（登記の効力については、登記を対抗要件とみる判例を前提とする）。

(b) 学　説　学説では、登記請求権の発生原因を一元的に説明する一元説が有力であるが、最近では判例のような多元説も増えている。(1) なお、ここでいう一元説とは、登記請求権の発生原因を完全に一元的に説明する学説と、登記請求権の主たる発生原因を一元的に説明する学説（従たる発生原因を容認する）の双方を含む。

一元説は、次の二つに分けられる。第一は、登記請求権は主として物権的請求権として生じるとする見解である。(2) 第二は、登記請求権は主として実体法上の権利関係と登記上の権利関係が符合しない場合に符合させるために生じるとする見解である。(3) 後者の方が有力である。

(1) 稲本・一一四頁以下、広中・二八九頁以下、丸山・九一頁以下、田中編・八一頁（山川一陽執筆）、平野・一五三頁以下、船越・一四一頁以下、川井・六一頁、近江・一二九頁以下、月岡・五三頁以下、山川・一〇九頁、鈴木・一七二頁以下。石田（文）・一八〇頁以下、幾代通・登記請求権一頁以下（昭和五四年）、槇・一〇二頁以下、民法注解一四七頁以下（北山元章執筆）、於保不二雄「登記請求権」民法著作集Ｉ――財産法――二七九頁以下（平成一二年）、田山・七七頁以下も参照。

加藤・一六六頁は、登記請求権は物権的あるいは債権的性格のいずれかを有するとする二元論を主張する。これを支持するのは、山野目・九三頁。しかし、この説は発生した登記請求権がどのような法的性質を有するかの問題についてのものであり、必ずしも登記請求権はどのような原因に基づいて発生するかの問題についてのものではないと思われる（本書一七九頁参照）。

(2) 中島玉吉「登記請求権」民法論文集（四版）三八二頁以下（物権的請求権に類似した効力をもつ一種特別な請求権という（三九四頁））（大正一一年）、末弘・一四一頁以下（物権的請求権に類似するという）、勝本・八五頁、浅井・四一頁以下、石田（喜）・一〇八頁以下。

(3) 林・六三頁、末川・一四〇頁以下、舟橋・一二五頁以下、柚木＝高木・一八四頁以下、我妻＝有泉・一三八頁以下、松坂・六二頁。

(ハ) 私　見

(a) (α) 私見によれば、登記は物権変動の対抗要件ではなく効力要件である。このような立場に立てば、たとえば、不動産の売買契約の場合、買主は登記を経ない以上所有権を取得しないから、売買契約には売主は買主に登記を移転し所有権を取得させるという合意が含まれていると考えられ、買主は当事者の合意に基づく移転登記請求権を有すると解される。この場合、登記請求権は、物権的請求権として生じるものではないし、また、実体法上の権利関係と登記上の権利関係が符合しない場合に符合させるために生じるものでもない。それゆえ、登記請求権を一元的に物権的請求権として生じるとしたり、一元的に実体法上の権利関係と登記上の権利関係が符合しない場合に符合させるために生じるとするのは妥当でない。

(β)　さらに、登記請求権を一元的に物権的請求権として生じるとする見解については、物権を有しない者であっても登記請求権をもつとされる場合が少なくなく妥当でない。たとえば、不動産がA→B→Cと譲渡されたがA→BおよびB→Cの譲渡がいずれも無効で所有権がAにとどまっている場合にBはCに対し抹消登記請求権を有するとされるが（最判昭三六・四・二八民集一五巻四号一二三〇頁）、この場合にはBは所有権を有しないのに登記請求権をもつとされている。

(γ)　登記請求権の発生原因には種々の場合があり、登記請求権の発生原因は次に述べるように多元的に説明される登記請求権を一元的に実体法上の権利関係と登記上の権利関係が符合しない場合に符合させるために生じるとする見解については、実体法上の権利関係と登記上の権利関係が符合しない場合であっても全く無関係の第三者まで符合させるための登記請求権を有するわけではなく妥当でない。

のが妥当である。

(b)　登記請求権は、次の四つの場合に生じる。

第一は、(a)に述べた売買契約のケースのように当事者間に登記請求権について合意がある場合である。

第二は、当事者間に登記請求権についての合意はないが中間省略登記を認めてよい場合である。たとえば、不動産がA→B→Cと譲渡されたがBに登記を経由させる正当な理由がない場合、後述するように、CのAに対する移転登記請求権が認められるべきである（本書一八六頁以下参照）。

第三は、物権的請求権として（権利が物権でない場合にはその権利の効力として）認められる場合である。たとえば、不動産の所有者が偽造文書でなされた登記の抹消を求める場合がこれである。

第四は、実体法上の権利関係と登記上の権利関係が符合しないケースで甲が乙に対しこれを符合させる義務を負担するときに甲がこれを符合させるために甲に認められる場合である。たとえば、不動産がA→B→Cと譲渡された旨登記されているがA→BおよびB→Cの譲渡がいずれも無効の場合、BはCに対し抹消登記請求権を有する。この場合、BはAに対しCの登記を抹消した上で自己の登記を抹消する義務を負担している。それゆえ、この場合の抹消登記請求権は、実体法上の権利関係と登記上の権利関係が符合しない場合で甲が乙に対しこれを符合させる義務を負担する場合に甲がこれを符合させるために甲に生じると考えられる。

㈡　登記請求権の発生原因　以上のような前提に立って、以下、登記請求権の発生原因について詳述してみよう。

(a)　登記請求権が当事者間の合意に基づき発生する場合

(α)　通常の場合、登記請求権は当事者間の合意に基づき発生するといってよい。たとえば、不動産の買主は、売主に対して売買契約上の合意に基づき移転登記請求権を有する。(1)この請求権は債権的請求権であり、売主の代金請求権と同時履行の関係に立つし、また、一〇年の消滅時効にかかると解される。

(1)　建物に関し取壊しの目的で売買契約が結ばれた場合、建物の売買契約ではなく建物取壊しによって生じる材料の売買契約であるとされ、買主は建物の移転登記請求権を有しないとされる（大判昭五・一二・四民集九巻一二三七頁）。

(β)　不動産がA→B→Cと譲渡されたがAに登記名義がとどまっている場合、BはAに対して売買契約上の合意に基づき移転登記請求権を有する。

(γ)　(i)　右の(β)のケースで当事者（A・B・C）間にCがAに対して移転登記請求権を有するという合意（中間省略登記の合意）がある場合、CはAに対して移転登記請求権を有するであろうか。

判例は、この場合、CのAに対する移転登記請求権を認める（大判大一〇・四・一二民録二七輯七〇三頁（特許権の移転登録について）、最判昭三八・六・一四裁判集民六六号四九九頁、同判昭四〇・九・二一民集一九巻六号一五六〇頁）。そして、登記実務もCがCのAに対する移転登記請求権を認める旨の判決に基づき登記を申請すればこれを受理している。他方、登記実務は、当事者がA→B→Cという登記原因に基づきA→Cの移転登記を申請しても受理しないが、A→Cという登記原因に基づき移転登記を申請すれば形式的審査権しか有しない登記官はこれを受理せざるをえないとしている。学説も以上のような登記実務を是認しているようである。

しかし、判決に基づく中間省略登記を認めるのであれば、判決に基づかない中間省略登記も認めるべきであろう。裁判所は、当事者間の合意を根拠にして中間省略登記を認める旨の判決を下す。そして、登記実務は、この判決による中間省略登記の申請を受理する。このように、登記実務が中間省略登記を認める実質的根拠は当事者間の合意にある。そうだとすれば、当事者間の合意がある以上、判決を経ない中間省略登記の申請も受理すべきである（当事者は、当事者間の合意を証する情報を提供すればよい。具体的には、CとAの共同で申請するからBの同意を証する情報を提供すればよい（不登令七条一項五号ハ参照））。また、当事者が事実に反して登記原因をA→Cとする中間省略登記を申請する場合にはこれを認めざるをえないのであれば、A→B→Cという登記原因に基づく中間省略登記を率直に認める方が妥当である。以上のように、当事者間の合意があればA→B→Cという登記原因に基づく中間省略登記を認めるべきである(1)。

(1)　A→Cという中間省略登記が行われた場合、通説的見解によれば、所有権はA→B→Cと移転する。私見のように登記を物権変動の効力要件とみる場合、Bは登記を経由していないから、所有権はA→Cと移転すると解することも可能である。しかし、所有権はA→B→Cと移転すると解してよいであろう。登記なしにBに所有権が帰属するとしても、それは現在からみて過去に存在した一通過点として認められるにすぎず、これによって取引の安全が不当に害される余地はないからである。また、BはAから不動産を譲り受ける旨の契約をし、さらに、これをCに譲り渡す旨の契約をしており、所有権がA→B→Cと移転すると解する方が当事者の契約関係に合致するといえよう。

(ii)　当事者間に中間省略登記の合意がある場合であっても、BのAに対する移転登記請求権は否定されないと解してよいであろう（最判昭四六・一一・三〇民集二五巻八号一四二二頁）。なぜなら、BのAに対する移転登記請求権を認める方が物権変動の過程を忠実に反映するし、また、これを認めても通常AやCが不当な不利益を受けることはないからである。それゆえ、AやCが不当な不利益を受ける場合、たとえば、CがAに対し中間省略登記を訴求している場合、BのAに対する移転登記請求は許されない。

BがAに対し移転登記を訴求している場合やBの債権者がBに代位してAに対し移転登記を訴求している場合、CのAに対する中間省略登記の請求はBやBの債権者を害し許されない。すでになされたBやBの債権者によるAからの移転登記あるいはそれに基づくBの債権者による差押登記は有効である（Bの債権者による移転登記、差押登記につき、最判昭四六・一一・三〇民集二五巻八号一四二二頁）。もっとも、Bの債権者がCのBに対する所有権移転請求権を知りながら差押登記をした場合、Cは所有権移転請求権に基づきBの債権者による差押登記を否認することができると解される（本書二一七頁参照）。

CがBに対して移転登記を求める（BがAから登記を取得してCに移転することを求める）のは、Bにとって負担であり、これを認める必要はないであろう。

（δ）　未登記不動産の売買の場合、売主は所有権の登記（所有権の保存登記）をした上で買主に移転登記をする旨の合意があると考えられ、買主は売主に対して所有権の登記をした上で移転登記をせよという請求権を有する（大判大一五・一〇・四新聞二六一八号九頁）。もっとも、当事者間に買主が直接自己の名で所有権の登記をする旨の合意（冒頭省略登記の合意）があれば、買主はその旨の登記をすべく（大判大八・二・六民録二五輯六八頁参照）、買主の売主に対する所有権の登記をした上で移転登記をせよという請求を認める必要はないと解すべきであろう。

（ε）　BがAから不動産を譲り受けたが移転登記をしないうちにAが死亡してA′が相続し相続登記をした場合、移転登記をするというA・B間の合意はA′・B間に承継されるから、BはA′に対してこの合意に基づき移転登記請求権を有する（大判大一五・四・三〇民集五巻三四四頁参照。昭三七・三・八民事甲第六三八号法務省民事局長電報回答・登記先例集追Ⅲ八〇九頁も参照）。未登記不動産の売買で売主が死亡しその相続人が所有権の登記をした場合、売主は所有権の登記をした上で買主に移転登記をする旨の売主・買主間の合意が売主の相続人と買主の間に承継され、買主は売主の相続人に対しこの合意に基づき移転登記請求権を有する（大判大七・六・一八民録二四輯一一八五頁（贈与に関する）参照）。

(ζ)　AがBに不動産を譲渡する旨の契約を結んだ場合、この契約にはBがAから登記を引き取る旨の合意が含まれていると考えられる。それゆえ、AはBに対しこの合意に基づく登記引取請求権を有すると解される。

(b)　当事者間に合意はないが中間省略登記を認めてよい場合

(α)　(i)　当事者間に中間省略登記の合意がない場合であっても、中間者が合意するか、中間者に登記を経由させる正当な理由がなければ（中間省略登記により中間者の利益が不当に害されなければ）、中間省略登記の請求を認めてよいと解すべきであろう。(1)　ここで、当事者間に中間省略登記の合意がない場合とは、不動産がA→B→Cと譲渡された場合でいえば、A・B・C間に何らの合意もない場合の外に、A・C間には合意はあるがBは合意していない場合およびB・C間には合意はあるがAは合意していない場合を含む。

(1)　幾代通・登記請求権五四頁以下（昭和五四年）、田山・八〇頁以下、川井・六五頁以下参照。

(ii)　まず、Bが合意している場合であるが、中間省略登記を認めてもBは不当に害されない。また、Aは、合意していない場合であっても、後述するように、Cから中間省略登記を求められた際にBに対する抗弁を主張することができるから不当に害されない（本書一八八頁参照）。それゆえ、Bが合意している場合には、Aの合意の有無を問わずCのAに対する中間省略登記の請求を認めてよいと解される。

次に、Bが合意していない場合であるが、Bに登記を経由させる正当な理由がなければCのAに対する中間省略登記の請求を認めてよいであろう。通説的見解は、Bが合意していない場合に中間省略登記の請求を否定するが（最判昭四〇・九・二一民集一九巻六号一五六〇頁も参照）、しかし、Bに登記を経由させる正当な理由がない以上、これを認めても特に問題はないはずである。通説的見解はBの合意がある場合には中間省略登記の請求を認めるが、これはその場合にはBに登記を経由させる正当な理由がない（Bの利益が不当に害されない）からである。それゆえ、CはBが合意していない場合であってもBに登記を経由させる正当な理由がなければAの合意の有無を問わずAに対し中間省略登記を請求することができると解される（Aが不当に害されないことはBが合意している場合と同じ）。

結局、Cは、当事者間に合意がない場合であっても、Bが合意をしたり、Bに登記を経由させる正当な理由がなければ、Aに対し中間省略登記を請求することができる。(1) CがAに対し中間省略登記を求めることができる場合、中間省略登記は有効であり、Bは中間省略登記の抹消を請求することができない（最判昭三五・四・二一民集一四巻六号九四六頁）。

(1) この場合、当事者の合意がある場合と同じように所有権はA→B→Cと移転すると解される（本書一八四頁注(1)参照）。

(iii) Bが合意をしたりBに登記を経由させる正当な理由がない場合であっても、Bは、CがAに対し中間省略登記を訴求している場合を除き、Aに対する移転登記請求権を否定されないと解してよいであろう（本書一八四頁以下参照）。そして、BがAに対し移転登記を訴求している場合、CがAに対し中間省略登記を請求するのはBを害し許されないと解してよいであろう（本書一八五頁参照）。他方、Bが合意した場合にはCのBに対する移転登記請求を認める必要はないが（本書一八五頁参照）、Bが合意していない場合にはBに登記を経由させる正当な理由がなくてもCのBに対する移転登記請求は否定されないと解すべきである。なぜなら、Bが合意していないのであるから、CのBに対する移転登記請求を認めてもBが不当に害されることはないからである。

(β) Bが中間省略登記に合意せず、かつ、Bに登記を経由させる正当な理由がある場合、たとえば、Bの移転登記とCの代金支払いが同時履行の関係に立つ場合、CのAに対する中間省略登記の請求は認められない。これは、C・A間に中間省略登記の合意がある場合であっても同じである（大判大一一・三・二五民集一巻一三〇頁参照）。Bが中間省略登記に合意せず、かつ、Bに登記を経由させる正当な理由がある場合に中間省略登記が行われても無効であり、Bは、当然、中間省略登記の抹消を求めることができる(1)（大判昭八・三・一五民集一二巻三六六頁参照）。この場合、Cからの転得者Dの保護は民法九四条二項の類推によって行われるべきであろう。すなわち、Bが、故意に、あるいは、重過失によって、Cの登記を放置していた場合、Dが無重過失でCの登記が有効であると信じたり（Bが故意にCの登記を放置していた場合）、無過失でCの登記が有効であると信じれば（Bが重過失でCの登記を放置していた場合）、民法九四条二項を類推しDは保護されるべきである。そして、この場合、所有権はA→B→C→Dと移転すると解してよいであろう。なぜなら、Bに所有権を帰属させてもそれは過去に存在した一通過点としての意味しか有しないから不当に害される者はなく、また、A・B間およびB・C間の不動産譲渡契約は真正であるからである（本書一八四頁注（1）参照）。

（1）　最判昭四四・五・二民集二三巻六号九五一頁は、土地がA→B→Cと譲渡されA→Cと中間省略登記が行われた場合、Bは正当な利益があればこの登記の抹消を請求することができるが、当該土地のAからの賃借人Dは抹消を請求することができないとする。

（γ）　Cから中間省略登記を求められたAは、Bに対する抗弁をCに対しても主張することができる。たとえば、AがBに対し移転登記と代金支払いの同時履行の抗弁権を有する場合、AはCに対してBが代金を支払うまでCへの中間省略登記に応じないと主張することができる。Aが中間省略登記に合意した場合であっても、Bに対する抗弁を主張しないと合意した場合を除き同様に解してよいであろう。

AはBがCに対して有する抗弁も主張することができると解される。たとえば、AはCに対してCがBに代金を支払うまで中間省略登記に応じないと主張することができる。もっとも、Bが中間省略登記に合意した場合は別であろう。

（c）　登記請求権が物権的請求権として（権利が物権でない場合にはその権利の効力として）認められる場合

（α）　たとえば、不動産の所有者Aは、偽造文書によってなされた虚偽のA→BおよびB→Cの移転登記につき所有権に基づき抹消登記を請求することができる。これは、物権的請求権であり、消滅時効にかからない（大判大一一・八・二一民集一巻四九三

頁。なお、大判大九・八・二民録二六輯一二九三頁参照）。

(β) 判例は、右のケースで、Aは抹消登記を請求する代わりにCに対して移転登記を請求してもよいとしている(1)（大判大一〇・六・一三民録二七輯一一五五頁、同判昭一六・三・四民集二〇巻三八五頁、同判昭一六・六・二〇民集二〇巻八八八頁、最判昭三四・二・一二民集一三巻二号九一頁）。登記実務も、「真正なる登記名義の回復」という登記原因に基づく移転登記としてこれを認めている（昭三六・一〇・二七民事甲第二七二二号法務省民事局長回答・登記先例集追Ⅲ七〇四頁、昭三九・二・一七民事三発第一二五号法務省民事局第三課長回答・登記先例集追Ⅳ一〇頁、昭三九・四・九民事甲第一五〇五号法務省民事局長回答・登記先例集追Ⅳ一〇六頁）。反対する学説もあるが(2)、関係者に不当な不利益を与えない場合には否定する必要はなく、これを認めてよいと考える。このような立場に立てば、Aの不動産がBとの通謀虚偽表示によりBに譲渡され、善意のCがBと抵当権設定契約を結んだ場合、Aは、Bに対して移転登記を求めることができる（Aは抵当権附の登記名義を回復する。Bに対して抹消登記を求めるのはCを害し許されない）。

(1) この問題については、香川保一「登記請求権について」登研一三四号四頁以下、一三五号一一頁以下（昭和三四年）、浦野雄幸「登記名義回復請求訴訟——主として所有権移転登記の形式による『真正な登記名義の回復』請求について——」実務民事訴訟講座4一六一頁以下（昭和四四年）、桜井正三郎「真正なる登記名義の回復の登記」登記研究三〇〇号記念（不動産登記の諸問題）上五三五頁以下（昭和四九年）、船越隆司「真正な登記名義の回復のできる場合」不動産登記講座Ⅰ一三七頁以下（昭和五一年）、吉永順作「真正な登記名義の回復の効力」同書一五二頁以下、松尾英夫「真正な登記名義の回復による登記」不動産登記制度百周年記念（不動産登記制度と実務上の諸問題）上三五一頁以下（昭和六二年）、田中克志「真正な登記名義の回復の登記」新／不動産登記講座2一七九頁以下（平成一〇年）参照。

(2) 四宮和夫「判例評釈」判例民事法昭和十六年度一〇五頁以下、二五六頁以下（昭和一九年）、我妻＝有泉・一四四頁。

(γ) 一番抵当権が被担保債権の弁済によって消滅した場合、後順位抵当権者は一番抵当権の登記の抹消を請求することができるとされる（大判大八・一〇・八民録二五輯一八五九頁。昭三一・一二・二四民事甲第二九一六号法務省民事局長電報回答・登記先例集追Ⅰ八〇二頁も同じ）。これは、抵当権の順位上昇の原則により後順位抵当権の順位が上昇することに基づく物権的請求権としての登記請求権と考えられているのであろうが、私見としては、順位上昇の原則に否定的であり、右の場合に後順位抵当権者による一番抵当権の抹消登記請求は認めるべきでないと考える（詳細は担保物権法に譲る）。

(δ)　登記請求権が法律上生じる権利の効力として認められる場合もある。

たとえば、A所有の土地につきBの取得時効が完成した場合、私見によれば、Bは、Aに対し所有権移転請求権を取得し、登記を備えれば所有権を取得すると解される（占有開始時に遡って所有権を取得する（一四四条））。この場合、BのAに対する移転登記請求権は、時効の完成により法律上生じる所有権移転請求権の効力として認められる登記請求権ということになるであろう。あるいは、たとえば、不動産保存の先取特権についての登記請求権（三三七条参照）は、法律上生じる先取特権設定請求権の効力として認められる登記請求権ということになるであろう。(1)あるいは、たとえば、Bが売買契約に基づきAから登記を取得したがAの債務不履行を理由に売買契約を解除した場合、BはAに対し抹消登記請求権（登記引取請求権）を有する（最判昭三六・一一・二四民集一五巻一〇号二五七三頁）。この場合、私見のような間接効果説によれば、BのAに対する抹消登記請求権は、解除により法律上生じるBのAに対する原状回復請求権の効力として認められる登記請求権ということになるであろう。

（1）　川井・六二頁は、これを法律の規定に基づく登記請求権という。

(d)　登記請求権が実体法上の権利関係と登記上の権利関係が符合しない場合で甲が乙に対しこれを符合させる義務を負担をする場合に甲がこれを符合させるために甲に認められる場合

(α)　たとえば、夫が夫の同意のない妻による妻の不動産についての抵当権設定行為を取り消したケースで（旧一四条参照）、妻が当該不動産を第三者に譲渡し移転登記をした場合、妻は抵当権の登記の抹消登記請求権を失わないとされるが（大判明三九・六・一民録一二輯八九三頁）、この場合、妻は第三者に対し抵当権の登記を抹消する義務を負担しているといえる。それゆえ、右の場合の抹消登記請求権は、実体法上の権利関係と登記上の権利関係が符合しない場合で甲が乙に対しこれを符合させる義務を負担する場合に甲がこれを符合させるために甲に認められると考えられる。(1)あるいは、不動産につきA→B→Cという移転登記がされているがA→BおよびB→Cの譲渡がいずれも無効な場合、BはCに対して抹消登記請求権を有するとされるが（最判昭三六・四・二八民集一五巻四号一二三〇頁）、この場合、BはAに対しCの登記を抹消した上で自己の登記を抹消する義務を負担しているといえる。それゆえ、右の場合の抹消登記請求権は、実体法上の権利関係と登記上の権利関係が符合しない場合で甲が乙に対しこれを符合させる義務を負担する場合に甲がこれを符合させるために甲に認められると考えられる（以上につき、本書一八〇頁以下参照）。

（1） この問題については、児玉敏「実体上の権利の処分と登記請求権の帰趨」不動産登記講座Ⅰ六五頁以下（昭和五一年）参照。

(β) 判例は、Aの無権代理人がBに対してAの不動産を売却し（無効）、Bが当該不動産につき仮登記をしたケースで、Aが所有権に基づきBに対し仮登記の抹消を訴求したが訴訟の途中で第三者に当該不動産を譲渡し移転登記をした場合、Aは抹消登記請求権を失うとする（大判昭三・一一・八民集七巻九七〇頁）。しかし、この場合、Aは第三者に対しBの仮登記を抹消する義務を負担している。それゆえ、Aは、実体法上の権利関係と登記上の権利関係が符合しない場合で甲が乙に対しこれを符合させる義務を負担する場合に甲がこれを符合させるために甲に認められる登記請求権として抹消登記請求権を有すると解すべきである。不動産の所有者が当該不動産を第三者に譲渡した場合であっても当該不動産の抵当権の登記の抹消登記請求権を失わないとする前述の大判明三九・六・一民録一二輯八九三頁（本書一九〇頁参照）と変わるところはない。

(3) その他

(イ) 登記をしない旨の特約

(a) 当事者が登記をしない旨の特約を結んだ場合、その特約は有効であろうか。判例は、この特約を無効とする（大判昭一五・八・二〇新聞四六一七号一二頁）。学説では、この特約は債権的効力を有するにすぎないとする見解が有力である。(1)

（1） 我妻＝有泉・一四六頁。

(b)　登記をしない旨の特約の効力については、場合を分けて考える必要がある。

第一は、たとえば、当事者が売買契約を結びながら登記をしない旨の特約を結んだ場合である。私見によれば、登記は所有権移転の効力要件をなすから売買契約において極めて重要である。それゆえ、登記をしない旨の特約がなされればそもそも売買契約でないか、あるいは、どうしても売買契約とみる外ない場合にはこの特約は無効であると解すべきであろう。

第二は、中間省略登記の合意がある場合である。前述のように、この場合、中間者に登記をしないという特約は有効である（本書一八三頁以下参照）。

第三は、登記が物権的請求権として認められる場合である。たとえば、A所有の不動産につき偽造文書でB名義の登記がされている場合である。この場合、登記をしない旨の特約（抹消登記や移転登記をしない旨の特約）は、二つの意味をもちうる。第一は、AがBの所有権取得を追認する場合である。この場合、登記をしない旨の特約は有効である。第二は、A・B間の通謀虚偽表示となる場合である。この場合、登記をしない旨の特約は無効である（九四条二項参照）。

(ロ)　判決による登記申請

(a)　判決による登記申請は当事者が単独で行うことができる(1)（不登六三条一項）。この場合の判決とは、裁判所が当事者の一方に対し一定の登記をせよ（登記の申請をせよ）と命じる給付判決である。これは、民事執行法上は意思表示をすべきことを債務者に命じる判決であり、その確定により債務者は意思表示をしたとみなされる、すなわち、登記の申請をしたとみなされる（民執一七四条。登記の申請をすることは、必ずしも民法上の意思表示とはいえないが、民執一七四条のいう意思表示には含まれると解される）。他方の当事者は、この判決により単独で登記を申請することができるのである（大判昭一五・六・一九新聞四五九七号九頁参照）。判決主文に登記原因が示される必要はない（最判昭三四・二・一二民集一三巻二号九一頁）。

(1)　判決による登記申請については、香川保一「判決に因る登記」登研九八号一頁以下、九九号一頁以下、一〇三号一頁以下、一〇六号一頁以下、一一〇号一頁以下、一一三号一頁以下（昭和三一年）、小倉顕「判決による登記」不動産法大系Ⅳ（改訂版）一九二頁以下

（昭和四九年）、並木茂「判決の内容」不動産登記講座Ⅰ三六一頁以下（昭和五一年）、山田忠治「判決による登記と登記原因」同書三七六頁以下、谷水央「仮執行宣言附判決等による登記の可否」同書三九七頁以下、神崎満治郎・判決による登記の実務と理論（昭和五九年）、林久「判決による登記」不動産登記制度百周年記念（不動産登記制度と実務上の諸問題）上三〇一頁以下（昭和六二年）、小池信行「判決による登記――登記先例の分析を中心として――」新／不動産登記講座3七一頁以下（平成一〇年）、加藤俊明「抹消登記手続き請求訴訟の認容判決における抹消登記原因の記載の要否」新報一一三巻九・一〇号一〇三頁以下（平成一九年）参照。

(b)　所有権の確認判決に基づいて移転登記の申請をすることはできない。相手方の有する移転登記と反対給付受領の同時履行の抗弁権などが害されるおそれがあるからである。

これに対し、一般に、所有権の確認判決に基づいて所有権の登記（所有権の保存登記）の申請をするのは差し支えないとされる（不登七四条一項二号。大判大一五・六・二三民集五巻五三六頁は、移転登記を命じる給付判決により所有権の登記の申請ができるとする）。しかし、登記をもって所有権移転の対抗要件とみる一般的見解によれば、たとえば、AがBに未登記の不動産を譲渡するに際しAにおいて所有権の登記をしてBに移転登記をすると合意した場合、Bによる所有権の確認判決に基づく所有権の登記を認めれば、Aの有する移転登記と反対給付受領の同時履行の抗弁権などが害されるおそれがある。これに対し、登記をもって所有権移転の効力要件とみる私見によれば、Bは登記をしない限りAから所有権を取得しないと解されるから、一般的見解のような問題は生じない。私見によれば、所有権の確認判決に基づく所有権の登記の申請は、たとえば、Aが自分の材料で建物を新築し建物の所有権を取得したが、Bが自分の材料でこれを新築したと主張し建物の所有権を争うケースにおいて、AがBに対する所有権確認の判決に基づき所有権の登記を申請する場合が考えられる。このような場合、所有権の確認判決に基づく所有権の登記の申請を肯定しても不当な不利益を受ける者はなく、これを認めてよいと考える。

抵当権などの制限物権不存在確認判決により制限物権の登記の抹消を申請することができるかどうかについては、できるとする見解もあるが(1)、相手方の有する登記の抹消と反対給付受領の同時履行の抗弁権などを害するおそれもあ

り、消極的に解すべきであろう。(2)

（1）我妻＝有泉・一四六頁。

（2）幾代通＝徳本伸一・不動産登記法〔四版〕一〇三頁（平成六年）参照。結果的に同旨として、舟橋・一四〇頁。

(ハ)　筆界特定

(a)　筆界とは、一筆の土地とこれに隣接する他の土地の境である（不登一二三条一号）。必ずしも土地の所有権の境界と一致しない（不登一三五条二項参照）。他の土地が登記されている場合、筆界は隣接する二筆の土地の境であり、これが通常の筆界である。筆界については、隣接する土地所有者などに大きな利害関係があるから、平成一七年の不動産登記法の改正において筆界特定の制度（不登一二三条以下）が導入された。

(b)　土地の所有権登記名義人などは、筆界特定登記官（筆界特定を行う登記官（不登一二五条））に対し筆界の特定を申請することができる（不登一三一条）。この申請が行われると、筆界調査委員（不登一二七条）が筆界特定に必要な事実を調査する（不登一三五条以下）。筆界特定登記官は、筆界調査委員の意見を踏まえ筆界特定を行う（不登一四三条）。

(c)　筆界特定は、これと抵触する筆界特定判決が確定すればその抵触する範囲で効力を失う（不登一四八条）。

四　登記の効力

(1)　物権変動の要件としての登記の効力

(イ)　物権変動の要件としての登記の効力　登記は、すでに述べたように、物権変動の効力要件である（本書一三七頁参照）。すなわち、物権変動は、当事者の意思表示と登記によって生じるのである。通説的見解は登記を物権変動の対抗要件であるとするが、成り立ち難い見解であることはすでに検討した通りである（本書一二三頁以下参照）。通説的見解は、登記を物権変動の対抗要件とした上で、第三者の方で物権変動を認めれば物権者は登記なしに物権変動を主張することができるとするが、私見によれば、第三者の方で物権変動を認めても登記がなければ物権変動は生じないと解される。(1)

（1）　たとえば、Aがその所有する不動産をBとCにそれぞれ譲渡する旨の契約をしたがいずれにも移転登記をしていない場合、BとCはそれぞれAに対し所有権移転請求権という特定債権を有することになる。この時点においてCがA・B間の契約でBに所有権が移ったことを認めると述べてもBは登記を備えない限り所有権を取得しない。もっとも、この場合、Cを保護する必要はなく、Cを悪意の第三者（Bの特定債権を知りつつ自らも特定債権を取得した者）と同視して扱ってよいであろう。そこで、Bは、AにおいてCの特定債権取得によりBが害されるのを知っていれば、Cの特定債権を否認しAに対し移転登記を請求することができるし、Cが先に移転登記を受けて所有権を取得しても、Cの所有権を否認し、Cに対して、登記の抹消や、Aの利益を不当に害さなければ自己への移転登記を請求することができる。後者の場合、Bは、もちろん、Cに対して登記の抹消を、Aに対して移転登記を求めることもできる（以上につき、本書一三九頁以下参照）。なお、CがBに所有権が移ったことを認めるのは、場合により、Cの特定債権の放棄あるいはCのBに対する贈与の申込みとみられることもあるであろう。

(ロ)　物権変動が生じる時期　物権変動が生じる時期は、これもすでに述べたように、原則として登記をした時である（本書一四九頁以下参照）。物権変動が登記の前に遡及して生じることは第三者の利益を害するから原則として認められない（例外として、たとえば、時効取得者は登記をすれば時効の起算日に遡って所有権を取得すると解される（一四四条））。通説的見解も、登記の対抗力は登記の時に生じるとしている。判例は、登記の対抗力は登記の時に生じるとするが（最判昭二五・一一・三〇民集四巻一一号六〇七頁）、大審院時代の判例には登記前への遡及効を認めるものもある（大判昭一二・五・二二民集一六巻七二三頁（強制競売に関する））。

(ハ)　登記に関する主張立証責任

(a)　物権変動が生じたと主張する方が登記の存在を主張立証するのか、それとも、相手方が登記の不存在を主張立証するのかについては、(1)見解が分かれている。(2)判例は、一貫していず、前者であるとしたものもあるが（大決昭七・七・一九新聞三四五二号一六頁）、後者であるとしたものもある（大判大七・一一・一四民録二四輯二一七八頁、同判昭九・一一・三〇民集一三巻九三三頁。いずれも主張責任について）。

（1）　この問題については、上杉晴一郎「登記請求訴訟の主張・立証責任」不動産登記講座Ⅰ四〇九頁以下（昭和五一年）、松尾弘「対抗要件を定める民法の規定の要件事実論的分析」要件事実論と民法学との対話二〇七頁以下（平成一七年）参照。

（2）　物権変動が生じたと主張する方が登記の存在を主張立証するとするのは、舟橋・一四九頁以下、稲本・一三四頁以下、田中

編・九八頁（田中整爾＝下村正明執筆）、船越・一二三頁、北川・八四頁、鈴木・一三五頁。

相手方が登記の不存在を主張立証するとするのは、石田（文）・一一〇頁、末川・九八頁以下、柚木＝高木・二〇五頁以下、我妻＝有泉・一五二頁、松坂・七一頁、吉原節夫「対抗要件の意義」不動産法大系Ⅰ（改訂版）一四五頁以下（昭和五〇年）、近江・七三頁。

(b)　登記の存否の立証は容易であり、その主張立証責任をどのように考えても大きな差は生じない。すなわち、登記の存在は登記簿によって容易に立証することができるし、また、登記の不存在も登記簿によって容易に立証することができるからである。そこで、この問題はそれほど深刻なものではないが、登記の存否が不明の場合に物権変動が生じたとするのは登記をもって物権変動の効力要件とみる立場からは妥当でなく、物権変動が生じたと主張する方が登記の存在を主張立証すると解すべきである。

(2)　登記の推定力

(イ)　(a)　登記された権利は実際に存在すると推定されると解されている。(1)　しかし、この推定が法律上の推定なのか、それとも、事実上の推定なのかは必ずしも明確でない（最判昭三四・一・八民集一三巻一号一頁は、法律上の推定とするようである。しかし、最判昭四六・六・二九判時六三五号一一一頁は、事実上の推定であるとする。ドイツ民法八九一条は、法律上の推定として規定している）。

（1）　登記の推定力については、萩大輔「登記の推定力と占有の推定力」鹿児島大学社会科学報告七号二三頁以下（昭和三五年）、間中彦次「登記の記載と推定——最高裁判所判決の検討——」民事法の諸問題Ⅱ一頁以下（昭和四一年）、神田孝夫「登記の権利推定機能」民研一五五号二九頁以下、一五七号七頁以下（昭和四五年）、阿部徹「登記の推定力」不動産登記講座Ⅰ二一九頁以下（昭和五一年）、吉野衛「登記の推定力」判例からみた不動産登記の諸問題一五五頁以下（昭和五二年）、七戸克彦「所有権証明の困難性（いわゆる『悪魔の証明』について）——所有権保護をめぐる実体法と訴訟法の交錯——」慶應義塾大学大学院法学研究科論文集二七号七三頁以下（昭和六三年）、同「登記の推定力——比較法的考察——」法研六二巻一一号二八頁以下、六三巻一号三五頁以下、三号四三頁以下（平成元年—二年）、上野芳明「日本法における所有権の推定について」山形大学紀要（社会科学）二一巻二号七五頁以下（平成三年）参照。

(b)　登記の推定力は事実上の推定力であると解すべきである。(1)　なぜなら、登記官には形式的審査権しかなく、登記簿の記録が真実に合致する蓋然性はそれほど高くないと思われるからである。なお、登記の推定力を事実上の推定力という場合、それは登記簿に記録された登記原因が存在すると事実上推定されることを意味すると解すべきである。(2)登記簿に記録された権利の存在が事実上推定されるとすれば、当該権利のあらゆる取得原因の存在が事実上推定されることになり、登記の推定力をあまりに広く認めることになって妥当でない。

(1) 登記の推定力を事実上の推定力とするのは、広中・四八頁、七戸克彦「所有権証明の困難性（いわゆる『悪魔の証明』について）――所有権保護をめぐる実体法と訴訟法の交錯――」慶應義塾大学大学院法学研究科論文集二七号八七頁(昭和六三年)、民法注解一九三頁以下(尾島明＝牧野利秋執筆)、船越・一五七頁、北川・五四頁、川井・四一頁、松尾＝古積・六一頁、山川・九一頁、佐久間・一一八頁。

(2) 間中彦次「登記の記載と推定―最高裁判所判決の検討―」民事法の諸問題Ⅱ一頁以下(昭和四一年)。

(ロ) 登記の推定力は、たとえば、登記簿上AからBに不動産が譲渡された旨記録されている場合、BのAに対する関係では生じず、BはAに対し登記の推定力を援用して権利を主張することはできないとされている(最判昭三八・一〇・一五民集一七巻一一号一四九七頁。占有の推定力についても同様に解されている(本書五四三頁参照))。しかし、登記の推定力を事実上の推定力と解する限り、登記の推定力がBのAに対する関係でも生じることを否定する根拠はないであろう。(1) Bが登記の推定力を援用してもBがAから所有権を取得した原因の立証責任を負うことに変わりはなく、Aは単なる反証によって登記の推定力を覆すことができるからである。

(1) 広中・四八頁注(7)参照。

(ハ) 占有者が占有物について行使する権利は適法に有するものと推定される(一八八条)。これは、一般に、占有に法律上の推定力を認めたものと理解されているが、しかし、後述するように、疑問であり、占有には事実上の推定力しかないと解するのが妥当である(本書五四二頁以下参照)。登記の推定力と占有の推定力が一致しない場合、いずれの推定力が優先するであろうか。不動産の権利関係は登記によって公示されるという原則によれば、登記の推定力が優先すると解すべきであろう。

(3)　登記の公信力　すでに述べたように、登記の公信力は認められない（本書一〇七頁参照）。動産の場合のような明文の根拠（一九二条〜一九四条）はないし、また、動産のように頻繁に取引されるわけではなく、さらに、登記簿の記録が真実の権利関係に合致する蓋然性はそれほど高くないと考えられるからである。もっとも、民法九四条二項の類推適用により登記に部分的に公信力が認められつつあるのは注目すべきことである（本書一〇七頁参照）。

(4)　仮登記の効力

(イ)　順位保全の効力

(a)　(α)「仮登記に基づいて本登記…をした場合は、当該本登記の順位は、当該仮登記の順位による」（不登一〇六条）。これは、仮登記は本登記の順位を保全するというものであり、仮登記の順位保全の効力といわれるものである。

(β)　たとえば、BがAから不動産を買い受ける旨の契約を結び所有権移転請求権を保全するための仮登記をした場合、CがAから同一不動産を買い受ける旨の契約を結び先に本登記を備え所有権を取得しても、Bは仮登記に基づき本登記をした時点でCに優先するものと扱われるのである。この結果、Bが所有者になり、Cは所有権を失うことになる。このような取扱いは、たとえば、BがAの土地に地上権を取得する旨の契約を結び地上権設定請求権を保全するために仮登記をした場合であっても同じであり、Cが右の土地をAから買い受ける旨の契約を結び先に本登記を備え所有権を取得しても、Bは仮登記に基づき本登記をした時点でCに対し地上権を主張することができるのである。この結果、Cは地上権の負担附の所有権を取得することになるのである。

(b)　(α)　仮登記の順位保全の効力は、本登記の効力を仮登記の時に遡及させるものではなく、本登記の順位が仮登記の順位によるだけであり、本登記の効力は本登記の時に生じるのである。このことは、学説上ほとんど異論がない。判例は、はじめ本登記の対抗力が仮登記の時に遡及するとしていたが（大判大三・一二・一〇民録二〇輯一〇六四頁、同判大一一・六・二三新聞二〇三〇号一八頁、最判昭三一・六・二八民集一〇巻六号七五四頁（所有権移転の条件が成就した時に遡及するとする））、最近では学説と同じ見解をとるようである（最判昭三八・一〇・八民集一七巻九号一一八二頁、同判昭五四・九・一一判時九四四号五二頁）。

(β) 具体例で示せば、BがAから不動産を譲り受ける旨の契約をして所有権移転請求権を保全するための仮登記をした後、CがAから同一不動産を譲り受ける旨の契約をして先に本登記を備え目的物を占有した場合、Bは仮登記に基づき本登記をした時点でCに対し所有権を主張することができる。したがって、Bは、Cに対してBの本登記時以後に所有権に基づき明渡しを請求したり、本登記時以後に所有権侵害により生じた損害の賠償を請求することができるのである。

(γ) 右の設例で、一般に、Bは所有権に基づき仮登記のままで不法占有者に対しては明渡しや損害賠償を求めることができるとされている。これは、不法行為者に対しては対抗要件を備えなくても物権を主張することができるとする一般の考えに基づくものである。しかし、後述するように、不法行為者に対する関係であっても登記なしに物権変動は生じないと解すべきである（本書二一五頁参照）。そして、Bは、所有権移転請求権という特定債権に基づき不法占有者に対し明渡し（原則としてAへの明渡し）や損害賠償を求めることができると解するのが妥当である（本書二一八頁参照）。

(ロ) その他の効力

(a) 先取特権や質権、抵当権につき仮登記がされている場合、強制執行や担保権の実行において先取特権や質権、抵当権の被担保債権に配当すべき額が供託される（民執九一条一項五号・一八八条）。この場合、仮登記に基づいて本登記が行われた時に供託金について配当が行われる（民執九二条一項・一八八条）。

(b) (α) 仮登記が不法に抹消された場合、仮登記権利者は回復登記の請求をすることができるとされる（最(大)判昭四三・一二・四民集二二巻一三号二八五五頁）。

仮登記が不法に抹消されても仮登記の効力は失われず（本書一六七頁参照）、仮登記権利者は、登記上利害関係を有する第三者の承諾をえて回復登記をすることができる（不登七二条）。この場合、登記上利害関係を有する第三者には承諾義務がある（登記上利害関係を有する第三者が承諾しない場合、仮登記権利者は承諾を求めて訴えを提起し、勝訴判決をえて回復登記をすることができる）。もっとも、仮登記権利者が、仮登記の不法抹消につき、故意に、あるいは、重過失でもって、これを放置し、登記上利害関係を有する第三者が仮登記が正しく抹消されたと無重過失で信じ（仮登記権利者が故意に放置していた場合）、あるいは、無過失で信じ（仮登記権利者が重過失で放置していた場合）取引関係に入った場合、民法九四条二項を類推し、仮登記権利者は登記上利害関係を有する第三者に対し仮登記の効力を主張することができないと解される。この場合、登記上利害関係を有する第三者には承諾義務がない。

(β)　仮登記の回復登記においては、登記上利害関係を有する第三者がいない場合やその承諾（承諾を求める訴えにおいて勝訴した場合を含む）がある場合、仮登記権利者は、仮登記義務者と共同して申請することができるのはもちろんであるが、仮登記義務者の承諾や裁判所による回復登記を命じる処分（裁判所は、登記上利害関係を有する第三者がいない場合やその承諾がある場合、抹消された仮登記の回復登記を命じる処分をすることができると解される（不登一〇八条参照））があれば単独で申請することができると解すべきである（不登一〇七条一項参照）。

(c)　仮登記も登記簿に記録された仮登記原因につき事実上の推定力を有する（最判昭四九・二・七民集二八巻一号五二頁は、権利および仮登記原因につき推定力（法律上の推定力か）がないとする）。

(ハ)　仮登記に基づく本登記の手続き

(a)　所有権移転請求権に関する仮登記の場合

(α)　所有権移転請求権に関して仮登記がなされ、これに基づき本登記が行われる場合（不登一〇九条一項にいう所有権に関する仮登記がなされ、これに基づき本登記が行われる場合）、登記上利害関係を有する第三者がいればその承諾が必要である（不登一〇九条一項）。ここでいう登記上利害関係を有する第三者とは、いうまでもなく、仮登記に遅れて登記上利害関係を有するに至った者である。登記上利害関係を有する第三者は、承諾を求められればこれを拒否することができない。登記上利害関係を有する第三者が承諾を拒否した場合、仮登記権利者は承諾を求めて訴えを提起することになる（民執一七四条）。登記上利害関係を有する第三者が承諾し、あるいは、その承諾を命じる判決が確定した場合、仮登記に基づき本登記が行われるが、その際、登記官は登記上利害関係を有する第三者の登記を職権で抹消する（不登一〇九条二項）。

たとえば、BがAから不動産を譲り受ける旨の契約を結び所有権移転請求権保全の仮登記をした後でCがAから同一不動産を譲り受ける旨の契約を結び先に登記を備えて所有権を取得した場合、Bが仮登記に基づく本登記をする時点でCの登記は登記官の職権で抹消されるのである。この場合、Cの所有権は当然にAに復帰する。結局、Bが仮登記に基づく本登記をした場合、Cの所有権はAに復帰し、BはAから所有権を取得するということになるのである。(1)

(1) Bの所有権移転請求権が仮登記により保全されている場合、BはCの所有権取得により害されないと考えられる。それゆえ、この場合、Bが所有権移転請求権に基づきCの所有権を否認するのを認める必要はないであろう(本書二一六頁以下参照)。

(β) 登記上利害関係を有する第三者が不当に承諾を拒否した場合、仮登記権利者は本登記をするのが遅れ損害を蒙ることがありうる。この場合、仮登記権利者は登記上利害関係を有する第三者に対し不法行為を理由に損害賠償を求めることができると解される。

(b) その他の仮登記の場合

(α) 所有権移転請求権に関する仮登記以外の仮登記に基づく本登記の手続きをどうするかについては、不動産登記法に規定がなく、ケース・バイ・ケースに処理する外ない。

(β) たとえば、BがA所有の土地につきAに対し地上権設定請求権を有し仮登記をした後、CがAから当該土地を譲り受け登記を備えた場合、CはAの仮登記に基づく本登記義務を承継し、BはCに対し仮登記に基づく本登記を求めることができると解すべきであろう。この場合、BはCから地上権の設定を受けるものとして扱われる。(1)

(1) この場合においても、所有権移転請求権の仮登記の場合と同様、BがCに対し地上権設定請求権に基づきCの所有権のうち使用権能を否認し地上権の設定を求めることを認める必要はないであろう(本書二一七頁参照)。

(γ) これに対し、たとえば、BがA所有の土地につきAに対し地上権設定請求権を有し仮登記をした後、CがAから当該土地につき地上権の設定を受け登記をした場合、所有権移転請求権の仮登記の場合と同様に考えてよいであろう。すなわち、BはCに対し仮登記を本登記にすることにつき承諾を求めるべきであり（Cは承諾を拒否できない）、Cの登記は仮登記を本登記にするに際し登記官により職権で抹消されるべきである。なぜなら、Cの地上権はBの地上権と両立せず、Cの地上権の登記を存続させることはできないからである。結局、この場合、不動産登記法一〇九条一項二項を類推適用すべきことになるであろう。右の場合、BはAから地上権の設定を受けることになるのは当然である。(1)

(1)　この場合においても、Bが地上権設定請求権に基づきCの地上権を否認することを認める必要はないであろう。

㈡　その他

(a)　仮登記担保権

(α)　仮登記担保権とは、仮登記が担保の目的でなされたものをいう。仮登記担保権については、判例による法形成が行われていたが、昭和五三年に判例法を基礎として仮登記担保契約に関する法律が制定された。

(β)　(i)　仮登記担保契約に関する法律によれば、仮登記担保権とは、金銭債務を担保するため、その不履行がある場合に債権者に債務者らの所有権などの権利を移転することを目的としてなされた代物弁済の予約、停止条件附代物弁済契約その他の契約で、その契約上の権利について仮登記や仮登録をしたものをいう（仮登記担保一条）。

(ii)　仮登記担保権が設定された場合、予約完結権が行使されるなどしても、それにより所有権を移転すべき日以後に仮登記担保権者が次に述べる清算金の見積額を債務者らに通知し通知の到達した日から二か月（清算期間）を経過しなければ所有権は移転しない（仮登記担保二条一項。私見によれば、清算期間が経過しても登記が移転されなければ所有権は移転しない。清算期間の経過により所有権移転請求権が発生する）。

(iii)　仮登記担保権者は、仮登記担保権を実行するに際し、債務者らに対して債権額（および、債務者らが負担すべき費用で仮登記担保権者が代わって支払った額。以下、同じ）と担保不動産の価格の差額を清算金として支払わなければならず（仮登記担保三条一項）、債務者らは清算金の支払いと担保不動産の移転登記および引渡しの同時履行の抗弁権を有する（仮登記担保三条二項）。債務者らは、原則として仮登記担保権が実行された後であっても清算金の支払いを受けるまでは債権額に相当する金銭を仮登記担保権者に提供して不動産の所有権を受け戻すことができる（受戻権。仮登記担保一一条本文）。

(ⅳ) 担保不動産につき強制競売や担保権の実行としての競売などが行われた場合、仮登記担保権者は、仮登記をした時点で抵当権の登記をしたとみなされ、他の債権者に先立って債権の弁済を受けることができる（仮登記担保一三条一項）。

(b) 保全仮登記

(α) 保全仮登記とは、不動産に関する所有権以外の権利の保存、設定、または、変更についての登記請求権を保全するための処分禁止の仮処分を執行する場合に行われるもので、処分禁止の登記とともになされる仮処分による仮登記である（民保五三条二項）。たとえば、BがAに対し地上権設定のための登記請求権を有しこれを保全するために処分禁止の仮処分命令をえた場合、その執行は処分禁止の登記と保全仮登記をすることによって行われるのである。平成元年に制定された民事保全法によって新設されたものである。

(β) 仮処分債権者が仮処分により保全される登記請求権に係わる登記をする場合には、保全仮登記に基づく本登記を行う（民保五八条三項）。そして、その際、仮処分により保全される登記請求権に係わる権利が不動産の使用または収益をする権利である場合には、不動産の使用または収益をする権利（所有権を除く）、あるいは、その権利を目的とする権利の取得に関する登記で、処分禁止の登記に後れたものは、仮処分債権者の単独申請で抹消される(1)（民保五八条四項、不登一一三条）。

たとえば、前述のBがAに対し地上権設定のための登記請求権を有しこれを保全するために処分禁止の仮処分が執行された場合、地上権の登記は保全仮登記に基づき行われる。そして、その際、処分禁止の登記に遅れたCのための地上権の登記などはBの単独申請で抹消されるのである。これに対し、Cの所有権の登記は抹消されない。この場合、CはAの保全仮登記に基づく本登記義務を承継し、BはCから地上権の設定を受けるものとして扱われるべきであろう（本書二〇一頁参照）。

(1) 所有権移転のための登記請求権を保全するために処分禁止の仮処分が執行される場合、処分禁止の登記のみが行われ、保全仮登記は行われない。この場合、仮処分債権者が所有権移転の登記をする際に、処分禁止の登記に後れる第三者の登記は仮処分債権者の単独申請で抹消される（民保五三条一項・五八条一項二項、不登一一一条一項）。

五　登記と第三者

(1) 通説的見解とその問題点

(イ) 通説的見解　民法一七七条にいう第三者に関する通説的見解の概容は次の通りである。

(a) 第三者とは、物権変動の当事者およびその包括承継人以外のすべての者をいうのではない。かつては物権変動の当事者およびその包括承継人以外のすべての者をいうとする見解（無制限説）もあったが、現在では物権変動の当事者およびその包括承継人以外の者のうち一定の者をいうとする見解（制限説）が支配的である。たとえば、判例は、「登記欠缺ヲ主張スル正当ノ利益ヲ有スル者」（大（連）判明四一・一二・一五民録一四輯一二七六頁）としており、学説もこれと大同小異である。(1)

(1) この問題については、舟橋諄一「登記の欠缺を主張し得べき『第三者』について」加藤先生還暦祝賀論文集六三九頁以下（昭和七年）、志方篤「民法第百七十七条に所謂『第三者』について」法曹会雑誌一七巻七号一頁以下、八号一七頁以下（昭和一四年）、吉原節夫「第三者の範囲」不動産法大系I（改訂版）一四七頁以下（昭和五〇年）、池田恒男「明治四一年大審院『第三者』制限連合部判決の意義――不動産物権変動論の歴史的理解のために――」社会科学研究二八巻二号一六三頁以下（昭和五一年）、大河純夫「『第三者制限連合部判決』における『正当ノ利益』概念について――『第三者制限連合部判決』研究ノート――」立命一三三・一三四・一三五・一三六号四六〇頁以下（昭和五三年）、川井健「民法一七七条第三者制限説判決」民法判例と時代思潮三一頁以下（昭和五六年）、半田正夫・民法一七七条における第三者の範囲（叢書民法総合判例研究⑦）（改訂版）（昭和五七年）、鎌田薫「対抗問題と第三者」民法講座2六七頁以下、池田真朗「ボアソナードにおける『第三者』の概念――不動産物権変動と指名債権譲渡とを中心に――」法研五九巻六号一頁以下（昭和六一年）、松岡久和「民法一七七条の第三者・再論――第三者の主体的資格と理論構成をめぐる最近の議論――」奥田昌道先生還暦記念（民事法理論の諸問題）下一八五頁以下（平成七年）、月岡利男「不動産物権変動理論史――第三者論を中心に――」関法四六巻二号一頁以下（平成八年）、鈴木禄弥「登記懈怠の効果について」物権変動と対抗問題三頁以下（平成九年）、石田剛「登記がなければ対抗することができない第三者」新／不動産登記講座2二一五頁以下（平成一〇年）、田中淳子「明治四一年の二つの大審院連合部判決の現代的意義」相続と登記九頁以下

（平成一一年）、上谷均「民法一七七条の第三者論における『自由競争論』の存在理由──牧野自由法学における『自由競争論』を中心に──」修道法学二五巻一号一頁以下（平成一四年）、内藤靖起「民法一七七条『第三者』論の再検討──近時の『登記懈怠の制裁』論に対する疑問──」北大法学研究科ジュニア・リサーチ・ジャーナル一〇号一九七頁以下（平成一六年）参照。

(b) (α) 具体的には、第三者とは、同一不動産について物権変動の当事者（その包括承継人を含む。以下、同じ）が取得した物権と相容れない権利を有する者、および、物権変動の当事者が物権を取得した不動産について契約上の権利義務を有する者である。

(i) まず、物権変動の当事者が取得した物権と相容れない権利を有する者とは、たとえば、同一不動産につき物権変動の当事者が取得した物権と相容れない物権を有する者（大判大一〇・一・二四民録二七輯二二一頁および同判大一〇・六・二四民録二七輯一二三三頁は、地役権者は地役権の登記をしないと承役地の譲受人に対抗できないとする。大判大四・一二・二三民録二一輯一九七七頁および同判昭七・五・二七民集一一巻一二七九頁は、不動産の譲受人は登記をしないと抵当権者に対抗できないとする。大判昭一四・五・二四民集一八巻六二三頁および同判昭一七・一二・一八民集二一巻一一九九頁は、不動産の譲受人は登記をしないと当該不動産の競落人（または、その承継人）に対抗できないとする）、同一不動産につき物権変動の当事者が取得した物権と相容れない特定債権を有する者（最判昭二八・九・一八民集七巻九号九五四頁は、立木の明認方法に関してであるが、立木の譲受人は明認方法を備えないと立木の所有権移転請求権を有する者に対抗できないとする）、物権変動の当事者が取得した物権と相容れない関係に立つ一般債権者（不動産がA→Bと譲渡されたが移転登記がされる前に当該不動産を差し押えたAの一般債権者など。大判大一〇・一〇・二九民録二七輯一七六〇頁、最判昭三一・四・二四民集一〇巻四号四一七頁、同判昭三八・三・二八民集一七巻二号三九七頁、同判昭三九・三・六民集一八巻三号四三七頁は、不動産の譲受人は当該不動産を差し押えた（仮差押えや強制競売の申立てを含む）譲渡人の債権者に登記なしに対抗できないとする。大判昭九・一・三〇民集一三巻九三頁は、被相続人から不動産を譲り受けた者は、限定承認があった場合、相続債権者に対し登記なしに対抗できないとする。大判昭一一・七・三一民集一五巻一五八七頁は、抵当権者が債務者から抵当不動産を買い受け、代金債務と被担保債権を相殺した場合、抵当権者は抵当権の登記なくして他の債権者に対抗できず、当該売買は債務者の一般担保を減少する行為として詐害行為になりうるとする）である。

(ii) 次に、物権変動の当事者が物権を取得した不動産について契約上の権利義務を有する者とは、たとえば、土地の譲受人が当該土地を譲渡人から借り受けた賃借人に対して賃料請求や契約解除をする場合の賃借人である（大判昭八・五・九民集一二巻一一二三頁、最判昭二五・一一・三〇民集四巻一一号六〇七頁、同判昭四九・三・一九民集二八巻二号三二五頁）。

(β) 以上に説明した者が物権変動について悪意であっても第三者に該当するとされる[1][2]（大判明四五・六・一民録一八輯五六九頁、同判大一〇・一二・一〇民録二七輯二一〇三頁、最判昭三二・九・一九民集一一巻九号一五七四頁。最判昭三五・一一・二九民集一四巻一三号二八六九頁は、解除による所有権の復帰につき予告登記（現行不動産登記法では廃止）がされていても被解除者から解除に係わる不動産を譲り受けた者は第三者に該当するとする）。その理由として、登記制度のもつ客観性、画一性の利点を保持すべきであるとされる。もっとも、悪意者は第三者に入らないとする見解もかなり有力である(3)。

(1)　悪意者は第三者に該当するかの問題については、討論「甲者アリ或建物ヲ乙者ニ売払イ又之ヲ丙者ニ売払イタリ丙者ハ乙者ニ先チ登記シタルモ既ニ甲乙間ニ売買アリタルヿヲ知リテ買取リタルモノトス乙丙何レカ所有者ナルヤ」法協三七号一頁以下、三八号一頁以下、有泉亨「民法第一七七条と悪者の第三者」法協五六巻八号七七頁以下(昭和一三年)、浜上則雄「フランス法における不動産の二重譲渡の際の第三者の悪意」阪法五一号一頁以下(昭和三九年)、雨宮真也「登記の欠缺と悪意の第三者」中央大学正法会三十周年記念論文集一四一頁以下(昭和四一年)、鎌田薫「不動産二重売買における第二買主の悪意と取引の安全──フランスにおける判例の『転換』をめぐって──」比較法学九巻二号三一頁以下(昭和四九年)、シンポジウム「不動産物権変動と登記の意義」私法三七号三頁以下(昭和五〇年)、石本雅男「二重売買における対抗の問題──忘れられた根本の理論──」末川先生追悼論集(法と権利)I一五六頁以下(昭和五三年)、石田喜久夫「現代の物権変動論──民法一七七条の第三者につき善意・悪意を問題としない判例・通説の根拠を問う──」物権変動論一九一頁以下(昭和五四年)、有川哲夫「二重譲渡と悪意の第三者」福岡大学法学論叢二四巻四号四一五頁以下(昭和五五年)、滝沢聿代・物権変動の理論二三五頁以下(昭和六二年)、松尾弘「所有権譲渡の『意思主義』と『第三者』の善意・悪意」一論一一〇巻一号一五九頁以下、一一一巻一号九一頁以下(平成五年―六年)、鷹巣信孝「対抗要件論の検討」物権変動論の法理的検討一七九頁以下(平成六年)、吉井啓子「不動産公示の消極的効果としての『不知』の推定──フランスの不動産公示における『認識』の位置付け──」同法四六巻六号一五九頁以下、四七巻一号一六三頁以下(平成七年)、石田剛「不動産二重売買における公序良俗」奥田昌道先生還暦記念(民事法理論の諸問題)下一二九頁以下(平成七年)、吉井啓子「『対抗』理論における第三者の主観的態様の意義──近時のフランス破毀院判例からの考察──」国学院法学三八巻二号七一頁以下(平成一二年)、武川幸嗣「民法一七七条における第三者と『悪意』の意義」半田正夫先生古稀記念論集(著作権法と民法の現代的課題)五四一頁以下(平成一五年)、朱曄「不動産二重売買における自由競争と第三者悪意の認定──比較法から見た中国法の課題──」北法五七巻五号一頁以下(平成一九年)、藤田貴宏「二重売買における第二買主の善意──スペイン学説継受の一例として──」独協法学七二号一三九頁以下(平成一九年)参照。

(2)　最判平一〇・二・一三民集五二巻一号六五頁は、通行地役権の承役地が譲渡されたケースで、譲渡された時に、当該承役地が地役権者によって継続的に通路として使用されていることが客観的に明らかであり、かつ、譲受人がそのことを知っていたか知ることができた場合、譲受人は通行地役権の設定を知らなかったとしても地役権設定登記の欠缺を主張するのは信義則に反し第三者に当たらないとする。この判例によれば、善意の第三者であっても第三者に入らない場合があるということになり、悪意の第三者であっても第三者に入るとする判例の一般的傾向に調和しないと思われる。この判例については、岡本詔治「未登記通行地役権の対抗力について——現代通行権裁判の一断面——」日法六五巻四号一六九頁以下（平成一二年）、田中康博「通行地役権の対抗と登記——最高裁一九九八年二月一三日及び一九九八年一二月一八日判決をめぐって——」京都学園法学三〇・三一号一五五頁以下（平成一二年）参照。

なお、最判平一〇・一二・一八民集五二巻九号一九七五頁は、右の事案において、地役権者は譲受人に対し地役権設定登記を請求することができるとした。

(3) 岡村玄治「民法第百七十七条ニ所謂第三者ノ意義ヲ論シ債権ノ不可侵性排他性ニ及フ」志林一七巻六号三頁以下（大正四年）、田島・一〇六頁以下、浜上・前掲二三頁以下、雨宮・前掲一七四頁以下、篠塚昭次「物権の二重譲渡」論争民法学Ⅰ一四頁以下（昭和四五年）、石田(喜)・前掲、半田正夫「不動産所有権の二重譲渡に関する諸問題」不動産取引法の研究三頁以下（昭和五五年）、吉田邦彦・債権侵害論再考五七六頁以下（平成三年）、鷹巣・前掲一九九頁（第一買主が所有権移転請求権を有する段階では第三者は悪意（背信的悪意を除く）であってもよいが、第一買主が所有権を取得した段階では第三者は善意でなければならないとする）、小川清一郎「不動産物権変動と対抗問題」新報一〇四巻八・九号四五五頁以下（平成一〇年）、平野・九九頁以下、武川・前掲、内田・四五四頁以下、川井・三五頁以下。

(c) 第三者に該当しない者とは、不動産がA→B→Cと譲渡された場合のCに対するA、不動産登記法五条に定める者、登記の欠缺を主張することが信義則に反する者、背信的悪意者、実質的無権利者、不法行為者である。これらの者に対しては登記なしに対抗することができる。

(α) まず、不動産がA→B→Cと譲渡された場合、AはCに対して第三者でなく、Cは登記なしにAに対抗することができる（最判昭四三・一一・一九民集二二巻一二号二六九二頁参照）。

(β) 次に、不動産登記法五条に定める者とは、「詐欺又は強迫によって登記の申請を妨げた」（不登五条一項）者、および、「他人のために登記を申請する義務を負う」（不登五条二項本文）者である。

(γ) 次に、登記の欠缺を主張することが信義則に反する者については、たとえば、通行地役権の承役地が地役権者によって継続的に通路として使用されていることが客観的に明らかで承役地の譲受人がそのことを知っていたか知ることができた場合、譲受人は通行地役権の設定を知らなかったとしても地役権設定登記の欠缺を主張するのは信義則に反し許されないとされる（最判平一〇・二・一三民集五二巻一号六五頁。本書二〇六頁注（2）参照）。

(δ)　次に、背信的悪意者(1)とは、不動産登記法五条に定める者に類する程度の悪意者（最判昭四〇・一二・二一民集一九巻九号二二二一頁）、あるいは、登記の欠缺を主張するのが信義に反するような悪意者（最判昭四三・一一・一五民集二二巻一二号二六七一頁など）である。たとえば、BがAから不動産を買い受け長期間占有しているが移転登記を受けていないケースで、これらの事情を知っているCがBに登記がないことを奇貨としBに高値で売りつける目的でAから当該不動産を買った場合（最判昭四三・八・二民集二二巻八号一五七一頁。なお、最判昭三六・四・二七民集一五巻四号九〇一頁、同判平一八・一・一七民集六〇巻一号二七頁も参照）、あるいは、A・B間において不動産がBに帰属しAはBに移転登記をする旨の和解が成立したケースで、この和解交渉に関与し和解の書面にも署名捺印したCがAに対する債権に基づき当該不動産を差し押えた場合（最判昭四三・一一・一五民集二二巻一二号二六七一頁）、Cは背信的悪意者である。なお、Cからの転得者Dは、D自身が背信的悪意者でない限り第三者に該当するとされる（最判平八・一〇・二九民集五〇巻九号二五〇六頁）。

（1）　背信的悪意者については、三和一博「民法一七七条の『第三者』の範囲と信義則の適用——いわゆる背信的悪意者をめぐる判例・学説の検討——」洋法九巻二・三号三三頁以下（昭和四〇年）、北川弘治「民法一七七条の第三者から除外される背信的悪意者の具体的基準」判評一二〇号二三頁以下、一二一号一五頁以下、一二二号一三頁以下、一二三号九頁以下（昭和四四年）、本城武雄「民法第一七七条と民法第一条——物権的対抗関係論と背信的悪意者論——」名城法学一九巻一・二号一五七頁以下（昭和四四年）、北川弘治「判例における背信的悪意者の理論の形成」登研二八六号一頁以下、二八七号一頁以下（昭和四六年）、鈴木重信「民法第一七七条と背信的悪意者」登記研究三〇〇号記念（不動産登記の諸問題）上四八三頁以下（昭和四九年）、湯浅道男「物権変動論序説のための覚え書——背信的悪意者をめぐって——」愛知学院大学論叢法学研究一八巻一号一頁以下（昭和四九年）、水本浩「不動産物権変動における利益衡量」我妻栄先生追悼論文集（私法学の新たな展開）二六九頁以下（昭和五〇年）、深谷松男「背信的悪意者と対抗力」不動産登記講座Ｉ一八九頁以下（昭和五一年）、松岡久和「判例における背信的悪意者排除論の実相」林良平先生還暦記念論文集（現代私法学の課題と展望）中六五頁以下（昭和五七年）、「背信的悪意者と登記」ジュリ増刊（不動産物権変動の法理）四二頁以下（昭和五八年）、吉原節夫「背信的悪意者論の転得者への適用――東京高裁昭和五七年八月三一日判決に寄せて――」民研三二九号九頁以下（昭和五九年）、山中康雄「民法第一七七条と背信的悪意の第三者について」愛知大学法経論集一一三号二六七頁以下（昭和六二年）、川井健「不動産物権変動における公示と公信――背信的悪意者論、民法九四条二項類推適用論の位置づけ――」不動産物権変動の公示と公信一五頁以下（平成二年）、同「背信的悪意者論――不動産の二重売買における公序良俗と信義則――」同書三九頁以下、湯浅道夫「背信的悪意者論」石田喜久夫＝西原道雄＝高木多喜男先生還暦記念論文集上（不動産法の課題と展望）七七頁以下（平成二年）、大河純夫「『背信的悪意者』は民法一七七条の『第三者』に当たらないとの法命題について」立命三〇四号二三頁以下（平成一八年）、石田剛「背信的悪意者排除論の一断面――取得時効に関する最判平成一八年一月一七日を契機として――」立法七三号六三頁以下、七四号一一九頁以下（平成一九年）参照。

(ε) 次に、実質的無権利者とは、権利を有するような外形はあるが真実は権利を有しない者である。たとえば、相続欠格者（八九一条参照）から相続不動産を譲り受けた者（大判大三・一二・一民録二〇輯一〇一九頁）、遺言で廃除された者（八九三条参照）から相続不動産を譲り受けた者（大判昭二・四・二二民集六巻二六〇頁）、BがAから甲土地を譲り受けたのに誤って乙土地を譲り受けたように登記された場合の乙土地についてのB（大判昭一〇・一一・二九民集一四巻二〇〇七頁）、BがAから一筆の土地の一部を譲り受けたのに誤って全部を譲り受けたように登記された場合でBから一筆の土地の全部を譲り受けたC（残部について。大判昭一三・七・七民集一七巻一三六〇頁）、被担保債権と抵当権がAからCに譲渡されたが債権譲渡の対抗要件（四六七条）が備わる前に債務者BがAに被担保債権を弁済したケースでBから抵当権の抹消登記なく抵当権の消滅を主張されたC（大判大一〇・三・一二民録二七輯五三二頁、同判昭七・七・二三新聞三四四九号一四頁）がこれである。

(ζ) 次に、不法行為者とは、不動産に対する不法な侵害者である。たとえば、不動産の不法占有者がこれである（大判大九・四・一九民録二六輯五四二頁、最判昭二五・一二・一九民集四巻一二号六六〇頁など）。

(ロ) 通説的見解の問題点

(a) 第一に、通説的見解は、登記は物権変動の対抗要件であるという前提に立つのであるが、この前提に根本的な疑問があることはすでに述べた通りである（本書一二三頁以下参照）。

(b)　第二に、たとえば、AがBに不動産を譲渡したが登記を移転しないケースでCが当該不動産を不法に占有している場合、通説的見解によれば、BはCに対しては登記なしに完全な所有権を主張することができる。この場合、AはCに対しては完全な無権利者と考えられているようである。しかし、AがCに当該不動産を譲渡し登記も移転すればCは完全な所有者になると考えられていると思われるが、Cに対し完全な無権利者であるAがなにゆえにCに完全な所有権を移転することができるのか理解できない（Cは、自己の不動産と誤信して占有していたにすぎず、Aから当該不動産を譲り受けても背信的悪意者などではないとする）。

(c)　(α)　第三に、たとえば、Aが同一不動産をBとCに二重に譲渡しDが当該不動産を不法に占有している場合、通説的見解によれば、BとCは相互に登記なしには所有権を主張することができないが、Dに対してはいずれも登記なしに所有権を主張することができることになる。この場合、しばしば指摘されているように、B・CのいずれがDに対し明渡請求権や不当利得に基づく利得返還請求権、不法行為による損害賠償請求権を有するのか明らかにされていない。

(β)　かりにB・Cの双方ともDに対し所有権を行使することができるとすれば、Dはたとえば単一の所有者に対する損害賠償金の二倍の金額を支払わなければならず妥当でない。あるいは、かりに早く所有権を行使したBが優先するとすれば、CはDに対し完全な所有者であるにもかかわらず所有権を行使することができず妥当でない。あるいは、かりに損害賠償金などはB・Cに半額ずつ帰属するとすれば根拠がないといわざるをえない。すなわち、B・CはDに対し損害賠償金などの半額しか請求することができないとすればB・CはDに対し登記なしに完全な所有権を主張することができるという前提に反するし、B・CはDから全額を受け取ることができるが受け取らなかった方は受け取った方に半額を求償することができるとすればB・Cは相互に登記なしには所有権を主張することができないという前提に反する。

(γ)　Aが同一不動産をBとCに二重に譲渡したがB・Cはともに登記を備えないでいたところAがDにも同一不動

産を譲渡しDが登記を備えた場合、DがCに対して背信的悪意者であるとすればB・C・Dの関係はどうなるであろうか。通説的見解によれば、CはDに対し所有権を主張することができ、DはBに対し所有権を主張することができるが、CはBに対し所有権を主張することができない。すなわち、DはBに対し所有権を主張することができ、そのDに対しCは所有権を主張することができるのに、CはBに対して所有権を主張することができないのである。このような結論は奇妙であるし、また、右のケースで不法行為者Eとの関係はどうなるのか不明である。

(d) 第四に、AがCに賃貸している土地をBに譲渡した場合、通説的見解によれば、BはCに対し登記なしに賃料を請求することはできない。この場合、AがCに対して賃料を請求することになるであろう。しかし、BはAに対しては登記なしに所有権を主張することができるから、Bは不当利得に基づきAに対してCから受領した賃料の返還を請求することができることになるであろう。このような処理の仕方は、実質上、BからCに対し賃料の請求を認めるのと大差ないが、いかにも煩雑であって妥当でない。

(e) (α) 第五に、通説的見解は第三者の善意悪意を問わないとするが、悪意の第三者を保護する必要があるとは思われない(1)。通説的見解は、登記制度の客観性、画一性を強調するが、しかし、登記制度は物権変動を登記することによって第三者にそれを知らしめ取引の安全を確保しようとする制度である。そうだとすれば、物権変動について知っている者を保護する必要は全くないというべきである。もちろん、第三者の善意悪意を問題とする場合には第三者の善意悪意をめぐって争いが生じうるが、通説的見解によっても背信的悪意者であるか否かについて争いが生じうるのである。第三者の善意悪意をめぐる争いは、証拠と経験則に基づく適切な事実認定によって解決されれば十分である。

(1) 旧民法財産編三五〇条一項但書は第三者の善意を要求していたが、現行民法の編纂過程において第三者の善意悪意を問わないと改められた。その理由は、登記制度は絶対的なものでなければならないからとされている(民法議事速記録六巻二八頁以下)。しかし、他方、起草者によれば、民法一七七条の立法趣旨は取引安全の保護であるというのであり(民法議事速記録六巻二七頁以下)、第三者の善意悪意を問わないのはこの立法趣旨と抵触する。このような場合には、通説的見解においても、民法一七七条の立法趣旨に適合するように第三者の範囲を制限して解釈すべきである（いわゆる目的論的制限。本書二八頁参照）。

(β)　さらに、通説的見解は詐害行為取消権とのバランス上重大な問題点を有している。詐害行為取消権においては、第三者（受益者）は債権者（金銭債権者）を害することを知って債務者（債権者を害することを知っている債務者）と取引し権利（物権を含む）を取得してもその権利を否認される（四二四条一項）。そうだとすれば、民法一七七条を対抗要件であるとする通説的見解を前提としても、民法一七七条の第三者は物権者を害することを知って債務者（第三者の権利取得により物権者が害されるのを知っている債務者）と取引し権利を取得してもその権利を否認されると考えるべきである。たとえば、A（債務者）がB（物権者）とC（第三者）に不動産を二重に譲渡し悪意のCが先に登記を備えた場合、詐害行為取消権の場合とのバランス上、Bは、AにおいてCの所有権取得によりBが害されるのを知っていれば、Cの所有権を否認することができると解すべきである。通説的見解によれば、物権者よりも債権者の方が保護されることになるが、物権者よりも債権者の方が保護されるべき理由は全くないのである（通説的見解によれば、物権の方が債権よりも強力な権利である）。それゆえ、詐害行為取消権の場合とのバランス上、第三者は少なくとも債務者において第三者の権利取得により物権者が害されるのを知っていた場合には（ほとんどの場合がそうである）善意でなければならないと解すべきである（以上につき、本書六頁以下参照）。

(γ)　さらに、民法一七六条と同法一七七条・一七八条が由来したとされるフランスにおいても、かつては第三者の善意悪意を問わないとされていたが、現在では破毀院の判例によって第三者の善意が要求されるに至っていることに留意すべきである(1)(2)。

（1）　Mazeaud-Chabas, t. Ⅲ, vol. 1, nº 727.
フランスの実務では、はじめ、fraude を有する第三者は保護されないとされていたが、fraude を拡大して単なる悪意と同視するいくつかの判決が出され、しかも、fraude を有する第三者からの善意の転得者も保護されないとされることが破毀院の判例変更をもたらしたといわれる（Mazeaud–Chabas, op. cit.）。判例変更後には、単なる悪意は faute を構成し、悪意の第三者からの善意の転得者は保護されるとされる（Mazeaud–Chabas, op. cit.）。

破毀院の判例変更については、鎌田薫「不動産二重売買における第二買主の悪意と取引の安全――フランスにおける判例の『転換』をめぐって――」比較法学九巻二号八九頁以下（昭和四九年）、滝沢聿代・物権変動の理論二三八頁以下（昭和六二年）参照。

最近の破毀院の判例の動向については、吉井啓子「『対抗』理論における第三者の主観的態様の意義――近時のフランス破毀院判例からの考察――」国学院法学三八巻二号七一頁以下（平成一二年）参照。

(2) ドイツでは、第三者の善意悪意は第一買主などの特定債権を侵害する不法行為になるか否かという形で問題になる。たとえば、不動産をBに譲渡する旨の契約をしたAがBにおいて登記を備える前に同一不動産をCにも譲渡する旨の契約をしCが先に登記を備えた場合、Bは所有権移転請求権という特定債権を取得し、Cは所有権を取得する。この場合、Cは良俗に反して故意にBの特定債権を侵害すればBに対して不法行為となり（ドイツ民法八二六条）、原状回復として所有権をBに移転しなければならない（ドイツ民法二四九条）。そして、ドイツの実務上、Cの単なる悪意（CがBの特定債権を知りつつ所有権を取得した）に近い場合にドイツ民法八二六条の不法行為の成立が認められる傾向にあるといわれる（好美清光「Jus ad rem とその発展的消滅――特定物債権の保護強化の一断面――」一法三号三九八頁（昭和三六年）、磯村保「二重売買と債権侵害――『自由競争』論の神話――」神法三六巻一号五四頁（昭和六一年））。このように、ドイツにおいては、実質上第三者の善意が要求される傾向にあることに注意すべきである。

スイスにおいても、右の設例の場合、Cが良俗に反して故意にBの特定債権を侵害すればBに対して不法行為になる（スイス債務法四一条一項）。しかし、スイスにおいては、金銭賠償か原状回復かは裁判官の裁量に任されているところ（スイス債務法四三条一項）、裁判官が原状回復を命じることはほとんどないといわれる（Oftinger–Stark, Schweizerisches Haftpflichtrecht I, 5. Aufl. 1995, S. 101）。それゆえ、スイスにおいては、第三者の悪意は金銭賠償の対象になることはあっても、第三者の所有権の否認をもたらすことはほとんどないと思われる。

(δ) かりに第三者の善意を要求する見解に立つ場合、それは、登記を信頼した者は保護されるということを意味するが、そうだとすれば登記の公信力を認めない一般的立場とどのように関係するのか十分な説明が必要である。特に動産については、民法一七八条において第三者の善意が要求されるとすれば、それは民法一九二条とどのように関係するのか十分な説明が必要である。しかし、善意を要求する論者はこのような説明をほとんどしていない。

(f) 第六に、通説的見解は、信義則違反の名のもとに場合により第三者が善意であってもこれを保護しないとしている。しかし、悪意の第三者を保護しつつ、善意の第三者を保護しないとするのは理解に苦しむといわざるをえない（本書二〇六頁注(2)参照）。

(g)　第七に、通説的見解は、背信的悪意者からの転得者は自己が背信的悪意者でない限り登記の欠缺を主張することができるとする。たとえば、BがAから不動産の譲渡を受けたが未登記の間に背信的悪意者であるCがAから同一不動産の譲渡を受けこれをDに譲渡した場合、Dは登記を備えれば背信的悪意者でない限りBの登記の欠缺を主張し完全な所有権を取得するとされる。しかし、BとCの間においてはBが所有者であってCは所有者でないのであり、なぜDが無権利者であるCから所有権を取得することができるのか理解できない。(1) 通説的見解はCが不動産登記法五条に定める者である場合や登記の欠缺を主張するのが信義則に反する者である場合にも背信的悪意者の場合と同様に解すると思われるが、これらの場合においてもBとCの間においてはBが所有者であってCは所有者でないのであり、なぜDが無権利者であるCから所有権を取得することができるのか理解できない。

(1)　松尾＝古積・六八頁以下は、CはBとDに二重に所有権を譲渡したことになり、先に登記を備えたDが背信的悪意者でない限りBに優先するとする。しかし、一般の二重譲渡の場合と同様にCがBとDの両者に二重に所有権を譲渡することができるということが理解できないし、さらに、BはAから取得した所有権をCに対して主張することができるのであって、CからBへの所有権の移転はないと考える。

(h)　以上のように、民法一七七条の第三者についての通説的見解には数多くの問題点があり、これを維持することは到底できないと考える。

(2)　私　見

(イ)　第三者の意義

(a)　私見によれば、登記は物権変動の効力要件である（本書一三七頁参照）。物権変動は、登記がなければいかなる者に対する関係でも生じない。それゆえ、民法一七七条の第三者とは、物権変動の当事者およびその包括承継人以外のすべての者である（無制限説）。なお、このことは、物権変動の当事者およびその包括承継人にとって物権変動は登記なしに生じるということを意味しない。これらの者にとっても物権変動は登記なしには生じないのである。結局、民法一七七条は、第三者に焦点をあわせて、物権変動は第三者に対する関係においても登記なしには生じないことを定めた規定であると解される。

(b)　(α)　不動産登記法五条一項は「詐欺又は強迫によって登記の申請を妨げた第三者は、その登記がないことを主張することができない」と規定し、不動産登記法五条二項本文は「他人のために登記を申請する義務を負う第三者は、その登記がないことを主張することができない」と規定している。これらの規定は、私見とどのように関係するのであろうか。

(β)　私見によれば、物権変動は不動産登記法五条に規定する者に対しても登記なしには生じない。しかし、不動産登記法五条に規定する者は、特定債権者の特定債権を知りつつ取引した者以上に保護に値せず、特定債権に基づく否認を受けるべきである。たとえば、BがAから不動産を譲り受ける旨の契約をしたが登記をしないでいるうちに不動産登記法五条に規定する者CがAから同一不動産を譲り受け先に登記を備えた場合、Cは悪意の第三者よりも保護に値しない。それゆえ、Bは所有権移転請求権という特定債権に基づきCの所有権を否認することができると解すべきである。不動産登記法五条は、CはBに登記がないことを主張することによってBによる特定債権に基づく否認を否定することはできない旨を定めた規定であると解されるのである（以上につき、本書一三九頁以下参照。なお、この場合、CはBに登記がないことを主張できないとする不動産登記法五条の趣旨にかんがみ、AにおいてCの所有権取得によりBが害されるのを知っているという要件は不要であると解される）。

(ロ)　特定債権と第三者

(a)　私見によれば、通説的見解のいう登記と第三者の問題は特定債権と第三者の問題である。なぜなら、物権変動の当事者は登記を備えるまでは特定債権のみを有し、この特定債権が第三者に対しどのような効力を有するかという問題になるからである。そして、このように考えて、はじめて通説的見解のいう登記と第三者の問題は一貫して、かつ、妥当に処理されると思われる。なお、以下の(b)の説明については、本書六頁以下、二二頁以下、一三九頁以下参照。

(b)　特定債権の第三者に対する効力の問題は、次の三つの場合に分けて検討されるのが妥当である。

(α)　第三者が特定債権の内容と両立しえない内容の権利を有する場合

(i)　たとえば、ＢがＡから不動産を譲り受ける旨の契約を結んだが登記をする前にＣがＡから同一不動産を譲り受ける旨の契約をして先に登記を備えた場合、Ｂは所有権移転請求権という特定債権を有しＣは所有権を有するところ、所有権を取得するというＢの特定債権の内容とＣの所有権は両立しえない（Ｂが所有権を取得すれば、Ｃは所有権を失う）。

この場合、ＣがＢの特定債権を知りつつ所有権を取得し、かつ、ＡにおいてＣの所有権取得によりＢが害されるのを知っていれば（以下、同じ。Ａは、ほとんどの場合知っている。Ａが知っていることは事実上推定される）、Ｂは特定債権に基づきＣの所有権を否認することができると解される。そして、Ｂは、Ｃの所有権を否認した場合（所有権はＡに復帰する）、特定債権に基づき、Ｃに対し、抹消登記請求権（Ａに登記を経由させる正当な理由（利益）がない場合には自己への移転登記請求も認められる）や不動産のＡへの明渡請求権（Ａへ明渡しをさせる正当な理由（利益）がない場合には自己への明渡請求権も認められる）、妨害排除請求権、不法行為による損害賠償請求権（特定債権の侵害による損害賠償請求権）などを行使することができる。また、Ｂは、Ｃの所有権を否認しなくても悪意のあるＣに対し不法行為による損害賠償請求権を有すると解される（この場合、ＡにおいてＣの所有権取得によりＢが害されるのを知っている必要はない）。

他方、Ｃが特定債権の存在を知らないで所有権を取得した場合、ＢがＣの所有権を否認したり損害賠償を求めたりすることができるとすればＣの取引の安全が害される。それゆえ、Ｃが善意の場合、ＢはかりにＣに過失があってもＣの所有権を否認したりＣに損害賠償を求めることはできないと解すべきである。もっとも、ＣがＢの特定債権を調査すべき特段の事情がある場合、たとえば、Ｂが目的不動産を占有しているような場合、Ｃが調査をしなければ善意であっても原則として悪意者として扱われると解すべきである。

(ii) あるいは、たとえば、BがAから不動産を譲り受ける旨の契約を結んだが登記をする前にAの一般債権者であるCがBの所有権移転請求権の目的物である不動産を差し押えた場合、CがBの特定債権を知りつつ差し押えれば、Bは特定債権に基づきCの差押えを否認することができると解される（BはCに対し第三者異議の訴えを提起できる（民執三八条））。この場合、CがAから取引により権利を取得するという関係ではないから、AにおいてCの差押えによりBが害されるのを知っているという要件は不要であると考えられる。

(β) 第三者が特定債権の内容と部分的に両立しえない内容の権利を有する場合　たとえば、BがAとAの不動産につき地上権設定契約を結んだが登記をする前にCがAから同一不動産を譲り受ける旨の契約を結んで先に登記を備えた場合、Bは地上権設定請求権という特定債権を有しCは所有権を有するところ、地上権の設定を受けるというBの特定債権の内容とCの所有権は使用権能の限度で部分的に両立しえない（Bが地上権の設定を受ければ、Cは使用権能を行使できない）。

この場合、Bは、CがBの特定債権を知りつつ所有権を取得したのであれば特定債権に基づきCの所有権のうち使用権能を否認することができると解される。そこで、BはCに対しCの所有権のうち使用権能を否認して地上権設定請求権を主張し（登記を備えれば）地上権を取得することができる（Cは、地上権設定登記をする義務がある）。BがCの所有権を全面的に否認するのは、不必要であり認められない。

他方、Cが善意の場合、BがCに対してCの所有権のうち使用権能を否認し地上権設定請求権を主張することができるとすればCの取引の安全が害される。そこで、この場合、BはCに対しCの所有権のうち使用権能を否認して地上権設定請求権を主張することはできない。Cに対する損害賠償請求も、Cに過失があってもCの取引の安全を害するから認められない。

(γ) 第三者が右の(α)(β)の権利を有しない場合　これには、第三者が特定債権の内容と両立しうる権利を有する場合と何らの権利も有しない場合の二つがある。

(i)　第三者が特定債権の内容と両立しうる権利を有する場合　たとえば、BがAから不動産を譲り受ける旨の契約をしたが登記を備えないでいたところ、Aに対し金銭債権を取得したCが当該不動産を不法に占有している場合である。この場合、Cの金銭債権取得によりBは害されないから、AにおいてCの権利取得によりBが害されるのを知っていたかどうかは問題にならないし、また、Cの金銭債権は不動産の占有を正当化せず、CがBの特定債権を知っていたかどうかを問わずCを保護する必要は全くない。

そこで、まず、Bは、Cに対し、特定債権に基づき、不動産のAへの明渡請求権（Aへ明渡しをさせる正当な理由（利益）がない場合には自己への明渡請求権も認められる）を有すると解される。

次に、Bは、Cに対し、不法行為の要件のもとに（七〇九条参照）損害賠償請求権を有すると解される。一般に、債権侵害による不法行為が成立するためには故意が必要であり過失では足りないとされているが、これは第三者が債権者の債権の内容と両立しえない内容の権利や債権者の債権の内容と部分的に両立しえない内容の権利を有する場合にはそのような権利を取得した第三者の取引の安全を守るために妥当であるものの、第三者がそのような権利を有しない場合には第三者の取引の安全は害されず第三者の過失によっても債権侵害の不法行為が成立すると解すべきである（これによって金銭債権を取得した第三者の取引の安全は全く害されない）。

(ii)　第三者が何らの権利も有しない場合　たとえば、BがAから不動産を譲り受ける旨の契約をしたが登記を備えないでいたところ、Aに対し何らの権利も有しないCが当該不動産を不法に占有している場合である。この場合も(i)の場合と同様に処理されるべきであるのは当然である。

六　登記を必要とする物権変動

(1)　序

(イ)　どのような物権変動が登記を必要とするかについては、(1)判例はすべての物権変動につき登記が必要であるとしている（大(連)判明四一・一二・一五民録一四輯一三〇一頁）。学説も、基本的には判例と同じであり、原則としてすべての物権変動につき登記が必要であるとしている。判例・学説のこのような立場は、原則としてすべての物権変動を登記させることによってできる限り取引の安全を確保しようとするものである。

(1)　この問題については、梅謙次郎「民法第百七十七条ノ適用範囲ヲ論ズ」志林九巻四号一頁以下（明治四〇年）、石坂音四郎「意思表示以外ノ原因ニ基ク不動産物権変動ト登記」改纂民法研究上三四七頁以下（大正八年）、横田秀雄「登記ヲ要スル物権ノ得喪変更ヲ論ス」法学論集（合本再版）八四六頁以下（大正一三年）、原島重義「『対抗問題』の位置づけ——『第三者の範囲』と『変動原因の範囲』との関連の側面から——」法政研究三三巻三・四・五・六号四三頁以下（昭和四二年）、池田恒男「登記を要する物権変動」民法講座2一三七頁以下、田中淳子「明治四一年の二つの大審院連合部判決の現代的意義」相続と登記九頁以下（平成一一年）参照。

(ロ)　取引の安全という観点からいえばすべての物権変動について登記が必要とされることが望ましいのはいうまでもない。しかし、物権変動によっては、相続のように、制度の趣旨からいって登記を待つまでもなく物権変動が生じるとみるべきであり、また、そのようにみても取引の安全を害さないと考えられるものもある。そこで、以下においては、物権変動をいくつかの場合に分けながら登記を必要とするかどうかを検討してみよう。

(2)　意思表示による物権変動　意思表示による物権変動、たとえば、所有権移転の意思表示や抵当権設定契約などを組成する意思表示による物権変動は登記を必要とする。すなわち、登記なしには所有権移転や抵当権設定などの物権変動は生じない。

(3)　意思表示の取消し・契約解除の場合について

(イ)　意思表示の取消しの場合

(a)　たとえば、不動産がA→B→Cと譲渡されたが、制限行為能力者・詐欺・強迫を理由にA・B間の譲渡契約が取り消されたとしてみよう。この場合、AとCの法律関係はどうなるであろうか。詳細は民法総則に譲り[1]、ここでは概略を述べるにとどめる。

（1）石田(穣)・三三〇頁以下、三六三頁以下参照。

(b)　通説的見解によれば、不動産がA→B→Cと譲渡された後でA・B間の譲渡が取り消されればAがCに優先するが（大判昭一〇・一一・一四新聞三九二二号八頁。ただし、詐欺の場合、Cが善意であればCが優先する（九六条三項））、A・B間の譲渡が取り消された後でBからCに譲渡されれば、BからAへの所有権復帰とBからCへの譲渡は二重譲渡の関係に立ち、先に登記を備えた方が勝つとされる（大判昭一七・九・三〇民集二一巻九一一頁、最判昭三二・六・七民集一一巻六号九九九頁（国税滞納処分による公売の取消処分について））。

(c)　しかし、通説的見解によれば、A→B→Cと譲渡された後でA・B間の譲渡が取り消されればCは善意であっても詐欺の場合を除き保護されないのに、A・B間の譲渡が取り消された後でBからCに譲渡されればCは悪意であっても保護されることになり著しくバランスを失する。

そこで、この問題につき、取消しの前後を問わず民法一七七条の対抗関係の問題として処理すべきだとする見解や、取消しの前後を問わず民法九四条二項の類推適用の問題として処理すべきだとする見解も主張されている。

(d)　私見としては、取消しの前後を問わず民法九四条二項を類推適用して処理するのが妥当であると考える。

まず、Aが故意に、あるいは、重過失でもって、A・B間の譲渡契約を取り消さないでBの登記を放置していた場合、Cが無重過失で（Aが故意にBの登記を放置していた場合）、あるいは、無過失で（Aが重過失でBの登記を放置していた場合）Bを瑕疵のない所有者であると信じBから譲渡を受ければ、Aは民法九四条二項の類推によりCに対しCの所有権取得を否認することができない。なお、詐欺の場合、民法九六条三項の善意の第三者については無過失が要求されると解される[1]。それゆえ、詐欺の場合、Cが善意無過失であれば、Aは自己の帰責事由の程度を問わず民法九六条三項によりCの所有権取得を否認することができない。これに対し、Cが善意無重過失であれば、Aは故意にBの登記を放置していた場合に民法九四条二項の類推によりCの所有権取得を否認することができないのである。

次に、AがA・B間の譲渡契約を取り消したが、故意に、あるいは、重過失でもって、Bの登記を放置していた場合、Cが無重過失で（Aが故意にBの登記を放置していた場合）、あるいは、無過失で（Aが重過失でBの登記を放置していた場合）Bを所有者であると信じBから譲渡を受ければ、Aは民法九四条二項の類推によりCに対しCの所有権取得を否認することができない。

（1）石田（穣）・三六一頁。

（ロ）契約の解除の場合

(a) たとえば、不動産がA→B→Cと譲渡されたが、Bの債務不履行を理由にA・B間の譲渡契約が解除されたとしてみよう。この場合、AとCの法律関係はどうなるであろうか。これも詳細は契約法に譲り(1)、ここでは概略を述べるにとどめる。

（1）石田穣・民法V九四頁以下（昭和五七年）参照。

(b) 通説的見解によれば、A→B→Cと譲渡された後でA・B間の譲渡契約が解除されればCが登記を備えている限りCがAに優先するが（五四五条一項但書。最判昭三三・六・一四民集一二巻九号一四四九頁（合意解除について）参照）、A・B間の譲渡契約が解除された後でBからCに譲渡されれば、BからAへの所有権復帰とBからCへの譲渡は二重譲渡の関係に立ち、先に登記を備えた方が勝つとされる（大判昭一四・七・七民集一八巻七四八頁、最判昭三五・一一・二九民集一四巻一三号二八六九頁）。

(c) 私見としては、次のように考える。

(α) 第一に、不動産がA→B→Cと譲渡された後でA・B間の譲渡契約が解除された場合であるが、法定解除の効果につき、起草者は、当事者間に原状回復への債権債務関係が生じると考えていた(1)。すなわち、起草者によれば、所有権がBに移転していた場合、解除によりBはAに対し所有権移転の債務を負担するが、所有権が当然にAに復帰するわけではないのである。このような間接効果説を前提にすれば、次のように解するのが妥当であろう。

まず、Cが登記を備え所有権を取得していた場合、Cは民法五四五条一項但書により保護される。次に、Bに登記がとどまりCがBに対し所有権移転請求権を有する場合、BからCへの譲渡とBからAへの所有権移転は二重譲渡の関係に立ち先に登記を備えた方が勝つ（AがCの所有権移転請求権を知りつつA・B間の譲渡契約を解除しても、それはBの債務不履行によるものであり、Aが先に登記を備えればAが保護されると解すべきである）。次に、Aに登記がとどまりCがBに対し所有権移転請求権を有する場合、Bは所有権を取得せずAに対し所有権移転請求権を有するにすぎない。それゆえ、B・C間の譲渡契約は他人の物の譲渡契約であり、AのA・B間の譲渡契約の解除によりBはCに所有権を移転することができなくなる。結局、このような形でAがCに優先する（右に述べたように、AがCの所有権移転請求権を知りつつA・B間の譲渡契約を解除することには問題がない）。

（1）　民法議事速記録二五巻一〇九頁以下。石田穣・民法Ｖ九四頁以下（昭和五七年）は直接効果説を採用したが、これを改める。

(β)　第二に、A・B間の譲渡契約が解除された後で不動産がBからCに譲渡された場合であるが、まず、解除の時にBに登記があればBからAへの所有権移転とBからCへの譲渡は二重譲渡の関係に立ち、先に登記を備えた方が優先する。もっとも、Cが解除を知りながらBから譲渡を受け先に登記を備えた場合、Aは、BにおいてCの所有権取得によりAが害されるのを知っていれば、Bに対する所有権移転請求権に基づきCの所有権を否認することができる（本書二一六頁以下参照）。次に、解除の時にAに登記がとどまっていれば所有権はAにあり、解除によりAのBに対する所有権移転義務も消滅する。それゆえ、その後のB・C間の譲渡契約によってAは影響を受けず、Aが優先する。

(4)　競売・公用徴収等による物権変動

(イ)　競　売

(a)　民事執行法上の競売（強制競売および担保権の実行としての競売）による物権変動についても登記を必要とする（大判大八・六・二三民録二五輯一〇九〇頁参照）。この場合の登記は、裁判所書記官の嘱託によって行われる（民執八二条一項一号・一八八条。民執七九条は、買受人は代金を納付した時に不動産を取得すると規定する。私見によれば、買受人は移転登記を受けるのを条件に代金納付の時に不動産の所有権を取得すると解される）。

(b)　国税滞納処分による公売の場合の物権変動についても登記を必要とする（不登一一五条参照）。

(ロ)　公用徴収等

(a)　公用徴収による物権変動についても登記を必要とする（不登一一八条参照）。

(b)　(α)　自作農創設特別措置法により国が農地等を買収した場合にも登記を必要とする。そこで、国がAから農地等を買収したが登記をしないでいるうちにAが当該農地等をBに売却し登記を移転した場合、国は、Bが買収を知って所有権を取得し、かつ、AにおいてBの所有権取得により国が害されるのを知っていた場合を除きBに劣後する（本書二一六頁以下参照。最判昭三九・一一・一九民集一八巻九号一八九一頁、同判昭四一・一二・二三民集二〇巻一〇号二一八六頁は、国は登記なしにBに対抗できないとする）。

(β)　Bが不在地主Aから農地を譲り受けたが登記をしないでいるうちに国がAから当該農地を買収して登記を備えた場合、農地買収処分という権力作用に民法一七七条は適用されず、Bは国に対し農地の所有権を主張することができるとされる（最(大)判昭二八・二・一八民集七巻二号一五七頁など）。私見によれば、この場合、BはAに対し所有権移転請求権を有するが、国がAのこの特定債権を知らずに買収したとすれば、Bは国の所有権を否認することはできない。しかし、国がBの特定債権を知りつつ買収したとすれば、国は通常の悪意のある第三者と同様保護に値せず、Aにおいて国の所有権取得によりBが害されるのを知っていれば、Bは国の所有権を否認することができると解すべきである。この場合、国はAとの取引により所有権を取得したわけではないが、Aは国から買収代金を取得するから、両者の間に取引があるのに準じて右のように解するのが妥当であろう。

(5)　時効取得による物権変動　時効取得による物権変動(1)(2)については、BがA所有の不動産を占有中にCがAから当該不動産を譲り受けた場合に即して説明する。この場合、BとCはBによる時効取得に関しどのような関係に立つであろうか。これについては、判例と学説は分かれており、また、学説においてはいくつかの見解が対立している。

（1）この問題については、乾政彦「不動産物権ノ時効取得ト登記」法協三〇巻六号一頁以下、七号六〇頁以下（明治四五年）、土生滋穂「時効取得と登記の要否」高岡高等商学校研究論集一〇巻三号一頁以下（昭和一三年）、安達三季生「取得時効と登記」志林六五巻三号一頁以下（昭和四三年）、木村常信「取得時効と登記」民法異説の研究五六頁以下（昭和四七年）、山田卓生「取得時効と登記」川島武宜教授還暦記念Ⅱ（民法学の現代的課題）一〇三頁以下（昭和四七年）、池田光晴「取得時効と登記」創価法学二巻三・四号五五頁以下（昭和四八年）、半田正夫「取得時効と登記」不動産法大系Ⅰ（改訂版）一七九頁以下（昭和五〇年）、シンポジウム「不動産物権変動と登記の意義」私法三七号三頁以下（昭和五〇年）、遠藤浩「時効取得と登記」不動産登記講座Ⅰ三一九頁以下（昭和五一年）、星野英一「取得時効と登記」民法論集四巻三一五頁以下（昭和五三年）、田井義信「取得時効と登記」同法三一巻五・六号一一三頁以下（昭和五五年）、水本浩「取得時効と登記——不動産物権変動における利益衡量——」立法一九号一頁以下、二〇号一六〇頁以下、二三号一一四頁以下（昭和五五年—五九年）、武井正臣「取得時効と登記——境界紛争型事件における登記の可能性と取引の安全——」島大法学二五巻一号一頁以下（昭和五六年）、「取得時効と登記」ジュリ増刊（不動産物権変動の法理）八四頁以下（昭和五八年）、宮平魏秀「取得時効と登記」沖縄法学一一号九三頁以下（昭和五八年）、安達三季生「取得時効と登記——登記法定証拠説の立場から——」内山尚三＝黒木三郎＝石川利夫先生還暦記念（現代民法学の基本問題）上二一五頁以下（昭和五八年）、良永和隆「ドイツ法上の取得時効における登記の機能」民商九〇巻六号六四頁以下、九一巻二号一七頁以下（昭和五九年）、池田恒男「登記を要する物権変動」民法講座2一四三頁以下、小杉茂雄「境界紛争と取得時効——『取得時効と登記』の問題における論議の整理とそこでの星野説擁護のために——」西南一七巻二・三・四号三一頁以下（昭和六〇年）、滝沢聿代「取得時効と登記——二重譲渡ケースを中心に——」成法一九号一頁以下、二二号一九頁以下（昭和六〇年—六一年）、月岡敏男「二重譲渡における時効取得と登記」関法三七巻一号一頁以下（昭和六二年）、半田正夫「不動産の時効取得と登記の形式」不動産登記制度一〇〇周年記念論文集（不動産登記をめぐる今日的課題）一三五頁以下（昭和六二年）、良永和隆「『取得時効と登記』問題解決の比較法的視点」専法四七号二四三頁以下（昭和六三年）、同「登記の保護機能——『取得時効と登記』問題の解決に向けて——」専法四八号一〇九頁以下、四九号一頁以下（昭和六三年—平成元年）、同「『取得時効と登記』問題」専修大学法学研究所紀要一六号八三頁以下（平成三年）、石田喜久夫「二つの利益衡量論——『時効と登記』に即して——」加藤一郎先生古稀記念（現代社会と民法学の動向——民法一般——）下九九頁以下（平成四年）、成田博「米国の取得時効制度と登記」半田正夫教授還暦記念論集（民法と著作権法の諸問題）五二頁以下（平成五年）、良永和隆「『時効と登記』問題に関する判例・学説の分析」専法六〇号一三二頁以下、六一号六五頁以下、六二号三九頁以下（平成六年）、大河純夫＝村井祐子「『取得時効と登記』に関する大正期判例理論の一断面——時効取得登記連合部判決、大審院判例審査会及び大審院判例集——」立命二三五号二九頁以下（平成六年）、良永和隆「フランス法における『取得時効と登記』」専法六四号一頁以下、六六号五七頁以下（平成七年—八年）、草野元己・取得時効の研究一一九頁以下（平成八年）、松久三四彦

「取得時効と登記」新／不動産登記講座２一二三頁以下（平成一〇年）、於保不二雄「時効と登記」民法著作集Ⅰ――財産法――二〇五頁以下（平成一二年）、矢沢久純「いわゆる『取得時効と登記』をめぐる問題に関する一試論――判例法理の理論的検討を中心に――」新報一一一巻七・八号二四一頁以下（平成一七年）、田中淳子「『取得時効と登記』と背信的悪意者排除論の連関について」愛媛法学三三巻一・二号一頁以下（平成一八年）参照。

（2）この問題につきBがA所有の不動産を時効取得する場合に即して比較法的状況を述べてみよう。

まず、フランス法であるが、Bは登記＝公示（publicité）なしにAの不動産を時効取得するとされている。登記は、時効取得の要件としても（一〇年あるいは二〇年の短期取得時効においては、正権原 juste titre が時効取得の要件とされているが（フランス民法二二六五条）、ここでも登記が時効取得の要件とはされていない（Mazeaud-Chabas, t. II, vol. 2, n° 1504））、第三者に対する対抗要件としても要求されない（一九五五年一月四日のデクレ二八条・三〇条は、時効取得につき対抗要件として登記を要求していない）。それゆえ、BはAからの同一不動産の譲受人Cに対して登記なしに時効取得を主張することができる。CがBの時効の完成前の第三者であるか、それとも完成後の第三者であるかを問わない。もっとも、時効取得が判決で認められた場合には判決を登記しなければならないから（一九五五年一月四日のデクレ二八条一号・三〇条一款一項）、Bは判決を登記しないでいるうちに現れたCに対して時効取得を主張することができないが、このような場合はほとんどないといわれる。フランス法については、滝沢聿代「取得時効と登記――二重譲渡ケースを中心に――」成法一九号一頁以下（昭和六〇年）、良永和隆『取得時効と登記』問題解決の比較法的視点」専法四七号二五五頁以下（昭和六三年）、同「フランス法における『取得時効と登記』」専法六四号一頁以下、六六号五七頁以下（平成七年―八年）参照。

次に、ドイツ法であるが、BがA所有の不動産を時効取得するケースには二つの場合がある。第一は、登記簿取得時効（Buch-oder Tabular-ersitzung）といわれるもので、Bは、登記簿上三〇年間A所有の不動産の所有者として登記され、かつ、この間当該不動産を自主占有していた場合、当該不動産の所有権を取得するとされる（ドイツ民法九〇〇条一項）。この場合、CがBの時効完成前にAから当該不動産を譲り受ける旨の契約を結べば、Bに登記があるからCはAから当該不動産の所有権を取得することができず（所有権を取得するには登記が必要（ドイツ民法八七三条一項））、BはA所有の不動産を時効取得することになり、結局、BがCに優先する。CがBの時効完成後にAから当該不動産を譲り受ける旨の契約を結べば、当該不動産の所有者はBであってAでないから、CはAから当該不動産の所有権を取得することができず（登記がBにあるから、Cは公信の原則によっても保護されない）、やはりBがCに優先する。第二は、公示催告取得時効（Aufgebots-ersitzung）といわれるもので、Aは三〇年間A所有の不動産がBに自主占有されている場合に公示催告手続きにより所有権を失うとされる（ドイツ民法九二七条一項）。そして、Aが所有者として登記されている場合には、Aが死亡しているか失踪していて、Aの同意を必要とする登記が三〇年間なされていないときにAは公示催告手続きにより所有権を失う（ドイツ民法九二七条一項）。公示催告手続きにより除権判決をえたBは、登記をすることによって所有権を取得する（ドイツ民法九二七条二項）。そこで、Bの三〇年の占有が完成する前に現れたCは、三〇年の占有が完成する前に登記（Aの同意を必要とする登記）を備えればBに優先する（ドイツ民法九二七条三項）。除権判決の後に現れたCは、公信の原則によって保護されるにとどまる（ドイツ民法八九二条）。ドイツ法については、良永和隆「ドイツ法上の取得時効における登記の機能」民商九〇巻六号六四頁以下、九一巻二号一七頁以下（昭和五九年）、同・前掲「『取得時効と登記』問題解決の比較法的視点」二四八頁以下参照。

次に、スイス法であるが、ドイツ法に近い処理をしている。第一は、原則的取得時効（Die ordentliche Ersitzung）あるいは登記簿取得時効（Tabular-oder Buchersitzung）といわれるもので、所有者として登記されたBがA所有の不動産を善意で一〇年間中断することなく、かつ、異議なく、占有（自主占有と解されている（Berner Kommentar, § 661 Nr. 17））した場合に当該不動産の所有権を取得するとされる（スイス民法六六一条）。この場合、BとCの関係はドイツ法と同じであろう（Cが所有権を取得するには登記が必要（スイス民法六五六条一項））。第二は、例外的取得時効（Die außerordentliche Ersitzung）あるいは登記簿外取得時効（Extratabular-oder Blankoersitzung）といわれるもので、BがA所有で未登記の不動産を三〇年間中断することなく、かつ、異議なく、占有（自主占有）した場合に当該不動産につき所有者としての登記を請求することができるとされる（スイス民法六六二条一項）。また、A所有の不動産が登記されていても誰が所有者であるか登記上分からない場合やAが所有者として登記されているが三〇年の占有期間の始めに死亡したか失踪宣告を受けた場合、Bは未登記不動産の場合と同じ要件のもとに所有者としての登記を請求することができるとされる（スイス民法六六二条二項）。Bの所有者としての登記は、一定期間内に異議申立てがないか、あっても却下された後に、裁判官の命令によって行われる（スイス民法六六二条三項）。Bがいつ所有権を取得するかについては、占有期間の完成時とする見解やBが登記を備えた時とする見解などに分かれている（Tuor-Schnyder-Schmid, S. 688）。BとCのいずれが優先するとされているのかは明らかでない。

(イ)　判　例　この問題に関する判例の大要は次の通りである。

(a)　まず、BがAの不動産を占有して時効が完成した場合、BとAは時効の当事者であり、BはAに対し登記なくして時効による物権変動を主張することができる（大判大七・三・二民録二四輯四二三頁）。

(b)　次に、Aの不動産に対するBの時効が進行中にCがAから当該不動産を譲り受けて登記をした場合、Cの登記によってBの時効は中断せず、Bの時効が引き続き進行して完成すればBとCは時効の当事者となり、BはCに対し登記なくして時効による物権変動を主張することができる（最判昭四一・一一・二二民集二〇巻九号一九〇一頁）。CがBの時効の進行中に不動産を譲り受けＢの時効の完成後に登記をした場合であってもＢはＣに対し登記なくして時効による物権変動を主張することができる（最判昭四二・七・二一民集二一巻六号一六五三頁）。

(c)　これに対し、ＢはＢの時効が完成した後でＡから不動産を譲り受け先に登記を備えたＣに対抗することができないが（大(連)判大一四・七・八民集四巻四一二頁、同判昭一四・七・一九民集一八巻八五六頁（地役権の時効取得について）、最判昭三三・八・二八民集一二巻一二号一九三六頁、同判昭四八・一〇・五民集二七巻九号一一一〇頁）、Ｃが不動産を譲り受けた時点でＢにおいて多年にわたり不動産を占有している事実を認識しており、Ｂの登記の欠缺を主張することが信義に反すると認められる事情が存在する場合には、Ｃは背信的悪意者になり、ＢはＣに対し時効による物権変動を主張することができる（最判平一八・一・一七民集六〇巻一号二七頁）。

ＢがＣの登記後も引き続き占有しＣの登記時から起算して時効期間が満了した場合、ＢとＣは時効の当事者となり、ＢはＣに対し登記なくして時効による物権変動を主張することができる（最判昭三六・七・二〇民集一五巻七号一九〇三頁）。他方、Ｂが時効の援用により不動産の所有権を取得し登記も備えた場合、Ｂは、Ｂの時効の完成後その援用前に当該不動産につき抵当権の登記をしたＣに対し、抵当権の登記時から起算し時効期間が再度満了したとして抵当権の登記の抹消を求めることはできないとされる（最判平一五・一〇・三一判時一八四六号七頁）。

(ロ)　学　説　学説では、判例の問題点を指摘しつつ大きく分けて四つの見解が主張されている。

(a)　第一は、時効期間を現在から逆算して計算するという立場からのもので、ＢとＣは常に時効の当事者の関係に立ち、Ｂが常にＣに優先するとする[1]。たとえば、判例によればＢはＢの時効が完成した後でＡから不動産を譲り受け先に登記を備えたＣに対抗することができないとされるが、時効期間を現在から逆算するという見解によればＢはＣが登記を備えた後で時効が完成する旨を主張することができるからＢとＣは時効の当事者となりＢがＣに優先するのである。

(1)　川島・一九二頁以下、柚木＝高木・一三八頁以下、加藤一郎「取得時効と登記」民法ノート(上)九一頁以下(昭和五九年)。理由は異なるが結論は同旨なものとして、鷹巣信孝「民法一七七条について――私見の要約と修正・補足――」佐賀大学経済論集三四巻三号一一〇頁以下(平成一三年)。

(b)　第二は、たとえば、BがAから不動産を譲り受け九年間占有を継続した時点(一〇年で時効が完成するとする)でCが同一不動産をAから二重に譲り受け先に登記を備えればCがBに優先するのに、Bがその後不動産を一年間占有すればBはCに優先するというのはアンバランスであるとする立場からのもので、Cが登記を備えた時点で原則としてBの時効は中断すると解すべきだとする。(1)

(1)　我妻＝有泉・一一七頁以下、川井・四六頁。末川・一二五頁も同旨。理由は異なるが結論は同旨なものとして、安達三季生「取得時効と登記」志林六五巻三号一頁以下(昭和四三年)、良永和隆「登記の保護機能――『取得時効と登記』問題の解決に向けて――」専法四九号一八頁(平成元年)。

(c)　第三は、時効の効果は当事者の援用によって生じることを前提とし、当事者の援用時を規準にして考えるべきだとする立場からのものである。たとえば、Bが時効を援用した後でCがAから不動産を譲り受け先に登記を備えればCが優先するが、CがAから不動産を譲り受け登記を備えた後でBが時効を援用すればBとCは時効の当事者の関係に立ちBがCに優先するとする。(1)

(1)　半田正夫・民法一七七条における第三者の範囲(民法総合判例研究⑦)五五頁以下(昭和五二年)、滝沢聿代「取得時効と登記――二重譲渡ケースを中心に――」成法二二号一九頁以下(昭和六一年)、近江・一一一頁以下。木村常信「取得時効と登記」民法異説の研究五六頁以下(昭和四七年)も参照。

(d)　第四は、問題となるケースを二重譲渡型と境界紛争型に分けて法的処理を行うべきだとする立場からのもので、二重譲渡型においてはB・Cの優劣は登記の前後によるとし、境界紛争型においてはBは登記なしにCに優先するとする。(1)(2)

（1） 星野英一「取得時効と登記」民法論集四巻三一五頁以下（昭和五三年）。基本的に同様の法的処理をすべきだとするのは、広中・一五六頁以下。槇・七六頁以下も参照。

（2） 以上の学説の外に、Bの時効が完成すればAは無権利者となり、その後にAから不動産を譲り受けたCは民法九四条二項の類推によって保護されうるとする見解もある（松坂・四八頁、加藤・一三七頁以下）。

(ハ) 検　討

(a) まず、判例であるが、判例は、Bが九年一一か月占有した時点（一〇年で時効が完成するとする）でCがAから不動産を譲り受け登記を備えた場合にはBがその後一か月占有を継続すればBがCに優先するのに、Bが一〇年占有した時点でCが不動産を譲り受け登記を備えた場合にはCがBに優先するとする。しかし、これはアンバランスである。もっとも、判例は、Bは時効が完成しなければ登記を備えることができないのを重視しているのかもしれないが、Bは時効が完成しても多くの場合に容易にそれが分からず直ちに登記を備えることは困難なのである。あるいは、判例は、CはBの時効完成前に譲り受けた場合にはBの時効を中断することができることを重視しているのかもしれないが、そうだとすれば時効を中断することができなくなってから譲り受けたCを保護する必要があるとは思われない。

(b) 次に、時効期間を現在から逆算して計算するという学説であるが、たとえば、Bが七年占有した時点（一〇年で時効が完成するとする）でCがAから不動産を譲り受けた場合、Cの時効中断期間は三年となりCは不利益を受ける。しかし、この学説の論者の多くはそれでもよいとする根拠を示していない。(1) さらに、Bの時効が完成しBがそれを援用した後でCがAから不動産を譲り受け先に登記を備えた場合、BはCに対し改めて現在から逆算して時効を援用することができるのかどうかも明らかでない。

（1） 加藤一郎「取得時効と登記」民法ノート(上)八六頁以下（昭和五九年）は、Bの占有関係を調査しないでAから不動産を譲り受けたCを保護する必要がないという。

(c)　次に、Cが登記を備えた時点で原則としてBの時効が中断するという学説であるが、一般にいわれているように、登記は時効の中断事由とされていず（一四七条）、また、Bが関知しないCの登記によって時効が中断するのは時効が完成したと信じて証拠を散逸させたBを不当に害し妥当でない（1）（一四七条は、Bの関知する事由を時効中断事由としている）。

（1）　加藤一郎「取得時効と登記」民法ノート(上)八七頁以下（昭和五九年）参照。

(d)　次に、Bによる時効の援用時を規準にして問題を処理すべきだという学説であるが、時効期間を現在から逆算して計算する学説と同様、たとえば、Bが七年占有した時点（一〇年で時効が完成するとする）でCがAから不動産を譲り受けた場合、Bはその後三年占有を継続すれば時効を援用することができ、Cの時効中断期間は三年となりCは不利益を受ける。しかし、それでもよいとする根拠は示されていない。さらに、この学説は、Bは時効が完成しただけではそれを知らず直ちに登記をするのは困難なことが多いが、時効を援用すれば直ちに登記をすることができる点を重視しているのに、Bが時効の完成を知りつつ時効の援用をしないでいるうちにCがAから不動産を譲り受けた場合であってもBがCに優先することになり、妥当でない。

(e)　次に、問題となるケースを二重譲渡型と境界紛争型に分けて法的処理をするという学説であるが、どのような規準でこれを分けるのか明らかでない（1）。また、二重譲渡型を常に登記の前後で処理するのが妥当だとも思われない。たとえば、Bの時効が完成した後でCがAから不動産を譲り受け先に登記を備えた場合、後述するように、Bが不動産を占有しているのであるからCは譲受けの際にBの権利関係を調査すべきであり、CはこれによりBの時効完成や時効完成の可能性を知りうるはずである。このようにBの時効完成や時効完成の可能性を知りうるにもかかわらずあえて当該不動産に関して取引関係に入ったCを保護する必要があるとは思われない（本書二三一頁以下参照）。

（1）　草野元己・取得時効の研究二一三頁（平成八年）は、二重譲渡型と境界紛争型の双方に入る事案があるとする。

(二)　私　見

(a)　時効の効果は、時効の完成（時効期間の満了）と当事者の援用によって生じる（通説）[1]。そして、私見によれば、BがAの不動産を占有し時効が完成して援用した場合、Bは、Aに対し所有権移転請求権を取得し、登記をすることによって所有権を取得する（起算日に遡って所有権を取得する（一四四条））。

（1）　石田（穣）・五四三頁以下参照。

(b)　CがBの占有中のAの不動産をAから譲り受けた場合、Cは時効に関してAの承継人（一四八条参照）であり、BとCは時効の当事者の関係に立つと解すべきである。

(α)　まず、Bの時効が進行中にCがAから不動産を譲り受け登記を備えた場合、Bとしては、Cが時効に関しAの承継人でないとすればAとの間で進行してきた時効が御破算となり不利益を受ける。他方、Cとしては、時効に関しAの承継人であるとしてもBの時効を中断すればよく不利益を受けない。Cは時効の残存期間内に時効を中断しなければならないが、これによってCが不当な不利益を受けるとは思われない。もっとも、Cは、Bが占有中の不動産を譲り受けるのであるから、譲受けの際にBの時効に関する法律関係を調査すべきである（本書二三頁参照）[1]。そして、Cは、右の調査をすれば時効中断の大体の残存期間を知ることができ、残存期間が短ければ早急に時効を中断するか譲り受けるのをやめればよい。それゆえ、Cが時効に関しAの承継人であると解しても不当な不利益を受けるとは考えられない。

以上により、Bの時効が進行中にCがAから不動産を譲り受けた場合、BとCは時効の当事者の関係に立つと解すべきである。そこで、Bは時効の残存期間が経過すればCに対し時効を援用することができる。

（1）　加藤一郎「取得時効と登記」民法ノート(上)八六頁以下（昭和五九年）、鷹巣信孝「民法一七七条について──私見の要約と修正・補足──」佐賀大学経済論集三四巻三号一一〇頁以下（平成一三年）参照。

(β)　次に、Bの時効が完成したがBによる時効の援用前にCがAから不動産を譲り受け登記を備えた場合、Bとしては、Cが時効に関し承継人でないとすればAとの間で完成した時効が御破算となり大きな不利益を受ける。他方、Cは、前述したように、Bの時効に関する法律関係を調査すべきであり、この調査によりBの時効が完成したのを知ることができる場合には、CはBの時効完成の利益を害することを知ることができるからCを保護する必要はない。また、Cが調査によりBの時効が完成したのを知ることができない場合であっても時効が完成した可能性は知ることができると考えられ、このような可能性を知りつつ不動産を譲り受けたCを保護する必要があるとは思われない（最判平一〇・二・一三民集五二巻一号六五頁参照）。

以上のように、Bの時効が完成したがBによる時効の援用前にCがAから不動産を譲り受けた場合にも、BとCは時効の当事者の関係に立つと解すべきである。そこで、BはCに対し時効を援用することができる。もっとも、Bが時効の完成を知りつつ長期間時効の援用をせず、CがBにおいてもはや時効を援用しないと信じてAから不動産を譲り受けるなどした場合、Bが時効を援用するのは信義誠実の原則に反し許されない（一条二項）。

(γ)　次に、Bの時効が完成しBが時効を援用したが登記をする前にCがAから不動産を譲り受け登記を備えた場合、Bは時効の援用によりAに対し所有権移転請求権を取得するから、BとCは同一不動産の二重の譲受人の関係に立つ。そして、Cは、前述したように、Bの時効に関する法律関係を調査すべきであり、この調査によりBの時効が完成しBが時効を援用しているのを知ることができると思われる（Cは、調査の際、当然、Bに対し時効の法律関係を照会すべきである）。この場合、Cは、右の調査によりBの所有権移転請求権を知った場合はもちろん、右の調査を怠った場合であっても原則としてBの所有権移転請求権につき悪意者として扱われるから（本書二三頁参照）、Bは、AにおいてCの所有権取得によりBが害されるのを知っていれば、原則として所有権移転請求権に基づきCの所有権を否認することができ、BがCに優先すると解される（本書二二六頁以下参照）。もっとも、Bが長期間登記をせず、CがBにおいてもはや登記を備えないと信じてAから不動産を譲り受けるなどした場合、BがCの所有権を否認するのは信義誠実の原則に反し許されない（一条二項）。

(c) 以上のように、私見によれば、原則としてBがCに優先すると解される。

(6) 相続による物権変動(1)

（1） この問題については、浅井清信「相続と登記」判例不動産法の研究三二頁以下（昭和一三年）、中川善之助「相続と登記――判例の転化とその説明――」相続法の諸問題一五九頁以下（昭和二四年）、新谷正「相続に関する登記――判例を中心として――」登研二九号四頁以下、三〇号一頁以下、三一号一頁以下、三二号六頁以下、三三号四頁以下、三四号三頁以下（昭和二五年）、舟橋諄一「相続と登記」穂積先生追悼論文集（家族法の諸問題）三七七頁以下（昭和二七年）、福地俊雄「共同相続と単独登記」岡法四号三三頁以下（昭和二八年）、田中整爾「相続と登記」家族法大系Ⅵ二三八頁以下（昭和三五年）、原島重義「登記の対抗力に関する判例研究序説――とくに相続登記の場合を素材として――」法政研究三〇巻三号一七頁以下（昭和三八年）、金山正信「法定相続分と異なる相続分と登記」於保不二雄先生還暦記念（民法学の基礎的課題）中二六七頁以下（昭和四九年）、泉久雄「共同相続、遺産分割と登記」不動産登記講座Ⅰ二五三頁以下（昭和五一年）、槇悌次「共同相続と登記」現代家族法大系5七三頁以下（昭和五四年）、森泉章「遺産分割と登記」同書九一頁以下、藪重夫「相続放棄と登記」同書一一一頁以下、「相続と登記」ジュリ増刊（不動産物権変動の法理）一〇四頁以下（昭和五八年）、池田恒男「登記を要する物権変動」民法講座2一七七頁以下、塙陽子「相続と登記」石田喜久夫＝西原道夫＝高木多喜男先生還暦記念論文集上（不動産法の課題と展望）一二五頁以下（平成二年）、滝沢聿代「相続と登記」新／不動産登記講座2六七頁以下（平成一〇年）、小川清一郎「相続と登記」新報一〇五巻二・三号二六五頁以下（平成一〇年）、田中淳子・相続と登記（平成一一年）、於保不二雄「相続と登記」民法著作集Ⅰ――財産法――一八七頁以下（平成一二年）、米倉明「遺贈と登記――対抗問題法理か無権利法理か――」早法七九巻二号二五頁以下、三号一頁以下（平成一六年）参照。

(イ) 共同相続人の一人が勝手に単独名義で相続登記をした場合

(a) (α) 共同相続人A・BのうちBが相続不動産につき勝手に単独名義で登記（相続登記）をした場合、一般にAは登記なくして相続による物権変動を主張することができるとされている。

(β) 相続が生じた場合、被相続人はすでに死亡しているから被相続人と取引関係に入る者はいず、相続人が登記なしに相続財産を取得すると解しても第三者が不当に害されることはない。他方、相続人が相続財産を取得するには登記が必要であるとすれば、相続人が登記をするまでの法律関係が複雑になる。それゆえ、相続の場合、相続人は登記なしに相続財産を取得しそれを第三者に主張することができると解すべきである(1)（大判大五・一二・二五民録二二輯二五〇四頁、同判大一二・一・三一民集二巻三八頁などは、生前相続が認められていた旧法下において、相続による物権変動の対抗要件として登記が必要であるとしていた）。そこで、(α)の設問の場合、AはBに対して登記なしに相続による物権変動（持分二分の一の取得）を主張し、持分二分の一ずつの共有登記への更正登記を請求することができる。

(1)　比較法的にみても、相続人は登記なしに相続財産を取得するとされている。

まず、フランス法においては、相続の場合、相続による権利移転を確認する公証人の確認書が作成されるが（一九五五年一月四日のデクレ二九条一項）、この確認書は登記をされなければならない（一九五五年一月四日のデクレ二八条三号）。しかし、相続人は、この登記をしなくても、第三者に対抗することは否定されず、第三者が損害を受けた場合に第三者から損害賠償の請求を受けることがあるにとどまる（一九五五年一月四日のデクレ三〇条四款一項。Ripert et Boulanger, Traité de droit civil d'après le traité de Planiol, t. Ⅲ, 1958, n° 360）。

次に、ドイツ法においては、人の死亡によりその財産は全体として相続人に移転するとされており（ドイツ民法一九二二条一項）、相続財産の取得の要件として登記は要求されていない（Münchener Kommentar, § 1922 Nr. 62）。

次に、スイス法においては、相続人は被相続人の死亡により法律上相続財産を全体として取得するとされており（スイス民法五六〇条一項）、相続財産の取得の要件として登記は要求されていない（Tuor–Schnyder–Schmid, S. 652, 680）。

(b)　前述の設例で、Bが第三者Cに不動産を譲渡して移転登記をした場合、AはCに対して登記なしに相続による物権変動を主張することができるであろうか。前述のように、Aは相続により登記なしに二分の一の持分の所有権を取得することができるから、Bは持分二分の一の限度でしか所有権を取得せず、それゆえ、Cも持分二分の一の所有権しか取得しない。そこで、AはCに対して相続による持分二分の一の所有権の取得を主張し持分二分の一ずつの共有登記への更正登記を請求することができる（最判昭三八・二・二二民集一七巻一号二三五頁参照）。もっとも、Aが、故意に、あるいは、重過失でもって、Bによる単独名義の登記を放置し、CがBから善意無重過失（Aが故意に放置していた場合）や善意無過失（Aが重過失で放置していた場合）で不動産を譲り受けた場合、民法九四条二項の類推によりAはCに対して持分二分の一の所有権を主張することはできないと解される(1)。

（1） 広中・一四七頁、川井・五一頁、近江・一一五頁参照。

(ロ) 共同相続人の一人が相続の放棄をした場合

(a) A・Bが共同相続人でBが相続の放棄をした場合、Bは初めから相続人でなかったものとみなされる（九三九条）。この場合、Aは第三者Cに対して登記なしに単独所有を主張することができるであろうか。

(b) 判例は、共同相続人A・BのうちBが相続の放棄をしたが、Bの債権者CがBに代位して相続不動産につき所有権の登記（所有権の保存登記）をした上Bの持分につき仮差押えの登記をした場合、AはCに対して登記なしに単独所有を主張し仮差押えの登記の抹消を請求することができるとする（最判昭四二・一・二〇民集二一巻一号一六頁）。そして、その理由として、相続の放棄により、相続人は初めから相続人でなかったとみなされる点を強調する。学説も、判例と同じく、Aは登記なしに単独所有を主張することができるとしている。

(c) 相続の放棄をした相続人は初めから相続人でなかったものとみなす旨の民法九三九条によれば、Bは初めから相続人でなく、Aだけが相続人であったことになる。そこで、Aの所有権が二分の一の持分から単独所有に変動したのではなく、Aの所有権は初めから単独所有であったことになる。このような民法九三九条の趣旨によれば、Aは登記なしに単独所有を主張することができると解してよいであろう。

(b)に挙げた判例のケースでいえば、AはCに対して単独所有を主張し仮差押えの登記の抹消を求めることができる。もっとも、たとえば、Bが相続の放棄をしたのにA・Bの共有登記となっていた場合、Aが、故意に、あるいは、重過失でもって、共有登記を放置し、Cが善意無重過失（Aが故意に放置していた場合）や善意無過失（Aが重過失で放置していた場合）でBの持分の仮差押えをすれば、民法九四条二項の類推によりAはCに対して仮差押えの登記の抹消を求めることができないと解される。

(ハ) 共同相続人の一人が相続開始後に相続欠格者になったり廃除された場合

(a) A・Bが共同相続人でBが相続開始後に相続欠格者（八九一条）になったり廃除（八九二条・八九三条）された場合、Bは初めから相続人でなかったことになる（廃除につき八九三条後段参照）。この場合、Ａは第三者Ｃに対して登記なしに単独所有を主張することができるであろうか。

(b)　判例は、ＡはＣに対して登記なしに単独所有を主張することができるとする（大判大三・一二・一民録二〇輯一〇一九頁（相続欠格者について）、同判昭二・四・二二民集六巻二六〇頁（廃除について））。学説も、ＡはＣに対して登記なしに単独所有を主張することができるとしているが、有力説は、Ｂが相続財産をＣに処分した後で相続欠格者となったり廃除された場合、失踪宣告の取消しの場合に関する民法三二条一項後段を類推し、Ａは善意のＣに対し単独所有を主張することができないとする。(1)

(1)　近藤英吉「相続回復請求権と表見相続人の地位」法叢三〇巻二号二五頁（昭和九年）、東北大学民法研究会・註解相続法六九頁（山畠正男執筆）（昭和二六年）、我妻＝有泉・一一〇頁、広中・一四八頁、一五〇頁。

(c)　(α)　相続欠格者や廃除の制度の趣旨は相続欠格者や廃除された者は初めから相続から除外されるというものであり、このような趣旨に照らせば判例・学説は妥当であろう。すなわち、ＡはＣに対して登記なしに単独所有を主張することができる。もっとも、Ｂが相続欠格者であったり廃除されたのに、Ａが、故意に、あるいは、重過失でもって、Ａ・Ｂの共有登記を放置し、ＣがＢから善意無重過失（Ａが故意に放置していた場合）や善意無過失（Ａが重過失で放置していた場合）でＢの持分を譲り受けた場合、Ａは民法九四条二項の類推によりＣに対して単独所有を主張することができないと解される。

(β)　民法三二条一項後段の類推を説く有力説については、失踪宣告においては長期間の生死不明につき失踪者に通常帰責事由があるが、相続欠格者や廃除においては他の相続人に帰責事由がなく、妥当でないと考える。

(ニ)　共同相続人の一人が単独相続をする旨の遺産分割をした場合

(a)　共同相続人Ａ・Ｂの間でＡが単独で相続する旨の遺産分割をした場合、Ａは遺産分割の後でＢからＢの持分を譲り受けたＣに対して登記なしに単独所有を主張することができるであろうか。

(b)　判例は、ＡはＣに対して登記なしに単独所有を主張することができないとする（最判昭四六・一・二六民集二五巻一号九〇頁）。これは、民法九〇九条本文が「遺産の分割は、相続開始の時にさかのぼってその効力を生ずる」と規定しているにもかかわらず、実質上BからAとBからCへの持分の二重譲渡が行われているとみることに由来する。学説も判例と同旨である。

(c) 民法九〇九条本文によれば、Bは初めから問題の不動産については相続をしなかったとみなされる。しかし、民法九〇九条但書によれば、遺産分割の遡及効によって第三者の権利を害することはできないとされているのである。すなわち、Bは初めから問題の不動産については相続をしなかったとみなされるが、それは第三者の権利を不当に害さない限りで認められるのである。それゆえ、BからAとBからCへの持分の二重譲渡が行われたのと同視し、Cが遺産分割を知ってBの持分を取得し、かつ、BにおいてCの持分取得によりAが害されるのを知っていた場合にはAが優先するが、そうでない場合には登記を先に備えた方が優先すると解すべきである（本書二一六頁以下参照）。

(ホ) 遺産分割方法を指定した遺言がある場合

(a) 被相続人が共同相続人A・BのうちAに特定の不動産を相続させる旨の遺言をした場合、AはBから当該不動産のBの持分を譲り受けたCに対し登記なしに単独所有を主張することができるであろうか。

(b) 判例は、被相続人が右のような遺言をした場合、それは原則として遺産分割の方法を定めた遺言であり、AはCに対し登記なしに単独所有を主張することができるとする（最判平三・四・一九民集四五巻四号四七七頁、同判平一四・六・一〇判時一七九一号五九頁）。これは、Aは右のような遺言があれば相続開始時に当然に当該不動産を取得し、Cは無権利者であるBから持分を取得することができないという前提に立つものである。

(c) 右のような遺言を原則として遺産分割の方法を定めた遺言とみるのは妥当であると思われる。この場合、相続開始時に遺産の分割が行われ、遺産分割前に第三者が登場することは考えられない。それゆえ、民法九〇九条但書が適用される余地はない。したがって、本件の場合、(ニ)の場合のように二重譲渡と同視して扱うことはできず、Aは登記なしにCに対し単独所有を主張することができると解される。もっとも、Aが、故意に、あるいは、重過失でもって、A・Bの共有登記を放置し、CがBから善意無重過失（Aが故意に放置していた場合）や善意無過失（Aが重過失で放置していた場合）でBの持分を譲り受けた場合、民法九四条二項を類推し、AはCに対し単独所有を主張することができないと解される。(1)

(1)　相続分を指定する遺言がある場合についても遺産分割の方法を定める遺言がある場合と同様に考えてよいであろう。すなわち、法定相続分より多くの相続分を指定されたAは第三者Cに対し登記なしにそれを主張することができるが（最判平五・七・一九家月四六巻五号二三頁）、民法九四条二項の類推により、AはCにそれを主張することができない場合もありうる。

(へ)　遺贈の場合

(a)　被相続人が第三者Aに対し特定の不動産を遺贈した場合、Aは相続人から当該不動産を譲り受けたBに対し登記なしに所有権を主張することができるであろうか。

(b)　判例は、AとBは二重譲渡の譲受人の関係に立ち、AはBに対し登記なしに所有権を主張することができないとする（最判昭三九・三・六民集一八巻三号四三七頁。死因贈与に関する大判昭一三・九・二八民集一七巻一八七九頁も同旨）。もっとも、遺言執行者がいる場合にはその就職の承諾前であっても相続人によるBへの譲渡は遺言の執行を妨げる行為として無効であり、AはBに対し登記なしに所有権を主張することができるとする（最判昭六二・四・二三民集四一巻三号四七四頁）。

(c)　(α)　まず、遺言執行者がいない場合であるが、私見によれば、Aは、相続人ではなく、登記を備えない限り相続人に対し所有権移転請求権を有するにとどまる。それゆえ、AとBは二重譲渡の譲受人の関係に立ち、AはBに対し登記なしに所有権を主張することはできない。もっとも、Aは、Bが遺贈を知って所有権を取得し、かつ、相続人においてBの所有権取得によりAが害されるのを知っていた場合、所有権移転請求権に基づきBの所有権を否認することができると解される（本書二一六頁以下参照）。以上述べたことは、死因贈与の場合にも当てはまる。

(β)　次に、遺言執行者がいる場合であるが、この場合、相続人は当該不動産に対する処分権を失うと考えられ（一〇一四条・一〇一二条・一〇一三条）、相続人によるBへの譲渡は無効である。これは、遺言執行者が就職を承諾する前であっても同じである。相続人が遺言執行者による就職の承諾前に急いで処分するおそれがあるからである。(1) それゆえ、遺言執行者がいる場合、Aは、登記を備えたBに対し、BがAの所有権移転請求権を知っていたと否とを問わずこの請求権に基づき登記の抹消を請求し、相続人から登記を受ければ所有権を取得することができる（本書九九頁参照）。もっとも、Aが、故意に、あるいは、重過失でもって、相続人の登記を放置し、Bが遺贈につき善意無重過失（Aが故意に放置していた場合）や善意無過失（Aが重過失で放置していた場合）で相続人から当該不動産の譲渡を受けた場合、民法九四条二項の類推によりAはBによる所有権取得を否認することができないと解してよいであろう。

（1） 松尾＝古積・八二頁参照。

(7) 所有権の原始取得

(イ) 所有権の原始取得　所有権の原始取得（原始取得の意味については、本書一〇三頁以下参照）の場合、たとえば、Aが自己の材料を用い自分で建物を新築した場合、登記なしに所有権を取得すると解される。なぜなら、このように解さないと、不動産は登記をするまで無主物であり国庫に帰属する（二三九条二項）ことになって妥当でないからである。

(ロ) 請負人による建物の新築　この問題についての詳細は契約法に譲り、(1) ここでは概略を述べるにとどめる。

（1） 石田穣・民法V三二七頁以下（昭和五七年）参照。

(a) 判例によれば、こうである。まず、注文者が全部または主たる材料を提供した場合、建物の所有権は当然原始的に注文者に帰属する（大判昭七・五・九民集一一巻八二四頁、同判昭一〇・一一・六法学五巻四号一一五頁（竣工と同時に注文者に帰属するとする））。この場合、注文者は登記なしに第三者に対抗することができると考えられているようである（大判昭七・五・九民集一一巻八二四頁参照）。

次に、請負人が全部または主たる材料を提供した場合、建物の所有権は請負人に帰属し、引渡しによって注文者に移転する（大判明三七・六・二二民録一〇輯八六一頁、同判大四・五・二四民録二一輯八〇三頁、最判昭四〇・五・二五裁判集民七九号一七五頁など）。そこで、注文者は、この場合には登記なしに第三者に対抗することができないと考えられているといえよう。もっとも、当事者間の特約によって建物引渡しの前に注文者に所有権を帰属させるのも可能だとされ（大判大五・一二・一三民録二二輯二四一七頁）、建物完成と同時に注文者に所有権を帰属させるという特約の存在が広く認められている（最判昭四六・三・五判時六二八号四八頁など）。建物完成と同時に注文者に所有権を帰属させるという特約の場合、建物完成までは請負人の所有に属するから、注文者は登記なしに第三者に対抗することができないと考えられているとも思われるが、必ずしも明確でない（大判昭一八・七・二〇民集二二巻六六〇頁の原審は、注文者は登記なしに第三者に対抗できるとし、これが大審院でも認められたようである）。

(b)　学説では、判例と同旨の見解もあるが、請負人が全部または主たる材料を提供した場合であっても注文者が建築許可を受け登記も注文者が初めから自己の名義で行う（所有権の保存登記）のが実情であるなどの理由により建物の完成と同時に所有権は注文者に当然に帰属するという見解が多い。最近では、後者の見解を一歩進め、建物の所有権はいかなる段階にあるかを問わず注文者に帰属するという見解もある。建物の完成と同時に所有権が注文者に帰属するという見解においては、建物の完成と同時に所有権が請負人から注文者に移転するという趣旨であるから注文者は登記なしには第三者に対抗することができないと考えられていると思われるし、建物の所有権はいかなる段階にあるかを問わず注文者に帰属するという見解においては、注文者は登記なしに第三者に対抗することができると考えられていると思われる。

(c)　(α)　請負人は、注文者のために建物を建築するのであり、建物が完成途中にあってもその所有権を請負人に留保するという意思を有しているとは考えられない。また、注文者も自己の名義で建築許可を受けるのであり、建物が完成途中にあっても自己の物であると考えているであろう。それゆえに、未完成建物につき請負人の所有に属することを前提にして敷地利用権が設定されることもないのであろう。このような請負契約の趣旨により、建物の所有権は、特約がない限り、誰が材料を提供したかを問わず、また、いかなる段階にあるかを問わず、注文者に帰属すると解するのが妥当である。(1)

（1）石田穣・民法Ｖ三二八頁（昭和五七年）。

(β) この場合、注文者は所有権を取得するために登記を必要とするかであるが、登記を必要とすれば、建物は注文者が登記をするまで請負人の所有あるいは無主物として国庫に帰属することになり、妥当でない。そこで、注文者は登記なしに所有権を取得し第三者にも主張することができると解すべきである。

(8) 処分の制限　物権につけられた処分の制限に登記が必要であるかどうかは、それぞれの処分の制限の趣旨や不動産登記法に処分の制限の登記が予定されているかどうかなどを考慮して判断されるべきである。

(イ) 当事者の意思表示によって処分の制限が行われる場合　この処分の制限は、当事者間では効力を生じるが、第三者に対しては、原則として、不動産登記法に処分の制限の登記が予定され、かつ、それに従って登記された場合に効力を生じると解すべきである。たとえば、永小作権において譲渡賃貸の禁止の特約がされた場合（二七二条但書）、不動産登記法上その登記が予定されているから（不登七九条三号）、原則として登記された時に第三者に対しても効力が生じると解される。それゆえ、永小作権において譲渡賃貸の禁止の特約がなされてもその登記がない場合、永小作人は第三者に対して有効に譲渡賃貸をすることができる。しかし、第三者が譲渡賃貸の禁止の特約を知りつつ譲渡賃貸を受け、かつ、永小作人において譲渡賃貸により地主が害されるのを知っていた場合、地主は譲渡賃貸の禁止請求権に基づき第三者の永小作権や賃借権を否認することができると解される（本書二一六頁以下参照）。また、地主は、譲渡賃貸の禁止の特約の登記がなくても、永小作人に対して特約違反を理由に損害賠償を求めうるのは当然である。

(ロ) 法律の規定によって処分の制限が行われる場合　法律の規定によって処分の制限が行われる場合、不動産登記法上登記が予定されず登記がされなくても当事者に対してはもちろん第三者に対しても効力を生じる。これらの者に対し登記なしには効力が生じないとすれば、登記ができないのに登記なしには効力が生じないことになり、法律の規定によって処分が制限されたことが無意味になるからである。たとえば、遺言執行者がいる場合には相続人による相続財産の処分が制限されるが（一〇二三条）、これは相続人に対してはもちろん第三者に対しても登記なしに効力を生じると解される（大判昭五・六・一六民集九巻五五〇頁）。

(ハ) 裁判所の命令によって処分の制限が行われる場合　ここでは、不動産に関する仮差押えと処分禁止の仮処分についてのみ説明する。裁判所によって仮差押命令や処分禁止の仮処分命令が出された場合、処分の制限が行われるが、登記が予定されていれば登記（仮登記を含む。仮差押えについては強制管理の方法によってもよい）によって効力を生じると解される（民保四七条一項・五三条一項二項・五五条一項）。この登記は、裁判所の嘱託により行われる（民保四七条三項・五三条三項・五五条二項）。

(9) 物権の消滅　物権の消滅について登記が必要であるかどうかは物権の消滅の趣旨により判断されるべきである。

(イ) 原則として登記を必要とする。すなわち、登記をしなければ物権は消滅しない。たとえば、放棄（大決大一〇・三・四民録二七輯四〇四頁参照）や、消滅の合意（大判大一三・四・二一民集三巻一九一頁（買戻権について）参照）、解除条件の成就（大判昭四・二・二三新聞二九五七号一三頁参照）、混同（一七九条。大決昭七・七・一九新聞三四五二号一六頁参照）、地代や小作料の怠納などによる地上権や永小作権の消滅請求（最判昭四三・一〇・三一民集二二巻一〇号二三五〇頁（賃借権の解除による消滅について）参照）による物権の消滅の場合、登記が必要である。

(ロ) これに対し、物権の消滅が登記簿上明確に判断できる場合、登記を必要としない。たとえば、不動産質権につき約定の存続期間の一〇年が経過し、質権が消滅したことが登記簿上明確に判断できる場合（三六〇条一項、不登九五条一項一号。大判大六・一一・三民録二三輯一八七五頁参照）や、抵当権者が抵当不動産を譲り受けて所有権の取得登記をし、抵当権が混同によって消滅したことが登記簿上明確に判断できる場合（大判大一一・一二・二八民集一巻八六五頁参照）、登記を必要としない。

(ハ) 不動産が滅失した場合、当該不動産に関する物権は登記なしに消滅する。物権の対象が存在しない以上、物権を存続させる意義がないからである。担保物権の被担保債権が消滅した場合、担保物権は登記なしに消滅すると解される(1)。登記なしには消滅しないと解せば、担保物権の附従性に反するからである。

（1） 担保物権が登記なしに消滅した場合、残存している担保物権の登記に基づき不動産の競売がなされることがありうる（民執一八一条一一項三号）。この場合、債務者や不動産の所有者は担保物権の消滅を理由に担保権の実行の開始決定に対し執行異議の申立てをすることができるが（民執一八二条）、債務者等が執行異議の申立てをせず競売手続きが進行して買受人が代金を納付した場合、買受人は担保物権が消滅していても不動産の所有権を取得することができるとされる（民執一八四条）。競売手続きの安定をはかるための規定である。

第五節　動産の物権変動と引渡し

一　引渡しの意義

(1)　引渡しの意義

(イ)　動産の物権変動の効力要件は引渡しである（一七八条）。(1) 引渡しは、現実の引渡し（一八二条一項）に限らず、簡易の引渡し（一八二条二項）、占有改定（一八三条。大判大四・九・二九民録二一輯一五三二頁、最判昭三〇・六・二民集九巻七号八五五頁）、指図による占有承継（一般にいわれる指図による占有移転。一八四条）を含む。

(1)　法人が動産（当該動産につき貨物引換証、預証券および質入証券、倉荷証券、船荷証券が作成されているものを除く）を譲渡し動産譲渡登記ファイルに譲渡の登記がされた場合、民法一七八条の引渡しがあったものとみなされる（動産債権譲渡特三条一項）。

(ロ)　一般に、引渡しとは、ＡからＢへの引渡しでいえば、ＡからＢに占有が移転されることであるといわれる。しかし、後述するように、占有とは物に対する現実的な支配の状態であり、このような状態がＡからＢに移転するといえるかは極めて疑問であり、また、このような状態が移転するという必要もない（本書五三三頁以下参照）。それゆえ、引渡しとは、物に対し現実的な支配をしているＡがＢにおいて同一の物に対し現実的な支配を行うことができる状態にすることであると解するのが妥当である。なお、物に対する現実的な支配には、自ら直接に行う場合（直接占有）と第三者（占有代理人）を介して間接に行う場合（間接占有）の二つの場合がある。また、物に対する現実的な支配には、所有の意思をもって行う場合（自主占有）と所有の意思をもたないで行う場合（他主占有）の二つの場合がある。ＡがＢにおいて所有の意思をもたないで物に対し現実的な支配を行う状態から所有の意思をもって現実的な支配を行う状態にすることも引渡しに含まれる（後述の簡易の引渡し。(2)(ロ)参照）。以下、AからBに引渡しが行われる場合に即して説明する。

(2)　引渡しの態様

(イ)　現実の引渡し（一八二条一項）　現実の引渡しとは、A・Bの合意のもとに、Aが自らあるいは第三者C（Bやその代理人を除く）を介しての物に対する現実的な支配を解消し、これに代わってBが自らあるいは第三者D（Cを除く）を介しての物に対する現実的な支配を行うことである。AがBを介して物に対する現実的な支配を行うことを妨げない（AがBに物を賃貸し引き渡す場合など）。この場合、Aは自らあるいはCを介しての物に対する現実的な支配を解消し、Bを介して物に対する現実的な支配を行う（自主占有で間接占有）。他方、Bは、Aによる自らあるいはCを介しての物に対する現実的な支配に代わって、所有の意思をもたないで自ら物に対する現実的な支配を行うことになる（他主占有で直接占有）。

いつ現実の引渡しがあったかは社会通念によって決定される（大判大九・一二・二七民録二六輯二〇八七頁（立木の引渡しについて）、最判昭三五・九・一民集一四巻一一号一九九一頁（海底三五キロ以上の深さに沈没し引上げが困難な船舶について）参照）。たとえば、AがBに動産を手渡したり、動産を保管するロッカーの鍵を手交したりすれば現実の引渡しがあったといえる。

(ロ)　簡易の引渡し（一八二条二項）　簡易の引渡しとは、Bまたはその代理人が現に動産を所持している場合に当事者の引渡しの意思の表示によって行われるAからBへの引渡しである。たとえば、Aの動産を賃借しているBがAから当該動産を買い受けその引渡しを受ける場合、A・B間の引渡しの意思の表示だけでAからBへの引渡しが行われるのである。この場合、BがAにいったん動産を返還し、その後にAから現実の引渡しを受けるのを要求するのは煩雑であるばかりで意味がなく、引渡しの意思の表示だけで十分であるとされるのである。右の場合、Bは、引渡しの意思の表示前は所有の意思をもたないで自ら物を現実的に支配しているが（他主占有で直接占有）、引渡しの意思の表示後は所有の意思をもって自ら物を現実的に支配することになる（自主占有で直接占有）。他方、Aは、引渡しの意思の表示によってBを介しての物に対する現実的な支配（自主占有で間接占有）を失う。

(ハ) 占有改定（一八三条）

(a) 占有改定とは、動産を占有するAがBの占有代理人として占有を続ける旨の意思を表示し、これによってAからBに引渡しをすることである。たとえば、AがBに譲渡した動産につきBに現実の引渡しをすることなくBから賃借して占有を継続する場合がこれである（大判大四・九・二九民録二一輯一五三二頁）。この場合、AがBにいったん現実の引渡しをし、その後にBからさらに現実の引渡しを受けるのを要求するのは煩雑であるばかりで意味がなく、AがBの占有代理人として占有する旨の意思を表示するだけでAからBへの引渡しが行われるのである。右の場合、Bは、占有改定によってAを介して物を現実的に支配することになる（自主占有で間接占有）。他方、Aは、占有改定前は所有の意思をもって自ら物を現実的に支配するが（自主占有で直接占有）、占有改定後は所有の意思をもたないで自ら物を現実的に支配することになる（他主占有で直接占有）。

(b) AがBに占有改定によって動産を譲渡し、さらに、同一動産をCにも譲渡した場合、占有改定によって動産の所有権はAからBに移転しているからAのCへの譲渡は無権利者による譲渡となり、Cは善意無過失の場合にのみ善意取得により動産の所有権を取得する（一九二条）。

(ニ) 指図による占有承継（一八四条） 指図による占有承継とは、Cを介して動産を占有するAがCに対しBのために占有することを命じ、Bがこれを承諾すれば、AからBに引渡しが行われたとされることである。この場合、AがCから動産の返還を受けてBに現実の引渡しをし、BがCにさらに現実の引渡しをするのを要求するのは煩雑であるばかりで意味がなく、AがCに対しBのために占有することを命じBがこれを承諾するだけで引渡しが行われたとされるのである。指図による占有承継により、AはCを介しての物に対する現実的な支配（間接占有）を失い、BはCを介しての物に対する現実的な支配（間接占有）を取得する。

なお、指図による占有承継は一般に指図による占有移転と称されているが、占有が移転するといえるかどうかは極めて疑問であり、また、占有が移転するという必要もないから、本書では指図による占有承継という用語を使用することにする（本書五三三頁以下参照）。

(3)　引渡しを必要とする権利　引渡しを必要とする権利は、動産に関する物権である（一七八条）。もっとも、占有権や留置権、質権については、個々の規定で占有が権利の発生や存続、移転の要件とされており（一八〇条・一八二条一八四条・二〇三条・二〇四条一項・二九五条一項本文・三〇二条本文・三四四条・三五二条）、民法一七八条は適用されない。また、先取特権は占有を伴わない物権であり、民法一七八条は適用されない。

(4)　引渡しを必要とする物

(イ)　引渡しを必要とする物は、動産である（一七八条）。通説的見解は、金銭に関し、動産であるが、価値の体現者というその特殊な性格に照らし、占有と所有は一致し、引渡しは対抗要件でなく物権変動の効力要件であるという。私見のように民法一七八条の引渡しを物権変動の効力要件であると考えれば当然である。

(ロ)　無記名債権は、動産とみなされるから（八六条三項）引渡しを必要とする。(1)　無記名債権とは、たとえば、無記名公債、無記名社債、商品券、乗車券、観劇券などをいう。無記名債権は引渡しを必要とするということは、無記名債権の証券を引き渡さなければならないということを意味する。通説的見解は、有価証券としての無記名債権の性格に照らし、証券の引渡しは譲渡の対抗要件でなく効力要件であるとする。私見のように民法一七八条の引渡しを物権変動の効力要件であると考えれば当然である。

(1)　無記名債権については、石田(穣)・二三五頁以下参照。

(ハ)　一般に、建物の売買で建物につき移転登記が行われれば、建物の従物である動産につき引渡しがなくても所有権移転を第三者に対抗することができるとされている（もっとも、判例は分かれている。大判昭八・一二・一八民集一二巻二八五四頁は肯定し、大判昭一〇・一・二五新聞三八〇二号一二頁は否定する）。建物につき移転登記が行われればその従物である動産についても権利変動が公示されているといってよいであろう。

そこで、私見によれば、建物につき移転登記が行われれば従物である動産については引渡しがなくても所有権が移転すると解される(1)。

(1) 不動産につき抵当権設定の登記が行われた場合、従物である動産についても抵当権が成立すると解される（引渡しは、もちろん不要）。抵当権設定時の従物についてはもちろん（最判昭四四・三・二八民集二三巻三号六九九頁参照）、抵当権設定後の従物についてもこれを認めてよいであろう（石田（穣）・二三九頁参照）。

（ニ） 貨物引換証・倉庫証券・船荷証券によって表象される動産については、これらの証券の交付が動産の引渡しと同視されている（商五七五条・六〇四条・七七六条）。そこで、引渡しをもって動産の物権変動の効力要件であるとする私見によれば、これらの証券の交付が動産の所有権移転の効力要件であると解される（商五七三条・六〇四条・六二七条二項・七七六条参照）。

（ホ） 一般に、商法上登記を必要とする船舶や既登記の建設機械については、登記が所有権移転の対抗要件であるとされ（商六八七条、建設機械抵当法七条一項参照）、登録を受けた自動車や航空機については、登録が所有権移転の対抗要件であるとされている（道路運送車両法五条一項、航空法三条の三参照）。私見によれば、これらの登記や登録は所有権移転の効力要件であると解される。なお、海底三五キロ以上の深さに沈没し引上げが困難な船舶は、商法上登記を必要とする船舶ではなく、通常の動産として扱われるとされる（最判昭三五・九・一民集一四巻一一号一九九一頁）。

（ヘ） 一般に、農業用動産や自動車、建設機械、航空機などに設定される抵当権については、登記や登録が対抗要件であるとされている（農業動産信用法一三条一項、自動車抵当法五条一項、建設機械抵当法七条一項、航空機抵当法五条参照）。ここでも、私見によれば、登記や登録は抵当権に関する物権変動の効力要件であると解される。

二　引渡しの効力

一般に、引渡しは動産の物権変動の対抗要件であると解されている（一七八条参照）。しかし、不動産について述べたのと同じように、引渡しは動産の物権変動の効力要件であると解すべきである（本書一三七頁参照）。動産の物権変動は、引渡しがなければ、当事者間においても、また、第三者に対する関係においても生じない。たとえば、BがAからA所有の動産を買い受ける旨の契約を結んでも、Bは、引渡しを受けなければ動産の所有権を取得せず、Aに対し所有権移転請求権という債権（特定債権）を取得するにとどまる。それゆえ、CがAから同一動産を買い受けて先に引渡しを受ければCが所有権を取得する（もっとも、CがBの特定債権を知りながら所有権を取得し、AにおいてCの所有権取得によりBが害されるのを知っていた場合、Bは特定債権に基づきCの所有権を否認することができる。本書二一六頁以下参照）。他方、前述したように、引渡しは占有改定を含むから（本書二四三頁以下参照）、Bは占有改定によっても所有権を取得する。それゆえ、この場合、CがAから同一動産を買い受ければ、Cは民法一九二条の善意取得による保護を受けるにとどまる。

三　引渡しと第三者

(1)　通説的見解　引渡しと第三者に関する通説的見解は、登記と第三者に関する通説的見解と同じである（本書二〇四頁以下参照）。要点のみを示せば、次の通りである。

(イ)　第三者とは、引渡しの欠缺を主張する正当な利益を有する第三者である（大判大八・一〇・一六民録二五輯一八二四頁、同判大一四・一二・二五新聞二五三五号九頁）。具体的にいえば、動産に関して譲受人が取得した所有権と相容れない権利を有する者（たとえば、同一動産の二重の譲受人）、および、譲受人が取得した動産について契約上の権利義務を有する者（大判大四・四・二七民録二一輯五九〇頁、同判大八・一〇・一六民録二五輯一八二四頁（いずれも動産の賃借人）。もっとも、大判昭一三・七・九民集一七巻一四〇九頁、最判昭二九・八・三一民集八巻八号一五六七頁は、動産の受寄者は第三者でないとするが、学説は反対である）である。

(ロ)　悪意者であっても背信的悪意者でない限り第三者に該当する。

(ハ)　第三者に該当しない者とは、動産がA→B→Cと譲渡された場合のCに対するA（大判大一〇・三・二五民録二七輯六六〇頁、同判大一四・一二・二五新聞二五三五号九頁。ただし、有力な反対説がある）、背信的悪意者、実質的無権利者（大判大五・四・一九民録二二輯七八二頁（動産に関する通謀虚偽表示の譲受人（らしい）から譲り受けた者）、最判昭三二・三・一四民集一一巻三号五七〇頁（所有者でない動産の占有者に対する仮差押債権者））、および、不法行為者（大判昭一七・二・二八法学一一巻一一号八九頁（譲受人の譲り受けた船舶に損害を生じさせた者）（傍論））である。

(2)　私　見　引渡しと第三者に関する私見は、登記と第三者に関する私見と同じである（本書二一四頁以下参照）。要点のみを示せば、次の通りである。

(イ)　第三者とは、当事者およびその包括承継人以外の者である。したがって、動産の譲受人は、当該動産の賃借人や受寄者に対して引渡しなしに所有権を主張することができない。(1) この場合の引渡しは指図による占有承継であるが、一般に、指図による占有承継があれば賃借人や受寄者は譲受人に対し権利を主張することができないと解されている（売買は賃貸借を破る）。しかし、賃借人や受寄者は動産を占有しているのであるから、譲受人はその法律関係を調査すべきであり、そして、調査をすれば譲受人は占有者が賃借人や受寄者であることを知ることができる。それゆえ、賃借人や受寄者は、譲渡人において譲受人の所有権取得により賃借人や受寄者が害されるのを知っていれば、賃借権や寄託者に対する債権に基づき、譲受人の所有権のうち使用収益権能や保管権能を否認して譲受人に対し自己の権利を主張することができると解すべきである（本書二一七頁参照。なお、この場合、譲受人は、賃貸人たる地位や寄託者たる地位を承継すると解すべきである）。

(1) この問題については、石田文次郎「賃貸動産の譲渡と対抗問題――我妻教授『寄託動産の譲渡と対抗要件』に答う――」法叢四一巻四号二四頁以下（昭和一四年）、舟橋諄一「寄託または賃貸動産の譲渡と対抗要件」民商一〇巻六号一頁以下、一一巻一号一頁以下（昭和一四年―一五年）、我妻栄「寄託動産の譲渡と対抗要件」民法研究Ⅲ一二五頁以下（昭和四一年）参照。

(ロ)　BがAからA所有の動産を譲り受ける旨の契約を結んだが引渡しを受けない場合、所有権はAからBに移転せず、BはAに対し所有権移転請求権という特定債権を有するにとどまる。それゆえ、その後、Aから同一動産を譲り受ける旨の契約を結んだCが先に引渡しを受けた場合、Cが所有権を取得するのは当然である。

しかし、CがBの特定債権を知りつつ所有権を取得し、かつ、AにおいてCの所有権取得によりBが害されるのを知っていた場合、Bは特定債権に基づきCの所有権を否認することができる。BがCの所有権を否認した場合、所有権はCからAに動産の引渡しなしに復帰する。そして、この場合、Bは、Cに対し、特定債権に基づき動産のAへの引渡しを請求することができるし、Aに引渡しを経由させる正当な理由（利益）がない場合にはBへの引渡しを請求することもできる。Bは、Aから、あるいは、Cから直接に動産の引渡しを受ければ、Aから所有権を取得する。

Bは、CがBの特定債権につき悪意であれば、Cの所有権を否認すると否とを問わず、Cに対し債権侵害による損害賠償を求めることができる（BがCの所有権を否認しないで損害賠償を求める場合、Aの善意悪意は問題にならない）。

(ハ)　Aに対し所有権移転請求権という特定債権を有するにすぎないBであっても、動産につきBの特定債権の内容と全面的あるいは部分的に両立しえない権利を有しないC（たとえば、動産の不法占有者）に対しては、Cが特定債権につき善意であると否とを問わず、特定債権に基づき動産のAへの引渡しを請求することができる（Aに引渡しを経由させる正当な理由がない場合にはBへの引渡請求も認められる）。また、Bは、不法行為の要件（七〇九条）を満たす限りCに対し債権侵害による損害賠償を求めることができる。Cが過失を有するにすぎない場合であっても、債権侵害による損害賠償を求めることができる。

四　引渡しを必要とする物権変動

(1)　動産に関する物権の譲渡が引渡しを必要とするのは当然である（一七八条）。たとえば、動産を譲り受けても引渡しがなければ譲受人は所有権を取得しない。

(2)　AからBへの動産の譲渡契約が取り消されたり解除された後でBが当該動産をCに譲渡した場合、BからAへの所有権復帰とBからCへの所有権譲渡は二重譲渡の関係に立ち、先に引渡しを受けた方が優先すると解されている(1)。しかし、不動産について説明したように、解除の場合については、Cが解除を知って譲り受け、かつ、BにおいてCの所有権取得によりAが害されるのを知っていた場合にはAが優先し、その他の場合には先に引渡しを受けた方が優先すると解すべきである（本書二二一頁以下参照）。取消しの場合については、民法一九二条や同法九四条二項の類推の問題として処理するのが妥当である（本書二二〇頁以下参照）。

(1)　大判昭一三・一〇・二四民集一七巻二〇一二頁は、AがBに売り渡した金塊がBに対する刑事事件で押収され、その後にAがBの代金不払いを理由にA・B間の売買契約を解除したケース（その後に金塊は没収された）につき、引渡しを受けないAは没収した国に対し所有権の取得を主張することができないとした。

(3)　AからA所有の立木をBとCが二重に譲り受けたがともに明認方法を施さないでいたところAが立木を伐採した場合、BとCは伐採された木材の引渡しを受けたと否とを問わず他方に対し当該木材の所有権を主張することができないとされる（最判昭三三・七・二九民集一二巻一二号一八七九頁。最判昭三七・六・二二民集一六巻七号一三七四頁も参照）。しかし、立木の売買は伐採された木材の売買を包含しており、また、伐採された木材は動産であるから、BとCは伐採された木材の引渡しによりその所有権を取得し他方に対しこれを主張することができると解するのが妥当であろう。もっとも、たとえば、CがBの立木の所有権移転請求権を知りながら立木につき譲渡契約を結び伐採された木材の引渡しを受けて木材の所有権を取得した場合、AにおいてCの立木所有権の取得によりBが害されるのを知っていたとすれば、Bは、立木の所有権移転請求権に基づきCの立木所有権を否認することができるから、木材の所有権移転請求権（立木の所有権移転請求権は伐採により木材の所有権移転請求権に転化した）に基づきCの木材所有権を否認することができると解してよいであろう（本書二四九頁参照）。

(4)　(イ)　動産の時効取得（一六二条）の場合、引渡しが必要である。すなわち、私見によれば、時効取得者は、時効期間の満了と時効の援用によって所有権移転請求権を取得し、引渡しによって所有権を取得する（時効の起算日に遡って取得する（一四四条））。もっとも、時効の場合、引渡しの要件は満たされている場合がほとんどであろう。

(ロ)　遺失物拾得（二四〇条）と埋蔵物発見（二四一条）の場合、拾得者や発見者は、民法二四〇条・二四一条によって遺失物や埋蔵物の所有権を取得しても、その取得の日から二か月以内に警察署長や特例施設占有者から引き取らなければ所有権を失うとされている（遺失三六条）。所有権を失うとされる場合、所有権取得の日から二か月の間拾得者や発見者を所有者として扱うのは意味がないから、拾得者や発見者は所有権取得の日に遡って所有権を失うと解すべきである。それゆえ、拾得者や発見者は、公告後三か月（遺失物）あるいは六か月（埋蔵物）以内に所有者が判明せず、かつ、その公告期間が経過した日から二か月以内に引渡しを受ける（引き取る）ことを条件に公告期間経過の日に遡って所有権を取得すると解すべきである（二か月以内に引渡しを受ければ公告期間経過の日に遡って所有権を取得するというのと、公告期間経過の日に所有権を取得するが二か月以内に引渡しを受けなければ右の日に遡って所有権を失うというのは同じである）。以上のように解せば、遺失物拾得や埋蔵物発見においても、所有権取得のためには引渡しが必要である。

(ハ)　無主物先占については、占有の取得が所有権取得の要件とされている（二三九条一項）。

(5)　附合（二四二条）による動産の所有権取得については、後述するように、附合はAの動産とBの動産が結合し両者が一体として経済的効用を発揮する場合に生じるA・B間の利害を調整するための制度であり（本書三五七頁参照）、ここではAの動産とBの動産が結合して両者が一体として経済的効用を発揮することが重要であって、このような附合の趣旨に照らせば所有権取得には引渡しを必要としないと解すべきである。

(6)　相続による動産の所有権取得については、引渡しを必要としないと解してよいであろう。なぜなら、被相続人による相続動産の二重譲渡という問題は生じないし、また、引渡しを必要とすれば相続動産は引渡しがあるまで無主物となり妥当でないからである。もっとも、後述のように相続人は相続に際し被相続人と同一の占有を当然に取得すると解される（法定占有。本書五三七頁参照）。

第六節　明認方法

一　明認方法の意義

(1)　明認方法の意義

(イ)　明認方法とは、登記・引渡しなどの法律の定める公示方法以外の公示方法である。明認方法は、主として地盤の構成部分を地盤とは独立に取引する場合にその物権変動の公示方法として認められている。たとえば、立木は生育している地盤の構成部分であるが、地盤とは独立に立木の売買を行う場合に買主の氏名を表示した表札を立てたり立木の皮を削って買主の氏名を墨書するというのがこれである。立木に関する明認方法が最も重要であるが、密柑・桑葉・稲立毛などの未分離果実や庭石、温泉などについても認められている。

（1）明認方法については、津曲蔵之丞「明認方法に関する諸問題」曹時二巻七号一頁以下、八号一五頁以下（昭和二五年）、大坪稔「明認方法の諸問題」薬師寺博士米寿記念（民事法学の諸問題）七六頁以下（昭和五二年）参照。

(ロ) 登記・引渡しなどの法律の定める公示方法が可能である場合に明認方法が認められるかについては、法律の定める公示方法が困難である場合や明認方法が慣行として行われている場合にはこれを肯定してよいであろう。

(2) 明認方法の態様　明認方法は、地盤の構成部分につき地盤とは独立に物権変動が行われた場合などに第三者にそれを明らかにするものであればよい。たとえば、地盤とは独立に立木の売買が行われた場合に、買主の氏名を表示した極印を立木に打ち込んだり、買主の氏名を表示した表札を山林に立てたり、立木の皮を削って買主の氏名を墨書したりするのがこれである。立木を薪炭製造用に買い受けた者が山林内に小屋、炭がま、その他の薪炭製造用の設備をつくり製炭事業に従事していれば明認方法を備えたことになるとされるが（大判大四・一二・八民録二一輯二〇二八頁）、これにより第三者が立木の所有者を知ることができる場合に限られるべきであろう。この意味で、最判昭三〇・六・三裁判集民一八号七四一頁が、立木現場への上り道路の入口に「与志本合資会社枕木生産作業場」と墨書した公示札が立木譲受人（与志本合資会社）によって立てられ、その近くに山小屋が存在して製材作業現場であった痕跡が歴然としており、立木現場の諸所に立木譲受人を表示するための刻印が押された枕木やその原木が多数集積されていたケースにつき、明認方法として必ずしも不十分であるとはいえないとしたのは妥当である。

単に立木の伐採に着手しただけでは明認方法にならず（大判大八・五・二六民録二五輯八九二頁（傍論））、また、仮処分の執行として執行吏が立木を占有し一切の処分を禁止する旨の公示をしても、仮処分申立人が立木の所有者であることの明認方法にはならない（最判昭三八・一一・七民集一七巻一一号一三三〇頁）。他方、明認方法において前所有者の氏名や権利の取得原因まで明らかにされる必要はない（大判大九・二・一九民録二六輯一四二頁）。

(3) 明認方法を必要とする権利

(イ) 一般に、明認方法が必要であるとされている権利は、立木や未分離果実、庭石などの所有権、および、温泉専用権である。

(ロ) 抵当権については、権利の内容が複雑であり明認方法に適さず、明認方法を施しても第三者に対抗することができないとされている。抵当権を登記によって公示するのは容易であり、また、抵当権を明認方法によって公示する慣行もないから、これを認めないのが妥当であろう。他方、譲渡担保権については、所有権移転を表示した表札などが明認方法になるとされている。動産譲渡担保権を明認方法によって公示するのを認めるのは妥当であるが、しかし、譲渡担保権について所有権移転と表示するのは虚偽表示（九四条）であって許されないと考える（譲渡担保権と表示すべきである。詳細は担保物権法に譲る）。なお、不動産譲渡担保権については、これを登記（譲渡担保を登記原因とする所有権移転の登記）することが可能であり、また、明認方法によって公示する慣行があるかどうかは疑問であるから、明認方法による公示は認められないと解すべきである。

(4) 明認方法を必要とする物

(イ) 明認方法が必要であるとされる物は、立木、未分離果実、庭石、温泉などである。

(ロ) 立　木

(a) 立木[1]はその生育する地盤の構成部分であるが[2]、わが国では立木を地盤とは独立に取引する慣行が行われてきたといわれている（大判大五・二・二二民録二二輯一六五頁）。そして、その際、立木の物権変動を公示する手段として用いられたのが明認方法であった。つまり、立木を地盤とは独立に取引する場合の物権変動を直接登記によって公示する方法はなく、これを補うために明認方法が用いられてきたのである（地盤に地上権や賃借権を設定し、これを登記することによっても立木に関する権利が間接に公示される（大判明四一・一〇・二〇民録一四輯一〇二七頁（地上権の登記について））。

（1） 立木については、中尾英俊・林野法の研究二七五頁以下（昭和四〇年）、来栖三郎「立木取引における『明認方法』について」川島武宜教授還暦記念Ⅱ（民法学の現代的課題）一四三頁以下（昭和四七年）、新田敏「立木および未分離の果実の独立性と『明認方法』の目的」法研四五巻九号二六頁以下（昭和四七年）、中尾英俊「立木・農作物と附合」山中康雄教授還暦記念（近代法と現代法）一六四頁以下（昭和四八年）、菊池定信「立木の法的性質について――その総論的アプローチ――」比較法制研究創刊号一六五頁以下（昭和五一年）、中山知己「『立木トラスト』における立木所有権の法的処理について」山口経済学雑誌四三巻六号三七頁以下（平成七年）、長谷川貞之「立木トラストにおける立木所有権のあり方と明認方法」駿河台法学一一巻一号二〇三頁以下（平成一〇年）参照。

（2）中尾・前掲林野法の研究二七八頁以下は、立法当事者は立木を地盤とは独立の不動産であると考えていたとするが、明確でない（新田・前掲三五頁以下参照。なお、菊池・前掲一六八頁以下も参照）。

(b) (α) 生育する地盤とは独立に行われる立木取引については、明治四二年に立木ニ関スル法律が制定された（1）。これは、当初は植栽林にのみ適用されたが、昭和六年に天然林にも適用されることになった。

（1）立木ニ関スル法律の制定過程については、渡辺洋三・土地・建物の法律制度(上)一三五頁以下（昭和三五年）参照。

(β) 立木ニ関スル法律によれば、一筆の土地あるいは一筆の土地の一部に生育する樹木の集団で立木ニ関スル法律により所有権保存の登記を受けたものは「立木」と呼ばれ（立木法一条一項）、不動産とみなされる（立木法二条一項）。そして、「立木」の所有者は地盤とは独立に「立木」を譲渡したり抵当権の目的とすることができ（立木法二条二項）、他方、地盤の所有権や地上権の処分は「立木」に及ばないとされる（立木法二条三項）。すなわち、立木ニ関スル法律により所有権保存の登記を受けた「立木」は、その生育する地盤とは独立の不動産として扱われるのである。

(c) (α) 立木ニ関スル法律の制定以後も立木の取引につき明認方法が行われている。これは立木ニ関スル法律による立木登記にくらべて明認方法が極めて簡便な公示方法であるからであろうと思われる。立木ニ関スル法律により立木登記が可能である場合に明認方法を用いてよいかについては、明認方法を用いるのが立木取引の際の慣行であるとすれば肯定しても不当ではないと考える。明認方法は、立木の集団につき行われるのが普通であるが、個々の立木につき行われても差し支えない（大判大六・一一・一〇民録二三輯一九五五頁）。また、立木取引の目的いかんを問わない。判例は、かつて、明認方法は伐採目的の立木取引にのみ認められると述べたこともあったが（大判大五・三・一一民録二二輯七三九頁（傍論））、その後、立木取引の目的いかんを問わず認められるとし（大判大一〇・四・一四民録二七輯七三二頁）、学説も一般にこれを支持している。(1)

（1）　これに対し、明認方法は伐採目的の立木取引にのみ認められ、育成目的の立木取引には立木ニ関スル法律による立木登記のみが認められるとする見解もある（渡辺洋三・土地・建物の法律制度(上)一六二頁以下（昭和三五年）、中尾英俊・林野法の研究二九七頁以下（昭和四〇年））。しかし、育成目的で行われた立木取引につき明認方法が施されていても、立木取引は現地をみて行われるのが通常であるから、第三者は明認方法により立木の現在の所有者を知ることができ、取引の安全は害されない。それゆえ、立木取引の目的いかんを問わず明認方法を認めて差し支えないと考えてよいであろう。もっとも、育成目的の立木取引の場合、明認方法は長期間存続することが予定され、それが途中で不存在になった場合に問題が生じる。この問題については、本書二五九頁以下参照。

(β)　立木ニ関スル法律によって所有権保存の登記がされた「立木」については、一般に明認方法は認められないと解されている。立木登記の方が明認方法よりもベターな公示方法であるし、また、立木登記がされている場合にも明認方法を認めれば立木登記の意義がほとんどなくなるからである。

(ハ)　未分離果実

(a)　蜜柑・桑葉・稲立毛などの未分離果実の物権変動についても明認方法が認められている。(1)　判例によれば、蜜柑に関し、買主がいつでも果実を収去できる事実上の状態をつくりその状態につき明認方法を施せば第三者に対抗することができるとされ（大判大五・九・二〇民録二二輯一四四〇頁）、桑葉や稲立毛に関し、買主が引渡しの事実を明認方法で公示すれば第三者に対抗することができるとされている（大判大九・五・五民録二六輯六二二頁（桑葉について）、同判昭一三・九・二八民集一七巻一九二七頁（稲立毛について）。もっとも、大判昭八・三・三新聞三五四三号八頁は、稲立毛に関し、所有権移転につき明認方法を施せば第三者に対抗できるとする）。

（1）　未分離果実については、新田敏「立木および未分離の果実の独立性と『明認方法』の目的」法研四五巻九号二六頁以下（昭和四七年）参照。

(b)　未分離果実については、動産であるとする有力な見解もあるが(1)（大判大九・五・五民録二六輯六二二頁（桑葉について））、地盤の構成部分として不動産であると解すべきである。(2) それゆえ、未分離果実についても、立木についてと同じように、地盤とは独立に取引する場合に明認方法が要求されると解するのが妥当である。明認方法の態様としては、判例が説くように引渡しの事実を公示するのは妥当でなく、通説が説くように物権変動を公示しなければならないと考えるべきであろう。なぜなら、これによって未分離果実に関し物権変動が明確に公示され取引の安全が十分に守られるからである。

(1) 津曲蔵之丞「明認方法に関する諸問題」曹時二巻七号一六頁(昭和二五年)、我妻＝有泉・二〇八頁、民法コンメンタール(2)三三一頁(新田敏執筆)(平成元年)。

(2) 川島・一七五頁以下、舟橋・一四頁、二六六頁、石田(穣)・二三五頁参照。

(ニ) 庭石　庭石は地盤の構成部分であるが、地盤とは独立に取引の対象とされることは可能であり、この場合には明認方法が公示方法になる(1)(大判昭九・七・二五判決全集(昭和九・一〇年度三九一頁))。

(1) 石田(穣)・二三二頁。

(ホ) 温泉　温泉は地盤の構成部分であるが、地盤とは独立に取引されることが少なくない。そして、このような地盤とは独立に取引される温泉に対する権利は温泉専用権・原泉権・湯口権など種々の名称で呼ばれ(1)、明認方法は、これらの権利の公示方法として用いられている。明認方法としては、温泉組合や地方官庁に登録簿をおき、これに登録することなどが行われている。大審院は、有名な長野県浅間温泉事件において、温泉専用権という慣習上の物権的権利を承認し、何らかの公示方法(明認方法)を備えれば第三者に対抗することができるとして、温泉に対する取引の需要に応じる態度を示した(大判昭一五・九・一八民集一九巻一六一一頁)。

(1) 温泉に対する権利については、武田軍治・地下水利用権論(昭和一七年)、川島武宜＝潮見俊隆＝渡辺洋三編・温泉権の研究(昭和三九年)、川島武宜「温泉権Ⅰ—Ⅳ」川島武宜著作集九巻三〇一頁以下(昭和六一年)参照。

二　明認方法の効力

(1)　(イ)　一般に、明認方法は登記や引渡しと同じく物権変動の対抗要件であるとされている。したがって、一般に明認方法の効力に関する法律関係は登記や引渡しの場合と同じであるとされる。

(ロ)　たとえば、立木の二重売買においては先に明認方法を施した方が優先し（大判大一〇・四・一四民録二七輯七三二頁）、いずれの買主も明認方法を施さなければ相互に他方に対し所有権を主張することができないとされる（大判大八・五・二六民録二五輯八九二頁）。そこで、当然、AからA所有の立木を譲り受けたBは、明認方法を施さなければAから立木の生育する地盤を譲り受けたCに対抗することができないとされる（地盤を譲り受ければ立木を除外しない限り立木も譲り受けたことになる）。これに対し、BがAから譲り受けた立木につき明認方法を施せば、Aから立木の生育する地盤の所有権を取得したCに対抗することができるとされる（大判昭六・七・二二民集一〇巻五九三頁（地盤の抵当権が実行されCが競落人となった）、同判昭九・一〇・三〇民集一三巻二〇二四頁。大判大四・一二・八民録二一輯二〇二八頁も参照）。もっとも、BがAから立木とともにその生育する地盤を譲り受けた場合には、Bが立木につき明認方法を施しても地盤につき登記をしなければAから立木を譲り受けたCに対抗することができないとされる（大判昭九・一二・二八民集一三巻二四二七頁、同判昭一四・三・三一新聞四四四八号七頁）。なお、AがBに対し立木の所有権を留保してその生育する地盤を譲渡し移転登記をした場合、Aは立木につき明認方法を施さなければBから地盤を譲り受けたCに対し立木の所有権を主張することができないとされる（最判昭三四・八・七民集一三巻一〇号一二二三頁）。

(2)　(イ)　私見によれば、明認方法も物権変動の効力要件であると考えられる。それゆえ、たとえばBがAからA所有の立木を譲り受けても明認方法を施さなければ所有権は移転せず、BはAに対し立木の所有権移転請求権という債権（特定債権）を有するにとどまる。そこで、CがAから立木を譲り受け先に明認方法を施したり、あるいは、CがAから立木の生育する地盤を譲り受け先に登記を備えれば、Cが立木の所有権を取得するのは当然である（地盤の登記の効力は立木にも及ぶ（最判昭三〇・九・二三民集九巻一〇号一三七六頁））。なお、CがBの特定債権を知りながらAから立木を譲り受け、かつ、AにおいてCの立木の所有権取得によりBが害されるのを知っていた場合、Bは特定債権に基づきCの立木の所有権を否認することができる（本書二一六頁以下参照）。

(ロ) しかしながら、他方、明認方法は立木などが地盤と独立の権利の客体になるための要件であるとまでいう必要はない(1)。立木などが地盤と独立の権利の客体になるかどうかは、取引当事者の意思によって決るというべきである(本書一二頁以下参照)。たとえば、Aが立木の所有権を留保してその生育する地盤をBに譲渡し登記を移転した場合、立木は当事者の意思により地盤とは独立の権利の客体となり、Aは明認方法を施さなくても立木の所有権を失わないと解すべきである。そこで、BがCに地盤を譲渡してもCは当然には立木の所有権を取得しない。もっとも、立木の所有権はAにあるのに地盤につきBに移転登記をするのは、立木の所有権がBにあるかのように表示する行為であり、立木に関しては虚偽表示に該当するというべきである。それゆえ、Cは善意無重過失であれば民法九四条二項により立木の所有権を取得する(2)。この場合、Aが立木につき明認方法を施せば虚偽表示の問題は生じない。

(1) 明認方法が立木などの独立性の要件であるとするのは、新田敏「立木および未分離の果実の独立性と『明認方法』の目的」法研四五巻九号二六頁以下(昭和四七年)、北川・九一頁、月岡・七六頁、鈴木・二〇六頁以下。広中・二〇四頁も参照。

(2) 広中・二一六頁以下、月岡・七七頁参照。

(ハ) BがAから立木の生育するA所有の地盤を譲り受け立木につき明認方法を施した場合、Bは地盤につき登記をしなくても立木の所有権を取得すると解してよいであろう。なぜなら、立木に関しては、これにより誰が所有者であるかが第三者に明らかにされているからである。この場合、Bは、地盤の登記をしなければその所有権(処分権能)は取得しないが、立木を所有するために必要な地盤の使用収益権能(部分的所有権)を有すると解される(本書一四八頁参照)。そして、この使用収益権能は立木に関する明認方法により公示されていると考えられ、Bはこれを第三者にも主張することができると解してよいであろう。

(3) (イ) 一般に、明認方法は継続することが必要であり、一度明認方法を施しても存在を失った後の第三者には対抗することができないとされている(大判昭六・七・二二民集一〇巻五九三頁、最判昭三五・三・一民集一四巻三号三〇七頁、同判昭三六・五・四民集一五巻五号一二五三頁)。

(ロ)　一般的見解によれば、たとえば、BがAから立木を譲り受け明認方法を施したがそれが存在を失った場合、Bは立木につき排他性のない所有権の帰属者となり、Aは立木につき所有権を第三者に移転しうる地位に復帰するということになりそうである。しかし、Bは完全な所有者であったのであり、明認方法が存在を失うことによりなにゆえに排他性のない所有権の帰属者になるのか理解できない。また、Aは完全な無権利者であったのであり、明認方法が存在を失うことによりなにゆえに第三者に所有権を移転しうる地位に復帰するのか理解できない（以上につき、本書一六五頁以下参照）。

(ハ)　そこで、明認方法が存在を失った場合の問題は、登記の後発的不記録や登記の抹消の場合と同じく以下のように処理されるべきである（本書一六五頁以下、一六七頁以下参照）。

(a)　明認方法がBによって除去されたのではない場合　この場合、一度なされた明認方法の効力は失われず、Bは所有権を保持する。しかし、外観上はAが所有者であるようにみえる。そこで、問題は民法九四条二項の類推によって処理されるべきである。その具体的内容は以下の通りである。

Bが故意に、あるいは、重過失でもって、明認方法の不存在を放置し、第三者CがAが所有者であると無重過失（Bが故意に放置していた場合）や無過失（Bが重過失で放置していた場合）で信じてAから立木の譲渡を受けた場合、BはCに対しCの所有権を否認することができない。明認方法が何らかの事由により不存在となりやすいことを考えればBには重過失がある場合が少なくなく、他方、Cには通常重過失も過失もないといってよいであろう。

(b)　明認方法がBによって除去された場合　まず、Bが所有権を放棄する趣旨で明認方法を除去した場合、立木は無主物となり、国庫に帰属する（二三九条二項）。

次に、Bが所有権はBにあるのにそれがAにあるような虚偽の外観を作出するために明認方法を除去した場合、民法九四条二項の類推によって処理される。

次に、BがAに所有権を復帰させるために明認方法を除去した場合、Aが承諾すれば所有権はAに復帰する。

三　明認方法と第三者

(1)　通説的見解　明認方法と第三者に関する通説的見解は、登記や引渡しと第三者に関する通説的見解と同じである（本書二〇四頁以下、二四八頁参照）。要点のみを示せば、次の通りである。

(イ)　第三者とは、たとえば、同一立木の二重の譲受人（最判昭三三・七・二九民集一二巻一二号一八七九頁、同判昭三七・六・二二民集一六巻七号一三七四頁）、あるいは、譲受人が譲り受けた立木につき所有権移転請求権を有する者（最判昭二八・九・一八民集七巻九号九五四頁）である。

(ロ)　悪意者であっても背信的悪意者でない限り第三者に該当する（大判大九・二・一九民録二六輯一四二頁は、第三者の善意悪意を問わないとする）。

(ハ)　第三者に該当しない者とは、たとえば、不法行為者（大判昭六・六・一三新聞三三〇三号一〇頁参照）である。

(2)　私　見　明認方法と第三者に関する私見は、登記や引渡しと第三者に関する私見と同じである（本書二一四頁以下、二四八頁以下参照）。要点のみを示せば、次の通りである。

(イ)　第三者とは、当事者およびその包括承継人以外の者である。

(ロ)　BがAからA所有の立木などを譲り受ける旨の契約を結んだが明認方法を施さない場合、立木などの所有権はAからBに移転せず、BはAに対し所有権移転請求権という特定債権を有するにとどまる。それゆえ、この時点でCがAから立木などを譲り受け先に明認方法や地盤の登記を備えた場合、Cが立木などの所有権を取得する。しかし、CがBの特定債権を知りながら立木などを譲り受け、かつ、AにおいてCの立木などの所有権取得によりBが害されるのを知っていた場合、Bは特定債権に基づきCの所有権を否認することができる。そして、Bの否認により立木などの所有権はCからAに復帰し、Bは明認方法を施せばAから立木などの所有権を取得することができるのである。

(ハ)　Bは、Aに対する所有権移転請求権という特定債権に基づき、立木などにつきBの特定債権の内容と全面的にあるいは部分的に両立しえない内容の権利を有しないでこれを占有するC（たとえば、不法占有者）に対しては、Aへの立木などの明渡し（Aに明渡しを経由させる正当な理由（利益）がない場合にはBへの明渡請求も認められる）や、不法行為の要件を満たす限り損害賠償を求めることができる。

四　明認方法を必要とする物権変動

明認方法を必要とする物権変動は、立木、未分離果実、庭石、温泉などに関する物権変動である。立木などの所有権の変動がその典型である。買主が契約で定められた時までに立木を伐採しなければ立木の所有権は当然に売主に復帰する旨の特約があるケースで買主が伐採期限前に立木を第三者に譲渡し第三者が明認方法を備えた場合、売主が所有権の復帰を第三者に主張するには当該特約につき明認方法を施すことが必要であるとされる（大判昭一八・七・二〇民集二二巻七二〇頁）。これは、伐採期限までに伐採しないことは契約の解除条件であり、これを公示すれば第三者にも主張することができるという趣旨のものであろう。

第七節　善意取得（即時取得）

一　善意取得の意義

(1)　善意取得の意義　善意取得(1)とは、たとえば、BがAからその占有する動産を譲り受けた場合、Aが当該動産につき無権利者であっても、BがAを所有者であると信じて当該動産を譲り受け、当該動産の引渡しを受けて占有を開始すれば当該動産の所有権を取得するという制度である。民法一九二条から同法一九四条までがこれを規定している。民法一九二条は「即時にその動産について行使する権利を取得する」と規定しているので即時取得と呼ばれることが多いが、Bが動産の占有者であるAを権利者と信じて取引するのを保護する制度であるから、本書では善意取得という名称で呼ぶことにする。善意取得は、このように動産の占有者を権利者であると信じて取引する者を保護する制度であり、占有に公信力を認めた制度であるといえる。

（1） 善意取得については、志田鉀太郎「民法第百九十二条及ヒ第百九十三条ノ沿革並ニ法制比較」新報一五巻一号二三頁以下、五号二四頁以下（明治三八年）、富井政章「民法第百九十二条ノ適用範囲」法協三一巻二号一頁以下（大正二年）、乾政彦「民法第百九十二条ノ解釈ニ就テ」法協三一巻九号一八頁以下（大正二年）、薬師寺伝兵衛「民法第百九十三条論」志林一九巻五号三九頁以下、六号三三頁以下、七号三五頁以下（大正六年）、宮本英雄「英法に於ける動産即時取得の一斑」法叢九巻三号一四頁以下（大正一二年）、石坂音四郎「民法第百九十二条論」改纂民法研究上四五三頁以下（大正一二年）、横田秀雄「動産ノ即時取得」法学論集（合本再版）一五一頁以下（大正一三年）、岡村玄治「盗品又は遺失物と即時取得」志林三二巻九号六八頁以下（昭和五年）、田島順・民法一九二条の研究（昭和八年）、薬師寺志光「善意取得の三定型」志林三八巻八号一頁以下（昭和一一年）、坂木郁郎「即時取得と不当利得」立命館大学法と経済六巻三号二二頁以下（昭和一一年）、小出廉二「盗品又は遺失物の即時取得と回復請求権」法論一七巻二号一頁以下（昭和一三年）、岡村玄治「即時取得の範囲と不当利得」新報五九巻六号三一頁以下（昭和二七年）、黒田重雄「盗品及び遺失物の民法関係」警察学論集一〇巻五号四四頁以下（昭和三二年）、島田信義「動産取引における公信の原則と英法上の Rule of Market Overt について」早法三四巻三・四号二五九頁以下（昭和三四年）、安永正昭「動産の善意取得制度についての一考察──いわゆる占有の権利外観効を中心として──」法叢八八巻四・五・六号二七二頁以下（昭和四六年）、伊藤高義「民法一九二条の所有権取得構成」物権的返還請求権論序論──実体権的理解への疑問として──一〇三頁以下（昭和四六年）、喜多了祐・外観優越の法理（昭和五一年）、鈴木禄弥「即時取得」物権法の研究──民法論文集Ⅰ──二四六頁以下（昭和五一年）、槇悌次「即時取得」民法講座2二九九頁以下、吉田真澄「特殊動産の即時取得」同法四二巻六号一頁以下（平成三年）、佐賀徹哉「即時取得における占有の承継──独・仏における学説・判例の近況──」奥田昌道先生還暦記念（民事法理論の諸問題）上二三五頁以下（平成五年）、安永正昭「民法一九二条──一九四条（動産の善意取得）」民法典の百年Ⅱ四五七頁以下（平成一〇年）、生熊長幸・即時取得の判例総合解説（平成一五年）、清水元「『即時取得』論再考」東北学院大学論集法律学六二号三一二頁（平成一六年）、堀切忠和「即時取得における盗品等の例外についての一考察」日法七一巻一号二四三頁以下（平成一七年）、柳澤秀吉「ある種の過失──短期取得時効と善意取得の場合──」名城法学五七巻一・二号三四二頁以下（平成一九年）参照。

(2) 善意取得の沿革

(イ) (a) 善意取得は、沿革的にはゲルマン法に由来する。ローマ法においては、何人も自己の有する以上のものを他人に与えることはできない nemo plus juris ad alium transferre potest, quam ipse habet という原則により、所有者は非権利者からのすべての譲受人に対して返還請求権 rei vindicatio を行使することができた。これに対して、ゲルマン法においては、他人を信頼して引渡しをした者はその他人に対しては物の返還を請求することができるが、その他人からの譲受人に対しては物の返還を請求することができないとされていた（Hand wahre Hand）。たとえば、A′がAに動産を預けた場合、A′はAに対してはその返還を請求することができるが、Aから当該動産を譲り受けたBに対しては返還を請求することができないとされていた。他方、A′が動産を盗まれたり遺失した場合、A′は、他人を信頼して引渡しをしたわけではないから、どこまでも当該動産を追及することができるとされていた(1)。

（1） 善意取得の沿革については、安永正昭「動産の善意取得制度についての一考察——いわゆる占有の権利外観効を中心として——」法叢八八巻四・五・六号二七二頁以下（昭和四六年）参照。

(b) しかし、近代の民法が善意取得制度の採用に当たりゲルマン法の原則をそのまま取り入れたわけではない。このことはドイツ民法とスイス民法において明らかであり、両民法とも無権利者である占有者を権利者と信じて取引した者を保護する制度、すなわち、取引安全のための制度として規定している（ドイツ民法九三二条以下、スイス民法九三三条以下）。フランス民法は善意取得を取引安全のための制度として規定しているのかどうか法典の文言上は必ずしも明確でないが（二二七九条以下）、そのような制度として規定しているといってよいと思われる(1)。

（1） フランス古法においてもゲルマン法の原則が支配していたが、一四世紀以後、ローマ法の影響ですべての場合に所有者による追及権が認められた。しかし、このことは取引の発展とともに不便と感じられていった。所有者の追及権の制限に最も大きな努力をしたのがパリ裁判所 Châtelet de Paris であり、一七世紀以来、「動産に関しては占有は権原に値する」En fait de meubles, la possession vaut titre という原則を確立した。そして、これがフランス民法二二七九条に受け継がれたのである（以上につき、Mazeaud-Chabas, t. II, vol. 2, n°s 1519 et s.）。

(ロ) (a) わが国の民法の起草者は、民法一六二条二項の定立に際し、不動産の取得時効に関する旧民法証拠編一四〇条一項「占有カ……正権原ニ基因シ且……善意ナルトキハ占有者ハ……十五个年ヲ以テ時効ヲ取得ス」を修正し

「正権原」（法律行為）を取得時効の要件からはずしたのであるが、その際、動産の取得時効に関する旧民法証拠編一四四条一項本文「正権原且善意ニテ有体動産物ノ占有ヲ取得スル者ハ即時ニ時効ノ利益ヲ得」（瞬間時効）は時効ではなく占有の効力の問題であるとし、やはり「正権原」をはずして民法一九二条を定立したのである。(1) つまり、起草者は、民法一六二条二項と同法一九二条を対応させつつ、善意無過失で不動産の占有を始めた場合は取引行為によるか否かを問わずすべて民法一六二条二項の問題であり、善意無過失で動産の占有を始めた場合はやはり取引行為によるか否かを問わずすべて民法一九二条の問題であると考えていたと思われる。(2) それゆえ、起草者が民法一九二条を取引安全のための規定と考えていたのかは必ずしも明確でない。

（1） 民法議事速記録六巻一六三頁以下。民法一九二条の制定過程については、広中・一七六頁以下、注釈民法(7)一二九頁以下（好美清光執筆）参照。

（2） 民法議事速記録五巻一二八頁参照。

(b) しかし、平成一六年の民法改正に際し、民法一九二条に「取引行為によって」という文言が挿入され、民法一九二条が取引安全のための規定であることが明らかにされた。

二　善意取得の要件

善意取得は、Bが無権利者であるAを権利者であると無過失で信じてAと動産の取引を行い、それに基づきAから動産の引渡しを受けて平穏かつ公然にその占有を開始した場合に成立する。以下、善意取得の要件を、「動産であること」、「取引行為によること」、「取引行為の相手方が無権利者であること」、「善意取得者が取引行為の際に善意・無過失で、かつ、平穏・公然に動産の占有を開始すること」、「善意取得者による占有の態様」に分けて説明してみよう。

(1) 動産であること

(イ) 通常の動産　通常の動産は、すべて善意取得の対象になる。

(ロ)　抵当権の目的である動産　動産の抵当権が登記によって公示されていても当該動産の所有権移転の公示方法が引渡しとされている場合、当該動産は善意取得の対象になる。(1) 工場抵当権の目的である動産につき善意取得の成立を認める工場抵当法五条二項（大判昭六・一一・一四新聞三三二四号一一頁）、抵当権の目的である農業用動産につき同旨を規定する農業動産信用法一三条二項は、このことを定めている。立木ニ関スル法律四条五項は、伐採された立木は立木の抵当権の目的であることを失わないものの（立木法四条一項）善意取得の対象になると定めているが、これも同旨の規定であるといえよう。これらの規定の趣旨は、これらの動産の所有権移転の公示方法は引渡しであり、譲受人は所有権移転の公示方法を備えるためには譲渡人の占有を調査すれば足り、それゆえ、譲受人が譲渡人の占有を調査しこれを信頼したのであれば登記を調査しなくても譲受人を保護して取引の安全に資するというものであろう。このような趣旨からいえば、工場財団抵当権の目的である動産についても工場抵当法五条二項を類推適用し善意取得を認めるのが妥当であろう（最判昭三六・九・一五民集一五巻八号二一七二頁）。

(1)　この問題および以下に述べる(ハ)(ホ)の問題については、安永正昭「登記・登録による公示と動産の善意取得」神法四二巻一号八三頁以下（平成四年）参照。

(ハ)　建物の従物である動産　建物の登記の効力は建物の従物である動産にも及ぶと解されているが（本書二四六頁以下参照）、当該動産も善意取得の対象になると解される。なぜなら、建物の登記の効力が建物の従物である動産に及ぶ場合であっても、当該動産のみの所有権移転の公示方法は引渡しであり、前述の(ロ)の場合と同様の理由により善意取得の対象になると解するのが妥当だからである。

(ニ)　動産譲渡登記ファイルに登記された動産　動産譲渡登記ファイルに譲渡の登記のされた動産も善意取得の対象になると解される。すなわち、BがA法人から動産譲渡登記により動産を取得し（動産債権譲渡特三条一項）Cに預けていたところ、Cがこれを勝手にDに売却し引き渡した場合、DはCの占有を信じたのであれば動産譲渡登記ファイルを調査しなくても善意取得により動産を取得することができる。なぜなら、動産譲渡登記ファイルに登記された動産については動産譲渡登記が所有権移転の公示方法になるのはもちろんであるが、引渡しも所有権移転の公示方法となるのであり（動産債権譲渡特七条五項参照）、後者の場合、譲受人は譲渡人の占有を信頼すれば保護されるべきだからである。

(ホ) 所有権移転の公示方法が登記や登録とされている動産　動産の所有権移転の公示方法が登記や登録とされている場合、その動産は善意取得の対象にならないと解すべきである。たとえば、総トン数が二〇トン以上の船舶（商六八七条・六八六条）、既登記の建設機械（建設機械抵当法七条一項）、既登録の自動車（道路運送車両法五条一項）、既登録の航空機（航空法三条の三）がこれである。これらの動産については、譲受人は所有権移転の公示方法として登記や登録をしなければならず、その際、当然、譲渡人の登記や登録を調査しなければならないから、善意取得は認められないのである。(1) 総トン数が二〇トン未満の船舶（商六八六条二項）や未登記の建設機械は、所有権移転の公示方法として登記が要求されていないから善意取得の対象になるし（最判昭四一・六・九民集二〇巻五号一〇一一頁（二〇トン未満の船舶について）参照）、あるいは、未登録の自動車や未登録の航空機も所有権移転の公示方法として登録は要求されていないから善意取得の対象になる（最判昭四五・一二・四民集二四巻一三号一九八七頁（自動車について）。もっとも、未登録の自動車や未登録の航空機を運行や航行の用に供することはできない）。

(1) 譲渡人が無権利者でその登記や登録が真実に反する場合、これを信頼した譲受人は保護されるであろうか。動産につき占有を信頼した者は保護されるのであるから、動産につき登記や登録を信頼した者も善意取得により保護されると解すべきであろう。この場合、登記や登録に公信力があることになる。善意取得の要件は、占有を信頼した場合とのバランス上、登記や登録を無過失で信じること、善意取得者が登記や登録を取得すること、と解すべきであろう。以上につき、石田穣「判例評釈」判例民法一巻五二頁以下（昭和五二年）参照。

(ヘ) 貨物引換証などによって表象されている動産　貨物引換証や倉庫証券、船荷証券によって表象されている動産についても善意取得が成立する（大判昭七・二・二三民集一一巻一四八頁は、貨物引換証によって表象されている動産について貨物引換証との引換えによらずに当該動産の引渡しを受けた者がこれに質権を設定した場合、質権の善意取得が成立しうるとする）。

(ト) 無記名債権　無記名債権は動産とみなされるから（八六条三項）、これについても善意取得が成立する。もっとも、無記名債権のうち「金銭その他の物又は有価証券の給付を目的とする有価証券」に該当するもの（無記名公社債、商品券など）については、民法一九二条以下ではなく商法五一九条二項、小切手法二一条の善意取得が成立する（大判大六・三・二三民録二三輯三九二頁（無記名公債について）参照）。

(チ)　立木・未分離果実　一般に、立木や未分離果実は、不動産である地盤の構成部分であり、善意取得の対象にならず（大判昭三・八・八新聞二九〇七号九頁は、稲立毛につき反対）、譲受人が立木や未分離果実を譲り受けた後で地盤から分離した場合であっても同じであると解されている（立木に関し、大判明四〇・一二・六民録一三輯一一七四頁は善意取得を認めたが、大判昭三・七・四新聞二九〇一号九頁、同判昭四・二・二七新聞二九五七号九頁、同判昭七・五・一八民集一一巻一九六三頁は善意取得を否定する）。立木や未分離果実は不動産である地盤の構成部分であり、譲受人は立木や未分離果実の譲受けに際し明認方法や地盤の登記を調査すべきであって、譲渡人の占有状態から譲渡人を権利者であると信頼しただけでは保護されないと解される。それゆえ、善意取得を認めるのは困難であろう。

(2)　取引行為によること

(イ)　善意取得は、取引の安全を保護する制度である。そこで、取引行為によることなく他人の山林から雑草を採取した場合、善意取得は成立しない（大判大四・五・二〇民録二一輯七三〇頁）。

(ロ)　(a)　取引行為は、広い概念であり、売買はもちろん、弁済としての給付（大判大元・一〇・二民録一八輯七七二頁など）や、代物弁済（大判昭五・五・一〇新聞三一四五号一二頁参照）、消費貸借のための交付（大判昭九・四・六民集一三巻四九二頁）、競落（最判四二・五・三〇民集二一巻四号一〇一一頁）などを含む。

(b)　贈与が取引行為に含まれるかについては、含まれるとしつつ原所有者は受贈者に対し不当利得に基づき所有権の返還を請求することができるとする見解が有力である(1)（ドイツ民法八一六条一項後段も同じ。大判昭一一・一・一七民集一五巻一〇一頁参照）。しかし、贈与も取引行為に含まれ善意取得が成立するとする以上、受贈者に法律上の原因がない（七〇三条）というのは無理である。

贈与が取引行為に含まれるとすると受贈者は何らの対価を支払うことなく動産の所有権を取得することができることになり、これは非取引行為による善意取得を認めるのと同じ結果になる。それゆえ、贈与は取引行為に含まれないと解するのが妥当であろう。(2) 贈与が負担附のものであっても対価性があるとはいえないから、やはり取引行為に入らないと考えられる。

（1） 岡村玄治・債権法各論六一三頁（昭和四年）、我妻＝有泉・二二七頁以下、松坂・一〇六頁、広中・一九七頁、鈴木・二二六頁。於保・二一六頁も参照。

（2） 同旨、平野一八五頁注7、近江・一五三頁以下。

(3) 取引行為の相手方が無権利者であること

(イ) 無権利者とは、問題の動産について処分権限のない者をいう。たとえば、執行吏が債務者の所有に属さない動産を競売した場合、当該債務者は無権利者である（大判昭七・一二・二六裁判例（六）民三六一頁。最判昭四二・五・三〇民集二一巻四号一〇一一頁も参照）。あるいは、代理人が本人の所有に属さない動産を譲渡した場合、当該本人は無権利者であるし、立木の所有者が抵当権の設定されている立木を伐採し抵当権が附着していない木材として売却した場合（抵当権の効力は当該木材にも及ぶ（立木法四条一項））、当該立木の所有者は抵当権が附着していない木材の売却という限度で無権利者である（立木法四条五項参照）。

(ロ) これに対し、取引の相手方が制限行為能力者、錯誤者、無権代理人などの場合、これらの者を行為能力者、非錯誤者、有権代理人などと信じて取引しても民法一九二条は適用されない。民法一九二条が適用されるとすれば制限行為能力者制度、錯誤制度、無権代理制度などが無意味になるからである（無権代理人については表見代理の問題になる）。そこで、制限行為能力者、錯誤者、無権代理人などであるAから動産を譲り受けたBは、Aを行為能力者、非錯誤者、有権代理人などと信じても善意取得を主張することができない。もっとも、Bからさらに当該動産を譲り受けたCは善意取得を主張することができると解される。

(4) 善意取得者が取引行為の際に善意・無過失で、かつ、平穏・公然に動産の占有を開始すること

(イ) BがAと取引する場合、善意取得が成立するためには、Bが取引行為の際に無過失でAを権利者であると信じ、

かつ、平穏・公然に動産の占有を開始しなければならない(1)（最判昭二六・一一・二七民集五巻一三号七七五頁（無過失について））。一般に善意・無過失はBの占有開始時に存在しなければならないと解されているが、善意取得は取引の安全を保護するための制度であり、取引時に存在しなければならないと解すべきである。それゆえ、Bが取引後に占有を開始した場合、取引時に善意・無過失であれば占有開始時に悪意・過失であっても善意取得は成立する。

（1）　フランスにおいては、法典の文言上はBの無過失を必要とするかどうか明確でないが、Bに過失があれば善意でないとされることが多いようである（滝沢聿代・物権変動の理論一四九頁注（8）（昭和六二年））。スイスにおいては、Bの無過失が必要であると解されている（Heinz Rey, Die Grundlagen des Sachenrechts und das Eigentum, 1991, S. 379 f. ; Kommentar zum Schweizerischen Privatrecht, § 933 Nr. 34 f.）。これに対し、ドイツにおいては、Bに過失があっても重過失でなければよいとされている（ドイツ民法九三二条二項）。

(ロ)　占有者は、善意・平穏・公然に占有をなすものと推定される（一八六条一項）。これは、一般には法律上の推定と解されているが、後述するように事実上の推定と解すべきである（本書五二〇頁以下参照）。それゆえ、前述の(イ)の説例のAと取引し動産の占有を開始したBは善意・平穏・公然に占有を開始したものと推定（事実上の推定）してよいであろう。さらに、Bは取引時にも善意であると推定（事実上の推定）してよいであろう。取引時に悪意で占有取得時に善意であることは通常考えられないからである。

(ハ)　(a)　(α)　一般に、「占有者が占有物について行使する権利は、適法に有するものと推定する」という民法一八八条は法律上の権利推定を定めた規定であり、そのような推定を受ける占有者を権利者であると信じるのは無過失であるとされている。そこで、A′の動産をAがBに譲渡した場合、A′の方でBの過失を立証しなければならないとされる。判例も同じである（最判昭四一・六・九民集二〇巻五号一〇一一頁、同判昭四五・一二・四民集二四巻一三号一九八七頁。もっとも、大判昭八・五・二四民集一二巻一五六五頁、最判昭二六・一一・二七民集五巻一三号七七五頁は反対であった）。

(β)　しかし、後述するように、民法一八八条を法律上の権利推定規定と解するのは疑問であり、占有者が主張する本権の取得原因の存在が事実上の推定を受けるにとどまると解すべきである（本書五四二頁以下参照）。それゆえ、一般の見解の理由づけには疑問がある。もっとも、動産の取引を円滑かつ迅速に行うためには、占有者Aと取引するBはAを無権利者と疑うべき特別の事情がない限りAを権利者であると信じて取引すれば足りると解すべきであり、A′がこの特別の事情を立証した場合にのみBに過失があると考えるべきである。結局、一般の見解と同様、A′の方でBの過失を立証するということになるであろう。

(b) 判例で過失ありとされた具体例を挙げれば、質屋が染色加工を業とする紺屋から染色加工の材料である木綿を質に取った場合、質屋は当該木綿が染色加工のため他から紺屋に預けられた物であるかどうかにつき注意すべきなのにその注意を欠いたから質屋に過失があるとされ（大判大七・一一・八民録二四輯二一三八頁）、運送店経営者である債権者が他の運送店経営者である債務者から玄米を代物弁済として受領した場合、債権者は運送店経営者の通常の業態にかんがみ玄米が運送を依頼した他人の物であるのを容易に知りえたから債権者に過失があるとされる（大判昭五・五・一〇新聞三一四五号一二頁）。また、運転手業者が他の運転手業者から割賦代金が完済されないため自己の所有になっていない自動車を買った場合、運転手業者が割賦代金未完済のため自己の所有になっていない自動車を運転していることはよくあり、このことは運転手業者である買主にとって周知のことであるから買主に過失があるとされ（大判昭一〇・七・九判決全集昭和九・一〇年度一〇四四頁）、質屋営業および金融業を営む者が他から割賦代金が完済されないため自己の所有になっていない自動車を買った場合、質屋営業および金融業を営む者は自動車について所有権留保の割賦販売が広く行われていることを熟知しているはずであるから買主に過失があるとされる（最判昭四四・一一・二一判時五八一号三四頁。最判昭四二・四・二七判時四九二号五五頁も参照）。さらに、立木の売買にも民法一九二条が適用されるという前提に立ちつつ、買主が地盤の登記簿を調査しないで立木を買ったのは過失であるとされる（大判大一〇・二・一七民録二七輯三二九頁）。多くの場合に、取引の相手方を無権利者であると疑うべき特別の事情があれば過失があるとされているといえよう。

(5) 善意取得者による占有の態様

(イ) (a) 善意取得が成立するためには取引の相手方から引渡しを受け占有を開始しなければならない。これは、一般に、対抗力のない善意取得を認めるのはいたずらに法律関係を紛糾させるだけであるからとされている。私見によれば、占有（引渡し）は一般に物権変動の効力要件であり、ここでも権利取得の効力要件として要求されていると解される。すなわち、BがA′所有の動産を占有するAを所有者であると無過失で信じAから動産を譲り受ける旨の契約を結んだ場合、Bは、A′に対し所有権移転請求権を取得し、Aから引渡しを受け占有を開始すればA′から所有権を取得するのである。

(b)　取引の相手方から引渡しを受けなければならないから、相手方は当然占有者でなければならない。私見によれば、後述するように、いわゆる占有補助者や占有機関も占有者である（本書五一三頁以下、五二四頁参照）。

(ロ)　現実の引渡し（一八二条一項）があれば占有を取得することに問題はない。

(ハ)　(a)　問題は、占有改定（一八三条）である。すなわち、BがA′の動産をAから譲り受け占有改定の方法で引渡しを受け占有を開始した場合、Bが動産を善意取得するかどうかという問題である。[1]これについては、見解が分かれている。

第一は、否定説である。[2]これは、Bは現実の引渡しを受けなければ善意取得しないとする。そして、BがAを代理人として動産を占有する場合、Aが動産を直接占有しているから、A′のAに対する占有委託の信頼は破られていないということを理由とする。判例は、当初、判断が分かれていたが（大判大五・五・一六民録二二輯九六一頁は否定説をとり、大判昭五・五・二〇新聞三一五三号一四頁は肯定説をとる）、その後、一貫して否定説をとっている（大判昭七・一二・二二新聞三五一七号一三頁、同判昭一二・一・二六新聞四一〇九号六頁、最判昭三二・一二・二七民集一一巻一四号二四八五頁）。ドイツ民法九三三条も、否定説をとっている。[3]

第二は、肯定説である。[4]これは、善意取得はAの占有に対するBの信頼を保護する制度であるからBの占有開始の態様は問題にならないということを理由とする。

第三は、折衷説である。[5]この説は、Bは占有改定によって所有権を取得するがそれは確定的でなく、現実の引渡しによって所有権を確定的に取得するとする。そして、この反面、A′は、Bの占有改定中は所有権を確定的に失わず、

Bが現実の引渡しを受けることによって所有権を確定的に失い、他方、A′がBよりも先に現実の引渡しを受ければ所有権を確定的に回復するとする。これは、肯定説によれば、占有改定を知らないA′が動産の返還を受けてもBの所有権に基づく引渡請求に従わざるをえず不都合であるし、また、AとBの通謀でA・B間の譲渡と占有改定を容易に創出することができるということを理由とする。

(1) 善意取得と占有改定の問題については、我妻栄「占有改定は民法第一九二条の要件を充たすか」民法研究Ⅲ一四七頁以下(昭和四一年)、鈴木禄弥「占有改定と即時取得(動産譲渡抵当と即時取得)」抵当制度の研究四一五頁以下(昭和四三年)、伊藤高義「民法一九二条の所有権取得構成」物権的返還請求権論序論──実体権的理解への疑問として──一〇三頁以下(昭和四六年)、吉田真澄「譲渡担保と即時取得」同法二八巻三号一二四頁以下(昭和五一年)、湯浅道男『占有改定と即時取得』に関する一考察」愛知学院大学論叢法学研究二一巻一・二号五〇一頁以下、二二巻一号一頁以下(昭和五二年─五三年)、槇悌次「即時取得」民法講座2三一四頁以下参照。

(2) 否定説をとるのは、中島・一八四頁以下、三潴・二九五頁以下、林・一〇三頁、末川・二三四頁以下、好美清光「判例研究」一論四一巻二号八六頁以下(昭和三四年)、舟橋・二四四頁以下、広中・一八九頁以下、平野・一九五頁以下、船越・一九三頁以下、山野目・七二頁、松尾=古積・一〇二頁以下、近江・一五八頁以下、月岡・六九頁以下。川島・一八一頁以下も参照。

(3) ドイツにおいて、占有改定によっては善意取得をすることができない理由として、A′の物を占有中のAがこれをBに譲渡してもBが占有改定による引渡しを受けた場合、Aは完全には所持を失っていず物に対する事実上の支配を有しているからとされている(Staudinger, Kommentar zum Bürgerlichen Gesetzbuch mit Einführungsgesetz und Nebengesetzen, Bd. Ⅲ, Sachenrecht, 2004, § 933 Nr. 3)。ドイツ民法の起草者は、物がAの手中にある限り、A′の所有権は継続しその所有権に基づく返還請求権は貫徹されるべきであると考えていたようである(Staudinger, a. a. O., § 933 Nr. 2)。

フランスにおいても占有改定によっては善意取得をすることができないと解されている(Mazeaud–Chabas, t. Ⅱ, vol. 2, n° 1529)。その理由は、第三者に権利取得を知らせるためであるとされる(Mazeaud–Chabas, op. cit.)。なお、動産の二重譲渡の場合、第二買主は善意取得により保護されるが、この場合にも第二買主は現実の引渡しを受けなければならないとされている(フランス民法一一四一条。本書一二二頁参照)。

これに対し、スイスにおいては、占有改定であってもよいが、Bが現実の引渡しを受ければBにおいてAが無権利者であることを知ったであろう場合にはBの善意取得は成立しないとする見解が有力である(Kommentar zum Schweizerischen Privatrecht, § 933 Nr. 26)。

(4) 肯定説をとるのは、末弘・二六七頁以下、石田(文)・三三〇頁以下、金山・三六六頁以下、柚木=高木・三八九頁以下。富井・六九四頁も参照。

(5)　折衷説をとるのは、石田(喜)・一三九頁以下、我妻＝有泉・二二二頁以下、松坂・一〇四頁、加藤・一九七頁以下、内田・四七〇頁以下、川井・九四頁、鈴木・二一三頁以下。佐久間・一五〇頁以下も参照。

(b)　(α)　まず、否定説であるが、否定説はAが動産を直接占有している間はA′のAに対する占有委託の信頼は破られていないとする。これは、A′がAから動産の返還を受け、それが正当な返還であると信じていても、Bの占有改定による善意取得が成立していればBの引渡請求に従わざるをえず妥当でないという趣旨のものであろう。そうだとすれば、A′がA・B間の譲渡を知った場合（BがA′に告知した場合を含む）、A′のAに対する占有委託の信頼は破られ、Bが現実の引渡しを受けなくてもBの善意取得が成立しそうである。しかし、このような結論は、否定説自身に反する。あるいは、Aが善意無過失のBに現実の引渡しをし、その後相当な時間が経過してからAがBの占有代理人としてBから引渡しを受け占有をする場合、A′がこれを知らずにAから返還を受ければA′のAに対する占有委託の信頼は破られず、Bの善意取得は成立しないということになりそうである。しかし、このような結論も、否定説自身に反する。

善意取得の根拠は、A′のAに対する占有委託の信頼が破られるかどうかにあるのではなく、A′がAにA′の動産の占有を委託し、動産の権限外の取引行為を容易にする地位にAをおいたという行為（社会的に有用ではあるが、Bによる権限外の取引行為を容易にする危険性のある行為）をA′がしたことにあると思われる。それゆえ、このような行為をしたA′は、Aの占有を信頼してAと取引したBの権利取得を否認することができないのである。

なお、否定説はBが動産の現実の引渡しを受ける時点でBの善意無過失を要求する（ドイツ民法九三三条・九三二条二項もBが現実の引渡しを受ける時点で善意無重過失でなければならないとする）。そこで、Bは契約時に善意無過失であっても引渡時に悪意過失があれば保護されない。しかし、これではBの取引の安全が害され、取引の安全保護という善意取得の趣旨に反する。

(β)　次に、折衷説であるが、折衷説はBは現実の引渡しを受けるまでは所有権を確定的に取得せず、他方、A′はその間は所有権を確定的に失わず、先に現実の引渡しを受けた方が優先するとする。この場合、A′とBは現実の引渡しを受けるまで双方とも確定的でない所有権を有すると考えられているようであるが、物権変動における所有権の二重譲渡の場合と同じように、なぜA′とBの双方が所有権（確定的な所有権ではないとしても）を有することができるのか理解できない。また、確定的でない所有権の内容も不明確であり、たとえば、不法行為者Cに対しA′とBのいずれが権利を行使することができるのか不明である。

(c)　以上のように、否定説と折衷説には疑問が多い。

善意取得は相手方の占有を信頼して取引関係に入った者を取引安全の観点から保護する制度であるから、BがAの占有を信頼してAと取引関係に入れば占有改定により動産の引渡しを受けても保護されるべきである。それゆえ、肯定説が妥当である。なお、Bは契約時に善意無過失であれば占有改定時に悪意過失があっても保護される（本書二六九頁以下参照）。

これに対しては、次のような批判が考えられる。第一に、A′がBの善意取得を知らないでAから動産の返還を受けた場合、A′は善意取得によって保護されないからA′が害されるという批判である(1)。たしかに、A′がAから動産の返還を受ける場合、A′はAを所有者であると信じるのでなく自己を所有者であると信じて返還を受ける。しかし、一般に、善意取得者が相手方を所有者であると信じて動産の引渡しを受けた場合に保護されるのは、自己が動産の所有者になったと信じ、これを起点として動産につき種々の利害関係を有するに至るからであるが、A′が自己を所有者であると信じて返還を受けた場合も全く同様にこれを起点として動産につき種々の利害関係に入るのである。この点で両者を区別して扱う理由は全くない。また、善意取得によって保護される取引とは弁済としての給付なども含む広い概念であり（本書二六八頁参照）、A′がAとの契約関係に基づき動産の返還を受けるのは弁済としての給付の受領であって取引に入ると解すべきである。さらに、A′は、善意取得が認められなければ動産の所有権を失うという大きな不利益を受けるのであり、善意取得を認めても無償で動産を取得する場合とは異なる。それゆえ、A′は善意取得によって保護される。

なお、AがBに動産の現実の引渡しをし、相当な時間が経過した後でAがBの占有代理人としてBから動産の引渡しを受けてこれをA′に返還した場合、正当な返還を受けたと信じたA′が保護されないとすれば不当であろう。この場合、前述の私見によれば、A′は善意取得によって保護されるのである。

第二に、AがA′の動産をBとCに二重に譲渡しともに占有改定で引渡しをした場合（Bが第一買主）、まずBが善意取得により所有者となり、次にCが善意取得により所有者になるが、Cが所有者であることを知らないで現実の引渡しを受けたBが害されるという批判である。しかし、BがAの動産と信じて引渡しを受けたり、Bが自己の動産と信じて引渡しを受ければ、Bは善意取得によって動産を取得すると解すべきである。この場合、Bは占有改定によってA′の動産を善意取得し、現実の引渡しによってCの動産を善意取得することになる。

第三に、善意取得が際限なく繰り返されるという批判である。(2) しかし、実際問題として善意取得が際限なく繰り返されるおそれはほとんど考えられないし、かりに何度か繰り返されることがあっても、その法律関係は前述したように処理されればよく特に複雑になるわけではないのである。

第四に、AとBの通謀でA・B間の譲渡と占有改定を容易に創出することができるという批判である。(3) しかし、これは事実認定を慎重に行うことによって十分に対処することができるし、また、AとBの通謀でA・B間の譲渡と現実の引渡しを創出することもそれほど困難とはいえないのである。(4)

(1)　我妻＝有泉・二二三頁。
(2)　松尾＝古積・一〇四頁。
(3)　我妻＝有泉・二二三頁。
(4)　占有改定によっても善意取得が成立すると解する場合、占有改定を公示方法とする譲渡担保権の善意取得には問題がない。AがA′の動産につきBに譲渡担保権を設定した場合、BはAが所有者であると無過失で信じれば占有改定により譲渡担保権を善意取得すると解される（A′が譲渡担保権がないと無過失で信じてAから動産の返還を受けた場合、譲渡担保権は消滅する）。Cが、Aが所有者で、かつ、Bの譲渡担保権がないと無過失で信じてAから右の動産につき譲渡担保権の設定を受けた場合、Cが第一順位、Bが第二順位の譲渡担保権をそれぞれ取得する。

(ニ) 簡易の引渡し（一八二条二項）によっても善意取得は成立する。たとえば、AがA′の動産をBに賃貸し後にBに譲渡して簡易の引渡しをした場合、善意取得が成立しうる。この場合、Bは譲渡の時点でAが動産の所有者であると無過失で信じていなければならない。

(ホ) 指図による占有承継（一般にいわれる指図による占有移転。一八四条）によっても善意取得が成立する（最判昭五七・九・七民集三六巻八号一五二七頁）。たとえば、AがA′の動産をZに寄託していたが、これをBに譲渡して指図による占有承継の方法で引渡しをした場合、善意取得が成立しうる。所有権を取得したと信じたBは保護されるべきだからである。

なお、占有改定の場合と同様、Bが善意取得により動産を取得した後であっても、A′が自己の物と無過失で信じてAやZから動産の返還を受けた場合、A′は善意取得によって保護されると解すべきである（本書二七五頁以下参照）。

三 善意取得の効果

(1) 権利の取得

(イ) BがAと取引し善意取得が成立すれば、Bは「動産について行使する権利を取得する」（一九二条）。

(ロ) (a) Bが取得する権利として争いがないのは、所有権、質権、譲渡担保権である。

(b) 留置権については、一般に、他人の物の占有者がその物に関して生じた債権を有すれば成立するから（二九五条一項本文）、無権利者との取引かどうかは問題にならず、したがって、また、善意取得も問題にならないとされる。しかし、たとえば、AがA′から預かった物品をA′に無断でBに預けた場合、Bの保管料につき留置権が成立するとすれば、A′はその物品につき質権や譲渡担保権の善意取得が成立する場合と同様の不利益を受ける。それゆえ、BがAの物品であると無過失で信じて保管した場合にのみ留置権が成立すると解すべきである。したがって、留置権についても善意取得が成立すると解される（詳細は担保物権法に譲る）。

(c)　賃借権については、善意取得を否定する見解が一般的であり、判例でもある（大判昭一三・一一・二八民集一七巻一頁）。しかし、民法一九二条は賃借権の善意取得を否定しているわけではなく、ＢがＡを所有者であると信じＡからＡ占有の動産を賃借した場合に取引の安全の観点からこれを保護するのが妥当である。所有者としても所有権を失う場合にくらべて損失は少ない。それゆえ、賃借権の善意取得を肯定すべきである。

(d)　占有権については善意取得は成立しない。占有権は、自己のためにする意思をもって物を所持すれば成立するから（一八〇条）、無権利者との取引かどうかは問題にならない。先取特権も、民法の定める一定の要件のもとで成立するから、本来無権利者との取引かどうかは問題にならないが、民法三一九条は先取特権につき特に同法一九二条を準用する旨を規定している。

(ハ)　一般に、善意取得による権利取得は原始取得であるとされている。

しかし、通説的見解のいう原始取得と承継取得の区分に疑問があることはすでに述べた通りである（本書一〇三頁以下参照）。私見によれば、ＢがＡとの取引でＡ′の動産につき善意取得で所有権を取得する場合、所有権はＡ′とＢの合意によることなくＡ′からＢに移転するから法定の承継取得であると解される。この場合、どのような内容の所有権が承継されるかはＢの取引態様にかかっている。たとえば、Ａ′の動産に抵当権の効力が及んでいる場合、Ｂがそのことにつき善意無過失であれば抵当権の制約のない所有権を取得するが、Ｂがそのことにつき悪意過失を有すれば抵当権の制約のある所有権を取得する。

(2)　不当利得の成否

(イ)　ＢがＡとの取引でＡ′の動産につき善意取得で所有権を取得する場合、ＢのＡ′に対する不当利得は成立しない（大判昭一三・一一・一二民集一七巻二二〇五頁）。善意取得が成立する以上不当利得の要件である「法律上の原因なく」（七〇三条）とはいえないし（一九二条が法律上の原因になる）、また、不当利得の成立を認めれば善意取得が無意味になるからである。

(ロ) 前述したように、BがAからA′の動産の贈与を受けた場合には善意取得を肯定しつつBのA′に対する不当利得が成立するという有力な見解もあるが、贈与は善意取得の要件である取引行為に入らないと解するのが妥当である（本書二六八頁以下参照）。

(ハ) AがBに対して債務を負っていないのに負っていると誤信してA′の動産を弁済として引き渡した場合、善意取得は成立しうるがBは不当利得としてAに動産を返還しなければならないとする見解がある。(1) しかし、この場合、AがBに対して債務を負っていない以上弁済とはいえず、取引行為が存在しないとして処理するのが妥当である。

（1） 我妻＝有泉・二二八頁。

(3) その他　AがA′の動産をBに譲渡し、Bが善意取得によりその所有権を取得した場合、Bから当該動産を譲り受けた悪意・過失（AがA′の動産をBに譲渡したことについての悪意・過失）あるCは所有権を取得するであろうか。(1) Cは所有権を取得しないとすれば、Bの善意取得が一般に知れ渡った場合、Bは所有者でありながら取得した動産を実際上処分することができなくなる。(2) それゆえ、Cは悪意・過失があっても所有権を取得すると解するのが妥当であろう。(3)

（1） この問題については、伊藤高義「民法一九二条の所有権取得構成」物権的返還請求権論序論——実体権的理解への疑問として——一四三頁以下（昭和四六年）参照。この論文は、Cが所有権を取得するのを疑問だとする。

（2） 失踪宣告後その取消前に善意でなされた行為の効力に関する幾代通・民法総則（二版）四三頁（昭和五九年）参照。

（3） 本文の設例で、Bに悪意・過失がありBの善意取得は成立しないが、Cは善意無過失で善意取得が成立する場合、Cから動産を譲り受けたBは所有権を取得するであろうか。BがCを利用して所有権を取得しようとするなどBに背信性が強い場合には信義則上Bは所有権を取得することができないが、そうでない場合にはBは所有権を取得することができると解してよいであろう（伊藤・前掲、川井・九六頁は、Bが所有権を取得するのに否定的である）。

四　盗品・遺失物について

(1) 盗品・遺失物に関する特則

(イ)　盗品・遺失物に関しては民法一九三条・一九四条に善意取得の特則が定められている。民法一九三条によれば、動産が盗品・遺失物である場合、被害者または遺失者は盗難または遺失の時から二年間占有者に対し動産の回復を請求することができるとされている。フランス民法やスイス民法においてもほぼ同じように定められている（フランス民法二二七九条二項・二二八〇条、スイス民法九三四条。これに対し、ドイツ民法九三五条一項は、盗品・遺失物につき善意取得の成立を否定する）。

これは、善意取得制度の沿革に由来する。すなわち、ゲルマン法においては、他人を信頼して引渡しをした者はその他人に対してのみ物の返還を請求することができた反面、物を盗まれたり遺失した者は他人を信頼して引渡しをしたわけではないからどこまでも物を追及することができたのである。盗品・遺失物に関する特則は、このようなゲルマン法の制度に由来するものである。(1)

(1)　起草委員梅謙次郎は、法典調査会において、盗品・遺失物については所有者はその意思なくして占有を失ったのに対し、詐欺・横領においては所有者は自己の意思で占有を移しており、この点で両者は区別して処理されると説明している（民法議事速記録六巻一八三頁以下）。

(ロ)　株券や手形・小切手、「金銭その他の物又は有価証券の給付を目的とする有価証券」の善意取得については盗品・遺失物に関する特則は認められていない（会社一三一条二項、手一六条二項・七七条一項一号、小二一条、商五一九条二項）。これは、流通性の強い株券などについては取引の安全を特に保護する必要があるからである。後述するように、金銭についても同様に解されるべきである（本書二九〇頁以下参照）。ドイツ民法は、盗品・遺失物に関し一般的に善意取得の成立を否定しているのに、金銭や無記名証券については盗品・遺失物であっても善意取得の成立を肯定している（九三五条二項）。スイス民法は、一般的に盗品・遺失物に関して善意取得の特則を設けているが（九三四条）、金銭や無記名証券についてはこの特則は適用されないとしている（九三五条。盗品・遺失物に関しても通常の善意取得が成立する）。

(2)　盗品・遺失物に関する特則の要件

(イ)　(a)　一般に、盗品とは、占有者の意思に反して他人により占有を奪われた物であるとされる。しかし、以下に検討するように、このような定義では十分でない。

(b) 盗品・遺失物に関する特則の趣旨は、盗品・遺失物の場合、所有者は自己の意思に基づき他人に占有をゆだねて他人による権限外の取引行為により第三者の善意取得を招いたわけではなく、通常の場合の善意取得にくらべて保護に値するというものである。それゆえ、何が盗品かはこのような盗品・遺失物に関する特則の趣旨に照らして考えられるべきである。なお、以下において、占有が奪われるとは、BがAの占有を奪う場合でいえば、BがAの意思に反して物に対するAの現実的な支配を解消させ、代わってBが物に対する現実的な支配をすることである(本書五六二頁以下参照)。

(c) 所有者がその意思に反して直接占有している物を奪われた場合(その物の占有を奪われた場合)、その物は盗品である。Bが所有者Aの占有代理人として占有している物がA・Bの意思に反して奪われた場合、その物は盗品である。Aにとっては、自己が直接占有している物を奪われた場合と何ら変わらないからである。AはBに占有をゆだねているが、しかし、AはBに占有をゆだねてBの権限外の取引行為により第三者の善意取得を招いたわけではなく、右の場合に盗品として扱うことに問題はないと考える。これに対し、Bの意思に反してBの占有している物が奪われたのでない限り、Bからの占有離脱がAの意思に反しても、その物は盗品とはいえない。たとえば、BがAの意思に反してCに占有物を譲渡したような場合である。この場合は、AがBに占有をゆだねてBの権限外の取引行為により第三者の善意取得を招く通常の場合だからである。また、Bの占有している物がA自身によって、あるいはAの指示によりCによって奪われた場合、その物はAにとってはもちろんBにとっても盗品とはいえない。なぜなら、盗品とは所有者が第三者の善意取得により所有権を失うのを制限するための概念であるが、右の場合に所有者が第三者の善意取得により所有権を失うのを制限する必要は全くなく、所有者が第三者の善意取得により所有権を失う場合に所有者の占有代理人のためにそれを制限するのも妥当でないからである。なお、AあるいはBが現在物の占有を回復している場合、その物は盗品とはいえない。

以上によれば、盗品とは、所有者の意思に反してその直接占有を奪われた物、あるいは、所有者およびその占有代理人の意思に反して占有代理人の直接占有を奪われた物で、所有者又は占有代理人が現在占有（間接占有を含む）していないものである。

(d)　窃盗や強盗により占有を奪われた物は盗品である。一般に、店員が店の商品を勝手に他に売却した場合、店員は店主の占有機関であり商品を占有していないから横領ではなく窃盗であるとされているが、後述するように、店員には店主と共同して商品を占有する場合（店主が常時店にいるような場合）と店主の占有代理人として商品を占有する場合（店主が常時店とは別の場所にいるような場合）の二つの場合があり、前者の場合には窃盗であるといってよいが（それゆえ、盗品）、後者の場合には横領であるというべきである（本書五一三頁以下参照）。横領の場合、所有者の意思には反するが占有代理人の意思に反してその直接占有が奪われたとはいえず、盗品に該当しない。詐欺の場合も、所有者の意思に反して直接占有が奪われたとはいえず、盗品に該当しない。

(ロ)　(a)　一般に、遺失物とは、占有者の意思に基づかずにその占有から離脱した物で盗品でないものをいうとされている。しかし、以下に検討するように、このような定義では十分でない。

(b)　何が遺失物かは、盗品の場合と同様、盗品・遺失物に関する特則の趣旨に照らして考えられるべきである。

(c)　所有者の意思に反してその直接占有から離脱した物は、盗品の場合を除き（以下、同じ）遺失物である。Ｂが所有者Ａの占有代理人として直接占有している物がＡ・Ｂの意思に基づかずにＢの直接占有から離脱した場合、その物は遺失物に該当する。Ａにとっては、自己が直接占有している物を遺失した場合と何ら変わらないからである。ＡはＢに占有をゆだねているが、しかし、ＡはＢに占有をゆだねてＢの権限外の取引行為により第三者の善意取得を招いたわけではなく、右の場合に遺失物として扱うことに問題はないと考える。ＢがＡの意思に反して占有物を遺棄した場合、その物は遺失物である。Ａにとっては、自己が直接占有している物を遺失した場合と何ら変わらないし、また、Ａは、

Bに占有をゆだねているが、Bの権限外の取引行為により第三者の善意取得を招いたわけではないからである。これに対し、BがAの意思に反して占有物を取引に出した場合、これは第三者の善意取得が成立する通常の場合であり、その物は遺失物ではない。なお、AあるいはBが現在物の占有を回復している場合、その物が遺失物でないのは当然である。

以上によれば、遺失物とは、占有代理人が所有者の意思に反して占有物を取引に出した場合を除き、所有者の意思に反してその占有（間接占有を含む）から離脱している物で盗品でないものである。

(d) 遺失物については民法二四〇条に定めがあり、「遺失物は遺失物法…の定めるところに従い公告をした後三箇月以内にその所有者が判明しないときは、これを拾得した者がその所有権を取得する」とされているが、民法一九三条・一九四条は、拾得者がこの手続きにより所有権を取得していないのに拾得物に関し第三者と取引した場合に問題になる（なお、一九三条・一九四条にいう遺失物と二四〇条にいう遺失物は必ずしも同一ではない。本書三三五頁以下参照）。

(ハ) 盗品・遺失物に関する特則は、盗人・拾得者Aと直接に取引したBに限らず、Bと取引したCにも適用される。

(ニ) 盗品・遺失物に関する特則の趣旨は、盗品・遺失物の場合、所有者は自己の意思に基づき他人に占有をゆだねて他人による権限外の取引行為により第三者の善意取得を招いたわけではなく、通常の場合の善意取得にくらべ保護に値するというものである。このような趣旨によれば、民法一九三条・一九四条は盗品・遺失物でなくても物が所有者の意思に基づかずに占有を離れた場合に類推適用されるのが妥当であろう[1]。たとえば、意思無能力者が他人に交付した物については民法一九三条・一九四条が類推適用されるべきである[2]。

(1) 同旨、広中・一九八頁、田山・一四六頁、注釈民法(7)二〇五頁以下（好美清光執筆）。
(2) ドイツ民法九三五条一項前段は、「物が所有者から盗まれたり、遺失したり、その他占有から離れた場合」善意取得は成立しないと規定するが、五歳の子供や精神病者が物を譲渡した場合には占有から離れた場合に該当するとされている（Baur-Stürner, S. 610）。

スイス民法九三四条一項も「動産が占有者から盗まれたり、遺失したり、その他占有者の意思に反して占有を離れた場合」に占有者に動産の回復請求権があると規定するが、動産が精神病者や判断能力のない子供からその同意のもとに持ち去られた場合には占有者の意思に反して占有を離れた場合に該当するとされている（Kommentar zum Schweizerischen Zivilgesetzbuch, IV. Bd., 3. Ab., Hrsg.: A. Egger–A. Escher–R. Haab–A. Homberger–H. Oser–W. Schönenberger–A. Siegwart, 2. Aufl., 1938, § 933 Nr. 15）。

(3) 盗品・遺失物に関する特則の効果

(イ) 序　盗品・遺失物の場合、被害者または遺失者は盗難または遺失の時から二年間占有者に対してその物の回復を請求することができる[1]（一九三条）。そして、占有者が盗品・遺失物を競売あるいは公の市場において、または、その物と同種の物を販売する商人から、善意で買い受けた場合には、被害者または遺失者は占有者が支払った代価を弁償しなければならない（一九四条）。なお、以下において、占有の回復とは、AがBから占有を回復する場合でいえば、AがBによる物に対する現実的な支配を解消させ、代わってAが物に対する現実的な支配を行う（再び行う）ことである（本書五六三頁参照）。

(1) 被害者または遺失者が物の回復を請求することができる期間は、フランスでは三年（フランス民法二二七九条二項）、スイスでは五年（スイス民法九三四条一項）である。ドイツでは、盗品や遺失物については善意取得が成立せず（ドイツ民法九三五条一項）、それゆえ、物の回復についての期間は設けられていない。

(ロ) 回復請求権の法的性質

(a) 被害者または遺失者が回復を請求することができる二年の間、動産の所有権は誰に帰属しているのであろうか。これについては、原所有者（善意取得が生じる前の所有者）に帰属しているとする見解[1]（判例も同じ。大判大一〇・七・八民録二七輯一三七三頁、同判昭四・一二・一一民集八巻九二三頁（傍論）など）と占有者に帰属しているとする見解[2]が対立している。回復請求権は、前者の見解によれば、所有権に基づく占有の回復を求める権利ということになるであろうが、後者の見解によれば、占有の回復を求める権利（請求権）と所有権の回復をもたらす権利（形成権）を伴せたものということになるであろう。

（1）この見解をとるのは、川名・三七頁、富井・七〇七頁以下、三潴・三〇〇頁以下、石田（文）・三四一頁以下、川島・一八三頁、石田（喜）・一四七頁以下、広中・一九九頁以下、船越・二〇〇頁、山野目・七四頁、内田・四七三頁。

フランスやスイスにおいてもこの見解がとられている。すなわち、フランスにおいては、回復請求権が認められる三年の間は善意取得の制度が停止され、三年が経過した時点で占有者は所有権を取得すると解されている（Mazeaud-Chabas, t. II, vol. 2, n° 1553）。スイスにおいても、回復請求権が認められる五年が経過した時点で占有者は所有権を取得すると解されている（Kommentar zum Schweizerischen Privatrecht, § 934 Nr. 15）。なお、ドイツにおいては、盗品や遺失物については善意取得の成立が否定されている（ドイツ民法九三五条一項）。

（2）この見解をとるのは、末弘・二七二頁以下、林・一〇五頁以下、末川・二四二頁以下、舟橋・二五三頁以下、金山・三七三頁以下、於保・二一七頁以下、柚木＝高木・三九六頁以下、我妻＝有泉・二三一頁以下、稲本・一八六頁、松坂・一〇七頁、平野・一九〇頁、加藤・二〇三頁以下、川井・九九頁、松尾＝古積・一〇八頁、近江・一六一頁、月岡・七二頁。

(b) 起草者は、法典調査会において、所有権は原所有者に帰属すると説明しているが(1)、しかし、この説明は民法一九三条の原案が当初「前条ノ場合ニ於テ占有物カ盗品又ハ遺失物ナルトキハ其所有者ハ盗難又ハ遺失ノ時ヨリ二年間ハ占有者ニ対シテ其物ノ回復ヲ請求スルコトヲ得」とされていたこととの関連でなされたものである。そして、民法一九三条の原案は、その後、現行法のように改められたのであるが（「所有者ハ」が「被害者又ハ遺失主ハ」に改められた）、現行法に関する起草者の見解は明らかでない。結局、動産の所有権が誰に帰属するかに関する起草者の見解は明確でないといわざるをえない。

（1）民法議事速記録六巻一八一頁、一八五頁以下。

(c) (α) 前述の所有権は原所有者にあるとする見解によれば、回復請求権が行使されない場合、占有者は二年間は他人の物を占有することになるが、これでは法律関係が複雑となり妥当でない。また、同じく前述の所有権は占有者にあるとする見解によれば、回復請求権が行使された場合、かりに原所有者は行使の時から将来に向かってのみ所有権を回復することになるのだとすれば、法律関係が複雑になるばかりでなく（所有権が原所有者→占有者→原所有者と移転する）、占有者を回復請求権の行使時まで所有者とする必要もなく（他人の物の善意占有者として保護すれば足りる）、妥当でない。

(β)　盗品・遺失物に関する場合、回復請求権が行使されれば善意取得は成立せず、回復請求権が行使されなければ善意取得が成立する。そこで、所有権は原所有者にあるとしつつ回復請求権が行使されなければ占有者が占有取得時に遡って所有権を取得する（盗難または遺失の時に遡って所有権を取得するという必要は全くない）と解することもできるし、所有権は占有取得時から占有者にあるとしつつ回復請求権が行使されれば原所有者は占有者の占有取得時に遡って所有権を回復すると解することもできるであろう。いずれに解しても結論は同じであるが、ここでは、法律構成の簡明な前者と解しておきたい。すなわち、前者によれば、回復請求権とは所有権に基づく占有の回復を求める請求権であるが、後者によれば、回復請求権とは占有の回復を求める請求権と所有権の回復をもたらす形成権の二つを伴せたものであり、法律構成が複雑である。(1)

（1）　山野目・七四頁、内田・四七三頁参照。

(d)　(α)　以上によれば、民法一九三条の回復請求権は所有者の所有権に基づく請求権であるということになるであろう。なお、後述するように、所有者が回復請求権を有する場合には盗品・遺失物の賃借人なども原則として賃借権などに基づき当該動産の占有の回復を請求することができると解される（後述の(ハ)(c)参照）。

(β)　回復請求権が行使された場合、占有者が取得した動産の果実については民法一八九条が、動産に投下した費用については民法一九六条が、それぞれ適用される。

(γ)　占有者が動産を滅失させた場合、占有を回復することは不可能であるから回復請求権は消滅する（最判昭二六・一一・二七民集五巻一三号七七五頁）。占有者が動産を損傷させた場合、回復請求権は損傷された当該動産の上に成立する。占有者が動産を滅失損傷させた場合の損害賠償責任については、民法一九一条が適用されると解される（本書五四九頁以下参照）。

(ハ)　回復請求権者

(a)　回復請求権者は、「被害者又は遺失者」（一九三条）である。すなわち、盗品の場合には被害者が回復請求権者であり、遺失物の場合には遺失者が回復請求権者である。

(b) 被害者または遺失者は、原則として盗品・遺失物の所有者である。

(c) 所有者が回復請求権を有する場合、盗品・遺失物の賃借人や受寄者（最判昭五九・四・二〇判時一一二二号一一三頁（株券の受寄者）参照）なども賃借権や受寄者たる地位などに基づき被害者または遺失者として回復請求権を有すると解してよいであろう。所有者が盗品・遺失物の占有を回復すれば、賃借人や受寄者などの占有も回復されるべきだからである。もっとも、賃借人や受寄者などが占有物を遺棄した場合、所有者は遺失物として回復請求権を有するが、賃借人や受寄者などを保護する必要はなく、賃借人や受寄者などは回復請求権を有しないと解すべきであろう（本書二八二頁参照）。

(d) 質権に関する民法三五二条・三五三条は、民法一九三条の適用を排除するであろうか。民法三五二条・三五三条は同法一九三条の適用を排除しないとすれば、質権者は、第三者が善意無過失でない場合には占有回収の訴えによってのみ動産を取り戻すことができ（占有を奪われた時から一年間）遺失の場合にはそれもできないのに対し、第三者が善意無過失である場合には盗難であると遺失であるとを問わず動産を取り戻すことができる（盗難または遺失の時から二年間）ことになり、第三者が善意無過失である方がかえって有利になって妥当でない。それゆえ、質権者は民法三五三条に基づき占有回収の訴えによってのみ動産の回復を請求することができ、民法一九三条の回復請求権を有しないと解するのが妥当である[1]（大判明四〇・二・四刑録一三輯八六頁も同旨）。

(1) 同旨、我妻＝有泉・二三一頁、川井・九八頁。これに反対なのは、金山・三七三頁、於保・二一八頁、広中・二〇〇頁注(30)。

(ニ) 回復請求権者の相手方　回復請求権者の相手方は、盗品・遺失物を占有している者である。盗人・拾得者から直接に取得した者に限定されない。

(ホ) 二年間の期間制限

(a) 二年間は除斥期間であると解されている[1]。それゆえ、被害者または遺失者は、二年以内に動産を回復するための訴えを提起しなければならない(2)。

(1)　フランスやスイスにおいても同様に解されている（フランス法につき、Mazeaud–Chabas, t. II, vol. 2, n° 1553°　スイス法につき、Kommentar zum Schweizerischen Privatrecht, § 934 Nr. 14）。

(2)　石田(穣)・五三四頁参照。

(b)　二年間は盗難または遺失の時から起算される。盗難の時とは盗人により占有を奪われた時であり、遺失の時とは動産が占有を離脱した時である。他人の山林を勝手に伐採した者が伐採木材を加工して現場に置きしばらくしてから搬出して売却した場合、二年間は伐採の時から起算される（大判大一五・三・五民集五巻一一二頁）。

(ヘ)　民法一九四条

(a)　占有者が盗品・遺失物を競売もしくは公の市場において、または、その物と同種の物を販売する商人から、善意で買い受けた場合、被害者または遺失者は占有者が支払った代価を弁償しなければその物の回復を請求することができない。ここで、公の市場とは、一般の店舗を意味し、その物と同種の物を販売する商人とは、たとえば、行商人を意味する。

民法一九三条によれば、被害者または遺失者は占有者が善意無過失であっても盗難・遺失の時から二年間は盗品・遺失物の回復を請求することができるとされている。しかし、これは、盗品・遺失物を公の市場などで善意無過失で買い受けた占有者の取引の安全を害する。そこで、民法一九四条は占有者を保護するために占有者に代価の弁償請求権を認めたのである（次の(b)参照）。

(b)　一般に、民法一九四条については、民法一九三条の二年の期間が経過した後にも適用され、また、占有者は善意であれば過失があっても代価の弁償を請求することができると解されているようである。

しかし、民法一九四条は、占有者が善意無過失で盗品・遺失物を買い受け、かつ、二年の期間が経過する前の場合にのみ適用されると解すべきである。

すなわち、占有者が盗品・遺失物でない物を善意ではあるが過失をもって買い受けた場合、善意取得は成立せず、占有者は期間を問題とすることなく代価の弁償を請求することができない。そして、盗品・遺失物については、民法一九三条により、所有者は盗品・遺失物でない物の場合よりも保護されている。そうだとすれば、占有者は、盗品・遺失物について善意ではあるが過失をもって買い受けた場合、盗品・遺失物でない物の場合以上に代価の弁償を請求することができないというべきである。一般的見解によれば、善意ではあるが過失を有する占有者は、盗品・遺失物でない物については代価の弁償を請求することができないのに、所有者にとって盗品・遺失物でない物の場合よりも保護されている盗品・遺失物については代価の弁償を請求することができるという非常識な結論になるであろう。

結局、民法一九四条は、盗品・遺失物については、所有者は占有者が善意無過失であっても二年間は返還を請求することができるが、この返還を請求する場合には占有者を保護するために占有者に代価を弁償しなければならない旨を定めた規定であると解されるのである。

(c) (α) 占有者は、被害者または遺失者が回復請求権を行使する場合には代価の弁償請求権を有する。占有者は、留置権に基づき動産の返還と代価の弁償の同時履行を主張することができるのはもちろん（二九五条一項本文）、動産を返還した後であっても代価の弁償請求権を失わない（最判平一二・六・二七民集五四巻五号一七三七頁。大判昭四・一二・一一民集八巻九二三頁は、占有者は動産の返還後には代価の弁償を求めることができないとしていた）。占有者は、代価の弁償の提供があるまで動産を使用収益することができるとされるが（最判平一二・六・二七民集五四巻五号一七三七頁）、他人の物の占有者であり、善意占有者の果実収取権（一八九条一項）を有することがあるにとどまると解すべきである。被害者または遺失者は、動産の返還を受けた日から代価に利息を附さなければならない（五七五条二項本文参照）。

(β) AがBに賃貸していた物が盗品・遺失物になった場合、Bが遺棄した場合を除きAとBの両者が被害者または遺失者である（本書二八一頁以下参照）。この場合、AとBは並存して代価支払債務を負担すると解してよいであろう。AとBの間においては、賃借物を奪われたり遺失したことにつきBに帰責事由があればBが全部を負担するが、Bに帰責事由がなければ盗品・遺失物の回復によりA・Bの受ける利益を考慮してその分担を決定すべきであろう。

(d)　占有者が古物商・営業質屋である場合（前述したように、善意無過失の場合に限る）、被害者または遺失者は盗難または遺失の時から一年間は無償で動産の回復を請求することができる（古物営業法二〇条、質屋営業法二二条）。この一年間が経過し民法一九三条の二年の期間が経過するまでは、民法一九四条が適用され、被害者または遺失者は代価を弁償しなければ動産の回復を請求することができなくなる。古物営業法二〇条などは、無許可で古物商などを営む者に関しても類推適用される（最判昭三一・六・二九民集一〇巻六号七六四頁（古物商に関する））。なお、占有者に悪意・過失がある場合、被害者または遺失者は期間の制限なく無償で動産の回復を請求することができるのはもちろんである。

五　金銭・有価証券について

(1)　金　銭

(イ)　一般に、AがA′の金銭を権限なくBに交付した場合、金銭の所有権は金銭の交付とともにBに移転し、A′のBに対する不当利得による返還請求権の問題になるとされる（最判昭三九・一・二四判時三六五号二六頁）。それゆえ、一般的見解においては、金銭の善意取得（1）は原則として考えられていないようである。しかし、一般的見解によれば、Bは他の動産の場合には善意取得により保護されるのに、流通性の極めて強い金銭については善意取得によって保護されないことになり（不当利得による返還請求を受ける）、著しくバランスを欠き妥当でないといわざるをえない。ドイツ民法九三二条・九三五条二項やスイス民法九三五条も金銭の善意取得を認めていることに注意しなければならない。なお、以下の説明については、金銭に関する所有物返還請求権の説明を参照されたい（本書七二頁以下参照）。

（1）　金銭の善意取得については、松本烝治「金銭ノ即時取得ニ付テ」私法論文集二巻五八〇頁以下（大正五年）参照。

(ロ)　(a)　まず、AがA′の金銭を特定性を維持しつつ預っている場合（AがA′から封筒に入った金銭を受け取りそのまま保管しているような場合）、通常の動産の場合と同様、A′が金銭の所有権を有し、Aがそれを占有しているというべきである。そこで、AがA′の了承なくBに右の金銭を特定性を維持したまま交付した場合、通常の動産の場合と同様、金銭の所有権は、金銭の交付とともにBに移転するのではなく、A′のもとにとどまっていると解すべきである。したがって、BがAを金銭の所有者があると信じてこれを受領した場合、善意取得の問題として処理されるべきである。この場合、金銭の流通性にかんがみ民法一九二条―一九四条は適用されず（大判大九・一一・二四民録二六輯一八六二頁、同判昭一三・一一・一二民集一七巻二二〇五頁などは一九二条の適用を認め、大判明三五・一〇・一四刑録八輯九巻五八頁は一九三条の適用を認めた）、有価証券の善意取得に関する商法五一九条二項、小切手法二一条が類推適用されるべきである。それゆえ、Bは、善意無重過失であれば金銭の所有権を取得し、また、盗品・遺失物についても何らの制限を受けずに所有権を取得する（ドイツ民法九三五条二項、スイス民法九三五条も金銭につき盗品・遺失物に関する特則は適用されないとする）。善意取得が成立する場合、A′は金銭の所有権を失い、A′のBに対する金銭の所有権による返還請求（金銭がBのもとで特定性を維持している場合）は認められないし、また、Bは善意取得という法律上の原因に基づき利得しているから、A′のBに対する不当利得による返還請求（金銭がBのもとで特定性を失った場合）も認められない。

(b) A′の金銭がAのもとで新札に交換されるなど代位物に変わったが代位物として特定性を維持している場合（Aが新札に変えてこれを封筒に入れ保管しているような場合）、その代位物はA′の所有に属する。それゆえ、この場合も(a)の場合と同じく処理される。

(c) A′の金銭がAのもとで特定性を失ったが、A′の金銭によるAの一般財産の増加分がBに交付されたと認められる場合（判例のいう社会通念上A′の金銭でBの利益をはかったと認められるだけの連結がある場合（最判昭四九・九・二六民集二八巻六号一二四三頁））、Bはそのことにつき善意無重過失であれば善意取得に準じて保護される。この場合、A′はAのもとで金銭の特定性が失われた時点で金銭の所有権を失う（不当利得による返還請求権に変わる）。それゆえ、A′がBに対し金銭の所有権により返還を請求するのは認められない。また、Bが善意無重過失であればBの利得には善意取得に準じるという法律上の原因があり、A′がBに対し不当利得により返還を請求するのも認められない。

(2) 有価証券

(イ) 「金銭その他の物又は有価証券の給付を目的とする有価証券」については小切手法二一条の規定が準用されて

いる（商五一九条二項）。そこで、これらの有価証券については、第三者が善意無重過失であれば善意取得が成立し、また、盗品・遺失物に関する特則は適用されない。ドイツ民法九三五条二項、スイス民法九三五条も無記名証券につき盗品・遺失物に関する特則は適用されないとしている。

(ロ)　株券（会社一三一条二項）、手形（手一六条二項・七七条一項一号）、小切手（小二一条）についても、第三者が善意無重過失であれば善意取得が成立し、また、盗品・遺失物に関する特則は適用されない。

第八節　物権の消滅

一　序

物権の消滅とは、物権が存在を失うことをいう。物権が譲渡される場合は、物権の主体が変わるだけで存在が失われるわけではないから物権の消滅とはいわない。物権の消滅をもたらす主なものは、混同、放棄、目的物の滅失、消滅時効、公用徴収などである。

二　混　同

(1)　意　義　混同とは、特別の事情がない限り併存させておく必要がない二つの法律上の地位が同一人に帰属することをいう。たとえば、Aの土地に地上権を有するBがAから当該土地の所有権を取得した場合、特別の事情がない限り所有権と地上権を併存させておく必要はないから混同が生じたといえる。物権の混同については民法一七九条が規定しているが、債権と債務の混同については民法五二〇条が規定している。

(2)　混同による法律上の地位の消滅　混同が生じた場合、原則として、存在させておく必要がない方の法律上の地位が消滅する。これには、二つの場合がある。

(イ) 第一は、同一物につき所有権と他の物権が同一人に帰属した場合であり、他の物権が消滅する（一七九条一項本文）。たとえば、Aの土地に地上権を有するBがAから当該土地の所有権を取得した場合、地上権を存在させておく必要はないから地上権が消滅する。

(ロ) 第二は、所有権以外の物権とこれを目的とする他の権利が同一人に帰属した場合であり、他の権利が消滅する（一七九条二項前段）。たとえば、地上権の上に抵当権を設定していた地上権者（三六九条二項参照）が当該抵当権を取得した場合、抵当権を存在させておく必要はないから抵当権が消滅する。

(3) 混同が生じても法律上の地位が消滅しない例外的場合　混同が生じても法律上の地位が消滅しない例外的場合もある。

(イ) 同一物につき所有権と他の物権が同一人に帰属した場合について　この場合、その物またはその物権が第三者の権利の目的になっていればその物権は消滅しない（一七九条一項但書）。

(a) (α) まず、その物が第三者の権利の目的になっている場合であるが、たとえば、Aの土地に対しBが一番抵当権を有しCが二番抵当権を有するところ、BがAから当該土地の所有権を取得した場合、Bの一番抵当権は混同によって消滅しない。なぜなら、Bの一番抵当権が消滅するとすれば、順位上昇の原則を否定する私見によっても（詳細は担保物権法に譲る）、Cは売却代金からBに優先して配当を受けることになり、Cに不当な利益を与え、Bに不当な不利益を与えるからである。このように、Bの一番抵当権は消滅しないから、Cが二番抵当権を実行した場合、BがCに優先して売却代金から満足を受けることになるのである。以上とは逆に、Cが一番抵当権を有しBが二番抵当権を有していた場合、Bの二番抵当権は混同によって消滅する（大決昭四・一・三〇民集八巻四一頁参照）。なぜなら、Bの二番抵当権が消滅するとしても、Bの二番抵当権はCの一番抵当権に劣後していたのであり、Cに不当な利益を与え、Bに不当な不利益を与えることにはならないからである。

(β)　あるいは、たとえば、Aの土地に対しBが地上権を有しCがこれに劣後する抵当権を有するところ、BがAから当該土地の所有権を取得した場合、Bの地上権は混同によって消滅しない（最判昭四六・一〇・一四民集二五巻七号九三三頁（建物保護ニ関スル法律上の賃借権について）参照）。なぜなら、Bの地上権が消滅するとすれば、CはBの土地に対し地上権の主張を受けない抵当権を有することになり、Cに不当な利益を与え、Bに不当な不利益を与えるからである。このように、Bの地上権は消滅しないから、Cが抵当権を実行した場合、買受人はBの地上権附の土地所有権を取得するにとどまるのである。以上とは逆に、Cの抵当権がBの地上権に優先する場合、Bの地上権は混同によって消滅する。なぜなら、Bの地上権が消滅するとしても、Cの抵当権がBの地上権に優先していたのであるから、Cに不当な利益を与え、Bに不当な不利益を与えることにはならないからである。

(γ)　借地借家法によれば、借地権を設定する場合において、他の者とともに有する場合に限り、借地権設定者が自らその借地権を有することを妨げないとされ（借地借家一五条一項）、また、借地権が借地権設定者に帰属した場合であっても、他の者とともにその借地権を有するときには、その借地権は消滅しないとされる（借地借家一五条二項。東京高判昭三〇・一二・二四高民集八巻一〇号七三九頁も参照）。

(b)　次に、その物権が第三者の権利の目的になっている場合であるが、たとえば、BがAの土地に対し地上権を有しCが当該地上権の上に抵当権を有するところ、BがAから当該土地の所有権を取得した場合、Bの地上権は混同によって消滅しない。Bの地上権が消滅するとすればCが不当に害されるからである。BがAの甲・乙の両不動産に対し一番の共同抵当権を有しCが甲の不動産に対し二番抵当権を有する場合、BがAから乙の不動産の所有権を取得してもBの乙の不動産に対する一番抵当権は混同によって消滅しない。(1) Bの乙の不動産に対する一番抵当権が消滅するとすれば、民法三九二条二項によりBに代位してBの乙の不動産に対する一番抵当権を行使することができるCが不当に害されるからである。

(1)　舟橋・五六頁注（三）、我妻＝有泉・二五一頁。

(ロ) 所有権以外の物権とこれを目的とする他の権利が同一人に帰属した場合について　この場合、所有権以外の物権またはこれを目的とする他の権利が第三者の権利の目的になっていれば他の権利は消滅しない（一七九条二項後段）。

(a) まず、所有権以外の物権が第三者の権利の目的になっている場合であるが、たとえば、BがAの地上権の上に一番抵当権を有しCが当該地上権の上に二番抵当権を有するところ、BがAから当該地上権を取得した場合、Bの一番抵当権は混同によって消滅しない。なぜなら、Bの一番抵当権が消滅するとすれば、順位上昇の原則を否定する私見によっても、Cは地上権の売得金からBに優先して配当を受けることになり、Cに不当な利益を与え、Bに不当な不利益を与えるからである。以上とは逆に、CがAの地上権の上に一番抵当権を有しBが当該地上権の上に二番抵当権を有するところ、BがAから当該地上権を取得した場合、Bの二番抵当権は混同によって消滅する。なぜなら、Bの二番抵当権が消滅するとしても、Bの二番抵当権はCの一番抵当権に劣後していたのであり、Cに不当な利益を与え、Bに不当な不利益を与えることにはならないからである。

(b) 次に、所有権以外の物権を目的とする他の権利が第三者の権利の目的になっている場合であるが、たとえば、Aの地上権の上にBが抵当権を有しCがBの抵当権の上に転抵当権を有するケースで、BがAから当該地上権を取得した場合、Bの抵当権は混同によって消滅しない。Bの抵当権が消滅するとすればCが不当に害されるからである。

(4) 混同が遡及的に消滅する場合　混同が遡及的に消滅する場合、混同によって消滅した権利は遡及して復活する。たとえば、Aの土地に地上権を有するBがAから当該土地の所有権を取得した場合にはBの地上権は混同によって消滅するが、A・B間の所有権譲渡契約がAの制限行為能力を理由に取り消されれば混同が遡及的に消滅し（一二一条本文参照）、Bの地上権が遡及して復活する。

(5) 占有権について　占有権については、混同に関する規定は適用されない（一七九条三項）。これは、占有権と他の権利が同一人に帰属しても並存させておく必要があるからである。たとえば、所有権と占有権が同一人に帰属しても、所有者は占有訴権で保護される必要があり、占有権は混同によって消滅しない。鉱業権についても占有権と同様に混同に関する規定は適用されないと解される（旧鉱業法一五条但書参照）。

三　放　棄

(1)　放棄とは、一般に、権利を消滅させる単独行為であるが、ここでは、物権を消滅させる単独行為が問題である。

(2)　(イ)　一般に、所有権を放棄するためには放棄の意思が何らかの形で外部に表示されればよく、登記の抹消や占有の放棄は第三者に対する対抗要件であると解されている。しかし、登記や引渡しを所有権変動の効力要件と解する私見によれば（本書一三七頁参照）、所有権を放棄するためには放棄の意思表示と登記の抹消や占有の放棄が必要であると解される（ドイツ民法九二八条一項・九五九条、スイス民法六六六条一項・七二九条も同旨）。

(ロ)　不動産の所有権が放棄されれば、不動産は無主物となり、国庫に帰属する（二三九条二項）。この場合、所有権は放棄者から国庫に移転するのでなく、放棄者の所有権は消滅し、国庫が無主物の所有権を原始取得すると解される。

(ハ)　承役地の所有者による地役権者への所有権の放棄（二八七条）は、所有権を承役地所有者から地役権者に移転する行為であり、所有権の本来の放棄ではない（本書四七九頁参照）。

(3)　占有権の放棄については、占有意思（自己のためにする意思）の放棄と物の所持の放棄が考えられるが（二〇三条本文参照）、物の所持を放棄する場合には占有意思も放棄しているといえる。他方、物の所持を継続しつつ占有意思を放棄する場合があるとは考えられない。それゆえ、占有権は物の所持を放棄した場合に放棄によって消滅すると解すべきである。

(4)　一般に、他物権（地上権、抵当権など）を放棄するためには物権設定者に対して放棄の意思表示をすればよく（大判明四四・四・二六民録一七輯二三四頁（地上権の放棄は所有者に対する意思表示で行うとする））、登記の抹消や占有の放棄は第三者に対する対抗要件であると解されている。しかし、登記や引渡しを物権変動の効力要件と解する私見によれば、他物権を放棄するためには物権設定者に対する放棄の意思表示と登記の抹消や占有の放棄（動産質権など）が必要であると解される（ドイツ民法八七五条一項は、不動産の他物権につき同旨。スイス民法は、各種の他物権につき個別的に同旨を規定している（七三四条・七四八条・七八六条一項・八〇一条一項・八八八条一項）。

(5) 物権の放棄によって第三者の利益が害される場合、物権の放棄は許されない（三九八条、工場抵当法一六条三項、立木法八条参照）。借地権者が借地上の建物に抵当権を設定した場合、借地権を放棄するのは抵当権者を害し許されない（大判大一一・一一・二四民集一巻七三八頁。大判大一四・七・一八新聞二四六三号一四頁（借地契約の合意解除のケース）も参照）。

四　目的物の滅失

(1) 物権は、目的物が滅失すれば消滅する。目的物が滅失したかどうかは社会通念によって決定される。

(2) 土地が河川や海によって水没した場合に滅失したといえるかについては疑問があるが、所有権による支配が可能であれば滅失したとはいえないであろう。所有権による支配が可能であれば、通常、財産的価値があるであろうが、しかし、財産的価値があるかどうかは所有権の客体としての「物」の要件とはされておらず、かりに水没により財産的価値を失っても所有権による支配が可能であれば滅失したとはいえない（鹿児島地判昭五一・三・三一判時八一六号一二頁、名古屋地判昭五一・四・二八判時八一六号四頁は反対）。

(3) 建物が倒壊し滅失した場合、建物の所有権は消滅するが、残存する木材は旧建物所有者の所有に属するし、残存する木材で新たな建物が建てられればそれは原則として旧建物所有者の所有に属する（二四六条参照。なお、旧建物と新建物の間に同一性がある場合には建物が滅失したとはいえない）。

(4) 担保物権も目的物の滅失により消滅する。しかし、目的物の滅失により債務者が受けるべき金銭やその他の物があれば、担保物権は消滅しないでそれらの金銭やその他の物に対して行使することができる（物上代位。三〇四条一項・三五〇条・三七二条）。たとえば、抵当権の設定されている債務者の建物が第三者の不法行為によって滅失した場合、抵当権者は債務者が不法行為者に対して有する損害賠償請求権に対し抵当権を行使することができる。

五　消滅時効

(1) 物権は、所有権や占有権、担保物権を除き二〇年の消滅時効によって消滅する（一六七条二項）。

(2)　所有権は、消滅時効によって消滅しない（一六七条二項参照）。占有権は、占有者が占有意思を放棄したり所持を失えば直ちに消滅するから（二〇三条本文）、一定期間の不行使を必要とする消滅時効によって消滅することはない。担保物権は、被担保債権とは独立に消滅時効によって消滅しない（1）（三九六条参照）。

（1）　石田（穣）・六三四頁以下参照。

六　公用徴収（公用収用）

(1)　一般に、公用徴収（公用収用ともいう）により、被収用者の物権は消滅し、収用者は物権を原始的に取得すると解されている。しかし、たとえば、所有権の収用でいえば、公用徴収により、物はいったん無主物となり、次いで収用者に帰属するというのは、いかにも迂遠であり、また、このように解さなければならない明文の規定があるわけでもない（二三九条二項参照）。そこで、公用徴収により、被収用者の物権は消滅しないで収用者に移転する（法定の承継取得（本書一〇四頁参照））と解するのが妥当であろう。そして、このような見解によれば、公用徴収は原則として物権の消滅事由ではないということになるであろう。

(2)　もっとも、公用徴収によって物権を消滅させる場合もあり（土地収用法五条一項など）、この場合には公用徴収は物権の消滅事由になる。

第四章　所有権

第一節　序

一　所有権の意義

所有権(1)とは、使用・収益・処分を内容とする物に対する全面的支配権である。すなわち、所有者はその所有物を自由に使用・収益・処分することができる。したがって、所有者はその所有物を自由に取引に出すことができる。所有者がその所有物を自由に取引に出すことができるということは、自由な商品交換を可能とし、資本主義経済の出発点を形成する。この意味で、所有権は資本主義経済にとって最も根幹的な権利であるといってよい。

（1）　所有権については、三潴信三・所有権乃至地役権（五版）（大正八年）、吉田久・土地所有権論（昭和一二年）、藤田勇・社会主義的所有と契約――全人民的所有の運動形態としての計画契約の法的構造――（昭和三二年）、山田晟・近代土地所有権の成立過程（昭和三三年）、コルガーノフ・社会主義社会における所有(上)（宇高基輔＝福島正夫＝藤田勇訳）（昭和三五年）、末川博・所有と占有（昭和三七年）、高橋幸八郎編・土地所有の比較史的研究（昭和三八年）、甲斐道太郎・土地所有権の近代化（昭和四二年）、宮川澄・日本における近代的所有権の形成――明治初年の土地所有権と近代的所有権――（昭和四四年）、日本土地法学会・土地所有権の制限・日照権（昭和四九年）、篠塚昭次・土地所有権と現代――歴史からの展望――（昭和四九年）、宮川澄・日本における近代的所有権意識の変遷（昭和五一年）、日本土地法学会編・近代的土地所有権・入浜権（昭和五一年）、渡辺洋三・土地と財産権（昭和五二年）、戒能通孝著作集Ⅳ（昭和五二年）、日本土地法学会・土地所有権の比較法的研究（昭和五三年）、大沢正男・土地所有権制限の理論と展開（昭和五四年）、甲斐道太郎＝稲本洋之助＝戒能通厚＝田山輝明・所有権思想の歴史（昭和五四年）、水本浩・土地問題と所有権――土地の私権はどうあるべきか――（改訂版）（昭和五五年）、戒能通厚・イギリス土地所有権法研究（昭和五五年）、渡辺洋三＝

稲本洋之助編・現代土地法の研究上――土地法の理論と現状――(昭和五七年)、下――ヨーロッパの土地法――(昭和五八年)、毛塚五郎編・近代土地所有権――法令・論説・判例――(昭和五九年)、金山正信・アメリカ近代的土地所有権序論(昭和五九年)、日本土地法学会編・ヨーロッパ・近代日本の所有観念と土地公有論(昭和六〇年)、大沢正男・土地所有の構図(昭和六〇年)、甲斐道太郎・不動産法の現代的展開(昭和六一年)、川島武宜・新版所有権法の理論(昭和六二年)、藤田勇・近代の所有観と現代の所有問題(平成元年)、カール・レンナー・私法制度の社会的機能(新訳版、加藤正男訳)(平成元年)、ゲラン・ランツ・所有権論史――所有権は権利なのか――(島本美智男訳)(平成二年)、Hans-Peter Marutschke, Die Entwicklung des Grundeigentumsrechts im modernen Japan und die Landpachtgesetzgebung der zwanziger Jahre, 1993、吉田邦彦・民法解釈と揺れ動く所有権(平成一二年)、加藤雅信・「所有権」の誕生(平成一三年)、鷹巣信孝・所有権と占有権――物権法の基礎理論――(平成一五年)、ヨーラム・バーゼル・財産権・所有権の経済分析――プロパティー・ライツへの新制度派的アプローチ――(二版、丹沢安治訳)(平成一五年)、大沢正俊・農地所有権の理論と展開(平成一七年)、岡本詔治・イタリア不動産法の研究(平成一八年)、瀬下博之=山崎福寿・権利対立の法と経済学――所有権・賃借権・抵当権の効率性――(平成一九年)参照。

二　所有権の法的性質

(1) 所有権の客体

(イ) 所有権の客体は、物である。所有権は、使用・収益・処分を内容とする物に対する全面的支配権である。

(ロ) これに対し、権利は所有権の客体にならない。そこで、たとえば、地上権や債権は所有権の客体にならない。なぜなら、たとえば、地上権が所有権の客体になるとすれば、地上権者とは地上権上の権能の所有者であるということになるが、これでは地上権は所有権の一態様にすぎないことになり、所有権と地上権の区別を無意味にするからである。あるいは、債権が所有権の客体になるとすれば、債権者とは債権上の権能の所有者であるということになるが、これでは債権は所有権の一態様にすぎないことになり、所有権と債権の区別を無意味にするからである。[1]

(1) 我妻栄「権利の上の所有権という観念について」民法研究Ⅲ一九五頁(昭和四一年)、米倉明・民法講義総則(1)二三二頁(昭和五九年)、石田(穣)・二二三頁参照。

(ハ) 一般に、他物権の客体も物であるといわれている。しかし、他物権の客体は物でなく原則として所有権である

(本書三頁参照)。すなわち、用益物権の客体は他人の所有権のうち物の使用価値を支配する権能であり、担保物権の客体は原則として他人の所有権のうち物の交換価値を支配する権能である。なお、地上権や永小作権、債権も担保物権の客体になりうる(三六九条二項・三六二条)。

(2) 全面的支配権　所有権は、使用・収益・処分を内容とする物に対する全面的支配権である。すなわち、第一に、所有権は、物の使用価値的側面と交換価値的側面の両方を支配する。第二に、所有権は、一個の物の物理的全体を支配する。土地の表面部分のみを支配する所有権(上土権)は認められない(大判大六・二・一〇民録二三輯一三八頁)。しかし、物の一部あるいは構成部分であっても、物の他の部分とは別に所有権による支配が可能であり、かつ、そのようにしても物の他の部分に対する所有権による支配に格別の支障をきたさなければ、物の一部に対する所有権を認めても差し支えない(本書一二頁以下参照)。

(3) 所有権の弾力性　所有者がその所有する土地に地上権や永小作権、抵当権などを設定した場合、土地所有権はこれらの権利によって制約を受ける。しかし、これらの権利が消滅すれば土地所有権は制約を受けない状態に回復する。これは、所有権の弾力性といわれる。もっとも、権利の弾力性は他の物権についても認められる。たとえば、地上権に賃借権や抵当権が設定された場合、地上権はこれらの権利によって制約を受けるが、しかし、これらの権利が消滅すれば地上権は制約を受けない状態に回復するのである。

(4) 所有権の恒久性　所有権に存続期間はないし、また、所有権は消滅時効にかからない(一六七条二項参照)。これは、所有権の恒久性といわれる。

(5) その他　一般に、所有権は物に対する種々の権能の束ないし総合ではなく、物をどのようにでも利用することができる渾一な内容を有するとされ、所有権と他物権が同一人に帰属すれば他物権が混同によって消滅するのもそのためであるといわれている(所有権の渾一性)。しかし、所有権が種々の権能の束ないし総合であるといっても、あるいは、渾一な内容を有するといっても、それが法解釈学的に差異をもたらすものだとは思われない。所有権と他物権の混同の場合に後者が消滅するのは後者を存続させておく必要がないという法政策的判断に由来するのであり（本書二九二頁以下参照）、所有権が種々の権能の束ないし総合か、それとも、渾一なものかとは関係がない。以上により、所有権の法的性質として渾一性を挙げる必要はないと考える。

三　所有権の内容

(1)　所有権の内容

(イ)　所有者は、法令の制限内において自由に所有物の使用・収益・処分をすることができる（二〇六条）。

(ロ)　(a)　所有権は、法令によって制限を受ける。資本主義の勃興期においては、封建的な諸拘束からの解放を目指して所有権の不可侵性が強調されたが、しかし、資本主義の進展につれて所有権の不可侵性が種々の弊害を生じるようになり、所有権を制限すべしとする法思想が一般的になった。民法二〇六条が所有権は法令の制限に服すると規定するのは、このような法思想の反映であるが、他方、民法二〇六条の「自由に」という文言の中に所有権の不可侵性の名残りもとどめている。(1)　フランス民法（五四四条）やドイツ民法（九〇三条）、スイス民法（六四一条一項）も民法二〇六条とほぼ同様の規定をしている。

（1）　民法議事速記録七巻八五頁以下、九五頁、一一一頁以下参照。

旧民法財産編三〇条は、「（一項）所有権トハ自由ニ物ノ使用、収益及ヒ処分ヲ為ス権利ヲ謂フ（二項）此権利ハ法律又ハ合意又ハ遺言ヲ以テスルニ非サレハ之ヲ制限スルコトヲ得ス」と定めていたが、現行民法の起草者によれば、この規定は、所有権は本来無制限なものであり、所有権の制限は法律が特に行う場合に限り認められるという趣旨のものであるとされる。そして、起草者は、所有権は本来無制限なものではなく、その範囲は法令によって定められるとし、その趣旨で民法二〇六条が規定されたと説明している（民法議事速記録七巻八五頁以下）。

(b) 法令とは、法律および命令（政令・省令・条例など）を意味する。しかし、「政令には、法律の委任がなければ、義務を課し、又は権利を制限する規定を設けることができない」旨定める内閣法一一条の趣旨により、政令・省令によって所有権を制限するには法律の委任が必要であると解すべきである。(1) なお、条例によって所有権を制限するのは、地方自治法一四条二項により認められており、個別的な法律による委任は必要でない（最(大)判昭三八・六・二六刑集一七巻五号五二一頁も参照）。

(1) 民法二〇六条を命令への委任規定と解することができるであろうか。起草者の説明の中には、民法二〇六条を根拠にして命令で所有権を制限することができるとする所もあるが（民法議事速記録七巻九六頁）、しかし、民法二〇六条を根拠にして命令で所有権を無制限に制限することはできず、どこまでを法律で制限し、どこまでを命令で制限するかは公法の問題であり民法は関知しないとも述べているのであり（民法議事速記録七巻九六頁）、結局、起草者の見解は明確でないといわなければならない。民法二〇六条を根拠に命令で所有権を制限することができるとすれば、民法二〇六条はあまりに包括的な委任規定となり妥当でない。それゆえ、民法二〇六条を命令への委任規定と解すべきではない。

(ハ) 所有者は、所有物の使用・収益・処分をすることができる。使用とは、所有物の利用のうち収益を伴わないものをいう。広く解して差し支えなく、所有物を変形したり改造したりすることも所有権の移転や消滅を伴わないものはここでいう使用に入る。単なる保管もここでいう使用に入るといってよいであろう。収益とは、所有物からの果実の収取である。天然果実であると法定果実であるとを問わない。処分とは、所有物の譲渡や抵当権設定、破棄など、所有権の移転や消滅をもたらしうる行為をいう。

(2) 所有権の制限の態様　前述したように、所有権は法令の制限に服する。所有権の制限は、現在、民法をはじめとして多くの法令によって行われているが、ここでは民法による制限を中心に説明する。所有権の制限には、大きく分けて以下の三つの態様がある。

(イ) 所有物に対し他人の使用権が設定される場合　法令によって所有者の所有物に対し他人の使用権が設定され、この結果、所有権が制限される場合である。たとえば、袋地所有者の囲繞地通行権（二一〇条）、相隣者の低地通水権（二二〇条）、相隣者の通水用工作物使用権（二二一条）、相隣者の堰使用権（二二二条一項）、法定地上権（三八八条）、土地収用法により設定される使用権（土地収用法二条）、鉱業法により設定される使用権（鉱業法一〇四条）、下水道法により設定される使用権（下水道法一一条三項）などの場合がこれである。

(ロ)　(イ)の場合を除き所有権に基づく物権的請求権が制限される場合　所有権に何らかの支障が生じても社会生活上受忍すべき場合や所有権の妨害の排除などが権利の濫用になる場合、所有権に基づく物権的請求権の行使は許されない（一条参照）。

(ハ)　その他所有権の自由な行使が制限される場合　たとえば、相隣者による直接に雨水を隣地に注ぐ工作物の設置の禁止（二一八条）、相隣者による水流の変更禁止（二一九条一項）、相隣者による境界線附近での建築や工事の制限（二三四条・二三七条・二三八条）、相隣者による他人の宅地の観望施設の制限（二三五条）、農地や採草放牧地の譲渡や転用の制限（農地法三条・五条）、都市計画法や建築基準法による建築の制限などがこれである。

(3)　土地所有権

(イ)　土地所有権の範囲　土地所有権は、法令の制限内においてその土地の上下に及ぶ（二〇七条）。土地の上下に及ぶというのは、地表の上部空間および地下に及ぶということである。すなわち、土地とは、地表およびその上部空間、地下から成り立っており、土地所有権はそれらのすべてに及ぶのである。しかし、土地所有権は上部空間および地下に無制限に及ぶものではない。所有権の行使にとって利益の存する限度で上部空間および地下に及ぶのである[(1)]（スイス民法六六七条一項参照）。それゆえ、土地所有権はその行使にとって利益の存しない上部空間や地下には及ばない。たとえば、所有権の行使にとって利益の存しないはるか上空を航空機が飛行しても土地所有権の妨害にはならないし[(2)]、所有権の行使にとって利益の存しない地下深くを地下鉄が運行しても土地所有権の妨害にはならない[(3)]。ドイツ民法九〇五条後段が「土地所有者は排除するのに何らの利益もない高所や深所における侵害を禁止することができない」と規定するのも同じ趣旨を表すものである。

(1) 起草者は、土地所有権は人力の及ぶ限り土地の上下に及ぶとしつつも、土地所有権の範囲の問題は実際の解釈に任せればよいと述べている(民法議事速記録七巻一二六頁以下)。その趣旨は必ずしも明確でないが、土地所有権はその行使にとって利益の存する限度で土地の上下に及ぶということを否定するものではないであろう。

(2) 土地所有権と上部空間の関係については、柚木馨「上空に対する土地所有権の濫用」末川先生古稀記念(権利の濫用)中三三頁以下(昭和三七年)参照。

(3) 土地所有権と地下の関係については、「地下空間利用の法律問題――総合的研究――」ジュリ八五六号一〇頁以下(昭和六一年)、「地下の有効利用と私権」同誌九一三号四頁以下(昭和六三年)、鎌田薫「大深度地下の公的利用と土地所有権――運輸省の大深度地下鉄道構想を中心として――」NBL四一二号六頁以下、四一四号一八頁以下、四二三号二八頁以下、四二四号二五頁以下(昭和六三年―平成元年)、伊藤進「大深度地下空間に対する土地所有権の限界」法論六一巻四・五号五八五頁以下(平成元年)、阿部泰隆「大深度地下利用の法律問題」法時六八巻九号三五頁以下、一〇号六三頁以下、一一号六二頁以下、一二号五七頁以下(平成八年)参照。なお、平成一二年に大深度地下の公共的使用に関する特別措置法が制定され、大深度地下の法的規制が整備された。

(ロ) 土地所有権と土地の構成部分　土地所有権が土地の構成部分に及ぶのは当然である。そこで、土地所有権は、原則として、土地を構成している土砂、岩石、鉱物、地下水、草木などに及ぶ(スイス民法六六七条二項は、土地所有権は法律の制限内においてすべての建築物、草木および水源を包含すると規定する)。ここでは、岩石・鉱物・地下水・立木について説明する。

(a) 岩　石　岩石は土地の構成部分として土地所有者の所有に属する。土地所有者は、一定の岩石につき他人のために採石権という物権を設定することができ、この場合、採石権者は土地所有者の土地から一定の岩石を採取する権利を有する(採石法四条一項)。なお、採石権が強制的に設定される場合もある(採石法一二条・二一条)。

(b) 鉱　物　鉱物も土地の構成部分として土地所有者の所有に属する。しかし、一定の鉱物については、鉱業法二条で「国は、まだ掘採されない鉱物について、これを掘採し、及び取得する権利を賦与する権能を有する」と規定されているから、土地所有者の所有に属さないと解される。

(c)　地下水

(α)　地下水(1)も土地の構成部分として土地所有者の所有に属する。もっとも、地下水が地下を移動する場合、その土地の地下を離れれば土地所有者の所有から離脱すると解される。

（1）　地下水については、武田軍治・地下水利用権論（昭和一七年）、小川竹一「土地所有権と地下水利用権」島大法学四七巻三号一頁以下（平成一五年）参照。

(β)　地下水が地表に湧出してもその土地にとどまっていれば、それは土地の構成部分であり、土地所有者の所有に属する。その土地から流出すれば、土地所有者の所有から離脱する。土地所有者は、地表に湧出した地下水がその土地にとどまっていればどのように利用してもよいが（大判大四・六・三民録二一輯八八六頁）、湧出した地下水が他の土地に流出して流水となり他人の流水利用権が成立している場合にはそれを害することができない（大判大六・二・六民録二三輯二〇二頁）。

(γ)　土地所有者は、その土地の地下水をどのように利用してもよい。しかし、その土地の地下水の利用により他人が他人の土地の地下水につき有する利用権を害することはできない。たとえば、土地所有者がその土地の地下水を汲み上げて近隣の人々の土地の井戸水や温泉を枯渇させることは許されない（大判昭七・八・一〇新聞三四五三号一五頁、同判昭一三・六・二八新聞四三〇一号一二頁参照。しかし、大判明二九・三・二七民録二輯三巻一一一頁、同判明三八・一二・二〇民録一一輯一七〇二頁、同判昭一三・七・一一新聞四三〇六号一七頁は、反対である）。

(d)　立　木　立木も土地の構成部分として土地所有者の所有に属する。しかし、すでに述べたように、立木登記を備えた立木は土地とは別個の不動産になる（立木法二条一項。本書二五五頁参照）。

第二節　相隣関係

一　序

(1) 相隣関係の意義　相隣関係(1)とは、不動産（土地や建物。主として土地）が隣接する場合の不動産所有権の相互の関係をいう。民法二〇九条から二三八条までがこれを規定している。不動産が隣接する場合、不動産所有権は、通常の場合とは異なり共存という観点から特殊な規制に服さざるをえない。すなわち、不動産が隣接する場合、不動産所有権は相互に利害が対立し衝突することが少なくないが、この利害の対立・衝突を調整し不動産所有権の共存をはかるのが相隣関係である。

（1） 相隣関係については、岩田新「相隣権ヲ論ス」志林二〇巻九号一一二頁以下（大正七年）、沢井裕「ドイツにおける相隣法の基礎理論――侵害に対する受忍とその補償――」関法九巻五・六号一〇九頁以下（昭和三五年）、東孝行「所有権の私法的制限に関する一考察（その三）――相隣法の基本原則を中心として――」神法一五巻二号三四七頁以下、三号四七六頁以下（昭和四〇年）、斉藤博「相隣権の法的構成」法政理論一巻一号五一頁以下（昭和四三年）、同「相隣関係」不動産法大系Ⅴ（改訂版）一〇三頁以下（昭和五〇年）、安藤一郎・新版相隣関係・地役権一頁以下（平成三年）、大島俊之「イタリア旧民法の規定を継受したわが物権法規定」神院二四巻三・四号一七一頁以下（平成六年）、東孝行・相隣法の諸問題（平成九年）、秋山靖浩「相隣関係における調整の論理と都市計画との関係――ドイツ相隣法の考察――」早法七四巻四号二五九頁以下、七五巻一号一二一頁以下、二号二三三頁以下、四号三三頁以下、七六巻一号三二〇頁（平成一一年―一二年）参照。

(2) 相隣関係と地役権　相隣関係は、地役権の法律関係と類似している場合がある。たとえば、袋地所有者の囲繞地通行権（二一〇条―二一三条）や相隣者の低地通水権（二二〇条）がこれである。しかし、相隣関係においては不動産が隣接していることから法律上当然に法律関係が発生するのに対し、地役権においては原則として地役権設定契約や時効により法律関係が発生する点で両者は異なる。

(3)　相隣関係の拡張　相隣関係に関する民法二〇九条から二三八条までは、隣接する不動産所有者相互に関する規定である。しかし、これらの規定は、隣接する不動産所有者の利害の対立・衝突を調整するものであるから、不動産が隣接する場合の所有者・地上権者・永小作権者・賃借人などの相互の間（所有者と所有者の間を除く）にも準用あるいは類推適用されてよい。民法二六七条は地上権者間あるいは地上権者と土地所有者の間に相隣関係の規定を準用しているが、相隣関係の規定は他の場合にも類推適用されるべきである(1)（最判昭三六・三・二四民集一五巻三号五四二頁は、土地所有者と農地の賃借人の間に二一三条を準用する）。

（1）　起草者も、民法二〇九条・二一〇条の「土地の所有者」には、所有者から権利をえた者、つまり、地上権者や賃借人も入るとしている（民法議事速記録七巻一六三頁以下、一七二頁）。

二　隣地使用請求権

(1)　序　土地所有者は、境界やその近くで障壁や建物を築造したりこれを修繕する場合、必要な範囲内で隣地の使用を請求することができる（二〇九条一項本文）。ただし、隣人の承諾がなければその住家に立ち入ることはできない(1)（二〇九条一項但書）。

（1）　民法二〇九条については、大島俊之「民法二〇九条論――イタリア法を継受したわが民法規定――」大阪府立大学経済研究三四巻三号二九頁以下（平成元年）参照。

(2)　隣地使用請求権の内容

(イ)　民法二〇九条一項本文の原案は、「土地ノ所有者ハ疆界又ハ其近傍ニ於テ牆壁若クハ建物ヲ築造又ハ修繕スル為メ必要ナルトキハ隣地ニ立入ルコトヲ得」となっていたが、これが法典調査会の審議を通して現行法のように改められた。その理由は、土地所有者が隣人の承諾なしに隣地を使用することができるというのは妥当でなく、隣人が承諾しない場合には裁判所に訴えて承諾に代わる判決をえて隣地を使用すべきであるというものである(1)。そこで、土地所有者は、まず、隣人に対し隣地使用の承諾を請求し（隣人は、二〇九条一項本文の要件がある限り承諾をする義務がある）、承諾がえられない場合には承諾に代わる判決を求めなければならないと解される（四一四条二項但書、民執一七四条）。そして、土地所有者は、隣人が隣地の使用を妨げるおそれがある場合には、右の承諾請求の訴えと併合して、妨害予防の訴えを提起することができると解すべきであろう。

（1） 民法議事速記録七巻一四八頁以下。

(ロ) 土地所有者が自らの帰責事由により障壁や建物を破損などした場合、土地所有者による隣地使用請求は権利の濫用（一条三項）として排斥されることもありうる。

(ハ) 土地所有者は、隣地使用請求権を有するが、住家への立入権や立入請求権は有しない。そこで、土地所有者は隣人の承諾がなければ住家に立ち入ることができないのは当然である。住家への立入りを承諾するかどうかは隣人の自由である。

(ニ) (a) 隣地使用の承諾を求めるべき相手方は、現に隣地を利用している土地所有者、地上権者、永小作権者、賃借人などである。

(b) 住家への立入りには隣人の承諾が必要であるが、ここで隣人とは、隣地の住家に現に居住している住家の所有者や賃借人などをいう。

(ホ) 民法二〇九条一項本文は、土地所有者が境界線上に建物を築造する場合があることを前提にしているようにみえるが、そうだとすれば、建物を築造するには境界線から五〇センチメートル以上の距離をおかなければならないとする民法二三四条一項との関係が問題である。これは、民法二三四条一項はこれと異なる慣習（二三六条）や当事者の合意などがあれば適用されないため、そのような場合を前提にしているといえよう（本書三二八頁以下参照）。

(3) 償　金

(イ) 隣地の使用や住家への立入りによって隣人が損害を受けた場合、隣人はその償金を請求することができる（二〇九条二項）。

(ロ)　償金は、境界またはその附近において障壁や建物の築造・修繕のために必要な範囲内の適法な行為から生じた損失を補償するためのものであり、不法行為による損害賠償責任とは異なる。下水道法一一条三項四項も、排水設備の設置者はその設置・改築・修繕・維持のためやむをえない必要がある場合には他人の土地を使用できるとしつつ、それから生じる損失を補償しなければならないと規定している。

(ハ)　障壁や建物の築造・修繕のために必要な範囲を逸脱した行為によって隣人に損害が生じた場合、それは不法行為であり、土地所有者に不法行為による損害賠償責任が生じる。損害賠償金は、通常、慰謝料などの点において償金よりも多額になると考えられる。

(ニ)　土地所有者が隣人の帰責事由により隣地の使用や住家への立入りを余儀された場合（隣人が帰責事由により障壁や建物を破損した場合など）、それにより隣人が損害を受けてもその損害は隣人が自己の帰責事由により自ら招いたというべきである。それゆえ、土地所有者は、償金支払義務を負担せず、障壁や建物の築造・修繕のために必要な範囲を逸脱した行為について不法行為による損害賠償金支払義務のみを負担すると解してよいであろう（過失相殺（七二二条二項）もありうる）。隣地の使用や住家への立入りが土地所有者と隣人の双方の帰責事由により招来された場合（土地所有者と隣人の双方の帰責事由により障壁や建物が破損した場合など）、土地所有者の償金支払義務は生じるが、償金の額は隣人の帰責事由を考慮して減額されうると考えてよいであろう。

三　囲繞地通行権

(1)　序

(イ)　土地所有者は、その土地が他の土地に囲まれて公道に通じない場合（袋地）、公道に至るために囲んでいる土地（囲繞地）を通行することができる（二一〇条一項）。また、土地所有者は、その土地が池沼や河川、水路、海を通らなければ公道に通じないか崖があってその土地と公道とに著しい高低差がある場合（準袋地）にも、公道に至るために囲繞地を通行することができる（二一〇条二項）。これが囲繞地通行権である。(1) 囲繞地通行権は、比較法的にも広く認められており、フランス民法六八二条以下、ドイツ民法九一七条以下、スイス民法六九四条・六九六条がこれを定めている。

（1） 囲繞地通行権については、末川博「他人の土地を通行する権利」所有権・契約その他の研究八四頁以下（昭和一四年）、沢井裕「民法二一三条の無償通行権と特定承継――広中教授の批判にこたえて――」関法一四巻二号二五頁以下（昭和三九年）、山口和男「隣地を通行し得る権利――その種類及び内容、特に囲繞地通行権に基く通路の幅員――について」日法三二巻三号一四二頁以下（昭和四二年）、千種秀夫「借地が袋地の場合と隣地使用の法律関係」不動産法大系Ⅲ（改訂版）一二四頁以下（昭和五〇年）、沢井裕・隣地通行権（叢書民法総合判例研究⑩）（昭和五三年）、安藤一郎「囲繞地通行に関する相隣関係」新版相隣関係・地役権一七頁以下（平成三年）、岡本詔治「囲繞地通行権」隣地通行権の理論と裁判二八一頁以下（平成四年）、同「囲繞地通行権」私道通行権入門――通行裁判の実相と課題――六五頁以下（平成七年）、古館清吾「囲繞地通行権をめぐる諸問題」貞家最高裁判事退官記念論文集（民事法と裁判）上一四六頁以下（平成七年）、東孝行「通行権と事情の変更」相隣法の諸問題二五頁以下（平成九年）、同「民法二一三条と袋地・囲繞地の特定承継」同書五七頁以下、秋山靖浩「囲繞地通行権と建築法規――ドイツ法における議論を素材として――」早法七七巻四号一頁以下、七八巻二号七七頁以下、四号一頁以下（平成一四年—一五年）、深谷格「明治前期の広島裁判所における条理裁判とフランス民法――囲繞地通行権に関する裁判例を素材として――」西南三七巻一号一頁以下（平成一六年）、安藤一郎「公道に至るための他の土地の通行権（囲繞地通行権）」私道の法律問題（五版）六九頁以下（平成一七年）参照。

(ロ) 囲繞地通行権は登記なしに成立すると解される。不動産登記法にも登記は予定されていない。第三者としては、囲繞地通行権が行使されている場合はもちろん、行使されていなくても袋地と囲繞地の関係から囲繞地通行権の存在を容易に知ることができるから、囲繞地通行権が登記なしに成立するとしても不当であるとはいえないであろう。

(ハ) 袋地の所有権を取得した者は、所有権の取得登記をしていなくても囲繞地通行権を主張することができるとされる（最判昭四七・四・一四民集二六巻三号四八三頁）。登記を物権変動の効力要件と解する私見によれば、他から所有権の譲渡を受けてもその登記をしていない者は袋地の所有者ではないが、袋地の譲渡契約上袋地に対し何らかの利用権（あるいは、部分的所有権。本書一四八頁参照）を有しており、民法二一〇条を類推して囲繞地通行権を主張することができると解される（本書三〇八頁参照）。

(ニ) 袋地かどうかは、土地所有者の土地の用途を考慮して決定される。たとえば、土地所有者の土地が田地である場合、人が公道に至るための畦畔があっても収穫物や肥料の運搬に支障があれば袋地であるし（大判大三・八・一〇新聞九六七号三二頁）、土地所有者の土地が石材を産出する山林である場合、人が公道に至るための径路があっても傾斜が急で石材の搬出が不可能であれば袋地である（大判昭一三・六・七民集一七巻一三三一頁）。

⑵　囲繞地通行権の内容

(イ)　土地所有者は、通行の場所および方法につき、必要にして、かつ、囲繞地のために損害の最も少ないものを選ばなければならない（二一一条一項）。土地所有者は、必要があれば通路を開設することができる（二一一条二項）。

(ロ)　通路の幅員は、袋地の用途や囲繞地の受ける損害などを考慮して決定されるが、袋地が宅地の場合、現在の自動車の利用状況に照らし、原則として自動車が通行できる程度の幅員が必要であろう(1)(2)（なお、最判平一八・三・一六民集六〇巻三号七三五頁も参照）。

（1）　起草者は、土地所有者が大臣の場合には馬車が通行できる程度の幅員が、通常人の場合には車が通行できる程度の幅員が、それぞれ必要であるとしている（民法議事速記録七巻一九〇頁）。

（2）　旧民法財産編二一九条一項は、「袋地ノ利用又ハ其住居人ノ需用ノ為メ定期又ハ不断ニ車両ヲ用ユルコトヲ要スルトキハ通路ノ幅ハ其用ニ相応スルコトヲ要ス」と規定している。

(ハ)　土地所有者がその土地上に有する家屋を増築しようとしたが、その土地から公道に至る通路の幅員が増築のために東京都条例で要求される幅員より小さい場合、土地所有者が隣地所有者に対し民法二一〇条に基づき隣地への通路の拡張を求めるのは許されないとされる（最判昭三七・三・一五民集一六巻三号五五六頁）。前述したように、通路の幅員は袋地の用途や囲繞地の受ける損害などを考慮して決定されるが、本件においては、増築がやむをえないものであるかどうか、隣地所有者に著しい負担を強いるものであるかどうかという点が重要である。この点については、増築がやむをえないものであるかどうかは必ずしも明確でない反面、隣地所有者に著しい負担を強いるようであり、判旨の結論が不当であるとはいえないであろう。

(3) 償　金

(イ) 土地所有者は、通行地の損害に対して償金を支払わなければならない（二一二条本文）。この場合、土地所有者は、通路の開設によって生じた損害については一時に償金を支払わなければならないが、そうでない損害については一年ごとに償金を支払えば足りる（二一二条但書）。

(ロ) (a) 土地所有者が償金の支払いを怠っても囲繞地通行権は消滅しない。囲繞地通行権が消滅するとすれば、袋地や準袋地を使用することができないか使用するのが著しく困難となり、土地所有者に大きな不利益が生じるからである。他方、囲繞地所有者は、償金の支払いを怠る土地所有者に対して償金請求権の満足をえるため強制執行をすることができるのはもちろんであるが、共有物の負担に関する民法二五三条二項に準じ、償金の支払期日から一年以内に支払いがない場合、相当期間を定めて支払いを催告しその期間内に支払いがなければ相当の対価から不払いの償金を差し引いた額を支払って袋地や準袋地を買い取ることができると解するのが妥当であろう（本書三八六頁以下参照）。

(b) 囲繞地通行権を有する者が地上権者や永小作人、賃借人などの場合、これらの者が償金支払義務を負うのは当然であるが、土地所有者も実際問題として地上権者らが囲繞地通行権を有するからこそ地上権設定契約などを締結することができたのであるから、償金支払義務を負うと解すべきであろう。

それゆえ、囲繞地通行権を有する者が地上権者などの場合にも、囲繞地所有者は、償金の支払期日から一年以内に支払いがない場合、土地所有者に対し相当期間を定めて支払いを催告しその期間内に支払いがなければ相当の対価から不払いの償金を差し引いた額を土地所有者に支払って袋地や準袋地を買い取ることができると解される。そして、囲繞地所有者が袋地や準袋地を買い取った場合、囲繞地所有者は、地上権設定契約や永小作権設定契約を承継するが（地上権や永小作権は、登記によって成立するから登記を備えているのが前提になる）、地上権者や永小作人がその後もなお償金支払義務を怠れば、地上権や永小作権の消滅請求（本書四四六頁以下、四六五頁参照）をすることができると解してよいであろう。

賃借権については、これが公示方法を備えていれば囲繞地所有者が賃貸借契約を承継する。賃借権が公示方法を備えていない場合であっても、設問のケースでは囲繞地所有者は賃借権の存在につき悪意であると考えられ、賃貸人(土地所有者)において囲繞地所有者の所有権取得により賃借人が害されるのを知っていれば、賃借人は囲繞地所有者に対し賃借権を主張することができるから、囲繞地所有者がやはり賃貸借契約を承継する(本書二一七頁参照)。賃貸人は囲繞地所有者に対し取引により土地を売却したわけではないが、囲繞地所有者から買取代金を取得しており、取引があるのに準じて右のように扱うのが妥当であろう(本書二一三頁参照)。このように、囲繞地所有者は賃貸借契約を承継するが、賃借人がその後もなお償金支払義務を怠れば、賃貸借契約を解除することができる(五四一条)と解してよいであろう。

(4)　囲繞地通行権の特則

(イ)　土地甲が分割され袋地が生じた場合、袋地所有者は公道に至るために甲のうち袋地でない部分のみを通行することができる(二一三条一項前段)。ここで土地の分割とは、共有地の分割を意味する。土地甲の所有者が甲の一部を譲渡し袋地が生じた場合も同様であり、袋地所有者は甲のうち袋地でない部分のみを通行することができる(1)(二一三条二項)。これは、分割や譲渡の際に袋地が生じることは事前に分かるから、分割や譲渡の当事者は相隣者に迷惑をかけないよう甲のうち袋地でない部分が囲繞地通行権を負担するのを前提にして分割や譲渡を行うべきであるという趣旨のものである(2)。このような趣旨によれば、一筆の土地が数筆に分筆されそれぞれが、あるいは、その一部が譲渡されて袋地が生じた場合、袋地所有者は分筆前の土地のうち袋地でない部分のみを通行することができると解される(最判昭三七・一〇・三〇民集一六巻一〇号二一八二頁、同判昭四四・一一・一三判時五八二号六五頁)。また、同一人の所有に属する数筆の土地がそれぞれ担保権の実行として競売され袋地が生じた場合、袋地所有者はその数筆の土地のうち袋地でない土地のみを通行することができると解される(最判平五・一二・一七判時一四八〇号六九頁)。

(1)　フランス民法六八四条一項やドイツ民法九一八条二項も民法二一三条と類似の定めをしている。スイスにおいては、スイス民法六九四条二項の解釈として民法二一三条と類似の処理が行われている(Berner Kommentar, § 694 Nr. 30)。

（2） 民法議事速記録八巻三六頁参照。

(ロ) (a) 民法二一三条の囲繞地通行権は、袋地や準袋地でない方の土地に特定承継が生じても消滅しないとされる[1]（最判平二・一一・二〇民集四四巻八号一〇三七頁、同判平五・一二・一七判時一四八〇号六九頁）。

（1） この問題については、東孝行「民法二一三条と袋地・囲繞地の特定承継」相隣法の諸問題五七頁以下（平成九年）参照。

(b) しかし、民法二一三条の囲繞地通行権においては、袋地や準袋地の所有者に償金支払義務がない（二一三条一項後段二項）。それゆえ、民法二一三条の囲繞地通行権は袋地や準袋地でない方の土地に特定承継が生じても消滅しないとすれば、特定承継人が害されるとも考えられる。そこで、以下のように解するのが妥当であろう。

第一に、袋地や準袋地の所有者が民法二一三条の囲繞地通行権を行使している場合、特定承継人は土地を取得する際に通行権について調査をすべきであり（最判平一〇・二・一三民集五二巻一号六五頁参照）、調査をすれば通行権が民法二一三条の囲繞地通行権（無償の通行権）であることを知ることができる。それゆえ、この場合、袋地や準袋地でない方の土地の譲渡人において特定承継人の特定承継により袋地や準袋地の所有者が害される（無償の通行権を主張できなくなる）のを知っていれば、袋地や準袋地の所有者は特定承継人に対し民法二一三条の囲繞地通行権を主張することができると解すべきである（本書二一七頁参照）。この場合、民法二一三条の囲繞地通行権は消滅しない[1]。

第二に、袋地や準袋地の所有者がこれらの土地を空地にしていて利用せず民法二一三条の囲繞地通行権を行使していない場合、特定承継人が袋地や準袋地でない方の土地を取得する際に民法二一三条の囲繞地通行権を知らなかったとすれば、袋地や準袋地の所有者は特定承継人に対し民法二一三条の囲繞地通行権を主張することができない（本書二一七頁参照）。この場合、民法二一三条の囲繞地通行権は消滅する。特定承継人が民法二一三条の囲繞地通行権を知って特定承継し、袋地や準袋地でない方の土地の譲渡人において特定承継により袋地や準袋地の所有者が害されるのを知っていた場合には第一の場合と同様に処理される。

民法二一三条の囲繞地通行権が消滅する場合、民法二一〇条の囲繞地通行権（有償の通行権）が発生する。同一の囲繞地について発生することもあるが、他の囲繞地について発生することもありうる。

（1）　沢井裕「無償通行権の承継」隣地通行権裁判例の研究九五頁以下（昭和四六年）は、通路が開設されていれば、それは民法二一三条の囲繞地通行権の公示方法になり、この通行権は消滅しないとする。東孝行「民法二一三条と袋地・囲繞地の特定承継」相隣法の諸問題八八頁以下（平成九年）は、特定承継人が民法二一三条の囲繞地通行権を予測することができた場合にはこの通行権は消滅しないとする。

(ハ)　民法二一三条の場合、袋地や準袋地の所有者は償金を支払う必要がない（二一三条一項後段二項）。これも、当事者は囲繞地通行権の負担を前提にして分割や譲渡を行うべきであるという趣旨のものである。

四　水に関する相隣関係（1）

（1）　水に関する相隣関係については、安藤一郎「水に関する相隣関係」新版相隣関係・地役権一一二頁以下（平成三年）参照。

(1)　承水義務

(イ)　土地所有者は、隣地から水が自然に流れてくるのを妨げてはならない（二一四条）。これは、承水義務といわれる。水が流れてくるというのは、水が地表を流れてくる場合だけでなく地下を移動してくる場合も含む。

(ロ)　承水義務が生じるのは、隣地から水が自然に流れてくる場合である。それゆえ、隣地が土盛りされたために水が流れてくるようになった場合、承水義務は生じず、土地所有者は隣地所有者に対し排水施設の設置を請求することができる（大判大一〇・一・二四民録二七輯二二一頁）。

(ハ)　土地所有者が水が自然に流れてくるのを妨げたり妨げるおそれがある場合、隣地所有者は、所有権に基づき妨害の排除や妨害の予防を請求することができる。損害を受けた場合には不法行為の要件のもとにその賠償も請求することができるのはもちろんである（七〇九条）。

(ニ) 水流が天災やその他避けることができない事変により低地において閉塞した場合、高地の所有者は自費で水流の障害を除去するために必要な工事をすることができる(二一五条)。費用の負担については、別段の慣習があればこれによる(1)(二一七条)。ここで、水流の障害を除去するために必要な工事とは、水が自然に低地に流れ込むのに必要な工事であり、高地の所有者はそのために必要な範囲内で低地に立ち入ることができると解される。この場合、緊急性があり、しかも、短期の工事ですむことが多いから、高地の所有者は、低地の所有者の承諾や承諾に代わる判決がなくても低地に立ち入ることができると解してよいであろう。高地の所有者は、低地の所有者がそのために損害を受けた場合、民法二〇九条の隣地使用請求権の場合と同様、償金や損害賠償金を支払わなければならない(本書三〇九頁以下参照)。

(1) 民法二一五条・二一七条については、大島俊之「民法二一五条〜二一七条の沿革――イタリア法を継受したわが民法規定――」大阪府立大学経済研究三四巻四号三三頁以下(平成元年)参照。

(2) 排水

(イ) (a) 甲地において貯水、排水または引水のために設けた工作物の破壊または閉塞により乙地に損害が及び、または、及ぶおそれがある場合、乙地所有者は、甲地所有者に対し工作物の修繕や障害の除去をさせ、必要があれば予防工事をさせることができる(二一六条)。費用は甲地所有者が負担するが、別段の慣習があればこれによる(1)(二一七条)。これは、所有権に基づく妨害排除請求あるいは妨害予防請求である。乙地所有者が損害を受けた場合にその賠償を請求することができるのはもちろんである(七一七条一項)。

(1) 民法二一六条・二一七条については、大島俊之「民法二一五条〜二一七条の沿革――イタリア法を継受したわが民法規定――」大阪府立大学経済研究三四巻四号三三頁以下(平成元年)参照。

(b) 貯水、排水、引水のための工作物の破壊や閉塞が天災その他避けることのできない事変によって、すなわち、不可抗力によって生じた場合であっても、工作物の修繕や障害の除去が可能である限り、乙地所有者は甲地所有者に対しその修繕や障害の除去を求めることができると解してよいであろう。しかし、この場合、甲地所有者が工作物の修繕や障害の除去を怠ったために生じた損害の賠償を除き、乙地所有者は損害の賠償を求めることができない。

(ロ)　土地所有者は、雨水を直接に隣地に注ぐ構造の屋根その他の工作物を設けてはならない（二一八条）。土地所有者がこのような工作物を設けたり設けるおそれがある場合、隣地所有者は、所有権に基づき妨害の排除や妨害の予防を請求することができ、損害を受ければその賠償も請求することができる（七一七条一項）。

(ハ)　高地の所有者は、その高地が浸水した場合にこれを乾かすため、または、自家用や農工業用の余水を排出するために、公の水流または下水道に至るまで低地に水を通過させることができる[1]（二二〇条前段）。この場合、低地のために損害が最も少ない場所と方法を選ばなければならない（二二〇条後段）。償金については規定がないが、低地の所有者は、損害を受ければ償金を請求することができると解すべきである。高地の所有者が低地のために損害が最も少ない場所と方法を選ばなかった場合、低地の所有者は、所有権に基づき妨害の排除（通水の中止）や、損害の賠償を求めることができる（七〇九条）。

（1）　この問題については、関武志「他人の土地への排水に関する一考察」青法四五巻三号一頁以下（平成一五年）参照。

(ニ)　土地所有者は、その土地の水を通過させるため高地または低地の所有者が設けた工作物を使用することができる[1]（二二一条一項）。この場合、土地所有者は、利益を受ける割合に応じて工作物の設置・保存の費用を分担しなければならない（二二一条二項）。

（1）　宅地の所有者は、他の土地を経由しなければ、水道事業者の敷設した配水管から給水を受け、その下水を公流または下水道などに排出することができない場合、他人の設置した給排水設備をその給排水のために使用することが他の方法にくらべて合理性があり、その使用により当該給排水設備の効用を著しく害するなどの特段の事情がなければ、民法二二〇条・二二一条の類推適用により、当該給排水設備を使用することができるとされる（最判平一四・一〇・一五民集五六巻八号一七九一頁）。

(ホ) (a) 土地の所有者や使用者、占有者は、公共下水道の供用が開始された場合、その土地の下水を公共下水道に流入させるために必要な排水設備を設置しなければならないが（下水道法一〇条一項）、他人の土地や排水設備を使用しなければ下水を公共下水道に流入させることが困難であれば、他人の土地に排水設備を設置したり、他人の設置した排水設備を使用することができる（下水道法一一条一項前段）。この場合、他人の土地や排水設備にとって最も損害の少ない場所や個所、方法を選ばなければならない（下水道法一一条一項後段）。他人の排水設備を使用する者は、利益を受ける割合に応じて、その設置・改築・修繕・維持に必要な費用を負担しなければならない（下水道法一一条二項）。

他人の土地に排水設備を設置することができる者は、排水設備の設置・改築・修繕・維持をするためにやむをえない必要がある場合には他人の土地を使用することができる（下水道法一一条三項前段）。この場合、民法二〇九条の隣地使用請求権の場合と異なり、他人の土地の使用を請求することができると規定されているのではなく他人の土地を使用することができると規定されていること、他人の土地の使用は単に個人的な利益のためのみではなく公衆衛生や環境保全の観点からも認められていること（下水道法一一条参照）、他人の土地の使用は短期ですむことにより、他人の承諾や承諾に代わる判決をえることなく他人の土地を使用することができると解してよいであろう。他人の土地を使用した者は、他人が損失を受けた場合、通常生ずべき損失を補償しなければならないし（下水道法一一条四項）、排水設備の設置・改築・修繕・維持のために必要な範囲外の行為により他人に損害を生じさせた場合、不法行為による損害を賠償しなければならない（七〇九条）。

(b) 建物所有者が建築確認を受けず、しかも、特定行政庁の工事の施行の停止命令を無視して建物を建てた場合、隣地所有者に対し下水道法一一条一項三項に基づき隣地に下水管の敷設の受忍を求めるのは権利の濫用であるとされる（最判平五・九・二四民集四七巻七号五〇三五頁）。しかし、建物所有者は、公衆衛生や環境保全の観点から排水設備の設置が義務づけられているのである（下水道法一条参照）。本件で建物所有者の請求を認めなければ、不衛生な状態のため附近住民に迷惑が生じ、公衆衛生や環境保全の観点から排水設備の設置を義務づける下水道法の趣旨が損われるおそれがある。それゆえ、権利の濫用として処理するのは妥当でないと考える。建築基準法違反の点は、建物の除却命令（建築基準法九条一項）や罰則（建築基準法九八条）の問題として処理するのが妥当であろう。

(3) 流　水

(イ) (a) 溝、堀その他の水流地の所有者は、対岸の土地が他人の所有に属する場合、水路や幅員を変えることができない（二一九条一項）。ここで、水流地所有者とは、一般に、水流の敷地（河床）の所有者を意味すると解されている。しかし、起草者は、水流地所有者とは水の流れる土地およびその上の水面の所有者をいうと説明していること(1)、水流の敷地を所有していてもその上を流れる水を所有していない場合には民法二二二条は適用されないこと(2)（二二二条の堰の設置権・利用権は、後述のように、水の所有を前提にしている（本書三二一頁以下参照））により、水流地所有者とは水流の敷地およびその上を流れる水の所有者をいうと解するのが妥当である（水がその敷地から流れ出れば敷地所有者の所有から離脱するのは当然である）。対岸の土地が他人の所有に属する場合、その他人は流水の所有権は有しないが水路や幅員には利害関係を有するから、水流地所有者が勝手にそれを変えることはできないのである。

（1）民法議事速記録八巻一〇四頁以下、一二五頁。

（2）河川法が適用される河川の流水は私権の目的となることができないが（河川法二条二項）、その敷地は私権の目的となることができる。たとえば、河川の流路が変わり私有地を流れるようになった場合、河川の敷地は私有地である（河川法研究会編著・河川法解説二四頁以下（平成六年）参照）。

(b) これに対し、両岸の土地が水流地所有者に属する場合、水流地所有者は水路や幅員を変えることができる（二一九条二項本文）。ただし、水流が隣地と交わる地点において自然の水路に戻さなければならない（二一九条二項但書）。ここで水流が隣地と交わる地点とは、水が他人の土地から流れ込む所および他人の土地に流れ出る所を意味するが、他人の土地には、水流地（敷地およびその上を流れる水）が他人の所有に属する場合の外、対岸が他人の所有に属する場合が含まれると解される。水流が隣地と交わる地点において自然の水路に戻さなければならないのは、その地点において他の水流地所有者や対岸の所有者が水路や幅員に利害関係を有するからである。自然の水路に戻すというのは、水流地所有者は水流が隣地と交わる地点において水路や幅員を変えることができないという趣旨である。

(c) 右の(a)(b)の場合、異なった慣習があればこれによる（二一九条三項）。

(ロ) (a) (α) 水流地所有者は、堰を設ける必要がある場合、対岸の土地が他人の所有に属するときであっても、その堰を対岸に附着させて設けることができる（二二二条一項本文）。これによって対岸の所有者が損害を受ければ、償金を支払わなければならない（二二二条一項但書）。これは、対岸のみが他人の所有に属し、水流地はその一部も他人の所有に属さない場合である。水流地所有者が堰を対岸に附着させて設けることができるというのは、水流地所有者は、水流の敷地の上を流れる水を所有しそれを利用することができるから、その水の利用のために必要があれば堰を設け対岸に附着させることができるという趣旨のものである。

(β) 水流地所有者が堰を設ける場合、水路や幅員に影響を及ぼすこともありうる。この場合、水流地所有者は水路や幅員を変更することができないとする民法二一九条一項との関係が問題であるが、堰の設置の必要性が大きく、水路や幅員の変更が小さい場合には、水路や幅員の変更は民法二一九条一項に反しないと解してよいであろう。

(b) 対岸の所有者は、水流地の一部を所有する場合、右の堰を使用することができる（二二二条二項）。この場合、対岸の所有者は、利益を受ける割合に応じて、堰の設置・保存の費用を分担しなければならない（二二二条三項・二二一条二項）。これは、対岸の所有者が水流地の一部を所有する場合、その所有する敷地（水流の敷地の一部）の上を流れる水を所有しそれを利用することができるから、この水の利用に必要な範囲内で堰を使用することができるという趣旨のものである。(1) なお、民法二二二条二項は、水流地所有者は堰を設ける必要があれば対岸の所有者でかつ水流地の一部の所有者である者の同意をえることなく堰を設置しこれを対岸に附着させることができることを前提にしているといえよう。

(c) 対岸の所有者が水流地の一部を所有していない場合、水流地の水はすべて水流地所有者の所有に属し、対岸の

（1） 民法議事速記録八巻八七頁以下参照。

所有者は、水の利用権を持たず、堰を使用することができない。しかし、水流地所有者との合意により対岸の所有者が水の利用権を有する場合には、対岸の所有者は水の利用に必要な範囲内で堰を使用することができると解してよいであろう。

五　境界に関する相隣関係（1）

（1）境界に関する相隣関係については、安藤一郎「境界に関する相隣関係」新版相隣関係・地役権一三九頁以下（平成三年）参照。

(1)　境界標設置権

(イ)　土地所有者は、隣地所有者と共同の費用をもって境界標（境界を表示する物）を設けることができる（二二三条）。境界標の設置・保存の費用は相隣者が等しい割合で負担する（二二四条本文）。もっとも、測量の費用は土地の広狭に応じて分担する（二二四条但書）。

(ロ)　ここで、まず、境界の意義を明らかにしておきたい。相隣関係における境界は、Aの所有地とBの所有地が隣接する場合のその境である。境界は、一筆の土地と他の土地が隣接する場合のその境、すなわち、筆界（不登一二三条一号。本書一九四頁参照）と一致する場合が多いが、一致しない場合もある（不登一三五条二項参照）。たとえば、Aが隣接する二筆の土地を所有したり（この場合の境は境界でなく筆界）、A、Bが一筆の土地のうち隣接する一部ずつを所有したりする場合（この場合の境は筆界でなく境界）がこれである（もっとも、登記を物権変動の効力要件と解する私見によれば、後者の場合はほとんど考えられない）。以上のような境界の意義は、相隣関係全体の境界に妥当する。

(ハ)　土地所有者は、境界標の設置につき、まず、隣地所有者と協議をすべきであるが、協議が調わない場合、隣地所有者との等しい割合の費用負担による共同の設置を求めて訴えを提起すべきである。土地所有者が単独で境界標を設置しその費用の半額を訴求するということも考えられるが、これでは当事者間に協議が調わないのに土地所有者が一方的に境界標を設置することになるし、さらに、土地所有者が境界線上でない自己に有利な位置に境界標を設置したりして紛争を深刻化させるおそれもある（もちろん、土地所有者が境界線上でない位置に境界標を設置しても費用を請求できない）。土地所有者が隣地所有者との共同の設置を求めて勝訴した場合、土地所有者は、自己と隣地所有者の等しい費用負担で第三者に対し境界標の設置をさせることになるであろう（四一四条二項本文、民執一七一条参照）。

(二)　土地所有者が境界標の設置を求めて訴えを提起する場合、境界が確定していることが必要であろうか。境界が確定していなければならないとすれば、土地所有者は、まず、境界確定の訴えを提起し境界を確定しなければならないであろう。しかし、このような手続きは煩雑であり、土地所有者は境界が確定していなくても境界標の設置を求めて訴えを提起することができると解すべきである。そして、裁判所は、この訴訟において、境界標を設置するための前提として境界を決定することができると解される。この境界決定の判断は判決理由中の判断であるから既判力を有しないが、裁判所が実質的に審理して判断を下した場合にはいわゆる争点効(1)を有すると解すべきであろう。そこで、この判断が争点効を有する場合には境界確定の訴えに影響を与えると考えられる。

（1）　争点効については、新堂幸司・新民事訴訟法（三版補正版）六四四頁以下（平成一七年）参照。

(ホ)　どのような境界標を設置するかは、土地所有者と隣地所有者の協議による。協議が調わなければ訴訟になるが、裁判所は、慣習があればこれにより、慣習がなければ相当と認める境界標の設置を命じることになるであろう。

(2)　囲障設置権

(イ)　二棟の建物が所有者を異にし、かつ、その間に空地がある場合、各所有者は他の所有者と共同の費用をもって境界に囲障（ある土地を他の土地から仕切る塀や垣など）を設けることができる（二二五条一項）。当事者の協議が調わない場合、囲障は板塀または竹垣その他これらに類する材料のものであって、かつ、高さ二メートルのものでなければならない（二二五条二項）。囲障の設置・保存の費用は二棟の建物の所有者が等しい割合で負担する（二二六条）。以上と異なる慣習があればこれによる（二二八条）。

(ロ)　二棟の建物の各所有者は、板塀または竹垣その他これらに類する材料より良好なものを用い、あるいは、二メートルより高くして囲障を設けることができる（二二七条本文）。この場合、囲障を設置した建物所有者は、それによって生じる費用の増加額を負担しなければならない（二二七条但書）。以上と異なる慣習があればこれによる（二二八条）。

(ハ)　囲障設置権の場合も、境界標設置権の場合と同様、二棟の建物の各所有者は、まず、他の所有者と協議をすべきであり、協議が調わなければ他の所有者との等しい割合の費用負担による共同の設置を求めて訴えを提起すべきである。各所有者が板塀または竹垣その他これらに類する材料より良好なものを用いたり二メートルより高くする場合であってもほぼ同じであり、各所有者は、まず他の所有者と協議をすべきであるが、協議が調わなければ、他の所有者との一定割合の費用負担（たとえば、通常の囲障ならば一〇万円で設置できるところが一五万円を必要とするという場合、一方の所有者は増額分をプラスして負担するから一〇万円、他の所有者は五万円の負担となる）による共同の設置を求めて訴えを提起すべきである。さらに、囲障設置権の場合にも境界標設置権の場合と同様境界が確定している必要はないと解すべきである。

(3)　境界線上の工作物

(イ)　(a)　(α)　境界線上に設けた境界標、囲障、障壁（建物を外部から仕切るための壁）、溝および堀は、相隣者の共有に属するものと推定される（二二九条）。[1] もっとも、障壁が一棟の建物の一部を構成する場合には共有の推定を受けない（二三〇条一項）。この場合、障壁はその建物所有者の所有に属する。また、高さの異なる二棟の隣接する建物を隔てる障壁の高さが低い建物の高さを超える場合、その障壁のうち低い建物を超える部分も共有の推定を受けない（二三〇条二項本文）。これは、二棟の建物が境界線上にある障壁の部分で接着している場合のものであるが、[2] 低い建物を超える障壁の部分は、高い建物の利益のために設けられているのが普通であり、通常、高い建物の所有者の所有に属する。もっとも、防火障壁は低い建物を超える部分であっても共有の推定を受ける（二三〇条二項但書）。防火障壁は、二棟の建物の双方の所有者の利益のために設けられているのが普通だからである。

（1）　民法二二九条については、玉田弘毅「共有類型化論への一つの接近——民法二二九条の共有の検討を通して——」曹時四三巻四号一頁以下（平成三年）参照。
（2） 梅・一二五頁以下、注釈民法(7)三六二頁（野村好弘＝小賀野晶一執筆）参照。

(β) 境界線上の工作物の所有関係が明確であればそれにより民法二二九条は適用されない。相隣者の一方の単独所有であるのが明確であるのに民法二二九条を適用し相隣者の共有として扱うのは不当であるし、また、相隣者の共有であるのが明確であれば民法二二九条を適用する必要がないからである。それゆえ、民法二二九条は、境界線上の工作物の所有関係が明確でない場合に適用され、その場合にこれを相隣者の共有として扱うという趣旨に理解される。したがって、民法二二九条の推定は法律上の推定である。これを事実上の推定であると解せば、境界線上の工作物が共有であるかどうかが相手方の反証によって動揺し不明になった場合、事実上の推定は機能せず民法二二九条は適用されないが、これでは境界線上の工作物が共有であるかどうか不明（したがって、単独所有であるかどうかも不明）の場合にこれをどのように扱ってよいか分からなくなり、民法二二九条を設けた意味がないというべきである。

(b) 境界線上に障壁が設けられた場合、建物の一部が境界線上にあることになり、建物を築造するには境界線から五〇センチメートル以上の距離をおかなければならないとする民法二三四条一項との関係が問題になるが、民法二三四条一項はこれと異なる慣習（二三六条）や当事者の合意などがある場合には適用されず、障壁が境界線上に設けられるのはこのような場合のことであるといえよう[1]（本書三二八頁以下参照）。

（1） 梅・一二五頁参照。

(ロ) (a) 境界線上に設けられた共有物であるところの境界標、囲障、障壁、溝および堀は、共有物分割請求の対象にならない（二五七条）。これは、これらの物の分割はこれらの物の用途に適さないからである。このような分割請求の対象にならない共有は、通常の共有と区別されて、「互有」mitoyenneté と呼ばれる[1]（旧民法財産編二四九条以下に用いられている用語である）。

（1） mitoyenneté は、フランス民法上の用語であり（六五三条以下）、分割の許されない共有である（このような共有は、通常の共有 indivision ordinaire に対し、強制された共有 indivision forcée と呼ばれる（Mazeaud－Chabas, t. II, vol. 2, n° 1307－2））。mitoyenneté は、壁、垣根、溝などが境界線上にある場合に推定される（フランス民法六五三条・六六六条）。

(b)　A地とB地の境界線上にある境界標、囲障、障壁、溝、堀がA地所有者とB地所有者の共有に属するとする場合、A地所有者またはB地所有者がA地またはB地を処分（障壁については、Aの建物またはBの建物の処分）すれば境界標などの持分も当然それに従って処分されると解すべきである（建物区分一五条一項参照）。他方、A地所有者またはB地所有者はA地またはB地（障壁については、Aの建物またはBの建物）と分離して境界標などの持分を処分することはできないというべきである（建物区分一五条二項参照）。もっとも、A地所有者またはB地所有者は他方に対してはA地またはB地と分離して境界標などの持分を処分することができると解してよいであろう。なぜなら、この場合、境界標などはA地所有者またはB地所有者の単独所有となり、その維持・管理に特に不都合はないからである。以上に関しては、フランスの mitoyenneté についても同様に解されている(1)。

(1)　Mazeaud-Chabas, t. II, vol. 2, n° 1316.

(c)　右の例において、A地所有者またはB地所有者が境界標の持分のみを他方に処分し囲障などの持分を自己に留保しておくことは可能であるし、あるいは、境界標が二つある場合にその一方の持分のみを他方に処分することも可能である。それゆえ、A地所有者やB地所有者は境界線上にある複数の工作物それぞれにつき持分を有すると考えられる。したがって、この場合の法律関係は共有であって合有ではないと解される。なぜなら、後述するように、これを合有と解する場合、A地所有者とB地所有者は境界線上にある工作物全体に対しては持分を有するが個々の工作物に対しては持分を有さないからである（本書三七一頁以下参照）。

(ハ)　相隣者の一人は、共有の障壁の高さを増すことができる（二三一条一項本文）。その障壁がこの工事に耐えない場合、相隣者の一人は、自費をもって必要な工作を加えるかその障壁を改築しなければならない（二三一条一項但書）。障壁の高さを増した部分は、工事をした者の単独の所有に属する（二三一条二項）。

相隣者の一人は、共有の障壁の高さを増す場合、まず隣人と協議をすべきであるが、相隣者の一人が工事の費用を負担し高さを増した部分の所有権を取得するし、また、境界線はどこかなどの問題はないから、隣人の承諾や承諾に代わる判決をえなくてもその工事をすることができると解してよいであろう。

相隣者の一人は、障壁の高さを増す工事をするのに必要な範囲内で隣地の使用を請求することができる（二〇九条一項本文）。障壁の高さを増す工事によって隣人が損害を受けた場合、隣人は償金を請求することができる（1）（二三二条）。障壁の高さを増す工事をするのに必要な範囲を逸脱した行為によって隣人が損害を受けた場合、隣人は不法行為により損害賠償を請求することができる（七〇九条。本書三二〇頁参照）。

（1） 民法二三二条については、大島俊之「民法二三二条の沿革——イタリア法を継受したわが民法規定——」大阪府立大学経済研究三五巻一号一一一頁以下（平成二年）参照。

六 竹木に関する相隣関係

(1) 竹木の枝　隣地の竹木の枝が境界線を越える場合、その竹木の所有者に対して枝の切除を請求することができる（二三三条一項）。この請求を受けた竹木所有者は、枝を切除するか、竹木を他に移植しなければならない。土地所有者が相当期間を定めて枝の切除や竹木の移植を求めたのに竹木所有者がこれに応じない場合、土地所有者は自ら枝を切除し、これを自己の所有にするか竹木所有者にその引取りを請求することができると解される（ドイツ民法九一〇条一項後段参照）。

(2) 竹木の根　隣地の竹木の根が境界線を越える場合、これを切り取ることができる（二三三条二項）。この場合、竹木の根は土地の構成部分となり、土地所有者の所有に属する（二四二条本文参照）。それゆえ、土地所有者は竹木の根を切り取ることができるのである。切り取られた竹木の根は、当然土地所有者の所有に属する（ドイツ民法九一〇条一項前段、スイス民法六八七条一項参照）。竹木の根から竹木が地上に成育している場合、その成育している竹木も土地所有者の所有に属する。土地所有者は、竹木をそのままにしておいてもよいし、これを伐採してもよい。他の場所に移植してもよい。なお、竹木の根は土地の構成部分であり、初めから土地所有者の所有に属する。したがって、附合による償金請求（二四八条）の問題は生じないと解される。

他方、土地所有者は、竹木の根や竹木を不要とする場合、隣地所有者に対しその引取りを求めることができるといってよいであろう。

七　境界線附近の建築や工事の制限に関する相隣関係(1)

(1) 境界線附近の建築や工事の制限に関する相隣関係については、安藤一郎「境界線付近の工作物に関する相隣関係」新版相隣関係・地役権一六二頁以下（平成三年）参照。

(1)　境界線附近の建築の制限

(イ)　(a)　建物を築造するには境界線から五〇センチメートル以上の距離をおかなければならない(1)（二三四条一項）。五〇センチメートル以上の距離の測り方については、慣習があればそれによるが(2)（二三六条参照）、慣習がなければ、プライヴァシーの保護や日照・通風の確保など快適な居住空間の実現のために、境界線と垂直に交わる線で境界線から建物の最も近い点（庇を含む）までの距離を測ると解するのが妥当であろう(3)（二三五条の場合と異なる。本書三三〇頁以下参照）。

(1) 五〇センチメートルの距離は昭和三三年の民法改正前は一尺五寸とされていたが、これは起草者が民事慣例類集上最も多い慣習を取り入れたものである（民法議事速記録九巻六九頁）。

(2) 起草者は、一尺五寸の距離は慣習上建物の礎から測ると説明している（民法議事速記録九巻六九頁）。それゆえ、慣習があれば慣習によるが、慣習がなければ本文に述べたように解すべきであろう。

(3) 同旨、安藤一郎「境界線付近の工作物に関する相隣関係」新版相隣関係・地役権一六三頁（平成三年）。

(b)　(α)　建築基準法六五条は、防火地域や準防火地域内にある建築物で外壁が耐火構造のものについては、その外壁を境界線に接して設けることができる、と規定している。そこで、建築基準法六五条と民法二三四条一項の関係が問題であるが(1)、これについては、建築基準法六五条は民法二三四条一項を修正するものではないという見解(2)と修正しているという見解(3)が対立している。判例は、後者の見解をとっている（最判平元・九・一九民集四三巻八号九五五頁）。

(1) この問題については、高頭宏信「不動産物権に関する公法と私法の接点(1)——民法二三四条と建築基準法六五条——」中央学院大学論叢一九巻二号五九頁以下（昭和五九年）、花谷薫「民法二三四条一項と建築基準法六五条の関係をめぐる裁判例の動向」熊本商大論集三二巻一・二号七七頁（昭和六〇年）、同「民法二三四条と建築基準法六五条の立法過程に関する一考察」同誌三二巻二号一九二頁（昭和六一年）、安藤一郎「境界線付近の工作物に関する相隣関係」新版相隣関係・地役権一六四頁以下（平成三年）参照。

（2）柚木＝高木・四九一頁注（1）、原島ほか・二三三頁（新田敏執筆）、石田（喜）・一七九頁以下、我妻＝有泉・二九六頁、広中・三九三頁以下、安藤・前掲一七五頁、田中編・二〇八頁以下（荒川重勝＝下村正明執筆）、川井・一五八頁以下。

（3）星野・一一九頁、稲本・二八〇頁、高頭・前掲、注釈民法(7)三六八頁（野村好弘＝小賀野晶一執筆）。

(β) 建築基準法六五条の前身は、大正八年に制定された市街地建築物法一三条二項「防火地区内ニ於テハ建物ノ部分ヲ為ス防火壁ハ土地ノ彊界線ニ接シ之ヲ設クルコトヲ得」であるが、この規定は、この法律の起草者の説明によれば、防火壁を奨励し普及させるために民法二三四条一項の特別法として設けられた（1）。そして、建築基準法六五条の制定に際して、建築基準法の起草者は、建築基準法六五条は現行（市街地建築物法一三条二項）通りであると説明しているから（2）、建築基準法六五条も防火壁の奨励普及のために民法二三四条一項の特別法として設けられたといってよいであろう（3）。

（1）第四一回帝国議会衆議院都市計画法案外一件委員会議録第三回二九頁以下。

（2）第七回国会衆議院建設委員会議録三三号二六頁。

（3）建築基準法六五条の立法過程は、好美清光「建築基準法と相隣関係」行政法の争点二八七頁（昭和五五年）によって明らかにされている。花谷薫「民法二三四条と建築基準法六五条の立法過程に関する一考察」熊本商大論集三二巻二号一九二頁（昭和六一年）も参照。

(γ) 現在の火災や建築の状況に照らし民法二三四条一項を修正してまで防火壁の奨励普及をはかる必要性は全くなくなったとすれば、建築基準法六五条の適用の余地はないであろう。しかし、建築基準法上、防火壁には、耐火構造と準耐火構造、防火構造などのものがあるのであるが、建築基準法六五条はこのうち最も防火性能の高い耐火構造を要求しているのであり、民法二三四条一項の特別法としてこのような高度の防火性能を有する防火壁の奨励普及をはかろうとする立法目的が今日の火災や建築の状況に照らし全く不必要になったというのは困難である。そうだとすれば、建築基準法六五条は民法二三四条一項の特別法としてこれを修正しているといわざるをえない。

(ロ)　民法二三四条一項の規定に反して建築をしようとする者がある場合、隣地所有者はその建築の中止や変更を請求することができる（二三四条二項本文）。ただし、建築着手の時から一年を経過し、または、建物が完成した場合には損害賠償の請求のみをすることができる（二三四条二項但書）。ここで建築の中止とは、その時までにでき上った建築物の除却を含む。建物が未完成で、かつ、建築着手から一年以内に裁判外で中止や変更を請求すれば足りるのかについては疑問があるが、相手方の土地内の建築であり、また、相手方の受ける不利益も大きいから、建物が未完成で、かつ、建築着手から一年以内に訴えを提起しなければならないと解すべきであろう（大判昭六・一一・二七民集一〇巻一一一三頁は、傍論ながら裁判外の請求で足りるとする）。なお、建物が未完成で、かつ、建築着手から一年以内に訴えを提起すれば、第二審の口頭弁論終結時までに建物が完成しても除却や変更を求めることができるのは当然である（大判昭六・一一・二七民集一〇巻一一一三頁）。

(ハ)　民法二三四条と異なる慣習があればこれによる（二三六条）。また、民法二三四条と異なる合意があればこれによると解される。

(ニ)　境界線を越えて建物を建築する場合、隣地所有者がその中止や変更を請求することができるのはもちろんである。この場合、隣地所有者は、その所有地内の建築部分に関する限り、建物が完成したかどうかを問わず、また、期間の制限なく、中止や変更を請求することができると解してよいであろう。ただ、隣地所有者が建築の中止や変更を求める必要性の程度、建物の建築がどの程度境界線を越えてなされているか、境界線を越えて建築することにつき相手方に故意過失があるかどうか、建物が完成したり、建築着手から長期間が経過しているかどうか、建築の中止や変更が容易かどうかなどを考慮して、中止や変更の請求が権利の濫用とされることはありうる（一条三項。ドイツ民法九一二条も参照）。

(2)　境界線附近の観望施設の制限

(イ) 境界線から一メートル未満の距離において他人の宅地を見通すことのできる窓または縁側（ベランダを含む）を設ける者は、目隠しをつけなければならない（二三五条一項）。一メートル未満の距離は、窓または縁側の最も隣地に近い点から垂直線によって境界線に至るまでを測定して算出する（二三五条二項）。つまり、一メートル未満の距離は、窓または縁側の最も隣地に近い点Aにおいて窓または縁側と垂直に交わる線のAから境界線までの距離である(1)（Aは、境界線と垂直に交わる線が窓または縁側と交わる点のうち境界線と最短距離にあるものをいう）。これは、窓または縁側からの他人の宅地の観望は窓または縁側と垂直に交わる線上で行われるのが多いからであろう(2)。

（1） 梅・一三四頁以下（図でもって詳細に説明されている）。
（2） 梅・一三六頁以下参照。

(ロ) (イ)と異なる慣習があればこれによる（二三六条）。

(3) 境界線附近の掘削の制限(1)

（1） この問題については、大島俊之「民法二三七条および二三八条の沿革――イタリア法を継受したわが民法規定――」大阪府立大学経済研究三五巻二号七七頁以下（平成二年）参照。

(イ) 井戸、用水だめ、下水だめまたは肥料だめを掘るには境界線から二メートル以上の距離をおかなければならない（二三七条一項）。二メートル以上の距離は、境界線と垂直に交わる線で境界線から井戸、用水だめ、下水だめまたは肥料だめの最も近い点までの距離であると解すべきである。これらのものの掘削は、隣地所有者に対して危険を及ぼしたり不衛生な状態をもたらすなど大きな影響を与えるおそれがあり、境界線からできるだけ距離をおくのが妥当だからである。

(ロ) 池、穴蔵またはし尿だめを掘るには境界線から一メートル以上の距離をおかなければならない（二三七条一項）。一メートル以上の距離の測り方は(イ)の場合と同じである。下水だめなどを掘るには境界線から二メートル以上の距離をおかなければならないのに、し尿だめを掘るには境界線から一メートル以上の距離をおけばよいとする理由は必ずしも明らかでない。

(ハ)　導水管を埋めたり溝や堀を掘るには境界線からその深さの二分の一以上の距離をおかなければならない（二三七条二項本文）。しかし、一メートルを超える必要はない（二三七条二項但書）。距離の測り方は、(イ)の場合と同じである。

(ニ)　慣習について規定がないのは、境界線付近の掘削は隣地所有者に対して危険を及ぼしたり不衛生な状態をもたらすなど大きな影響を与えるおそれがあり、慣習に任せず法律で規律しようとしたためである[1]。そうだとすれば、民法の定める距離より短い距離を要求する慣習があってもそれによることはできないが、民法の定める距離を超える距離を要求する慣習がある場合にはそれによることを否定する理由はないであろう。

（1）　民法議事速記録九巻三四頁以下、五八頁以下参照。

(ホ)　境界線の近くで民法二三七条の工事をする場合、土砂の崩壊や水、汚液の漏出を防ぐのに必要な注意をしなければならない（二三八条）。隣地所有者は、土砂の崩壊や水、汚液の漏出のおそれがある場合、その予防工事を求めることができる。必要な注意を欠いたため土砂の崩壊や水、汚液の漏出が生じた場合、隣地所有者は、その排除を求めることができるのはもちろん、損害を受ければ損害賠償を請求することができる（七〇九条・七一七条）。

第三節　所有権の取得

一　序

(1)　ここで扱う所有権の取得[1]とは、無主物先占、遺失物拾得、埋蔵物発見、附合、混和、加工である。このうち、附合、混和、加工は添附と呼ばれる（旧民法財産取得編第二章の章名に用いられた言葉である）。所有権の取得については、民法二三九条から二四八条までがこれを規定している。一般に、これらは所有権の原始取得であると説明されているが、私見によれば、これらは所有権の法定取得であり、無主物先占のように法定の原始取得の場合もあるが、遺失物拾得のように法定の承継取得の場合もある（本書一〇三頁以下参照）。

（1） 所有権の取得については、田中整爾「所有権の取得」総合判例研究叢書民法(24)一頁以下（昭和三九年）参照。

(2) ここで扱う所有権の取得は、現在の社会生活においてそれほど大きな役割を果たすものではない。現在の社会生活においては、売買や贈与、雇用、請負などの契約や相続が所有権の取得のほとんどの場合を占めているからである。

二 無主物先占

(1) 序 無主の動産、すなわち、所有者のいない動産については、所有の意思をもって占有することによりその所有権を取得する（二三九条一項）（1）。これが無主物先占による所有権の取得である。これに対し、無主の不動産は、国庫の所有に属し（二三九条二項）、無主物先占の対象にならない。

（1） 民法二三九条一項については、大島俊之「民法二三九条一項の沿革――イタリア法を継受したわが民法規定――」大阪府立大学経済研究三五巻三号一一頁以下（平成二年）参照。

(2) 要 件

(イ) 無主物 無主物とは、現在、所有者のいない物をいう。無主物の典型例としては、野生の鳥や獣、河川や海洋の魚貝類などが挙げられる。かつて所有者のいた物であっても現在所有者のいないものは無主物である。たとえば、所有者が所有権を放棄した物（大判大四・三・九民録二一輯二九九頁（鉱業権者が所有権を放棄した鉱滓））や、かつて誰かに所有されていたとしても現在その相続人を考えることができない物（古代人の石器や土器など）は無主物である。これに対し、所有者が誰かは分からないが現在誰かに所有されていると考えられる物は無主物でない。たとえば、所有者不明の埋蔵物がこれである（本書三三九頁以下参照）。なお、鉱区外において土地から分離された鉱物は無主の動産とみなされる（鉱業法八条二項）。

(ロ)　動　産　無主物先占の対象になるのは動産だけである。動産とは、土地およびその定着物以外の物であり（八六条二項）、無記名債権は動産とみなされる（八六条三項）。

(ハ)　所有の意思ある占有

(a)　無主物先占が成り立つためには、所有の意思ある占有、すなわち、自主占有が必要である。

(b)　制限行為能力者であっても自主占有をなしうる（最判昭四一・一〇・七民集二〇巻八号一六一五頁（取得時効について））。それゆえ、制限行為能力者であっても無主物先占により所有権を取得することができると解される。制限行為能力者は所有権という権利を取得し不当な不利益を負わないから、このように解しても特に問題はないであろう（五条一項但書参照）。制限行為能力者は所有権の取得により土地工作物所有者責任（七一七条一項）などの不利益を受ける場合もありうるが、これは民法五条一項但書において未成年者が単に権利を取得する場合であっても同じであり、右の解釈を妨げるものではないであろう。これに対し、意思無能力者が無主物先占により所有権を取得しうるというのは無理であろう。もっとも、意思無能力者の法定代理人あるいは事実上の監護者が意思無能力者のために無主物を先占すれば意思無能力者がその所有権を取得すると解してよいであろう（本書五二六頁以下参照）。

(c)　(b)で若干触れたように、占有は占有代理人によって行ってもよい。

(d)　占有を取得したかどうかは、社会通念に照らし、ある物を現実的な支配下においたかどうかで判断される。たとえば、狸を岩穴に追い込み石塊で岩穴をふさぎ狸が逃げられないようにすれば狸の占有を取得したといえるし（大判大一四・六・九刑集四巻三七八頁（狩猟法にいう捕獲に該当するという）参照）、あるいは、海岸に打ち上げられた貝殻につき県知事から払下げの許可を受けてその旨を公示する標杭を立て、さらに、他人の採取を防止するために監視人をおけば貝殻の占有を取得したといえる（大判昭一〇・九・三民集一四巻一六四〇頁）。

(3) 効　果

(イ) 無主物の先占者は、その所有権を取得する。これは、法定の原始取得である。

(ロ) 鳥獣の保護及び狩猟の適正化に関する法律に違反する鳥獣の捕獲も無主物先占による所有権の取得を妨げないとする有力な見解がある。(1) しかし、法律に違反する鳥獣の捕獲を保護する必要はなく、先占者は所有権を取得しないと解すべきである。

(1) 我妻＝有泉・三〇〇頁。

三 遺失物拾得

(1) 序　遺失物(1)については、遺失物法の定めるところに従い公告をした後三か月以内に所有者が判明しない場合、拾得者がその所有権を取得する(二四〇条)。

(1) 遺失物については、福永英男・遺失物法注解(改訂版)(昭和五五年)参照。

(2) 要　件

(イ) 遺失物

(a) (α) 一般に、遺失物とは、占有者の意思によらないでその占有から離脱した物で盗品でないものをいうとされている(本書二八二頁参照)。

(β) しかし、民法一九三条の場合(善意取得の場合)と異なり、民法二四〇条においては盗品であっても遺失物であることを妨げないと解すべきである。たとえば、盗品を拾得し所有者に返還したり警察署長に提出した者は、他の遺失物の場合と同様、後述の報労金を取得し(本書三三八頁以下参照)、また、公告後三か月以内に所有者が判明しない場合にはその所有権を取得すると解するのが妥当である。盗品の場合に他の遺失物の場合と異なって扱う理由はない。遺失物法も遺失物は盗品を含むことを前提に規定していると思われる(遺失四条一項但書・七条五項など)。

(γ)　さらに、Bが所有者Aの占有代理人として占有している物をCに譲渡した場合も、Cの善意取得が成立する場合を除き、その物は遺失物であると解すべきである。この場合、民法一九三条においては遺失物でない。しかし、Cにおいて善意取得が成立しないことを知ってこれをAに返還したり警察署長に提出した場合にCの報労金を認めるべきであるし、あるいは、公告後三か月以内に所有者が判明しない場合にCに所有権が帰属することを認めるべきである。それゆえ、右の場合、善意取得が成立する場合を除き遺失物に該当する。

(δ)　その他の場合については、民法一九三条の場合と同様に考えてよいであろう。そこで、所有者の意思に反してその直接占有から離脱した物は遺失物である。Bが所有者Aの占有代理人として占有している物がA・Bの意思に反してBの占有から離脱した場合、その物は遺失物である。BがAの意思に反して占有物を遺棄した場合、その物は遺失物である。したがって、横領犯人が遺棄した物も遺失物に入る（以上につき、本書二八二頁以下参照）。

(ε)　以上によれば、遺失物とは、善意取得が成立する場合を除き、所有者の意思に反してその占有（間接占有を含む）から離脱している物で盗品を含むと解すべきである。

(b)　遺失物法は、「誤って占有した他人の物、他人の置き去った物及び逸走した家畜」を準遺失物と呼び（二条一項）、これに民法二四〇条を準用している（三条前段）。しかし、準遺失物の多くは、所有者の意思によらないでその占有から離脱している物であるから遺失物であるといって差し支えない。遺失物に当たらないケースとしては、Aが贈与の意思でB宅に物を置き去りにした場合などが考えられる(1)。

(1)　福永英男・遺失物法注解（改訂版）一一四頁（昭和五五年）参照。

(c)　漂流物や沈没品も遺失物である。しかし、これらについては民法や遺失物法は適用されず水難救護法（二四条以下）が適用される。

(ロ)　拾　得　拾得とは、遺失物の占有を取得することをいう（遺失二条二項）。他人の置き去った物については、拾得とはこれを発見することをいうとされているが（遺失二条二項）、拾得者はすみやかに遺失物や準遺失物を遺失者（(a)次の(ハ)参照）に返還するか警察署長に提出したり施設占有者に交付しなければならないのであり（遺失四条一項二項）、発見し、かつ、占有を取得することと解するのが妥当である。

(ハ) 遺失物法による公告

(a) 拾得者は、すみやかに、遺失物（準遺失物を含む。以下、同じ）を遺失者に返還するか警察署長に提出しなければならない（遺失四条一項本文）。ここで、遺失者とは、遺失物を占有していた者の外に、所有者やその他の遺失物の回復の請求権を有する者を含む（遺失二条四項）。

(b) 建築物や車両、船舶、航空機などでその管理に当たる者が常駐する施設において遺失物を拾得した拾得者は、すみやかに遺失物を当該施設の占有者（施設占有者）に交付しなければならない（遺失四条二項・二条五項六項）。この場合、拾得者が遺失物を遺失者に返還することができるかどうかについては規定がないが、これを否定する必要はないであろう。なお、拾得者が遺失物を遺失者に返還した場合、施設占有者には報労金請求権がないことになるであろう（本書三三八頁以下参照）。

(c) 遺失物の交付を受けた施設占有者は、原則として、すみやかに、遺失物を遺失者に返還するか警察署長に提出しなければならない（遺失一三条一項本文）。なお、特例施設占有者（施設占有者のうち、交付を受け、または、自ら拾得する遺失物が多数に上り、かつ、これを適切に保管することができる者として政令で定めるもの）は、一定の場合に、遺失物を警察署長に提出しないでこれを自ら保管することができる（遺失一七条）。

(d) 警察署長は、遺失物の提出を受けた場合、これを遺失者に返還するか（遺失六条・一三条二項前段）、遺失者の氏名またはその所在を知ることができなければ遺失物の種類や特徴、遺失物の拾得の日時および場所を公告しなければならない（遺失七条一項・一三条二項前段）。なお、警察署長によるこの公告は特例施設占有者が遺失物を保管する場合にも行われる（遺失一八条）。警視総監または道府県警察本部長は、警察署長が公告した物件に関する情報をインターネットなどにより公表する（遺失八条二項・一八条前段）。

(ニ)　公告後三か月以内に所有者が判明しないこと　遺失物拾得により所有権を取得するには、公告後三か月以内に所有者が判明しないことが必要である。

(3)　効　果

(イ)　拾得者が遺失物の所有権を取得する。これは、法定の承継取得である。

(ロ)　拾得者が拾得の日から七日以内に警察署長に遺失物を提出しない場合、所有権を取得することができず、また、後述の報労金を受け取ることもできない（遺失三四条二号）。拾得者は、拾得の日から七日以内に遺失者に遺失物を返還した場合に報労金を受け取ることができるのはもちろんであるが、七日以内に遺失者に返還しない場合には、その期間内に警察署長に提出しない限り所有権も報労金も取得することはできないのである。

施設における拾得者が拾得の時から二四時間以内に遺失者に遺失物を返還した場合に報労金を受け取ることができると解されるが（本書三三七頁参照）、二四時間以内に遺失者に返還しない場合には、その期間内に施設占有者に遺失物を交付しない限り所有権も報労金も取得することはできない（遺失三四条三号）。

(ハ)　遺失物が個人情報が記録された物件（住民票の写し、住所録、携帯電話など）などの場合、拾得者はその所有権を取得することはできない（遺失三五条）。

(ニ)　拾得者の行為により遺失物が生じた場合、たとえば、拾得者が誤って他人の物をもち帰った場合、拾得者は、遺失者への返還、警察署長への提出、施設占有者への交付をしても、所有権も報労金も取得することはできないと解すべきであろう（遺失二八条一項参照）。

(ホ)　拾得者が遺失物の所有権を取得しても、取得の日から二か月以内に警察署長または特例施設占有者からこれを引き取らない場合、その所有権を失う（遺失三六条）。

(ヘ)　(a)　遺失物（誤って占有した他人の物を除く）の返還を受ける遺失者は、遺失物の価格の一〇〇分の五以上一〇〇分の二〇以下に相当する額の報労金を拾得者に支払わなければならない（遺失二八条一項）。遺失物の交付を受けた施設占有者がある場合、遺失物の価格の一〇〇分の五以上一〇〇分の二〇以下に相当する額の報労金が拾得者と施設占有者に二分して支払われる（遺失二八条二項）。当事者の協議によって報労金が定まる場合には遺失物法二八条一項二項は適用されず、報労金は遺失物の価格の一〇〇分の五以上一〇〇分の二〇以下に相当する額である必要はない。これに対し、当事者の協議が調わない場合には遺失物法二八条一項二項が適用され、裁判所が諸般の事情を考慮し遺失物の価格の一〇〇分の五以上一〇〇分の二〇以下に相当する額の報労金を決定するのである（大判大一一・一〇・二六民集一巻六二六頁は、一〇〇分の五から一〇〇分の二〇の範囲内で遺失者が自由に決定でき、裁判所が決定すべきものではないという）。報労金は遺失物が遺失者に返還された後一か月を経過すればこれを請求することができない（遺失二九条）。

(b)　所有者AがBに賃貸していた物が遺失物になった場合、Bが遺棄した場合を除きAもBも遺失者であり、拾得者はいずれに返還してもよいと解される。この場合、AとBは、並存して報労金債務を負担するといってよいであろう。AとBの間においては、遺失につきBに帰責事由があればBが全部を負担するが、Bに帰責事由がなければ遺失物の回復によりA・Bの受ける利益を考慮してその分担を決定すべきであろう。

(c)　遺失した小切手につき支払人が支払停止にした後で拾得者がこれを拾得した場合、拾得者は遺失者に対し報労金を請求することができるであろうか。この場合、小切手の善意取得者が生じる可能性もあり（小二一条）、拾得者は報労金を請求することができると解すべきであろう（大判大一〇・一二・二六民録二七輯二一九九頁、同判昭三・二・二民集七巻三三頁参照）。この場合の小切手の価格は、小切手の額面額ではなく、善意取得の可能性がどの程度あるかを考慮し決定されるべきである（大判昭三・二・二民集七巻三三頁参照）。

四　埋蔵物発見

(1)　序　埋蔵物については、遺失物法の定めるところに従い公告をした後六か月以内に所有者が判明しない場合、発見者がその所有権を取得する（二四一条本文）。埋蔵物が他人の物の中において発見された場合、発見者とその他人が等しい割合でその所有権を取得する（二四一条但書）。

(2)　要　件

(イ)　埋　蔵　物

(a)　(α)　一般に、埋蔵物とは、土地その他の物（包蔵物という）の中に埋蔵されていて、外部から容易に目撃することができない状態におかれ、誰が所有者であるか容易に分からない物であるとされる（最判昭三七・六・一訟月八巻六号一〇〇五頁）。

(β)　しかし、一般の見解によれば、たとえば所有者が保管のためにある物を秘かに埋蔵し埋蔵場所を確知していても、一般の人にとって誰が所有者であるか容易に分からなければ埋蔵物となり、発見者は後述の報労金（本書三四三頁参照）を取得することができることになって妥当でない。この場合、他人による発見は所有者にとって何ら利益にならないばかりか、かえって迷惑であり、報労金を支払うべき理由がないからである。報労金を支払うべき理由は、所有者にとって容易に分からない埋蔵場所を他人が発見した場合にはじめて生じると考えられる。それゆえ、所有者が誰であるかが容易に分かる場合であっても、所有者が埋蔵場所を容易に分からなければ埋蔵物として扱うのが妥当である。所有者が誰であるかが容易に分からないことは埋蔵物にとって特に意味がないのであり、遺失物の場合にも所有者が誰であるかが容易に分からないことは要求されていないのと同じである。

(γ)　埋蔵物を占有していた者や所有者、その他の埋蔵物の回復の請求権を有する者は、遺失物の場合と同様、遺失者といわれる（遺失二条四項一項）。

(δ)　以上によれば、埋蔵物とは、土地その他の物の中に埋蔵されていて、遺失者が埋蔵場所を容易に知ることができない物をいうと定義するのが妥当であろう。

(b)　埋蔵物は誰かの所有に属する物であるから、無主物は埋蔵物にならない。これに対し、埋蔵物は遺失物でもある。たとえば、物が流出して土砂に埋り所有者にとって容易に埋蔵場所が分からない場合、これは埋蔵物であると同時に遺失物である。あるいは、所有者が保管のために物を埋蔵していたが埋蔵場所を失念した場合、その物は、埋蔵物であるが、所有者の意思によらずに占有を離脱したから遺失物であるともいえる。

(c) ある物が埋蔵されるに至った原因は、自然的なものであっても人為的なものであってもよい。たとえば、ある物が大雨によって土砂に埋り所有者にとって埋蔵場所が容易に分からなければ埋蔵物であるし、あるいは、所有者が保管のためにある物を土の中に埋めたが埋蔵場所を失念し容易にそれが分からなければ埋蔵物である。

(d) 埋蔵物は、動産の場合が多いが、不動産の場合もありうる。たとえば、建造物が火山灰に埋り所有者にとって容易に埋蔵場所が分からなければ埋蔵物である。

(e) 包蔵物は、土地その他の物である。土地の場合が多いが、建物の場合もあり、さらに、小さな宝石が石炭の山の中に混入してしまったケースのように動産の場合もありうる。

(ロ) 発　見

(a) 一般に、発見とは、埋蔵物を見つけることをいい、発掘するなどして占有を取得する必要はないとされている。しかし、発見者が埋蔵物の所有権や報労金を取得するためにはこれを遺失者に返還するか警察署長に提出する必要があるから（遺失三四条二号・二八条一項・四条一項本文）、発見者が埋蔵物の所有権や報労金を取得するためには占有の取得が必要である。それゆえ、発見とは埋蔵物を見つけてその占有を取得することをいうと解すべきである。そして、発見者が埋蔵物が容易に他の人によって持ち去られない状況の下で、あるいは、そのような状況を作って遺失者に埋蔵場所を通知した場合には、占有の取得あるいはこれと同視して遺失者への返還として処理してよいと考える。

(b) 施設において発見された埋蔵物も一般の埋蔵物として扱われ、発見者は、これを施設占有者に交付するのでなく、遺失者に返還するか警察署長に提出しなければならない（遺失四条一項本文二項）。

(c) Aが埋蔵物の発見のためにBを使用し、Bが埋蔵物を発見した場合、発見者はAである。これに対し、Aが建物建築など他の目的のためにBを使用し、Bがその仕事の遂行中に埋蔵物を発見した場合、Bが発見者であるとされている。(1) しかし、埋蔵物の発見につながるBの仕事はBがAに使用されて行っているのであり、Aも埋蔵物の発見に寄与していると考えられ、Aを発見者でないというのは疑問である。そこで、AとBを共同の発見者として扱うのが妥当であろう（特許法三五条一項は、使用者は従業者の職務発明の特許権につき通常実施権を有すると規定しているが、参考にすべきであろう）。それゆえ、AとBは埋蔵物の所有権を等しい割合で取得したり、あるいは、報労金を等しい割合で取得すると解される。

（1）舟橋・三六二頁、我妻＝有泉・三〇三頁。

(ハ)　遺失物法による公告

(a)　埋蔵物に関する公告手続きは、原則として、遺失物の場合と同じである（遺失七条）。

(b)　土地に埋蔵されている文化財（埋蔵文化財）については、文化財保護法に規定がある（九二条以下）。

(ニ)　公告後六か月以内に所有者が判明しないこと　埋蔵物発見により所有権を取得するには、公告後六か月以内に所有者が判明しないことが必要である。

(3)　効　果

(イ)　包蔵物が発見者の所有に属する場合、発見者が埋蔵物の所有権を取得する。包蔵物が他人の所有に属する場合、発見者と包蔵物の所有者が等しい割合で埋蔵物の所有権を取得する。これらは、法定の承継取得である。等しい割合で所有権を取得するというのは、持分が二分の一ずつの共有になるということである。包蔵物が他人の所有に属する場合に包蔵物の所有者も埋蔵物の所有権を取得するのは、包蔵物の所有者が埋蔵物の所有者である可能性が相当程度あるからであろう。(1)

（1）民法議事速記録九巻一五三頁参照。石井敬二郎「銀座の小判」ジュリ一一二号七三頁（昭和三一年）も参照。

(ロ)　発見者が発見の日から一週間以内に遺失者に埋蔵物を返還すれば報労金を取得することができるが、その期間内に返還しない場合には同一期間内に警察署長に提出しない限り所有権も報労金も取得することができないという点や、埋蔵物が個人情報が記録された物件などの場合に発見者がその所有権を取得することができない点、発見者が所有権取得の日から二か月以内に警察署長から埋蔵物を引き取らなければその所有権を失う点は、遺失物の場合と同じである（遺失三四条二号・三五条・三六条。本書二三八頁参照）。

(ハ) (a) 埋蔵物の返還を受ける遺失者は、発見者に対し報労金を支払わなければならない（遺失二八条一項）。その内容は、遺失物の場合と同じである（本書二三八頁以下参照）。

(b) 包蔵物の所有者は、報労金請求権を有しない。包蔵物の所有者の報労金請求権が問題になるのは、包蔵物の所有者以外の者が埋蔵物の所有者であると判明した場合であるが、包蔵物の所有者は埋蔵物を発見したわけではなく、これに報労金請求権を附与する理由がないからである。それゆえ、包蔵物の所有者が発見者である場合には当然報労金請求権を取得する。

(ニ) 埋蔵文化財については、文化財保護法に規定があり（九二条以下）、原則として一般の埋蔵物と同様に扱われるが（一〇八条）、文化庁長官の施行した発掘により発見された埋蔵文化財などは、所有者が判明しなければ国庫や都道府県に帰属し（一〇四条一項前段・一〇五条一項前段）、その場合、埋蔵土地の所有者は埋蔵文化財の価格の二分の一に相当する額などの報償金を取得する（一〇四条一項後段・一〇五条一項後段二項）。

五 附合

(1) 序

(イ) 附合(1)には、物が不動産の従としてこれに附合する場合（二四二条）と数個の動産が附合する場合（二四三条・二四四条）の二つがある。この二つの場合では法的処理が異なる。以下、これを不動産の附合と動産の附合として分けて説明する。

(1) 附合については、末弘厳太郎「不動産の附合について」法協五〇巻一一号二六頁以下（昭和七年）、乾昭三「附合についての一考察」民商三六巻五号四三頁以下（昭和三三年）、田中整爾「所有権の取得」総合判例研究叢書民法(24)二五頁以下（昭和三九年）、新田敏「借家の増改築と民法二四二条」法研三九巻一号二七頁以下（昭和四一年）、同「ドイツにおける不動産附合法の生成――土地・建物を中心として――」法研四一巻一二号一五頁以下（昭和四三年）、高島平蔵「附合制度の機能について」民研一八六号二頁以下（昭和四七年）、中尾英俊「立木・農作物と附合」山中康雄教授還暦記念（近代法と現代法）一六四頁以下（昭和四八年）、新田敏「附合・加工における建物所有者の決定基準」法研五三巻七号一頁以下（昭和五五年）、瀬川信久・不動産附合法の研究（昭和五六年）、新田敏「附合」民法講座3一頁以下、平田健治「物の結合体についての規律とその分類基準」民商一〇四巻二号一頁以下、三号一頁以下（平成三年）、同「権原者によって付加された物の法的処理について」奥田昌道先生還暦記念（民事法理論の諸問題）上二六五頁以下（平成五年）参照。

(ロ)　わが国では建物は土地とは別個の不動産であるとされ（三七〇条本文参照）、建物は土地に附合しないとされている。しかし、ヨーロッパの各国においては、ローマ法の「地上物は土地に従う」superficies solo cedit という法制度が継受され、建物は土地に附合するとされていることに注意しなければならない（スイス民法六六七条二項は、土地所有権は法律の制限内において、すべての建築物、草木および水源を包含すると規定する）。

(2)　不動産の附合

(イ)　序　不動産の所有者は、その不動産の従としてこれに附合した物の所有権を取得する（二四二条本文）。ただし、権原によって物を附属させた他人の権利を妨げない（二四二条但書）。

(ロ)　意　義

(a)　附合の意義については争いがある。通説は、物が不動産に附属して社会経済上不動産そのものとなり、これを分離復旧するのは社会経済上不利益である場合をいうとする。(1) しかし、これに対し、物が不動産に附属して取引上独立性を失った場合をいうとする見解も有力である。(2)(3)(4)

(1)　梅・一五一頁、富井・一三八頁、中島・四一〇頁、末川・三〇一頁、舟橋・三六三頁以下、新田敏「借家の増改築と民法二四二条」法研三九巻一号二九頁以下（昭和四一年）、柚木＝高木・四九九頁、我妻＝有泉・三〇四頁、槇・一八六頁、松坂・一七三頁、丸山・二一一頁以下、船越・二七七頁以下、川井・一六六頁、松尾＝古積・一六二頁（もっとも、取引の安全を保護する制度であるともいう）、山川・一二二頁。

(2)　末弘厳太郎「不動産の附合について」法協五〇巻一一号二六頁以下（昭和七年）、石田（文）・三七七頁以下、川島・一三〇頁以下、二一二頁以下、高島平蔵「附合制度の機能について」民研一八六号二頁以下（昭和四七年）、北川・一〇八頁。

（3）　なお、附合とは、分離により不動産あるいはこれに附属した物が著しく毀損するか、分離のために過分の費用を要する場合に、権利の濫用として分離復旧を認めない制度であるとする見解もある（瀬川信久・不動産附合法の研究三二六頁以下（昭和五六年））。しかし、権利の濫用とは権利の行使を消極的に抑制するための概念であり、このような概念を用いることによって附合制度の内容が十分に明らかにされるとは思われない。

（4）　附合は、比較法的にみてどのような制度として把握されているのであろうか。

フランス民法五五四条は、土地所有者が当該土地上に他人の材料で建築や植栽、工作をした場合、材料の所有者は材料を収去する権利を有しないと規定するが、これは、材料の収去はしばしば材料の所有者にとって大きな利益がないという経済的観点から説明されている（Marty et Raynaud, Les biens, par Jourdain, 1995, n° 128）。

ドイツ民法九三条は、一方または他方が毀損されたりその本質において変えられることなしに分離することができない物の本質的構成部分 wesentliche Bestandteile は、特別な権利の対象にならないと規定し、ドイツ民法九四六条は、動産が不動産の本質的構成部分になるという態様で附合した場合、不動産の所有権はその動産に及ぶと規定するが、これは、分離による経済的価値の喪失の防止をはかるためのものであるとされている（Münchener Kommentar, § 93 Nr. 1）。

スイス民法六四二条は、物の所有者はそのすべての構成部分の所有権を有するところ、物の構成部分とは、その地方の通念によればその物の構成物に属し、かつ、毀損や損傷、変更なしには分離されない部分であると規定するが、これは、構成部分はその経済的目的や価値を構成部分によってつくられている物の中にのみ有するという国民経済的利益を根拠とするとされている（Berner Kommentar, § 642 Nr. 4）。

(b)　附合は分離復旧によって生じる社会経済上の不利益を防止するための制度であるとする通説については、第一に、所有者が所有物を単純に破棄するのは社会経済上の不利益であるにもかかわらず一般に認められており[1]（二〇六条）、これと調和するかどうか疑問である。所有者は社会経済上十分に有用である所有物を自由に破棄することができるのである。また、たとえば、Ｂの物がＡの不動産に附属した場合、社会経済上の不利益防止のために附合が成立するとしてその分離復旧を否定しても、附合の成立後に附属物の所有者となったＡがその附属物を分離したり不動産と附属物の全体を破棄するのは全く自由であり、社会経済上の不利益防止をいうのはあまり意味がないと考えられる。

第二に、通説の見解は、ドイツ民法九三条の物の本質的構成部分 wesentliche Bestandteile は特別の権利の対象にならないという規定に影響を受けていると思われるが、この立法趣旨は経済的価値の喪失の防止とされているところ（本書三四五頁注(4)参照）、かりにそれが社会経済上の不利益防止を意味するとしても、特別の権利とは物権を指し、物の本質的構成部分であっても債権行為によってそれを分離することは可能であるとされ（本書三五一頁注(2)参照）、経済的価値の喪失の防止は必ずしも貫徹されているとはいえないのである。

第三に、社会経済上の不利益防止を強調する通説においては、附合の当事者であるA・Bの利害関係を十分に考慮した法的処理を行うのは困難である。

(1)　民法議事速記録七巻八七頁参照。鈴木・三三二頁も参照。

(c)　取引上独立性を失ったかどうかを附合の規準とする有力説は、物が不動産に附属し取引上第三者からみて不動産の一部のようにみえるかどうかを規準にするという趣旨のものと思われ、不動産の一部であると考えて不動産所有者と取引に入った第三者を保護しようとする見解であるといってよいであろう。しかし、不動産の一部であると考えて不動産所有者と取引に入った第三者を保護するというのは、表見法理の問題であり、そのような第三者を保護するためには、第三者に善意や無過失が要求されるが、附合においては第三者の善意や無過失は全く要求されていない。さらに、不動産の一部であると考えて不動産所有者と取引に入った第三者を保護するために附属した物の所有権を不動産所有者に帰属させることは全く必要でないと思われる。一般の表見法理においても、このことは全く要求されていないのである。たとえば、善意取得（一九二条）において、無権利者Aと取引した第三者を保護するためにAに権利を帰属させるということは行われていない(1)。それゆえ、有力説にも疑問がある。

(1)　以上の論拠については、星野英一「時効に関する覚書――その存在理由を中心として――」民法論集四巻一七三頁以下（昭和五三年）参照。

(d)　Ｂの物がＡの不動産に附属した場合、両者は一体として経済的効用を発揮する。この場合、Ａは、通常、両者を一体として所有し、両者が一体となって発揮する経済的効用を享受することに利益を有する。他方、Ｂは、通常、附属物の分離復旧によって大きな利益をえるわけではなく、附属物の対価が手に入れば不当な不利益を受けない。附合は、このようなＡ・Ｂ間の利害を調整するための制度であり、Ａに附属物の所有権を取得させ、Ａに不動産と附属物が一体として発揮する経済的効用を享受させる反面、Ｂに附属物の対価（償金）を取得させ、両者の利害関係を調整しているのである。

このように附合制度を把握する場合、ここから以下のような基本的な法的処理が導かれる。

第一に、Ｂの物がＡの不動産に附属しても、当事者は、その合意により附属物の所有権をＢに留保して附合の成立を排除したり、附合が成立した後で分離復旧をしたりすることが可能である（本書三五〇頁以下参照）。附合がＡ・Ｂ間の利害を調整する制度である以上、Ａ・Ｂ間の合意がまず優先されるべきだからである。

第二に、Ａ・Ｂ間に合意がない場合であっても、当事者は、分離復旧に要する費用を負担すれば分離復旧を求めることができる場合もある（本書三五五頁参照）。また、たとえば、ＢがＡの不動産であることを知りつつＢの物をＡの不動産に附属させた場合のように当事者の一方に附属につき帰責事由がある場合、他方の当事者は分離復旧に要する費用を負担することなく分離復旧を求めることができる（本書三五三頁以下参照）。

以上のように、附合とは、Ｂの物がＡの不動産に附属し両者が一体として経済的効用を発揮する場合に生じるＡ・Ｂ間の利害を調整するための制度である。

(ハ)　要　件

(a)　附合の要件については規定がないが、動産の附合に関する民法二四三条と同様に考えてよいであろう[1]。すなわち、著しく損傷しなければ分離することができないか、分離のために過分の費用を要する場合に附合が成立すると解すべきである（本書三五七頁以下参照）。なぜなら、このような場合には不動産と附属物が一体となって経済的効用をよく発揮するし、また、附合の要件について不動産の附合の場合と動産の附合の場合を区別すべき理由はないからである。

右の場合、著しい損傷や過分の費用は、不動産と附属物のいずれか一方について存在すれば附合が成立すると解してよいであろう。なぜなら、このような場合であっても、通常、不動産と附属物が一体となって経済的効用をよく発揮すると考えられるからである。

（1）　舟橋・三六六頁、瀬川信久・不動産附合法の研究三二七頁（昭和五六年）、内田・三八三頁以下。広中・四〇五頁もほぼ同旨。

(b)　ある物が不動産の構成部分となるのは附合であることを妨げない。

(α)　権原（二四二条但書）なく他人の土地に萌かれた種子や植えつけられた苗は、土地の構成部分であるが、附合であることを妨げない[1]（大判大一〇・六・一民録二七輯一〇三二頁、同判昭六・一〇・三〇民集一〇巻九八二頁、最判昭三一・六・一九民集一〇巻六号六七八頁）。もっとも、種子や苗を著しく損傷しないで、しかも、過分の費用を要しないで分離することができる場合、種子や苗は、土地の構成部分であるが附合は成立せずそれを萌いたり植えたりした人の所有に属すると解される（土地の構成部分であっても他人の所有物であることを妨げない（本書一四頁参照））。そして、この場合、土地所有者は種子や苗の所有者に対し種子や苗の収去を請求することができる。

有力な学説は、権原によって他人の土地に種子を萌いた場合、種子は独立の存在を失い土地に附合して土地所有者の所有に属するが、成熟して独立の存在に至れば権原によって種子を萌いた者がその所有権を取得するという[2]。しかし、権原によって他人の土地に種子を萌いた場合、民法二四二条但書により種子は土地に附合せず、成熟の度合を問わず種子を萌いた者が所有権を保持すると解するのが妥当である[3]。これに対し、権原のない者が他人の土地に種子を萌いた場合、前述したように、種子は、著しく損傷しなければ分離することができないか、分離のために過分の費用を要する場合には土地に附合し、土地所有者が成熟の度合を問わずその所有権を取得する。もっとも、この場合であっても権原のない者が権原のないことにつき善意無過失であれば、民法一八九条一項により、種子が成熟してできたもの（稲立毛、野菜、果物などの土地の果実）の収取権を有すると解される[4]。

（1） この問題については、中尾英俊「立木・農作物と附合」山中康雄教授還暦記念（近代法と現代法）一六四頁以下（昭和四八年）参照。

（2） 舟橋・三六八頁、柚木＝高木・五〇八頁、我妻＝有泉・三〇七頁、松坂・一七五頁、加藤・二七八頁以下、川井・一六七頁以下、佐久間・一七七頁。田山・二一八頁以下、鈴木・三五頁は同旨か。

（3） 同旨、新田敏「借家の増改築と民法二四二条」法研三九巻一号五〇頁（昭和四一年）、石田（喜）・一九九頁以下、稲本・二九一頁、広中・四〇六頁以下、丸山・二一九頁以下、松尾＝古積・一六三頁、山川・二二四頁、注釈民法(7)四〇〇頁（五十嵐清＝瀬川信久執筆）。

（4） 広中・四一〇頁以下、注釈民法(7)四〇一頁（五十嵐清＝瀬川信久執筆）参照。

(β) 他人の土地に植えつけられた立木は、やはり土地の構成部分であるが、著しく損傷しなければ分離することができないか、分離のために過分の費用を要する場合には附合であることを妨げない。立木についても、権原によって他人の土地に植えつけられた場合、附合は成立しないと解される（大判昭七・五・一九新聞三四二九号一二頁（桑樹について））。

(γ) 建物が増改築された場合、増改築部分は、区分所有権の対象となる場合を除き、建物の構成部分であるが、著しく損傷しなければ分離することができないか、分離のために過分の費用を要する場合には附合であることを妨げない（大判大五・一一・二九民録二二輯二三三三頁、最判昭二八・一・二三民集七巻一号七八頁、同判昭三八・五・三一民集一七巻四号五八八頁など）。増改築部分についても、権原によって他人の建物に増改築が行われた場合（たとえば、借家人が賃貸人との合意に基づき増改築部分の所有権を留保しつつ借家の増改築をした場合）、附合は成立しないと解される。もっとも、借家人は、特約がある場合を除き、借家の増改築部分の所有権を留保して借家を使用する権原を有しない[1]（大判大五・一一・二九民録二二輯二三三三頁）。

（1） 新田敏「借家の増改築と民法二四二条」法研三九巻一号四六頁以下（昭和四一年）参照。

(c) 附合する物は、動産であるのが普通であるが、不動産が附合することもありうる。たとえば、ある小さな建物を移動させ他人の母屋と接合させて両者が一体として利用されるようにした場合がこれである[1]。

（1） 舟橋・三六六頁、内田・三八四頁、松尾＝古積・一六三頁、鈴木・三七頁参照。

(d) 附合の原因は、人為的なものが普通であるが、そうでないものもありうる。たとえば、Bの種子が土砂の流出でAの土地に運ばれそこに附着し、当該種子を見つけ出して分離するのに過分の費用を要する場合がこれである。

㈡　効　果

(a)　不動産所有者は、附合した物の所有権を取得する（二四二条本文）。一般に、この点は任意規定であると解されており、それが妥当である。そこで、当事者の合意によって、附合した物の所有者が不動産および附合した物の所有権を取得すると定めたり、両当事者が不動産および附合した物を共有すると定めることも可能である（二四七条二項は、以上のことを前提としている）。前述したように、附合はAの不動産にBの物が附属して両者が一体として経済的効用を発揮する場合に生じるA・B間の利害を調整する制度であり（本書三四七頁参照）、不動産および附合した物の所有権の帰属につきA・B間に合意があればそれに任せて何ら問題はないからである。

(b)　これに対し、一般に、附合が成立した場合、分離復旧は認められず、この点は強行規定であるとされている。しかし、この点も任意規定であると解すべきである。(1)(2)

第一に、附合はAの不動産にBの物が附属して両者が一体として経済的効用を発揮する場合に生じるA・B間の利害を調整する制度であり、分離復旧が不能である場合を除き、当事者の合意（附合の前後を問わない。以下、同じ）によって分離復旧を認めても特に問題はない。

第二に、民法二四二条但書の場合、ある物が不動産の従としてこれに附属しても附合は成立しないのであるが、民法二四二条但書の「権原」は原則として当事者の合意によって生じるのである。たとえば、農地の賃借人がその農地に農作物を栽培しても附合は生じないが、農地の賃貸借は当事者の合意によるのであり（農業委員会などの許可は度外視する）、結局、当事者の賃貸借という合意を介して、附合の成立を排除し、附属物を分離復旧することが認められているのである。そうだとすれば、附合が成立する場合であっても、分離復旧が不能である場合を除き、当事者の合意があれば分離復旧を認めるのが民法二四二条但書の趣旨に合致すると考えられる。

以上により、附合が成立しても、分離復旧が不能である場合を除き、当事者の合意による分離復旧を認めるのが妥当である。

（1）瀬川信久・不動産附合法の研究三二九頁以下（昭和五六年）、鈴木・三二一頁参照。

（2）比較法的にみても、当事者の合意による分離復旧は可能であるとされている。すなわち、附合に関するフランス民法五五五条は任意規定であると解されている（Mazeaud–Chabas, t. II, vol. 2, n° 1599 ; Marty et Raynaud, Les biens, par Jourdain, 1995, n° 130）。ドイツ民法九三条・九四六条（本書三四五頁注（4）参照）は強行規定であり附合した動産の以前の所有者は所有権を留保することはできないと解されているが、本質的構成部分であっても債権行為の対象となり、附合した動産を債権行為によって分離することは差し支えないとされている（Münchener Kommentar, §93 Nr. 16 ff.）。スイス民法六四二条（本書三四五頁注（4）参照）もドイツ民法九三条・九四六条と同様に解されている（Berner Kommentar, §642 Nr. 50 ff. und Nr. 67 ff.）。

(c) さらに進んで、当事者は、附合の趣旨および民法二四二条但書の趣旨により、合意によって附属物の所有権を留保する、つまり、附合の成立を排除することもできると解される。[1] すなわち、Aの不動産にBの物が附属しても、当事者の合意により、Bはその所有権を留保することができるのである。したがって、この場合、Bがその物の分離復旧を請求することができるのはもちろんである。Bが分離復旧を請求したがそれが不能である場合、その時点で附合が成立すると解してよいであろう。

（1）前述したように、ドイツやスイスにおいては附属した物の所有者が所有権を留保することはできないと解されている（(b)注（2）参照）。

(d) (α) 権原によって不動産に物を附属させた者の権利は妨げられない（二四二条但書）。すなわち、権原によって不動産に物を附属させた者は附合の成立を否定しその所有権を留保することができる。もっとも、権原が消滅する時点で分離復旧が不能であれば、その時点で附合が成立すると解してよいであろう。

(β) 一般に、権原とは、不動産に物を附属させてその不動産を利用することができる権利であるとされている。しかし、たとえば、一般に借家人は借家を増改築することができる場合であっても原則として増改築部分の所有権を留保することができないと解されており（本書三四九頁参照）、また、それが妥当であるが、権原に関する一般の見解によれば、右の借家人は権原を有し増改築部分の所有権を留保することができることになって不都合である。もっとも、一般の見解は、増改築部分は建物の構成部分であり、このような場合には民法二四二条但書は適用されないと解するようであるが、しかし、土地の構成部分の場合と同様、建物の構成部分であっても建物所有権とは別の所有権の対象になることは妨げられず（本書一四頁以下参照）、民法二四二条但書の適用を否定する理由はない。そこで、権原とは、不動産に物を附属させてもその所有権を留保することができ、しかも、不動産所有者から収去請求を受けない権利をいうと解すべきである。(1) 地上権、永小作権、借地権などがこれである。たとえば、地上権者が地上権の設定されている他人の土地に竹木を植栽しても、竹木は土地に附合せず、地上権者が竹木の所有権を有し、しかも、土地所有者からその収去請求を受けないのである。

(1)　松尾＝古積・一六三頁以下参照。瀬川信久・不動産附合法の研究三三〇頁（昭和五六年）は、権原とは不動産に物を附属させてもその所有権を留保することができる権利であるという（内田・三八四頁も参照）。基本的には正当であると考えるが、しかし、所有権を留保することができても不動産所有者から収去請求を受けるのであれば民法二四二条但書の趣旨にそわない。

(γ)　権原は、法定地上権（三八八条）のように法律上生じる場合もあるが、多くは当事者の合意によって生じる。つまり、当事者は、合意によって附合の成立を否定し、不動産に附属した物の所有権を留保することができるのである。

(δ)　(i)　一般に、権原を有する者は権原につき対抗要件を備えなければならないと解されている。これに対し、判例の態度は必ずしも明確でなく、土地の買主が未登記のまま稲立毛を栽培したところ土地の売主の債権者が土地の売主に対する債務名義に基づきこの稲立毛を差し押えたケースにつき買主による第三者異議の訴えを認めたが（大判昭一七・二・二四民集二一巻一五一頁）、土地の二重売買で第一の買主が未登記のまま立木を植栽したケースにつき、第一の買主は立木につき公示方法を備えなければ登記を備えた第二の買主およびその譲受人に立木の所有権を主張することができないとする（最判昭三五・三・一民集一四巻三号三〇七頁）。

(ⅱ)　私見によれば、問題は次のようになるであろう。

たとえば、Bが土地所有者Aから地上権の設定を受ける旨の契約をしそこに竹木を有していたが地上権の登記を経ていなかったところ、CがAから当該土地を譲り受け登記を備えた場合、Bは、Cが地上権設定請求権を知らなかったとすればCに対し地上権設定請求権に基づきCの所有権（このうちの使用権能）を否認することができず権原を主張することができない（Bが竹木を所有し当該土地を占有しておりCに調査義務があるともいえるが、当該土地の所有名義はAでありAが竹木の所有者のようにみえるから、Bの竹木所有をうかがわせる特別の事情がない限りCは善意であるといってよい）。しかし、A・B間の合意で竹木の所有権はBにあるとされていると考えられ、Cは民法九四条二項の類推により竹木の所有権を取得しうるにすぎない(1)。

これに対し、CがBの地上権設定請求権を知りつつAから当該土地を譲り受け、AにおいてCの所有権取得によりBが害されるのを知っていた場合、BはCに対し地上権設定請求権に基づきCの所有権のうち使用権能を否認して地上権の設定を請求し、これに基づき設定された地上権を権原として主張することができる（以上につき、本書二一七頁参照）。

(1)　内田・三八六頁、月岡・一〇七頁参照。

(ε)　他人の土地に蒔かれた未成熟の種子などは不動産の構成部分になり独立の存在が全く認められないから、このような場合には民法二四二条但書は適用されないという見解もあるが（本書三四九頁注(2)参照）、土地の構成部分であっても土地所有権とは別の所有権の対象になることは妨げられず、民法二四二条但書は他人の土地に蒔かれた未成熟の種子などの場合にも適用されると解すべきである（本書三四八頁参照）。この場合、権原消滅の時点で分離復旧が不能であれば、その時点で附合が成立すると解される（本書三五一頁参照）。

(e)　(α)　不動産所有者が他人の物であるのを知りつつ、あるいは、過失により知らないで、これを不動産に附属させた場合、他人の所有権の不当な侵害であり、不動産所有者を保護する必要はない。そこで、分離復旧が不能である場合を除き、附属した物の所有者は附合を主張することができるが、不動産所有者は附合を主張することができないと解すべきである。それゆえ、分離復旧が不能である場合を除き、附属した物の所有者は、附合を主張して後述の償金（二四八条）を請求してもよいし（本書三五五頁以下参照）、附合を主張しないで不動産所有者の費用負担による附属した物の分離復旧を請求してもよい（所有権に基づく請求権）ということになるであろう。[1][2][3] 分離復旧が不能である場合には、附合による償金請求権の問題になると解される。

（1）広中・四〇五頁以下は、不動産所有者が故意・過失でもって他人の物を不動産に附属させた場合、附属した物の所有者は償金請求権と現物返還請求権（不当利得に基づく返還請求権）を選択して行使することができるとする。これを支持するのは、平野・二六一頁注6。加藤・二八一頁以下は、不動産所有者に強い帰責性がある場合、不動産所有者が附合を主張するのは権利の濫用になるとする。

（2）旧民法財産取得編一九条は、「附合又ハ混和カ所有者ノ一人ノ所為ヨリ生スル場合ニ於テハ他ノ所有者ハ専属ノ所有権ヲモ共有権ヲモ承諾スル責ニ任セス添附ヲ為シタル者ニ対シテ同品質ノ物又ハ其代価ヲ要求スルコトヲ得」と規定していたが、法典調査会において削除された。その理由は、起草者によれば、添附は誰がそれを生じさせたか、善意かどうかということを主にみるよりも、ある物が他の物に附属してほとんどその一部になったことを主にみる方がよいというものである（民法議事速記録九巻一六五頁）。このような起草者の見解によれば、起草者は本文に述べた私見に対しても否定的であるとも考えられる（梅・一五一頁は、否定的である）。しかし、私見は、不動産所有者がこれに他人の物を悪意・過失で附属させた場合に附合の成立を全面的に否定するのではなく、附合の成立を相手方による選択的主張にかからせているにすぎないこと、起草者の見解は分離復旧による社会経済的不利益の防止を重視していると思われるが（梅・一五一頁参照）、これはすでに述べたように妥当でないことにより（本書三四五頁以下参照）、解釈論として許されると考える。

（3）ドイツ民法においては、不動産所有者の善意悪意は問題にならないとされている（Münchener Kommentar, § 946 Nr. 9）。

(β)　(α)とは逆に、ある物の所有者が他人の不動産であるのを知りつつ、あるいは、過失により知らないで、これに自己の物を附属させた場合、事務管理（六九七条）の場合を除き他人の所有権の不当な侵害であり、附属した物の所有者を保護する必要はない。そこで、分離復旧が不能である場合を除き、不動産所有者は附合を主張することができるが、附属した物の所有者は附合を主張することができないと解すべきである。それゆえ、分離復旧が不能である場合を除き、不動産所有者は、附合を主張して償金を支払ってもよいし、附合を主張しないで附属した物の所有者の費用負担による附属した物の収去を請求してもよい（所有権に基づく請求権）ということになるであろう。(1) 分離復旧が不能である場合には、附合による償金請求権の問題になると解される。事務管理の場合は次に述べる(γ)の問題になる。

(1) フランス民法五五五条一項は、建築、植栽、工作が第三者により、かつ、第三者の材料で行われた場合、土地所有者はそれらの所有権を保持するか、第三者にそれらを収去させるかの権利を有すると規定し、フランス民法五五五条四項は、建築、植栽、工作が善意の第三者によって行われた場合、土地所有者はそれらの収去を請求することができないと規定する。すなわち、フランス民法においては、第三者が悪意の場合、土地所有者は建築物などを保持するか（この場合、償金を支払う必要がある）、その収去を請求するか（相手の費用で収去することを請求できる）の選択権を有するが、第三者が善意の場合、土地所有者は建築物などの収去を請求することができないのである（Mazeaud-Chabas, t. II, vol. 2, n° 1598 ; Marty et Raynaud, Les biens, par Jourdain, 1995, n° 132）。

(γ) 不動産所有者が善意無過失で他人の物を不動産に附属させた場合、不動産所有者は、分離復旧が不能である場合を除き、分離復旧に要する費用を負担すれば分離復旧を請求することができる（所有権に基づく請求権）と解してよいであろう。不動産所有者が分離復旧の費用を負担するのであるから相手方にとって附属以前の状態に戻るだけで特に不利益はなく、また、分離復旧の費用を負担してまでそれを望む不動産所有者の意思を無視すべきではないからである。これに対し、右の場合、附属した物の所有者は、分離復旧の費用を負担しても分離復旧を請求することはできないと解すべきであろう。不動産と附属物を一体として利用する不動産所有者の利益を無視すべきではないからである。

ある物の所有者が善意無過失で、あるいは、事務管理としてこれを他人の不動産に附属させた場合も右の場合と同様に解してよいであろう。

(f) 不動産に附合した物の所有者は、その所有権を失う場合、不動産所有者に対し、民法七〇三条・七〇四条の規定に従い償金を請求することができる（二四八条）。これは、任意規定であると解される。民法七〇三条の規定に従うのは、不動産所有者Ａが他人Ｂの物であるのを無過失で知らないでこれを不動産に附合させたり、Ｂや第三者がＢの物をＡの不動産に附合させた場合であり、民法七〇四条の規定に従うのは、ＡがＢの物であるのを知りながら、あるいは、

過失で知らないでこれをAの不動産に附合させた場合である。(1)

(1)　民法七〇三条は、受益者が法律上の原因がないのを無過失で知らない場合の規定であり、民法七〇四条は、受益者が法律上の原因がないのを知っているか、過失で知らない場合の規定であると解される(石田(穣)・九三頁)。Bや第三者がBの物をAの不動産に附合させることをAが知っていた場合であっても、Aに帰責事由がなければ、民法七〇三条に従って処理される(石田(穣)・七四頁注(4)参照)。

(g)　(α)　不動産に附属した物の所有権が附合により消滅した場合、その物の上に存在した他の権利も消滅する(二四七条一項)。

(β)　附合した物の所有者が不動産の単独所有者になった場合には附合した物の上に存在した他の権利は不動産の上に存在し、附合した物の所有者が不動産の共有者になった場合には附合した物の上に存在した他の権利はその持分の上に存在する(二四七条二項)。

(γ)　附合した物の所有者が不動産の単独所有者にも共有者にもならなかった場合、一般に、附合した物の上に権利を有した第三者は附合した物の所有者が有する償金請求権に物上代位(三〇四条・三五〇条・三七二条)をすることができるにすぎないといわれている。しかし、附合した物の上に権利を有した第三者は民法二四七条一項によって権利消滅という損失を受けたのであり、民法二四八条により不動産所有者に対し償金を請求することができると解すべきであろう(二四八条は「第二百四十二条から前条までの規定の適用によって損失を受けた者は、……その償金を請求することができる」と規定し、附合した物の上に権利を有する第三者もこれに該当するのは明らかである)。

(δ)　一般に、民法二四七条は強行規定であるといわれている。しかし、まず、民法二四七条一項の場合、不動産所有者(従前からの不動産所有者)と附合した物の上に権利を有する第三者の合意により不動産の上に権利が存続するとしても全く差し支えがない。次に、民法二四七条二項の場合、不動産所有者・共有者(いずれも附合した物の所有者であった者)と附合した物の上に権利を有する第三者の合意により民法二四七条二項と異なる扱いをするのは全く可能である。以上のように、民法二四七条は任意規定であると解すべきである。

(3) 動産の附合

(イ) 序　所有者を異にする数個の動産が附合により損傷しなければ分離することができない場合、その合成物の所有権は主たる動産の所有者に帰属する（二四三条前段）。分離のために過分の費用を要する場合も同じである（二四三条後段）。附合した動産につき主従の区別をすることができない場合、各動産の所有者は附合の当時における価格の割合に応じて合成物を共有する（二四四条）。

(ロ) 意　義　動産の附合の意義についても不動産の附合の意義と同様に考えてよいであろう（本書三四七頁参照）。まず、Bの従たる動産がAの主たる動産に附属した場合、両者は一体として経済的効用を発揮する。この場合、Aは、通常、両者を一体として所有し、両者が一体となって発揮する経済的効用を享受することに利益を有する。他方、Bは、通常、従たる動産の分離復旧により大きな利益をえるわけではなく、その対価が手に入れば不当な不利益を受けない。この場合、附合は、Aに合成物の所有権を取得させ、Aに主たる動産と従たる動産が一体として発揮する経済的効用を享受させる反面、Bに従たる動産の対価（償金）を取得させ、両者の利害関係を調整しているのである。次に、Aの動産とBの動産の間に主従の区別をすることができない場合、A・Bの両者ともA・Bの動産が一体となって発揮する経済的効用を享受することに利益を有する。この場合、附合は、A・BにA・Bの動産が一体として発揮する経済的効用を享受させるために合成物を両者の共有とし、両者の利害関係を調整しているのである。以上のように、附合とは、動産の附合においても、Aの動産とBの動産が一体として経済的効用を発揮する場合に生じるA・B間の利害を調整するための制度である。

(ハ) 要　件

(a) 所有者を異にする数個の動産が損傷しなければ分離することができないか、分離のために過分の費用を要することである。分離のために過分の費用を要する場合に附合が成立するとされていることとのバランスを考えれば、損傷しなければ分離することができなくても損傷が著しいものでなければ附合は成立しないと解するのが妥当であろう[(1)]。一方の動産にとって著しい損傷であれば、他方の動産にとって損傷がないか軽微な損傷であっても附合は成立すると解される。この場合、通常、両者は一体となって経済的効用を発揮していると考えられるからである。同様にして、一方の動産の価格と比較して過分の費用であれば、他方の動産の価格と比較して過分の費用でなくても附合は成立すると解してよいであろう（以上につき、本書三四七頁以下参照）。

（1）　瀬川信久・不動産附合法の研究三二七頁（昭和五六年）参照。旧民法財産取得編一五条一項本文は、二個の物を分けるのに「著シキ毀損」を伴う場合にはいずれの所有者も分離を請求することができないと規定していたが、起草者によれば、現行民法二四三条本文は「著シキ」という文言を用いていないが精神は同じであるとされる（民法議事速記録九巻一六九頁）。

(b)　判例に現れた事案を挙げれば、発動機が船舶に取りつけられれば船舶の構成部分となり独立の所有権の対象にならないとしたものもあるが（大判昭一二・七・二三判決全集四輯八五〇頁（附合には直接言及していない））、同様の事案で民法二四三条の要件がなければ附合しないとしたものもある（大判昭一八・五・二五民集二二巻四一一頁）。特許権者が特許に係わる装置を工場の機械に取りつけた場合、特許装置は工場の機械に附合するとされる（大判昭一三・九・一民集一七巻一六九七頁）。他方、婦人用自転車の車輪（タイヤ、チューブつき）とサドルを取りはずし別の自転車に組み替え取りつけても分離が容易であれば附合しないとされる（最判昭二四・一〇・二〇刑集三巻一〇号一六六〇頁）。

㈡　効　果

(a)　附合した動産につき主従の区別をすることができる場合、主たる動産の所有者が合成物の所有権を取得する（二四三条）。主従の区別は、主として各動産の価格を比較しつつ、社会通念によって行われることになるであろう。

(b)　附合した動産につき主従の区別をすることができない場合、各動産の所有者が附合の当時における価格の割合に応じて合成物を共有する（二四四条）。

(c)　民法二四三条・二四四条は、不動産の附合の場合と同様、任意規定であり、合成物の所有者につき当事者の合意によってこれらの規定と異なる定めをすることは可能である。また、これも不動産の附合の場合と同様、分離復旧が不能である場合を除き、当事者の合意によって附合した動産の分離復旧を認めることも可能であり、さらに進んで、各別の動産の所有権を留保する、すなわち、附合の成立を否定することも可能である（所有権を保留した当事者が分離復旧を請求したところそれが不能である場合、その時点で附合が成立する）（以上につき、本書三五〇頁以下参照）。

(d) (α) 主たる動産の所有者AがBの動産（従たる動産）であるのを知りつつ、あるいは、過失により知らないで、これを主たる動産に附属させた場合、不動産所有者が他人の物であるのを知りつつ、あるいは、過失により知らないで、これを不動産に附属させた場合と同様に解してよいであろう（本書三五三頁以下参照）。そこで、分離復旧が不能である場合を除き、Bは附合を主張することができるが、Aは附合を主張することができないと解すべきである。それゆえ、分離復旧が不能である場合を除き、Bは附合を主張して償金（二四八条）を請求してもよいし、附合を主張しないでBの動産の分離復旧を求めてもよい（所有権に基づく請求権）ということになるであろう。(1) 分離復旧が不能である場合には、附合による償金請求権の問題になると解される。

(1) 広中・四一二頁は、同様の場合につき、Bは償金請求権と現物返還請求権（分離・収去を内容とする不当利得に基づく返還請求権）を選択して行使することができるとする。

(β) BがAの動産（主たる動産）であるのを知りつつ、あるいは、過失により知らないで、これにBの動産（従たる動産）を附属させた場合、ある物の所有者が他人の不動産であるのを知りつつ、あるいは、過失により知らないで、これにある物を附属させた場合と同様に解してよいであろう（本書三五四頁以下参照）。そこで、分離復旧が不能である場合を除き、Aは附合を主張することができるが、Bは附合を主張することができないと解すべきである。それゆえ、分離復旧が不能である場合を除き、Aは附合を主張して償金を支払ってもよいし、附合を主張しないでAの動産の分離復旧を求めてもよい（所有権に基づく請求権）ということになるであろう。分離復旧が不能である場合には、附合による償金請求権の問題になると解される。Bに事務管理（六九七条）が成立する場合には次に述べる(γ)の問題になる。

(γ)　主たる動産の所有者Aが善意無過失でBの動産（従たる動産）をAの動産に附属させた場合、不動産所有者が善意無過失で他人の物を不動産に附属させた場合と同様、分離復旧が不能である場合を除き、Aは分離復旧に要する費用を負担すればBの動産の分離復旧を求めることができる（所有権に基づく請求権）。これに対し、Bは分離復旧に要する費用を負担してもBの動産の分離復旧を求めることはできないと解される。主たる動産と従たる動産を一体として利用するAの利益を無視すべきではないからである。Bが善意無過失で、あるいは、事務管理としてBの動産をAの動産に附属させた場合も右の場合と同様に解される（以上につき、本書三五五頁参照）。

(δ)　A・Bの動産の間に主従の区別をすることができない場合、分離復旧が不能である場合を除き、悪意・過失をもってA・Bの動産を一体のものとした当事者は附合を主張することができないが、その相手方は附合を主張することができると解すべきである。そこで、相手方は、分離復旧が不能である場合を除き、附合による共有を主張してもよいし、附合を主張しないで自己の動産の分離復旧を求めてもよい（所有権に基づく請求権）。分離復旧が不能である場合には、附合による共有の問題になる。

(ε)　A・Bの動産の間に主従の区別をすることができない場合で、かつ、当事者が善意無過失でA・Bの動産を一体のものとした場合、A・Bともに分離復旧に要する費用を負担しても自己の動産の分離復旧を求めることはできないと解すべきである。二つの動産を一体として利用する相手方の利益を無視すべきではないからである。

(e)　その他、償金（二四八条）および第三者の権利の取扱い（二四七条）については不動産の附合の場合と同じである（本書三五五頁以下参照）。

六　混　和

(1)　序　混和とは、所有者を異にする物が混じり合って識別することができなくなったり、識別するのに過分の費用を要する場合に、動産の附合に準じてこれを処理する制度である。

(2)　要　件　所有者を異にする物が混じり合って識別することができないか（二四五条）、識別するのに過分の費用を要することである（二四三条後段参照）。後者については、民法二四五条の文言にはないが、動産の附合の場合とのバランスを考慮し、混和が成立すると解すべきである。(1) 混和には、穀物や金銭のような固体物が混合する場合と、酒や油のような流体物が混合する場合がある。

（1）　起草者も、民法二四五条は識別するのに過分の費用を要する場合にも適用されると説明している（民法議事速記録九巻一八七頁）。

(3)　効　果

(イ)　混和した物につき主従の区別がつく場合、主たる物の所有者が混和物の所有権を取得し、混和した物につき主従の区別がつかない場合、各別の物の所有者が混和の当時における価格の割合に応じて混和物を共有する（二四五条・二四四条）。金銭が混和すれば、各所有者の共有に属する（大判明三六・二・二〇刑録九輯二三二頁、同判昭一三・八・三刑集一七巻六二四頁）。

(ロ)　民法二四五条も任意規定であると解される。そこで、当事者の合意により混和物の所有者につき民法二四五条と異なる定めをすることができる。また、分離復旧が不能である場合を除き当事者の合意により混和物を分離復旧することも可能であり、さらに進んで、各別の物の所有権を留保する、すなわち、混和の成立を否定することも可能である。

(ハ)　(a)　当事者の一方が、他人の物であるのを知りつつ、あるいは、過失により知らないで、これを自己の物に混和させた場合、その当事者を保護する必要はない。そこで、分離復旧が不能である場合を除き、悪意・過失のある当事者は混和を主張することができないが、相手方当事者は、混和を主張してもよいし、主張しなくてもよいと解される。その具体的な内容は、動産の附合について述べたのと同じである（本書三五九頁以下参照）。分離復旧が不能の場合についても動産の附合について述べたのと同じである（本書三五九頁以下参照）。

(b)　当事者の一方が他人の物であることにつき善意無過失でこれを自己の物に混和させた場合についても、動産の附合について述べたのと同じである（本書三六〇頁参照）。

(ニ)　その他、償金（二四八条）や第三者の権利の取扱い（二四七条）についても動産の附合の場合と同じである（本書三六〇頁参照）。

七　加　工

(1)　序　加工（1）とは、他人の動産に工作を加えた場合に生じる問題、たとえば、加工物の所有者を誰にするかなどの問題を処理する制度である。

（1）　加工については、栗生武夫「加工の歴史」入会の歴史其他九三頁以下（昭和一八年）、久保敬治「加工法と労働関係」神法二巻三号四七〇頁以下（昭和二七年）、同「加工法の断層」神戸経済大学創立五〇周年記念論文集法学編(II)四九頁以下（昭和二八年）、浅井清信「労働生産物の所有権取得について」改訂増補労働契約の基本問題一四七頁以下（昭和四二年）、新田敏「附合・加工における建物所有者の決定基準」法研五三巻七号一頁以下（昭和五五年）参照。

(2)　要　件

(イ)　他人の動産に工作を加えることである（二四六条一項本文）。

(ロ)　工作を加えることによって新たな物ができることを要するかという問題がある。新たな物ができることを要するという見解が多数であるが、（1）これを要しないという見解も有力である。（2）判例は、新たな物ができることを要するとする（大判大八・一一・二六民録二五輯二一一四頁、同判大一三・一・三〇刑集三巻三八頁）。

この問題については、民法二四六条の法文は新たな物ができることを要求していないし、また、起草者も新たな物ができることは必要でないと考えていたこと、（3）新たな物ができたかどうかの規準が明確でないことにより、新たな物ができることを要しないと解するのが妥当であろう。

（1）末弘・四〇二頁、林・一二九頁、末川・三〇四頁、川島・二一七頁、原島ほか・二四九頁（新田敏執筆）、松坂・一七六頁、船越・二八三頁、北川・一一〇頁、山野目・一三一頁、川井・一六九頁、松尾＝古積・一六六頁、近江・二三八頁、注釈民法(7)四一五頁（五十嵐清＝瀬川信久執筆）、鈴木・二七頁。槇・一九一頁、佐久間・一八五頁も参照。

（2）舟橋・三七一頁、我妻＝有泉・三一二頁、広中・四一四頁、田山・二三一頁、月岡・一〇九頁、山川・二二五頁。

（3）起草者は、ドイツ民法草案は新たな物ができることを前提に加工者が所有権を取得するとしているが、いつも新たな物ができるとは限らないとし、新たな物ができる必要はないという立場をとっている（民法議事速記録九巻一八九頁）。ドイツ民法九五〇条一項前段は、「一つの、あるいは、複数の材料の加工あるいは改造により新たな動産を作り出した者は、加工あるいは改造の価格が材料の価格よりも著しく低くない限り、新たな動産の所有権を取得する」と規定している。

(ハ)　他人の動産に対する工作でなければならない。他人の不動産に対し工作を加えた場合、それによって不動産所有者の所有権を喪失させるという重大な結果を認めるのは疑問であり、また、他人の建造物に対する工作の場合には敷地使用権が伴わなければ加工者による所有権取得を認めてもあまり意味がないから、民法二四六条は類推適用されないと解すべきであろう。なお、他人の動産に工作を加え不動産を作り上げた場合には当然民法二四六条の問題になる（最判昭五四・一・二五民集三三巻一号二六頁参照）。

(3)　効　果

(イ)　加工物の所有権は、材料の所有者に帰属する（二四六条一項本文）。ただし、工作によって生じた価格が著しく材料の価格を超える場合、加工者が加工物の所有権を取得する（二四六条一項但書）。工作によって生じた価格とは、工作によって附加された価値を金銭で表したものであるが、加工物の価格から材料の価格を差し引いた残りがこれに当たるであろう。（1）

（1）起草者の見解も同じである（民法議事速記録九巻一九一頁）。

(ロ)　加工者が材料の一部を提供した場合、その価格に工作によって生じた価格を加えたものが他人の材料の価格を超えれば加工者が加工物の所有権を取得する（二四六条二項）。加工者の材料の価格に工作によって生じた価格を加えたものが他人の材料の価格を超えない場合、その他人が加工物の所有権を取得すると解される。

(ハ)　(a)　(α)　加工と動産の附合は重なり合うこともある。(1) 動産の附合が工作によって生じた場合がこれである。加工者が自己の材料と他人の材料に工作を加えた場合、通常、加工と動産の附合は重なり合うといえよう。加工と動産の附合が重なり合わない場合としては、たとえば、AがBの木材に工作を加えてこれを製材とし（工作によって生じた価格が木材の価格を著しく超え、製材の所有権はAに帰属するとする）、この製材と自己の製材に工作を加えて加工物を作り出した場合が考えられる。この場合、Aは自己の製材のみによって加工物を作り出したから動産の附合とはいえない。これに対し、Bの木材から作り出された製材がBの所有に属する場合、Aがこの製材と自己の製材に工作を加えて加工物を作り出せば、それは動産の附合にも該当しうる。

(1)　このことは法典調査会においても問題とされたが、起草者の見解は明確でない（民法議事速記録九巻一九〇頁）。なお、この問題については、注釈民法(7)四一五頁（五十嵐清＝瀬川信久執筆）も参照。

(β)　加工と動産の附合が重なり合う場合、「工作によって生じた価格」を無視すべきではないから、まず、民法二四六条二項により加工者の所有権取得が問題とされ、次に、民法二四三条・二四四条により加工物（合成物）の所有者が決定されると解すべきであろう。そこで、たとえば、Aが自己の動産と他人Bの動産に工作を加えて附合させた場合、Aの動産の価格に工作によって生じた価格を加えたものがBの動産の価格を超えれば民法二四六条二項が適用されAが加工物の所有権を取得するが、そうでなければ民法二四三条・二四四条によって加工物の所有者が決定されるのである。なお、前述のAがBの木材に工作を加えて作り出した製材の所有権がBに属し、Aがこの製材と自己の製材に工作を加えて加工物を作り出した場合でいえば、Aの製材の価格に工作物によって生じた価格（Bの木材に工作を加えて生じた価格およびA・Bの製材に工作を加えて生じた価格の合計）を加えたものがBの木材の価格を超えるかどうかの問題になるであろう。

(b) 右に述べたように、Aが自己の動産とBの動産に工作を加えて附合させたが民法二四六条二項により加工物の所有権を取得しない場合、民法二四三条・二四四条によって加工物の所有者が決定される。この場合、Aの動産の価格に工作によって生じた価格を加えたものとBの動産の価格を比較し、その主従を定めるべきである。主従の区別がつかない場合には、加工物はAとBの共有となり、持分の割合はAの動産の価格に工作によって生じた価格を加えたものとBの動産の価格の割合ということになるであろう。

(ニ) 民法二四六条も任意規定であると解される。そこで、当事者は合意により加工物の所有者につき民法二四六条と異なる定めをすることができる。たとえば、雇用契約において、労働者が使用者の物に工作を加えた場合、民法二四六条は適用されず、加工物は雇用契約上（雇用契約に含まれる合意上）使用者の所有に属する（請負契約につき、大判大六・六・一三刑録二三輯六三七頁は、他人から製粉の依頼を受けて小麦を受け取り製粉した場合、二四六条は適用されず、小麦粉は依頼者の所有に属するとし、最判昭四五・四・八判時五九〇号九一頁は、他人から洋服の仕立の依頼を受けて生地を受け取り仕立をした場合、洋服は依頼者の所有に属するとする）。復旧が不能である場合を除き、当事者の合意により加工物を元の動産に復旧することも差し支えない。

(ホ) (a) 加工者が、他人の材料であるのを知りつつ、あるいは、過失により知らないで、これに工作を加えた場合、加工者が材料の一部を提供したか否かを問わず同人を保護する必要はない(1)。そこで、復旧が不能である場合を除き、加工者は加工を主張することができないが、相手方は、加工を主張してもよいし（加工者が加工物の所有権を取得する場合には相手方は加工者に償金を請求し、相手方が加工物の所有権を取得する場合には相手方は加工者に償金を支払う）、加工を主張しないで復旧を請求してもよい（所有権に基づく請求権）と解すべきである。復旧が不能の場合には加工の問題として処理される。

(1) 広中・四一五頁は、加工者が悪意の場合、相手方は償金請求権と加工物の所有権移転請求権を選択して行使することができるとする。これによれば、たとえば、有名な画家AがBのカンバスであることを知りつつこれに無断で絵を描いた場合（川井・一六九頁参照）、カンバスの所有権はAに帰属するが、BはAに対しカンバスの所有権移転請求権を有することになる（Bは、Aに対し工作によって生じた価格を不当利得として支払うことになるであろう）。私見によれば、この場合、Aは加工による所有権取得を主張することができないが、Bは加工を主張して償金を請求するか、復旧が可能であれば復旧を請求することができる。もっとも、この場合、復旧の請求は困難であろう。そこで、Bは償金を取得して同種のカンバスを購入するということになるであろう。

(b)　加工者が他人の材料であることにつき善意無過失で、かつ、加工物の所有権を取得する場合、復旧が不能である場合を除き、加工者は材料の一部を提供したか否かを問わず復旧に要する費用を負担すれば復旧を求めることができる（所有権に基づく請求権）と解される。これに対し、相手方は、加工者の加工物を利用する利益を無視すべきではないから、復旧に要する費用を負担しても復旧を求めることはできない。

加工者が他人の材料であることにつき善意無過失で、かつ、相手方が加工物の所有権を取得する場合、復旧が不能である場合を除き、相手方は加工者が材料の一部を提供したか否かを問わず加工者に工作によって生じた価格を支払い、かつ、復旧に要する費用を負担すれば復旧を求めることができる（所有権に基づく請求権）と解される。これに対し、加工者は、相手方の加工物を利用する利益を無視すべきではないから、復旧に要する費用を負担しても復旧を求めることはできない。

(ヘ)　その他、償金（二四八条）や第三者の権利の取扱い（二四七条）については動産の附合の場合と同じである（本書三六〇頁参照）。加工者の相手方が加工物を取得する場合には相手方は加工者に償金を支払わなければならないが、償金の額は工作によって生じた価格と加工者が提供した材料があればその価格の合計額である。

第四節　共　有

一　序

(1)　共同所有の諸形態　物に対する共同所有には種々の形態があり、共有はその形態の一つである。そこで、まず、共同所有の諸形態について説明する。

(イ) 通説的見解　通説的見解によれば、共同所有には、総有 Gesamteigentum、合有 Gesamthandseigentum, Eigentum zur gesamten Hand、共有 Miteigentum nach Bruchteilen の三つの形態のものがある。

(a) 総　有　総有(1)とは、古代ゲルマン社会における村落共同体にみられる共同所有の形態である。古代ゲルマン社会の村落共同体においては、土地の管理権能（目的物の使用収益方法や処分を決定する権能）は村落共同体に帰属し、土地の使用収益権能は村落共同体の構成員に帰属していた。そして、土地の使用収益権能は村落共同体の構成員たる地位と不可分に結合し、村落共同体の構成員は、その地位を取得すれば当然に使用収益権能を取得し、その地位を失えば当然に使用収益権能を喪失した。このように、総有においては、所有権の管理権能と使用収益権能が分離し、村落共同体の構成員は持分を有しない。わが国の入会権は総有の性質をもつといわれているし、あるいは、権利能力なき社団の財産は社員の総有に属するとする学説が有力である（判例もそうである。最判昭三二・一一・一四民集一一巻一二号一九四三頁、同判昭四八・一〇・九民集二七巻九号一一二九頁）。

(1) 総有については、石田文次郎・土地総有権史論（昭和二年）、上谷均「共同体的所有の法的構成に関する一考察――我国の総有理論の批判的検討――」民商九〇巻二号三三頁以下、三号五七頁以下（昭和五九年）、鷹巣信孝「入会団体の内部構造と構成員の権利――総有概念の再検討――」企業と団体の基礎法理二九一頁以下（平成元年）、中尾英俊「『総有権』――判決を通じての考察――」黒木三郎先生古稀記念（現代法社会学の諸問題）上三〇九頁以下（平成四年）、岡田康夫「ドイツと日本における共同所有論史」早稲田法学会誌四五巻四七頁以下（平成七年）、加藤雅信「総有論、合有論のミニ法人論的構造」星野英一先生古稀祝賀（日本民法学の形成と課題）上一五三頁以下（平成八年）、米山隆「総有の本質について――入会権と相続財産に及ぶ――」奈良法学会雑誌一〇巻一号一頁以下（平成九年）参照。入会権に関する文献（本書四八三頁以下）も参照。

(b) 合　有　合有(1)とは、共同所有の構成員が持分は有するが、持分の処分や目的物の分割請求権が共同所有の目的によって制限されているものである。たとえば、組合においては、組合員は、組合財産に対して持分を有するが、組合が存続する限り、持分を処分することはできないし（六七六条一項）、組合財産の分割を請求することもできない（六七六条二項）。

組合員の持分は、組合関係が終了した場合にはじめて現実化するのである。このように、組合員の組合財産に対する関係は合有であるが、他に、相続人の共同相続財産に対する関係も合有であるとされている。

（1）　合有については、本荘鉄次郎「英法上の合有の観念に付きて」法研四巻三号一三七頁以下（大正一四年）、石田文次郎「合有論」民法研究一巻八五頁以下（昭和九年）、品川孝次「遺産『共有』の法的構成—共有論と合有論の対立をめぐって—」北法一一巻二号二八頁以下（昭和三六年）、三島宣也「組合財産の法的構成」法と政治一五巻一号三三頁以下、一六巻二号一〇五頁以下（昭和三九年）、鷹巣信孝「営業組合の内部構造と組合員の権利義務」企業と団体の基礎法理九頁以下（平成元年）、同「ドイツ合手理論の再検討」同書二四五頁以下、岡田康夫「ドイツと日本における共同所有論史」早稲田法学会誌四五巻四七頁以下（平成七年）、鷹巣信孝「共有持分権者による抵当権の滌除—共有と合有・補論一—」佐賀大学経済論集二八巻一号三九頁以下（平成七年）、同「株式の『共有』—共有と合有・補論二—」同誌三号四七頁以下（平成七年）、同「共同相続財産の『二重の共有』論について—共有と合有・補論三—」同誌四号一九頁以下、五号八一頁以下、六号六七頁以下（平成七年—八年）、加藤雅信「総有論、合有論のミニ法人論的構造」星野英一先生古稀祝賀（日本民法学の形成と課題）上一五三頁以下（平成八年）、鷹巣信孝・財産法における権利の構造—共有と合有—（平成八年）、来栖三郎「共同相続財産に就いて—特に合有論の批判を兼ねて—」来栖三郎著作集Ⅲ一五三頁以下（平成一六年）参照。

(c)　共　有　共有(1)とは、共同所有の構成員が持分を有し、原則として、いつでも持分の処分や目的物の分割請求ができるものである。近代法における共同所有の原則的形態であり、民法二四九条以下に定める共有はこの形態のものである。もっとも、共有においても、例外的に持分の処分や目的物の分割請求が制限を受ける場合がある。たとえば、建物の区分所有における共用部分の持分の処分の制限（建物区分一五条二項）や境界線上の共有物である境界標、囲障、障壁、溝、堀の分割請求の制限（二五七条）がこれである。

（1）　共有については、横田秀雄「共有ニ就テ」新報三二巻一号一頁以下（大正一一年）、能勢克男「共有及び持分」同志社論叢一〇号三三頁以下（大正一二年）、石田文次郎「ローマ法に於ける共有権」土地総有権史論二一八頁以下（昭和二年）、同「史的発展の過程に於ける土地所有権の諸型態」民法研究一巻五七頁以下（昭和九年）、山中康雄・共同所有論（昭和二八年）、玉田弘毅「共同所有形態論序説」法論三〇巻四号一〇七頁以下（昭和三二年）、竹屋芳昭「共有について」大分大学経済論集一〇巻四号五〇頁以下（昭和三四年）、槇悌次「共同所有の諸形態」打田畯一先生古稀記念（現代社会と民事法）二九頁以下（昭和五六年）、高島平蔵「共同所有理論の再構成について」早法五七巻三号二一頁以下（昭和五七年）、稲本洋之助「《indivision》の制度的編成について」野田良之先生古稀記念（東西法文化の比較と交流）四四九頁以下（昭和五八年）、山田誠一「共有者間の法律関係――共有法再構成の試み――」法協一〇一巻一一号一頁以下、一〇二巻一号七四頁以下、三号七〇頁以下、七号六八頁以下（昭和五九年～六〇年）、高島平蔵「共同所有理論と団体法思想」早法六一巻三・四号(Ⅱ)一一九頁以下（昭和六一年）、桑原福夫「民法共有規定の検討――共有不動産の取引に関する研究――」宮崎産業経営大学社会科学論叢一巻一号四五頁以下、宮崎産業経営大学法学論集一巻一号九一頁以下（昭和六二年～六三年）、山田誠一「共有不動産の占有に関する法律関係――森林法一八六条違憲最高裁判決を機縁にして――」判タ六四一号三四頁以下（昭和六二年）、同「団体、共同所有、および、共同債権関係」民法講座別巻1二八五頁以下（平成二年）、大島俊之「民法二四九条～二五三条の沿革――イタリア法を継受したわが民法規定――」大阪府立大学経済研究三五巻四号一五頁以下（平成二年）、玉田弘毅「共有類型化論への一つの接近――民法二二九条の共有の検討を通して――」曹時四三巻四号一頁以下（平成三年）、鷹巣信孝「共有持分権者による抵当権の滌除――共有と合有・補論一――」佐賀大学経済論集二八巻一号三九頁以下（平成七年）、同「株式の『共有』――共有と合有・補論二――」同誌三号四七頁以下（平成七年）、同「共同相続財産の『二重の共有』論について――共有と合有・補論三――」同誌四号一九頁以下、五号八一頁以下、六号六七頁以下（平成七年～八年）、岡田康夫「共有者間における共有物の利用関係――アメリカ法の考察――」早稲田大学大学院法研論集七七号一頁以下、七九号七七頁以下、八一号五七頁以下（平成八年～九年）、鷹巣信孝・財産法における権利の構造――共有と合有――（平成八年）、鈴木禄弥「共同所有の状況の多様性について」民研四八三号一二頁以下、四八四号一一頁以下（平成九年）参照。

(ロ) 通説的見解の問題点

(a) 共同所有を、総有、合有、共有に三分する通説的見解には次のような基本的な問題点がある。

第一に、比較法的にみてこのような三分類はほとんど行われていない。まず、この三分類が由来したと思われるドイツにおいては、現在、この三分類は行われていない。ドイツ民法典は、総有について何ら規定していないし、ドイツの学説は、一般に、共同所有の形態として、合有と共有の区別をするのみである。[1] 次に、スイスにおいては、スイス民法典の中にGesamteigentumという用語が用いられているが（六五二条）、これは、その規定内容（六五二条・六五三条）やスイスの学説の説明[2]に照らしドイツでいう合有を表す概念である。[3] スイスにおいても、共同所有の形態として合有と共有の区別が行われているにすぎない。[4] 次に、フランスにおいては、合有という概念すら取り入れられていない。[5] フランスにおいては、共同所有の形態として共有という概念だけが用いられ、この共有が分割の許される通常の共有 indivision ordinaire と分割の許されない強制された共有 indivision forcée に二分されているにすぎない。[6]

第二に、総有とは所有権が二つの権限領域に分割されていることに基本的な特徴があるのであるが、次の(b)で述べるように、わが国において総有に該当する法律関係は存在しない。

第三に、次の(c)で述べるように、合有の概念についても問題がある。

以上のように、通説的見解のいう共同所有の三分類は根本的に再検討されなければならないと思われる。

(1) Baur-Stürner, S. 18 ff.

(2) Berner Kommentar, §652 Nr. 1 ff.; Tuor-Schnyder-Schmid, S. 672 ff.

(3) 上谷均「共同体的所有の法的構成に関する一考察――我国の総有理論の批判的検討――」民商九〇巻三号八五頁（昭和五九年）参照。

(4) Tuor-Schnyder-Schmid, S. 672 ff.

(5) Cf. Mazeaud-Chabas, t. II, vol. 2, n° 1331.

(6) Mazeaud-Chabas, t. II, vol. 2, n° 1307-2. 本書三二五頁注(1)参照。

(b) (α) ギールケによれば、総有とは所有権が二つの権限領域に分割されている点に基本的な特色がある。[1] わが国においては、入会権と権利能力なき社団の財産関係がこれに当たるとされている。しかし、これについては以下のような疑問がある。

(1) ギールケによる総有概念の要旨は次の通りである。

総有とは、ゲノッセンシャフト的な団体において団体自体とその構成員に共同に帰属する所有権である。ここでは、所有権の内容は二つの権限領域に分裂するのであり、一方は単一権として統合され、他方は特別権として分配される。このそれぞれの権限領域は、所有権の一つの部分をなし、両者が合体してのみ完全な所有権を示すのである（Gierke, Deutsches Privatrecht, Bd. II 1905, S. 382 f.）。

(β) まず、入会権においては、後述するように、所有権が管理権能と収益権能に分割され、管理権能は村落共同体である入会集団に帰属し、収益権能はその構成員に帰属するとされている（本書四八五頁参照）。しかし、第一に、これも後述するように、わが国の入会権においては、収益権能はもちろん、管理権能も入会集団の構成員に帰属し、所有権の二つの権限領域への分割は存在しないといわざるをえない。すなわち、入会権における管理権能は構成員の全員一致の決定により行使されており、構成員はこのような形式で（全員一致の決定で）管理権能を行使している、つまり、管理権能はこのような形式で構成員に帰属しているといわざるをえない（本書四八五頁参照）。第二に、これも後述するように、収益権能は管理権能により決定されており、収益権能が管理権能から独立に存在するとはいえない（本書四八六頁参照）。それゆえ、この点においても所有権の二つの権限領域への分割は存在しない。私見によれば、入会権者の入会財産に対する関係は合有であると解される（本書四八七頁以下参照）。

(γ) 次に、権利能力なき社団の財産関係は総有であるとされている。しかし、総有であるとする以上、所有権のどのような権能が権利能力なき社団に帰属し、所有権のどのような権能がその構成員に帰属するのかが明らかにされなければならないが、そのような説明は全く行われていない。このことは、権利能力なき社団の財産関係を総有とすることに根本的な問題があることを示している。

私見によれば、権利能力なき社団の財産は権利能力なき社団自体に帰属する（事実上の法人）と解される[1]。

(1) 石田(穣)・二一三頁以下参照。

(δ) 以上のように、わが国において総有をもって説明すべき法律関係は存在しないと思われ、共同所有の一形態として総有を観念する必要はないと考える。

(c) (α) 合有とは、ドイツにおいては、財産が共同所有者に個々に分割して帰属するのではなく、共同所有者の全員に分割することなく帰属する関係である。それゆえ、合有においては、合有財産全体であれ個々の合有財産であれ、その処分は、共同所有者の全員の共同によってのみ行われるのである。合有においては、合有財産全体に対する共同所有者の持分は考えられ、その処分も可能である場合があるが、個々の合有財産に対する共同所有者の持分は考えられず、他の共同所有者の全員の同意があってもその持分が存在するとして処分することはできないと解されている。(1)スイスにおいても、ほぼ同様に解されている。すなわち、合有においては、共同所有者の個人的な持分割合や独立した法的地位は存在しないとされる。共同所有者の持分は、高々、合有の解消に際しての清算財産への権利―期待権としてのみ考えられるとされる。(2)それゆえ、スイスにおいては、個々の合有財産に対する共同所有者の持分は考えられていないといってよいであろう。

（1）　Baur-Stürner, S. 19 ; Staudinger, Kommentar zum Bürgerlichen Gesetzbuch mit Einführungsgesetz und Nebengesetzen, Bd. V, Erbrecht, 2002, § 2033 Nr. 43 f. ; Münchener Kommentar, § 2032 Nr. 10 und § 2033 Nr. 38.

（2）　Kommentar zum Schweizerischen Privatrecht, Vorbemerkungen zu § 646–654 a Nr. 8 und § 653 Nr. 16.

(β)　(i)　わが国においては、合有とは、共同所有者は個々の合有財産に対し持分を有するが、その処分や目的物の分割は共同所有の目的により制限を受けている共同所有とされている。しかし、通常の共有においても、持分の処分を制限することは可能であるとされ（ただし、債権的効力のみを有するとされる）、また、目的物の分割を制限することができるのは明文で認められている（二五六条一項但書二項）。したがって、合有と共有の区別は必ずしも明確でないのである。

(ii)　ドイツやスイスの学説を参考にすれば、合有においては、合有財産が分割されることなく共同所有者の全員に帰属し、合有財産の処分は、その全部であれ一部であれ、共同所有者の全員の共同によってのみ行われる。このような合有においては、共同所有者は個々の合有財産に対して持分を有しない。なぜなら、共同所有者が個々の合有財産に対して持分を有するとすれば、それは合有財産が共同所有者に分割して帰属するということを意味するものに外ならないからである。

これに対し、共同所有者が合有財産全体に対して持分を有すると考えるのは可能である。すなわち、合有においては、共同所有者は共同所有者の全員に分割されずに帰属する合有財産を他の共同所有者と共同で支配するのであるが、この合有財産を他の共同所有者と共同で支配する地位は合有財産全体に対する持分と考えられてよい。そして、このような意味における合有財産全体に対する持分はこれを第三者に譲渡することも可能である。たとえば、合有財産の共同所有者を甲、乙、丙とし、甲が合有財産全体に対する持分を丁に譲渡した場合、合有財産は甲、乙、丙への分割されることのない帰属に代わって乙、丙、丁に分割されることなく帰属することになり、合有財産は分割されずに共同所有者の全員に帰属するという合有の基本的性質に反するところはないからである。

共同所有に係わる財産が一個の場合にも合有は成立しうる。この場合、共同所有者の合有財産全体に対する持分はその一個の財産に対する持分ということになるが、これは共同所有者が共同所有者の全員に分割されずに帰属する財産を他の共同所有者と共同して支配する地位を意味し、やはり通常の共有における持分とは異なるのである。

以上の検討によれば、合有とは、合有に係わる財産が分割されることなく共同所有者の全員に帰属し、共同所有者は財産全体に対する持分は有するが個々の財産に対する持分は有せず、他の共同所有者の全員の同意があっても個々の財産に対する持分が存在するとして処分することができない形態の共同所有を指すと解するのが妥当である(1)。

(1) 鷹巣信孝・企業と団体の基礎法理三六九頁以下(平成元年)は、合有においては合手団体に所有権が帰属し構成員に物権的持分がなく、合有と共有は次元を異にするとする。

(iii) このような観点に立てば、わが国においては組合および入会権(入会権については後述する(本書四八七頁以下参照))における共同所有関係が合有であると考える。

すなわち、組合においては、組合員が個々の組合財産につき持分を有するとして処分する場合、他の組合員の全員の同意をえたとしても、そのような処分は組合員の全員による共同の組合事業の遂行を不可能にし許されないと解されるからである。(1) たとえば、組合員は個々の組合財産につき持分を有するとし、組合員甲が組合財産A、B、Cのうち Aの持分を他の組合員乙、丙の同意のもとに第三者丁に譲渡したとしてみよう。この場合、甲は組合財産B、Cに対し持分を有し、丁は組合財産Aに対し持分を有するから、甲も丁も組合員であると考えられる。しかし、甲はAについての組合事業に参加することができず、丁はB、Cについての組合事業に参加することができない。それゆえ、ここにおいては組合員の全員が共同して組合事業を遂行するのは不可能な状態にあるのである。

甲が乙、丙の同意のもとにAの持分を丁に譲渡した場合、Aは組合財産から離脱するようにもみえる（この結果、B、Cのみが組合財産であるようにもみえる）。すなわち、甲、乙、丙が共同でAを乙、丙、丁に譲渡してAを組合財産から離脱させたようにもみえる。しかし、これは甲のAに対する持分の譲渡ではなく甲、乙、丙の共同によるAの譲渡である。なぜなら、甲がAの持分を譲渡する場合、Aは、甲にとっては組合財産から離脱するが、乙、丙にとっては組合財産にとどまるからである。このように、甲が乙、丙の同意のもとにAの持分を譲渡するのは、甲、乙、丙が共同してAを譲渡するのとは全く異なるのである。

以上のように、組合員が個々の組合財産につき持分を有し他の組合員の全員の同意があればそれを処分することができると解するのは組合員の全員による共同の組合事業の遂行を不可能にし許されないというべきである。それゆえ、組合員は、個々の組合財産に対して持分を有せず、組合財産を合有すると解するのが妥当である。なお、民法六七六条一項は、組合員は組合財産の持分を処分しても組合および組合債権者に対抗することができないと規定するが、これに関連して、一般に、組合員が他の組合員の全員の同意をえて個々の組合財産の持分を処分しても持分移転の効果は生じないと解されている。(2)

（1）　鷹巣信孝「営業組合の内部構造と組合員の権利義務」企業と団体の基礎法理三〇頁以下、四二頁（平成元年）参照。

（2）　我妻栄・債権各論中巻二、八〇三頁以下（昭和三七年）参照。

(iv)　通説的見解は、共同相続財産についても合有であるとするが、しかし、相続人は個々の共同相続財産の持分を処分することができるとされており（九〇九条但書。最判平六・三・八民集四八巻三号八三五頁）、また、共同相続関係は組合財産におけるように共同事業の遂行を目的としたものではなく分割を前提とした一時的な共同所有であって、これを合有とすることには疑問がある[1][2]。

（1）　注釈民法(7)四三〇頁以下（川井健執筆）参照。

（2）　信託法七九条は、「受託者が二人以上ある信託においては、信託財産は、その合有とする」と規定している。しかし、他方、信託法八〇条一項は、「受託者が二人以上ある信託においては、信託事務の処理については、受託者の過半数をもって決する」とも規定しており、信託法でいう「合有」が何を意味するのかは必ずしも明らかでない。

(d)　以上のように、通説的見解のいう総有の概念を用いる必要はなく、共同所有の形態としては合有と共有の区別のみで十分であると考える。そして、さらに、合有の概念についても一層の検討が必要であると思われる[1]。

（1）　鷹巣信孝・企業と団体の基礎法理三六九頁（平成元年）は、総有の概念を不要とし、鈴木禄弥「共同所有の状況の多様性について」民研四八三号一二頁以下、四八四号一一頁以下（平成九年）は、総有の概念は現在ほとんど必要がなく、合有、共有の区分は明確でないとする。

(2)　共有の法的性質

(イ)　共有の法的性質　共有の法的性質については、各共有者はそれぞれ一個の所有権を有し、それぞれの所有権が制限しあって、それぞれの所有権の内容の総和が一個の所有権の内容と等しくなっているとする見解[1]と、各共有者が一個の所有権を量的に分有しているとする見解[2]が対立しているが、いずれの見解によっても結論において差異はなく、いずれの見解であってもよいと考える。

（1）　末弘・四〇八頁、田島・一八一頁、近藤・一四〇頁、舟橋・三七五頁、我妻＝有泉・三二〇頁、川井・一七三頁。

（2）　富井・一五六頁以下、横田・三七六頁以下、中島・四三六頁、石田(文)・四四一頁以下、林・一三二頁、末川・三〇八頁以下、柚木＝高木・五一六頁、原島ほか・二五三頁以下（新田敏執筆）、平野・二七八頁、近江・二四一頁。

(ロ)　共有持分　共有持分とは、各共有者が目的物に対して有する権利（制限された所有権か、あるいは、一個の所有権の分量的一部）である。なお、民法が「持分」という場合、各共有者が目的物に対して有する権利を表す場合（二五二条・二五三条二項・二五五条など）とその権利の割合を表す場合（二四九条・二五〇条・二五三条一項・二六一条など）がある。一般に、前者の場合は持分権、後者の場合は持分の割合あるいは持分率と呼ばれている。

二　共有の内部関係

(1)　共有持分

(イ)　持分の割合　持分の割合は、相等しいものと推定される（二五〇条）。これは、持分の割合が不明である場合の規定である。なぜなら、持分の割合が明らかであればそれによるのであり、その場合に民法二五〇条を適用し持分の割合を相等しいものとして扱うのは不当だからである。それゆえ、持分の割合が不明の場合に民法二五〇条が適用され、相等しいものとして扱われるのである。

右のように解する場合、民法二五〇条の推定は法律上の推定であると考えられる。これを事実上の推定であると解せば、持分の割合は相等しいものと事実上推定されるが、これが相手方の反証によって動揺し相等しいかどうか不明になった場合、民法二五〇条は適用されず、持分の割合がどうなるのか分からなくなる。

以上によれば、持分の割合に関し法律の規定（二四一条但書・二四四条・二四五条・九〇〇条—九〇四条の二）や当事者の合意があればそれによるが、法律の規定や当事者の合意がないか、当事者の合意があるかどうか不明な場合（合意があってもその内容が不明な場合を含む）には民法二五〇条が適用され、持分の割合は相等しいものとされる。持分の割合が登記された場合（不登五九条四号）、民法二五〇条は適用されないという見解があるが(1)、これは、持分の割合が登記の記録により立証されているとみられる場合には妥当であるものの、登記の記録は事実上の推定力を有するにとどまり（本書一九六頁以下参照）、反証によって事実上の推定が動揺し登記の記録が真偽不明となれば民法二五〇条が適用されると解される。

（1） 我妻＝有泉・三二一頁。

(ロ) 放棄などによる持分の帰属

(a) 共有者の一人が持分を放棄したり相続人なくして死亡した場合、その持分は他の共有者に帰属する（二五五条）。

(b) 一般に、持分が他の共有者に帰属するのは所有権の弾力性（本書三〇一頁参照）に由来するとされている。所有権の弾力性とは所有権を制約している他の権利が消滅した場合に所有権が制約を受けない状態に回復することを指すから、右の一般の見解は、民法二五五条は共有者の一人が持分を放棄したり相続人なくして死亡した場合にその持分が消滅し他の共有者の持分がその制約を受けない状態に回復することを定めた規定であると解しているといえよう。しかし、民法二五五条は共有者の一人が持分を放棄したり相続人なくして死亡した場合にその持分が消滅すると定めているのではなく他の共有者に帰属すると定めているのである。それゆえ、所有権の弾力性から持分が他の共有者に帰属するというのは不十分である。

不動産につき共有者の一人が持分を放棄したり相続人なくして死亡した場合にその持分は他の共有者に帰属し国庫は共有の構成員にならないのは（二三九条二項・九五九条参照）、国庫という異質的な存在を共有の構成員に入れることによって共有物の管理などの円滑が害されるおそれがあるし（1）、また、国庫にとっても共有の構成員になるメリットはあまりないからであるといえよう。動産につき、共有者の一人が相続人なくして死亡した場合も同様であるが（九五九条参照）、共有者の一人が持分を放棄した場合にはその持分の範囲で無主物先占（二三九条一項）として処理するよりもその持分が他の共有者に帰属するとした方が共有物の管理などの円滑が害されないからであるといえよう（2）。

（1） 民法議事速記録一〇巻四四頁以下参照。原島ほか・二五四頁（新田敏執筆）も参照。

（2）林・一三四頁、川井・一七七頁参照。

(c)　共同相続人の一人が相続分を放棄した場合には特別の規定があり、初めから相続人でなかったものとみなされる（九三九条）。それゆえ、この場合には民法二五五条は適用されない。

(d)　共有者の一人が相続人なくして死亡した場合、その持分が他の共有者に帰属するのはいつであろうか。有力な学説[1]は、相続人不存在が確定した時（九五八条・九五八条の二）であるとする。これによれば、共有者の一人の持分は相続人不存在が確定した時点で他の共有者に帰属し、特別縁故者（九五八条の三）に分与される余地はないということになるであろう[2]。しかし、特別縁故者への相続財産の分与は過去に特別縁故者が被相続人に対して行った奉仕の対価という側面があるのであり、特別縁故者は無償で持分を取得することになる他の共有者よりも保護されるべきであると思われる。この結果、特別縁故者という第三者が共有の構成員になることになるが、相続人が共有の構成員になるのと大きな差があるわけではなく、また、共有の維持が困難になる場合には共有物を分割すればよいから、やむをえないというべきであろう。それゆえ、共有者の持分が他の共有者に帰属するのは、特別縁故者への分与の可能性がなくなった時であると解するのが妥当である[3]（最判平元・一一・二四民集四三巻一〇号一二二〇頁）。

（1）我妻＝有泉・三二二頁。
（2）我妻＝有泉・三二二頁。
（3）特別縁故者への財産分与が他の共有者への持分の帰属に優先するとするのは、原島ほか・二六四頁（新田敏執筆）、稲本・三〇六頁、広中・四二五頁、民法注解五三四頁以下（多田利隆執筆）、平野・二七九頁注2、田山・二三四頁、川井・一七七頁以下、松尾＝古積・一七一頁。

(e)　共有者の一人が持分を放棄しそれが他の共有者に帰属する場合、その持分は法律上共有者の一人から他の共有者に移転する（法定承継取得）。放棄によって持分が消滅し、他の共有者がこれと同じ持分を原始取得するのではない。したがって、持分の放棄は本来の権利の放棄ではない。そこで、登記においても、他の共有者は持分放棄による持分取得の登記をすべきであり、持分を放棄した共有者の持分の抹消の登記をすべきではないとされる（大判大三・一一・三民録二〇輯八八一頁、最判昭四四・三・二七民集二三巻三号六一九頁）。

(ハ) 持分の対内的主張

(a) 共有者は、他の共有者が持分を否認する場合、その者に対し持分確認の訴えを提起することができる（大判大一三・五・一九民集三巻二一一頁。共有者が他の共有者の持分確認の訴えを提起するのは許されない（最判昭四〇・五・二七判時四一三号五八頁））。

(b) 共有者は、他の共有者が共有物の使用を妨げる場合、その者に対し持分に基づき妨害排除の請求をすることができる。[1] 立木の共有者Aは、他の共有者BがAの同意をえないで立木の伐採を行う場合、持分に基づき伐採行為の禁止を求めることができる（大判大八・九・二七民録二五輯一六六四頁）。畑の共有者Aは、他の共有者BがAの同意をえないでそこに土砂を搬入し宅地造成工事を行う場合、持分に基づき宅地造成工事の禁止や土砂の除去を求めることができる（最判平一〇・三・二四判時一六四一号八〇頁）。土地の共有者は、他の共有者の単独占有によって持分に応じた使用を妨げられている場合、持分に応じて地代相当額の不当利得金ないし損害賠償金の支払いを求めることができる（最判平一二・四・七判時一七一三号五〇頁）。

(1) この問題については、吉野衛「共有不動産に対する妨害排除」季刊実務民事法五号六頁以下（昭和五九年）、上河内千香子「共有物の占有持分権者と非占有持分権者間の法律関係——ドイツにおける判例の展開を中心に——」広法二三巻二号二二一頁以下、三号一五七頁以下（平成一一年–一二年）参照。

(c) 共有者は、その持分と相容れない他の共有者名義の登記がなされている場合、登記名義人に対し持分に基づき更正登記を求めることができる[1]（大判大九・一二・一七民録二六輯二〇四三頁、最判昭三八・二・二二民集一七巻一号二三五頁）。この場合、共有者は、登記をしていない他の共有者がいても単独で更正登記を求めることができ、登記は更正登記を求めた共有者と登記名義人の間の共有登記になる（大判大九・一二・一七民録二六輯二〇四三頁）。

(1)　この問題については、山田誠一「共有不動産の登記に関する共有者間の法律関係――共有者の一人が単独名義で登記を行なった場合――」石田喜久夫＝西原道雄＝高木多喜男先生還暦記念論文集上（不動産法の課題と展望）一四七頁以下（平成二年）、根本敬子「共有者間の法律関係――不実登記の訂正を中心として――」明治大学大学院法学研究論集二号二〇五頁以下（平成七年）参照。

(二)　持分の譲渡

(a)　共有者は、持分を自由に譲渡することができる。持分に抵当権を設定することも可能である。持分に質権を設定することができるかについては、質権設定契約が要物契約である（三四四条）ことに照らし疑問があるが、他の共有者が目的物の引渡しに同意したり、質権を設定する共有者が目的物の一部分を独占的に占有している場合にはその部分の引渡しをすることにより、質権を設定することができると解してよいであろう。持分に用益物権を設定することができるかについては、用益物権が共有者の使用収益権能の範囲内に入る場合（たとえば、期間が共有物の分割までで、共有者の使用収益権能の範囲内に入る通行地役権）には設定することができるが、そうでない場合には他の共有者の同意がなければ設定することができないと解すべきであろう(1)（最判昭二九・一二・二三民集八巻一二号二二三五頁、同判昭四四・一一・四民集二三巻一一号一九六八頁、同判平六・一二・二〇民集四八巻八号一四七〇頁は、他の共有者の同意がない限り共有者の一人について法定地上権（三八八条）は成立しないとする。最判平六・四・七民集四八巻三号八八九頁は、共有者の一人について民執八一条の法定地上権は成立しないとする）。

(1)　この問題については、多田真之介「共有不動産と法定地上権――潜在的借地権と共有理論の観点からの再検討――」北大法学研究科ジュニア・リサーチ・ジャーナル一三号三七頁以下（平成一九年）参照。

(b)　共有者間に持分を譲渡しない旨の特約がある場合、それは債権的効力を有するにとどまる。それゆえ、共有者がこの特約に違反して持分を譲渡しても譲渡の効力が生じ、共有者は他の共有者に対し特約違反による債務不履行責任を負うにとどまる。もっとも、譲受人が特約を知りつつ持分を譲り受け、かつ、持分を譲渡した共有者が譲受人による持分取得により他の共有者が害されるのを知っていた場合、他の共有者は持分譲渡禁止債権に基づき譲受人の持分を否認することができると解される（本書二一六頁以下参照）。

(2) 共有物の利用

(イ) 管　理

(a) 共有物の管理は、共有物に変更を加える場合を除き、共有者の持分の価格に従いその過半数で決定する(1)（二五二条本文）。共有物の管理とは、共有物の使用収益をどのように行うかということである。

(1) 共有物の管理については、上河内千香子「共有物の使用管理に関する規定の制定過程――ドイツ法を中心に――」広法二三巻四号一三九頁以下、二三巻一号八一頁以下（平成一一年）、同「ドイツ法における共有物の管理に関する理論形成――裁判例及び学説の検討を中心に――」琉大法学六六号九五頁以下（平成一三年）参照。

(b) 共有者は、民法二五二条本文の管理に関する決定があればそれに従うのは当然であるが、その決定がなければ持分に応じて共有物の全部を使用することができる（二四九条）。収益についても同じである。

(c) 共有者は、共有物に対しそれぞれ持分を有する。それにもかかわらず共有物の管理が共有者の全員一致で決定されるのではなく共有者の持分の価格の過半数で決定されるのは、共有物の変更を除外することによって共有物の管理が共有者に大きな不利益を及ぼすのを回避しつつ、円滑な共有物の管理を目指すからである。

それゆえ、管理に関する決定が共有者に大きな不利益を生じさせることは許されず、管理に関する決定は、各共有者の使用収益の態様を決定するにとどまり、各共有者の承諾がない限り各共有者の持分に応じた使用収益それ自体を否定することはできないと解すべきである。たとえば、共有者Aの使用収益をその持分に応じて共有物の一部に限定することは可能であるが、Aの承諾がない限りAの使用収益それ自体を否定することは許されない。もっとも、Aの使用を否定しても、その持分に応じた収益が認められていれば、そのような管理に関する決定は許されると解すべきである。たとえば、共有物を他に賃貸し、Aにその持分に応じた賃料を取得させるというのがこれである（ただし、次に述べる(d)参照）。

(d)　共有物に借地権や借家権を設定するのは管理に当たるとされている。しかし、借地借家法が適用される借地権や借家権は、その解消が著しく困難であり、共有物の変更（二五一条）に該当すると解すべきである。共有物に関する貸借契約の解除は、管理に当たる（最判昭二九・三・一二民集八巻三号六九六頁、同判昭三九・二・二五民集一八巻二号三二九頁）。

(ロ)　保存行為

(a)　(α)　保存行為は各共有者が単独ですることができる（二五二条但書）。保存行為とは、共有物の価値を維持する行為である。これには二つの場合がある。第一は、共有物の価値の喪失、減少を防止する行為である。たとえば、共有物に対する第三者の取得時効を中断するのがこれである。第二は、共有物が本来有すべき価値を実現する行為である。たとえば、第三者の不法登記を抹消するのがこれである。

保存行為は、共有者全員にとって利益になる行為であり、それゆえに各共有者は単独でこれを行うことができるのである。

(β)　保存行為の法的性質についてはあまり議論されていないが、共有者が自己の持分を行使する行為と共有者が自己の名で他の共有者の持分を行使する行為が結合した行為であると解するのが妥当であろう。このうち、共有者が自己の名で他の共有者の持分を行使する行為は授権[1]（法定授権）であると考えられる。

たとえば、共有者が第三者の取得時効を中断するために第三者に対し共有物の返還を求める場合、共有者は、自己の持分に基づき返還を求めているのと同時に、自己の名で他の共有者の持分に基づき返還を求めている（権利行使授権）と考えられる。それゆえ、時効中断の効果は他の共有者にも生じるのである。あるいは、共有者が第三者に対し不法登記の抹消を求める場合、共有者は、自己の持分に基づき不法登記の抹消を求めるのと同時に、自己の名で他の共有者の持分に基づき不法登記の抹消を求めていると考えられる。あるいは、各共有者は本来それぞれの使用収益権の範囲で共有物の修繕を行うことができると考えられるが、共有者が全共有者のために共有物を修繕する場合、共有者は、自己の持分に基づき共有物を修繕すると同時に、自己の名で他の共有者の持分に基づき共有物を修繕していると考えられる。

保存行為は、権利行使授権を伴う場合が多いが、処分授権や義務負担授権を伴う場合もある。たとえば、共有物が腐敗しそうなのでこれを売却したり（処分授権）、共有物につき第三者と修繕契約を結ぶ（修繕料につき義務負担授権）というのがこれである。

共有者が他の共有者の持分を行使する行為を代理（法定代理）と解することも可能である。しかし、代理の場合、共有者は他の共有者の名を表示しなければならない（九九条一項。顕名主義）。それゆえ、共有者が自己の名で他の共有者の持分を行使することができる授権と解する方が個々の共有者に保存行為を行うことを認めた民法二五二条但書の趣旨に合致すると思われる。

（1）　授権については、石田（穣）・三八二頁以下参照。

(b)　保存行為の例としては、共有物に対する妨害の排除請求や不法占有者に対する明渡請求、不法登記の抹消請求（大判昭一五・五・一四民集一九巻八四〇頁、最判昭三三・七・二二民集一二巻一二号一八〇五頁）、共有に属する要役地のための地役権の設定登記請求（最判平七・七・一八民集四九巻七号二六八四頁）、共有物に対する取得時効の中断、共有物の修繕などが挙げられる。共有者の一人が登記名義人に対し共有者全員のために移転登記を求めるのも共有物が本来有すべき価値を実現する行為であり、保存行為というべきである（最判昭四六・一〇・七民集二五巻七号八八五頁は、共有者全員による固有必要的共同訴訟によらなければならないという）。もっとも、このケースで、たとえば、共有者Aが他の共有者Bの持分につき三分の一と主張し、Bは二分の一と主張する場合、Aの保存行為によりBが害されるおそれがあるが、後述するように、Bの利益は共同訴訟参加により保護される（本書三八四頁参照）。

(c)　保存行為に要する費用は、各共有者がその持分に応じて負担する[(1)]（二五三条一項）。保存行為は、共有者全員にとって利益になる行為だからである。自費で保存行為をした共有者は、他の共有者に対してその持分に応じて求償をすることができる。

（1）　民法議事速記録一〇巻一七頁以下、二〇頁参照。

(d)　(α)　共有者の一人は、保存行為として共有者全員のために訴訟行為をすることができる。保存行為とは、前述したように、共有者が自己の持分に基づき行う行為と共有者が自己の名で他の共有者の持分に基づき行う行為が結合した行為である（本書三八二頁参照）。これによれば、保存行為としての訴訟行為は、自己との関係においては自己のための訴訟であるが、他の共有者との関係においては第三者のための訴訟、すなわち、共有者の一人が自己の名で他の共有者の訴訟追行権を行使する第三者のための訴訟担当（法定訴訟担当）であると解すべきである。それゆえ、判決の既判力は、勝訴、敗訴を問わず、自己に対して生じるのはもちろん（民訴一一五条一項一号）、他の共有者に対しても生じる（民訴一一五条一項二号）。保存行為としての訴訟においては、自己のための訴訟と他の共有者のための訴訟が一体として追行されるのである。

(β)　共有者の一人が保存行為として共有者全員のために訴訟行為をすることは妨げられない。共有者がそれぞれ共有者全員のために訴訟行為をしても、他の共有者が保存行為として共有者全員のために訴訟行為をすることができることによって、共有者全員にとって最も妥当な保存行為が行われうるからである。しかし、各共有者が別々に保存行為として訴えを提起することができるとすれば、判決の既判力の矛盾・衝突が生じうるし、また、何度も訴えられる被告にとって酷である。それゆえ、共有者の一人が保存行為として訴えを提起した場合、他の共有者はその訴訟に共同訴訟参加（民訴五二条。類似必要的共同訴訟）をすべきであり、別個に訴えを提起するのは許されないと解すべきである。(1)

そこで、保存行為として訴訟を提起した共有者の一人は他の共有者に対して訴訟告知をすべきであり（民訴五三条）、訴訟告知をしなければかりに勝訴しても他の共有者に対して保存行為に要する費用を求償することができないと解すべきである。

（1）　他の共有者は、保存行為としてでなく自己の持分に基づく自己のための訴訟行為をすることも妨げられないと解すべきである。

共有者の一人が共有者全員のために保存行為として訴訟を提起しても、他の共有者の各自の持分に基づく訴訟追行権を否定すべきではなく、両者の共同訴訟を肯定することによって共有者全員にとり最も妥当な結論が出されうるからである。この場合、他の共有者は共有者の一人による保存行為としての訴訟に共同訴訟参加をしなければならないと解すべきである。

(γ) 以上のように解せば、他の共有者は、帰責事由なく訴訟に参加することができず不当な不利益を受ける場合も考えられる。この場合、他の共有者は、行政事件訴訟法三四条に準じ再審の訴えを提起することができると解するのが妥当である。(1) 再審の訴えにおいては、他の共有者は、確定判決の取消しを求めるとともに、被告に対し改めて保存行為に基づき一定の請求をすることになるであろう。

(1) これに対し、保存行為として訴訟を提起した共有者に対し他の共有者への訴訟告知を義務づけ、この義務が履行されない場合には被告は応訴を拒絶することができるという考え方も成り立つ（債権者代位訴訟に関する兼子一＝松浦馨＝新堂幸司＝竹下守夫・条解民事訴訟法六七〇頁以下（昭和六一年）参照）。これによれば、訴訟告知を受けた他の共有者が訴訟に参加しなくても同人に判決の既判力が及ぶし、被告が他の共有者に訴訟告知がされていないのに応訴を拒絶しなければ訴訟に勝っても他の共有者による訴訟の提起に応じざるをえなくなる。しかし、被告が他の共有者全員に訴訟告知がされたかどうかを判断するのは必ずしも容易でなく、他の共有者全員には訴訟告知がされていないのに被告が他の共有者全員に訴訟告知がされたと無過失で信じて応訴した場合に不利益が生じる。

(ハ) 変　更

(a) 共有物に変更を加えるには他の共有者の同意が必要である（二五一条）。変更とは、共有物の現状を著しく変えることをいう。

(b) 共有地である田畑地を宅地に変えたり(1)（最判平一〇・三・二四判時一六四一号八〇頁）、前述したように、共有地に借地借家法の適用される借地権を設定するのは変更に該当する（本書三八二頁参照）。共有山林の伐採も変更に該当するとされる（大判昭二・六・六新聞二七一九号一〇頁）。

(1) 民法議事速記録一〇巻一六頁参照。

(c) 共有物全部の処分は、変更に該当するというより、共有者全員の持分の処分であるから全員の同意が必要なの

は当然であるというべきであろう。(1)

(1)　我妻＝有泉・三二三頁、川井・一八〇頁参照。

(d)　借地上の共有建物につき買取請求権（借地借家一三条・一四条）を行使する場合、一応、処分に該当するが、収去か買取請求権の行使かの選択を迫られてのものであるから、民法二五二条本文の共有物の管理として共有者の持分の価格に従いその過半数でなしうるとする見解がある。(1)しかし、買取請求権の行使は、建物の収去を回避し各共有者に利益を与えるものであるから、民法二五二条但書の保存行為として各共有者が単独でなしうると解するのが妥当であろう。

(1)　我妻＝有泉・三二三頁。

㈡　負　担

(a)　各共有者は、その持分に応じて、管理の費用を支払い、その他共有物に関する負担を負う（二五三条一項）。その他共有物に関する負担を負うとは、たとえば、公租公課の負担などである。

(b)　(α)　共有者が一年以内に右の義務を履行しない場合、他の共有者は相当の償金を支払って義務を履行しない共有者の持分を取得することができる（二五三条二項）。

(β)　持分を取得した共有者は、義務を履行しなかった共有者の特定承継人としてその共有者が共有物に関して他の共有者に対し負っていた債務、たとえば未払いの管理の費用などを支払わなければならない（二五四条）。それゆえ、他の共有者は、右の未払いの管理の費用などを立替払いしない限り持分を取得することができないと解すべきである。そして、このように解しても、他の共有者は立替いをした未払いの管理の費用などの額を相当の償金から差し引くことができるから過度の負担を負うわけではない。

義務を履行しない共有者の共有物に関する未払いの国税や地方税についても、他の共有者は、未払いの国税や地方税を支払わない限り持分を取得することができないと解すべきである。なぜなら、未払いの国税や地方税を支払うのは他の共有者の義務であるし（国税通則法九条、地方税法一〇条の二第一項第二項）、また、他の共有者は支払った国税や地方税の額を相当の償金から差し引くことができ過度の負担を負うわけではないからである。

以上のように、他の共有者は、義務を履行しない共有者が共有物に関して他の共有者に負っていた未払債務や、未払いの国税・地方税のように他の共有者が支払義務を負う債務については、立替払いや支払いをしない限り持分を取得することができないと解するのが妥当であろう(1)。

（1） 広中・四二九頁以下は、義務を履行しない共有者の共有物に関するすべての義務につき立替払いをしなければならないとするようである。

(γ) 他の共有者は、義務を履行しない共有者の共有物に関する義務につき立替払いなどをした場合、義務を履行しない共有者の持分を取得することができるのはもちろんであるが、持分の取得を義務づけられるわけではない。この場合、立替払いなどをした共有者が持分を取得しなくても、立替払いなどをしていない共有者が持分を取得することができないのは当然である。立替払いなどをしていない共有者は、義務を履行しない共有者が立替払いなどの後に生じた管理の費用や国税・地方税などを支払わない場合に限り持分を取得することができると解される。

(δ) 一年の期間の起算点は、義務の履行につき確定期限があればその期限の到来した時であり、不確定期限があれば義務を負う共有者がその期限の到来したことを知った時であり、期限の定めがなければ他の共有者などから履行の請求を受けた時である(1)（四一二条参照）。

他の共有者が右の一年の期間が経過する前に立替払いなどをした場合であっても期間の起算点は同じである。すなわち、立替払いなどをした共有者は、義務を履行しない共有者が右の期間内に立替払債務などを履行しない場合、持分を取得することができると解すべきである(2)。

（1） 起草委員富井政章は、衆議院民法中修正案委員会において、民法二五三条二項の期間は「遅滞ニ附セラレタ時ヨリ起算スル」

としつつ、「本条ノ場合ニ於イテハ期限ノ定メガアリマセヌカラ、請求ノ時ヨリ起算スルコトニナリマス」と説明している（広中俊雄編著・第九回帝国議会の民法審議一七一頁以下）。しかし、共有者の共有物に関する義務の履行につき確定期限や不確定期限がついている場合がありうることは否定することができない。

（2）広中・四二九頁以下は、一年の期間は立替払いを受けた共有者が立替払債権の履行の請求を受けた時から起算されるとする。しかし、これでは義務を履行しない共有者が不当に優遇されると思われる。

(ε)　他の共有者は、相当の償金を提供して持分取得の意思表示をすれば持分を取得する（形成権）と解されている。これに対し、登記や引渡しを物権変動の効力要件と解する私見によれば、他の共有者は、持分取得の意思表示をすることにより持分移転請求権を取得し、相当の償金から立替払いなどをした額を差し引いたものの支払いと引換えに登記や引渡しを受けることにより持分を取得するということになるであろう。

(ζ)　持分の取得は全部であることを要し、その一部の取得は許されない（大判明四二・二・二五民録一五輯一五八頁）。一部の取得を認めれば、義務を履行しない共有者の地位が必要以上に不安定になるからである。

(ホ)　共有者が他の共有者に対して有する債権

(a)　共有者の一人が共有物について他の共有者に対して有する債権は、その特定承継人に対しても行使することができる（二五四条）。このことについては後述する（本書三九三頁以下参照）。

(b)　(α)　共有者の一人は、他の共有者に対して共有に関する債権（二五四条の共有物についての債権と同義であろう）を有する場合、共有物の分割に際して、債務者である他の共有者に帰属すべき部分をもって弁済に充てることができる（二五九条一項）。これは、共有者の一人は、債権の満足のために債務者である他の共有者に帰属すべき部分を取得することができるという趣旨のものである。債務者である他の共有者に帰属すべき部分とは、分割の結果その共有者に帰属する部分である。共有者の一人は取得の意思表示をすることによってその部分の所有権移転請求権を取得し、登記や引渡しによってその部分の所有権を取得すると解される。債務者である他の共有者に帰属すべき部分が分割可能でその一部で弁済することができる場合、共有者の一人はその一部をもって弁済に充てなければならない。債務者である他の共有者に帰属すべき部分が分割不能の場合、共有者の一人はその全部を弁済に充てることができるが、共有者の一人には清算義務があり、債務者である他の共有者に帰属すべき部分の価格が債権額を超過する場合には、共有者の一人はその差額を支払わなければならないと解される。差額の支払いと登記の移転や引渡しは同時履行（五三三条）の関係に立つ。債務者である他の共有者に帰属すべき部分の価格が債権額より小さい場合、共有者の一人はその差額を請求することができる。

(β) 共有者の一人は、右の債権の弁済を受けるために必要があれば、債務者である他の共有者に帰属すべき部分の売却を請求することができる（二五九条二項）。請求することができるとは裁判所に対して請求することができるということであり、請求を受けた裁判所は他の共有者に帰属すべき部分につき換価のため競売を命じることになるであろう（民執一九五条参照）。

(c) 共有者の一人が共有物に関する他の共有者の義務につき立替払いなどをした場合に他の共有者の持分を取得することができることについては前述した（本書三八六頁以下参照）。つまり、共有者Aが共有物に関する他の共有者Bの義務につき立替払いなどをした場合、Aは、相当の償金から立替払いなどをした額を差し引いたものを支払ってBの持分を取得してもよいし、民法二五九条により分割に際しBに帰属すべき部分をもって立替払いなどにより生じたBに対する債権の弁済に充ててもよいのである。

三 共有の外部関係(1)

（1） 共有の外部関係については、福永有利「共同所有関係と固有必要的共同訴訟――原告側の場合――」民事訴訟雑誌二一号一頁以下（昭和五〇年）、新田敏「共有の対外的関係についての一考察」法研五九巻一二号一四三頁以下（昭和六一年）、同「共有の対外的主張としての登記請求」不動産登記制度一〇〇周年記念論文集（不動産登記をめぐる今日的課題）一七五頁以下（昭和六二年）、根本敬子「共有の対外的主張――登記請求を中心として――」明治大学大学院紀要三一集二四一頁以下（平成六年）参照。

(1) 持分の対外的主張

(イ) 共有者は、第三者がその持分を否認する場合、第三者に対して持分確認の訴えを提起することができる（大判昭三・一二・一七民集七巻一〇九五頁、最判昭四〇・五・二〇民集一九巻四号八五九頁）。他の共有者と共同してする必要はなく、単独ですることができる。

(ロ) 共有者は、第三者が共有物の使用収益を妨害する場合、持分に基づき単独でその排除を請求することができる。共有者の使用収益は原則として共有物の全部に及ぶから（二四九条）、共有者は原則として共有物の全部につき妨害排除を求めることができる（大判大七・四・一九民録二四輯七三一頁）。共有物の管理に関する決定により共有者の使用収益が共有物の一部に限定されている場合（二五二条本文）には、共有者はその部分についてのみ妨害排除を求めることができると解される。もっとも、この場合でも、共有者は、保存行為（二五二条但書）によれば共有者全員のために共有物の全部につき妨害の排除を求めることができると解してよいであろう。

(ハ) 共有者は、第三者が共有物を不法に占有する場合、持分に基づき単独で持分の割合に応じた占有の返還を請求することができる。この場合、持分の割合に応じた占有の返還は第三者が共有者の持分に応じた使用収益を妨げないことにより実現される。そこで、共有者は第三者に対し、第三者は共有者が持分に応じた使用収益をするのを妨げてはならないという判決を求めることになるであろう。この結果、共有者と第三者の共同占有となり、共有者はその持分に応じた使用収益をすることができる。共有者の使用収益部分が定まっている場合には、共有者はその部分の引渡しのみを求めることができる。他方、共有者は、使用収益部分が定まっていると否とを問わず、保存行為によれば共有者全員への共有物の全部の引渡しを求めることができると解される（大判大一〇・六・一三民録二七輯一一五五頁参照）。

有力な学説は、共有者は、民法四二八条の不可分債務の規定を類推し、自己に対し共有物の全部の引渡しを求めることができるとする(1)（大判大一〇・三・一八民録二七輯五四七頁も同旨）。しかし、前述したように、共有者は持分に応じた占有の引渡しを求めることが可能であり、「債権の目的がその性質上又は当事者の意思表示によって不可分である場合」（四二八条）とはいえず、民法四二八条は類推されないと解すべきである。さらに、共有者は、保存行為による場合であっても、原則として、共有者全員への引渡しを求めるべきであり、自己一人への引渡しを求めることはできないというべきである。他の共有者につき自己への引渡しを求めることができるのは、他の共有者が受け取りを拒否しているか、受け取ることができない場合に限られると解されるからである（本書六八頁以下参照）。共有者A・B・CのうちCのみが受け取りを拒否しているか受け取ることができない場合、Aは、A・Cについては自己への、BについてはBへの引渡しを求めるべきである。

（1） 林・一三六頁、末川・三一二頁、舟橋・三八一頁、柚木＝高木・五二〇頁以下、我妻＝有泉・三二八頁。

(二) 共有者は、第三者が共有物に関し不法登記をしている場合、持分に基づき単独で更正登記をすることを求めることができる。たとえば、共有者は、第三者が共有物に関し単独所有の登記をしている場合、両者の共有登記への更正登記を求めることができる（共有者の持分の割合は、その本来の持分の割合による。第三者の持分の割合は、残余の持分の割合による）。他方、共有者は、保存行為によれば共有者全員のために不法登記の全部の抹消を求めることができると解される（大判大一二・四・一六民集二巻二四三頁（鉱業権の登録に関する）、最判昭三一・五・一〇民集一〇巻五号四八七頁、同判昭三三・七・二二民集一二巻一二号一八〇五頁など）。有力な学説は、共有者は持分に基づき不法登記の全部の抹消を求めることができるとするが（1）、持分に基づく場合には更正登記によってその目的を完全に達成することができるのであり、不法登記の全部の抹消は過ぎたることであって妥当でないと考える。

（1） 我妻＝有泉・三二七頁以下、広中・四三七頁以下、川井・一七六頁。

最判平一五・七・一一民集五七巻七号七八七頁は、共有者は他の共有者からその持分を譲り受けたとする第三者の不法登記（持分取得登記）の抹消を求めることができるとする。この場合、共有者の持分が妨害されているとはいい難く、共有者は保存行為によって第三者の不法登記の抹消を求めるうるにとどまると解すべきである。たとえば、A・Bが共有者で第三者CがBからの不実の持分取得登記をしている場合、共有物の円滑な売却などが妨げられるおそれがあり、Aは、共有物が本来有すべき価値を実現するために、保存行為として自己の名でBの持分に基づく抹消登記請求権を行使することができると解してよいであろう（本書三八二頁以下参照）。

(ホ) 共有者は、共有物に関する第三者の不法行為により損害を受けた場合、持分の割合に応じて損害賠償請求権を取得する(最判昭四一・三・三判時四四三号三二頁、同判昭五一・九・七判時八三一号三五頁)。

(2) 共有関係の対外的主張

(イ) 共有者は、単独で第三者に対し共有関係を主張することができるであろうか。

(ロ) (a) 判例は、共有者が単独で共有関係を主張することはできず、そのためには共有者全員の共同を必要とするという(大判大五・六・一三民録二二輯一二〇〇頁、同判大八・五・三一民録二五輯九四六頁、大一一・七・一〇民集一巻三八六頁、最判昭四六・一〇・七民集二五巻七号八八五頁など)。

(b) 通説も判例と同じである。[1] これに対し、共有者は単独で共有関係を主張することができ、勝訴すれば判決の既判力は他の共有者に及ぶが、敗訴すれば判決の既判力は他の共有者に及ばないという見解もある。[2]

(1) 林・一三七頁以下、末川・三一五頁以下、舟橋・三八五頁以下、柚木＝高木・五二九頁以下、我妻＝有泉・三三九頁以下、松坂・一七六―一〇頁、広中・四三八頁以下。

(2) 加藤正治・民事訴訟法判例批評集一巻四七頁以下(大正一五年)、二巻八頁以下(昭和二年)。

(ハ) 一般に、共有者は、保存行為の場合には単独で第三者に対し共有関係を主張することが認められている。たとえば、共有者は、共有物につき第三者名の不法登記がされている場合、保存行為により共有者全員のために単独でその抹消を求めることができる。この場合、共有者全員のために不法登記の抹消を求めるのは第三者に対する共有関係の主張に外ならず、判決の既判力は他の共有者にも及ぶと解されるのである(本書三八四頁以下参照。他の共有者が共同訴訟参加をした場合、類似必要的共同訴訟になる)。判例は、共有者が登記名義人に対し共有者全員のために移転登記を求めるのは固有必要的共同訴訟であるとするが(最判昭四六・一〇・七民集二五巻七号八八五頁)、前述したように、共有者の一人は共有物が本来有すべき価値を実現するために保存行為として共有者全員のために移転登記を求めることができると解するのが妥当である(本書三八三頁参照)。このように、共有者は保存行為の場合には第三者に対し共有関係を主張することが認められるのであるが、共有者が保存行為の場合以外に第三者に対し共有関係を主張すべき場合があるとは思われず、また、そのような主張を認める必要があるとも思われない。それゆえ、共有関係の対外的主張は、保存行為の問題に還元されるべきであると考える。

(3) 共有物に関する債権の対外的主張

(イ) 共有者の一人が共有物について他の共有者に対して有する債権は、その特定承継人に対しても行使することができる(1)（二五四条）。建物の区分所有等に関する法律八条にも同じような規定がある。

（1） この問題については、新田敏「民法二五四条と区分所有法二五条――管理規約の特定承継人に対する効力――」法研四七巻一二号二九頁以下（昭和四九年）参照。

(ロ) (a) 共有物に関する債権とは、共有者の承継人に対して行使することができるとされるのが共有関係を維持するために必要な債権である。共有物に関する債権が共有者の特定承継人に対しても行使することができるのは、それが共有関係を維持するために必要だからである。たとえば、共有物の管理の費用の支出を求める債権がこれである。これらの債権を特定承継人に対して行使することができないとする場合、共有関係を維持することが困難になるし、他方、特定承継人は共有関係に入る以上このような前主の債務を承継して共有関係の維持に貢献するのが妥当だからである。そして、このように解しても、特定承継人は特定承継に際し前主の債務を調査し取得持分の価格からこの債務額を差し引くことができるから過度の負担を負うわけではない。

(b) 判例は、共有者の一部が共有物を買い入れるのに要する資金を他から借り入れた債務につき共有者間で持分に応じて負担する旨の合意上の債権は共有物に関する債権とはいえないとするが（大判大八・一二・一一民録二五輯二二七四頁）、この債権を特定承継人に対して行使することができるとするのは共有関係を維持するために必要であり、共有物に関する債権であると解すべきである。他方、判例は、分割の合意により共有物の特定部分を取得する旨の債権は共有物に関する債権であるとするが（最判昭三四・一一・二六民集一三巻一二号一五五〇頁）、この債権を特定承継人に対して行使することができるとするのは共有関係を維持するために必要ではなく、共有物に関する債権ではないと解すべきである。(1) もっとも、特定承継人が右の債権を知りつつ持分を譲り受け、持分の譲渡人において特定承継人の持分取得により右の債権を有する共有者が害されるのを知っていた場合、右の債権を有する共有者は、右の債権に基づき特定承継人の持分のうち右の債権の制約を受けない部分（右の債権と両立しない部分）を否認し、特定承継人に対し右の債権を主張することができると解してよいであろう（本書二一七頁参照）。

（1）　上河内千香子「ドイツ法における共有物の管理に関する理論形成——裁判例及び学説の検討を中心に——」琉大法学六六号一二一頁（平成一三年）参照。

(ハ)　特定承継人が生じても旧共有者の債務が消滅するわけではなく、両者は並存的に債務を負担すると解される。

四　共有物の分割

(1)　共有物の分割(1)

（1）　共有物の分割については、奈良次郎「共有物分割の訴えについて」民事判例実務研究五巻二九八頁以下（平成元年）、新田敏「共有物の裁判上の分割方法に関する一考察——最高裁昭和六二年大法廷判決を契機として——」慶應義塾大学法学部法律学科開設百年記念論文集法律学科篇五五頁以下（平成二年）、奈良次郎「共有物分割訴訟と遺産分割手続との異質性——手続の類推適用は許されるか——」三ケ月章先生古稀祝賀（民事手続法学の革新）中六三五頁以下（平成三年）、野田愛子「遺産分割と共有物分割」島津一郎教授古稀記念（講座現代家族法）五巻三頁以下（平成四年）、奈良次郎「共有物分割の訴えについての若干の考察——最近の裁判例を中心として——」判タ八一五号一六頁以下（平成五年）、同「共有物分割訴訟の若干の問題点について——最近の裁判例を参照しながら——」同誌八五四号二二頁以下（平成六年）、同「共有物分割訴訟の分割方式の多様化と審理への影響」同誌九一一号四八頁以下（平成八年）、同「共有物分割訴訟と全面的価格賠償について」同誌九五三号三七頁以下（平成九年）、新田敏「共有物の裁判上の分割の機能と効果」法研七〇巻一二号一一頁以下（平成九年）、奈良次郎「全面的価格賠償方式・金銭代価分割方式の位置付けと審理手続への影響——共有物分割訴訟における——」判タ九七三号一一頁以下（平成一〇年）、山田誠一「民法二五六条・二五八条（共有物の分割）」民法典の百年Ⅱ五〇三頁以下（平成一〇年）、奈良次郎「共有物分割訴訟の金銭代価分割請求と競売手続実行を巡る若干の問題」判タ九九一号六〇頁以下、九九七号六二頁以下（平成一一年）、同「共有物分割手続と『利害関係人』に関する若干の問題について——民法二六〇条についての検討——」日法六五巻一号一頁以下（平成一一年）参照。

(イ) 共有物の分割請求権

(a) 各共有者は、いつでも共有物の分割を請求することができる（二五六条一項本文）。

(b) 共有によっては、分割請求権が制限を受ける場合がある。たとえば、境界線上に設けられた共有物であるところの境界標、囲障、障壁、溝、堀（二二九条参照）については分割請求権が認められていない（二五七条。本書三二五頁以下参照）。

(c) 共有物の分割請求権は、所有権に基づく請求権であり、消滅時効にかからないと解される（一六七条二項参照）。

(ロ) 分割禁止の特約

(a) 共有者が五年を超えない期間内は分割をしない旨の合意をした場合、その期間内の分割は禁止される（二五六条一項但書）。分割禁止の特約はこれを更新することができるが、その期間は更新の時から五年を超えてはならない（二五六条二項）。

(b) 分割禁止の特約から生じる債権（分割禁止債権）は、共有物に関する債権であり、共有者の特定承継人に対しても行使することができる（二五四条）。もっとも、共有物が不動産の場合には、分割禁止の特約を登記しなければ特定承継人に対しこの分割禁止債権を行使することができない（不登五九条六号）。しかし、特定承継人が分割禁止債権を知りながら特定承継し、かつ、持分譲渡人（被特定承継人）において特定承継人の特定承継により他の共有者が害されるのを知っていた場合、他の共有者は特約の登記がなくても分割禁止債権に基づき特定承継人の持分のうち分割禁止債権の制約を受けない部分（分割禁止債権と両立しない部分）を否認し特定承継人に対し分割禁止債権を行使することができると解される（本書二一七頁参照）。

(c) 共有者の一人が破産手続開始の決定を受けた場合、分割禁止の特約があっても共有物の分割をすることができる（破五二条一項）。この場合、他の共有者は相当の償金を支払って破産者の持分を取得することができる（破五二条二項）。

(d) 共有者は、全員の合意があれば、分割禁止の特約をいつでも解消することができる。

(2) 分割の方法

(イ) 分割請求権　すでに述べたように、各共有者は、いつでも共有物の分割を請求することができる（二五六条一項本文）。この分割請求権については、各共有者間に何らかの方法で具体的に分割を実現すべき法律関係を生じさせる形成権とする見解もあるが(1)、しかし、その内容は明確でない。分割請求権とは、共有者が他の共有者に対して分割の協議を求める権利、および、分割の協議が調わない場合や協議をすることができない場合には共有者が裁判所に対して適当に分割することを求める権利を指すと解すべきである。

(1) 我妻＝有泉・三三二頁。

(ロ) 協議による分割　協議による分割には、種々の方法がある。

(a) 現物分割　現物分割とは、たとえば、A・Bが土地を共有する場合にこれを二分したり、A・Bが土地と建物を共有する場合にAに土地をBに建物を取得させたり（大判大一五・一一・三評論一六巻諸法二三五頁は、後者の場合でBがCに建物を譲渡するに際しCがAの土地上に建物を有するのをAが承認したケースにつき、Bのために地上権が設定されたものと推認している）、A・Bが甲・乙の建物を共有する場合にAに甲をBに乙を取得させる（最判昭四五・一一・六民集二四巻一二号一八〇三頁参照）というのがこれである。A・Bの持分の割合に一致している必要はない（大決昭一〇・九・一四民集一四巻一六一七頁（登録税法二条一項五号に関する））。

(b) 代金分割　代金分割とは、共有物を売却して、その代金を分割するものである。

(c) 価格賠償分割　価格賠償分割とは、特定の共有者に共有物を取得させ、その者が他の共有者に他の共有者の持分の価格を賠償するものである。

(ハ) 裁判所による分割

(a) 共有者は、協議が調わない場合、裁判所に対し共有物の分割を請求することができる（二五八条一項）。他の共有者（一部であってもよい）が協議に応じなかったり（大判昭一三・四・三〇新聞四二七六号八頁、最判昭四六・六・一八民集二五巻四号五五〇頁）、所在不明などのため協議ができない場合、共有者は協議を経ることなく直ちに裁判所に対し共有物の分割を請求することができる。

(b) 遺産の分割は家庭裁判所の家事審判手続きで行われるが（九〇七条二項、家審九条一項乙類一〇号）、共同相続人の一人が遺産である特定の不動産の持分を第三者に譲渡した場合、当該不動産は遺産分割の対象でなくなり、第三者は民法二五八条により裁判所に対し共有物の分割を請求すべきであるとされる（最判昭五〇・一一・七民集二九巻一〇号一五二五頁）。

(c)　共有物の分割訴訟は、形式的形成訴訟であるとされる（大(連)判大三・三・一〇民録二〇輯一四七頁参照）。すなわち、裁判所は、当事者の主張に拘束されることなく、適当と考える方法で共有物の分割をすることができるとされる。

(d)　共有者は、共有物の分割の訴訟において、他の共有者全員を被告として訴えなければならない（必要的共同訴訟。大判大一二・一二・一七民集二巻六八四頁、同判大一三・一一・二〇民集三巻五一六頁）。共有物の分割は、共有者全員にとって同一に行われなければならないからである。

(e)　裁判所による分割にも種々の方法がある。現物分割が可能であれば通常現物分割が行われるが、しかし、現物分割ができない場合（物理的にできない場合だけでなく、社会通念上適正な現物分割が著しく困難な場合を含む（最判昭四六・六・一八民集二五巻四号五五〇頁））や現物分割によって共有物の価格を著しく減少させるおそれがある場合、裁判所は共有物の競売を命じることができる（二五八条二項）。この場合、分割は代金分割となる。また、裁判所は、適当と考える場合には、価格賠償分割を行うことができるし（最判平八・一〇・三一民集五〇巻九号二五六三頁、同判平八・一〇・三一判時一五九二号五五頁。家審規一〇九条参照）、さらに、たとえば、A・B・Cが甲・乙の不動産を共有する場合にAが甲を取得しB・Cが乙を共有するというように一部の共有者について共有関係を維持する形での分割もすることができると解すべきである（最(大)判昭六二・四・二二民集四一巻三号四〇八頁、同判平四・一・二四判時一四二四号五四頁）。

(ニ)　利害関係人の分割への参加

(a)　共有物につき権利を有する者および共有者の債権者は、自己の費用をもって分割に参加することができる（二六〇条一項）。これらの利害関係人は、分割の協議や訴訟に参加して、自己の権利が不当に害されないよう共有者の行為を監視したり共有者や裁判所に意見を述べたりすることができるわけである。一般に、共有者は分割の協議や訴訟が開始されたことを利害関係人に通知する必要はないと解されているが、しかし、これでは民法二六〇条一項の規定を無意味にし妥当でなく、共有者はその共有者に知れている利害関係人には通知義務を負うと解すべきであろう（通知義務を怠った場合については次の(b)参照）。

(b)　利害関係人が参加を請求したのに共有者がこれを無視して共有物の分割をした場合、その分割は参加を請求した者に対抗することができないとされる（二六〇条二項）。この場合、参加を請求した者は分割がないものとして権利を行使することができると解される。たとえば、共有者の一人の債権者はその共有者の有した共有物全体に対する持分が存在するものとしてこれを差し押えることができる。共有者に知れている利害関係人で通知を受けなかったため分割に参加をすることができなかった者（通知を受けなかったが分割を知っていた者は除かれる）も参加を請求した者と同様に扱われるべきであろう。

(3)　分割の終了に伴う法律関係

(イ)　分割の不遡及性　分割の効果は将来に向かってのみ生じる。もっとも、共有者全員の合意があれば分割の効果に遡及効を持たせることができると解してよいであろう。しかし、この場合であっても第三者の権利を害することはできないと解される。遺産の分割については、遡及効があるが、第三者の権利を害することができないとされている（九〇九条）。

(ロ)　担保責任

(a)　各共有者は、他の共有者が分割によって取得した物につき売主と同じく持分に応じて担保の責任を負う（二六一条）。遺産の分割についても同様の規定がある（九一一条）。

(b)　担保責任の内容は、売主の担保責任（五六一条以下）と同様、分割の合意の解除、代金の減額請求（価格賠償分割の場合）、損害の賠償請求である。

裁判所による分割については、分割の解消（解除）は認められないとする見解が有力である。(1) しかし、裁判所による分割においても分割の解消は認められると解すべきである。分割の解消が認められなければ分割をした目的が達せられない共有者に酷であるし、他方、分割の解消を認めても判決の既判力に抵触しないからである。分割を解消するかどうかは分割の内容が判決で定まってから初めて生じる問題であり、分割の解消権は口頭弁論の終結後に生じると考えられる。それゆえ、解消権の行使は判決の既判力によって妨げられないと解すべきである（民執三五条二項参照）。そこで、共有者は、解消事由があれば分割を解消し、改めて分割の裁判を求めることができる。代金の減額請求と損害の賠償請求も認められる。代金の減額請求と損害の賠償請求は、分割の内容が判決によって定まった後に可能になり、判決の既判力によって妨げられないからである。

（1）林・一四一頁、舟橋・三九二頁、我妻＝有泉・三三四頁、松坂・一七六―一七三頁、広中・四四七頁参照。

(ハ) 証書の保存

(a) 分割が終了した場合、各分割者はその取得した物に関する証書を保存しなければならない（二六二条一項）。

(b) 共有者の全員またはそのうちの数人に分割された物に関する証書は、その物の最大の部分を取得した者がこれを保存しなければならない（二六二条二項）。最大の部分を取得した者がない場合には、証書の保存者は、分割者の協議で定め、協議が調わなければ裁判所が指定する（二六二条三項、非訟八〇条）。

(c) 証書の保存者は、他の分割者の請求に応じてこれを使用させなければならない（二六二条四項）。

(ニ) 分割と持分の上の担保物権　共有者Aの持分の上に担保物権が設定されていた場合、共有物が分割されると担保物権はどうなるであろうか。(1)

（1）この問題については、梁田史郎「共有物分割後の持分上の抵当権」九法九四号一一七頁以下（平成一九年）参照。

(a) Aが共有物の全部を取得した場合、Aの持分は消滅しないで、担保物権はその持分の上に存続すると解される。担保物権者の保護としてはこれで十分であるし、Aは担保物権が実行されても持分を失うだけで共有物の全部を失うわけではなく必要以上の不利益を受けないからである（Aと買受人の共有になる）。Aは共有関係が終了したのに再び共有関係に入ることになりその意に反することもあると考えられるが、Aが再度の共有を欲しなければ共有物（再度の共有に係る共有物）の分割を請求すればよいであろう。

(b)　Aが共有物の一部を取得した場合、Aの持分は各共有者（Aを含む）が取得した各部分に各共有者の持分として存続し、担保物権はこの各持分の上に存続すると解される（大判昭一七・四・二四民集二一巻四四七頁、同判昭一七・一一・一九新聞四八二五号一四頁）。担保物権はAが取得した部分にのみ存続するということも考えられるが、しかし、他の共有者はその取得した部分につきAの持分を承継するし（その代わり、Aはその取得した部分につき他の共有者の持分を承継する。分割に際しては、このような持分の交換が行われるのである）以上その上に設定されている担保物権の負担を受け継がざるをえないし（承継した持分の限度での物上保証）、他方Aが持分の価格よりも低い価格の部分を取得した場合に担保物権者が害されるから、担保物権は前記の各持分の上に存続すると解するのが妥当であろう（担保物権が実行された場合には他の共有者に対するAの担保責任の問題となる（二六一条））。

(c)　他の共有者が共有物の全部を取得しAが自己の持分の価格を取得する場合、担保物権は他の共有者がAから承継した持分の上に存続すると解される（承継した持分の限度での物上保証。担保物権が実行された場合には、他の共有者に対するAの担保責任の問題となる（二六一条））。なお、担保物権者はAが取得する価格の賠償請求権の上に物上代位（三〇四条・三五〇条・三七二条）をすることもできるようにみえるが、しかし、担保物権者としては他の共有者がAから承継した持分の上に権利を有するとするだけで十分保護されるし、他方、物上代位を認めれば持分の価格が担保物権のために安く定められている場合にAが害されるおそれがあるから（物上代位を認めれば、安い価格で持分を承継した他の共有者が担保物権による不利益を引き受けるべきであるのにAがその不利益を引き受けることになる。Aは持分を承継した他の共有者に求償できるとも考えられるが、他の共有者が無資力の場合に害される）、物上代位を否定するのが妥当であろう（同様にして、抵当権者は抵当不動産が売却された場合に売却代金に物上代位をすることはできないと解される。詳細は担保物権法に譲る）。

五　準共有

(1)　準共有とは、数人が共同して所有権以外の財産権を有する場合をいう。準共有については、法令に特別の定めがある場合を除き共有に関する規定が準用される（二六四条）。

(2)　準共有の対象になる権利は、所有権以外の民法上の物権、債権（大判大一二・七・二七民集二巻五七二頁参照）、株式、鉱業権、漁業権、特許権などである。慣習上の物権的権利である温泉権や水利権などについても準共有が成立しうる。

(3)　法令に特別の定めがある場合としては、株式の準共有の特別な取扱いを定めた規定（会社一〇六条）、鉱業権の準共有を組合契約とみなす旨定めた規定（鉱業法四四条五項）、特許権の準共有の特別な取扱いを定めた規定（特許法七三条）などがある。

第五節　区分所有権

一　序

複数の者が一棟の建物を区分して所有する場合がある(1)（以下、この場合の一棟の建物を区分所有建物という）。わが国で古くからみられた棟割長屋や昭和三〇年頃から急速に普及した分譲マンションがその例である。民法は、二〇八条において、主として棟割長屋を念頭においた規定を設けていたが、これでは分譲マンションに適切に対応することは困難であった。そこで、昭和三七年に、民法二〇八条が削除され、これに代わって建物の区分所有等に関する法律が制定された。この法律は、区分所有建物に関し、区分所有権の目的となる専有部分とそれ以外の共用部分を分けて規律している外、区分所有建物の敷地や区分所有建物の管理関係などを規律している。そして、この法律は、その制定後に生じた分譲マンションに関する問題点を踏まえ数度の大改正を受けて現在に至っている。なお、分譲マンションについては、さらに、被災区分所有建物の再建等に関する特別措置法（平成七年）やマンションの建替えの円滑化等に関する法律（平成一四年）も制定されている。

(1)　区分所有権については、遠藤厚之助「西ドイツにおける住居所有権――とくに区分所有権に関連して――」洋法創刊号一四三頁以下（昭和三二年）、同「階層的区分所有権の系譜」同誌四巻二号四九頁以下（昭和三六年）、柚木馨「比較法からみた建物の区分所有権――その立法化との関連において――」民商四四巻一号三頁以下（昭和三六年）、座談会「建物の区分所有をめぐって」ジュリ二四六号六頁以下（昭和三七年）、同「区分所有権法をめぐる諸問題」法時三四巻五号四六頁以下（昭和三七年）、同『建物の区分所有等に関する法律』をめぐって」民商四六巻二号三四頁以下(昭和三七年)、川島一郎「建物の区分所有等に関する法律の解説」曹時一四巻六号一頁以下、七号五七頁以下、八号三六頁以下(昭和三七年)、丸山英気「西ドイツにおける住居所有権法(Wohnungseigentums-gesetz)成立史覚書——区分所有権法研究への序論——」早稲田法学会誌一八巻一頁以下(昭和四三年)、右近健男「区分所有と管理」法時四三巻一〇号三三頁以下、一一号一一六頁以下(昭和四六年)、新田敏「区分所有権における客体の独立性」法研四六巻七号二五頁以下(昭和四八年)、同「民法二五四条と区分所有法二五条——管理規約の特定承継人に対する効力——」同誌四七巻一二号二九頁以下(昭和四九年)、玉田弘毅＝森泉章＝半田正夫編・建物区分所有権法(昭和五〇年)、鈴木禄弥「区分所有建物敷地の借地権準共有について」物権法の研究——民法論文集Ⅰ——四六九頁以下(昭和五一年)、谷山忠也「区分所有建物の登記に関する諸問題」登記研究三〇〇号記念(不動産登記の諸問題)下二六一頁以下(昭和五一年)、「マンションをめぐる法律問題」ジュリ六二七号一四頁以下(昭和五一年)、玉田弘毅・注解建物区分所有法(1)(昭和五四年)、稲本洋之助「区分所有権」実務法律大系1(改訂版)一七一頁以下(昭和五四年)、米倉喜一郎「共用部分の管理」同書二一一頁以下、同「規約・集会」同書二三四頁以下、大沢正男「建物区分所有権の所有・利用関係——特に中高層分譲マンションを中心として——」財産法の基礎的課題三頁以下(昭和五五年)、玉田弘毅・建物区分所有法——現在的状況とその分析——(昭和五五年)、三好登「区分所有の要件」不動産登記講座Ⅴ三頁以下(昭和五五年)、同「障壁除去と登記」同書五九頁以下、日本土地法学会編・集合住宅の管理・高層建築(昭和五五年)、丸山英気・区分所有建物の法律問題——その理論と展開——(昭和五五年)、倉田繁「フランスの区分所有について」近大法学二八巻二号二七頁以下(昭和五五年)、区分所有建物管理問題研究会編・区分所有建物の管理と法律(昭和五六年)、玉田弘毅・建物区分所有法の現代的課題(昭和五六年)、シンポジウム「建物区分所有法の改正問題に関連して」私法四三号七九頁以下(昭和五六年)、「集合住宅と法」法時五三巻一一号八頁以下(昭和五六年)、「改正建物区分所有法・不動産登記法」金法一〇二七号六頁以下(昭和五八年)、「建物区分所有法改正」ジュリ七九五号一二頁以下(昭和五八年)、逐条説明改正区分所有法・不動産登記法(昭和五八年)、「改正区分所有法の概要」別冊NBL一二号(昭和五八年)、「区分所有法改正」法時五五巻九号八頁以下(昭和五八年)、青山正明・改正区分所有関係法の解説——新しいマンションの管理と登記——(昭和五八年)、高柳輝雄・改正区分所有法の解説(昭和五八年)、新田敏「区分所有建物の存立を目的とする土地賃借権——その法的構造と賃料債務の性質を中心として——」慶應義塾創立一二五年記念論文集——法学部法律学関係——一四五頁以下(昭和五八年)、法務省民事局参事官室編・新しいマンション法——一問一答による改正区分所有法の解説——(昭和五八年)、「改正区分所有法関係政省令・基本通達」金法一〇四二号一七頁以下(昭和五八年)、日本土地法学会編・集合住宅と区分所有法・固定資産税違憲訴訟(昭和五九年)、法務省民事局編・改正区分所有法と登記実務(昭和五九年)、丸山英気編・区分所有法(昭和五九年)、荒川重勝「建物区分所有法の改正と建替え制度」立命一七四号一頁以下(昭和五九年)、遠藤厚之助「区分所有建物の所有・利用」現代契約法大系四巻三九七頁以下(昭和六〇年)、野村豊弘「区分所有建物の管理」同書四四七頁以下、遠藤浩編・マンション――建築・売買・管理・賃貸――（昭和六〇年）、玉田弘毅編・マンションの法律1―3（三版）（昭和六〇年―六一年）、丸山英気・区分所有法の理論と動態（昭和六〇年）、山田誠一「建物の区分所有等に関する法律と共有物の管理」民商法雑誌五十周年記念論集Ⅱ（特別法からみた民法）一五八頁以下（昭和六一年）、田中順一郎編・最新区分所有ビル（昭和六一年）、丸山英気・区分所有法（叢書民法総合判例研究㊺）（昭和六二年）、森泉章＝松嶋泰編・区分所有とマンションの法律相談（昭和六二年）、細谷幸次「区分所有法に見る現代的権利義務関係の形成」日本大学大学院法学研究年報一七号一六五頁以下（昭和六二年）、青山正明「区分建物登記の基本構造」不動産登記制度と実務上の諸問題上二六九頁以下（昭和六二年）、高柳輝雄「区分所有の対象」現代民事裁判の課題⑥六七五頁以下（平成二年）、安藤一郎「共用部分と専用使用権」同書七二四頁以下、阿部則之「建物の区分所有と敷地利用権」同書七四六頁以下、五十嵐敬喜「区分所有建物の管理――管理主体、規約、集会、復旧と建替えなど――」同書七六九頁以下、永井ユタカ「義務違反者に対する措置」同書七八七頁以下、丸山英気「マンションの増築」石田喜久夫＝西原道雄＝高木多喜男先生還暦記念論文集上（不動産法の課題と展望）三五三頁以下（平成二年）、亀田光行＝賀畠豊編者・集合住宅の法と管理（平成三年）、民間住宅行政研究会編著・快適なマンションライフのための中高層共同住宅標準管理規約の解説（二版）（平成四年）、小沼進一・建物区分所有の法理（平成四年）、片桐善衛「区分所有権の淵源を求めて――サヴィニー Friedrich Carl von Savigny の所説とその批判――」内山尚三＝黒木三郎＝石川利夫先生古稀記念（続現代民法学の基本問題）一二三頁以下（平成五年）、村上三男「区分所有建物と規約設定公正証書」香川最高裁判事退官記念論文集（民法と登記）中一九五頁以下（平成五年）、塩崎勤編著・マンションの法律（平成五年）、丸山英気「マンション増築再論――共用部分増築費負担を中心に――」千法九巻一号三頁以下（平成六年）、升田純「大規模災害と被災建物をめぐる諸問題――被災マンション法の解説――」曹時四七巻四号一頁以下（平成七年）、稲本洋之助「被災区分所有建物の復旧・建替え・再建――阪神・淡路大震災にかかわる法律相談のメモランダムから――」法時六七巻八号六四頁以下、九号八九頁以下（平成七年）、大野秀夫「総合判例研究・マンション法」判評四四三号一五頁以下―四八一号八頁以下（平成八年―一一年）、新田敏「建物の区分所有における専有部分の敷地利用権」法研六九巻二号四三頁以下（平成八年）、鷹巣信孝「建物区分所有者の法律関係」財産法における権利の構造――共有と合有――一七五頁以下（平成八年）、朴鍾斗「建物の区分所有に関する日・韓両国法の比較および問題点」（姜奇男訳）亜細亜法学三一巻二号二三五頁以下（平成九年）、青山正明編・注解不動産法5（平成九年）、「マンション標準管理規約の改正」ジュリ一一一〇号九〇頁以下（平成九年）、鎌野邦樹「マンション建替え論序説」千法一三巻二号二三頁以下、一四巻四号二一五頁以下（平成一〇年―一二年）、山野目章夫・建物区分所有の構造と動態――被災マンションの復興――（平成一一年）、鎌野邦樹「マンションの附属物の帰属と管理――給排水管の帰属（専有部分か共用部分か）と管理を中心として――」千法一三巻四号一頁以下（平成一一年）、同「区分所有法六一条七項の買取請求権の『時価』について――大阪地裁平成一〇年八月二五日判決

『阪神淡路大震災・被災マンション復旧事件』をめぐって――」同誌一四巻一号四三頁以下（平成一一年）、田中嗣久「分譲マンションにおける駐車場専用使用権の『分譲』をめぐる諸問題」大阪経済法科大学法学論集四五号一八一頁以下（平成一一年）、玉田弘毅＝米倉喜一郎編・マンションの裁判例（二版）（平成一一年）、花房博文「駐車場専用使用権の対価の帰属に関する考察」法研七二巻一二号三六九頁以下（平成一一年）、丸山英気・マンションの建替えと法（平成一二年）、荒木新五編著・現代マンション法の実務――法律・会計・税務・評価等に関する総合的検討――（平成一二年）、片桐善衛「階層所有権の歴史的展開――オーストリア法に即して――」亜細亜法学三五巻二号一頁以下（平成一二年）、ヴェルナール・メルレ「ドイツ所有権論の五〇年――解決された問題と未解決の問題――」（藤井俊二訳）創価法学三一巻一・二号三一九頁以下（平成一三年）、片桐善衛「マンション建替え小論――要件論を中心に――」志林九九巻一号一四三頁以下（平成一三年）、鎌野邦樹「マンション建替えについての一考察」遠藤浩先生傘寿記念（現代民法学の理論と課題）二〇七頁以下（平成一四年）、吉田徹＝和田澄男＝一場康宏＝佐伯千種「建物の区分所有等に関する法律の一部改正法の概要」金法一六六四号六七頁以下、一六六五号三四頁以下（平成一五年）、鎌野邦樹「わが国の区分所有法――その発展と比較法的考察――」半田正夫先生古稀記念論集（著作権法と民法の現代的課題）五八四頁以下（平成一五年）、「新しいマンション法制」ジュリ一二四九号六頁以下（平成一五年）、玉田弘毅「建物区分所有法上の団地と団地関係に関する一考察――福岡高裁平成一五年二月一三日判決の検討を通して――」ＮＢＬ七六五号八頁以下、七六八号四三頁以下、七七〇号五四頁以下（平成一五年）、坂和章平編著・注解マンション建替え円滑化法――［付］改正区分所有法等の解説――（平成一五年）、鎌野邦樹「改正区分所有法の解釈上の諸問題」千法一八巻二号一九頁以下（平成一五年）、鎌野邦樹＝山野目章夫編・マンション法（平成一五年）、松本浩平「区分所有建物における安全管理責任――カリフォルニア州の判例法を中心に――」島大法学四七巻三号五一頁以下（平成一五年）、末永秀夫・実務マンション法――主要法令全条文付――（平成一六年）、鎌野邦樹＝折田泰宏＝山上知裕編著・改正区分所有法＆建替事業法の解説（平成一六年）、新田敏「書面合意設定によるマンション管理規約改正の立法論的考察」朝日法学論集三〇号一一九頁以下（平成一六年）、高森八四郎＝月岡利男＝伊室亜希子＝馬場昌子＝平田陽子＝関根幹雄・マンションの法と管理（平成一六年）、鎌野邦樹「区分所有建物における規約・使用規則・集会決議の関係について――店舗住宅複合型マンションにおける店舗営業時間をめぐる紛争事例を中心に――」千法一九巻一号一六一頁以下（平成一六年）、稲本洋之助＝鎌野邦樹・コンメンタールマンション区分所有法（二版）（平成一六年）、片桐善衛「マンション・専用使用権を巡る裁判例の検討」内山尚三先生追悼（現代民事法学の構想）八九頁以下（平成一六年）、藤巻梓「ドイツ住居所有権法における規約制度の検討」早稲田大学大学院法研論集一一二号一三一頁以下、一一三号一二三頁以下、一一四号一四五頁以下、一一五号二三七頁以下、一一七号二一七頁以下（平成一六年―一八年）、太田知行「老朽化マンションの建替えと区分所有法――雑感――」東海法学三三号一頁以下（平成一七年）、太田知行＝村辻義信＝田村誠邦編・マンション建替えの法と実務（平成一七年）、太田知行「老朽化マンション建替えにおける合意形成――建替えの現場を体験して――」北法五七巻一号三〇七頁以下（平成一八年）、伊藤栄寿「ドイツ住居所有権法における団体的拘束の根拠と限界」民商一三四巻六号一五〇頁以下、一三五巻一号一〇二頁以下（平成一八年）、水本浩＝遠藤浩＝丸山英気編・基本法コンメンタールマンション法（三版）（平成一八年）、土居俊平「区分所有法六〇条に基づく占有者に対する引渡請求」関西大学大学院法学ジャーナル八〇号二一一頁以下（平成一九年）、上河内千香子「区分所有建物の復旧及び区分所有関係の解消に関する一考察――ドイツ住居所有権法の議論を手がかりに――」琉大法学七八号二二六頁（平成一九年）参照。

二　区分所有建物の専有部分・共用部分・敷地

(1)　序　区分所有建物は、区分所有権の目的となる専有部分とそれ以外の共用部分に分けられる。また、区分所有建物は、その存立の基礎として敷地を必要とする。そこで、以下、区分所有建物の専有部分・共用部分・敷地について説明する。

(2)　専有部分・共用部分・敷地の法律関係

(イ)　敷地の法律関係については敷地利用権が重要であるので、以下においては、敷地の法律関係として敷地利用権の法律関係について説明する。一般に、専有部分は区分所有者の単独所有に属し、共用部分と敷地利用権は区分所有者の共有に属すると解されている。

(ロ)　(a)　専有部分が区分所有者の単独所有に属することに問題はないが、しかし、共用部分と敷地利用権は、原則として、両者が全体として区分所有者の合有に属すると解すべきである。

(b)　区分所有者は、原則として、専有部分と分離して共用部分の持分や敷地利用権の持分を処分することができない（建物区分一五条二項・二二条一項本文）。共用部分の持分や敷地利用権の持分は、原則として、専有部分が処分されればそれに伴って当然に処分されるが（共用部分につき、建物区分一五条一項）、専有部分と分離してそれだけが処分されることはないのである。したがって、当然、共用部分の持分と敷地利用権の持分が別々に処分されることも原則としてないのである。そうだとすれば、原則として、専有部分が処分されれば、それに伴って共用部分と敷地利用権の両者の全体に対する持分が処分されると考えればよく、共用部分の持分や敷地利用権の持分を観念する必要はないというべきである。

(c)　このように解せば、区分所有者は、原則として、共用部分と敷地利用権の両者の全体に対する持分は有するが、共用部分に対する持分や敷地利用権に対する持分は有せず、したがって、当然、共用部分の持分の処分や敷地利用権の持分の処分を行うことができない。区分所有者が専有部分を処分すれば、原則として、それに伴って共用部分と敷地利用権の両者の全体に対する持分が処分されることになるだけである。

(d)　(α)　建物の区分所有等に関する法律は、共用部分の持分や敷地利用権の持分について規定している（一四条・二二条二項など）。これは、以上に述べたことに照らし、原則として、共用部分と敷地利用権の両者の全体に対する持分を表していると解すべきである。

(β)　専有部分と敷地利用権の持分の分離処分が考えられる例外的場合、たとえば、専有部分と敷地利用権の持分の分離処分の禁止が登記をされていない場合、善意の第三者は敷地利用権の持分を取得することができるから（建物区分二三条参照）、共用部分と敷地利用権の両者の全体が区分所有者の合有に属するとはいえず、共用部分の持分や敷地利用権の持分を観念することができる。

この場合、共用部分については、区分所有者が個々の共用部分（廊下やエレベーター室など）に対し持分を有しこれを処分するとは考えられないから、共用部分の全体が区分所有者の合有に属し、区分所有者は共用部分の全体に対し持分を有すると解される（本書四一一頁参照）。敷地利用権については、善意の第三者が敷地利用権の持分（個々の敷地利用権の持分と解される）を取得することができるから、善意の第三者が持分を取得する前には区分所有者の共有に属し、善意の第三者が持分を取得した後には区分所有者と第三者、あるいは、第三者の共有に属すると解される。

(γ)　共用部分が管理所有の場合（建物区分一一条二項）、共用部分は管理者や特定の区分所有者の所有に属するから、共用部分と敷地利用権の両者の全体が区分所有者の合有に属するとはいえず、敷地利用権の持分を観念することができる。この場合、敷地利用権は、専有部分と敷地利用権の持分の分離処分の禁止が登記をされていれば、善意の第三者が敷地利用権の持分を取得する余地がないから（建物区分二三条参照）、区分所有者の合有に属すると解される。専有部分と敷地利用権の持分の分離処分の禁止が登記をされていなければ、善意の第三者が敷地利用権の持分を取得することができるから、敷地利用権は区分所有者、あるいは、区分所有者と第三者、あるいは、第三者の共有に属すると解される。

(e)　以上のように、原則として共用部分と敷地利用権の両者の全体が区分所有者の合有に属し、この場合、区分所有者は、共用部分と敷地利用権の両者の全体に対する持分は有するが、共用部分の持分や敷地利用権の持分を有せず他の区分所有者の全員の同意があってもそれが存在するとして処分することはできないと解すべきである（合有についての本書三七一頁以下参照）。

(3)　専有部分

(イ)　意　義　専有部分とは、一棟の建物の「構造上区分された数個の部分で独立して住居、店舗、事務所又は倉庫その他建物としての用途に供することができるもの」（建物区分一条）のうち規約により共用部分とされた部分を除いたものである（建物区分二条一項三項・四条二項参照）。専有部分を目的とする所有権は区分所有権といわれ（建物区分二条一項三項）、区分所有権を有する者は区分所有者といわれる（建物区分二条二項）。

(ロ)　要　件　専有部分となるには以下の要件を満たすことが必要である。

(a)　構造上他から区別されていること　専有部分となるには構造上他から区別されていなければならない。シャッターによって仕切られていても構造上他から区別されているといいうるし、車庫のように完全に外部と遮断されていなくても構造上他から区別されているといいうるものもある（最判昭五六・六・一八民集三五巻四号七九八頁）。これに対し、外部への出入りには他の専有部分を通らなければならない場合には構造上他から区別されているとはいえない（最判昭四四・七・二五民集二三巻八号一六二七頁）。

(b)　独立して建物としての用途に供しうること　専有部分となるには独立して建物としての用途に供しうるものでなければならない。たとえば、独立して住居、店舗、事務所、倉庫などの用途に供しうるものでなければならない（建物区分一条参照）。そこで、構造上区分所有者の全員またはその一部の共用に供されるべき区分所有建物の部分、たとえば、数個の専有部分に通じる廊下や階段室、エレベーター室などは、独立して建物としての用途に供することはできず、専有部分にならない（建物区分四条一項参照）。管理人室が共用部分である管理事務室と一体として利用され両者は機能的に分離することができない場合、管理人室は構造上他から区別されていても専有部分ではないとされる（最判平五・二・一二民集四七巻二号三九三頁）。これに対し、構造上他から区別され建物としての用途に供しうる倉庫は、その一部に共用設備があっても、共用設備の管理・利用によって倉庫の排他的使用に格別の支障がない場合、専有部分であることを妨げないとされる（最判昭五六・七・一七民集三五巻五号九七七頁）。

(c)　規約により共用部分とされていないこと　規約により共用部分とされた区分所有建物の部分および附属の建物は専有部分にならない（建物区分四条二項）。そこで、分譲マンションの一室であっても規約により共用部分とされたもの、たとえば、管理人室や集会室、応接室などは専有部分にならない。

(ハ)　区分所有権

(a)　専有部分について成立する所有権は、区分所有権といわれる（建物区分二条一項三項）。区分所有権は、一般の所有権と基本的に異なるところはなく、専有部分に対する使用・収益・処分という全面的支配権である。

(b)　もっとも、区分所有権は原則として複数の者が一棟の建物を区分して所有するところに成立するものであるから、この面からの特別な取扱いを受ける。

第一に、区分所有者は、区分所有建物の保存に有害な行為その他区分所有建物の管理・使用に関し区分所有者の共同の利益に反する行為をしてはならない（建物区分六条一項）。なお、区分所有者以外の専有部分の占有者（賃借人など）も同様の義務を負う（建物区分六条三項）。

第二に、区分所有者は、その専有部分または自己の所有（合有）に属する共用部分の保存・改良のため必要な範囲内で他の区分所有者の専有部分または自己の所有（合有）に属しない共用部分の使用を請求することができる（建物区分六条二項前段）。この場合、区分所有者は、他の区分所有者が損害を受ければ、償金を支払わなければならない（建物区分六条二項後段）。

(4) 共用部分

(イ) 意義　共用部分とは、構造上区分所有者の全員またはその一部の共用に供されるべき区分所有建物の部分（建物区分四条一項）、専有部分に属しない区分所有建物の附属物（建物区分二条四項）、規約により共用部分とされた区分所有建物の部分および附属の建物（建物区分四条二項）である（建物区分二条四項）。このうち、法律により共用部分とされるものは法定共用部分、規約により共用部分とされるものは規約共用部分といわれる。また、一部の区分所有者の共用に供されるべきものは一部共用部分といわれる。

(ロ) 内容

(a) 区分所有建物全体を支える土台、柱、壁、屋根などは共用部分である。また、数個の専有部分に通じる廊下、階段室、エレベーター室なども共用部分である（建物区分四条一項参照）。

(b) 区分所有者の共用に供されるべき建物の附属物、たとえば、水道・ガスの配管、排水管、電気の配線、冷暖房設備、消火設備などは共用部分である。いずれも区分所有者の共用に供されるべき部分のみが共用部分であるのは当然である。専有部分内の水道・ガスの配管などは共用部分でない。特定の専有部分からの汚水が流れる排水管の枝管は、その構造や設置場所によっては共用部分である（最判平一二・三・二一判時一七一五号二〇頁）。区分所有者の共用に供されるべき貯水タンクやごみ焼却炉なども共用部分である。

(c) (α) 一棟の建物の構造上区分された数個の部分で独立して住居、店舗、事務所または倉庫その他建物としての用途に供することができるもの（建物区分一条参照）および附属の建物であっても、規約により共用部分とすることができる（建物区分四条二項前段）。たとえば、区分所有建物の一室としての管理人室、集会室、応接室などがこれであり、あるいは、附属の建物としての物置、車庫などもそうである。規約により共用部分とした場合、その旨の登記をしなければ第三者にこれを主張することができない（建物区分四条二項後段）。

(β)　最初に区分所有建物の専有部分の全部を所有する者、たとえば、マンションの分譲業者は、公正証書により、右の(α)の規約を設定することができる（建物区分三二条）。この場合、当該規約は、マンションの購入者にも効力を有する（建物区分四六条一項）。

(ハ)　共用部分の共同所有関係

(a)　共用部分は、区分所有権の対象にならず（建物区分四条一項）、区分所有者全員の共有に属する（建物区分一一条一項本文）。ただし、一部共用部分は、これを共用すべき区分所有者の共有に属する（建物区分一一条一項但書）。以上については、規約で別段の定めをすることを妨げないが（建物区分一一条二項本文）、管理者を所有者とする場合を除き区分所有者以外の者を共用部分の所有者とすることはできない（建物区分一一条二項但書・二七条一項）。

(b)　(α)　前述したように、共用部分と敷地利用権は、原則として、両者が全体として区分所有者の合有に属する（本書四〇五頁以下参照）。したがって、共用部分が区分所有者の共有に属するという場合、それは、原則として、共用部分と敷地利用権の両者の全体が区分所有者の合有に属することを表すと解すべきである。(1)(2)

(1)　区分所有者は、共用部分の所有者を管理者や特定の区分所有者にすることができる（建物区分一一条二項。管理所有。）。この場合、初め共用部分と敷地利用権の両者の全体が区分所有者の合有に属していたとすれば、区分所有者の全員が共同して共用部分を管理者や特定の区分所有者に処分したものと考えてよいであろう。区分所有者が共用部分に対し持分を有しそれを処分したというべきではない。

(2)　規約の変更による持分の割合の変更の場合（建物区分一四条四項・二二条二項但書参照）、それは、原則として、合有に属する共用部分と敷地利用権の両者の全体に対する持分の割合の変更になる。

(β) 区分所有者が共用部分の持分を有するが敷地利用権の持分を有しない場合もありうる(建物区分一〇条参照)。たとえば、専有部分と敷地利用権の持分の分離処分の禁止が登記をされていないケースで善意の第三者が敷地利用権の持分を取得した場合がこれである(建物区分二三条参照)。この場合、善意の第三者が敷地利用権の持分を有するから、敷地利用権の持分を処分した区分所有者は共用部分の持分を有するが敷地利用権の持分を有しないことになる。

右の場合、共用部分は原則として区分所有者の合有に属すると解すべきである。なぜなら、専有部分が処分されれば共用部分の持分も当然に処分されるし(建物区分一五条一項)、共用部分の持分は原則として専有部分と分離して処分することができないのであるから(建物区分一五条二項)、区分所有者が個々の共用部分(廊下やエレベーター室など)に対し持分を有しこれを処分するというのは原則として考えられないからである。区分所有者が専有部分を処分すれば、原則として、それに伴って共用部分の全体に対する持分が処分されることになるだけである。それゆえ、区分所有者は、原則として、共用部分の全体に対する持分は有するが、個々の共用部分に対する持分は有せず、結局、区分所有者の共用部分に対する関係は原則として合有であると解するのが妥当である[(1)](合有についての本書三七一頁以下参照)。

(1) 鷹巣信孝「建物区分所有者の法律関係」財産法における権利の構造——共有と合有——一九八頁以下(平成八年)は、共用部分は区分所有者の団体(合手的共同体)に帰属し、その法律関係は合有であるとする。

(c) 共有(合有)者の持分は、その有する専有部分の床面積の割合による(建物区分一四条一項。建物区分一四条二項も参照)。床面積は、壁その他の区画の内側線で囲まれた部分の水平投影面積による(建物区分一四条三項)。以上については、規約で別段の定めをすることを妨げない(建物区分一四条四項)。ここで、持分とは、右の(b)で述べたように、原則として、共用部分と敷地利用権の両者の全体に対する持分であり、例外として、共用部分の全体に対する持分である。

(d) 共有者の持分(持分については(c)参照)は、その有する専有部分の処分に従う(建物区分一五条一項)。共有者は、原則として、その有する専有部分と分離して持分を処分することができない（建物区分一五条二項）。

(e)　民法一七七条は、共用部分に適用されない（建物区分一一条三項）。また、専有部分と敷地利用権の持分の分離処分の禁止が登記された場合（この場合、敷地利用権は敷地権といわれる（不登四四条一項九号））、専有部分についてされた登記は敷地利用権の持分についてされた登記としての効力を有する（不登七三条一項本文）。そこで、たとえば、区分所有者が専有部分を処分し、その結果、共用部分と敷地利用権の両者の全体に対する持分が処分されることになる場合、専有部分についての処分の登記があれば持分の処分については登記がなくても効力が生じるのである（一般の見解によれば、登記がなくても第三者に対抗できる）。

(5)　敷地

(イ)　敷地

(a)　敷地とは、区分所有建物が所在する土地および規約により区分所有建物の敷地とされた土地である（建物区分二条五項）。

(b)　区分所有建物が所在する土地とは、区分所有建物が所在する一筆または数筆の土地である。すなわち、区分所有建物が一筆の土地上に所在する場合にはその一筆の土地が、区分所有建物が数筆の土地にまたがって所在する場合にはその数筆の土地が、それぞれ敷地である。

(c)　区分所有者が区分所有建物および区分所有建物が所在する土地と一体として管理または使用する庭、通路その他の土地は、規約により区分所有建物の敷地とすることができる（建物区分五条一項）。これは、区分所有建物が所在する土地と庭、通路その他の土地が別筆の場合についてのものである。

(d)　区分所有建物が所在する土地の一部が区分所有建物の一部の滅失により区分所有建物が所在する土地以外の土地となった場合、その土地は規約で区分所有建物の敷地と定められたとみなされる（建物区分五条二項前段）。区分所有建物が所在する土地の一部が分割により区分所有建物が所在する土地以外の土地となった場合も同様である（建物区分五条二項後段）。前者は区分所有建物が一部滅失した部分の土地と区分所有建物が残存している部分の土地が別筆の場合についてのものであり、後者は分割により区分所有建物が所在している部分の土地と所在していない部分の土地が別筆になった場合についてのものである。

(ロ) 敷地利用権

(a) 敷地利用権とは、専有部分を所有するための敷地に関する権利である（建物区分二条六項）。数人で有する土地所有権や地上権、賃借権がその例である。

(b) (α) 前述したように、共用部分と敷地利用権は、原則として、両者が全体として区分所有者の合有に属する（本書四〇五頁以下参照）。しかし、たとえば、共用部分の管理所有の場合（建物区分一一条二項）、共用部分は管理者や特定の区分所有者の所有に属し、共用部分と敷地利用権の両者が全体として区分所有者の合有に属するとはいえない（本書四〇六頁以下参照）。

(β) 右の場合、敷地利用権は原則として区分所有者の合有に属すると解すべきである（敷地利用権が地上権や賃借権の場合には準合有）。なぜなら、専有部分が処分されれば敷地利用権の持分も当然に処分されるし、敷地利用権の持分は原則として専有部分と分離して処分することができない以上（建物区分二二条一項）、区分所有者が個々の敷地利用権（三筆の敷地のうち一筆の敷地の利用権など）に対し持分を有しこれを処分するというのは原則として考えられないからである。区分所有者が専有部分を処分すれば、原則として、それに伴って敷地利用権の全体に対する持分が処分されることになるだけである。それゆえ、区分所有者は、原則として、敷地利用権の全体に対する持分は有するが、個々の敷地利用権に対する持分は有せず、結局、区分所有者の敷地利用権に対する関係は原則として合有であると解されるのである(1)（合有についての本書三七一頁以下参照）。

(1) 鷹巣信孝「建物区分所有者の法律関係」財産法における権利の構造——共有と合有——一九八頁以下（平成八年）は、敷地利用権は区分所有者の団体（合手的共同体）に帰属し、その法律関係は合有であるとする。

(γ) 共用部分が管理所有で、専有部分と敷地利用権の持分の分離処分の禁止が登記をされていない場合、善意の第三者が敷地利用権の持分（個々の敷地利用権の持分と解される）を取得することができるとされている以上（建物区分二三条参照）、区分所有者は、敷地利用権を合有しているとはいえず、敷地利用権を共有しているにとどまるというべきである。この場合においても、区分所有者は敷地利用権の持分（共有の持分）を専有部分から分離して処分することはできないが、区分所有者がこれに反して敷地利用権の持分を専有部分から分離して処分すれば、善意の第三者は専有部分とは独立に敷地利用権の持分を取得することができるのである。

(c)　(α)　敷地利用権が数人で有する所有権やその他の権利である場合、区分所有者は、専有部分と敷地利用権の持分を分離して処分することができない（建物区分二二条一項本文）。ただし、規約に別段の定めがあればこの限りでない（建物区分二二条一項但書）。ここで、持分とは、原則として共用部分と敷地利用権の両者の全体に対する持分を指すが、専有部分と敷地利用権の持分の分離処分の禁止が登記をされていない場合には、敷地利用権の共有の持分を指す（本書四〇六頁参照）。共用部分の管理所有の場合（建物区分一一条二項）には、専有部分と敷地利用権の持分の分離処分の禁止が登記をされていれば敷地利用権の合有の持分を指し、これが登記をされていなければ敷地利用権の共有の持分を指す（本書四〇六頁以下参照）。

(β)　区分所有者が規約に別段の定めがないのに専有部分と敷地利用権の持分を分離して処分すれば、その処分は専有部分に関するものであれ敷地利用権の持分に関するものであれ無効であるが、善意の第三者に対しては処分の無効を主張することができない（建物区分二三条本文）。ただし、分離して処分することができない専有部分および敷地利用権の持分であることが登記された後はこの限りでない（建物区分二三条但書、不登四四条一項九号）。

建物の区分所有等に関する法律二三条の規定を全体としてみる場合、専有部分と敷地利用権の持分の分離処分の禁止は、登記をすれば物権的効力を有し第三者に対しても効力を生じるが、登記をしなければ債権的効力を有するにとどまり善意の第三者に対しては効力を生じないと解すべきである。なお、専有部分と敷地利用権の持分の分離処分の無効は善意の第三者に対してはこれを主張することができないと規定されていることにかんがみ、第三者が悪意であれば分離して処分した者の善意悪意を問題とすることなく第三者に対しても分離処分の禁止の効力が生じると解してよいであろう。

(d)　区分所有者が複数いる場合、それぞれの敷地利用権の割合は、それぞれの専有部分の床面積の割合による（建物区分二二条二項本文・一四条一項。建物区分一四条二項も参照）。この場合、床面積は、壁その他の区画の内側線で囲まれた部分の水平投影面積による（建物区分二二条二項本文・一四条三項）。ただし、規約でこの割合と異なる割合が定められているときはその割合による（建物区分二二条二項但書）。ここで敷地利用権の割合とは、原則として共用部分と敷地利用権の両者の全体に対する持分の割合であり、例外的に敷地利用権に対する持分の割合（合有や共有における持分の割合）である（右の(c)(α)参照）。

(e)　右の(c)(d)の点は、区分所有建物の専有部分の全部を所有する者の敷地利用権が単独の所有権あるいはその他の権利である場合であっても同じである（建物区分二二条三項）。そこで、たとえば、マンションの分譲業者が専有部分を分譲する場合、原則として、共用部分および敷地利用権と分離して分譲してはならないし、また、分譲後の共用部分と敷地利用権の両者の全体に対する持分の割合あるいは敷地利用権に対する持分の割合（合有や共有における持分の割合）は原則として専有部分の床面積の割合によるのである。

(f)　最初に区分所有建物の専有部分の全部を所有する者は、公正証書により、右の(c)(d)の規約を設定することができる（建物区分三二条）。

(g)　敷地利用権が数人で有する所有権やその他の権利であって、区分所有者が専有部分と敷地利用権を分離して処分することができない場合、民法二五五条・二六四条は敷地利用権には適用されない（建物区分二四条）。これは、区分所有者が専有部分と共用部分・敷地利用権全体の持分を分離して処分することができない場合、および、専有部分と敷地利用権の持分（合有や共有における持分）を分離して処分することができない場合の規定である。

まず、区分所有者が共用部分・敷地利用権全体の持分（あるいは、敷地利用権の持分）を放棄した場合、区分所有者は、専有部分とこれらの持分を分離して処分することができないから、専有部分も放棄したことになる。この場合、専有部分と共用部分・敷地利用権全体の持分（あるいは、敷地利用権の持分）は、他の区分所有者に帰属せず、国庫に帰属する（二三九条二項参照）。次に、区分所有者が相続人なくして死亡した場合、専有部分と共用部分・敷地利用権全体の持分（あるいは、敷地利用権の持分）は、他の区分所有者に帰属せず、特別縁故者（九五八条の三）か国庫（九五九条）に帰属する（特別縁故者に専有部分のみ、あるいは、共用部分・敷地利用権全体の持分（あるいは、敷地利用権の持分）のみを与えることは、建物区分二二条一項本文の趣旨により許されない）。

三　区分所有関係の登記（1）

（1）　区分所有関係の登記については、香川保一「区分所有建物に関する登記関係法令の逐条解説」登研一八二号三頁以下、一八三号一頁以下（昭和三八年）、御園生進「区分所有建物に関する諸問題——不動産登記事務取扱手続準則の二、三について——」民月一九巻二号一頁以下（昭和三九年）、法務省民事局第三課編・区分建物の登記先例解説（昭和四六年）、飛沢隆志「区分建物と登記」不動産法大系Ⅳ（改訂版）四四五頁以下（昭和四九年）、青山正明「区分所有建物の（敷地の）登記に関する諸問題と区分所有法の改正について」金法九〇二号四頁以下、九〇三号一一頁以下（昭和五四年）、谷山忠也「共用部分と登記」不動産登記講座Ⅴ一九頁以下（昭和五五年）、大内俊身「建物の区分所有等に関する法律及び不動産登記法の一部を改正する法律の解説——不動産登記関係——」登研四二八号一頁以下（昭和五八年）、松尾武「改正建物区分所有法と不動産登記実務」NBL二九九号六頁以下、三〇二号四六頁以下、三〇四号五二頁以下、三〇六号三六頁以下、三〇八号五八頁以下（昭和五九年）、「新しい区分所有登記の実務」別冊NBL一三号（昭和五九年）、青山正明＝大内俊身編著・新しい区分所有に関する登記の実務（昭和五九年）、青山正明「区分建物登記の基本構造」不動産登記制度百周年記念（不動産登記制度と実務上の諸問題）上二六九頁以下（昭和六二年）、松尾武「敷地権の表示の登記のある区分所有建物と抵当権の追加設定登記」同書下三一九頁以下（昭和六三年）、松尾英夫「区分所有の登記—1—表示の登記——」新／不動産登記講座4五一頁以下（平成一二年）、中村巽「区分所有の登記—2—表示の変更・更正、区分・合併、団地共用部分——」同書九七頁以下、松尾英夫「区分所有の登記—3—区分建物・敷地権を目的とする権利に関する登記——」同書一二五頁以下参照。このほか、区分所有権についての文献（本書四〇一頁以下）も参照。

(1)　区分所有建物の登記　区分所有建物の登記記録は、その一棟全体についての表題部と、専有部分についての表題部および権利部から構成される（不登規四条三項）。区分所有者の専有部分の譲渡や抵当権設定などの登記は、権利部の甲乙の二区で行われる。

(2)　敷地利用権の登記

(イ)　専有部分と敷地利用権は、原則として分離して処分することができないが（建物区分二二条一項）、登記をした敷地利用権で専有部分と分離して処分することができないものは専有部分の表示に関する登記で表示される（敷地権といわれる。不登四四条一項九号、不登規四条三項）。この場合、敷地権の目的である土地は一棟の建物の表示に関する登記で表示される（不登規四条三項）。さらに、敷地権の目的である土地の登記記録には登記官により職権で敷地権が表示される（不登四六条）。

(ロ)　登記官により職権で敷地権が表示された土地については、敷地権移転の登記をすることができない（不登七三条二項本文）。また、専有部分については専有部分のみの所有権移転を原因とする所有権の登記をすることができない（不登七三条三項本文）。そして、専有部分についてされた所有権に関する登記は、敷地権についてされた登記としての効力を有する（不登七三条一項本文）。なお、共用部分に対しては民法一七七条は適用されず（建物区分一一条三項）、専有部分について処分の登記があれば共用部分について当然に処分の効力が生じる（本書四一二頁参照）。このように、専有部分と共用部分・敷地利用権全体の持分、あるいは、専有部分と敷地利用権全体の持分は、登記上も分離して処分することができない仕組になっている（本書四〇五頁以下参照）。

四　区分所有建物などの管理

(1)　管理組合

(イ)　(a)　序　区分所有者は、全員で、区分所有建物、敷地および附属施設の管理を行うための団体を構成し、集会を開き、規約を定め、管理者をおくことができる（建物区分三条前段）。一部の区分所有者が一部共用部分を管理する場合にも同じである（建物区分三条後段）。この場合の「団体」は組合（六六七条）であり、一般に管理組合と呼ばれている（一部の区分所有者が一部共用部分を管理する場合には一部管理組合と呼ばれる）。

(b)　区分所有建物のうち専有部分は区分所有者の単独所有であり、共用部分や敷地利用権は原則として区分所有者の合有に属する（本書四〇五頁以下参照）。しかし、区分所有建物などの管理は、区分所有者の全員一致の決定により行われるのでなく、区分所有者の多数決で決定される規約や集会の決議により行われる。これは、区分所有建物などの管理が区分所有者に特別の影響を及ぼす場合にはその承諾をえなければならない（建物区分一七条二項・一八条三項・三一条一項後段）として区分所有者に大きな不利益が生じるのを回避しつつ、円滑な区分所有建物などの管理を行うためである。(1)

(1)　伊藤栄寿「ドイツ住居所有権法における団体的拘束の根拠と限界」民商一三五巻一号一二八頁以下（平成一八年）参照。

(ロ)　規　約

(a)　区分所有建物、敷地および附属施設の管理については、建物の区分所有等に関する法律によるほか規約の定めによる（建物区分三〇条一項）。一部共用部分に関する事項で区分所有者全員の利害に関係しないものについては、区分所有者全員の規約に定めがある場合を除き、一部共用部分を共用する区分所有者の規約で定めることができる（建物区分三〇条二項）。以上のいずれにおいても規約で定める場合、区分所有者以外の者の権利を害することができないのは当然である（建物区分三〇条四項）。

(b)　規約の設定、変更、廃止は、区分所有者および議決権の各四分の三以上の多数による集会の決議によって行う（建物区分三一条一項前段）。規約の設定、変更、廃止が一部の区分所有者の権利に特別の影響を及ぼす場合には、その承諾をえなければならない（建物区分三一条一項後段）。マンション分譲業者が区分所有建物の区分所有権、敷地の共有権（合有権）とともに敷地の一部にある駐車場の専用使用権の分譲を行った場合、その使用料の増額に関する規約の設定、変更などは、増額について必要性、合理性があり、増額された使用料が社会通念上妥当であれば、専用使用権者の権利に特別の影響を及ぼさない（最判平一〇・一〇・三〇民集五二巻七号一六〇四頁）。一部共用部分に関する事項で区分所有者全員の利害に関係しないものについては、区分所有者全員の規約の設定、変更、廃止は、一部共用部分を共用する区分所有者の四分の一を超える者またはその議決権の四分の一を超える議決権を有する者が反対すれば、これを行うことができない（建物区分三一条二項・三〇条二項）。区分所有者の議決権は、規約に別段の定めがない限り、専有部分の床面積の割合による（建物区分三八条・一四条一項。建物区分一四条二項も参照）。床面積は、規約に別段の定めがない限り、壁その他の区画の内側線で囲まれた部分の水平投影面積による（建物区分一四条三項四項三八条・）。

(c) 最初に専有部分の全部を所有する者は、公正証書により、共用部分や敷地、敷地利用権に関して規約を設定することができる（建物区分三二条）。

(d) 規約は、区分所有者に対して効力を有するのは当然であるが、区分所有者の特定承継人に対しても効力を有する（建物区分四六条一項）。専有部分の占有者（賃借人など）は、区分所有建物や敷地、附属施設の使用方法について区分所有者が規約に基づいて負う義務と同一の義務を負う（建物区分四六条二項）。

(e) 規約は、管理者がこれを保管しなければならない（建物区分三三条一項本文）。管理者がいない場合には、区分所有建物を使用している区分所有者またはその代理人で規約または集会の決議で定めるものがこれを保管しなければならない（建物区分三三条一項但書）。規約を保管する者は、利害関係人の請求があれば、正当な理由がある場合を除き、規約の閲覧を拒むことができない（建物区分三三条二項）。規約の保管場所は、区分所有建物内の見やすい場所に掲示しなければならない（建物区分三三条三項）。

(ハ) 集　会

(a) 集会は、区分所有者によって構成される団体、すなわち、管理組合の最高の意思決定機関である。集会の招集や決議などの手続きについては、建物の区分所有等に関する法律三四条以下に規定がある。

(b) 区分所有者の承諾をえて専有部分を占有する者（賃借人など）は、会議の目的である事項に利害関係を有する場合、集会に出席して意見を述べることができる（建物区分四四条一項）。

(c) 集会の決議は、区分所有者に対して効力を有するのは当然であるが、区分所有者の特定承継人に対しても効力を有する（建物区分四六条一項）。専有部分の占有者は、区分所有建物や敷地、附属施設の使用方法について区分所有者が集会の決議に基づいて負う義務と同一の義務を負う（建物区分四六条二項）。

(ニ) 管　理　者

(a)　区分所有者は、規約に別段の定めがない限り、集会の決議によって管理者を選任したり解任したりすることができる（建物区分二五条一項）。

(b)　管理者は、共用部分などを保存し、集会の決議を実行し、その他規約で定める行為を行う（建物区分二六条一項）。

(c)　管理者は、その職務に関し、区分所有者を代理する（建物区分二六条二項前段）。

(d)　管理者は、規約または集会の決議により、その職務に関し、区分所有者のために原告または被告となることができる（建物区分二六条四項）。

(e)　区分所有者が管理者の行為につき第三者に責任を負う場合の割合は、共用部分の持分の割合による（建物区分二九条一項本文・一四条）。ただし、規約で区分所有建物や敷地、附属施設の管理費用の負担割合が定められている場合にはそれによる（建物区分二九条一項但書）。以上により第三者が区分所有者に対して有する債権は、その特定承継人に対しても行うことができる（建物区分二九条二項）。ここで共用部分の持分の割合とは、原則として共用部分と敷地利用権の両者の全体に対する持分の割合であり、例外として共用部分の全体に対する持分の割合である（本書四〇六頁参照）。

(ホ)　共用部分の管理

(a)　共用部分の管理に関する事項は、原則として、集会の決議で決する（建物区分一八条一項本文）。もっとも、保存行為は共有者（合有者。以下、同じ）が単独で行うことができる（建物区分一八条一項但書）。以上につき、規約で別段の定めをすることを妨げない（建物区分一八条二項）。共用部分の管理に関する集会の決議が専有部分の使用に特別の影響を及ぼす場合、その専有部分の所有者の承諾をえなければならない（建物区分一八条三項・一七条二項）。

(b)　共用部分の変更（その形状または効用の著しい変更を伴わないものを除く）は、区分所有者および議決権の各四分の三以上の多数による集会の決議で決する（建物区分一七条一項本文）。この場合、区分所有者の定数は、規約でその過半数まで減じることができる（建物区分一七条一項但書）。

共用部分の変更が専有部分の使用に特別の影響を及ぼす場合、その専有部分の所有者の承諾をえなければならない

（建物区分一七条二項）。共用部分の形状または効用の著しい変更を伴わないものは、共用部分の変更ではなく共用部分の通常の管理として扱われ、集会の通常の決議で決する（建物区分一八条一項本文）。

(c) 共有者は、その用法に従って共用部分を使用することができる（建物区分一三条）。共有者は、規約に別段の定めがない限り、その持分に応じて、共用部分の負担に任じ、また、共用部分から生じる利益を収取する（建物区分一九条）。ここで持分とは、原則として共用部分および敷地利用権の両者の全体に対する持分であり、例外として共用部分の全体に対する持分である（本書四〇六頁参照）。

(d) 一部共用部分の管理は、区分所有者の全員の利害に関係するもの、または、区分所有者の全員の規約で定めるものは区分所有者の全員が、その他のものは一部共用部分を共用する区分所有者が行う（建物区分一六条）。

(e) 規約で特定の区分所有者あるいは管理者が共用部分の所有者と定められた場合（建物区分一一条二項・二七条一項）は管理所有といわれるが、所有者と定められた区分所有者あるいは管理者は、区分所有者の全員あるいは一部共用部分を共用すべき区分所有者のために共用部分を管理する義務を負う（建物区分二〇条一項前段・二七条二項）。

(f) 区分所有建物の敷地、または、共用部分以外の附属施設が区分所有者の共有（合有あるいは共有）に属する場合、その敷地または附属施設の管理には、共用部分の変更についての建物の区分所有等に関する法律一七条、共用部分の管理についての同法一八条、共用部分の負担および利益収取についての同法一九条がそれぞれ準用される（建物区分二一条）。

(2) 管理組合法人

(イ) 区分所有建物、敷地および附属施設の管理を行うために区分所有者により構成される団体、つまり、管理組合は、区分所有者および議決権の各四分の三以上の多数による集会の決議と登記により法人となることができる（建物区分四七条一項）。この法人は、管理組合法人と呼ばれる（建物区分四七条二項）。管理組合法人においては、規約や集会については管理組合と同じであるが、管理者の代わりに理事がおかれる（建物区分四九条）。

(ロ)　区分所有建物のうち専有部分は区分所有者の単独所有であり、共用部分や敷地利用権は原則として区分所有者の合有に属する（本書四〇五頁以下参照）。これによれば、区分所有建物などの管理は、区分所有者の全員一致の決定により行われ、その法律効果は区分所有者の全員に帰属するということになりそうである。しかし、建物の区分所有等に関する法律は、区分所有者によって構成される法人が区分所有建物などの管理を行うことができるとしている。この場合、管理に関する法律効果は法人に帰属し区分所有者に帰属しない。これは、法人による区分所有建物などの管理が区分所有者に特別の影響を及ぼす場合にはその承諾をえなければならない（建物区分一七条二項・一八条三項・三一条一項後段）として区分所有者に大きな不利益が生じるのを回避しつつ、円滑な区分所有建物などの管理を行うためである（本書四一七頁以下参照）。

(ハ)　管理組合法人が設立されても、区分所有建物などの管理がその実質上区分所有者による組合事業の遂行であることに変わりはない。そこで、一般の組合においては組合員が組合債務につき個人財産で弁済する責任がある（六七五条参照）のと類似して、区分所有者は管理組合法人の財産で完済できない債務につき個人財産で弁済する責任を負担する（建物区分五三条一項）。また、一般の組合においては解散した組合の残余財産は組合員に帰属する（六八八条三項）のと同様に、解散した管理組合法人の財産は区分所有者に帰属する（建物区分五六条）。

五　義務違反者に対する措置

(1)　共同の利益に反する行為の停止などの請求

(イ)　区分所有者が区分所有者の共同の利益に反する行為をしたり行為をするおそれがある場合、他の区分所有者の全員または管理組合法人は、その行為の停止や予防などを請求することができる（建物区分五七条一項）。行為の停止や予防などを求めて訴えを提起するには、集会の決議によらなければならない（建物区分五七条二項）。管理者または集会において指定された区分所有者は、集会の決議により、右の他の区分所有者の全員のために右の訴えを提起することができる（建物区分五七条三項）。

(ロ) 専有部分の占有者（賃借人など）が区分所有者の共同の利益に反する行為をしたり行為をするおそれがある場合も(イ)と同様である（建物区分五七条四項）。

(2) 使用禁止の請求　区分所有者の共同の利益に反する行為により区分所有者の共同生活上の障害が著しく、その行為の停止や予防などの請求によっては共同生活の維持を図ることが困難である場合、他の区分所有者の全員または管理組合法人は、集会の決議に基づき、訴えをもって、その行為をする区分所有者に対し相当の期間その専有部分の使用の禁止を請求することができる（建物区分五八条一項）。この決議は、区分所有者および議決権の各四分の三以上の多数で行う（建物区分五八条二項）。管理者または集会において指定された区分所有者は、集会の決議により、右の他の区分所有者の全員のために右の訴えを提起することができる（建物区分五八条四項・五七条三項）。

(3) 区分所有権の競売の請求　区分所有者の共同の利益に反する行為により区分所有者の共同生活上の障害が著しく、他の方法によってはその障害を除去して共同生活の維持を図ることが困難である場合、他の区分所有者の全員または管理組合法人は、集会の決議に基づき、訴えをもって、その行為をする区分所有者の区分所有権および敷地利用権の競売を請求することができる（建物区分五九条一項）。区分所有権および敷地利用権の競売とは、専有部分および共用部分・敷地利用権全体の持分の競売、あるいは、専有部分および敷地利用権の持分（合有や共有における持分）の競売を意味する（本書四〇六頁以下参照）。右の決議は、区分所有者および議決権の各四分の三以上の多数で行う（建物区分五九条二項・五八条二項）。管理者または集会において指定された区分所有者は、集会の決議により、右の他の区分所有者の全員のために右の訴えを提起することができる（建物区分五九条二項・五七条三項）。競売においては、競売を申し立てられた区分所有者またはその者の計算において買い受けようとする者は、買受けの申出をすることができない（建物区分五九条四項）。

(4) 占有者に対する引渡しの請求　占有者（賃借人など）が区分所有者の共同の利益に反する行為を行い、そのため区分所有者の共同生活上の障害が著しく、他の方法によってはその障害を除去して共同生活の維持を図ることが困難である場合、区分所有者の全員または管理組合法人は、集会の決議に基づき、訴えをもって、占有者が占有する専有部分の使用または収益を目的とする契約の解除および専有部分の引渡しを請求することができる（建物区分六〇条一項）。占有者が区分所有者との契約により占有している場合、契約を解除するには占有者とその相手方の区分所有者の双方を訴えるべきである。この場合、区分所有者の全員からその区分所有者は除かれることになるであろう。引渡しの請求は、専有部分の所有者が引渡しを受けるのを拒否しているか受けることができない場合、あるいは、占有者に再び占有させるおそれがある場合を除きその所有者への引渡しの請求ということになるであろう（本書六八頁以下参照）。決議は、区分所有者および議決権の各四分の三以上の多数で行う（建物区分六〇条二項・五八条二項）。管理者または集会において指定された区分所有者は、集会の決議により、右の区分所有者の全員のために右の訴えを提起することができる（建物区分六〇条二項・五七条三項）。

六　復旧、建替え、再建

(1)　復　旧

(イ)　区分所有建物の価格の二分の一以下に相当する部分が滅失した場合、区分所有者は、滅失した共用部分および自己の専有部分を復旧することができる（建物区分六一条一項本文）。共用部分を復旧した者は、他の区分所有者に対し、復旧に要した費用を建物の区分所有等に関する法律一四条に定める割合に応じて償還するよう請求することができる（建物区分六一条二項）。しかし、区分所有者が滅失した共用部分の復旧の工事に着手するまでに集会において共用部分の復旧の決議、後述の(2)の区分所有建物の建替えの決議、または、団地内建物の一括建替えの決議がなされた場合、区分所有者は共用部分の復旧をすることができず、共用部分の復旧の決議においては管理組合または管理組合法人が共用部分の復旧を行う（建物区分六一条一項但書三項・六二条一項）。共用部分の復旧の決議があった場合においても区分所有者が自己の専有部分の復旧をすることができるのはもちろんである。以上につき、規約で別段の定めをすることを妨げない（建物区分六一条四項）。

(ロ)　区分所有建物の価格の二分の一を超える部分が滅失した場合（全部滅失を除く）、区分所有者は、集会において、区分所有者および議決権の各四分の三以上の多数で、共用部分の復旧を決議することができる（建物区分六一条五項）。この場合、管理組合または管理組合法人が共用部分の復旧を行う。決議に賛成した区分所有者以外の区分所有者は、決議に賛成した区分所有者に対し、区分所有建物および敷地に関する権利を時価で買い取るべきことを請求することができる（建物区分六一条七項前段）。ここで区分所有建物および敷地に関する権利とは、専有部分および共用部分・敷地利用権全体の持分、あるいは、専有部分および敷地利用権の持分（合有や共有における持分）を意味する（本書四〇六頁以下参照）。

(2) 建替え　区分所有者は、集会において、区分所有者および議決権の各五分の四以上の多数で建替えの決議をすることができる（建物区分六二条一項）。この場合、管理組合や管理組合法人ではなく、建替えに合意した者が構成する団体が建替えを行う（建物区分六四条参照）。建替えに合意した者は、参加しない区分所有者に対し、区分所有権および敷地利用権を時価で売り渡すべきことを請求することができる（建物区分六三条四項前段）。ここで、区分所有権および敷地利用権とは、専有部分および共用部分・敷地利用権全体の持分、あるいは、専有部分および敷地利用権の持分（合有や共有における持分）を意味する（本書四〇六頁以下参照）。

(3) 再建　大規模な火災、震災その他の災害で政令で定めるものにより区分所有建物の全部が滅失した場合、敷地利用権者は、集会において、議決権（敷地利用権の持分の価格の割合による）の五分の四以上の多数で、滅失した区分所有建物の敷地などに区分所有建物を建築する旨の決議をすることができる（被災区分建物三条一項・二条一項二項。この法律は、阪神淡路大震災の際に制定されたものである）。この場合も、再建に合意した者が構成する団体が再建を行う（被災区分建物三条六項、建物区分六四条参照）。再建に合意した者は、参加しない敷地利用権者に対し、敷地利用権の持分を時価で売り渡すべきことを請求することができる（被災区分建物三条六項、建物区分六三条四項前段）。ここで敷地利用権の持分とは、敷地利用権の合有や共有における持分をいう（本書四〇六頁以下参照）。

七　団　地

(1) 団地とは、一団地内に数棟の建物（区分所有建物の専有部分や、区分所有建物でない建物）があって、その団地内の土地または附属施設がそれらの建物（団地内建物）の所有者（団地建物所有者）の共有に属する場合をいう（建物区分六五条参照）。この場合、団地建物所有者は、全員で、団地内の土地、附属施設および区分所有建物があればそれの管理を行うための団体を構成し、集会を開き、規約を定め、管理者をおくことができる（建物区分六五条）。団地については、建物の区分所有に関する規定が広く準用されている（建物区分六六条）。

(2) (イ) 団地においては、団地内建物と団地共用部分（団地内の附属施設としての建物で規約により共用部分とされたもの（建物区分六七条一項前段））の持分の分離処分は原則として禁止されているが（建物区分六七条三項・一五条二項）、専有部分と敷地利用権の持分の分離処分の禁止に関する規定（建物区分二二条一項本文）は準用されていない。これは、団地内建物が区分所有建物でない場合には団地内建物と敷地利用権の持分の分離処分を禁止することができないからであるとされる。それゆえ、団地内に区分所有建物があれば、その区分所有建物に関しては専有部分と敷地利用権の持分の分離処分は原則として禁止されると解される。

(ロ) (a) 以上によれば、原則として、団地建物所有者は、団地内建物と団地共用部分を分離して処分することができない以上、個々の団地共用部分に対し持分を有しそれを処分することができるとは考えられない。それゆえ、団地建物所有者は原則として団地共用部分を合有すると解すべきである。

(b) 区分所有者は、原則として区分所有建物の共用部分を合有する。しかし、団地共用部分の合有と区分所有建物の共用部分の合有においては、共同所有者が異なるし、また、合有における持分（合有財産の全体に対する持分）の割合も異なる。それゆえ、両者は別々の合有である。

(ハ) 団地建物所有者の敷地利用権に対する関係は以下の通りである。

(a) 団地建物所有者が区分所有者および区分所有者以外の者である場合　これは、団地内建物が区分所有建物と区分所有建物でない建物の両者から成る場合である。区分所有者でない団地建物所有者は、敷地利用権の持分を団地内建物から分離して処分することができる以上、個々の敷地利用権に対しても持分を有しこれを団地内建物から分離して処分することができると解される。それゆえ、区分所有者でない団地建物所有者と敷地利用権を共同所有する区分所有者は、専有部分と敷地利用権の持分の分離処分が禁止されるとしても、個々の敷地利用権に対し持分を有するといわざるをえない。したがって、右の場合、団地建物所有者の敷地利用権に対する関係は共有であると考えられる。結局、右の場合、団地建物所有者は、団地共用部分を合有し、敷地利用権を共有するということになるであろう。

(b) 団地建物所有者が区分所有者のみの場合　これは、団地内建物が数棟の区分所有建物のみから成る場合である。この場合、原則として、専有部分と敷地利用権の持分の分離処分が禁止されるから、区分所有者は敷地利用権を合有すると解される。結局、この場合、区分所有者は、原則として、団地共用部分と敷地利用権の両者の全体を合有すると解される。なお、この場合においても、区分所有建物の共用部分の合有はこれとは別個の合有である。

第五章　地上権

第一節　序

一　地上権の意義

(1)　地上権(1)とは、他人の土地において工作物や竹木を所有するためにその土地を使用することができる物権である（二六五条）。

（1）　地上権については、太田資時「地上権の目的地は転貸し得るや否や」日本弁護士協会録事四三号三一頁以下（明治三四年）、薬師寺伝兵衛「地上権存続期間の指定を論ず」国家及国家学五巻五号二一頁以下（大正六年）、同「民法施行前に設定したる地上権を論ず」同誌五巻一一号一三頁以下（大正六年）、中島玉吉「地上権ノ地代ニ就テ」民法論文集三三八頁以下（大正一一年）、横田秀雄「地上権者永小作人ノ義務違背ニ対スル制裁ヲ論ス」法学論集（合本再版）三八五頁以下（大正一三年）、前田直之助「地上権の取得時効は誰が中断する——附、民法一四八条の意義——」民商七巻四号一一頁以下（昭和一三年）、山崎邦彦「地下利用の法律関係——地下鉄の実態を中心として——」広浜先生追悼記念論文集（法と法学教育）三〇一頁以下（昭和三七年）、山田卓生「借地法の生成と展開——宅地利用権の譲渡転貸を中心にして——」社会科学研究一八巻二号一五六頁以下（昭和四一年）、村田博史「地上権と賃借権の対比——地上権認否の判断を巡って——」同法三一巻五・六号三二三頁以下（昭和五五年）、上原由起夫「オーストリアにおける近代的地上権の成立——一九一二年地上権法を中心として——」早稲田法学会誌三一巻三三頁以下（昭和五六年）、村田博史「法定地上権」民法講座3一三九頁以下（昭和五九年）、田中英司「ドイツにおける地上権の存続保障・保護に関する一考察——地上権に関する立法の展開過程の考察までを終えて——」京都学園法学三〇・三一号一一六頁以下（平成一二年）、同「ドイツにおける地上権に関する立法の展開過程の一考察——『地上権令』の立法過程の段階に関して——」石田喜久夫先生古稀記念（民法学の課題と展望）四二一頁以下（平成一二年）参照。

(2)　地上権のうち建物所有を目的とするものは借地権といわれ借地借家法の適用を受けるが（借地借家二条一号）、借地権についての説明は原則として契約法に譲る。

二　地上権の法的性質

(1)　地上権は、他人の土地を使用することができる物権である。他人の土地は、一筆の土地の一部であってもよい（大判明三四・一〇・二八民録七輯九巻一六二頁参照）。もっとも、私見によれば、地上権の成立には登記が必要であるから（本書一三七頁参照）、一筆の土地の一部に地上権を成立させるには分筆登記をして地上権設定登記をすることが必要であると解される。

(2)　地下または空間の上下の範囲を定めそこに地上権を設定することも可能である（二六九条の二）。これは、区分地上権といわれる。区分地上権は、地下鉄の敷設やモノレールの設置などのために利用されている。

(3)　地上権は、工作物や竹木を所有するための物権である。他人の土地を耕作して稲や麦などを栽培するための物権は、永小作権（二七〇条）であって地上権ではない。

(4)　地上権は、他人の土地を使用して工作物や竹木を所有するための物権である。それゆえ、地上権者は、当然、他人の土地を占有すべき権利を有し、土地の引渡しを受ければ土地の占有権を取得する。

(5)　地上権は、物権であり、譲渡性を有する。これに対し、土地賃借権の譲渡性はあまり認められていないし（六一二条、借地借家一九条・二〇条参照）、永小作権の譲渡性は原則として認められるものの設定行為によって禁止されることがありうる（二七二条但書）。

(6)　地上権は、地代を伴う場合もあるが、伴わない場合もある（二六五条・二六六条参照）。したがって、地代は地上権の要素ではない。永小作権や土地賃借権は、常に地代を伴う。

三　地上権と土地賃借権

(1)　民法上の規定によれば、地上権は物権であり、土地賃借権は債権であって、地上権の方が土地賃借権よりも強力な権利であるということができる。すなわち、地上権は、第三者に対しても主張することができ、存続期間も長く（当事者間に定めがなければ二〇年以上五〇年以下の範囲内で裁判所が決定する（二六八条二項））、譲渡性がある。これに対し、土地賃借権は、一般に第三者に対して主張することができないとされており（登記をすれば別であるが（六〇五条）、一般に土地賃借権者は登記請求権を有しないとされている）、存続期間も短く（二〇年以下（ただし、更新を妨げない）（六〇四条））、原則として譲渡性がない（六一二条）。

(2)　しかし、土地賃借権であっても建物所有を目的とするもの、すなわち、借地権（建物所有を目的とする土地賃借権は建物所有を目的とする地上権とともに借地権といわれる（借地借家二条一号））は、借地人保護の観点から借地借家法により物権に匹敵する強力な権利とされている。すなわち、借地権は、登記がなくても地上建物の登記（借地人が単独でできる）があれば第三者に対して主張することができ（借地借家一〇条一項）、存続期間も長く（三〇年以上（更新を妨げない）（借地借家三条・八条））、ある程度譲渡性がある（借地借家一九条・二〇条）。以上のように、借地権としての土地賃借権は、地上権に劣らぬ保護を受けており、これは賃借権の物権化といわれる。

第二節　地上権の成立

一　地上権の成立

(1)　一般に、地上権は、通常、設定行為（設定契約や遺言）によって成立するとされる。しかし、私見によれば、地上権は、通常、設定行為と登記によって成立する（本書一三七頁参照）。設定行為があっても登記がなければ地上権は成立せず、当事者は地上権設定請求権を有するにすぎない。もっとも、地上権設定請求権者は、登記請求権を有するから、相手方が登記に応じなければ判決をえて単独で登記をし（不登六三条一項）、地上権を成立させることができる。また、地上権設定請求権者は、これを保全するために仮登記をすることも可能であり（不登一〇五条二号）、これにより他に優先して地上権を成立させることができる（不登一〇六条）。さらに、地上権設定請求権者は、地上権設定登記請求権を保全するための処分禁止の仮処分により他に優先して地上権を成立させることもできる（民保五三条一項二項・五八条三項四項）。

(2)　建物所有を目的とする地上権、すなわち、借地権は、地上権の登記がなくても地上建物の登記があれば第三者に対してこれを主張することができる（借地借家一〇条一項）。それゆえ、建物所有を目的とする地上権は設定行為と地上建物の登記によっても成立すると解される。

(3)　地上権は、時効（一六三条）によっても成立する。地上権の時効取得のためには、土地の継続的な使用という外形的事実が存在し、かつ、その使用が地上権行使の意思に基づくことが客観的に表現されていることを要するとされる（最判昭四五・五・二八判時五九六号四一頁、同判昭四六・一一・二六判時六五四号五三頁）。当事者は、時効によって地上権設定請求権を取得し、登記によって地上権を取得する（時効の起算日に遡って取得する（一四四条））。

(4)　地上権は、法律の規定によって成立することもありうる。これは、次に説明する法定地上権である。法定地上権においても登記が成立のための要件であると解される。

二　法定地上権

(1)　民法上の法定地上権　土地およびその上の建物が同一の所有者に属し、その土地または建物に抵当権が設定され、その実行により所有者を異にするに至った場合、その建物について地上権が設定されたものとみなされる（三八八条前段）。地代は、当事者の請求により裁判所が定める（三八八条後段）。

土地または建物に抵当権が設定され、その実行により土地と建物の所有者が異なるに至った場合、建物が収去を余儀なくされ、建物所有者が大きな不利益を受けるおそれがある。そこで、このような場合に地上権が成立するとして建物の存続をはかったのが民法三八八条である。

(2)　民事執行法上の法定地上権　土地およびその上の建物が同一の債務者の所有に属し、その土地または建物が差し押えられて売却されその所有者を異にした場合、建物についてその存続をはかるため地上権が設定されたものとみなされる（民執八一条前段）。地代は、当事者の請求により裁判所が定める（民執八一条後段）。

(3) 立木ニ関スル法律上の法定地上権　立木についてもその存続をはかるため法定地上権の成立が認められている（立木法五条）。

(4) 国税徴収法上の法定地上権　国税の徴収に際しても建物や立木につきその存続をはかるため法定地上権の成立が認められている（国税徴収法一二七条）。

三　地上権とその他の権利の区別

(1) 地上権（または、地上権設定請求権）の推定を受ける場合

(イ) (a) 地上権ニ関スル法律の施行（明治三三年四月一六日）前に他人の土地において工作物や竹木を所有するためその土地を使用する者は地上権者と推定される（地上権一条）。これは、地上権ニ関スル法律の施行前においては他人の土地を使用する者の権利の内容が明確でなかったため、地上権と推定することにより争いを防止しようとしたものである(1)。

(1) 山田卓生「借地法の生成と展開――宅地利用権の譲渡転貸を中心にして――」社会科学研究一八巻二号一五六頁以下（昭和四一年）参照。

(b) 私見によれば、地上権は登記をすることによって成立するから、地上権の登記をした者は地上権者と推定されるが、地上権の登記をしていない者は地上権設定請求権者と推定されることになるであろう。

地上権ニ関スル法律のいう推定とは、他人の土地を使用する権利の内容が明確でない場合に地上権として扱う趣旨であるから法律上の推定を指すと解してよいであろう。これを事実上の推定と解せば、相手方の反証によって地上権であるかどうか不明になった場合に地上権でないとして扱うことになり、これは地上権ニ関スル法律の趣旨に反すると考えられる。

(c) 地上権ニ関スル法律により推定を受ける権利は、今日、あまりないと思われるが、なお存在しうる。

(ロ)　(a)　地上権ニ関スル法律により推定を受ける者は、この法律の施行の日から一年以内に登記をしなければ地上権を第三者に主張することができない（地上権二条一項）。一年以内に登記をしても地上権ニ関スル法律の施行前に善意で取得した第三者の権利を害することができない（地上権二条二項）。

(b)　地上権ニ関スル法律により推定を受ける者は、この法律の施行前の悪意の第三者およびこの法律の施行の日から一年以内の第三者に対しては登記なしに地上権を対抗することができるとされる（大判明三八・四・二八民録一一輯六二二頁、同判明四三・一二・二三民録一六輯九七六頁（現在まで登記をしなくても対抗できるとする））。

私見によれば、地上権ニ関スル法律により推定を受ける者は、右の第三者に対しては、登記がない場合には地上権設定請求権を主張することができ、登記をすることによって地上権を主張することができると解される。すなわち、右の第三者が所有権の譲受人であれば、推定を受ける者は、所有権の譲受人に対し、地上権設定請求権に基づき地上権設定登記を求めることができる。右の第三者が地上権者であれば、推定を受ける者は、地上権者に対し、地上権設定請求権に基づき地上権者の地上権を否認してその登記の抹消を求めることができ、土地所有者に対し、地上権設定登記を求めることができる。

(c)　地上権ニ関スル法律により推定を受ける者は、この法律の施行の日から一年経過後の第三者に対しては登記（第三者の出現前の登記）なしに地上権を主張することができないのはもちろん、地上権設定請求権も主張することができない。もっとも、第三者が地上権ニ関スル法律により推定される地上権設定請求権を知りながら権利を取得し、かつ、土地所有者において第三者の権利取得により地上権ニ関スル法律によって推定を受ける者が害されるのを知っていた場合、この推定を受ける者は第三者に対して地上権設定請求権を主張することができると解される（本書二一六頁以下参照）。

(2)　地上権（または、地上権設定請求権）の推定を受けない場合　地上権（または、地上権設定請求権）とその他の権利の区別は、結局、契約や遺言の解釈の問題である。特に地上権と土地の賃貸借や使用貸借の区別が問題であるが、土地使用の目的、期間の長短、土地を使用する者の地位移転の可否、両当事者の関係、当該地方における慣習などを総合して判断することになるであろう。親族やそれに準じる者の間で土地の無償使用を認めるのは、地上権でなく使用貸借とされやすい（最判昭四一・一・二〇民集二〇巻一号二二頁、同判昭四七・七・一八家月二五巻四号三六頁参照）。

第三節　地上権の存続期間

一　設定行為で存続期間を定めた場合

(1)　存続期間の約定　当事者が設定行為でどのような存続期間を定めたかは設定行為の解釈の問題である。無期限という定めは、永久と解すべき場合もあるであろうが、期間の定めがないと解すべき場合が多いであろう（大判昭一五・六・二六民集一九巻一〇二三頁）。他方、無期限という定めは、運炭車道用レール敷設のための地上権の場合には、炭坑経営が継続する期間であると解される（大判昭一六・八・一四民集二〇巻一〇七四頁。大判昭一六・九・一一新聞四七四九号一一頁も参照）。

(2)　最長期間　民法に最長期間の制限規定はない。(1)　それでは、永久の地上権は認められるであろうか。判例はこれを肯定し（大判明三六・一一・一六民録九輯一二四四頁、同判大一四・四・一四新聞二四一三号一七頁）、学説もこれを支持する見解が有力である。(2)

しかし、永久の地上権を認めるのは、永久に地上権の制約を受ける所有権を認めることであり、物に対する使用・収益・処分という全面的支配権としての所有権の基本的性格に反するおそれがある。それゆえ、当事者が地上権の存続期間を永久と定めても、土地所有者は、地上権設定の趣旨に照らしその存続を認める必要性がなくなった場合や物に対する全面的支配権としての所有権の基本的性質に照らし不相当に長い期間が経過した場合、地上権の消滅を請求することができると解すべきであろう。(3)

（1）　法典調査会に提出された原案には、二六八条として「（一項）地上権ノ存続期間ハ五十年ヲ超ユルコトヲ得ス若シ之ヨリ長キ期間ヲ以テ地上権ヲ設定シタルトキハ其期間ハ之ヲ五十年ニ短縮ス（二項）地上権ノ設定ハ之ヲ更新スルコトヲ得但其期間ハ更新ノ時ヨリ五十年ヲ超ユルコトヲ得ス」という規定があった。この規定の趣旨は永久の地上権を認めないというものであったが、法典調査会において削除された（民法議事速記録二〇巻二一三頁以下）。もっとも、削除の趣旨が永久の地上権を認めるというものであったかどうかは明らかでない。

（2）中島・五〇二頁、近藤・一六一頁、末川・三二七頁、舟橋・四〇〇頁、我妻＝有泉・三五一頁以下、松坂・一八二頁、船越・三〇七頁、北川・一六七頁、川井・一九八頁、近江・二六九頁、月岡・一二七頁、山川・二四八頁。槇・二一一頁も参照。

（3）永久の地上権を認めないのは、梅・二〇八頁以下、富井・二〇三頁以下、末弘・四八六頁以下、横田・四六四頁以下、三潴・一五六頁以下、加藤・三〇四頁以下。

(3)　最短期間　民法に最短期間の制限規定はない。そこで、建物所有を目的とする地上権の存続期間を一年とか二年という短期に定める場合に問題が生じるが、これは借地借家法で解決されている（三〇年とされる（借地借家三条本文・九条））。一般に、地上権設定の趣旨に照らして不当に短い期間が定められた場合、裁判所は、信義誠実の原則（一条二項）により、地上権設定の趣旨に適合するように期間を改めることができると解してよいであろう。

二　設定行為で存続期間を定めなかった場合

(1)　民法施行後に設定された地上権について

(イ)　慣習があればそれによる（二六八条一項参照。大判明三二・一一・二二民録五輯一〇巻九九頁参照）。

(ロ)　慣習がない場合、裁判所は、当事者の請求により、二〇年以上五〇年以下の範囲内で、工作物や竹木の種類、状況、その他地上権設定当時の事情を考慮して期間を定める（二六八条二項）。裁判所が定める期間は、地上権設定の時から起算される。裁判の時から起算されるのではない。

(2)　民法施行前に設定された地上権について

(イ)　地上権者が民法施行前より有した建物や竹木がある場合、地上権は建物の朽廃や竹木の伐採期まで存続する

（民施四四条二項）。地上権者が建物に修繕や変更を加えた場合、地上権はもとの建物が朽廃すべかりし時まで存続する（民施四四条三項）。朽廃とは、建物が自然の経過でその効用を失うことを指し、火災や地震、水害などによる滅失を含まない（大判明三五・一一・二四民録八輯一〇巻一五〇頁、同判明三七・二・一五新聞一九五号一六頁）。建物に加えられた修繕や変更は、民法施行後のものに限る（大判明四〇・一一・一五民録一三輯一一三四頁）。

(ロ) 地上権者が民法施行前より有した建物や竹木がない場合、裁判所は、当事者の請求により、地上権設定の時から二〇年以上民法施行の日から五〇年以下の範囲内で期間を定める（民施四四条一項）。もっとも、慣習があればそれによる（大判明三二・一二・二二民録五輯一一巻九九頁）。

第四節　地上権の効力

一　地上権者の土地使用権

(1) 地上権者の土地使用権

(イ) 地上権者は、他人の土地において工作物や竹木を所有するためその土地を使用することができる。工作物とは、建物、鉄塔、タンク、橋梁、池、トンネルなどの地上および地下に設置される一切の施設である。竹木とは、土地に生育する植物のうちその植栽が耕作とはいえないものである（耕作といえるものは永小作権の対象になる）。

(ロ) 設定行為で土地使用の目的が定められた場合、地上権者はそれに従って土地を使用しなければならない。たとえば、設定行為で竹木所有のための地上権と定められた場合、地上権者は竹木所有のために必要な場合を除き土地に工作物を所有してはならない。設定行為で定められた土地使用の目的は、登記をすれば第三者に対しても主張することができる（不登七八条一号）。

(ハ) 地上権者は、土地に対して回復することのできない損害を生ずべき変更を加えてはならない。永小作権については明文の規定があるが（二七一条）、地上権についても同様であると解される。もっとも、これと異なる慣習があればそれに従うべきであろう（二七七条参照）。地上権者がその使用する土地に隣地の居住者のために通路を開設するのは、回復することのできない損害を生ずべき変更ではないとされる（大判昭一五・一一・一九判決全集八輯三二頁）。

(二)　地上権者は、特約がある場合を除き、土地所有者に対し土地の修繕を求めることはできないとされる（大判明三七・一一・二民録一〇輯一三八九頁）。しかし、賃貸人には修繕義務が認められているところ（六〇六条一項）、地上権が地代を伴う場合には修繕義務について賃貸借と異なって扱う理由はないと思われる。有償で他人に土地の使用収益を認める賃貸人に修繕義務があるのであれば、有償で他人に土地の使用を認める土地所有者にも修繕義務が肯定されるべきである。一般に地上権は賃借権と異なり物権であるから当事者間の人的関係である修繕義務を伴わないとされているが、物権である地上権であっても当事者間の人的関係である地代支払義務を伴う場合があるのであり、土地所有者の修繕義務を否定する理由にはならない。それゆえ、地上権が地代を伴う場合には、民法六〇六条一項を類推し、地上権者は土地所有者に対し土地の修繕を求めることができると解すべきである。

(2)　地上権者の占有権　地上権者が土地を使用するためには土地を占有しなければならない。それゆえ、地上権者は、土地を占有すべき権利を有する。そして、地上権者は、土地所有者から土地の引渡しを受けた場合には、当然、土地の占有権を取得する。

(3)　地上権者の賃貸権　地上権者は、使用している土地を賃貸することができる。永小作権については明文の規定があるが（二七二条本文）、地上権についても同様であると解される（大判明三六・一二・二三民録九輯一四七二頁）。永小作権については設定行為で賃貸借を禁止することができるが（二七二条但書）、地上権については設定行為で賃貸借を禁止しても債権的効力しか有しないと解すべきであろう。もっとも、賃借人が賃貸借禁止の設定行為を知りながら賃借し、かつ、地上権者において賃借人の賃借権取得により土地所有者が害されるのを知っていた場合、土地所有者は賃貸借禁止債権に基づき賃借人の賃借権を否認することができると解される（本書二一六頁以下参照）。なお、土地所有者が原則として賃貸権を失うのは当然である（大判大六・九・六民録二三輯一二五〇頁参照）。

(4) 地上権者の物権的請求権　地上権は物権であり、地上権者は、当然、物権的請求権を有する。その内容については、すでに述べた（本書九二頁以下参照）。地上権設定者である土地所有者も物権的請求権を有し、土地の不法占有者に対し自己への引渡しを求めることができるとされる（大判大三・一二・一八民録二〇輯一一一七頁）。しかし、地上権者が同人への返還を拒否しているか地上権者が同人への返還を受けることができない（所在不明など）場合を除き、土地所有者は地上権者への引渡しのみを請求することができると解すべきである（本書六八頁以下参照）。

(5) 相隣関係の規定の準用　相隣関係に関する民法二〇九条から二三八条までの規定は、地上権者間または地上権者と土地所有者の間に準用される（二六七条本文。本書三〇八頁参照）。もっとも、民法二二九条（境界線上の工作物の共有の推定）は、境界線上の工作物が地上権の設定後に設けられた場合に限り準用される（二六七条但書）。なお、相隣関係に関する規定は、地上権者と永小作人や賃借人などの間にも類推適用されると解される（本書三〇八頁参照）。

二　地上権の譲渡性

(1) 地上権は物権であり、地上権者はこれを自由に第三者に譲渡することができる。地上権者が地上権の上に抵当権を設定することも自由である（三六九条二項）。当事者が地上権の譲渡禁止の特約を結んでも債権的効力を有するにすぎない。そこで、地上権者が特約に違反して第三者に地上権を譲渡しても、第三者は地上権を取得することができる（大判明三四・六・二四民録七輯六巻六〇頁参照）。もっとも、第三者が特約につき悪意で、かつ、譲渡人において第三者の地上権取得により土地所有者が害されるのを知っていた場合、土地所有者は地上権譲渡禁止債権に基づき第三者の地上権を否認することができる（本書二一六頁以下参照）。

(2) 工作物や竹木が譲渡された場合、取壊しや伐採が予定されている場合などを除き地上権も譲渡されたと推定

（事実上の推定）されるのが妥当である（大判明三三・三・九民録六輯三巻四八頁、同判大一〇・一一・二八民録二七輯二〇七〇頁など）。これが当事者の通常の意思に合致するからである。

三　地上権者の地上物収去権

(1)　地上権者の地上物収去権

(イ)　地上権者は、地上権消滅の時に土地を原状に復して工作物や竹木を収去することができる（二六九条一項本文）。ただし、土地所有者が時価相当額を提供して工作物や竹木を買い取る旨を通知した場合には、地上権者は正当な理由なしにこれを拒むことができない（二六九条一項但書）。以上の点につき異なる慣習があればこれによる（二六九条二項）。

(ロ)　工作物や竹木の収去は、地上権者の権利でもあるが義務でもある。地上権者は、地上権消滅の時にすみやかに工作物や竹木を収去しなければならない。地上権者は、工作物や竹木の収去のために地上権消滅後に土地の使用を継続した場合、地上権に地代が伴っていた場合であると否とを問わず地代相当額を不当利得として土地所有者に償還しなければならない。

(ハ)　地上権者は、工作物や竹木を収去し土地を原状に回復しなければならない。排水設備などのように土地の客観的価値を増加するものについては収去・原状回復の義務がないという見解もあるが[(1)]、しかし、これらの設備であっても工作物であることに変わりはなく、しかも、土地所有者にとって必要でない場合もあるから、地上権者の収去・原状回復義務を認めた上で土地所有者の買取請求権の問題として処理するのが妥当である。これに対し、地上権者が地盛りをした場合には、工作物の収去の問題はなく、後述の地上権者による費用償還請求権の問題として処理するのが妥当であろう（本書四四一頁以下参照）。

（1）　我妻＝有泉・三七〇頁。

(2)　土地所有者の地上物買取請求権（売渡請求権）

(イ)　土地所有者が時価相当額を提供して工作物や竹木の買取りの通知をした場合、正当な理由がある場合を除き、地上権者の地上物収去権は消滅する。

(ロ)　土地所有者の買取りの通知は、形成権の行使であり、時価相当額を提供して買取りの意思表示をすることによって工作物や竹木の所有権は土地所有者に移転する。もっとも、所有権の移転のために登記や引渡しを必要とする場合には、買取りの意思表示によって土地所有者に所有権移転請求権が発生し、時価相当額の支払いと引換えに登記や引渡しを受けることによって所有権が移転する。

(ハ)　土地所有者は、時価相当額を提供して買取りの通知をしなければならない。もっとも、登記や引渡しを必要とする場合には、土地所有者は、買取りの通知の際に時価相当額を提供する必要はなく、登記や引渡しと引換えに時価相当額を支払えば足りるということになるであろう。

(ニ)　地上権者は、正当な理由があれば土地所有者の買取りを拒むことができる。この場合、地上権者の地上物収去権は消滅しない。

(ホ)　以上につき異なる慣習があればこれによる。

四　地上権者の費用償還請求権

(1)　必要費償還請求権

(イ)　有償の地上権で地上権者が必要費を支出した場合、民法六〇八条一項を類推し、地上権者は土地所有者に対して直ちにその償還を請求することができると解してよいであろう。

(ロ)　無償の地上権で地上権者が必要費を支出した場合、使用貸借に関する民法五九五条を類推し、地上権者は、土地の通常の必要費を負担するが、そうでない必要費については土地所有者に対し地上権消滅の時に償還を請求することができると解してよいであろう（五九五条・五八三条二項本文・一九六条一項）。

(2)　有益費償還請求権　地上権者が有益費を支出した場合、民法六〇八条二項（地上権が有償の場合）や同法五九五条二項

（地上権が無償の場合）を類推し、地上権者は、土地所有者に対し、地上権消滅の時に、土地の価格の増加が現存する場合に限り、土地所有者の選択に従いその支出した金額または増加額を請求することができると解してよいであろう（六〇八条二項・五九五条二項・五八三条二項・一九六条二項）。そして、裁判所は土地所有者の請求により相当の期限を許与することができると解される（六〇八条二項但書・五九五条二項・五八三条二項但書）。相当の期限が許与されれば、地上権者が有益費償還請求権を被担保債権として土地に対して有する留置権は消滅する（二九五条一項但書）。

五　地　代

(1)　序　地上権には地代を伴うものと伴わないものの二つがある。そのいずれであるかは設定行為による。地代は、定期払いのものであっても一時払いのものであってもよい。金銭であってもその他のものであってもよい。

(2)　地代と地上権の関係

(イ)　設定行為で地代が定められた場合、それは登記の対象となる（不登七八条二号）。登記された地代は第三者に対しても主張することができる。これに対し、登記されない地代は債権的効力を有するにすぎないが、第三者が地代について知りながら地上権を譲り受け、かつ、地上権の譲渡人において第三者の地上権（地代の伴わない地上権）取得により土地所有者が害されるのを知っていた場合、土地所有者は、地代債権に基づき第三者に対しその地上権取得のうち地代を伴わない部分を否認し地代を主張することができると解される（本書二一七頁参照）。

(ロ)　地上権が譲渡された場合、地代が登記されていれば、土地所有者は新地上権者に対し地代を請求することができる。地代が登記されていない場合、土地所有者は、(イ)で述べたように新地上権者に対し新地上権者および旧地上権者が悪意である場合を除き地代を請求することができない。もっとも、建物所有を目的とする地上権においては、地上建物の登記があれば地上権が成立すると解され（本書四三二頁参照）、この場合に当事者にさらに地上権の登記を求めるのは妥当でないから、土地所有者は地代の登記なしに新地上権者に対し地代を請求することができると解してよいであろう。[1]

このように解しても、新地上権者は、地上権を譲り受けるに際し、土地所有者に地代を照会することにより地上権に地代が伴っていることを知ることができるから害されない。なお、地上権の登記と地上建物の登記の双方がされている場合には、土地所有者に地代の登記を求めても不当ではないから、土地所有者は新地上権者および旧地上権者が悪意の場合を除き地代の登記なしに地代を請求することができないと解される。

（1） 結果的に同旨として、我妻＝有泉・三七五頁、川井・一九九頁。注釈民法(7)八八〇頁（鈴木禄弥執筆）も参照。

(ハ) (a) (α) 地上権者が引き続き二年以上地代の支払いを怠る場合には土地所有者は地上権の消滅を請求することができるが（本書四四六頁以下参照）、地上権者が引き続き二年以上地代の支払いを怠った後で地上権を第三者に譲渡した場合、土地所有者は新地上権者に対して地上権の消滅を請求することができるであろうか。

(β) 地上権の消滅を請求することができないとすれば土地所有者が害される。他方、新地上権者は、地代が登記されている場合、土地所有者に照会すれば地代怠納を知ることができる。そこで、地代が登記されている場合、新地上権者が地代を怠納したのではないことも考慮し、土地所有者は、新地上権者に対し相当期間を定めて怠納地代の支払い（第三者弁済）を催告し、その期間内に支払いがなければ地上権の消滅を請求することができると解してよいであろう。さらに、地上権の登記はないが地上建物が登記されている場合、(ロ)で述べたように、新地上権者は土地所有者に対して地代の有無を照会すべきであるが、その際地代怠納の有無も照会すべきであり、それゆえ、土地所有者は新地上権者に対し相当期間を定めて催告の上地上権の消滅を請求することができるといってよいであろう。

(γ) これに対し、地上権の登記はあるが地代の登記がない場合、(ロ)で述べたように、土地所有者は、新地上権者に対し、地上建物の登記の有無を問わず地代を主張することができないから、地上権の消滅を請求することができないと解される。(1) もっとも、(イ)で述べたように、新地上権者が地上権の譲受けに際し地上権に地代が伴っているのを知っており、かつ、旧地上権者において新地上権者の地上権（地代の伴わない地上権）取得により土地所有者が害されるのを知っていた場合、土地所有者は、新地上権者の地上権のうち地代を伴わない部分を否認し地代を主張することができるから、地代の登記がある場合と同様、新地上権者に対し相当期間を定めて催告の上地上権の消滅を請求することができる。

(1)　末弘・五四八頁注九、末川・三三二頁、舟橋・四〇五頁、我妻＝有泉・三七五頁以下参照。

(b)　旧地上権者と新地上権者の両者が通して二年以上にわたり地代を怠納した場合、判例は、大審院のものであるが、土地所有者は地代の登記の有無を問わず新地上権者に対し地上権の消滅を請求することができるとしている(大判大三・五・九民録二〇輯三七三頁)。

しかし、新地上権者の利害も考慮する必要があり、(a)の場合と同様に解するのが妥当であろう。すなわち、土地所有者は、地代が登記されている場合や地上権は登記されていないが地上建物が登記されている場合、あるいは、新地上権者が地上権に地代が伴っているのを知って地上権を譲り受け、かつ、旧地上権者において新地上権者による地上権(地代を伴わない地上権)取得により土地所有者が害されるのを知っていた場合、新地上権者に対し相当期間を定めて怠納地代の支払い(旧地上権者の怠納地代については第三者弁済)を催告し、その期間内に支払いがなければ地上権の消滅を請求することができると解される。新地上権者が自己の怠納地代のみを弁済提供しても、土地所有者は、(a)の場合とのバランス上、地上権の消滅を請求することができるといってよいであろう。

(ニ)　地上権は、当事者の合意と登記によって移転する。それゆえ、地上権者が地上権を第三者に譲渡する旨の合意をしても、登記をしない限り地上権は移転せず、その地上権者が依然として地代支払義務を負う。

(ホ)　土地所有者が土地を第三者に譲渡する場合、所有権は登記によって移転する。それゆえ、第三者は所有権取得の登記をしない限り、地上権者に対し地代を請求することはできない。しかし、所有権取得の登記をした新所有者は、地代の登記がされていなくても地上権者に対し地代を請求することができる[1](大判大五・六・一二民録二二輯一一八九頁(地代増減請求権に関する)参照)。地上権者にとって何らの不利益もないからである。

（1）　松尾＝古積・一八二頁以下、近江・二七二頁参照。

(ヘ)　地代の値上げをしないという当事者の合意は、登記（不登七八条二号の地代の定めに該当する）をしない限り新所有者に主張することができない（大判明四〇・三・一二民録一三輯二七二頁）。もっとも、新所有者が当事者の合意を知りながら土地を譲り受け、かつ、旧所有者において新所有者の所有権（地代の値上げをしないという合意の伴わない所有権）取得により地上権者が害されるのを知っていた場合、地上権者は、地代の値上げをしないという合意上の債権に基づき新所有者に対しその所有権のうち地代の値上げをしないという合意の伴わない部分を否認しその合意上の債権を主張することができる（本書二一七頁参照）。他方、地代増減請求権に関する当事者の合意は、登記をしなくても新所有者から地上権者に対して主張することができる（大判大五・六・一二民録二二輯一一八九頁）。地上権者にとって何らの不利益もないからである。

(3)　地代額

(イ)　地代額は、原則として、当事者の定めるところによる。当事者が地代額を定めなかった場合、裁判所が当事者の請求によりこれを定める（三八八条後段参照）。裁判所は、その地方の一般的な地代額、当事者双方の事情、地上権設定の目的などを考慮して決定することになるであろう。

(ロ)　当事者の定める地代額が不相当になった場合、当事者に地代額の増減請求権が認められるであろうか。民法には規定がないが、借地借家法には規定がある。これによれば、地代額が「土地に対する租税その他の公課の増減により、土地の価格の上昇若しくは低下その他の経済事情の変動により、又は近傍類似の土地の地代等に比較して不相当となった」場合、当事者は、一定期間地代額を増額しない旨の特約がある場合にはそれによるが、それ以外の場合には将来に向かって地代額の増減を請求することができるとされる（借地借家一一条一項）。この規定は、もちろん建物所有を目的とする地上権の場合に適用されるが、その妥当性に照らし、その他の地上権の場合にも類推適用されると解すべきであろう。増減請求権が行使された場合に関する借地借家法一一条二項三項も類推適用されると解してよいであろう。

(4)　その他

(イ)　地代が定期払いの場合、永小作権に関する民法二七四条から同法二七六条までが準用される（二六六条一項）。そこで、地上権者は不可抗力により収益につき損失を受けても地代の免除や減額を請求することができない（二七四条）。その他、地上権の放棄や消滅請求に関する事項（二七五条・二七六条）については第五節で説明する。

(ロ)　その他、地代については賃貸借に関する規定が準用される（二六六条二項）。そこで、賃借物の一部滅失による賃料減額請求権などに関する民法六一一条、賃料の支払時期に関する民法六一四条、不動産賃貸の先取特権に関する民法三一二条以下などが準用される。

第五節　地上権の消滅

一　地上権の消滅事由

地上権は、存続期間の満了、消滅時効、混同、土地の滅失、地上権の消滅請求、地上権の放棄、約定による消滅事由の発生などによって消滅する。ここでは、地上権の消滅請求、地上権の放棄、約定の消滅事由について説明する。

二　地上権の消滅請求

(1)　地代怠納

(イ)　地上権者が定期に地代を払うべき場合で引き続き二年以上地代の支払いを怠った場合、土地所有者は地上権の消滅を請求することができる（二六六条一項・二七六条）。

(ロ)　これと異なる慣習があればそれによると解される。民法二六六条一項は同法二七七条を準用していないが、しかし、慣習を排除するものではないであろう。(1)

（1）　民法議事速記録一〇巻二〇一頁以下参照。

(ハ)　引き続き二年以上地代の支払いを怠るとは、二年以上の期間にわたってその間の地代の支払いを継続して怠ることであり、ある期の地代の支払いを二年以上怠っている（延引している）ということではない（大(連)判明四三・一一・二六民録一六輯七五九頁）。したがって、地上権者が地代の支払いを怠っても二年未満の短期間のものであれば消滅請求の対象にならない。二年未満の短期間の怠納であっても消滅請求の対象になるとする当事者の特約は無効であると解されている（1）（大判明三七・三・一一民録一〇輯二六四頁（永小作権に関する）は反対）。しかし、建物所有を目的とする土地の賃貸借においては二年未満の怠納であっても当事者の信頼関係を破壊する程度のものであれば解除の対象とされており、これとのバランスからいって、二年未満の怠納であっても当事者の信頼関係を破壊する程度のものであれば特約により消滅請求の対象になると解するのが妥当である。（2）

（1）　末弘・五四二頁注四、末川・三四七頁以下、舟橋・四〇八頁、我妻＝有泉・三八一頁、松坂・一九〇頁以下、川井・一九八頁以下。

（2）　広中・四六〇頁以下参照。

(ニ)　地上権の準共有者の一人が二年以上引き続き地代の支払いを怠る場合、土地所有者は準共有者の全員に対し地上権の消滅を請求することができるとされる（大判昭四・一二・一一評論一九巻民三二頁）。しかし、土地所有者は、他の準共有者が地代の支払いを怠ったのではないことを考慮し、他の準共有者に対して相当期間を定め怠納地代の支払い（第三者弁済）を催告し、その期間内に支払いがなければ準共有者の全員に対して地上権の消滅を請求することができると解すべきであろう。

(ホ)　地代の支払いを怠るというのは、地上権者が帰責事由をもって地代を支払わないことである。それゆえ、地上権者が正当な理由をもって地代を支払わない場合には消滅請求の対象にならない（最判昭五六・三・二〇民集三五巻二号二一九頁）。

(ヘ)　一般に、地上権の消滅請求は、形成権の行使とされ、土地所有者が地上権者に対し地上権消滅の意思表示をすれば、それによって地上権は消滅すると解されている（大(連)判明四〇・四・二九民録一三輯四五二頁）。しかし、登記をもって物権変動の効力要件と解する私見によれば、地上権の消滅請求は、地上権者に対し地上権の登記の抹消をして地上権を消滅させるのを義務づける形成権の行使である。そこで、土地所有者は、地上権の消滅請求により、地上権者に対し地上権の登記の抹消登記請求権を取得し、地上権は地上権の登記の抹消により消滅する。なお、一般の解除においては催告が必要であるが（五四一条）、地上権の消滅請求においては催告は必要でない。怠納の期間が二年以上という長期にわたるからである。

(2)　地上権者の用法違反　地上権者が設定行為や土地の性質によって定まる用法に違反して土地の使用をした場合、土地所有者は相当期間を定めてその行為をやめるよう催告し地上権者が応じなければ地上権の消滅を請求することができると解される（六一六条・五九四条一項・五四一条参照）。そこで、たとえば、地上権者が竹木所有のための地上権において竹木所有に不必要な工作物を所有した場合、土地所有者は相当期間を定めて工作物の収去を催告し地上権者が応じなければ地上権の消滅を請求することができる。この場合の消滅請求の法的性質や効果は、地代怠納の場合と同じである。

三　地上権の放棄

(1)　地上権が定期払いの地代を伴わない場合　この場合、地上権者は、地上権の存続期間の定めがなく、かつ、別段の慣習もなければ、いつでも地上権を放棄することができる（二六八条一項本文）。そして、地上権は放棄の意思表示と地上権の登記の抹消によって消滅する。

(2)　地上権が定期払いの地代を伴う場合

(イ)　まず、地上権の存続期間の定めがなければ、地上権者は、別段の慣習がある場合を除きいつでも地上権を放棄することができる（二六八条一項本文）。もっとも、地上権者は、一年前に予告をするか、まだ期限の到来していない一年分の地代を支払わなければならない（二六八条一項但書）。

(ロ)　次に、地上権の存続期間の定めのあるなしを問わず、地上権者は、不可抗力により、引き続き三年以上全く収益をえず、または、五年以上地代より少ない収益しかえられなければ、地上権を放棄することができる（二六六条一項・二七五条）。

この場合、地上権者は、一年前の予告や、まだ期限の到来していない一年分の地代の支払いをする必要がない。

(ハ) 以上いずれの場合においても、地上権は放棄の意思表示と地上権の登記の抹消により消滅する。もっとも、地代支払義務は地上権者が登記の抹消を怠っている場合を除き放棄の意思表示の時に消滅すると解してよいであろう。

(3) その他

(イ) 地上権の放棄は、土地所有者に対する意思表示によって行う（大判明四四・四・二六民録一七輯二三四頁）。

(ロ) 地上権の上に抵当権が設定されている場合、地上権者は地上権の放棄を抵当権者に対して主張することができない（三九八条）。この場合、地上権は放棄によって消滅しないと解すべきであろう。

四 地上権の約定による消滅事由

地上権は、当事者が約定した消滅事由の発生と地上権の登記の抹消によっても消滅する。しかし、当事者による消滅事由の約定は地上権者を不当に害することも考えられ、約定が有効かどうかは信義誠実の原則（一条二項）に照らして慎重に判断されるべきである。

第六節　区分地上権

一 序

(1) 区分地上権[1]とは、工作物を所有するために地下または空間の上下の範囲を定めて設定された地上権である（二六九条の二第一項前段参照）。区分地上権のうち、地下の上下の範囲を定めて設定された地上権は地下権、空間の上下の範囲を定めて設定された地上権は空間権といわれる。

（1） 区分地上権については、香川保一「区分地上権とその登記」登研二二八号一頁以下、二二九号一頁以下、二三〇号五頁以下

（昭和四一年-四二年）、清水湛「区分地上権とその登記について」民月二二巻七号二頁以下（昭和四二年）、「空中権の展開と課題」法時六四巻三号一四頁以下（平成四年）参照。

(2)　他人の土地に工作物を所有する場合であっても、他人の土地を全面的に使用するのでなく、地下や空間の上下の範囲を定めてその部分を使用すれば足りるものがある。たとえば、他人の土地の地下に地下鉄や駐車場、貯水池、貯蔵庫などを設置したり、他人の土地の上空にモノレールや橋梁などを設置するのがこれである。これらの場合、通常の地上権を設定するのは、地上権者にとっても不必要であるばかりでなく、土地所有者にとっても土地利用の機会が不当に制限されることになる。そこで、これらの場合に地上権者と土地所有者の間の土地利用の適切な調節のために昭和四一年に導入されたのが区分地上権の制度である。区分地上権は、現在、主として他人の土地の地下に地下鉄を敷設する場合に利用されている。

二　区分地上権の成立

(1)　区分地上権も、通常の地上権と同様、原則として、設定行為と登記（不登七八条五号）によって成立する。

(2)　区分地上権は、これも通常の地上権と同様、時効によっても成立しうる。さらに、法定区分地上権も成立しうる。たとえば、土地所有者が地下に建物としての倉庫を設置しそれに抵当権を設定した場合、その実行により土地と倉庫の所有者を異にするに至れば、倉庫について区分地上権が設定されたとみなしてよいであろう（三八八条参照）。この場合、倉庫が設置されている地層につき区分地上権が設定されたものと考えられる。(1) そして、さらに、倉庫の出入りに必要な土地部分に通常の地上権が設定されたと考えられよう。

（1）　我妻＝有泉・三八八頁参照。

(3)　(イ)　区分地上権は、第三者が土地の使用収益をする権利を有する場合であっても、その権利またはこれを目的とする権利を有するすべての者の承諾があれば成立しうる（二六九条の二第二項前段）。たとえば、ある土地に通常の地上権が設定され、さらに、その地上権の上に抵当権が設定されている場合であっても、地上権者および抵当権者の承諾があれば区分地上権が成立しうる。他方、これらの者の承諾がない場合、区分地上権は成立しない。これらの者の権利の効力は、土地（土地の地下および上部空間を含む）全体に及ぶからである。

(ロ)　一般に、第三者が権利につき公示方法を備えていない場合、区分地上権は第三者の承諾なしに成立することができるとされている。

これは、同一の土地につき公示方法を備えていない権利と区分地上権が競合する場合にいずれが優先するかという二重譲渡に類似した問題である。私見によれば、たとえば、第三者が地上権の登記がなく地上権設定請求権を有する場合、区分地上権は先に登記を備えれば第三者の承諾なく成立することができる。しかし、区分地上権を成立させようとする者が地上権設定請求権を知りながら区分地上権の設定を受け、かつ、土地所有者において区分地上権の成立により第三者が害されるのを知っていた場合、第三者は地上権設定請求権に基づき区分地上権を否認することができると解される（本書二一六頁以下参照）。そして、第三者が土地を占有している場合、区分地上権を成立させようとする者は、第三者の権利につき調査義務を負い、この調査義務を怠れば原則として悪意者として扱われる。それゆえ、この場合、土地所有者において区分地上権の成立により第三者が害されるのを知っていれば、第三者は地上権設定請求権に基づき区分地上権を否認することができると解される（本書二二三頁参照）。

(ハ)　第三者の権利が仮登記によって保全されている場合、第三者の承諾なしに区分地上権が成立するであろうか。たとえば、ある土地に地上権設定請求権を保全するための仮登記がされている場合、仮登記名義人の承諾なしに区分地上権が成立するであろうか。仮登記名義人を無視して区分地上権を成立させても、仮登記名義人が仮登記に基づき本登記をすれば区分地上権は否認される。そこで、仮登記名義人の承諾なしに区分地上権を成立させることはできないとする見解が有力である(1)。しかし、仮登記名義人が仮登記に基づき本登記をするとは限らず、区分地上権の成立を否定するのはいき過ぎであると思われる。仮登記名義人が仮登記に基づき本登記をすれば区分地上権が否認され、地下鉄などを設置した区分地上権者が莫大な損害を受けることも考えられるが、しかし、これは仮登記を無視して所有権を取得した者が高層ビルなどを建築した場合であっても同じであり、区分地上権に限ってその成立を否定するのは妥当でない。同様にして、所有権移転請求権を保全するための仮登記や抵当権設定登記がされている場合であってもそれらの登記名義人の承諾なしに区分地上権が成立すると解すべきである。

（1）　香川保一「借地法等の一部を改正する法律逐条解説」曹時一九巻七号四四頁（昭和四二年）、我妻＝有泉・三八七頁以下、注釈民法(7)八九八頁以下（鈴木禄弥執筆）。

㈡　ある土地に区分地上権が成立している場合であっても、それと抵触しない区分地上権は成立しうる。この場合、他の区分地上権者の承諾をえる必要はないと解される。他の区分地上権者は土地（土地の地下および上部空間を含む）全体を支配するのではなく土地の上下の一定範囲を支配するのであり、これと抵触しない区分地上権によって何ら害されないからである。

三　区分地上権の対象

(1)　区分地上権の対象となるのは、地下または空間の上下の範囲を定めた部分である。この範囲は登記され、通常、東京湾平均海面の下（上）〇〇メートルから下（上）〇〇メートルの間という形で表示される。この範囲は、水平な層であるのが普通であるが、それに限定されるわけではない。

(2)　一筆の土地の一部の地下や空間も区分地上権の対象になる。この場合、区分地上権の登記をするには分筆の登記を経なければならない。

(3)　たとえば、区分地上権の対象として地表を含めて地下一〇メートルまでの部分とすることは許されるであろうか。民法の規定上は「地下又は空間」（二六九条の二第一項前段）となっているが、地表を排除すべき積極的理由はなく、他方、地表に地下鉄の排気口を設置する場合のように地表を含めて区分地上権を設定すべき場合もあると思われる。それゆえ、地表を含めた地下または空間の上下の範囲を定めた部分も区分地上権の対象になると解される。また、たとえば、地下五メートルから上空五メートルまでの間というように、地下と空間を一体として把握しその上下の範囲を定めた部分も区分地上権の対象になると解して差し支えないであろう。

四　区分地上権の存続期間

区分地上権の存続期間は、通常の地上権のそれと同じである。

五　区分地上権の効力

(1)　区分地上権者は、工作物を所有するために区分地上権の設定された部分を使用することができる。竹木を所有するための区分地上権は認められない。設定行為で工作物の種類が定められた場合、区分地上権者はそれ以外の工作物を所有してはならない。工作物の種類に関する当事者の合意は、登記されれば第三者に対しても主張することができる（不登七八条一号）。

(2)　区分地上権者は、設定行為をもって、区分地上権の行使のために土地所有者の土地の使用に制限を加えることができる（二六九条の二第一項後段）。たとえば、地下鉄敷設のために区分地上権が設定された場合、設定行為で土地所有者が地上に工作物を所有してはならない旨を定めることができる。当事者のこの合意は、登記をすれば第三者に対しても主張することができる（不登七八条五号）。

(3)　区分地上権が土地の使用収益をする権利を有する第三者およびこの権利を目的とする権利を有する者の承諾をえて設定された場合、土地の使用収益をする権利を有する第三者は区分地上権の行使を妨げてはならない（二六九条の二第二項後段）。

(4)　その他、区分地上権の効力に関しては地上権の効力に関して述べたのと同じである（本書四三七頁以下参照）。

六　区分地上権の消滅

区分地上権の消滅については、通常の地上権のそれと同じである（本書四四六頁以下参照）。

第六章　永小作権

第一節　序

一　永小作権の意義

(1) 永小作権(1)とは、小作料を支払って他人の土地において耕作や牧畜を行うことができる物権である（二七〇条）。

（1）永小作権については、戸水寛人・阿蘇の永小作（明治三四年）、帝国農会・本邦永小作慣行（大正四年）、中川善之助「永小作の一問題」日本法政新誌一八巻一一号二〇頁以下（大正一〇年）、農商務省農務局・永小作ニ関スル調査其一（大正一三年）、小野武夫・永小作論（大正一三年）、横田秀雄「地上権者永小作人ノ義務違背ニ対スル制裁ヲ論ス」法学論集（合本再版）三八五頁以下（大正一三年）、戒能通孝「永小作権沿革小史――主として独逸を中心として――」新報四七巻一号二八頁以下（昭和一二年）、奈良正路「永小作権の基本的諸問題」志林三九巻一号二〇頁以下、二号五七頁以下、七号四九頁以下（昭和一二年）、戒能通孝「永小作権と其の対抗要件」法律社会学の諸問題三五一頁以下（昭和一八年）、小倉武一・土地立法の史的考察（昭和二六年）、鈴木一郎「永小作権の変動――品井沼開墾地の場合――」東北法学会雑誌四号九六頁以下（昭和二八年）、中明宗平「鷹栖村の慣行永小作権について」富大経済論集一二巻二号七九頁以下（昭和四一年）参照。

(2) 江戸時代においては、当事者の一方が耕作や牧畜を行い、他方がそれから貢納を徴収する「一地両主」（両方とも所有者）と呼ばれる小作関係が存在した。これは、封建的な権利関係であったが、明治四年からはじまる地租改正において、貢納徴収権者が所有者として地券の交付を受け、耕作や牧畜を行う者は他人の土地に対する用益権者として扱われるに至った(1)。民法は、他人の土地において耕作や牧畜を行う法律関係を永小作権や賃貸借として規律しているが、永小作権が利用されることは少なく、多くの場合において賃貸借（賃借小作権）が利用されてきた(2)。そして、第二次世界大戦後の農地改革において、永小作権が設定されていた農地の多くが強制的に買収された。このようにして、永小作権は、現在、ほとんど存在しないものと推測され、それゆえ、その法的意義はあまりないということができる。

（1）福島正夫・地租改正の研究（昭和三七年）、近江・二七六頁以下参照。
（2）起草者も、民法編纂当時、永小作権が非常に少ないことを認識していた（民法議事速記録一一巻四九頁）。

二　永小作権の法的性質

(1)　永小作権は、他人の土地において耕作や牧畜を行うことができる物権である。永小作権は、地上権と異なり一筆の土地の一部には成立しないという見解もあるが、(1) しかし、地上権の場合と異なって解すべき理由はない。私見によれば、登記は物権変動の効力要件であるところ、一筆の土地の一部であっても分筆登記をすれば永小作権が成立すると解される（本書一三七頁参照）。

（1）我妻＝有泉・三九六頁以下。

(2)　永小作権は、耕作や牧畜を行うための物権である。工作物や竹木の所有を目的とするものは地上権であるが、永小作権においても耕作や牧畜のために必要な工作物や竹木の所有は認められる。

(3)　永小作権は、他人の土地を使用して耕作や牧畜を行う物権である。それゆえ、永小作人は、当然、他人の土地を占有すべき権利を有する。そして、永小作人は、地主から土地の引渡しを受ければ土地の占有権を取得する。

(4)　永小作権は、物権であり、譲渡性を有する。もっとも、地上権の場合と異なり、永小作権の譲渡性は設定行為によって禁止され、この禁止は登記をすれば第三者に対しても主張することができる（二七二条但書、不登七九条三号）。

(5)　永小作権は、小作料を伴う。したがって、小作料は永小作権の要素であり、この点で、永小作権は地代を要素としない地上権と異なる。

第二節　永小作権の成立

一　永小作権の成立

(1) 一般に、永小作権は、通常、設定行為（設定契約や遺言）によって成立するとされる。しかし、私見によれば、地上権の場合と同じく、永小作権は、通常、設定行為と登記によって成立すると解される（本書一三七頁参照）。

(2) (イ) 農地または採草放牧地について永小作権を設定するには、農業委員会または都道府県知事の許可を受けなければならない（農地法三条一項本文）。この許可を受けない場合、永小作権は成立しない（農地法三条四項）。

(ロ) 農地または採草放牧地の賃借権は登記がなくても引渡しがあれば第三者に対して主張することができるとされているが（農地法一八条一項）、農地法一八条一項は永小作権に類推適用されると解される(1)。永小作人は地主に対して登記請求権を有するから農地法一八条一項を類推適用する必要がないようにもみえるが、私見によれば、賃借人も賃貸人に対して登記請求権を有し(2)、永小作権に農地法一八条一項の類推適用を否定する理由がないからである。さらに、私見によれば、永小作人が地主から農地または採草放牧地の引渡しを受けこれを占有している場合、第三者には永小作人の権利につき調査義務があると解されるから（本書二三頁参照）、農地法一八条一項が永小作権に類推適用されるとしても第三者は不当に害されない。結局、農地または採草放牧地については、永小作権は設定行為と引渡しによっても成立すると解される。

（1）同旨、末川・三四六頁、川井・二〇六頁、近江・二七九頁。これに反対なのは、舟橋・四一六頁、我妻＝有泉・三九八頁、松坂・一九九頁。

（2）石田穣・民法Ⅴ二四二頁（昭和五七年）。星野英一・借地・借家法三八三頁以下（昭和四四年）も同旨。

(3)　永小作権は時効（一六三条）によっても成立しうる。もっとも、この場合であっても登記が必要である。すなわち、当事者は、時効によって永小作権設定請求権を取得し、登記によって永小作権を取得する（時効の起算日に遡って取得する（一四四条））。また、時効の場合、永小作権は農地や採草放牧地であっても農業委員会や都道府県知事の許可なしに成立すると解してよいであろう（最判昭五〇・九・二五民集二九巻八号一三二〇頁（農地の所有権の時効取得の場合、農業委員会や都道府県知事の許可は不要であるとする）参照）。

二　永小作権と賃借小作権の区別

永小作権については、地上権の場合と異なり、これを推定する法律はない。そこで、永小作権と賃借小作権の区別については、存続期間や譲渡性、当該地方における慣習などを吟味して決定することになるであろうが（大判昭一一・四・二四民集一五巻七九〇頁参照）、永小作権がほとんどみられないことにかんがみ、原則として賃借小作権とされることになるであろう（大判昭一三・五・二七新聞四二九一号一七頁）。

第三節　永小作権の存続期間

一　設定行為で存続期間を定めた場合

(1)　永小作権の存続期間は、二〇年以上五〇年以下である（二七八条一項前段）。五〇年より長い期間が設定された場合には五〇年に短縮される（二七八条一項後段）。二〇年に満たない期間のものは、永小作権ではなく、賃借権とされることになるであろう（六〇四条一項参照）。

(2)　永小作権の存続期間は、これを更新することができる（二七八条二項本文）。ただし、その期間は更新の時から五〇年を超えることができない（二七八条二項但書）。農地または採草放牧地の賃借権については、賃貸人が一定の期間内に更新しない旨の通知をしない場合には当然に更新され（農地法一九条本文）、しかも、期間が一〇年未満の賃借権につき更新しない旨の通知をするには都道府県知事の許可が必要であるとされているが（農地法二〇条一項本文一項但書一項三号）、これらの規定は永小作権に類推適用されない（最判昭三四・一二・一八民集一三巻一三号一六四七頁）。永小作権の存続期間は、賃借権のそれにくらべて長いからである。

(3) (イ) 民法施行前に設定された永小作権は、その存続期間が五〇年より長くても効力を有する（民施四七条一項本文）。ただし、その期間が民法施行の日から起算して五〇年を超える場合には、民法施行の日から起算して五〇年に短縮される（民施四七条一項但書）。

(ロ) 民法施行前に永久に存続すべきものとして設定された永小作権については、民法施行の日から五〇年を経過した後一年以内に地主において相当の償金を支払ってその消滅を請求することができる（民施四七条三項前段）。地主がこの権利を放棄したり一年以内にこの権利を行使しない場合、その後一年以内に永小作人において相当の代価を支払って所有権を買い取らなければならない（民施四七条三項後段）。

(ハ) 民法施行の日から起算する五〇年の期間は、昭和二三年七月一五日で満了する。そして、昭和二四年に改正された自作農創設特別措置法は、「昭和二十三年七月十五日現在において民法施行法……第四十七条に規定する永小作権の目的となっていた農地」（自作農創設特別措置法三条五項五号）につき、「都道府県農地委員会又は市町村農地委員会が、……自作農の創設上政府において買収することを相当と認めたものは、政府が、これを買収する」（自作農創設特別措置法三条五項前文）と定めた。それゆえ、民法施行前に長期の永小作権が設定されていた農地は、農地改革の際に、政府によって買収され、自作農地とされたものと考えられるのである。(1)

（1） 我妻＝有泉・三九九頁参照。

二 設定行為で存続期間を定めなかった場合

(1) 設定行為で永小作権の存続期間を定めなかった場合、その期間は、別段の慣習がある場合を除き三〇年である（二七八条三項）。

(2)　民法施行前に存続期間を定めないで設定された永小作権については、その期間は、慣習により五〇年より短い場合を除き、民法施行の日から五〇年である（民施四七条二項）。民法施行の日から五〇年存続する永小作権の期間は昭和二三年七月一五日に満了し、それゆえ、この永小作権が設定されていた農地は、自作農創設特別措置法三条五項五号五項前文により政府に買収され、自作農地とされたと考えられる。(1)

(1)　我妻＝有泉・四〇〇頁参照。

第四節　永小作権の効力

一　永小作人の土地使用権

(1)　永小作人の土地使用権

(イ)　永小作人は、他人の土地において耕作や牧畜をすることができる。耕作とは、土地に労力を加えて穀物・野菜・果樹などを栽培することをいう。薬草・草花・肥草などを栽培するのも耕作に入る（大判明三九・一一・一二民録一二輯一五一四頁）。植林は、地上権の対象であり、耕作ではない。牧畜とは、牛馬などの家畜を飼育することをいう。

(ロ)　他人の土地において工作物や竹木を所有するのは、本来、地上権の対象であるが、永小作人であっても耕作や牧畜のために必要な範囲で工作物や竹木を所有することができる。

(ハ)　設定行為で土地使用の目的が定められた場合、永小作人はそれに従って土地を使用しなければならない。たとえば、設定行為で耕作のための永小作権と定められた場合、永小作人は耕作のために必要な場合を除き牧畜のために土地を使用してはならない。設定行為で定められた土地使用の目的は、登記をすれば第三者に対しても主張することができる（不登七九条四号）。

(ニ) 永小作人は、農地を農地以外のものにする場合、都道府県知事または農林水産大臣の許可を受けなければならない（農地法四条一項本文・五条一項本文）。

(ホ) 永小作人は、土地に対して回復することのできない損害を生ずべき変更を加えてはならない（二七一条）。もっとも、これと異なる慣習があればそれに従う（二七七条）。

(ヘ) 一般に、永小作人は地主に対し土地の修繕を求めることはできないと解されているようである。しかし、有償の地上権について述べたのと同様の理由により、永小作人は地主に対し民法六〇六条一項を類推し土地の修繕を求めることができると解するのが妥当である(1)（本書四三八頁参照）。

（1） 旧民法財産編一六四条は、「(一項) 永貸人ハ永貸借契約ノ当時ノ現状ニテ永貸物ヲ引渡スモノトス　(二項) 永貸人ハ貸借ノ期間大小修繕ヲ負担セス」と規定していたが、当然のこととして現行民法の編纂過程で削除された（民法議事速記録一一巻七九頁）。しかし、土地の賃貸人の修繕義務を肯定しつつ永小作権の地主の修繕義務を否定する十分な理由はなく、起草者の右の見解を解釈の基礎とする必要はないと思われる。

(2) 永小作人の占有権　永小作人が土地を使用するためには土地を占有しなければならない。それゆえ、永小作人は、土地を占有すべき権利を有し、土地の引渡しを受ければ土地の占有権を取得する。

(3) 永小作人の賃貸権　永小作人は、その権利の存続期間内において耕作や牧畜のために土地を賃貸することができる（二七二条本文）。もっとも、設定行為をもってこれを禁止した場合（二七二条但書）や別段の慣習がある場合（二七七条）はこの限りでない。賃貸禁止の特約は、登記をすれば第三者に対しても主張することができる（不登七九条三号）。賃貸禁止の特約は登記をしなければ債権的効力を有するにとどまるが、賃借人が賃貸禁止の特約を知りつつ賃借権の設定を受け、永小作人において賃借人の賃借権取得により地主が害されるのを知っていれば、地主は賃貸禁止債権に基づき第三者の賃借権を否認することができると解される（本書二一六頁以下参照）。なお、永小作人が農地や採草放牧地を賃貸する場合、農業委員会または都道府県知事の許可を受けなければならない（農地法三条一項本文）。

(4)　永小作人の物権的請求権　永小作権は物権であり、永小作人は、当然、物権的請求権を有する。その内容については、すでに述べた（本書九三頁参照）。

(5)　相隣関係の規定の類推適用　永小作権については、地上権の場合と異なり、相隣関係の規定を準用すべき旨の規定はない。しかし、相隣関係に関する民法二〇九条から二三八条までの規定は永小作権の場合にも類推適用されると解してよいであろう。すなわち、相隣関係の規定は、永小作人と土地所有者、地上権者、永小作人、賃借人などの間についても類推適用される（本書三〇八頁参照）。そして、地上権の場合と同様、民法二二九条（境界線上の工作物の共有の推定）は、境界線上の工作物が永小作権の設定後に設けられた場合についてのみ類推適用されるべきであろう（二六七条但書参照。本書四三九頁参照）。

二　永小作権の譲渡性

(1)　永小作権は物権であり、別段の慣習がない限り（二七七条）、永小作人はこれを自由に第三者に譲渡することができる（二七二条本文）。もっとも、設定行為で譲渡を禁止した場合は別であり（二七二条但書）、この禁止は登記をすることにより第三者に対しても主張することができる（不登七九条三号）。譲渡禁止の特約は登記をしなければ債権的効力を有するにとどまるが、譲受人が譲渡禁止の特約を知りつつ永小作権の譲渡を受け、譲渡人において譲受人の永小作権取得により地主が害されるのを知っていれば、地主は譲渡禁止債権に基づき第三者の永小作権を否認することができると解される（本書二一六頁以下参照）。なお、永小作人は永小作権の上に抵当権を設定することができる（三六九条二項）。

(2)　農地や採草放牧地に設定された永小作権を譲渡するには、農業委員会または都道府県知事の許可を受けなければならない（農地法三条一項本文）。

三　永小作人の地上物収去権

永小作人の地上物収去権および地主の地上物買取請求権（売渡請求権）については、地上権の場合の規定が準用されている（二七九条）。その内容は、地上権の場合について述べたのと同じである（本書四四〇頁以下参照）。

四　永小作人の費用償還請求権

永小作人の費用償還請求権については、賃借人の費用償還請求権に関する民法六〇八条が類推適用されると解してよいであろう（本書四四一頁以下参照）。

五　小作料

(1)　序　永小作権は小作料を伴う。しかし、地主が将来の小作料を免除するのは差し支えないと解されている。もっとも、実質上無償の永小作権となるような小作料の免除は認められないというべきであろう（使用賃借と解される場合もありうる）。小作料は、金銭であってもその他のものであってもよい。

(2)　小作料と永小作権の関係　小作料は登記の対象となり（不登七九条一号）、登記された小作料は第三者に対してもこれを主張することができる。その他、小作料と永小作権の関係は、地代と地上権の関係について述べたのとほぼ同じである（本書四四二頁以下参照）。

(3)　小作料額

(イ)　(a)　小作料額は、原則として、当事者の定めるところによる。当事者が小作料額を定めなかった場合、裁判所が当事者の請求によりこれを定める（三八八条後段参照）。裁判所は、その地方の一般的な小作料額、当事者双方の事情、永小作権設定の目的などを考慮して決定することになるであろう。

(b)　農地に設定された永小作権については、農業委員会は、小作料の標準額を定め（農地法二三条）、当事者の定めた小作料額がこれより著しく高い場合には当事者に対しその減額を勧告することができる（農地法二四条）。

(ロ)　(a)　当事者の定める小作料額が不相当になった場合、地上権の場合と同じように、借地借家法一一条を類推し、当事者に小作料額の増減請求権が認められると解してよいであろう（本書四四五頁参照）。

(b) 農地に設定された永小作権については、当事者に借地借家法一一条とほぼ同様の小作料額の増減請求権が認められている（農地法二一条）。

(4) その他

(イ) (a) 永小作人は、不可抗力により収益につき損失を受けた場合であっても、小作料の免除や減額を請求することはできない（二七四条）。もっとも、これと異なる慣習があれば別である（二七七条）。

(b) 農地に設定された永小作権については、永小作人は、小作料額が不可抗力により、田にあっては収穫された米の価格の二割五分、畑にあっては収穫された主作物の価格の一割五分を超える場合、その割合に相当する額になるまで小作料の減額を請求することができる（農地法二二条）。

(ロ) その他、小作料については、別段の慣習がある場合を除き（二七七条）、賃貸借に関する規定が準用される（二七三条）。そこで、賃借物の一部滅失による賃料減額請求権などに関する民法六一一条、賃料の支払時期に関する民法六一四条、不動産賃貸の先取特権に関する民法三一二条以下などが準用される。

第五節　永小作権の消滅

一　永小作権の消滅事由

永小作権は、存続期間の満了、消滅時効、混同、土地の滅失、永小作権の消滅請求、永小作権の放棄、約定による消滅事由の発生などによって消滅する。農地または採草放牧地の賃貸借の当事者は、原則として、都道府県知事の許可を受けなければ賃貸借を終了させることができないが（農地法二〇条一項）、この規定は永小作権には類推適用されないと解される。永小作権の存続期間は長く、また、永小作権の消滅事由はかなり制限されているからである。以下においては、永小作権の消滅請求と永小作権の放棄について説明する。

二　永小作権の消滅請求

(1)　小作料怠納　永小作人が引き続き二年以上小作料の支払いを怠った場合、地主は永小作権の消滅を請求することができる（二七六条）。もっとも、これと異なる慣習があればそれに従う（二七七条）。小作料怠納による永小作権の消滅請求の内容は、地代怠納による地上権の消滅請求について述べたのと同じである（本書四四六頁以下参照）。

(2)　永小作人の用法違反　永小作人が設定行為や土地の性質によって定まる用法に違反して土地を使用した場合、地主は相当期間を定めてその行為をやめるよう催告し永小作人が応じなければ永小作権の消滅を請求することができると解される（二七三条・六一六条・五九四条一項・五四一条参照。大判大九・五・八民録二六輯六三六頁は、五四一条により永小作権の消滅を通知できるとする）。もっとも、これと異なる慣習があればそれに従う（二七七条）。用法違反による永小作権の消滅請求の法的性質や効果は、用法違反による地上権の消滅請求について述べたのと同じである（本書四四八頁参照）。

(3)　永小作人の土地の変更禁止違反　永小作人は、特段の慣習がない限り、土地に対して回復することのできない損害を生ずべき変更を加えることができない（二七一条・二七七条）。永小作人がこの義務に違反した場合、地主は永小作権の消滅を請求することができると解するのが妥当であろう。催告については、その性質上必要でないと解される。

三　永小作権の放棄

(1)　永小作権の放棄　永小作人は、不可抗力により、引き続き三年以上全く収益をえず、または、五年以上小作料より少ない収益しかえられない場合、その権利を放棄することができる（二七五条）。もっとも、これと異なる慣習があればそれに従う（二七七条）。放棄の効果については、地上権の放棄について述べたのと同じである（本書四四九頁参照）。

(2)　永小作権の放棄と抵当権　永小作権の上に抵当権が設定されている場合、永小作人は永小作権の放棄を抵当権者に対して主張することができない（三九八条）。この場合、永小作権は放棄によって消滅しないと解すべきであろう。

第七章　地役権

第一節　序

一　地役権の意義

(1)　地役権とは、(1)設定行為をもって定めた目的に従い他人の土地（承役地）を自己の土地（要役地）の便益に供することができる物権である（二八〇条本文）。自己の土地の便益に供するとは、自己の土地を使用する上での便益をいう。たとえば、自己の土地を使用する上での便益のために、他人の土地を通行したり（通行地役権）、他人の土地から水を引いたりする（引水地役権）のがこれである。

（1）　地役権については、緒方省一郎「地役権ノ性質」京都法学会雑誌一巻二号、三号、四号（明治三九年）、末川博「他人の土地を通行する権利」所有権・契約その他の研究八四頁以下（昭和一四年）、吉野悟「古代ローマ法における地役権の成立過程にかんする試論」専修大学論集一四号一六頁以下（昭和三二年）、東孝行「通行権と事情の変更」民商六九巻三号三頁以下（昭和四八年）、沢井裕・隣地通行権（叢書民法総合判例研究⑩）一二九頁以下（昭和五三年）、中尾英俊「送電線地役権の現状と問題点——その人役権的構成——」西南一八巻三号一頁以下（昭和六一年）、江口幸治「イギリス法の地役権研究序説」日本大学大学院法学研究年報一八号一三五頁以下（昭和六三年）、安藤一郎・新版相隣関係・地役権二三三頁以下（平成三年）、岡本詔治・隣地通行権の理論と裁判一頁以下（平成四年）、同・私道通行権入門（平成七年）、武村悦子「フランス民法における SERVITUDES（役権）の研究」愛知学院大学論叢法学研究四五巻四号八九頁以下、四六巻一号一七頁以下、二号三三頁以下、三号四七頁以下、四号一〇一頁以下（平成一六年—一七年）、安藤一郎「通行地役権」私道の法律問題（五版）二六五頁以下（平成一七年）、秋山靖浩「ドイツにおける都市計画と併存する地役権——都市空間の制御における地役権の意義を探るために——」早法八一巻一号一頁以下（平成一七年）参照。

(2)　地役権が設定された場合、地役権者は一定の範囲で承役地に支配を及ぼし、承役地の所有者の土地所有権はその範囲で制約を受ける。これは、相隣関係に類似する。しかし、相隣関係は法律上の所有権の拡張・制限であるのに対し（本書三〇七頁以下参照）、地役権は主として当事者間の契約によってもたらされる地役権という所有権とは別の物権関係である点で、両者は異なる。

(3)　地役権に似たものに人役権(1)がある。人役権とは、他人の土地を自己の土地を使用する上での便益ではない便益に供する権利をいう。たとえば、隣地に植物採集のために立ち入ることができる権利というのがこれである。わが国の民法は人役権を認めていないが、これを認める国もある（ドイツ民法一〇九〇条）。

（1）　人役権については、三瀦信三「制限的人役権ニ就テ」法協三五巻一二号一頁以下（大正六年）参照。

二　地役権の法的性質

(1)　他人の土地を自己の土地の便益に供すること

(イ)　要役地の一部のために、あるいは、承役地の一部の上に地役権を設定することは可能であろうか。承役地の一部の上に地役権を設定することは可能であり、しかも、そのための分筆登記をする必要もない。なぜなら、不動産登記法八〇条一項二号は地役権設定の範囲が承役地についての登記事項になると規定しているからである。これに対し、要役地の一部のために地役権を設定するのを認める必要はないであろう(1)。要役地の一部のための地役権は承役地の一部の上の地役権に還元して処理すれば十分だからである。たとえば、要役地の一部のための日照地役権や観望地役権は、承役地の一部の上に設定される地役権として処理されれば十分である。不動産登記法も要役地の一部についての地役権の登記については何ら規定をしていない。

（1）　我妻＝有泉・四一三頁参照。

(ロ) 地役権の設定は、民法物権編第三章第一節（所有権の限界）中の強行規定に違反してはならない（二八〇条但書）。右の強行規定の多くは相隣関係に関するものであるが、地役権は相隣関係に類似しているため、右の強行規定に違反することができないことを注意的に規定したものである。(1)

(1) 民法議事速記録一一巻一二〇頁以下参照。

(ハ) 地役権は、他人の土地を自己の土地の便益に供する権利である。便益の種類については制限がない。通行地役権や引水地役権が代表的な地役権であるが、要役地の日照や眺望を確保するための日照地役権や観望地役権などもある。前述したように、他人の土地を自己の土地を使用する上での便益ではない便益に供するのは地役権ではない（人役権である）。要役地と承役地が隣接している必要はない。(1)

(1) 民法議事速記録一一巻一二五頁以下。

(ニ) 地役権は、一般に、他人の土地を自己の占有下におくものではなく、占有すべき権利を含まないとされる。たしかに、日照地役権や観望地役権などについてはそうであろう。しかし、たとえば、地役権者が他人の土地に通路を開設し通行地役権に基づき常時そこを通行すると同時に通路の維持・補修に当たっている場合、地役権者はその通行部分を自己のためにする意思をもって支配（所持）している、すなわち、占有しているといわざるをえない（一八〇条）。あるいは、地役権者が通路を開設したりその維持・補修に当たっていなくても通行地役権に基づき常時他人の土地を通行している場合、地役権者が自己のためにする意思を有するのはもちろん、社会通念上、通行部分を支配し、通行を妨げる他人の行為を排除している、すなわち、占有しているというべきである。この場合、地役権者は、通行を妨害する者に対し、地役権に基づき妨害排除を請求することができるのは当然であるが、占有権に基づき妨害排除を請求することもできると解するのが妥当であろう（この場合、地役権を立証する必要がない。大判昭一二・一一・二六民集一六巻一六六五頁は、準占有権に基づき妨害排除を請求できるとする）。それゆえ、地役権が占有すべき権利を含むかどうかは、地役権の内容に応じて判断されるべきである。地役権が占有を伴う場合、地役権者は、地役権に基づく妨害排除請求権や妨害予防請求権はもちろん、引渡請求権や引取請求権も有すると解される（本書九三頁参照）。

(ホ)　承役地の所有者は、地役権者に対し土地を要役地の便益に供する義務を負う。この義務は、主として不作為の義務であり、たとえば、地役権者による通行や引水を妨害しない義務、地役権者の日照や眺望を妨げないために建物を建てない義務などがこれである。しかし、作為の義務の場合もありうる（二八六条）。たとえば、設定行為により通行地役権の承役地の所有者が通路の維持・補修に当たるというのがこれである。

(ヘ)　地役権は、有償の場合もあるが、無償の場合もある。学説、判例（大判昭一二・三・一〇民集一六巻二五五頁）は、地役権の対価を登記することはできないとするが、しかし、地上権（有償の場合も無償の場合もある）の地代は登記の対象とされており（不登七八条二号）、不動産登記法七八条二号を類推して地役権の対価も登記の対象になると解するのが妥当である。このように解する場合、地役権の対価は登記されれば第三者に対しても主張することができる。そこで、地役権の対価が登記された場合、承役地の所有者は要役地の譲受人に対し対価を請求することができる。地役権の対価が登記されなくても、要役地の譲受人が対価を知って譲り受け、要役地の譲渡人において譲受人の要役地取得（地役権の対価の伴わない要役地の取得）により承役地の所有者が害されるのを知っていた場合、承役地の所有者は、対価債権に基づき要役地の譲受人に対しその要役地所有権のうち地役権の対価を伴わないという部分を否認し対価を請求することができると解される（本書二一七頁参照）。

(2)　地役権と当事者関係

(イ)　地役権は、要役地の所有者と承役地の所有者の間で設定されるのが普通である。要役地の所有者と承役地の所有者の間で地役権が設定された場合、要役地の地上権者、永小作人、賃借人などは当該の地役権を行使することができる（二八一条一項本文）。他方、承役地の地上権者、永小作人、賃借人などは相手方による地役権の行使を忍容しなければならない。もっとも、これは、地役権が設定された後で承役地に地上権などが設定された場合、および、地役権が設定される前に承役地に地上権などが設定されていたときには地上権者などの同意がある場合に限られる。

(ロ) 地上権者、永小作人、賃借人なども、その利用する土地のために、あるいは、その利用する土地について地役権を設定することができる(1)。もっとも、地役権の設定は、地上権、永小作権、賃借権などの範囲（存続期間を含む）を超えることができないのは当然である。判例は、賃借人による地役権の時効取得を否定しているが（大判昭二・四・二二民集六巻一九八頁）、これを否定する理由はない。

（1） 反対なのは、三潴・二〇八頁以下、川井・二一二頁。

(3) 地役権の附従性

(イ) (a) 地役権は、要役地の所有権とは別の物権であるが、設定行為に別段の定めがある場合を除き、要役地の所有権の従としてこれとともに移転し、あるいは、要役地について存在する他の権利の目的となる（二八一条一項）。

要役地の所有権が移転すれば地役権も当然に移転し、そのための特別の意思表示は不要である（大判大一〇・三・二三民録二七輯五八六頁）。地役権の移転登記も不要である（大判大一三・三・一七民集三巻一六九頁）。すなわち、要役地につき所有権の移転登記が行われれば、地役権は登記なしに所有権の移転に伴って当然に移転するのである。このように解しても、承役地の所有者は要役地の所有者を知ることができれば地役権者も知ることができるから害されない。

要役地について存在する他の権利の目的となるというのは、たとえば、地役権が要役地について存在する地上権や抵当権などの目的となることをいう。

設定行為でなされた別段の定めは、登記をすれば第三者に対しても主張することができる（不登八〇条一項三号）。

(b) 地上権者、永小作人、賃借人などのために地役権が設定された場合、民法二八一条一項を類推し、設定行為に別段の定めがある場合を除き、地役権は地上権、永小作権、賃借権などの従としてこれらとともに移転し、あるいは、これらについて存在する他の権利（地上権の上の抵当権など）の目的となると解される。

(ロ)　地役権は、要役地から分離して譲渡したり他の権利の目的とすることができない（二八一条二項）。

(4)　地役権の不可分性(1)

（1）　地役権の不可分性については、三潴信三「地役権不可分論」法協三四巻六号九七頁以下、七号七一頁以下、八号八二頁以下（大正五年）参照。

(イ)　土地の共有者の一人は、その持分につき、その土地のために、または、その土地について存在する地役権を消滅させることができない（二八二条一項）。

承役地の共有者の一人がその持分につき地役権を消滅させる行為をすれば、持分は承役地の全体に及ぶから（二四九条）、地役権が他の共有者の持分の上に存続するとしても実際上これを行使することができなくなる。民法二八二条一項が土地の共有者の一人はその持分につきその土地について存在する地役権を消滅させることができないと規定するのは、そのためであろう。

しかし、要役地の共有者の一人がその持分につき地役権を消滅させる行為をしても、その者が地役権を行使することができなくなるだけであり、他の共有者の地役権はそれによって特に影響を受けない。それゆえ、民法二八二条一項が土地の共有者の一人はその持分につきその土地のために存在する地役権を消滅させることができないと規定するのは、地役権が共有者の一部のためにのみ存在するというのは法律関係として複雑であり、また、承役地の所有者にとって地役権が共有者の全部のために存在しても一部のために存在しても負担はあまり変わらないからであろう。

(ロ)　(a)　共有者の一人が時効によって地役権を取得した場合、他の共有者もこれを取得する（二八四条一項）。共有者の一人が時効で地役権を取得した場合であっても他の共有者はこれを取得しないとする取扱いも十分に可能である。民法二八四条一項は、地役権が共有者の一部のためにのみ存在するというのは法律関係として複雑であり、また、承役地の所有者にとって地役権が共有者の全部のために存在しても一部のために存在しても負担はあまり変わらないから規定

されたものであろう。(1)

(1) 民法議事速記録一一巻一四七頁以下参照。

(b) (a)との関連において、共有者に対する地役権の取得時効の中断は地役権を行使する各共有者に対してしなければ効力を生じない(二八四条二項)。

(c) これも(a)との関連において、地役権を行使する共有者が数人いる場合、その一人について取得時効の停止事由があっても時効は各共有者のために進行する(二八四条三項)。

(ハ) 要役地が数人の共有に属する場合において、その一人のために地役権の消滅時効の中断や停止事由があれば、時効の中断や停止は他の共有者のためにも効力を生じる(二九二条)。この規定の趣旨も地役権の取得時効に関する民法二八四条について(ロ)で述べたのと同じである。

(ニ) 土地の分割や一部譲渡の場合、地役権は、その各部のために、または、その各部について存在する(二八二条二項本文)。ただし、地役権がその性質上土地の一部のみに関する場合はこの限りでない(二八二条二項但書)。ここで土地の分割とは、共有地の分割を意味する(本書三一四頁参照)。一筆の土地が二筆に分筆された場合も土地の分割の場合と同様に扱ってよいであろう。但書については、たとえば、通行地役権が共有地である承役地の一部に存在し、承役地が通行地役権の存在する部分と存在しない部分に分割された場合がこれである。

三　地役権の態様

地役権の態様としては次のようなものがある。

(1) 作為の地役権と不作為の地役権　作為の地役権とは、通行地役権や引水地役権などのように、地役権者が一定の行為をすることができ、承役地の所有者がこれを忍容しなければならないものをいう。不作為の地役権とは、日照地役権や観望地役権などのように、承役地の所有者が一定の行為をしないという義務を負担するものをいう。

(2)　継続地役権と不継続地役権　継続地役権とは、地役権者が常時通行している通行地役権や不作為の地役権などのように、地役権の内容が継続的に実現されているものをいう。不継続地役権とは、地役権者が時々通行する通行地役権などのように、地役権の内容が継続的に実現されるのではないものをいう。この区別は、地役権の時効取得に関係がある（本書四七五頁以下参照）。

(3)　表現地役権と不表現地役権　表現地役権とは、通行地役権や地表の引水地役権などのように、地役権の内容が外部に（一般の人に）表現されているものをいう。不表現地役権とは、地下の引水地役権や不作為の地役権などのように、地役権の内容が外部に表現されていないものをいう。この区別も、地役権の時効取得に関係がある（本書四七五頁以下参照）。

第二節　地役権の成立

一　序

地役権は、設定行為（設定契約や遺言）と登記によって成立するのが普通であるが、時効や法律上の規定によって成立することもありうる。

二　設定行為と登記

(1)　一般に、地役権は、通常、設定行為によって成立するとされる。しかし、私見によれば、地上権や永小作権の場合と同じく、地役権は、通常、設定行為と登記によって成立すると解される（本書一三七頁参照）。

(2)　(イ)　地役権の登記は、承役地について、要役地を表示し、地役権設定の目的と範囲などを記録して行う（不登八〇条一項）。そして、この登記をした場合には、登記官は、職権で、要役地について、承役地を表示し、地役権設定の目的と範囲などを記録する（不登八〇条四項、不登規一五九条）。

(ロ)　地上権者、永小作人、賃借人なども、その利用する土地のために、あるいは、その利用する土地について地役権を設定することができるが（本書四七一頁参照）、この場合の登記は以下のようになるであろう。

まず、要役地に地上権などが設定されている場合、承役地について、要役地の地上権などを表示し、地役権設定の目的と範囲などを記録する。そして、この登記がされれば、登記官は、職権で、要役地の地上権などの登記の附記登記として、承役地を表示し、地役権設定の目的と範囲などを記録する。

次に、承役地に地上権などが設定されている場合、承役地の地上権などの登記の附記登記として、要役地を表示し、地役権設定の目的と範囲などを記録する。そして、この登記がされれば、登記官は、職権で、要役地について、承役地の地上権などを表示し、地役権設定の目的と範囲などを記録する。

(3)　民法施行前の地役権は、民法施行後一年以内の第三者に対しては登記なしに対抗することができるが、その後の第三者に対しては登記なしに対抗することができないとされる（大判大一〇・六・二四民録二七輯一二三三頁参照。民施三七条も参照）。私見によれば、民法施行前の地役権は、民法施行後は登記をしなければ地役権設定請求権として扱われ、民法施行後一年以内の第三者に対してはこれを（地役権設定請求権を）主張することができるが、その後の第三者に対しては、第三者が地役権設定請求権を知りながら土地を譲り受け、かつ、土地の譲渡人において第三者の土地取得により地役権設定請求権者が害されるのを知っていた場合を除き、これを主張することができないと解される（本書二一七頁参照）。

三　時効取得

(1)　地役権は、継続かつ表現のものに限り時効によって取得することができる（二八三条）(1)。もっとも、この場合であっても登記が必要である。すなわち、当事者は、時効によって地役権設定請求権を取得し、登記によって地役権を取得する（時効の起算日に遡って取得する（一四四条））。

（1）　地役権の時効取得については、宮崎孝治郎「地役権の時効取得」法協四六巻七号一四九頁以下（昭和三年）、大島俊之「通行地役権

の時効取得――民法二八三条の『継続』・『表現』の意味――」大阪府立大学経済研究三二巻四号七七頁以下（昭和六二年）、岡本詔治「通行地役権の時効取得」隣地通行権の理論と裁判一八七頁以下（平成四年）参照。

(2)　地役権は、継続かつ表現のものに限り時効によって取得することができる。継続地役権であるのを要するのは、たとえば、土地所有者が隣人の不継続の通行を忍容していても情宜上の黙認であるのが普通であり、これを時効取得の対象とするのは妥当でないからである。表現地役権、すなわち、地役権の内容が外部に（一般の人に）表現されているものであるのを要するのは、土地所有者が知らずに時効中断の措置をとらないでいるうちに地役権が時効取得されるのは妥当でないからである。

(3)　判例は、通行地役権について、要役地の所有者が通路を開設した場合にのみ時効取得を認める（最判昭三〇・一二・二六民集九巻一四号二〇九七頁、同判昭三三・二・一四民集一二巻二号二六八頁、同判平六・一二・一六判時一五二一号三七頁）。しかし、承役地の所有者や第三者が通路を開設した場合であっても、要役地の所有者が通路を常時通行し、しかも、通路の維持・補修に当たっていれば時効取得を認めてよいし[1]、さらには、要役地の所有者が通路の維持・補修に当たっていなくても通路を常時通行していれば時効取得を認めて差し支えないと考える。右の場合に承役地の所有者が時効を中断するのは容易であるし、また、民法二八三条は地役権が継続かつ表現のものであれば時効取得の対象になるとしているからである。

（1）　松尾＝古積・一九三頁参照。

(4)　要役地の地上権者や賃借人などであっても通行地役権を時効で取得することは可能である[1]（大判昭二・四・二二民集六巻一九八頁は、賃借人につき否定）。要役地の所有者の場合と区別して扱う理由はないからである。地上権者にも囲繞地通行権が認められていることも参考にすべきである（二六七条・二一〇条―二一三条）。

（1）　松尾＝古積・一九四頁参照。

四　法定地役権

農地法は、国が買収で取得した土地につき、電気事業者のために電線路の施設を目的とする法定地役権の成立を認めている（農地法五四条二項）。この場合の地役権は、承役地が電線路の施設の用に供されている限り、登記なしに成立し第三者に対しても主張することができると解される（農地法五四条四項参照）。

第三節　地役権の存続期間

地役権の存続期間については、民法に規定がない。したがって、地役権の存続期間は当事者の定めるところによる。当事者が地役権の存続期間を永久と定めることが可能であるかどうかには疑問があるが、これを認めれば所有権が永久に地役権の制約を受けることになり、使用・収益・処分という物に対する全面的支配権としての所有権の基本的性質に反するおそれがある。そこで、当事者が地役権の存続期間を永久と定めても、承役地の所有者は、地役権設定の趣旨に照らし地役権を存続させる必要性がなくなった場合や物に対する全面的支配権としての所有権の基本的性質に照らし不相当に長い期間が経過した場合、地役権の消滅を請求することができると解するのが妥当であろう（本書四三五頁以下参照）。当事者の定めた地役権の存続期間は登記の対象になると解すべきであり（不登七八条三号の類推）、登記された存続期間は第三者に対しても主張することができるのは当然である。

第四節　地役権の効力

一　序

地役権は、他人の土地を自己の土地の便益に供することができる物権である。その具体的内容は、設定行為や、時効取得の際の他人の土地を自己の土地の便益に供する態様によって定まる。地役権者は、このようにして定まった地役権の内容に従って他人の土地を自己の土地の便益に供し、承役地の所有者は、これを忍容する不作為の義務や場合によっては作為の義務（二八六条）を負う。地役権者が承役地の所有者に対して最も損害の少ない方法で地役権を行使しなければならないのは当然である（ドイツ民法一〇一九条・一〇二〇条、スイス民法七三七条二項参照）。

二　地役権者と承役地の所有者の間の利害調節

(1)　用水地役権　用水地役権[1]の承役地において水が要役地および承役地の需要のために不足する場合、その各地の需要に応じて、まず生活用に供し、その残余を他の用途に供する（二八五条一項本文）。ただし、設定行為に別段の定めがあればこの限りでない（二八五条一項但書）。別段の定めは、登記をすれば第三者に対しても主張することができる（不登八〇条一項三号）。以上は、地役権者と承役地の所有者の間の関係であるが、同一の承役地の上に数個の用水地役権が設定された場合、後の地役権者が前の地役権者の水の使用を妨げてはならないのは当然である（二八五条二項）。

（1）　用水地役権については、大島俊之「民法二八五条の沿革——イタリア法を継受したわが民法規定——」神院二一巻三号一頁以下（平成三年）参照。

(2)　工作物の共同使用権　承役地の所有者は、地役権の行使を妨げない範囲内においてその行使のために承役地の上に設けられた工作物を使用することができる（二八八条一項）。この場合、承役地の所有者はその受ける利益の割合に応じて工作物の設置および保存の費用を分担する（二八八条二項）。

三　承役地の所有者の作為義務

(1)　承役地の所有者が設定行為や設定後の契約によりその費用で地役権の行使のために工作物を設けたりその修繕をする義務を負担した場合、その義務は承役地の所有者の特定承継人も負担する(1)（二八六条）。特定承継人がこの義務を負担するのは、この義務が登記された場合（不登八〇条一項三号）、および特定承継人がこの義務を知りながら承役地を取得し、かつ、承役地の譲渡人において特定承継人の承役地取得（作為義務の伴わない承役地取得）により地役権者が害されるのを知っていた場合（本書二一七頁参照）であると解される。

(1)　承役地の所有者の作為義務については、橋本真「地役と承役地所有者の積極的義務――フランス民法を素材として――」明治大学大学院紀要二六集法学篇一七九頁以下（平成元年）参照。

(2)　(イ)　承役地の所有者は、いつでも地役権に必要な土地の部分の所有権を放棄して地役権者に移転し右の義務を免れることができる（二八七条）。ここで放棄とは、土地の所有権を地役権者に移転することであり、地役権者に対する意思表示によって行う。したがって、民法二八七条の放棄という用語は適切でない。承役地の所有者は、この意思表示によって地役権者に対し所有権の登記を引き取り所有権を取得する旨の請求権を取得し、地役権者が登記を引き取れば所有権は地役権者に移転する（地役権者の側からいえば、地役権者は右の意思表示によって承役地の所有者に対し所有権の移転登記をして所有権を移転する旨の請求権を取得し、登記を受ければ所有権を取得する）。所有権の移転は、地役権に必要な土地の部分である。すなわち、地役権の設定されている土地の部分である。この部分が承役地の一部である場合、所有権の移転登記をするには分筆登記が必要である。

(ロ)　地役権者が所有権を取得した場合、地役権は混同（一七九条一項本文）によって消滅する。承役地の所有者の作為義務がいつ消滅するかについては、承役地の所有者が登記の移転を怠った場合を除き同人による所有権移転の意思表示の時と解するのが妥当であろう。承役地の所有者が登記の移転を怠った場合には登記の時（地役権者が所有権を取得し地役権が消滅する時）と解される。

四　地役権者の物権的請求権

地役権は物権であり、地役権者は、当然、物権的請求権を有する。その内容については、すでに述べた（本書九三頁参照）。

第五節　地役権の消滅

一　地役権の消滅事由

地役権は、存続期間の満了、承役地の時効取得、消滅時効、混同、要役地あるいは承役地の滅失、約定による消滅事由の発生などによって消滅する。以下においては、承役地の時効取得と地役権の消滅時効について説明する。

二　承役地の時効取得による地役権の消滅

(1)　(イ)　承役地の占有者が取得時効に必要な要件を具備する占有をした場合、地役権はこれによって消滅する（二八九条。三九七条も参照）。これは、承役地の占有者が地役権の存在を否認しつつ占有した場合のものである。この否認は、地役権者に対して表示されなければならない。地役権者が地役権を行使して地役権の消滅を防ぐことができるようにするためである（二九〇条）。承役地の占有者が地役権の存在を容認しつつ占有した場合には、地役権は消滅せず、占有者は地役権の附着した所有権を時効で取得する（大判大九・七・一六民録二六輯一一〇八頁（抵当権附所有権の時効取得に関する）参照）。

(ロ)　承役地の所有者が地役権者に対し地役権の存在を否認する旨表示して占有した場合にも民法二八九条が適用され、地役権はこれによって消滅すると解される。承役地の所有者が地役権の合意による消滅などを立証することができない場合に実益がある。所有者であっても取得時効を援用することができることは認められており（最判昭四四・一二・一八民集二三巻一二号二四六七頁参照）、以上のように解しても特に問題はないと考える。

(ハ)　登記を物権変動の効力要件と解する私見によれば、地役権の消滅には地役権の登記の抹消が必要である。それゆえ、承役地の占有者は、取得時効に必要な要件を具備する占有をした場合、地役権者に対し地役権の消滅請求権と地役権の登記の抹消請求権を取得し、地役権の登記の抹消により地役権は消滅する。この場合、地役権は占有者が取得時効に必要な要件を具備する占有を始めた時に遡って消滅すると解してよいであろう（一四四条参照）。

(2) (イ) 承役地が第三者によって占有されても地役権者が地役権を行使した場合、地役権は消滅せず、占有者は地役権の附着した所有権を時効で取得する。(1) 民法二九〇条の「前条の規定による地役権の消滅時効は、地役権者がその権利を行使することによって中断する」という規定はこの趣旨を表したものであるが、「前条の規定による地役権の消滅時効」とは、地役権の消滅時効ではなく、占有者による承役地の時効取得の反射的効果として地役権が消滅することを指す。(2)

（1） 民法議事速記録一二巻六四頁以下。

（2） 起草者も、法典調査会において、民法二九〇条の消滅時効とは同法二八九条の取得時効が完成するとその結果として地役権が消滅することを指し、民法総則でいう消滅時効とは違うと説明している（民法議事速記録一二巻六三頁以下）。

(ロ) 承役地の所有者が地役権者に対し地役権の存在を否認する旨表示して占有した場合であっても地役権者が地役権を行使した場合、民法二九〇条により地役権は消滅しないと解される。

三　消滅時効

(1) 地役権は、二〇年の消滅時効にかかるが（一六七条二項）、時効の起算点は、不継続地役権については最後の行使の時、継続地役権についてはその行使を妨げる事実の生じた時である（二九一条）。承役地の所有者は、消滅時効の援用により地役権者に対し地役権の消滅請求権と地役権の登記の抹消請求権を取得し、地役権の登記の抹消により地役権は消滅する（時効の起算日に遡って消滅する（一四四条））。

(2) 前述したように（本書四七三頁参照）、要役地が数人の共有に属する場合、その一人のために消滅時効の中断や停止事由があれば、その中断や停止は他の共有者のためにも効力を生じる（二九二条）。

(3)　地役権者がその権利の一部を行使しない場合、その部分のみが時効によって消滅する（二九三条）。

第八章　入会権

第一節　序

一　入会権の意義

(1)　入会権⑴とは、一般に、一定の地域の村落（入会集団）およびそのメンバーである村落住民が一定の山林や原野などを総有的に支配する慣習上の物権であるとされている。

しかし、後述するように、入会権を総有という概念で説明するのは妥当でない（本書四八五頁以下参照）。入会権とは、一定の地域の村落住民が一定の山林や原野などを合有的に支配する慣習上あるいは時効によって成立する物権であると定義するのが妥当である。

（1）　入会権については、川瀬善太郎・公有林及共同林役（即入会関係）（大正元年）、植村恒三郎・本邦林野ノ入会関係ト入会権（大正一二年）、両角誠英・入会権に就て（大正一五年）、佐々木茂枝・本邦林野入会の沿革——「附」入会に関する判決例——（昭和二年）、奈良正路・入会権論（昭和六年）、佐藤百喜・入会権公権論——附公物観念の批判——（昭和八年）、京都府竹野郡木津村役場・入会関係解決類例集（昭和九年）、荒井虎雄・入会権の研究——主として東北地方の山林原野入会慣行に就て——（昭和一〇年）、栗生武夫・入会の歴史其他一頁以下（昭和一八年）、遠藤治一郎・日本林野入会権論（昭和二二年）、中田薫・村及び入会の研究（昭和二四年）、横尾正之・林野入会権の法的構造（昭和二七年）、森林所有権研究会・林野入会権の本質と様相（上・下・資料集）（昭和二九年—三三年）、古島敏雄・近世入会制度論（昭和三〇年）、福島正夫・入会林野の法と権利意識（昭和三〇年）、牧野研究会・牧野の法社会学的研究（第一報第一分冊上・第一報第二分冊・第四報第一—第三分冊）（昭和三〇年—）、民法成立過程研究会・明治二十六年全国山林原野入会慣行調査資料一—五分冊（昭和三一年）、西川善介・林野所有の形成と村の構造——入会権の実証的研究——（昭和三二年）、森林所有権研究会・明治二十六年全国山林原野入会慣行調査資料（熊本県・山梨県・長野県）（昭和三二年—四〇年）、林野庁・林野入会慣行実態調査報告書一—二号（昭和三二年—三三年）、川島武宜＝潮見俊隆＝渡辺洋三編・入会権の解体Ⅰ—Ⅲ（昭和三四年—）、古川町小鷹利地区慣行林野組合・古川町小鷹利地区仲間山の由来と条例の解説（昭和三五年）、杉本寿・林野入会権の研究（昭和三五年）、戒能通孝・小繋事件——三代にわたる入会権紛争——（昭和三九年）、北條浩編・入会関係解決類例集（昭和三九年）、富士山麓入会権研究所編・富士山麓入会権史料集（一—二巻・二巻別冊）（昭和三九年）、林野庁調査課・入会権に関する学説判例要旨（昭和四〇年）、同・入会林野整備促進調査報告書概要（昭和四〇年）、戒能通孝編・小繋裁判——最高裁判所における小繋事件の弁論記録——（昭和四〇年）、高須儼明編・入会林野近代化の指標（昭和四一年）、福島正夫＝潮見俊隆＝渡辺洋三編・林野入会権の本質と様相（昭和四一年）、高須儼明＝松岡勝重編・入会林野近代化法の解説（昭和四一年）、平沢清人・近世入会慣行の成立と展開——信州下伊那地方を中心にして——（昭和四二年）、小林三衛・国有地入会権の研究（昭和四三年）、森林所有権研究会・明治二十六年全国山林原野入会慣行調査資料の総括分析（資料編を含む）（昭和四三年）、中尾英俊・入会林野の法律問題（昭和四四年）、小林巳智次＝福島正夫＝北條浩編・昭和五年全国山林原野入会慣行調査資料一—六巻（昭和四四年）、原田敏丸・近世入会制度解体過程の研究——山割制度の発生とその変質——（昭和四四年）、林野制度研究会・富士山麓の入会に関する調査・研究資料（昭和四四年）、同・北富士演習場林野関係資料（昭和四四年）、黒木三郎・現代農業法と入会権の近代化（昭和四六年）、林野庁森林組合課・生産森林組合と入会林野近代化（昭和四七年）、渡辺洋三・法社会学研究2（昭和四七年）、同編・入会と財産区（昭和四九年）、渡辺洋三＝北條浩編・林野入会と村落構造——北富士山麓の事例研究——（昭和五〇年）、黒木三郎＝熊谷開作＝中尾英俊編・昭和四九年全国山林原野入会慣行調査（昭和五〇年）、北條浩・公有林野政策と入会の変容——長野県山ノ内町における財団法人和合会の歴史——（昭和五〇年）、岩井万亀・入会権——その債権性と近代化——（昭和五一年）、北條浩・林野入会の史的研究(上)（昭和五二年—）、戒能通孝著作集五巻（昭和五二年）、北條浩・村と入会の百年史——山梨県村民の入会闘争史——（昭和五三年）、同・近世における林野入会の諸型態（昭和五四年）、斉藤正夫・和牛入会放牧の研究——近代林野所有史との関連を中心に——（昭和五四年）、中尾英俊・入会権(1)—(2)（叢書民法総合判例研究⑫Ⅰ—Ⅱ）（昭和五七年）、川島武宜著作集八巻（昭和五八年）、中尾英俊・入会裁判の実証的研究（昭和五九年）、川島武宜著作集九巻一頁以下（昭和六一年）、武井正臣＝熊谷開作＝黒木三郎＝中尾英俊編・林野入会権——その整備と課題——（平成元年）、桐山良賢・入会権の評価と補償（平成三年）参照。

(2)　民法は、入会権を「共有の性質を有する入会権」（二六三条）と「共有の性質を有しない入会権」（二九四条）に分け、ともに「各地方の慣習に従う」（二六三条・二九四条）とする外、前者には共有の規定を適用し（二六三条）、後者には地役権の規定を準用している（二九四条）。しかし、入会権について共有や地役権の規定を適用あるいは準用すべき場合はほとんどなく、それゆえ、入会権においては慣習の探求が特に重要であると考えられる。

(3) 入会権は、徳川時代において村落住民が山林や原野などから薪や雑草などを採取していた慣行に由来する。このような古い歴史を有する入会権は、明治以降の急激な社会の近代化に伴って変容や解体消滅の過程をたどった。しかし、入会権は、変容や解体消滅の過程をたどっているとはいえ、なお入会権としての基本的性質をとどめつつかなり広範囲に存続している。それゆえ、入会権の研究は、今日でもなお民法学の重要な課題の一つであるということができる。

二 入会権の法的性質

(1) (イ) 一般に、入会権は総有としての性質を有する権利であり（最判昭四一・一一・二五民集二〇巻九号一九二一頁）、その管理（処分を含む。以下、同じ）権能は入会集団に帰属し、収益権能は入会集団のメンバーである入会権者に帰属する、とされている。そして、ここでは収益権能は管理権能から独立した権能であることが前提とされている[1]（総有における所有権の二つの権限領域への分裂。本書三七〇頁参照）。

(ロ) しかし、第一に、入会権の管理権能は入会権者の全員一致の原則のもとに行使されているのであり、管理権能は入会権者に帰属するというべきである。すなわち、入会財産の処分は入会権者の全員一致の決定により行われ、また、入会財産の利用方法（後述の入会地の古典的利用形態や直轄利用形態など（本書四九三頁以下参照））などの重要な管理も入会権者の全員一致の決定により行われている。入会財産の管理の細部については入会集団の管理者などが決定することもあるが、これも入会権者の全員一致の決定による委任に基づき行われている。このように入会権の管理権能は入会権者の全員一致の原則のもとに行使されているのである。入会権者の多数決で管理権能が行使されている場合には管理権能は入会集団に帰属するといってよいが、入会権者の全員一致の原則のもとで管理権能が行使されている場合には管理権能は入会権者（の全員）に帰属しているというべきである。入会権者の全員一致の原則のもとで管理権能が行使されている場合、入会権者の外に入会集団という管理権能の帰属主体を考える必要はないのである[2]。

第二に、入会権者の収益権能は入会権の管理権能によって決定されているのであり、収益権能が管理権能から独立して存在しているわけではない。たとえば、後述の入会地の古典的利用形態や直轄利用形態、分割利用形態、契約利用形態（本書四九三頁以下参照）などは、管理権能によって決定されているのである。したがって、管理権能は入会集団に帰属し、収益権能は管理権能から独立して入会権者に帰属するというのは正当でない。

以上のように、入会権の法的性質に関する一般の見解には根本的な疑問がある。

（1）入会権者の全員一致の原則については、武井正臣「入会権における全員一致の原則――入会整備無効確認請求訴訟の問題点――」名城法学四一巻別冊三二三頁以下（平成三年）参照。

（2）川島武宜「入会権の基礎理論」川島武宜著作集八巻七〇頁以下（昭和五八年）。鷹巣信孝「入会団体の内部構造と構成員の権利――総有概念の再検討――」企業と団体の基礎法理三二五頁以下（平成元年）は、入会団体という入会村落住民の全員によって構成される団体（合手団体）が各構成員とは別の法主体となり、入会権はこの入会団体に帰属するとする。

(ハ)　(a)　入会権者は、全員一致の原則のもとに他の入会権者と共同で入会財産を管理する。この場合、入会権者がどのような収益権能を有するかは管理権能の決するところによる。入会権者は、通常、個々に収益権能を有するが、入会権者の全員が共同で収益権能を有する場合もある。前者は、たとえば、後述の入会地の古典的利用形態の場合であり、ここでえられた収益物は個々の入会権者の所有に属する（本書四九三頁参照）。後者は、たとえば、後述の入会地の直轄利用形態において、入会権者の全員が共同で収益権能を行使する場合であり、ここでえられた収益物は個々の入会権者に分配されることもあるが、分配されずに入会財産とされ入会権者の全員による共同の管理に服することもある（1）（本書四九三頁以下参照）。

以上によれば、入会権とは、入会権者が全員一致の原則のもとに入会財産を他の入会権者と共同で管理し、そこで定まった方針に基づき入会財産から収益することができる権利であるといってよいであろう。

（1）　入会地の売却代金も入会財産であり、全員一致の原則のもとにこれを管理し、そこで認められた場合には入会権者が分配を受けることができると解してよいであろう（最判平一五・四・一一判時一八二三号五五頁は、入会権者が結成する管理会の規約上入会地の売却代金は入会権者に総有的に帰属することが当然の前提になっていたとし、入会地の売却代金は入会権者に総有的に帰属するとする）。

(b)　このような内容の入会権は、民法のいう「共有の性質を有する入会権」と「共有の性質を有しない入会権」の双方に当てはまる。すなわち、前者の場合、入会権は、入会権者が全員一致の原則のもとに入会権者の共同所有の入会財産を他の入会権者と共同で管理し、そこで定まった方針に基づき入会財産から収益することができる権利である。後者の場合、入会権は、入会権者が全員一致の原則のもとに他人所有の入会財産を他の入会権者と共同で管理し、そこで定まった方針に基づき入会財産から収益することができる権利である。

(二)　入会権を以上のように解する場合、入会権の法的性質は入会権者が入会財産を合有的に支配する権利であるというべきである。

(a)　前に説明したように、合有においては、合有財産は分割されることなく共同所有者の全員に帰属し、共同所有者による合有財産の処分は、それが合有財産全体を処分する場合であれ個々の合有財産を処分する場合であれ全員が共同してのみ行うことができる。ここでは、合有財産全体に対する共同所有者の持分は考えられるが、個々の合有財産に対する共同所有者の持分は考えられず、他の共同所有者の全員の同意があってもそれが存在するとして処分することはできない（以上につき、本書三七一頁以下参照）。

(b)　(α)　入会権においては、入会権者が全員一致の原則に基づき入会財産を管理する。すなわち、入会財産の処分は、その全部であれ一部であれ入会権者が全員共同してのみ行うことができる。この場合、入会財産は分割されることなく入会権者の全員に帰属し、入会財産全体に対する入会権者の持分は考えられるが（本書四九〇頁以下参照）、個々の入会財産に対する入会権者の持分は考えられず、他の入会権者の全員の同意があってもそれが存在するとして処分することはできない。なぜなら、入会権者が個々の入会財産に対し持分を有しそれを処分することができるとすれば、入会権者の全員一致の原則による入会財産の管理は不可能になるからである。

(β)　たとえば、入会権者甲、乙、丙が入会財産であるA、B、Cを有し、甲がAに持分を有するとして、乙、丙の同意のもとにそれを丁に譲渡したとしてみよう。この場合、甲は入会財産B、Cに対し持分を有し、丁は入会財産Aに対し持分を有するから、甲も丁も入会権者であると考えられる。しかし、甲はAの管理に参加することができず、丁はB、Cの管理に参加することができない。それゆえ、ここにおいては入会権者が全員一致の原則により入会財産を管理するのは不可能なのであり、これは全員一致の原則により入会財産を管理するという入会権の基本的性質に反するといわざるをえないのである。

(γ)　右の場合、甲、乙、丙が共同してAを乙、丙、丁に処分しAを入会財産から離脱させたようにもみえる。しかし、その場合はA全体の処分であり、Aの持分の処分ではない。Aの持分の処分とは、乙、丙にとってはAを入会財産として留保しつつ、甲にとってはAを入会財産から離脱させることを意味し、A全体を入会財産から離脱させるのとは全く異なるのである。結局、甲はAに対し持分を有しないということになるのである。

(δ)　他方、甲は入会財産全体に対しては持分を有し、場合によりその処分も可能である（本書四九〇頁以下参照）。たとえば、甲が入会財産全体に対する持分を丁に譲渡した場合、甲、乙、丙に代わって、乙、丙、丁が入会財産を全員一致の原則により管理することになるのである（以上につき、本書三七三頁参照）。

(c)　以上のように、入会権の法的性質は入会権者が入会財産を合有的に支配する権利であると解するのが妥当である[1]。[2] すなわち、入会財産は、分割されることなく入会権者の全員に帰属するのである。それゆえ、入会財産の処分は、入会財産全体であれ個々の入会財産であれ入会権者の全員の共同によってのみ行われる。入会権者は、入会財産全体に対しては持分を有し、場合によりその処分も可能であるが、個々の入会財産に対しては持分を有しない。

このような入会権は、入会地に対する関係においては、入会地が入会権者の共同所有の場合には合有であるところの共同所有であるが、入会地が第三者の所有の場合には合有的利用権（合有的他物権）である。

（1） 川島武宜「入会権の基礎理論」川島武宜著作集八巻六四頁以下（昭和五八年）は、入会権者が全員一致の原則のもとに入会地を支配することを総有であるとし、入会権は総有的支配権であるとする。そして、このような総有の理解の仕方はギールケの総有概念に一致するとする。

しかし、ギールケの総有概念は所有権の内容が団体とそのメンバーに分割して帰属するというものであって（本書三七〇頁注（1）参照）、川島博士の総有の理解の仕方はギールケの総有概念に一致しない。むしろ、全員一致の原則による入会地の支配は、財産に対する全員共同による処分を基本的性質とする合有として理解されるべきである。この点については、鷹巣信孝「入会団体の内部構造と構成員の権利——総有概念の再検討——」企業と団体の基礎法理三〇六頁以下（平成元年）も参照。

（2） 鷹巣・企業と団体の基礎法理は、入会権は入会村落住民の全員によって構成される入会団体に帰属し（三二五頁以下）、入会団体は入会財産を合有的に支配する合手団体であるとする（三七一頁以下）。

(2) (イ) 一般に、入会権は慣習上の権利であるとされている。これに対し、入会権が他人との契約によって他人の土地の上に成立するかどうかについては争いがある。（1）（2）

（1） この問題については、岩井万亀・入会権——その債権性と近代化——一五頁以下（昭和五一年）参照。

（2） 肯定するのは、石田(文)・四八一頁、我妻＝有泉・四四七頁以下、槇・二三一頁。債権的権利として肯定するのは、富井・二八六頁、三潴・二四五頁、末川・三六四頁以下、岩井・前掲、川島武宜「入会権の基礎理論」川島武宜著作集八巻七七頁以下（昭和五八年）、広中・五一三頁以下。物権としても債権的権利としても否定するのは、舟橋・四五五頁以下。

(ロ) (a) 入会権は他人との契約によっては成立しないと解すべきである。たとえば、一定の者が他人との契約により全員一致の原則のもとに他人の土地から薪や雑草などを採取するという場合、これは組合であり（六六七条）、組合として処理すれば足りる。（1） これを入会権とするのは、登記なしにその成立を認めることになり不当である。なぜなら、後述のように入会権は登記なしに成立すると解されるのであるが（本書四九六頁参照）、それは入会権が永年の入会慣行により事実上公示されているからであるところ、他人との契約による入会権においては、入会慣行による事実上の公示がされていないのに登記なしにその成立が認められ不当だからである。

（1） 我妻＝有泉・四四八頁参照。

(b) 他人との契約により全員一致の原則のもとに他人の土地から薪や雑草などを採取する場合、それは組合であって、他人の土地に対する利用権は組合財産であるところの合有的利用権である。これは、既存の入会権者が新たに他人と契約を結び他人の土地から薪や雑草などを採取する場合であっても同じである。この場合、その他人の土地に対する利用権に関する限り組合財産であるところの利用権であって入会権ではない。

不動産である組合財産の公示方法は、共有の登記である（六六八条参照）。この場合、持分も登記されるが、これは、個々の組合財産に対する持分ではなく、組合財産全体に対する持分であると解すべきである（本書三七二頁以下参照）。

(3) (イ) 一般に、入会権者は持分を有しないとされている。

(ロ) たしかに、これまで説明してきたように入会権者は個々の入会財産に対しては持分を有しない。しかし、入会権者は入会財産に対して合有的支配権を有する。すなわち、入会権者は、全員一致の原則のもとに、他の入会権者の全員と共同して入会財産を管理する権能を有する。この入会権者の入会財産に対する合有的支配権者としての地位は、入会財産全体に対する持分として理解されるのが妥当であろう[1]。ドイツの合有においても、共同所有者は、個々の合有財産に対しては持分を有しないが、合有財産全体に対しては持分を有するとされている[2]（本書三七二頁参照）。入会権者が他に転出した場合に何らかの補償を受けることを認める慣習が少なからず存在するというのも、この持分の払い戻しであるといってよいであろう。この持分の譲渡が認められるかどうかについては、これを容認する慣習があれば肯定してよいであろう。

（1） 岩井万亀「入会権と持分」入会権――その債権性と近代化――三八一頁以下（昭和五一年）、北條浩「総有における持分の実態と法的構成——とくに、入会権における持分の質と量についての序論——」帝京法学一二巻二号二七頁以下（昭和五六年）、川島武宜「入会権の基礎理論」川島武宜著作集八巻七三頁以下（昭和五八年）、鷹巣信孝「入会団体の内部構造と構成員の権利——総有概念の再検討——」企業と団体の基礎法理三二五頁以下（平成元年）、米山隆「総有の本質について——入会権と相続財産に及ぶ——」奈良法学会雑誌一〇巻一号一七頁以下（平成九年）は、私見と趣旨が同じかどうかは必ずしも明らかでないが、入会権者の持分を認める。

（2）川島・前掲七四頁。

三　入会権の種類

(1)「共有の性質を有する入会権」と「共有の性質を有しない入会権」

民法は、入会権を「共有の性質を有する入会権」（二六三条）と「共有の性質を有しない入会権」（二九四条）の二つに分けている。前者は、入会権者が入会財産を共同所有する場合の入会権であり、後者は、入会権者が他人所有の財産に対し入会権を有する場合の入会権である（大(連)判大九・六・二六民録二六輯九三三頁）。後者の場合の入会権は他物権である。以下においては、この二つの種類の入会権を前提としつつ、それぞれの種類の中で入会権がさらにどのように区別されるかについて説明する。

(2)「共有の性質を有する入会権」について

(イ) 村中入会　これは、Aという一つの入会集団に属する入会権者がその全員で共同所有する入会地に対して入会権を有する場合であり、普通にみられるものである。

(ロ) 数村持地入会　これは、Aという入会集団に属する入会権者（A_1、A_2……A_n）、Bという入会集団に属する入会権者（B_1、B_2……B_n）、Cという入会集団に属する入会権者（C_1、C_2……C_n）……が入会地に対して入会権を有する場合である。この場合、入会権者全員が入会地を共同所有すれば「共有の性質を有する入会権」であるが、A集団とB集団の入会権者は入会地を共同所有するがC集団の入会権者は入会地を共同所有しなければ、A集団とB集団の入会権者にとっては「共有の性質を有する入会権」でありC集団の入会権者にとっては「共有の性質を有しない入会権」である。A集団、B集団、C集団……がどのような関係に立つかは慣習による。数村持地入会は、入会地の管理が困難なため明治以後村中入会に移行した例が非常に多いといわれる。[1]

（1）　川島武宜「入会権の基礎理論」川島武宜著作集八巻九八頁（昭和五八年）。

(3)　「共有の性質を有しない入会権」について

(イ)　国有地入会権

(a)　これは、国有地に成立する入会権である。[1]　明治政府は、明治七年の地所官民有区分により土地を官有と民有に区分する作業を行ったが、当初は官有地に編入された土地上の入会権を否定することはしなかった。しかし、その後、明治政府は、官有地から入会権を排除する態度をとり、裁判所も、地所官民有区分により官有地に編入された土地の入会権は編入と同時に消滅したとした（大判大四・三・一六民録二一輯三二八頁）。これに対し、学説が反対し、裁判所は、その後、学説の批判を入れ、入会権は入会地の官有地への編入によって当然には消滅しないとするに至った（最判昭四八・三・一三民集二七巻二号二七一頁）。

（1）　国有地入会権については、川島武宜＝潮見俊隆＝渡辺洋三編・入会権の解体Ⅱ一頁以下、Ⅲ三頁以下（昭和三六年―四三年）、小林三衛・国有地入会権の研究（昭和四三年）、北條浩・林野入会の史的研究(上)（昭和五二年―）参照。

(b)　入会慣行が国有地であっても存在していることは否定できない事実であり、また、国有地であっても入会権が承認されるべきことは財産権（入会権も財産権である）を保障する憲法二九条の趣旨から当然である。

(ロ)　公有地入会権

(a)　これは、地方公共団体の土地に成立する入会権である。[1]　地方公共団体の土地について入会権が成立しうることに問題はない。

（1）　公有地入会権については、川島武宜＝潮見俊隆＝渡辺洋三編・入会権の解体Ⅰ、Ⅲ一七一頁以下（昭和三四年―四三年）、渡辺洋三編・

入会と財産区（昭和四九年）、北條浩・公有林野政策と入会の変容——長野県山ノ内町における財団法人和合会の歴史——（昭和五〇年）参照。

(b) 地方自治法二三八条の六第一項は「旧来の慣行により市町村の住民中特に公有財産を使用する権利を有する者があるときは、その旧慣による。その旧慣を変更し、又は廃止しようとするときは、市町村の議会の議決を経なければならない」と規定しているが、この規定は入会権に適用されるであろうか。入会権は入会権者の有する財産権であり、入会権者の意に反して変更や廃止をすることは許されない（憲法二九条参照）。したがって、地方自治法二三八条の六第一項は入会権者の全員の同意がある場合に限り入会権に適用されると解すべきであろう。そこで、入会権は、市町村の議会の議決と入会権者の全員の同意によって変更や廃止がなされることになる（大判明三九・二・五民録一二輯一六五頁、同判昭一一・一・二二新聞三九四一号一〇頁は、地方自治法二三八条の六第一項の前身である町村制の規定は入会権に適用されないとしていた）。

(ハ) 私有地入会権　これは、私人である他人の土地に成立する入会権である。

四　入会地の利用形態（1）

（1）入会地の利用形態については、川島武宜「入会慣習法の実態」川島武宜著作集八巻三頁以下（昭和五八年）、同「入会権の基礎理論」同書八〇頁以下参照。

(1) 古典的利用形態　これは、入会権者が共同して入会地に立ち入り、入会地のどこからでも薪や雑草などを採取して自己の所有にすることができるという利用形態である。入会地に立ち入る時期や採取の方法、採取の量などは、慣習で定まる。入会権者の入会地を利用する権利は、原則として平等である。古典的利用形態は、徳川時代に広く行われたが、明治以後には以下に述べるような利用形態もかなりみられるようになった。

(2) 直轄利用形態　これは、入会権者が入会地から薪や雑草などを採取して自己の所有にすることを禁止し、入会権者の全員が入会地からの産物を取得し、その売却代金を入会権者の全員の利益のため（消防施設や道路などのため）に使用したり、入会権者に分配するという利用形態である。直轄利用形態は、主として、入会権者の全員が植林・造林に当たり木材を取得する場合に行われ、明治以後広くみられるようになったものである。直轄利用形態も、入会権者の全員一致の原則のもとに入会地の管理が行われ、そこで定まった方針に基づき収益が行われるのであるから、入会権行使の一形態であることに変わりはない。

(3)　分割利用形態　これは、入会地をいくつかに分けて入会権者に割り当て、そこでの個別的な利用を認めるという利用形態である（割地・割山などといわれる）。入会権者が割り当てられた入会地の部分から採取した薪や雑草などを自己の所有にすることができるのは当然である。誰にどの部分を割り当てるかや割当期間、割当地の利用方法などは、入会権者の全員一致の定めるところによる。割当地の利用者が変更される（割替）こともある。分割利用形態も、入会権者の全員一致の原則のもとに入会地の管理が行われ、そこで定まった方針に基づき収益が行われるのであるから、入会権行使の一形態であることに変わりはない。

(4)　契約利用形態　これは、入会権者の全員が個々の入会権者や第三者と契約を結びこれらの者に入会地の利用を認めるという利用形態である。入会権者に限定して契約を結ぶことが少なくない。有償であるのが原則であり、対価は入会権者の全員一致で定める方針のもとに使用される。契約が終了すれば、入会地は、入会権者の全員一致で定める方針に基づき改めて利用される。契約利用形態も、入会権者の全員一致の原則のもとに入会地の管理が行われ、そこで定まった方針に基づき収益が行われるのであるから、入会権行使の一形態であることに変わりはない（契約利用形態が無償の場合、入会権者が一時的に入会稼ぎを停止しているのと同視される）。

第二節　入会権の成立

一　序

(1)　入会権の成立に関しては、一般に、入会権を総有権と理解する関係上、入会集団についての入会権の成立とそのメンバーである入会権者についての入会権の成立が分けて考察されている。しかし、すでに述べたように、入会権者の外に入会集団を入会権の主体と考えるべきではないのであり（本書四八五頁参照）、入会権の成立に関しては入会権者についての入会権の成立だけが問題とされるべきである。

(2)　入会権は、主として慣習によって成立するが、時効によって成立することもある。なお、入会権の契約による成立は認められない（本書四八九頁以下参照）。

二　入会権の成立

(1)　(イ)　入会権は、主として慣習によって成立する。民法が入会権について第一次的に慣習によると規定しているのは（二六三条・二九四条）そのためである。一定の者が全員一致の原則のもとに財産を共同で管理し、そこで定まった方針に基づきその財産から収益することができる慣習があれば、そこに入会権が成立しているといってよい(1)。

(1)　入会権者の資格要件も慣習によって定まることが多い。入会権者の資格要件を一家の代表者としての世帯主に限定する慣習は民法九〇条に違反しないが、入会権者の資格要件を原則として男子孫に限定し、入会村落住民以外の男性と婚姻した女子孫は離婚して旧姓に復帰しない限り入会権者の資格を有しないとする慣習は民法九〇条に違反し無効である（最判平一八・三・一七民集六〇巻三号七七三頁）。

(ロ)　慣習は、民法施行前のものに限定されない。民法施行後の慣習によっても入会権は成立しうる。つまり、民法施行後であっても、一定の者が全員一致の原則のもとに財産を共同で管理し、そこで定まった方針に基づきその財産から収益することができる慣習が形成されれば、そこに入会権が成立しているといってよいのである。

(2)　入会権は、時効によっても成立しうる。すなわち、入会権者が自己のためにする意思をもって入会権を行使すれば、一〇年あるいは二〇年の期間経過により入会権を取得すると解される（一六三条）。この場合、入会慣行が一〇年あるいは二〇年の長期間継続するのであるから、入会権が慣習によっても成立しているといえる場合が多いであろう。

(3)　入会権の成立には登記は必要でないと解される[1]（大判明三六・六・一九民録九輯七五九頁、同判大一〇・一一・二八民録二七輯二〇四五頁は、入会権は登記なしに第三者に対抗できるとする）。不動産登記法は入会権の登記を予想していないし（不登三条）、入会権の存在は永年の入会慣行により事実上公示され、取引に当たる第三者には入会権の存在が容易に分かるから、入会権は登記なしに成立するとしても不当であるとはいえないであろう。

（1）　入会権の登記については、中尾英俊「入会地の登記をめぐる諸問題」登記研究三〇〇号記念（不動産登記の諸問題）上五一一頁以下（昭和四九年）参照。

第三節　入会権の効力

一　収益権能

(1)　序　収益権能については、それが入会権者に個々に帰属する場合と入会権者の全員に共同に帰属する場合がある。どちらになるかは入会権者の全員一致による管理権能で決定されるが、原則として収益権能は入会権者に個々に帰属する。次に述べる入会地の古典的利用形態の場合がその典型例である。この場合、収益物は個々の入会権者の所有に属する。収益権能が入会権者の全員に共同に帰属するのは、たとえば、入会地の直轄利用形態において入会権者の全員が収益権能を共同で行使する場合である（本書四九三頁以下参照）。この場合、収益物は個々の入会権者に分配されることもあるが、分配されずに入会財産とされ入会権者の全員の合有に属することもある。

(2) 古典的利用形態の場合

(イ) 入会権者は、共同して入会地に立ち入り、入会地のどこからでも収益をすることができる。入会権者の収益権能は、原則として平等である（大判明三九・二・五民録一二輯一六五頁など）。

(ロ) 収益の時期、方法（大判大一三・二・一新聞二二三八号一八頁（雑木を採取するのに鎌鉈のみを使用できる）参照）、量などは慣習による。

(ハ) 収益の対象は、通常、薪や雑草などであるが、石材の場合もある（大判大六・一一・二八民録二三輯二〇一八頁）。

(ニ) 入会権者の収益権能は「共有の性質を有する入会権」の場合よりも「共有の性質を有しない入会権」の場合の方が制限されていることが多い（大判明三四・二・一民録七輯二巻一頁、同判大一三・二・一新聞二二三八号一八頁参照）。

(ホ) 「共有の性質を有する入会権」の場合には入会権者は原則として収益の対価を支払う必要がないが、「共有の性質を有しない入会権」の場合には入会権者は原則として収益の対価を支払わなければならない。

(3) その他の利用形態の場合

(イ) 直轄利用形態および契約利用形態の場合、入会権者が入会地のどこからでも収益することができるということは否定される（入会権者が入会地全部につき契約利用形態の契約の相手方になる場合のその入会権者を除く）。その代わり、直轄利用形態の場合には、入会権者は入会地の産物の売却代金に対し分配請求権を有することがあるし、契約利用形態の場合には、入会権者は契約相手方からの対価に対し分配請求権を有することがある。

(ロ) 分割利用形態の場合、入会権者は割り当てられた入会地の部分からのみ収益をすることができる。したがって、ここでも、入会権者が入会地のどこからでも収益することができるということは否定される。

二 入会権の侵害

(1) 序

(イ)　入会権とは、入会権者が全員一致の原則のもとに他の入会権者と共同で入会財産を管理し、そこで定まった方針に基づき入会財産から個々にあるいは他の入会権者と共同に収益することができる権利である。

(ロ)　入会権の侵害には、管理権能の侵害と収益権能の侵害がある。管理権能の侵害は、個々の入会権の侵害という観点からみた場合、入会権者の全員に帰属する管理権能に参加する権能の侵害として現れる。収益権能の侵害は、個々の入会権の侵害という観点からみた場合、入会権者に個々に帰属する収益権能の侵害や入会権者の全員に帰属する収益権能に参加する権能の侵害として現れる。

(ハ)　入会権は物権であり、その侵害に対しては妨害排除請求権や損害賠償請求権などが生じる。以下においては、侵害が他の入会権者によって行われた場合と第三者によって行われた場合に分けて説明する。

(2)　他の入会権者が入会権を侵害する場合

(イ)　入会権者Aが他の入会権者Bにより入会権を否認されたり入会権の行使を妨げられたりする場合、Aは入会権に基づきBに対して入会権の確認、妨害の排除、損害の賠償などを請求することができる（最判昭五七・七・一民集三六巻六号八九一頁は、AはBに対し使用収益権の確認、使用収益権に基づく妨害の排除を請求できるとする）。たとえば、AがBにより管理権能を行使するための入会権者の集会への参加を妨害されたり、入会地から薪や雑草などを採取するのを妨害された場合、Aは入会権に基づきBに対して入会権の確認、妨害の排除、損害の賠償などを請求することができる。

(ロ)　入会権者Bがその収益権能の範囲を超えて収益する場合、収益権能を侵害された入会権者Aは、入会権に基づき妨害の排除や損害の賠償などを請求することができる（大判大七・三・九民録二四輯四三四頁参照）。

(3)　第三者が入会権を侵害する場合

(イ)　第三者が入会権を否認したり入会権の行使を妨げる場合、入会権の否認を受けたり入会権の行使を妨げられた入会権者Aは入会権に基づき入会権の確認や妨害の排除、損害の賠償などを請求することができる（最判昭五七・七・一民集三六巻六号八九一頁は、入会権者は第三者に対し使用収益権の確認、使用収益権に基づく妨害の排除を請求できるという）。

(ロ) 第三者が入会権者の全員の入会権を否認したり入会権の行使を妨げる場合、個々の入会権者は、自己の入会権の確認や自己についての妨害の排除などを請求することができるのはもちろん、否定する慣習がない限り保存行為として入会権者の全員のために入会権の確認や妨害の排除など（損害の賠償請求を除く）を求めることができると解してよいであろう(1)（二五二条但書参照。最判昭五七・七・一民集三六巻六号八九一頁は、個々の入会権者は保存行為として入会地の地上権設定仮登記の抹消を求めることはできないとする）。ドイツの合有においても、個々のメンバーによる保存行為が認められている（たとえば、共同相続財産についてのドイツ民法二〇三八条一項後段）。なお、「共有の性質を有しない入会権」の場合の入会地所有者が入会権を侵害する場合も、第三者が入会権を侵害する場合に入る（大判昭二・九・八新聞二七五五号九頁参照）。

(1) 保存行為の法的性質は、保存行為を行う入会権者に関しては自己の入会権を行使する行為であるが、他の入会権者に関しては自己の名による他の入会権者の入会権を行使する行為である（本書三八二頁以下参照）。

(4) 入会関係の対外的主張

(イ) 一般に、入会権者が第三者に対して入会関係を主張する場合、共有関係の対外的主張の場合と同様、入会権者の全員が共同してこれを行わなければならないとされている（本書三九二頁参照）。そして、この場合の訴訟形態は、入会権者の全員による固有必要的共同訴訟であるとされる（最判昭四一・一一・二五民集二〇巻九号一九二一頁は、入会権確認の訴えは入会権者の全員による固有必要的共同訴訟であるという）。

(ロ) 入会権者の全員が共同して入会関係の対外的主張をすることができるのは当然である。しかし、そうすべきだとする慣習がない限り、入会権者は以下のような方法によっても入会関係の対外的主張をすることができると解すべきである。

まず、入会権者は、共有関係の対外的主張の場合と同様、保存行為により単独で入会関係の対外的主張をすることができると解すべきである（本書三九二頁以下参照）。この場合、他の入会権者はこれに共同訴訟参加をすることができる。

次に、判例は、入会権者が入会団体を形成し、入会団体が権利能力のない社団に当たる場合、入会団体は民事訴訟法二九条により入会権につき総有権確認訴訟を行うことができるとする（最判平六・五・三一民集四八巻四号一〇六五頁）。民事訴訟法二九条を類推し入会集団がその名において訴訟を行うことは可能であるが、しかし、判決の効力は入会集団ではなく入会権者の全員に生じると解すべきである（最判平六・五・三一民集四八巻四号一〇六五頁）。なぜなら、入会権においては、入会権者の全員が権利義務の帰属主体になるからである。この場合、入会集団の名による訴訟は入会権者の全員のための訴訟担当ということになるであろう。それゆえ、入会集団の名で行った訴訟の判決は、入会権者の全員のために、あるいは、入会権者の全員に対して、執行文が附与されない限り強制執行をすることはできない[1]（民執二七条二項・三三条一項）。

次に、入会権者は、選定当事者（民訴三〇条）としても訴訟を行うことができると解される。すなわち、入会権者の全員が入会権者の全員のために原告または被告となるべき入会権者を選定した場合、その者が入会権者の全員のために訴訟を行うことができる。

以上の複数の方法は相互に排斥しあうものではなく、入会権者は適切と考える方法を選択して行使することができるといってよいが[2]、保存行為が原則的方法になるであろう。

（1）組合につき同旨なのは、来栖三郎・契約法六六七頁以下（昭和四九年）。

（2）組合につき、来栖・前掲六六二頁以下参照。

第四節　入会権の変更・消滅

一　入会権の変更

(1)「共有の性質を有する入会権」の場合、入会権は、入会権者の全員一致の決定により変更されうる。入会地の古典的利用形態を直轄利用形態や分割利用形態、契約利用形態に変えることなどがこれである。

(2)「共有の性質を有しない入会権」の場合、入会権の変更には、入会権者の全員一致の変更決定の外に、公有地入会権については市町村議会の議決（地方自治法二三八条の六第一項。本書四九三頁参照）が、私有地入会権については入会地所有者の同意が、それぞれ必要である。もっとも、右の議決や同意は入会権の変更が市町村や入会地所有者に不利益を及ぼす場合に限り必要であると解するのが妥当であろう。(1)

(1) 渡辺洋三「市町村有地・財産区有地入会と法律」入会権の解体Ⅲ六三九頁（昭和四三年）は、入会権の利用形態の変更は地方自治法二三八条の六第一項の旧慣の変更に該当せず、市町村議会の議決は不要であるとする。

二 入会権の消滅

(1) 入会財産の滅失　入会財産が滅失すれば、入会権は消滅する。

(2) 入会権の廃止

(イ)「共有の性質を有する入会権」の場合、入会権は入会権者の全員一致の廃止の決定により消滅する。

(ロ)「共有の性質を有しない入会権」の場合、まず、公有地入会権の場合には、入会権は入会権者の全員一致の廃止決定と市町村議会の議決（地方自治法二三八条の六第一項）により消滅する(1)（本書四九三頁参照）。次に、私有地入会権の場合には、入会権は入会権者の全員一致の廃止決定と入会地所有者の同意によって消滅する。もっとも、入会権の存続期間の定めがなく、かつ、入会地の利用が無償の場合には市町村議会の議決や入会地所有者の同意は不要であると解される（二六八条一項本文参照）。また、入会権の存続期間の定めがなければ、入会地の利用が有償であっても、入会権者が一年前に予告をするか期限の到来していない一年分の利用料を支払う場合には市町村議会の議決や入会地所有者の同意は不要であると解してよいであろう（二六八条一項但書参照）。

(1) 渡辺洋三「市町村有地・財産区有地入会と法律」入会権の解体Ⅲ六三九頁（昭和四三年）参照。

(3) 入会地の収用　入会地が土地収用法により収用された場合、入会権は原則として消滅する（土地収用法一〇一条一項本文）。入会権が収用された場合、入会権は消滅する（土地収用法五条一項一号参照）。

(4)　入会林野の整備による入会権の消滅　昭和四一年に入会林野等に係る権利関係の近代化の助長に関する法律が制定されたが、入会権者がこの法律に基づき全員一致して入会林野整備計画を作成し都道府県知事の認可をえた場合、入会権は消滅する。

(5)　そ の 他　入会権は、すでに述べたように、入会地が国有地に編入されても消滅しない（本書四九二頁参照）。入会地が保安林に編入された場合にも同じである（大判明三八・四・二六民録一一輯五八九頁）。入会地の利用形態が直轄利用形態や分割利用形態、契約利用形態の場合にも、それは入会権行使の一形態であり、入会権は消滅しない（本書四九三頁以下参照。最判昭三二・六・一一裁判集民二六号八八一頁（直轄利用形態について）、同判昭四〇・五・二〇民集一九巻四号八二二頁（分割利用形態について）。なお、最判昭三二・九・一三民集一一巻九号一五一八頁は、「分け地」の分配を受けた者が「分け地」につき独占的に使用収益し、「分け地」を自由に譲渡できる場合（もっとも、他村落住民に譲渡しても他村落住民に収益権はない）、「分け地」につき入会権は存在しないとした）。

第九章　占有権

第一節　序

一　占有権の概念

(1)　序　占有権とは、「自己のためにする意思をもって物を所持する」（一八〇条）ことにより成立する物権である。(1)

（1）　占有権については、岡野敬次郎「占有ヲ論ズ」法協三八号三〇頁以下、三九号三〇頁以下（明治二〇年頃）、バーテルス「独逸民法上占有権ノ法理ヲ論ズ」（谷野格訳）法協一六巻一二号九九六頁以下、一七巻一号三三頁以下、二号一三二頁以下（明治三一～三二年）、レーツロープ「民事上所謂占有と刑事上所謂握持ニ就テ」（平島及平訳）法曹記事二一巻三号六五頁以下（明治四四年）、富井政章「占有権ノ性質」法協三三巻一号一頁以下（大正三年）、宮本英雄「サルモンドノ占有論」京都法学会雑誌一二巻一〇号一四五頁以下、一一号一三〇頁以下、一二号一二一頁以下（大正六年）、薬師寺伝兵衛「クロンペルヒノ占有論」法曹記事二八巻二号二四頁以下（大正七年）、岡村玄治「占有権ノ本体」法協三九巻九号一頁以下、一〇号二一頁以下（大正一〇年）、中島玉吉「占有要件論」民法論文集四〇一頁以下（大正一一年）、岩田新・占有理論（昭和七年）、原田慶吉「占有は権利か事実か——ビザンチン期に於ける占有観念——」筧教授還暦祝賀論文集四八五頁以下（昭和九年）、同「プシケー、デスポゾントス」法協五二巻六号一頁以下（昭和九年）、有泉亨「英国動産法に於ける占有と所有——その史的素描——」法協五八巻二号一頁以下、三号五〇頁以下（昭和一五年）、石田文次郎「Die Gewere の理論及其発展」財産法に於ける動的理論一〇七頁以下（昭和一八年）、山中康雄・占有の理論（昭和二六年）、石井良助・日本不動産占有論——中世における知行の研究——（昭和二七年）、田中整爾「Precarium——Savigny, Das Recht des Besitzes」阪法四号一四二頁以下（昭和二七年）、林恒吉「占有権の意義及び性質と之が移転の便法に就いて」藤井先生還暦記念（法政の諸問題）一九三頁以下（昭和二八年）、篠塚昭次「占有論序説」早法三二巻三・四号一二七頁以下（昭和三二年）、山中康雄「物権的支配の方法としての登記と占有」愛知大学法経論集三〇号一頁以下（昭和三五年）、末川博・占有と所有（昭和三七年）、椿寿夫・不法占拠（総合判例研究叢書民法(25)）（昭和四〇年）、甲斐道太郎「SEISIN の歴史」土地所有権の近代化一〇〇頁以下（昭和四二年）、高島平蔵「近代的占有制度の展開過程」近代的物権制度の展開と構成一七九頁以下（昭和四四年）、田中整爾・占有論の研究（昭和五〇年）、水辺芳郎「占有制度」民法講座2二六五頁以下、藤原弘道・時効と占有（昭和六〇年）、江南義之「物の権利主張或は所有物取戻訴訟（rei vindicatio vel ad rem recuperaudam actio）の法律構成について——占有法研究序説——」ローマ法・市民法研究一頁以下（平成二年）、伊藤滋夫「民事占有試論——占有の要件についての一考察——」ジュリ一〇五八号七五頁以下、一〇六〇号八四頁以下（平成六年七年）、生熊長幸「取引法における占有法の役割」椿寿夫教授古稀記念（現代取引法の基礎的課題）三六五頁以下（平成一一年）、藤田貴宏「占有法の現実性——法歴史主義批判のために——」早法七七巻一号二四三頁以下（平成一三年）、鷹巣信孝「占有権とはどのような権利か」所有権と占有権——物権法の基礎理論——一三五頁以下（平成一五年）参照。

(2)　占　有

(イ)　占　有　「自己のためにする意思をもって物を所持する」（一八〇条）ことは占有と呼ばれる。占有は、「自己のためにする意思」すなわち占有意思と物の所持の二つの要素から構成される。

(ロ)　占有意思　占有意思は、「自己のためにする意思」であるが、後述するように、何らかの利益のためにする意思であればよい（本書五一〇頁参照）。

(ハ)　物の所持　物の所持は、物を現実的に支配していることをいう。物を現実的に支配しているかどうかは社会通念によって決定される（本書五一二頁参照）。

(3)　占有権　占有権は、自己のためにする意思をもって物を所持する、すなわち、物を占有することにより物を現実的に支配することができる物権である（本書五〇五頁以下参照）。つまり、占有者は、物を占有することにより物を現実的に支配することが法的に保障される地位を取得するのである。それゆえ、占有権は他人により物の現実的な支配が妨害される場合にそれを排除することができる権能を内包する（占有訴権。一九七条以下）。

二　占有権の種類

(1) 序　一般に、占有権についてその種類は論じられていない。しかし、一般にいわれる占有権には区別されるべき三つのものが含まれていると思われる。すなわち、直接占有権、間接占有権、法定占有権がこれである。

(2) 直接占有権　直接占有権とは、直接占有（本書五二三頁参照）から生じる占有権である。すなわち、直接占有権とは、占有者が自ら物を直接に所持する場合に生じる占有権である。物の所持に他人が関与しても占有者が自ら直接に所持しているといえる場合には直接占有権が成立する。

(3) 間接占有権　間接占有権とは、間接占有（本書五二三頁参照）から生じる占有権である。すなわち、間接占有権とは、占有者が他人（占有代理人）を介して物を間接に所持する場合に生じる占有権である。

(4) 法定占有権　法定占有権とは、占有意思をもって物を所持しない場合であっても法律上認められるべき占有権をいう。[1] たとえば、相続人は、相続開始時に自己のためにする意思をもって相続財産を所持しなくても相続財産の占有を法律上原始取得し、それゆえ、この占有から生じる占有権を法律上原始取得するというのがこれである（本書五三七頁参照）。

（1） 鈴木・一〇五頁参照。

三　占有権の法的性質

(1) (イ) 占有権とは、自己のためにする意思をもって物を所持する、すなわち、物を占有することにより物を現実的に支配することができる物権である。[1]

（1） 占有権とは、人や企業が自己の生活圏・活用圏において物を自己の生存財産ないし営業財産の構成部分として組み入れ、他の財産と有機的・組織的に一体化して支配・管理する意思の下に現実に支配・管理することにより認められる権利であるとする見解もある（鷹巣信孝「占有権とはどのような権利か」所有権と占有権――物権法の基礎理論――二五一頁（平成一五年））。

(ロ) 占有権は、物を占有することにより物を現実的に支配することができる物権、すなわち、物を現実的に支配することが法的に保障された権能であるから、当然、他人による現実的な支配の妨害があればこれを排除することができる権能を含んでいる。この権能は後述の占有訴権であり（一九七条以下。本書五五三頁以下参照）、占有訴権は占有権の内容を構成する。

(ハ)　占有権は、本権に基づく法的手続きにより占有が剥奪されれば消滅する。すなわち、占有権は、本権に基づく法的手続きにより占有が剥奪されない限り他人による妨害を受けずに物を現実的に支配することができるという制約を伴う点で所有権や地上権などの他の物権と異なる。

(2)　占有権が物権か否かについては争いがある。通説的見解はこれを物権とするが、物権であることを否定する見解もある。(1)この問題は、物権をどのように定義するかということに係わっているが、私見によれば、物権とは物や権利を支配する権利で民法やその他の法律により物権と規定されたものであり（本書一〇頁参照）、占有権も物権であるということができる。

(1)　舟橋・二七七頁以下、山中康雄「物権の本質」愛知大学法経論集三七・三八号二五頁（昭和三七年）、稲本・五〇頁、広中・七頁以下、民法注解八頁以下（北川善太郎執筆）、平野・二〇七頁。

(3)　占有権は、占有すべき権利（本権）と異なる。占有すべき権利とは、占有を正当化する権利であり、所有権・地上権・賃借権などがこれに当たる。これに対し、占有権は占有が正当であるか否かを問わず占有することによって認められる権利である。もっとも、占有が正当であるか否かが占有権に影響を及ぼす場合もあり（占有訴権と自力救済。本書五五五頁参照）、また、占有が不当であるとして法的手続きにより剥奪されれば占有権は消滅する。

四　占有および占有権の効力

(1)　序

(イ)　一般に、占有権の効力として次の三つが挙げられている。第一は、本権の推定である。第二は、権利の取得である。第三は、社会生活の平和の維持である。

(ロ) 私見によれば、占有とは自己のためにする意思をもって物を所持することであり、占有権とは物を占有することにより物を現実的に支配することができる物権である（本書五〇四頁参照）。このような見解によれば、本権の推定と権利の取得は占有の効力であると考えるべきであろう。たとえば、本権の推定は占有者は何らかの本権に基づき占有していることが多いという蓋然性を根拠にしているし、あるいは、善意取得に占有の取得が要求されるのは動産の権利取得（物権変動）には占有という公示方法が必要とされるからである（一七八条。本書一七一頁以下参照）。

これに対し、社会生活の平和の維持（社会一般の秩序の維持）が占有権の効力であるとするのは妥当でない。民法は、刑法などと違って直接に社会秩序の維持を目的とするものではないからである。それゆえ、占有者の生活の平和の維持が占有権の効力というべきであり、その結果、社会秩序も占有権により維持されると解すべきである。占有者の生活の平和の維持が占有権の効力であるというのは、占有者の生活の平和の維持は物に対する現実的な支配が他人の実力行使により妨害される場合に占有権＝占有訴権に基づきそれを排除することにより実現されるからである。

そこで、以下においては、占有の効力と占有権の効力の二つに分けて説明する。

(2) 占有の効力

(イ) 占有による推定　占有による推定には二つのものがある。

第一は、本権の推定である。すなわち、占有者が占有物について行使する権利は適法に有するものと推定される（一八八条。本書五四二頁以下参照）。これは、一般に法律上の推定と解されているが、事実上の推定と解すべきである。

第二は、所有の意思などの推定である。すなわち、占有者は所有の意思をもって善意・平穏・公然と占有をするものと推定され、前後の両時点において占有をした証拠があるときは占有はその間継続したものと推定される（一八六条。本書五二〇頁以下、五二九頁以下参照）。これも、一般に、法律上の推定と解されているが、事実上の推定と解すべきである。

(ロ) 権利の取得　占有が一因となって権利を取得する主な場合は以下の通りである。

第一に、善意占有者は占有物から生じる果実を取得する（一八九条一項）。善意占有者の果実収取権である（本書五四六頁以下参照）。

第二に、一定の期間、所有の意思をもって物を占有する者はその所有権を取得する（一六二条）。所有権の時効取得である（所有権以外の財産権の時効取得については一六三条参照）。

第三に、動産に関し無権利者を権利者と無過失で信じてこれと取引し占有を始めた者は即時にその動産について行使する権利を取得する（一九二条）。動産の善意取得である（本書二六二頁以下参照）。

第四に、家畜以外の動物に関し善意で占有を始めた者はその動物が飼主の占有を離れた時から一か月以内に飼主から回復の請求を受けなければその動物について行使する権利を取得する（一九五条。本書五四四頁以下参照）。

第五に、無主の動産を所有の意思をもって占有する者はその所有権を取得する（二三九条一項）。無主物先占である（本書三三三頁以下参照）。

第六に、動産の物権変動は当事者の意思表示と占有により効力を生じる（一七八条）。動産の物権変動における効力要件としての占有である（本書二四三頁以下参照）。

(3)　占有権の効力　占有者は、物を占有することにより物を現実的に支配することが法的に保障される。それゆえ、占有者は、他人により物の現実的な支配が妨害される場合、当然、その妨害を排除する権利＝占有訴権（一九七条以下）を有する。占有訴権は、占有権の内容を構成し、他人の実力行使による占有の妨害を抑止して占有者の生活の平和を維持することに貢献する（本書五五四頁以下参照）。

五　占有制度の沿革

民法の規定する占有制度は、ローマ法の possessio とゲルマン法の Gewere に由来する。[1] 第一に、占有による本権の推定はゲルマン法の Gewere に由来する。第二に、占有者の果実収取権と費用償還請求権は主としてローマ法の possessio に由来し（善意占有者の果実収取権はゲルマン法にも存在した）、善意取得はゲルマン法の Gewere に由来する。時効取得は、基本的にはローマ法に由来する。第三に、占有訴権はローマ法の possessio に由来する。

(1) この問題については、原田慶吉・日本民法典の史的素描七七頁以下、九四頁以下(昭和二九年)参照。

第二節 占有

一 主観主義と客観主義

(1) 占有には物の現実的な支配の外に何らかの意思を伴う必要があるかという問題がある。(1) 何らかの意思を伴う必要があるとする立場を主観主義、何らの意思も伴う必要がないとする立場を客観主義という。主観主義にも種々の立場があり、所有者としての意思を要求する所有者意思説、支配者としての意思を要求する支配者意思説、自己のために物を所持する意思を要求する自己のためにする意思説がある。しかし、主観主義においても意思は非常に広い意味でとらえられつつあり、占有において意思のもつ意義は次第に稀薄化している。

(1) この問題については、富井政章「占有意思ト代理占有」法協二八巻一号二六頁以下(明治四三年)、中島玉吉「占有要件論」民法論文集四〇一頁以下(大正一一年)、石坂音四郎「占有意思論」改纂民法研究上三八二頁以下(大正一二年)、岩田新・占有理論(昭和七年)、山田晟「ドイツ民法における占有の取得と意思」法協五七巻一二号一頁以下、五八巻一号三一頁以下、四号三九頁以下(昭和一四年—一五年)、末川博「イエーリングの占有意思論」占有と所有一七頁以下(昭和三七年)、田中整爾「客観説による解釈」占有論の研究一三九頁以下(昭和五〇年)参照。

(2) 民法は、主観主義、その中でも自己のためにする意思説をとっている(一八〇条)。これに対し、ドイツ民法(八五四条)やスイス民法(九一九条)は客観主義をとっている。フランス民法(二二二八条・二二二九条)は、主観主義のうち所有者意思説を採用している(1)(旧民法財産編一八九条も同じ)。結局、わが国の民法の立場はドイツ民法・スイス民法とフランス民法のほぼ中間にあるということができる。

（1）　所有者意思説の代表的主張者は Savigny であるが、フランス民法（一八〇四年）の編纂者は、一八〇三年に公刊された Savigny の『占有権論』を知らず、Domat や Pothier に従って所有者意思説を採用したのである（Mazeaud-Chabas, t. II, vol. 2, n°1426）。

所有者意思説をとるフランス民法においては、賃借人や受寄者などは占有者 possesseur とされていないが（détenteur といわれる）、占有者と同様の占有訴権上の保護が与えられている（二二八二条二項）。

二　占有の内容

(1)　序　占有は、自己のためにする意思＝占有意思と物の所持という二つの要素によって構成される（一八〇条）。

(2)　占　有　意　思

(イ)　占有意思とは、自己のためにする意思である。自己のためにする意思とは、何らかの利益のためにする意思である[1]。物を所持する者は、何らかの利益のために所持するのが原則である。それゆえ、物の所持者は原則として占有意思を有する。

（1）　民法議事速記録六巻五三頁。

(ロ)　(a)　一般に、占有意思の有無は、純粋に客観的に占有権原の性質によって決められるべきであるとされている。そこで、所有者、盗人、地上権者、賃借人などは、その占有権原の性質上当然に占有意思を有するとされる。

(b)　しかし、第一に、占有意思の有無が純粋に客観的に占有権原の性質によって定まるとすれば、たとえば、占有者が所有者かどうか、あるいは、賃借人かどうかだけが問題であり、この外に占有意思の有無を論じる余地はないはずである。このことは、明らかに占有意思を無意味にする[1]。

第二に、たとえば、賃借人が賃貸借終了後に目的物の占有を継続する場合、その旧賃借人には占有意思があるとされているが、この場合、旧賃借人には占有権原がないのであるから、占有意思を純粋に客観的に占有権原の性質から決定することはできないといわなければならない。

第三に、盗人には占有意思があるとされているが、この場合、盗人には占有権原がないのであるから、第二の場合と同様、占有意思を純粋に客観的に占有権原の性質から決定することはできないといわなければならない。

以上のように、占有意思を純粋に客観的に占有権原の性質から決定することはできないのであり、占有意思は所持者の内心に即して決定されるべきである。もっとも、外部からうかがい知れない内心の意思は問題にならないから、証拠と経験則により認定することができるような内心の意思であることが必要なのは当然である。

（1） 舟橋・二八五頁以下参照。

(ハ) 占有意思は、概括的なものであってもよい。たとえば、郵便受けの所有者は、郵便受けに投入される物につき概括的に占有する意思を有するから、知らないうちに投入された物についても占有を取得すると解される。

(ニ) 主として他人のために物を所持する者も自己のためにする意思＝占有意思を有することを妨げない。たとえば、受寄者、運送人、破産管財人などは、報酬をえたり他人からの責任追及を受けたりしないためにも物を所持しているのであり、占有意思を有する(1)（大判大九・一〇・一四民録二六輯一四八五頁（運送人）、同判昭六・三・三一民集一〇巻一五〇頁（子の財産を管理する親権者））。

（1） 民法議事速記録六巻四九頁参照。

(ホ) 制限行為能力者であっても占有意思を有することができる。これに対し、意思無能力者は占有意思を有することができない。もっとも、意思無能力者であっても占有代理人を介して占有を取得することは可能であり（一八一条）、法定代理人や事実上の監護者により占有を取得することができると解すべきである（本書五二六頁以下参照）。

(ヘ) 一般に、占有意思は占有取得のための要件であって占有継続のための要件ではないとされている。これによれば、占有意思が事後に不存在になっても占有が継続することになる。しかし、この問題については直接占有と間接占有に分けて考察する必要がある。

(a) 直接占有について　占有意思が占有取得の要件とされるのは何らかの利益をえるために物を所持する者を保護

するという趣旨であり、それゆえ、占有意思を有しない者を保護する必要はないのであるから、占有意思が不存在になれば占有は消滅すると解すべきである。さらに、占有意思の放棄により占有権は消滅するとされているのであるが（二〇三条本文）、これは占有意思が不存在になれば占有が消滅し、したがって、占有権も消滅することを意味するものに外ならないのである。一般の見解は、民法二〇三条本文に反し妥当でない。

(b)　間接占有について　間接占有は占有代理人を介しての占有であるが、私見によれば、占有代理人は物を占有（直接占有）していると解される（本書五二四頁以下参照）。それゆえ、占有代理人の占有意思が不存在になった場合、占有代理人の直接占有が消滅し、本人の間接占有も消滅するようにみえる。しかし、本人の間接占有が消滅するとすれば、占有代理人の占有意思が不存在になったのを知らずに間接占有が存続していると信じた本人が害されるおそれがある。それゆえ、間接占有は占有代理人が本人に占有意思の不存在を表示するか本人がそれを知ることを条件に占有代理人の占有意思の不存在により消滅すると解するのが妥当である。そして、この場合、占有代理人の直接占有も間接占有の消滅までは消滅せず、占有代理人はその時まで占有代理人の地位にとどまると解すべきである（本書五二五頁参照）。

(3)　物の所持

(イ)　(a)　物の所持とは、物を現実的に支配していることをいう。物を現実的に支配しているかどうかは社会通念によって決定される。

(b)　動産の場合、物を現実的に支配するとは自己の支配領域内にそれをおくことである。たとえば、動産を現に手中に持っている場合、動産を自己の居住家屋の中においている場合、狸を岩穴に追い込み石塊で入口を塞いだ場合（大判大一四・六・九刑集四巻三七八頁（狩猟法上の捕獲のケース））、海岸に散在する貝殻につき県知事から払下げの許可をえ、その旨を公示するため標杭を設置し、他人の採取を防止するため監視人を配置した場合（大判昭一〇・九・三民集一四巻一六四〇頁（無主物先占のケース））がこれである。

(c)　不動産の場合も、物を現実的に支配するとは自己の支配領域内にそれをおくことである。たとえば、家屋に居住している場合、倉庫の鍵を保管している場合、家屋の所有者が当該家屋の隣家に居住し、そこから当該家屋の裏口を常に監視して容易に他人の侵入を制止しうる場合（最判昭二七・二・一九民集六巻二号九五頁）、地方公共団体が道路を一般交通の用に供するために管理しその補修工事などをしている場合（最判平一八・二・二一民集六〇巻二号五〇八頁）、田畑を農耕に使用している場合、原野に棚を設けている場合、山林を撫育している場合がこれである。

(ロ) (a) 物の所持には、自ら直接に所持する場合と占有代理人の所持を介して間接に所持する場合の二つがある。前者の場合、直接占有といわれ（本書五二三頁参照）、直接占有権が成立する（本書五〇五頁参照）。後者の場合、間接占有といわれ（本書五二三頁参照）、間接占有権が成立する（本書五〇五頁参照）。

(b) (α) (i) 物を自ら直接に所持する場合、他人の所持と競合することを妨げない。たとえば、店主が店員を使用する場合、店主も常時店員のいる店で働いている場合には、店主と店員がともに商品を所持しているといってよいであろう。この場合、一般に、店員は店主の占有補助者とされ、店主のみが所持し店員は所持しないとされている。しかし、店員も商品を現実的に支配しているのであり、商品を所持しているというべきである。また、店員は、職務を全うし給料をえたり店主から責任追及を受けたりしないために商品を所持しているから自己のためにする意思＝占有意思も有する。それゆえ、店員は店主の占有代理人として商品を直接占有している。他方、店主は店員を占有代理人として商品を間接占有すると同時に自ら所持して商品を直接占有しており、店主と店員はこのような意味で商品を共同で直接占有（共同占有）していると考えられる。そこで、商品の占有が第三者によって奪われた場合、店主と店員の双方が占有訴権を有すると解される。

(ii) 一般的見解は店員の占有訴権を否定するのであるが、店員は店主のために商品を管理・保管するという職務を全うするためにも占有訴権を有すると解するのが妥当である。たとえば、商品が盗取された場合、店員が占有訴権を行使してこれを取り戻すのはその職務を全うするために必要であろう。起草者も、下女下男なども占有訴権を有し自己の名でこれを行使することができると説明している（本書五五八頁注(1)参照）。また、商品が盗取された場合に店員が占有権の侵害を理由に占有訴権を行使して損害賠償（主に慰謝料）を請求することができると解するのが妥当であろう。一般的見解によれば、店員は占有訴権により損害賠償を求めることができないことになるが、妥当でない。

(β)　店主が店員を使用する場合であっても店主が常時店でない別の場所にいれば、店主は店員の所持を介して間接に商品を所持していると解すべきである。つまり、この場合、店主は店員を占有代理人として商品を間接占有しているというべきである。一般に、この場合であっても店主は店員を占有補助者として直接に商品を所持していると解されているようであるが、妥当でない（最判昭五七・三・三〇判時一〇三九号六一頁は、会社の従業員が店舗で働いている場合であっても、占有者として扱われる余地があることを認めるようである）。

(γ)　(i)　一般に、ある家屋にある家族（父母と未成年の子）が居住する場合、その家屋は家族の代表者ともいうべき父母が所持し、子はその占有補助者として所持しないとされている（最判昭二八・四・二四民集七巻四号四一四頁参照）。

しかし、第一に、父母は子の法定代理人として子のためにも家屋を所持しているというべきであり、子は父母を占有代理人として家屋を所持し占有していると解すべきである。第二に、子が意思無能力者である幼児の場合を除き、子は父母とともに家屋に居住してこれを現実的に支配しているのであり、家屋を所持しているというべきである。また、子は、自己の生活のために居住しているから自己のためにする意思＝占有意思も有する。それゆえ、子は父母とともに家屋を所持し家屋を占有していると解するのが妥当である（最判昭四一・一〇・七民集二〇巻八号一六一五頁は、一五歳位の子であっても自主占有ができるとする）。

以上のように、子は、父母を占有代理人として家屋を占有（間接占有）すると同時に、意思無能力者の場合を除き家屋を自ら占有（直接占有）していると解されるのである。そこで、子は父母とともに占有訴権を有するのは当然である。したがって、家屋の占有が妨害される場合、子は、占有訴権により妨害の排除を請求することができるのはもちろん、占有訴権により占有権の侵害を理由に損害賠償（主に慰謝料）を請求することができる。

(ii)　他方、第三者である相手方が家屋の明渡しを求める場合、相手方は父母を被告として訴えれば足り子を被告として訴える必要はないと解してよいであろう。相手方としては父母のみを訴えればよいとすれば便宜であるし、また、子は被告として訴えられても父母が法定代理人として訴訟を追行するのであるから（民訴三一条本文）、父母のみを被告として訴えるとしても子が不当に害されることはないからである。

(δ) (i) 一般に、法人に関しては、理事は法人の機関であるから、理事個人のためにも物を所持していると認めるべき特別の事情がない限り、法人のみが物を所持し理事はこれを所持しないとされている（最判昭三二・二・一五民集一一巻二号二七〇頁（株式会社の代表取締役のケース））。そして、宗教法人の代表者が、その地位を失ったと主張する当該宗教法人に対してこれを争い、当該宗教法人の物の所持を継続するのは、特別の事情のある場合に当たるとされている（最判平一〇・三・一〇判時一六八三号九五頁、同判平一二・一・三一判タ一〇二七号九五頁）。

(ii) しかし、理事は法人の代理人であって、理事が直接に物を所持し、法人は理事の所持を介して間接に所持すると解すべきである[1]。すなわち、理事が物を直接占有し、法人が間接占有すると解すべきである。それゆえ、第三者によって法人の物の占有が妨害される場合、法人と理事の双方が占有訴権を有する[2]。また、法人が理事の占有を奪う場合、理事は法人に対して占有回収の訴えを提起することができる（最判平一〇・三・一〇判時一六八三号九五頁、同判平一二・一・三一判タ一〇二七号九五頁参照）。

(1) 石田(穣)・一九〇頁参照。起草者は、法人は占有代理人によって物を占有するとしている（民法議事速記録六巻六七頁）。舟橋・二九〇頁以下も参照。

(2) 石田(穣)・一九〇頁以下。

(iii) 他方、第三者である相手方が法人が占有するとして物の引渡しを求める場合、相手方が理事に対し引渡訴訟を提起することができるとすれば、理事が個人として物を所持していると主張するケースでは法人の利益が理事によって適切に守られないおそれがある。それゆえ、相手方は法人が占有するとして物の引渡しを求める場合には法人に対してのみ訴えを提起することができると解すべきであろう[1]（この訴訟において理事が個人として物を所持していると主張する場合、一般社団法人及び一般財団法人に関する法律八一条・一〇四条一項・一九七条を類推し、監事設置一般社団法人や一般財団法人においては監事が法人を代表し、監事を設置しない一般社団法人においては社員総会が理事に代えて定めた者が法人を代表すると解される）。このように扱っても相手方にとって何ら酷ではないのである。判例も同旨である（最判昭三二・一二・二七裁判集民二四号六六一頁、同判昭三二・二・一五民集一一巻二号二七〇頁）。

（1）　石田（穣）・一九〇頁。

(ハ)　所持の対象となるのは物である。物の一部も所持の対象になる。一般には私的所有権の対象とならない海面や海浜なども所持の対象になる。

三　占有の種類

(1)　単独占有と共同占有

(イ)　(a)　単独占有とは、ある者が単独で物を占有することであり、共同占有とは、複数の者が共同で物を占有することである。前述したように、一般に、店主は店員を占有補助者として商品を単独占有していると解されているが、しかし、店主が常時店員のいる店にいる場合には店主と店員が商品を共同占有しているというべきである（本書五一三頁参照）。

(b)　単独占有と共同占有は、直接占有についてはもちろん、間接占有についても考えられる。たとえば、ある者が単独で占有代理人によって占有する場合は単独占有であり、複数の者が共同で占有代理人によって占有する場合は共同占有である。

(ロ)　ある物全部につき複数の者がそれぞれ独立に（共同でなく）占有することはできないと解される（大判昭一五・一一・八新聞四六四二号九頁）。

(ハ)　占有代理人によって占有する場合、本人は間接占有を、占有代理人は直接占有をしている。この場合、共同占有とはいわない。もっとも、店主が常時店員といっしょに店にいるような場合、店員は店主の占有代理人として直接占有しているが、店主も店員を占有代理人として間接占有すると同時に直接占有もしており、店主と店員はこのような意味で共同占有していると考えられる（本書五一三頁参照）。

(2)　自主占有と他主占有

(イ)　自主占有[1]とは、所有の意思をもって物を占有することであり、他主占有とは、所有の意思をもたないで物を占有することである。所有の意思とは、所有者として物を占有する意思であり、他人の物であっても所有の意思をもって占有することは可能である（盗人が他人の物を占有する場合など）。自主占有と他主占有の区別は、所有権の取得時効（一六二条）や占有者の損害賠償義務（一九一条）、無主物先占（二三九条一項）などにおいて実益を有する。

（1） 自主占有については、田中整爾・自主占有（叢書民法総合判例研究⑨）（昭和五九年）、同・自主占有・他主占有（平成二年）、辻伸行・所有の意思と取得時効（平成一五年）参照。

(ロ) (a) 一般に、所有の意思の有無は占有権原の客観的な性質によって定まり、賃借人や受寄者などは内心で所有の意思を有しても自主占有者ではないとされている（最判昭四五・六・一八判時六〇〇号八三頁）。

(b) しかし、第一に、所有の意思の有無が占有権原の客観的な性質によって定まるとすれば、たとえば、占有者が所有者かどうか、あるいは、賃借人かどうかだけが問題であり、この外に所有の意思の有無を論じる余地はないはずである。このことは、明らかに所有の意思を無意味にする。

第二に、たとえば賃借人が所有者に対して所有の意思があることを表示すれば自主占有者になるのであるが（一八五条）、この場合であっても賃貸借関係は直ちに解消するわけではないから占有権原の客観的な性質によれば自主占有者にならないはずである。

第三に、盗人は所有の意思を有するとされているが、この場合には占有権原がないのであるから所有の意思の有無を占有権原の客観的な性質によって決定することはできない。

以上のように、所有の意思の有無を占有権原の客観的な性質によって決定することはできないのであり、所有の意思の有無は占有者の内心に即して決定されるべきであると考える。(1) もっとも、外部からうかがい知れない単なる内心の意思は問題にならないから、証拠と経験則に基づき認定できるような内心の意思であることが必要なのは当然である。

（1）石田（穣）・五九七頁以下。

(ハ)　(a)　以上のように、所有の意思の有無は占有者の内心に即して決定されるが、たとえば、賃借人が内心で所有の意思を有していても、所有者には分からず時効中断の措置をとらないで不利益を受けるということがありうる。そこで、占有権原の客観的な性質によれば通常所有の意思がないと考えられる場合、占有者は内心で所有の意思を有しても、それを相手方に表示するか、占有権原の客観的な性質によれば通常所有の意思を伴うと考えられる新権原（売買など）によってさらに占有をしないと相手方に対し所有の意思を主張することができないと解される（一八五条）。もっとも、相手方に対する表示や新権原による占有がなくても、相手方から占有者の所有の意思を主張することは差し支えないし、また、相手方が占有者の所有の意思を知っていれば占有者は所有の意思を主張することができると解してよいであろう。

以上によれば、たとえば、賃借人が内心で所有の意思を有しても、これを相手方に表示するか売買などの新権原によってさらに占有しなければ、相手方から賃借人の所有の意思を主張する場合や相手方が賃借人の所有の意思を知っていた場合を除き相手方に所有の意思を主張することができないのである（1）（2）（大判昭五・六・一二民集九巻五三二頁、最判昭五二・三・三民集三一巻二号一五七頁は、賃借人は賃借物を買い取った時から自主占有者になるという）。

（1）石田（穣）・五九七頁以下。

（2）賃借人が内心で永小作人として占有する場合、相手方としては永小作権が時効取得されれば不利益を受けるから、賃借人は、内心を相手方に表示するか、新たに永小作権設定契約を結ばなければ、相手方から賃借人の内心の意思を主張する場合や相手方が賃借人の内心の意思を知っていた場合を除き永小作人としての占有を相手方に主張することができないと解すべきであろう（大判大一〇・三・一六民録二七輯五四一頁参照）。

(b)　(α)　民法一八五条の占有者による所有の意思あることの表示は、所有者に対し所有の意思ある旨の表示であればよく、それ以外に所有の意思を基礎づける何らかの外形的事実を伴う必要はない。所有の意思あることの表示は、所有者にとって容易に所有の意思あることが分かるような表示でなければならない。しかし、そのような表示でなくても、それにより所有者が所有の意思あることを知った場合には、所有の意思あることの表示があったといってよい。

(β) 民法一八五条の新権原による占有といえるためには、新権原が所有の意思あることの表示とならんで占有の性質の変更の要件とされていることを考えれば、所有の意思ある占有を基礎づける新権原の発生原因が存在しなければならない。たとえば、売買契約や贈与契約などの通常そこから新権原が発生しうる原因が存在しなければならない。占有者が単に売買に基づき占有していると表示したり、所有の意思をもって目的物を事実上支配するだけでは足りない。これらの場合は、占有者による所有の意思あることの表示の問題になる。他方、売買契約や贈与契約などが無効であっても新権原による占有に該当する（最判昭六〇・三・二八判時一一六八号五六頁は、解除条件附売買により買主が占有を始めたケースで解除条件が成就しても自主占有は継続するとする）。

(c) 相続は、新権原に当たらない[1]（大判昭六・八・七民集一〇巻七六三頁）。被相続人の占有権原はそのまま相続人に承継されるからである。そこで、他主占有者の相続人が自主占有を主張する場合、所有の意思ある内心を相手方に表示するか、その性質上通常所有の意思を伴うと考えられる新権原に基づきさらに占有をしなければならない（最判平八・一一・一二民集五〇巻一〇号二五九一頁参照）。相続人が相続により被相続人の占有を承継したばかりでなく所有の意思をもって新たに目的物を事実上支配し占有を開始した場合、被相続人が所有の意思を有していなくても相続人は新権原により占有を始めたとされる（最判昭四六・一一・三〇民集二五巻八号一四三七頁参照）。しかし、所有の意思をもって新たに目的物を事実上支配し占有を開始しても、売買契約や贈与契約などの通常そこから新権原が発生しうる原因が存在しない限り、新権原により占有を始めたとはいえない。それゆえ、右のような相続人の行為をもって相続人が相手方に対し所有の意思あることを表示したといえるかどうかの問題として処理されるべきである[2]。

なお、前に述べたように、相続人が相手方に対し所有の意思あることを表示しなくても相手方が所有の意思あることを知っていた場合、相続人は相手方に所有の意思あることを主張することができる（本書五一八頁参照。最判平八・一一・一二民集五〇巻一〇号二五九一頁は、他主占有者の相続人が所有の意思をもって占有したケースで所有者がこれを知っていた場合に相続人の独自の占有による時効取得を認めた）。

（1）この問題については、辻伸行「他主占有者を相続した者の占有の性質と取得時効──占有の性質の変更の論理と実質的考慮からの考察──」所有の意思と取得時効一〇五頁以下（平成一五年）参照。

（2）石田（穣）・五九九頁注（5）。田中整爾「民法一八五条の解釈」占有論の研究一九五頁以下（昭和五〇年）も参照。

(二)　(a)　占有者は、所有の意思を有するものと推定される[1]（一八六条一項）。一般に、これは法律上の推定であるとされる。そこで、占有者の相手方が所有の意思の不存在を立証しなければならないが、そのためには、相手方は、占有者がその性質上通常所有の意思を伴わないと考えられる権原に基づき占有を取得した事実、あるいは、占有者が真の所有者であれば通常はとらない態度を示したとか所有者であれば当然とるべき行動にでなかったなどの事実を立証すればよいとされる（最判昭五八・三・二四民集三七巻二号一三一頁、同判平七・一二・一五民集四九巻一〇号三〇八八頁）。これに対し、他主占有者の相続人が独自の占有による取得時効を援用する場合には所有の意思の存在を立証しなければならないとされる（最判平八・一一・一二民集五〇巻一〇号二五九一頁）。

（1）この問題については、藤原弘道「所有権の取得時効の要件事実──民法一八六条一項の性格をめぐって──」時効と占有一〇七頁以下（昭和六〇年）、林史高「『所有の意思』と主張立証責任」日法六五巻四号三七七頁以下（平成一二年）参照。

(b)　起草者によれば、民法一八六条は、旧民法財産編一八六条・一八七条・一八八条を一つにまとめ、それに多少の修正を加えた規定であり、占有訴権の行使を容易にするためのものであるとされるが[1]、推定が法律上の推定を指すのか事実上の推定を指すのかは必ずしも明らかでない。しかし、たとえば、所有の意思のない占有、すなわち、他主占有が広く存在することを考えれば、民法一八六条一項の推定を法律上の推定であるというのは困難であろう。さらに、占有訴権は、自主占有であるか他主占有であるかを問わず、また、善意占有であるか悪意占有であるかを問わず、あるいは、平穏公然の占有であるかどうかを問わず認められるから、占有訴権の行使を容易にするために所有の意思の存在などを法律上推定する必要もないというべきである。以上により、民法一八六条一項の推定は事実上の推定と解するのが妥当である。[2] それゆえ、所有の意思の存在の推定も事実上の推定である。なお、他主占有者の相続人は所有の意思を有しないのが通常であるから、この場合には所有の意思の存在は事実上の推定を受けない（本書五一九頁参照）。

（1）民法議事速記録六巻一二一頁以下。

（2）藤原弘道「所有権の取得時効の要件事実──民法一八六条一項の性格をめぐって──」時効と占有一〇七頁以下（昭和六〇年）参照。

(3) 善意占有と悪意占有

(イ) 善意占有とは、本権すなわち占有すべき権利がないのにあるものと誤信してする占有であり、悪意占有とは、本権がないのを知りながらする占有である。本権がある場合には、善意占有と悪意占有の区別は問題にならない。

(ロ) (a) 一般に、本権の存在に疑いを有する者は悪意占有者であるとされている（大判大八・一〇・一三民録二五輯一八六三頁は、善意とは本権ありとの確信をいうとする）。しかし、善意とは、通常、不知を意味し、疑いを有しても善意であることを妨げないと解されている。この通常の用法をこの場合に変える必要はないと思われる。善意占有の場合、短期取得時効（一六二条二項）や占有者の果実収取権（一八九条一項）、占有者の損害賠償義務（一九一条）、占有者の費用償還請求権（一九六条二項）などにおいて有利な取扱いを受ける。しかし、短期取得時効においては善意無過失が要求されており、善意を不知と解しても不都合はない。また、占有者の果実収取権や損害賠償義務の軽減に関しては、後述するように、占有者に善意の外に無過失も要求されると解すべきであり（本書五四六頁以下、五五〇頁参照）、善意を不知と解してもやはり不都合はない。占有者の費用償還請求権に関しては、善意占有者は占有の回復者に対し費用償還請求権を被担保債権として留置権を行使することができるが、悪意占有者は有益費につき留置権を行使することができない場合がある（一九六条二項但書）。しかし、これは善意を不知と解しても不当な取扱いとはいえない。以上により、善意とは不知であり疑いを有しても善意であることを妨げないと解すべきである。[1]

（1）乾政彦「善意占有ニ於ケル善意ノ意義」志林一五巻九号六六頁以下（大正二年）、石坂音四郎「民法第百九十二条論」改纂民法研究上四五四頁（大正一二年）、三潴・二六一頁以下参照。

(b)　(a)で触れたように、善意占有と悪意占有の区別は、取得時効（一六二条）、占有者の果実収取権（一八九条・一九〇条）、占有者の損害賠償義務（一九一条）、占有者の費用償還請求権（一九六条二項）などにおいて実益がある。

(ハ)　占有者は、善意占有をするものと推定（事実上の推定）される（一八六条一項）。ただし、占有者の果実収取権に関しては、善意占有者が本権の訴えで敗訴した場合、その訴えの提起の時から悪意占有者とみなされる（一八九条二項）。

(4)　過失のある占有と過失のない占有

(イ)　過失のある占有とは、善意占有者が本権を有するものと誤信するにつき過失がある場合の占有であり、過失のない占有とは本権があると誤信するにつき過失のない場合の占有である。善意占有の場合にだけ問題になる。過失のある占有と過失のない占有の区別は、取得時効（一六二条。最判昭五一・一二・二民集三〇巻一一号一〇二一頁参照）において実益を有するのはもちろん、私見によれば、占有者の果実収取権（一八九条一項）や損害賠償義務の軽減（一九一条）のためには過失のない占有が要求され（本書五四六頁以下、五五〇頁参照）、これらの場合にも実益を有する。

(ロ)　占有者の無過失は推定されない（一八六条一項参照）。法律上はもちろん事実上も推定されない。

(5)　瑕疵のある占有と瑕疵のない占有

(イ)　瑕疵のある占有とは、過失、悪意、暴行、強迫、隠匿のため一定の事項につき全く法律効果が発生しないか、これらの事由のない場合にくらべて不利な法律効果が発生する占有であり（大判昭一三・四・一二民集一七巻六七五頁参照）、瑕疵のない占有とは、これらの事由のない占有である。瑕疵のある占有と瑕疵のない占有の区別は、取得時効（一六二条）、占有者の果実収取権（一八九条・一九〇条）、占有者の損害賠償義務（一九一条）、占有者の費用償還請求権（一九六条二項）などにおいて実益を有する。

(ロ)　占有が善意、平穏、公然であることは推定される（一八六条一項）。これは、前に説明したように事実上の推定である（本書五二〇頁以下参照）。

(6) 直接占有と間接占有

(イ) 直接占有（自己占有）とは、占有者が自ら物を直接に占有することをいい、間接占有(1)（代理占有）とは、占有者が占有代理人を介して物を間接に占有することをいう。一般に、たとえば、店主が店員を介して商品を占有する場合、店員は店主の占有補助者であって独自の占有を有せず、店主は商品を直接占有すると解されている。しかし、すでに述べたように、店主の占有は、店主が常時店員のいる店にいる場合には店員との共同占有（それぞれの直接占有）、店主が常時店員のいる店にいない場合には店員を占有代理人とする間接占有と解するのが妥当である（本書五一三頁以下参照）。直接占有と間接占有の区別は、簡易の引渡し（一八二条二項）、占有改定（一八三条）、指図による占有承継（一八四条。一般にいわれる指図による占有移転。本書五三六頁参照）などにおいて実益を有する。

（1） 間接占有については、梅謙次郎「代理占有ヲ論ス」志林二六号二六頁以下、二七号八頁以下（明治三四年—三五年）、富井政章「占有意思ト代理占有」法協二八巻一号二六頁以下（明治四三年）、鳩山秀夫「代理占有」民法研究二巻八九頁以下（昭和五年）、岩田新「代理人」占有理論五八二頁以下（昭和七年）、末川博「代理占有論」占有と所有三二頁以下（昭和三七年）、薬師寺志光「代理占有について」国学院法学一巻一号七頁以下（昭和三八年）、田中整爾「代理占有」占有論の研究二七六頁以下（昭和五〇年）、佐賀徹哉「代理占有に関する覚書」林良平先生献呈論文集（現代における物権法と債権法の交錯）一四九頁以下（平成一〇年）参照。

(ロ) 間接占有の要件は、占有代理人による占有、占有代理人の本人のためにする意思、および、占有代理権の存在である。

(a) 占有代理人による占有

(α) (i) 占有代理人とは、法律行為上の代理人に限らず、広く他人のために占有する者をいう。たとえば、賃借人、受寄者なども占有代理人である。

占有代理人には、法律上他人のために占有することができる者、すなわち、法定占有代理人と、当事者の合意により他人のために占有することができる者、すなわち、任意占有代理人の二つがある。法定占有代理人は、たとえば、父母が未成年の子のために占有するのがこれであり、任意占有代理人は、たとえば、賃借人が賃貸人のために占有するのがこれである。

(ii)　一般に、商店の店員や法人の理事などは占有補助者あるいは占有機関とされ、占有代理人ではないとされている。しかし、すでに述べたように、店員は店主のために占有するから占有代理人であり、理事は法人の代理人として法人のために占有するから占有代理人であるというべきである（本書五一三頁以下、五一五頁参照）。

(iii)　私見によれば、占有補助者や占有機関という概念は不要であると考える。

占有補助者は、ある者が他人を指揮監督して物を所持する場合に用いられ（ドイツ民法八五五条は、占有補助者（Besitzdiener）は家事や営業などにおいて他人の指示に従って他人のために物を事実上支配する者をいうと規定している）、占有機関は、法人が理事により物を所持する場合に用いられている。そして、占有補助者や占有機関は、原則として、物を所持せず、占有権を有しないとされている。

しかし、一般に占有補助者や占有機関とされる店員や父母と同居の子、理事に占有権が認められるべきことはすでに説明した通りである（本書五一三頁以下参照）。父母が意思能力のない幼児に一時的に物を預け家から外出した場合には幼児は占有補助者のようにもみえるが、しかし、この場合、幼児に意思能力がない以上、父母は幼児を指揮監督して幼児を介して物を所持しているのではなく、家の中に物をおくことにより直接に物を所持しているというべきである。以上のように、占有補助者や占有機関という概念を用いることは不要であると考える。

(β)　一般に、占有代理人は、次に述べる本人のためにする意思を有する必要はあるが、自己のためにする意思＝占有意思を有する必要はないと解されている。つまり、占有代理人は占有者である必要はないと解されている[1]。しかし、占有代理人が本人のためにする意思をもって物を所持する場合、占有代理人は報酬をえたり本人から責任を追及されたりしないためなど何らかの自己の利益のためにも物を所持しているのであり、自己のためにする意思を有しないとは考えられない。また、本人のためにする意思をもって物を所持する者が所持を妨害される場合に本人のために占有訴権を行使することができないというのも不都合である（一九七条後段は、他人のために「占有」をする者は占有訴権を行使できるとする）。さらに、本人が占有代理人に「占有をさせる」意思を放棄すれば本人の占有権は消滅するとされている（二〇四条一項一号）。それゆえ、占有代理人は占有意思をもって物を所持する、つまり、占有者であるし、また、占有者でなければならないと解するのが妥当であろう。

（1） 起草委員穂積陳重は、法典調査会において、占有代理人は占有権を有せず、占有権を有する受寄者は占有代理人でないと説明しているが、しかし、占有代理人も受寄者も他人の物を所持する点では同じではないかという奥田義人委員の質問に対し明確な答弁をせず（民法議事速記録六巻六九頁以下）、占有代理人は占有者であるか否かについての起草者の考えは必ずしも明らかでない。

(γ) 占有代理人が占有意思を放棄したり喪失した（意思無能力者になるなど）場合、占有代理人の占有は消滅し、本人の間接占有も消滅するようにみえる（二〇三条本文参照）。しかし、そのように解せば、占有代理人の占有意思が不存在になったのを知らずに間接占有が存続していると信じた本人が害されるおそれがある。それゆえ、占有代理人の占有意思の不存在（事後的な不存在）は占有代理人がそれを本人に表示するか本人がそれを知ることを条件に間接占有の消滅をもたらすと解すべきであろう。そして、占有代理人の占有も本人の間接占有の消滅までは消滅せず、占有代理人はその時まで占有代理人の地位にとどまると解するのが妥当であろう（本書五一二頁参照）。

(b) 占有代理人の本人のためにする意思

(α) 間接占有が成立するためには、占有代理人に本人のためにする意思がなければならない。本人のためにする意思とは、本人に何らかの利益を帰属させる意思である。占有代理人は、自己のためにする意思とともに本人のためにする意思を有するわけである（大判昭六・三・三一民集一〇巻一五〇頁）。

(β) 本人のためにする意思の有無は、自己のためにする意思と同じく占有代理人の内心に即して決定されるべきである（本書五一〇頁以下参照）。

(γ)　一般に、本人のためにする意思の存在は間接占有の成立要件であってその継続の要件ではないとされる。これによれば、本人のためにする意思が不存在になっても間接占有が継続することになる。しかし、民法二〇四条一項二号は占有代理人が本人に対して以後自己または第三者のために物を所持する意思を表示すれば（この場合、本人のためにする意思がない旨を表示したことになる）本人の占有権は消滅すると規定しているのであり、一般の見解はこの規定と調和しない。他方、本人のためにする意思の不存在（事後的な不存在）が直ちに間接占有の消滅をもたらすとすれば、本人のためにする意思の不存在を知らずに間接占有が存続していると信じた本人が不当に害されるおそれがある。そこで、本人のためにする意思の不存在は、占有代理人が本人にそれを表示したり本人がそれを知ることを条件に間接占有の消滅をもたらすと解するのが妥当であろう。

(c)　占有代理権の存在

(α)　占有代理権とは、Aの占有がBの占有として扱われるのを正当化するAの権限である。このような権限は、法律上当然に生じるか（法定占有代理権）、当事者の合意によって生じる（任意占有代理権）。占有代理権は、一般にいわれる占有代理関係とほぼ同義であると思われるが、占有代理関係という用語は必ずしも適切でない。

以下、法定占有代理権と任意占有代理権のそれぞれについて説明する。

(i)　法定占有代理権　これは、一定の者（法定占有代理人）が法律上本人のために物を占有することができる場合の占有代理権である。たとえば、父母が未成年の子のために物を占有する場合、占有代理権は法定占有代理権である。この場合、本人が占有代理人に占有させる意思をもつことは不要である。そこで、たとえば意思無能力者であっても占有代理人を介して占有を取得することができる。

意思無能力者に法定代理人はいないが事実上の監護者がいる場合、意思無能力者は事実上の監護者を占有代理人として占有を取得することができるであろうか。意思無能力者は、占有の取得により利益をえても（本権の推定、時効取得など）、不当な不利益を受けるとは考えられない（一九一条や七一七条の占有者の損害賠償義務に関しても、意思無能力者に帰責事由がなく、意思無能力者が不利益を受けることはない）。もっとも、意思無能力者が占有を取得すると解する場合、意思無能力者は物の引渡訴訟などにおいて被告の立場に立たされるが、しかし、これは意思無能力者が法定代理人により占有を取得する場合であっても同じであり、意思無能力者が被告の立場に立たされることにより不当な不利益を受けるわけではない。それゆえ、意思無能力者は事実上の監護者を占有代理人として占有を取得することができると解してよいであろう。この場合、事実上の監護者は条理上本人の占有代理人になるということになるであろう（一種の法定占有代理人）。

(ii) 任意占有代理権　これは、一定の者（任意占有代理人）が当事者の合意により本人のために物を占有することができる場合の占有代理権である。この場合、本人が他人に占有させる意思をもつことが必要である。すなわち、当事者間の右の合意は、本人が他人に占有させる意思を有し、その他人が本人のためにする意思をもって物を占有する場合に存在するのである。このような合意は、任意代理人（法律行為上の任意代理人）が本人のために占有する場合に限らず、広く賃借人や受寄者などが本人のために占有する場合にも存在する。なお、本人が他人に占有させる意思を有し、その他人が本人のためにする意思をもって物を占有する限り、賃貸借や寄託などが終了したり無効であったりしても占有代理権は存在する。

(β) 一般に、占有代理権は、占有代理人が本人の占有すべき権利を体現して物を所持し、これを本人に返還すべき地位にある場合に存在するなどと説明されている。

しかし、第一に、一般的見解においては法定占有代理権と任意占有代理権という区別すべき二つの場合が区別されないで説明されており、妥当でない。第二に、たとえば盗人の占有代理人が盗品を占有する場合、本人は占有すべき権利を有しないのであるから、占有代理人は本人の占有すべき権利を体現して物を所持するとはいえない。以上のように、一般的見解は支持し難いと考える。

(γ)　一般に、本人が占有代理人によって占有を取得する意思を有することは占有代理権の存在のために必要でないとされている。本人が占有代理人によって占有を取得する意思とは何かは必ずしも明確でないのであるが、これが本人の他人に占有させる意思を意味するとすれば不当である。民法二〇四条一項一号は本人が代理人に占有させる意思を放棄すれば本人の占有権は消滅すると規定しているのであり、一般の見解はこれと調和しないからである。本人の他人に占有させる意思は、前述したように、法定占有代理人の場合には不要であるが（この場合、二〇四条一項一号は適用されない）、任意占有代理人の場合には必要である（本書五二六頁以下参照）。

(δ)　任意占有代理人について本人が占有代理人に占有させる意思を放棄した場合、本人の占有権は消滅する（二〇四条一項一号）。本人が占有代理人に占有させる意思を喪失した場合（意思無能力者になる場合など）も同様であると解される。これは、占有代理人に占有させる意思の放棄や喪失、すなわち、その意思の不存在（事後的な不存在）は占有代理権の消滅をもたらし、したがって、本人の占有権の消滅をもたらすという趣旨に理解してよいであろう。もっとも、占有代理人に占有させる意思の不存在は、それを知らずに占有代理権が存続していると信じた占有代理人が不当に害されないために、占有代理人による本人のためにする意思の不存在が本人に対し表示されなければならないのと同じく、占有代理人に対し表示されなければならないと解すべきである（本書五二六頁参照）。それゆえ、占有代理人に占有させる意思の不存在は、それが占有代理人に表示されたり占有代理人がそれを知るのを条件に占有代理権の消滅をもたらすと解される。なお、民法二〇四条一項一号は、法定占有代理人の場合には適用されない（右の(γ)参照）。

(ハ)　(a)　間接占有が成立すれば、本人は完全な占有権（間接占有権）を取得する。この結果、本人は占有訴権を行使することができるし、善意取得をすることも可能である。また、本人のために取得時効も進行する（大判大一〇・一一・三民録二七輯一八七五頁）。他方、本人は占有者として損害賠償義務を負担する。本人は、民法一九一条の損害賠償義務ばかりでなく、民法七一七条の損害賠償義務も負担する（最判昭三一・一二・一八民集一〇巻一二号一五五九頁）。

(b) 間接占有が成立する場合、占有者の善意、悪意、第三者による占有の侵奪の有無などは、原則として占有代理人について決定される（大判大一一・一〇・二五民集一巻六〇四頁（善意、悪意について）、同判大一一・一一・二七民集一巻六九二頁（占有の侵奪について）。一〇一条一項参照）。もっとも、占有代理人が善意であっても本人が悪意であれば、本人を保護する必要はないから、本人の占有は悪意占有であると解される（一〇一条二項参照）。また、第三者が占有代理人から占有を奪っても本人の意に反しなければ、本人に対する関係では占有の侵奪にならず、本人の占有回収の訴えは認められないと解される（占有代理人の占有回収の訴えは認められる）。

四　占有に関する推定

(1) (イ) 占有者は、所有の意思をもって、善意、平穏かつ公然と占有をするものと推定される（一八六条一項）。一般に、これは、法律上の推定であり、占有者の所有の意思の不存在、悪意、暴行、強迫、隠匿を主張する者はそれを立証しなければならないとされる（大判大元・一〇・三〇民録一八輯九三一頁（悪意について）、最判昭五四・七・三一判時九四二号三九頁（所有の意思の不存在について））。他方、賃借人や地上権者などのように通常所有の意思を有しない者については所有の意思の存在は推定されず、その限度で民法一八六条一項は適用されないとされる（大判昭一三・五・三一判決全集五輯一二号三頁（賃借人について）。最判昭五八・三・二四民集三七巻二号一三一頁も参照）。

(ロ) しかし、前に説明したように、民法一八六条一項の推定は事実上の推定を指すと解するのが妥当である（本書五二〇頁以下参照）。なお、賃借人や地上権者などについては、所有の意思の存在は事実上も推定されず、その場合に民法一八六条一項が適用されないのは当然である。

(2) 前後の両時点において占有をした証拠があれば、占有はその間継続したものと推定される（一八六条二項。大判昭七・一〇・一四裁判例（六）民二七七頁）。この推定は、取得時効を援用する場合に便宜であるが、しかし、これを法律上の推定であるとし、占有が継続していたか否か不明である場合に継続していたとみなして取得時効の成立を認めるのは所有権を失う所有者にとって非常に不利である。それゆえ、民法一八六条二項の推定も同条一項の推定と同じく事実上の推定であると解するのが妥当であろう。事実上の推定であると解する場合、相手方の反証によって占有が継続していたか否か不明になれば、継続していたとはみなされない。

(3)　占有者の無過失は推定されない（大判大八・一〇・一三民録二五輯一八六三頁、最判昭四三・一二・一九裁判集民九三号七〇七頁など）。法律上はもちろん事実上も推定されない。

第三節　占有権の取得

一　占有権の原始取得

(1)　占有権は、自己のためにする意思をもって物を所持すれば原始取得される（一八〇条）。他の物権と異なり登記をする必要はない（不登三条参照）。

(2)　占有権は、占有代理人によっても原始取得されることができる（一八一条）。すなわち、占有代理人が本人のためにする意思で物を所持すれば、本人は占有権を原始取得する。

二　占有権の移転

(1)　一般に、占有権は移転されるといわれる。そして、占有権は、物の現実の引渡しや物の簡易の引渡し、占有改定、指図による占有承継（一般にいわれる指図による占有移転）によって移転される外、相続によっても移転されるといわれている。しかし、以下に述べるように、占有権が移転されるといえるかどうかは極めて疑問であり、また、占有権の移転を論じる必要もないというべきである。

(2)　まず、占有権が移転されるといえるかどうかは極めて疑問である。

占有権がAからBに移転されるという場合、占有権は占有に基づき成立する物権であるから、占有もAからBに移転されるといわざるをえない。しかし、占有がAからBに移転されるかどうかは極めて疑問である。

権利の移転の場合、たとえば、所有権の移転の場合、物に対する使用・収益・処分という全面的支配権がAからBにそのまま移転する。しかし、占有は物に対する現実的な支配の状態であり、この支配の状態がAからBにそのまま移転するとは考えられない。分かりやすい例でいえば、BがAを占有代理人として占有改定（一八三条）により占有を取得する場合、Aの占有がそのままBに移転するとはいえない。なぜなら、Aは物に対し自ら現実的な支配をしていたがBはAを介して現実的な支配をするのであり、Aの支配の状態がそのままBに移転したとはいえないからである。あるいは、Aの占有代理人として物を所持するBが簡易の引渡し（一八二条二項）により占有を取得する場合、Aは物に対しBを介して現実的な支配をしていたがBは自ら現実的な支配をするのであり、Aの支配の状態がそのままBに移転したとはいえない。

以上のように、占有がAからBに移転するといえるかどうかは極めて疑問であり、したがって、占有権がAからBに移転するといえるかどうかも極めて疑問である。

(3) (イ) 次に、占有権の移転を論じる必要もなく、占有権の移転に代わって占有の承継が論じられるべきである。ここで、占有の承継というのは、AからBに占有が承継される場合でいえば、BはAの占有を自己の占有とみなし、これに自己の固有の占有を併せて主張することができるということを意味する。Aの占有がBに移転する、すなわち、Aの物に対する現実的な支配の状態がBに移転するというのではない。

(ロ) 占有権の移転を論じるのは不必要である。

第一に、占有権は自己のためにする意思をもって物を所持すれば取得される。BがAから物の現実の引渡しを受けた場合においても、Bはその時点で自己のためにする意思をもって物を所持し占有権を原始取得したといえばよく、Aから占有権の移転を受けたという必要はない。

第二に、時効取得の場合、占有権の移転をいう必要があるようにみえる。しかし、この場合、占有の承継は必要であるが、占有権の移転は必要でない。たとえば、Aが一〇年間占有し、次いでBが一〇年間占有した場合、BはAの占有を承継すれば占有期間が二〇年となり取得時効を援用することができるのであり（一六二条一項）、この場合にBがAの占有権の移転を受けたという必要は全くないのである。

第三に、相続の場合、占有権の移転をいう必要があるようにみえる。(1) たとえば、相続人が相続開始後自己のためにする意思をもって相続財産を所持する前に相続財産を奪われた場合、占有権の移転を受けなければ占有回収の訴え（二〇〇条）を提起することができないようにみえる。たしかに、この場合、相続開始後の占有の侵奪であるから、相続人が相続により被相続人の占有を承継したというだけでは対処できない。相続による占有の承継においては、相続人は被相続人の相続開始時までの占有を自己の占有とみなすことができるだけであり、それは相続開始後の占有に関係しないからである。しかし、この場合、後述するように、相続人は相続開始時に法律上被相続人の占有と同一の占有を原始取得すると解すべきである（法定占有。本書五三七頁以下参照）。それゆえ、相続人はこの占有から生じる占有権に基づき占有回収の訴えを提起することができると解される。したがって、この場合においても占有権の移転をいう必要はないのである。

第四に、被相続人が占有を奪われた状態で相続が行われた場合、被相続人の占有は消滅しており、相続人は、相続開始時に被相続人の占有と同一の占有を原始取得することができず、相続により占有権の移転を受けないとすれば占有回収の訴えを提起することができないようにみえる。しかし、占有の侵奪の場合、占有は占有の侵奪の時から一年以内に占有回収の訴えが提起されないことを条件に消滅するのであり（二〇三条但書・二〇一条三項。本書五六三頁参照）、相続人は、相続開始時に被相続人の占有（消滅していない）と同一の占有を原始取得し、この占有から生じる占有権に基づき占有回収の訴えを提起することができると解すべきである。

第五に、被相続人が占有侵害により損害を受けた場合、相続人は占有権の移転を受けなければ占有権（占有訴権）に基づく損害賠償を請求することができないようにみえる（一九七条以下参照）。しかし、この場合、被相続人の占有侵害により生じた損害賠償請求権が相続されており、相続人は占有権の移転を受けなくても損害賠償を求めることができる。占有権に基づく損害賠償の場合、損害賠償請求権は占有権から生じるが占有権とは別個の権利であるというべきである（本書五五六頁参照）。

第六に、民法一八七条は、占有の承継について規定しているが、占有権の移転については規定していない。以上により、占有権の移転を論じる必要はないと解すべきである。民法一八二条は占有権の譲渡という用語を使用しているが、これは以上に述べたことに照らし民法一八三条・一八四条の用語と同じく占有権の取得の意味に解されるべきであり、民法一八二条の措辞は適切でないと考える。民法一八三条・一八四条は占有権の取得という用語を使用しているが、この用語は適切である。

（1）　ドイツ民法八五七条やスイス民法五六〇条二項は、占有は相続により相続人に移転すると規定しているが、これに関して、占有自体が移転するのではなく、占有から生じる法的地位が移転すると解されている（ドイツ民法八五七条に関し、Münchener Kommentar, § 857 Nr. 4. スイス民法五六〇条二項に関し、Kommentar zum Schweizerischen Privatrecht, § 560 Nr.8）。

三　占有の承継取得

(1)　序

(イ)　(a)　前述したように、AからBに占有が承継されるという場合、占有の承継によりAからBに占有が移転すると考えるべきではない（本書五三〇頁以下参照）。

第一に、占有は物に対する現実的な支配の状態であり、この支配の状態がAからBに移転するといえるかどうかは極めて疑問である。

第二に、占有の移転をいう必要もない。BがAを占有代理人として占有改定により占有を取得する例でいえば、Bは占有改定時にAを占有代理人として占有を原始取得したといえば十分であり、AからBに占有が移転したという必要は全くない。

(b)　前述したように、占有の承継とは、AからBに占有が承継される例でいえば、BがAの占有を自己の占有とみなし、これに自己の固有の占有を併せて主張することができるということである（本書五三一頁参照）。

(c)　以上のように、占有の承継においては、AからBに物に対する現実的な支配が移転するのではなく、BはAの占有を自己の占有とみなし、これに自己の固有の占有を併せて主張することができるというにとどまる。Bは、占有の承継時に自己の占有を原始取得し、これにAから承継したその時までのAの占有を自己の占有とみなして併せて主張することができるのである。これが占有が承継されるということの意味である。

(ロ)　AからBへの占有の承継の場合、BはAの占有を自己の占有とみなすことができる。それゆえ、この場合、Aの占有の瑕疵はそのままBの占有の瑕疵として扱われるのである（一八七条二項）。

(ハ)　民法一八七条は、占有者の承継人は自己の占有に前の占有者の占有を併せて主張することができ、その場合には前の占有者の占有の瑕疵も承継すると規定している。これは、明らかに、占有権の承継を定めた規定ではなく、占有の承継を定めた規定である。

(2)　占有の承継取得

(イ)　序　占有の承継取得には、約定の承継取得と法定の承継取得の二つがある。約定の承継取得とは、占有が当事者間の合意によって承継取得されることであり、法定の承継取得とは、占有が当事者間の合意によらずに法律上承継取得されることである。以下、それぞれについて説明する。

(ロ)　占有の約定承継取得

(a)　序　占有は、原則として当事者間の合意と占有物の引渡しによって承継取得されるが、当事者間の合意だけで承継取得されることもある。占有の約定承継取得には、現実の引渡し、簡易の引渡し、占有改定、指図による占有承継（一般にいわれる指図による占有移転）の四つのタイプがある。以下、AからBに占有が承継される場合に即して説明するが、動産の物権変動における動産の引渡しに関する説明も参照されたい（本書二四三頁以下）。

(b)　現実の引渡し　現実の引渡しとは、占有物の引渡しによる占有の承継である（一八二条一項）。占有物の引渡しとは、A・B合意のもとに、Aが自らあるいは占有代理人C（Bとその代理人を除く）を介しての占有物に対する現実的な支配を解消し、これに代わってBが自らあるいは占有代理人D（Cを除く）を介して占有物に対する現実的な支配を行うことである。AがBを占有代理人として占有物に対する現実的な支配をすることを妨げない（AがBに占有物を賃貸し引き渡す場合など）。占有物の引渡しが行われたかどうかは、このような基本的な考え方に基づき、社会通念や慣行に照らして決定される（大判大九・一二・二七民録二六輯二〇八七頁（慣行について）、同判昭二・一二・一七新聞二八二一号一五頁（社会通念について））。動産については、通常、場所の移動を伴うであろうが、不動産については、通常、管理や利用に当たる者の交替を伴うであろう。

(c)　簡易の引渡し　簡易の引渡しとは、Bまたはその代理人が現に占有物を所持している場合に当事者の意思の表示のみで行われる占有の承継である（一八二条二項）。この場合、Bまたはその代理人が現に占有物を所持しており、当事者間の合意だけで占有が承継されるのである。一般に、BがAの占有補助者や占有機関の場合にも民法一八二条二項が適用されると解されているが、私見によれば、これらの者は現に占有物を所持しており（本書五一三頁以下参照）、民法一八二条二項が適用されるのは当然である。

(d)　占有改定　占有改定とは、Aが自己の占有物を以後Bの占有代理人として占有する場合の占有の承継である（一八三条。大判大五・七・一二民録二二輯一五〇七頁、最判昭三〇・六・二民集九巻七号八五五頁など）。この場合、BはAを占有代理人として占有を取得するのである。占有改定は、Aが占有改定に際してBの占有代理人になる場合に成立し、Aが以前からBの何らかの代理人であったことは必要でない（大判大四・九・二九民録二一輯一五三二頁）。一般に、AがBの占有補助者や占有機関になる場合には占有改定は成立しないと解されているが、しかし、私見によれば、これらの者も占有代理人であり（本書五一三頁以下参照）、占有改定が成立すると考えられる。

(e)　指図による占有承継　指図による占有承継とは、占有代理人によって占有しているAがその同じ占有代理人によって占有しようとするBに対して行う占有の承継であり、Aが占有代理人に対してBのために占有すべきことを命じ、Bがこれを承諾すればAからBに占有が承継される（一八四条。大判昭九・六・二民集一三巻九三一頁など）。一般に、指図による占有移転と称されているが、占有移転という用語は適切でなく（本書五三〇頁以下参照）、民法一八四条もそのような用語を使用していない。占有代理人の承諾は要件とされていず不要であり、占有代理人の承諾がなくても占有は承継される。もっとも、占有代理人が不承諾の場合、占有代理人はBのために占有する意思がないことになる。それゆえ、この場合、占有代理人が不承諾をBに表示するかBがこれを知れば、占有代理人はBの占有代理人でなくなりBの占有は消滅する（二〇四条一項二号参照。本書五二六頁参照）。しかし、他方、Aは占有代理人に占有させる意思を有しないから、占有代理人はAの占有代理人になるわけではない（二〇四条一項一号参照）。結局、右の場合、占有代理人は占有代理人でなくなり、単なる直接占有者になるのである。

(3)　占有の法定承継取得

(イ)　占有は、相続によっても承継取得される(1)。これは、当事者の意思によらないものであり、法定の承継取得である。フランス民法（七二四条）やドイツ民法（八五七条）、スイス民法（五六〇条二項）には占有の相続による承継取得につき明文の規定があるが、わが国には明文の規定がない。しかし、占有の相続による承継取得を否定する理由はなく、これを認めるのが妥当である。もっとも、以下に述べるように、占有の相続による承継取得には問題が多い。

(1)　占有の相続については、末弘厳太郎「占有権ノ相続」穂積先生還暦祝賀論文集九三三頁以下（大正四年）、横田秀雄「相続ニ因ル占有権ノ取得」法学論集（合本再版）一二七頁以下（大正一三年）、鈴木禄弥「占有権の相続」物権法の研究――民法論文集Ⅰ――三九七頁以下（昭和五一年）、門広乃里子「占有権の相続と取得時効」帝京法学一九巻一号九七頁以下（平成六年）参照。

(ロ)　占有の相続による承継取得については、以下の点を明確に区別して考察する必要がある。

第一に、相続人が相続により占有を承継取得するという意味は、相続人は被相続人の相続開始前の占有を自己の占有とみなしてこれに自己の固有の占有（相続人が自己のためにする意思をもって相続財産を所持すること）を併せて主張することができるということである。たとえば、被相続人が相続開始前に一〇年間占有し、相続人が相続開始と同時に固有の占有をしてそれが一〇年間継続した場合、相続人は被相続人の一〇年間の占有を自己の占有とみなしてこれに自己の固有の一〇年間の占有を併せ二〇年間の占有を主張することができる。

第二に、相続人は、相続により被相続人から占有の移転を受けると考えるべきではない。占有は物に対する現実的な支配の状態であり、このような支配の状態が相続によって移転するといえるかは極めて疑問である。分かりやすい例でいえば、相続人が相続開始時に相続を知らず物を現実的に支配していない場合、被相続人が物に対して現実的に支配していた状態が相続により相続人に移転したとはいえない。

第三に、相続人は、相続開始と同時に自己の固有の占有を取得した場合を除き、相続開始時に被相続人の占有と同一の占有を法律上原始取得し、したがって、この占有に基づく占有権も法律上原始取得すると解すべきである（法定占有権）。なぜなら、相続開始後相続人が自己の固有の占有をすることができるようになるまで占有が中断するとすれば、占有訴権や取得時効などの関係において相続人が非常に大きな不利益を受けるからである。

以上のように、相続人は、相続が開始すれば、相続開始前の被相続人の占有を自己の占有とみなすことができるとともに、相続開始と同時に自己の固有の占有をした場合を除き、被相続人の占有と同一の占有を法律上原始取得すると解される。そして、相続人は、自己の占有とみなした被相続人の占有や相続開始時に法律上原始取得した被相続人の占有と同一の占有に自己の固有の占有を併せて主張することができるのである。

(ハ) 相続人は、相続開始と同時に相続財産につき固有の占有をした場合を除き、被相続人の占有と同一の占有を法律上原始取得する（以下、この占有を法定占有という。最判昭四四・一〇・三〇民集二三巻一〇号一八八一頁は、占有が被相続人から相続人に移転するとする）。相続人は、相続の事実や被相続人が何を占有していたかなどを知っている必要はない。相続人が複数の場合、相続人は共同して法定占有を取得する。

(ニ)　相続人が相続開始時に法定占有を取得するとしても、相続人がその後いつまでも自己の固有の占有をしない場合に法定占有の継続を認めてよいかには疑問がある。この場合に法定占有の継続を認めれば、一般の占有の場合と著しくバランスを欠くからである。そこで、相続人は、相続開始を知った時から三か月以内に自己の固有の占有をしない場合、相続開始時に遡って法定占有を失うと解するのが妥当であろう（九一五条一項本文参照）。

これに対し、相続人が相続開始を知った時から三か月以内に自己の固有の占有をした場合、法定占有は相続人の固有の占有に吸収されて消滅し(1)、以後は相続人の固有の占有のみが存在すると解される。

(1)　鈴木禄弥「占有権の相続」物権法の研究――民法論文集I――四〇九頁（昭和五一年）は、相続人が相続財産を所持すれば、相続人が相続により当然に取得した観念的占有権（所持なしに成立する占有権）は通常の占有権に吸収され合併されるとする。

(ホ)　相続人が相続により被相続人の占有を承継したり相続開始時に法定占有を取得することは、後述のように、相続人が自己の固有の占有のみを主張するか、それとも、自己の固有の占有に被相続人から承継した占有や法定占有を併せて主張するかの選択権を有することを否定するものではない（本書五三九頁参照）。それゆえ、相続人は、自己の固有の占有のみを主張してもよいし、自己の固有の占有に、法定占有、あるいは、法定占有と被相続人から承継した占有の両者を併せて主張してもよいのである。

(4)　占有の承継と当事者の選択権

(イ)　民法一八七条によれば、占有者の承継人はその選択に従い自己の占有のみを主張し、または、自己の占有に前の占有者の占有を併せて主張することができるが（一項）、前の占有者の占有を併せて主張する場合にはその瑕疵もまた承継するとされる（二項）。

(ロ)　BがAを占有代理人として間接占有をした後にAから物の引渡しを受けて直接占有をする場合、Bは右の選択権を有するであろうか。この場合、占有の承継はなく占有の態様が間接占有から直接占有に変わっただけであり、Bは選択権を有しないとする見解が有力である（1）（大判大一一・一〇・二五民集一巻六〇四頁）。

たしかに、Bは終始占有しており、Aの占有を自己の占有とみなして主張することができる場合ではない。しかし、この場合を占有の承継がある場合と区別して扱う理由はないと思われる。たとえば、BはAに悪意があり悪意の間接占有者であったが（本書五二九頁参照）直接占有においては善意占有者である場合、Bは直接占有後は善意占有者として占有物に関し種々の利害関係を形成するのであり、この利害関係は占有の承継がある場合と同様に保護されるべきである。それゆえ、民法一八七条を類推し、Bは選択権を有すると解するのが妥当である（2）。つまり、Bは、善意の直接占有のみを主張してもよいし、これに悪意の間接占有を併せて主張してもよいのである。

（1）　末川・二一五頁、舟橋・三〇六頁以下、松坂・一二二頁、川井・一一〇頁、松尾＝古積・一二三頁以下。
（2）　於保・一八八頁、柚木＝高木・三五五頁以下、我妻＝有泉・四八七頁、稲本・二二一頁。

(ハ)　相続の場合、相続人は選択権を有するが（1）（最判昭三七・五・一八民集一六巻五号一〇七三頁。大判大四・六・二三民録二一輯一〇〇五頁は反対であった）、これは、相続人が自己の固有の占有（相続人が自己のためにする意思をもって相続財産を所持すること）のみを主張するか、それとも、自己の固有の占有に、法定占有（相続人が相続開始時に法律上原始取得する占有）、あるいは、法定占有と被相続人から承継した占有（被相続人の占有を自己の占有とみなすことができる占有）の両者を併せて主張するかの選択権である（本書五三八頁参照）。相続人は、自己の固有の占有を開始すれば、占有物に関し被相続人の占有や法定占有とは別の独自の利害関係を形成しうるのであり、右のような選択権を有すると解するのが妥当であろう。

（1）　末弘・二四三頁以下、鳩山秀夫・民法研究二巻一五七頁以下（昭和五年）、林・一六三頁以下、於保・一八七頁以下、柚木＝高木・三五五頁以下、我妻＝有泉・四八六頁、川井・一一〇頁、松尾＝古積・一二四頁参照。

(ニ)　権利能力なき社団・財団が法人になった場合、法人は、自己の占有のみを主張するか、それとも、自己の占有に権利能力なき社団・財団の占有を併せて主張するかの選択権を有すると解される（最判平元・一二・二二判時一三四四号一二九頁）。

(ホ) 占有者の承継人は、いったん前の占有者の占有を併せて主張しても、これを撤回し自己の占有のみを主張して差し支えない（大判大六・一一・八民録二三輯一七七二頁参照）。

(ヘ) 占有者の承継人による選択権の具体例は以下の通りである。

(a) 他人の不動産がA→B→Cと譲渡され、Aが悪意で五年間占有し、B、Cがそれぞれ善意無過失で五年間ずつ占有した場合、CがA・Bの占有を併せて主張すれば（Cは、Bの外にAの占有も併せて主張できる（大判大六・一一・八民録二三輯一七七二頁））、占有期間は一五年になるがAの悪意を承継するのでCは時効を援用することができない（一六二条一項）。これに対し、CがBの占有だけを併せて主張すれば、占有期間は一〇年でしかも占有の始めに善意無過失であるからCは時効を援用することができる（一六二条二項）。

(b) (α) Aが占有の始めに善意無過失で不動産を五年間占有し、Bがこれを承継して悪意過失をもって不動産を五年間占有した場合、BはAの占有を併せて主張し民法一六二条二項の一〇年間の占有による取得時効を援用することができるであろうか。

この場合、BがAによる五年間という占有の期間を承継することができることに問題はない。問題は、BがAの占有の始めにおける善意無過失まで承継し取得時効を援用することができるかどうかである。

判例は、Bによる取得時効の援用を認める(1)（大判明四四・四・七民録一七輯一八七頁、最判昭五三・三・六民集三二巻二号一三五頁）。反対説が有力であるが(2)、判例が妥当であると考える。

(1) 判例と同じ見解は、近江幸治・民法総則（五版）三五〇頁以下（平成一七年）。

(2) 於保・一八七頁、石田（喜）・二五一頁以下、松坂・一二一頁、我妻＝有泉・四八六頁以下、内田・四〇八頁以下、川井健・民法概論1（三版）三六〇頁（平成一七年）、松尾＝古積・一二三頁。

(β) (i) 第一に、一般にAはその後自ら五年間占有すれば占有の途中で悪意過失となっても取得時効を援用することができるとされている。しかし、反対説によれば、悪意過失のあるBが占有を承継すればBは取得時効を援用することができず、AはBから責任を追及されるおそれがある。これでは、Aが自ら占有を継続した場合とBが占有を承継した場合とで著しく大きな差が生じ、アンバランスである。

(ii) 第二に、反対説によれば、占有物の所有者は、Aが占有を継続すれば一〇年で所有権を失うのに、Bが占有を承継すれば二〇年で所有権を失うことになる。これでは、所有者はBが占有を承継するかどうかにより大きな利益をえたりえなかったりして妥当でない。

(iii) 第三に、反対説は、Aが一〇年間占有した後でBが占有を承継した場合、Bは取得時効を援用することができるとするようである(1)。そうだとすれば、BはAが一〇年間占有すればAの占有の始めにおける善意無過失を承継することができるのに、Aが九年間占有した場合にはAの占有の始めにおける善意無過失を承継することができず著しくバランスを失する。Bは、Aが一〇年間占有した場合にはAの占有の始めにおける善意無過失を承継することができるのであれば、これとのバランス上、Aが九年間占有した場合にもAの占有の始めにおける善意無過失を承継することができるのは当然であろう。そして、さらに、BはAが九年間占有した場合にAの占有の始めにおける善意無過失を承継することができるとすれば、これとのバランス上、BはAが八年間占有した場合にもAの占有の始めにおける善意無過失を承継することができるということになり、以下、同様の論理はAの占有期間がゼロになるまで貫徹されるのである。

(1) 内田・四〇九頁、松尾＝古積・一二三頁。

(iv) 以上により、反対説は妥当でないと考える。

第四節　占有の効力、占有の回復者と占有者の関係

一　序

前に述べたように、占有の効力には占有による推定と権利の取得がある（本書五〇七頁以下参照）。占有による推定には、本権の推定（一八八条）と所有の意思などの推定（一八六条）があるが、所有の意思などの推定についてはすでに説明したので（本書五二〇頁以下、五二九頁以下参照）、ここでは本権の推定について説明する。主な権利の取得には、果実収取権（一八九条一項）と家畜以外の動物の所有権の取得（一九五条）があるが、果実収取権は占有者の損害賠償義務（一九一条）や費用償還請求権（一九六条）と併せて占有の回復者と占有者の関係として検討するのが便宜である。それゆえ、以下においては、本権の推定、家畜以外の動物の所有権の取得、占有の回復者と占有者の関係について説明する。

二　本権の推定

(1)　本権の推定の意味

(イ)　民法一八八条は、「占有者が占有物について行使する権利は、適法に有するものと推定する」と規定している。(1)
一般に、この推定は法律上の推定を指すと解されている。

(1)　占有の推定力については、田尾桃二「占有の推定力について」司法研修所創立十周年記念論文集上二五五頁以下（昭和三三年）、萩大輔「登記の推定力と占有の推定力」鹿児島大学社会科学報告7二三頁以下（昭和三五年）、藤原弘道「占有の推定力とその訴訟上の機能」時効と占有一七九頁以下（昭和六〇年）、同「占有正権原の立証と占有の推定力」同書二〇九頁以下、七戸克彦「所有権証明の困難性（いわゆる『悪魔の証明』）について——所有権保護をめぐる実体法と訴訟法の交錯——」慶應義塾大学大学院法学研究科論文集二七号七三頁以下（昭和六三年）、上野芳明「日本法における所有権の推定について」山形大学紀要（社会科学）二一巻二号七五頁以下（平成三年）参照。

(ロ)　しかし、通説的見解によれば、占有による法律上の推定は登記のある不動産には適用されず、また、所有者から権利を取得したと主張して占有する者はその所有者に対してはこの推定を援用することができないとされ（最判昭三五・三・一民集一四巻三号三二七頁）、占有の法律上の推定力に重大な制約が課されている。

(ハ)　民法一八八条は、旧民法財産編一九三条「法定ノ占有者ハ反対ノ証拠アルニ非サレハ其行使セル権利ヲ適法ニ有スルモノト推定ヲ受ク其権利ニ関スル本権ノ訴ニ付テハ常ニ被告タルモノトス」と同じ趣旨の規定であり(1)、占有者は相手方が物の引渡請求権を基礎づける事実を立証するまでは本権＝占有すべき権利を立証しなくてもよいという趣旨の規定のようであって、必ずしも占有に法律上の推定力を認めたものではない(2)。また、占有者は占有物に対して何らかの権利を有すると一応の推定はできるとしても、法律上の推定ができるほど占有が本権を伴う高度の蓋然性があるとは思われない。そうだからこそ、通説的見解も占有の法律上の推定力に重大な制約を課しているのであろうと思われる。以上により、占有による本権の推定は事実上の推定であると解するのが妥当である(3)。

（1）　民法議事速記録六巻一三五頁以下。起草者は、「本権ノ訴ニ付テハ常ニ被告タルモノトス」というのは占有の推定の結果であり、特に規定しなくてもよいとしてこれを削除した（民法議事速記録六巻一三五頁以下）。

（2）　藤原弘道「占有の推定力とその訴訟上の機能」時効と占有一七九頁以下（昭和六〇年）、同「占有正権原の立証と占有の推定力」同書二〇九頁以下参照。

（3）　七戸克彦「所有権証明の困難性（いわゆる『悪魔の証明』）について――所有権保護をめぐる実体法と訴訟法の交錯――」慶應義塾大学大学院法学研究科論文集二七号八七頁（昭和六三年）、平野・二三三頁参照。

(2)　本権の推定の適用範囲

(イ)　占有の事実上の推定力は、すべての本権に及ぶ。物権に限らず債権にも及ぶのは当然である。要するに、占有者が主張する本権については、それが何であれ占有の事実上の推定力が働く。

(ロ)　過去に占有していた者に関しては、その時に有していたと主張する本権につき占有の事実上の推定力が働く。

(ハ)　前に説明したように、登記による推定は事実上の推定であり、登記原因が存在すると事実上推定される（本書一九六頁以下参照）。これと同様に、占有による本権の推定においては、占有者が主張する本権の取得原因が存在する旨事実上推定されると解すべきである。たとえば、占有者がAから売買で所有権を取得したと主張する場合、Aとの売買が事実上推定される。所有権の存在が事実上推定される、すなわち、所有権の取得を基礎づける一切の原因の存在が事実上推定されるとするのは、過大な推定であって妥当でない。

(ニ)　通説的見解は、前述したように、占有の推定力を法律上の推定力とした上で登記のある不動産には適用されないとしている（本書五四三頁参照）。私見によれば、占有の推定力は事実上の推定力であり、登記のある不動産にも適用して差し支えないが、登記にも事実上の推定力があり、占有の推定力と登記の推定力が衝突する場合には登記の推定力が優先すると解される。

(ホ)　通説的見解は、これも前述したように、占有の推定力を法律上の推定力とした上で所有者から権利を取得したと主張する占有者はその所有者に対してはこの推定を援用することができないとしているが（本書五四三頁参照）、占有の推定力を事実上の推定力と解する私見によれば、占有者は誰に対してもこれを援用することができると考えられる。

三　家畜以外の動物の所有権の取得

(1)　序

(イ)　他人が飼育していた家畜以外の動物を占有する者は、占有の開始の時に善意で、かつ、その動物が飼主の占有を離れた時から一か月以内に飼主から回復の請求を受けない場合、その動物について行使する権利を取得する（一九五条）。

(ロ)　家畜以外の動物とは、後述するように、その地方において通常他人が飼育しない野生の動物を指すが（本書五四五頁参照）、このような動物は通常無主物であり、占有者は無主物先占（二三九条一項）により所有権を取得したと考えるのが普通である。他方、飼主は、このような動物が飼主の占有を離れた場合、これを取り戻すのが著しく困難であり、長期にわたって探索するのは稀である。そこで、以上のような事情を考慮し、民法一九五条が設けられたと考えられる。

(ハ)　民法一九五条は、取引の安全を保護するものではないから善意取得（一九二条〜一九四条）と異なる。また、民法一九五条は、後述するように、一定期間の占有継続を必要としないから（(2)(ニ)参照）時効でもない。さらに、民法一九五条は、無主物に関するものではないから無主物先占でもない。

(2)　内　容

(イ)　家畜以外の動物とは、その地方において通常他人が飼育しない野性の動物をいう。たとえば、狐、狸、雀、鳥、山女、鮒などがこれである。九官鳥は、その地方において通常他人が飼育するから家畜以外の動物とはいえないし（大判昭七・二・一六民集一一巻一三八頁）、ライオン、トラ、ワニなどもそうである。

(ロ)　(a)　占有者は、占有の開始の時に善意でなければならない。善意とは、他人が飼育していたのを知らないことをいう。他人が飼育していたのを知っていれば誰が飼育していたかを知らなくても善意とはいえない（大判昭七・二・一六民集一一巻一三八頁）。

(b)　占有者は、善意取得（一九二条）の場合とのバランス上、善意の外に無過失も要求されると解すべきである。

(ハ)　最初の占有者ばかりでなく、この者の承継人も占有者に入る。そこで、最初の占有者に悪意過失があっても、その承継人が善意無過失であればこの者が所有権を取得する。

(ニ)　占有者は、動物が飼主の占有を離れた時から一か月以内に飼主から回復の請求を受けなければ所有権を取得する。一か月は、動物が飼主の占有を離れた時から起算し占有の開始の時から起算するのではない。したがって、占有者は必ずしも占有を一か月継続する必要はない。

(ホ)　動物について行使する権利を取得するとは、占有者が動物の所有権を取得するということである。所有権の取得の時期は、占有の開始の時であると解してよいであろう（一四四条参照）。動物が飼主の占有を離れた時から一か月経過した時点で所有権を取得すると解せば、占有者がこの一か月が経過した後に占有を開始した場合に不都合であるし、また、占有者がこの一か月が経過する前に占有を開始した場合、占有者は占有の開始から所有権を取得するまで他人の物を占有することになり、法律関係が複雑になって妥当でない。

四　占有の回復者と占有者の関係[1]

(1)　この問題については、谷口知平「善意占有と収益返還義務――独逸学説判例を中心として――」不当利得の研究三〇五頁以下（昭和二四年）、末川博「占有者の費用償還請求権」占有と所有一二七頁以下（昭和三七年）、奥田昌道「所有者と占有者との法律関係の一考察――請求権競合論の観点から――」法叢七九巻三号一頁以下（昭和四一年）、我妻栄「法律行為の無効取消の効果に関する一考察――民法における所有物返還請求権と不当利得との関係――」民法研究Ⅱ一六五頁以下（昭和四一年）、伊藤高義「民法一八九条以下における『占有者』『回復者』の意義」物権的返還請求権論序論――実体権的理解への疑問として――一〇頁以下（昭和四六年）、田中整爾「善意占有者の収益返還義務」占有論の研究三七七頁以下（昭和五〇年）、同「占有と不当利得――クルツの見解の批判を通して――」同書四〇二頁以下、鈴木禄弥「所有権の捲き戻し的変動」物権法の研究――民法論文集Ⅰ――二一七頁以下（昭和五一年）、四宮和夫「rei vindicatio法（広義）とその他の請求権規範」請求権競合論一二四頁以下（昭和五三年）、玉城勲「占有者の有益費償還請求権（民法一九六条二項）は選択債権か」名法八八号六一頁以下（昭和五六年）、加藤雅信「物権的請求権およびその附属規範（果実収取権など）と不当利得」財産法の体系と不当利得法の構造三六一頁以下（昭和六一年）、平田健治「所有者・占有者関係における他主占有者の位置づけ――他人の物の賃貸借での使用利益返還義務を素材として――」阪法五三巻三・四号一九九頁以下（平成一五年）参照。

(1)　序　占有の回復者と占有者の関係とは、この両者の間に何らの契約関係もない場合の関係である。したがって、ここでいう占有者は無権原の占有者に限られる。

(2)　果実収取権

(イ)　善意占有者

(a)　善意占有者は、占有物から生じる果実を取得する（一八九条一項）。この規定の趣旨は、占有者は果実を収取して消費するのを常とするから、善意占有者に対して後から果実の返還を求めるのは酷であるというものであると考えられる。

(b)　一般に、果実収取権には占有者の善意のみが要求され、無過失は要求されていないようである[1]。しかし、無権原の占有者に過失があればその占有は不法行為（七〇九条）を構成するのであり、過失のある占有者に果実収取権を認める理由がないと思われる。それゆえ、果実収取権を認めるには占有者の善意無過失が必要であると解すべきである。

（1）起草者も占有者の無過失を要求していなかったようである（民法議事速記録六巻一四二頁）。しかし、起草者のこの見解は、本文に述べるように過失のある占有が不法行為を構成することと調和しない。

(c) 善意とは、占有者が果実収取権を基礎づける本権（所有権、地上権、賃借権など）を有すると信じることである。占有者の信じた本権が果実収取権を基礎づけない場合、占有者は果実収取権を有しない。たとえば、占有者が留置権を有すると信じた場合、真の留置権者であっても果実を自己の債権の弁済に充当することができるだけであり（二九七条）、留置権を有すると信じた占有者が果実収取権を有するとすれば真の留置権者よりも有利となって妥当でないからである。

(d) 一般に、天然果実については元物から分離する時（八九条一項）に善意であれば果実収取権があるとされ、法定果実については善意の存続した期間について日割をもって計算して（八九条二項）果実収取権を定めるとされている。

しかし、後述するように、果実収取権においてはすでに消費した果実の返還義務を免れるだけで未だ消費していない果実の返還義務は免れないと解すべきであり（本書五四八頁参照）、このような観点からは、善意（無過失）の時期は果実の消費の時であるというべきである。

法定果実については、同様にして、善意（無過失）の時期は占有物の使用の対価として受け取った金銭やその他の物の消費の時である。

後述するように、物の使用利益は果実と同視されるが（本書五四九頁参照）、これについては占有物から使用利益をえる時に善意（無過失）でなければならないと解される。

(e) 善意占有者が本権の訴えにおいて敗訴した場合、その訴えの提起の時から悪意占有者とみなされる（一八九条二項）。占有者は、訴えを提起されれば裁判所によって本権を有しないと判断される可能性もあり、果実を消費しないで保存しておくべきだからである。悪意とみなされた占有者が常に不法行為の要件を満たすわけではない（大判昭一八・六・一九民集二二巻四九一頁、最判昭三二・一・三一民集一一巻一号一七〇頁）。

(f)　(α)　一般に、善意占有者はすでに消費した果実についてはもちろん、未だ消費していない果実についても返還義務を負わないとされている。しかし、未だ消費していない果実の返還を認めても占有者にとって全く酷ではなく、これを占有者に帰属させる理由がないといわざるをえない。それゆえ、占有者は未だ消費していない果実を返還すべきであろう(1)。

(1)　同旨、末弘・二五六頁以下、舟橋・三一〇頁、平野・二三五頁、近江・二〇六頁。

(β)　果実が法定果実で金銭の場合、その金銭が消費されてもそれによって他の金銭の消費を免れた場合には果実は消費されていないというべきである。それゆえ、この場合、占有者は果実の返還義務を免れない。

(g)　果実の返還の相手方は、占有の回復者である。占有者の損害賠償義務（一九一条）や費用償還請求権（一九六条）については占有の回復者が相手方になる旨の規定があるが、果実収取権についてはこの点に関し何ら規定がない。しかし、果実収取権についても占有者の損害賠償義務や費用償還請求権についてと同様に占有の回復者が相手方になると解すべきである。占有の回復者は、通常、物の所有者であるが、その他の本権者も含む。

(ロ)　悪意占有者

(a)　悪意占有者は、未だ消費していない果実を返還しなければならないのはもちろん、すでに消費した果実や、過失によって損傷したり、収取を怠った果実の代価を償還しなければならない（一九〇条一項）。

(b)　前に示唆したように、善意であっても過失のある占有者は悪意占有者として扱われるべきである（本書五四六頁以下参照）。

(c)　前述したように、善意占有者であっても本権の訴えにおいて敗訴した場合、その訴えの提起の時から悪意占有者とみなされる（一八九条二項。本書五四七頁以下参照）。

(d) 暴行、強迫、隠匿による占有者は、悪意占有者として扱われる(一九〇条二項)。

(ハ) その他

(a) 果実は、天然果実と法定果実の両方を含む。物の使用利益は、果実と同視される(大判大一四・一・二〇民集四巻一頁参照)。

(b) 善意無過失の占有者の場合、果実を消費しても不法行為の成立する余地はない。これに対し、善意であっても過失のある占有者や悪意占有者の場合、果実を消費すれば不法行為が成立する。なお、本権の訴えで敗訴し悪意占有者とみなされた場合、勝訴すると信じるべき十分な理由があれば果実を消費しても不法行為が成立するとはいえない(本書五四八頁参照)。

(3) 占有者の損害賠償義務

(イ) 序　占有物が占有者の責に帰すべき事由によって滅失または損傷した場合、善意占有者は、占有の回復者に対しその滅失または損傷により現に利益を受けている限度において賠償する義務を負い、悪意占有者はその損害の全部を賠償する義務を負う(一九一条本文)。所有の意思のない占有者は、悪意占有者と同じに扱われる(一九一条但書)。

一般に、ここでいう損害賠償義務は不法行為による損害賠償義務を意味すると解されている。しかし、ここでいう損害賠償義務とは、以下に述べるように、善意占有者については不当利得による利得償還義務、悪意占有者については不法行為による損害賠償義務を意味すると解すべきである。

(ロ) 善意占有者

(a) 占有物が占有者の責に帰すべき事由によって滅失または損傷した場合、善意占有者は、占有の回復者に対しその滅失または損傷により現に利益を受けている限度において賠償をする義務を負う(一九一条本文)。

(b) 善意とは、占有者が占有物の所有者であると信じることである。所有の意思のない占有者、すなわち、他主占有者は、本権があると信じても善意占有者ではなく、悪意占有者として扱われる(一九一条但書)。他主占有者は、他人の物の占有者であることを知っているからである。

(c)　一般に、善意であれば過失があっても善意占有者とされている。しかし、過失のある占有者が責に帰すべき事由により占有物を滅失または損傷させればそれは不法行為を構成するのであり、現存利益の限度で賠償すれば足りるという根拠はないといわざるをえない。他方、所有者が自己の所有物を何らかの落度により滅失または損傷させても全く問題がないのであるから、無過失で所有者であると信じた占有者が責に帰すべき事由により占有物を滅失または損傷させても現存利益の限度で賠償すれば足りるというべきである。それゆえ、占有者には善意の外に無過失も要求されると解するのが妥当である。

(d)　占有物の滅失または損傷とは、物理的な滅失や損傷の外に、紛失や第三者による善意取得などを含む（大判大一一・九・一九評論一一巻民九三七頁（第三者による金銭の取得）、同判昭二一・二・一六評論一一巻商四八五頁（第三者による株券の取得）参照。いずれも善意取得かどうかは不明）。

(e)　現存利益の限度での賠償とは、善意の不当利得者と同一の償還義務（七〇三条）を負うということである。すなわち、善意占有者は、占有物がそのままの形で、あるいは、形を変えて存在する場合にそれを返還すればよいのである。要するに、善意占有者の損害賠償義務とは、不法行為による損害賠償義務ではなく、不当利得による利得償還義務に外ならない。

(f)　占有物が善意占有者の責に帰すべき事由によらないで滅失または損傷した場合、善意占有者は現存利益の限度であっても賠償義務を負わないようにみえる。しかし、現存利益を善意占有者に帰属させる根拠はなく、占有物が善意占有者の責に帰すべき事由によらないで滅失または損傷した場合であっても、善意占有者は当然現存利益の限度での賠償義務を免れないと解すべきである。

(ハ)　悪意占有者

(a)　占有物が占有者の責に帰すべき事由によって滅失または損傷した場合、悪意占有者は、占有の回復者に対し損害の全部を賠償する義務を負う（一九一条本文）。

(b)　悪意とは、他人の物であることを知っていることをいう。前述したように、他主占有者は本権があると信じても悪意占有者であり（一九一条但書。本書五四九頁以下参照）、また、善意であっても過失のある占有者は悪意占有者として扱われる（本書五五〇頁参照）。

(c)　占有物が悪意占有者の責に帰すべき事由によらないで滅失または損傷した場合、悪意占有者は不法行為による損害賠償義務を負わない。この場合、悪意占有者は、善意占有者と同じく、現存利益の限度での不当利得による利得償還義務を負うと解すべきであろう。もっとも、悪意占有者に責に帰すべき事由があるかどうかの判断には注意を要する。たとえば、悪意占有者（所有の意思があるとする）の占有する物が自然災害で滅失したが悪意占有者が所有者にその物を返還していたとすれば滅失を免れた場合、悪意占有者には滅失につき責に帰すべき事由があるということになるであろう。

(d)　占有物が悪意占有者の責に帰すべき事由によって滅失または損傷した場合、それは不法行為を構成する。この場合、民法一九一条によれば悪意占有者は損害の全部を賠償するから、民法一九一条を適用しても同法七〇九条を適用しても結論は同じということになるであろう。要するに、悪意占有者の損害賠償義務とは不法行為による損害賠償義務に外ならない。

(4)　占有者の費用償還請求権

(イ)　善意占有者

(a)　(α)　善意占有者が占有物を返還する場合、占有の回復者に対しその物の保存のために支出した金額やその他の必要費の償還を請求することができる（一九六条一項本文）。ただし、善意占有者が果実を取得した場合、通常の必要費はその負担に帰する（一九六条一項但書）。

(β)　善意占有者が占有物の改良のために支出した金額やその他の有益費については、その価格の増加が現存する場合に限り、占有の回復者の選択に従い、その支出した金額か増加額の償還を請求することができる（一九六条二項本文）。

(b)　善意とは、本権があると信じることである。他主占有者であっても差し支えない。また、過失があっても善意であることを妨げないといってよいであろう。

(c)　店舗の模様替えのために支出した費用は、有益費に入る（大判昭七・一二・九裁判例（六）民三三四頁参照）。

(d)　民法一九六条一項但書の占有者が取得した果実とは、占有者が果実収取権に基づき消費した果実である。そこで、消費の時点で善意無過失の占有者は消費した果実の代価の償還義務を免れる代わりに通常の必要費を負担する（本書五四六頁以下参照）。消費した果実の代価が通常の必要費より少ない場合、善意無過失の占有者はその差額を請求することができると解してよいであろう。悪意過失のある占有者は、消費した果実の代価の償還義務を免れないが、通常の必要費について償還請求権を有すると解される。

(ロ)　悪意占有者

(a)　悪意占有者も過失のある善意占有者と同じ費用償還請求権を有するが（一九六条一項本文二項本文）、次に述べる留置権について異なる取扱いを受ける。

(b)　裁判所は、悪意占有者に関しては、占有の回復者の請求により有益費につき相当の期限を許与することができる（一九六条二項但書）。一般に、占有者は、必要費、有益費を問わず費用償還請求権につき留置権（二九五条一項本文）を行使することができるが、悪意占有者は、有益費に関しては、裁判所が相当の期限を許与した場合、留置権を行使することができなくなるのである（二九五条一項但書）。

(5)　占有の回復者と占有者の間に契約関係がある場合の占有者の果実収取権、損害賠償義務、費用償還請求権

(イ)　契約関係が有効な場合　占有の回復者と占有者の間に有効な契約関係が存在する場合、占有者の果実収取権、損害賠償義務、費用償還請求権はその契約関係によって処理される。したがって、この場合、民法一八九条—一九一条・一九六条は適用されない。

(ロ)　契約関係が無効あるいは取り消された場合　この場合、かつては、民法一八九条―一九一条・一九六条が適用されるとする見解が有力であったが、最近では、これを給付不当利得の問題であるとし、無効あるいは取り消された契約関係を顧慮しつつ処理するという見解が有力である。後者の見解によれば、契約が無効あるいは取り消された場合にも民法一八九条―一九一条・一九六条は適用されない。詳細は不当利得法に譲る。

第五節　占有訴権

一　序

(1)　占有訴権の意義

(イ)　占有訴権、すなわち、占有の訴え（一九七条）とは、占有の妨害や妨害のおそれ、占有の侵奪がある場合に占有者が占有権に基づき相手方に対しその停止や予防、回収、損害賠償を求めることができる権利である。(1)

（1）　占有訴権については、塙浩「フランス中世占有訴権論序説――前史に関する試論――」神法四巻四号六五三頁以下（昭和三〇年）、島田礼介「民法第二〇二条の一考察――占有の本訴に対する本権の反訴について――」道工隆三先生還暦記念論集（民事法特殊問題の研究）七頁以下（昭和三七年）、末川博「占有訴権」占有と所有九三頁以下（昭和三七年）、三ケ月章「占有訴訟の現代的意義――民法二〇二条一項の比較法的・系譜的考察――」民事訴訟法研究三巻一頁以下（昭和四一年）、田中整爾「占有訴権の機能的変化と占有」占有論の研究一頁以下（昭和五〇年）、藤原弘道「占有訴権の訴訟上の機能と仮処分」時効と占有二五一頁以下（昭和六〇年）、大塚直「フランス法における action possessoire（占有訴権）に関する基礎的考察――わが国における生活妨害の差止に関する研究を機縁として――」学習院大学法学部研究年報23二八一頁以下（昭和六三年）、田代有嗣「民法二〇二条における登記国日本と無登記国フランスとの葛藤」内山尚三＝黒木三郎＝石川利夫先生古稀記念（続現代民法学の基本問題）一〇七頁以下（平成五年）、小山昇「物権的請求訴訟の訴訟物」小山昇著作集一巻一〇八頁以下（平成六年）、勅使川原和彦「民法二〇二条の訴訟法的考察」早法七〇巻一号一頁以下（平成六年）、石井紫郎「占有訴権と自力救済――法制史から見

た日本民法典編纂史の一齣──」法協一一三巻四号一頁以下（平成八年）参照。

(ロ)　占有の妨害や妨害のおそれ、占有の侵奪がある場合、占有者は相手方に対し自らその停止や予防、回収（引取り）を行うことの忍容を求めることができると解される。このような忍容請求権を否定する理由はないからである。この場合、このような忍容請求権も一種の占有訴権と考えてよいであろう。以下においては、主として(イ)の意味における占有訴権について説明し、必要に応じ(ロ)の意味における占有訴権についても説明することにする。

(2)　占有訴権の存在理由

(イ)　(a)　(α)　一般に、占有訴権の主たる存在理由は社会生活の平和の維持であるといわれる。そして、ここで社会生活の平和の維持とは、個々の占有者の社会生活の平和の維持ではなく、社会一般の秩序の維持であるとされる。しかし、民法は刑法などと異なり社会秩序の維持を直接の目的とするものではなく、市民社会における個人の権利の保護を直接の目的としている。そして、これによって間接的に社会秩序の維持に貢献しようとするのである。たとえば、所有者は所有権の妨害に対し物権的請求権によりこれを排除することができるが、これは、民法が所有者の物に対する全面的支配権を保護し、間接的に社会秩序の維持に貢献しようとするためである。占有訴権についてもこれと同じである。それゆえ、占有訴権の主たる存在理由も、占有に対する妨害を排除し、占有者の他人の妨害を受けることなく物を現実的に支配することができる状態を保護する、すなわち、占有者の生活の平和を維持することであると解すべきである。

(β)　以上のように、占有訴権の主たる存在理由は、占有者に対する実力行使（自力救済を含む実力行使一般を指す。以下、同じ）を抑止し、占有者の生活の平和を維持することである(1)。占有者は、占有の妨害や妨害のおそれ、占有の侵奪がある場合、相手方が本権を有すると否とを問わずその停止や予防、回収を求めることができる。相手方は、本権に基づくことを理由にこの停止や予防、回収を免れることはできない（二〇二条二項）。このようにして、占有訴権は、相手方による実力行使を抑止し、占有者の生活の平和を維持しようとするのである。

（1）民法議事速記録六巻二〇四頁以下参照。

(b) しかし、実力行使の中でも自力救済、すなわち、自力による権利行使は、常に否定されるわけではなく、肯定される場合もある。一般的には、次の二つの場合に自力救済が認められている。[1] 第一は、裁判所の助けを待っていたのでは権利の実現が不可能か著しく困難になるという急迫した事情が存在し、かつ、権利の行使の仕方が相当な場合である（最判昭四〇・一二・七民集一九巻九号二一〇一頁）。第二は、占有者が奪われた占有を自力で回復する場合である。これらの場合、自力救済が認められるのであるから、これらの自力救済に対して占有訴権を行使することは許されず、ここに占有訴権の限界が存在することになる。[2]

（1）占有と自力救済については、平野義太郎「占有における自力救済」志林二七巻五号三三頁以下（大正一四年）、崔容達「占有に於ける自力救済」司法協会雑誌一六巻三号四九頁以下、四号二九頁以下（昭和一二年）、明石三郎「占有権と自力救済」民商三六巻五号三頁以下（昭和三三年）、小野村資文「占有侵奪と自力救済」石田文次郎先生古稀記念論文集一〇三頁以下（昭和三七年）、明石三郎「家屋明渡と自力救済」宮崎産業経営大学法学論集二巻一号一頁以下（平成元年）、石井紫郎「占有訴権と自力救済——法制史から見た日本民法典編纂史の一齣——」法協一一三巻四号一頁以下（平成八年）参照。

（2）詳しくは、石田（穣）・六七頁以下参照。

(c) 一般に、自力救済の認められる場合は厳格に制限されているが、私見としては自力救済をある程度緩和して認めて差し支えないと考える。このような私見によれば、占有訴権の認められる範囲は一般の見解よりも狭くなることになるが、詳細は民法総則に譲る。[1]

（1）石田（穣）・六八頁以下参照。

(ロ) (a) 占有訴権の従たる存在理由として、本権の迅速な保護ということが考えられる。すなわち、所有権などの本権を有する者がその立証に時間がかかる場合、占有訴権を行使するというのがこれである。もっとも、仮処分制度を利用すれば本権によっても迅速に保護されるともいえるが、この場合には本権を疎明しなければならず（民保一三条二項）、占有訴権の場合よりも時間がかかることも考えられる。それゆえ、占有訴権の従たる存在理由として本権の迅速な保護を挙げることは許されるであろうと思われる。

(b)　占有訴権の従たる存在理由として債権の保護を挙げることも考えられる。すなわち、債権には妨害排除請求権がないからこれを保護するために占有訴権の行使を認めるということも考えられる。しかし、私見によれば、債権、特に占有を伴う債権には広範囲に妨害排除請求権などが認められるべきであり（本書九六頁以下参照）、それゆえ、債権を保護するために占有訴権の行使を認める必要はない。したがって、占有訴権の従たる存在理由として債権の保護を挙げるのは適当でないと考える。なお、債権が本権として占有訴権により迅速に保護されることがあるのは別である（右の(a)参照）。

(3)　占有訴権の法的性質

(イ)　占有訴権は、訴権と呼ばれているが、これは沿革上の理由を有するにすぎない。占有訴権は、占有の妨害や妨害のおそれ、占有の侵奪がある場合に生じる実体法上の権利である。

(ロ)　占有権は、物を占有することにより物を現実的に支配することができる物権であって、当然、占有の妨害や妨害のおそれ、占有の侵奪があればこれを排除する権能＝占有訴権をその内容として包含する（本書五〇五頁以下参照）。それゆえ、占有訴権は占有権の内容を構成する。もっとも、占有の妨害や占有の侵奪による損害賠償請求権は、占有訴権の一種であるが、不法行為による損害賠償請求権であり（七〇九条以下）、占有権（物権）とは別個のものである。損害賠償の担保請求権（一九九条）についても同様である。

(ハ)　賠償の対象になる損害は、占有の妨害や占有の侵奪によって生じる損害に限定され、本権の妨害によって生じる損害を含まない。(1)　そこで、たとえば、善意占有者の果実収取権や善意占有者による物の使用利益の取得が妨害されたり、占有者が占有の妨害や占有の侵奪により精神的苦痛を受けた場合には、占有訴権上の損害賠償請求権の問題になる。

（1）この問題については、辻伸行「占有権侵害に関する一考察――占有権侵害による損害賠償の内容の検討を中心にして――」上法二三巻二号七九頁以下、三号一〇三頁以下（昭和五五年）参照。

(4) 占有訴権の種類　占有訴権には、大きく分けて四つのものがある。第一は、占有が妨害されている場合にその停止や損害賠償を求めるものであり、これを求める訴えは占有保持の訴えと呼ばれる（一九八条）。第二は、占有が妨害されるおそれがある場合にその予防や損害賠償の担保を求めるものであり、これを求める訴えは占有保全の訴えと呼ばれる（一九九条）。第三は、占有が奪われた場合にその回収や損害賠償を求めるものであり、これを求める訴えは占有回収の訴えと呼ばれる（二〇〇条）。第四は、占有者が占有の妨害や妨害のおそれ、占有の侵奪がある場合に相手方に対し自らその停止や予防、回収を行うことの忍容を求めるものである。

(5) 占有訴権の当事者

(イ) (a) 占有者は、占有訴権を有する（一九七条前段）。直接占有者であると間接占有者であるとを問わない。

(b) 他人のために占有をする者も占有訴権を有する（一九七条後段）。他人のために占有をする者とは、占有代理人を指す。占有代理人も、占有の妨害や妨害のおそれ、占有の侵奪がある場合には占有訴権を有するのである。結局、この場合、本人と占有代理人の双方が占有訴権を有する。[1] 占有代理人は、自己の名において占有訴権を行使することができると解してよいであろう。[2]

（1）民法議事速記録六巻二〇七頁参照。
（2）民法議事速記録六巻二〇七頁参照。

(c) 一般に、占有補助者や占有機関は占有訴権を有しないと解されている。[1] しかし、すでに述べたように、占有補助者や占有機関といわれる者も占有を有し、それゆえ、占有訴権を有すると解すべきであり（本書五一三頁以下参照）、一般の見解は妥当でないと考える。

（1）　これに対し、起草者は、下女下男なども自己の名で占有訴権を行使することができると説明している（民法議事速記録六巻二〇五頁以下）。

(ロ)　(a)　占有訴権の相手方は、占有を妨害したり妨害するおそれのある者、占有を奪った者（その悪意の特定承継人を含む）である。すなわち、占有保持の訴えにおいては占有を妨害している者であり、占有保全の訴えにおいては占有を妨害するおそれのある者であり、占有回収の訴えにおいては占有を奪った者である。

(b)　損害賠償請求権としての占有訴権の相手方は、占有の妨害や占有の侵奪により損害を生じさせた者である。損害賠償の担保請求権としての占有訴権の相手方は、占有を妨害し損害を生じさせるおそれのある者である。

二　占有保持の訴え

(1)　序　占有保持の訴えとは、占有者が占有を妨害された場合にその停止や損害賠償を求める訴えである（一九八条）。

(2)　要　件

(イ)　占有が妨害されたことである。占有が妨害されたとは、占有が奪われた場合を除き物に対する現実的な支配が妨げられたことをいう。たとえば、占有者の占有する土地の一部に他人が勝手に木材をおくなどがこれである。占有が奪われた場合は、後述の占有回収の訴えの対象になる（本書五六二頁以下参照）。占有が失われた場合は、それが占有者の意に反しても占有訴権の対象にはならない（なお、占有が奪われた場合、占有者が占有を失ったとはいえない。本書五六三頁参照）。

(ロ)　(a)　占有の妨害の停止とは、占有者は相手方の費用負担で妨害の停止を求めることができるということを意味するが、占有の妨害の停止と占有の妨害についての相手方・占有者の帰責事由の有無に関しては、所有権に基づく妨害排除請求権の場合とほぼ同一に考えてよい（本書八二頁以下参照）。Ａの庭石がＢの庭に落下した場合に即していえば、以下のようになるであろう。

(α)　庭石の落下につきＡに帰責事由があるがＢにはない場合、ＡはＢの庭に庭石を所有することによりＢの庭の占有を妨害しており、BはAに対し庭の占有の妨害の停止を求めることができる。他方、Aの庭石の占有は失われており（Bは占有を奪っていない）、Aは庭石の占有の妨害の停止や占有の回収を求めることができない。

(β) 庭石の落下につきA・B双方に帰責事由がある場合、BはAに対し庭の占有の妨害の停止を求めることができる。この場合の費用負担は、A・Bの帰責事由の割合に応じて決定される。他方、Aの庭石の占有は失われており、AはBに対し庭石の占有の妨害の停止や占有の回収を求めることができない。

(γ) 庭石の落下につきA・B双方に帰責事由がない場合、Bの庭の占有はAがBの庭に庭石を所有することにより妨害されている。そして、この場合、前に説明したように、BはAに対し所有権に基づく妨害排除請求権を有する（本書八二頁以下参照）。それゆえ、BはAに対し占有訴権の本権の迅速な保護機能により庭の占有の妨害の停止を求めることができると解してよいであろう（本書五五五頁以下参照。Bが所有権の立証に時間がかかる場合に実益がある）。他方、Aの庭石の占有は失われており、AはBに対し庭石の占有の妨害の停止や占有の回収を求めることができない。

(δ) 庭石の落下につきAに帰責事由はないがBにはある場合（Bが占有を奪った場合を除く）、Bの庭の占有の妨害はBが自ら招いたことであり、BはAに対し庭の占有の妨害の停止を求めることはできない。Bは、Aに対し自ら庭の占有の妨害の排除をすることの忍容を求めうるにすぎない。他方、Aの庭石の占有は失われており、AはBに対し庭石の占有の妨害の停止や占有の回収を求めることができない（Aは、Bに対し所有権に基づく引渡請求権を行使することができる。本書六七頁参照）。

(b) 損害賠償については、不法行為上の損害賠償請求権の問題であり、相手方の帰責事由（故意過失）が必要である（七〇九条。大判昭九・一〇・一九民集一三巻一九四〇頁）。

(ハ) 占有の妨害があっても社会生活上受忍すべき範囲内にある場合、占有保持の訴えは認められない。

(3) 効　果　占有者は、占有の妨害の停止と損害賠償を求めることができる。前述したように、占有の妨害の停止は原則として相手方の費用負担で行われる（本書五五八頁参照）。

(4)　訴えの提起期間

(イ)　占有保持の訴えは、占有の妨害の存在する間、または、そのやんだ後一年以内に提起されなければならない（二〇一条一項本文）。これは、出訴期間である。占有の妨害のやんだ後一年以内というのは、妨害がやめば妨害の停止を求めることはできないから、損害賠償の請求に関するものである。

(ロ)　工事により占有物に損害が生じた場合、占有保持の訴えは、工事着手の時から一年を経過し、または、工事が完成したときは提起することができない（二〇一条一項但書）。これも、出訴期間である。占有保持の訴えにより相手方に工事中止や建物の除却などの大きな不利益が生じうることを考慮したものである。

(ハ)　民法二〇一条一項但書が損害賠償の請求にも適用されるのかについては疑問がある。境界線附近の建築の制限については、建築の中止や変更の請求は建築着手から一年を経過し、または、建物が完成した後は行うことができないが、損害賠償の請求はこの制限に服さないとされている（二三四条二項）。損害賠償の請求が右の制限に服さないのは、境界線附近の建築の制限の違反は隣地所有者の所有権に種々の支障をきたすおそれがあるからである。占有保持の訴えにおいて損害賠償の請求につき民法二〇一条一項但書が適用されないとすれば、工事着手の時から一年を経過し、または、工事が完成した後も損害賠償の請求が可能となる。しかし、占有権は所有権と異なり本権に基づく法的手続きにより占有が剥奪されれば消滅するという制約を伴っており（本書五〇六頁参照）、占有権を所有権と同様に保護してよいかには疑問がある。それゆえ、民法二〇一条一項但書は損害賠償の請求についても適用されると解すべきである。

三　占有保全の訴え

(1)　序　占有保全の訴えとは、占有者が占有を妨害されるおそれがある場合にその予防や損害賠償の担保を求める訴えである（一九九条）。

(2)　要　件

(イ)　占有が妨害されるおそれがあることである。占有が奪われるおそれがある場合や占有が失われるおそれがある場合を含む。

(ロ)　(a)　占有の妨害の予防と相手方・占有者の帰責事由の有無については、所有権に基づく妨害予防請求権の場合とほぼ同一に考えてよいが（本書八七頁以下参照）、Aの庭石がBの庭に落下しそうな場合に即していえば、以下のようになるであろう。

(α)　庭石の落下しそうなことにつきAに帰責事由があるがBにはない場合、BはAに対し庭の占有の妨害の予防を求めることができる。他方、庭石の落下しそうなことはAが自ら招いたのであり、AはBに対し庭石の占有の妨害の予防（Aの庭石がBの庭に落下すれば、Aの庭石の占有が失われる）を求めることはできない。

(β)　庭石の落下しそうなことにつきA・B双方に帰責事由がある場合、AはBに対し、BはAに対し、それぞれ庭石の占有や庭の占有の妨害の予防を求めることができる。この場合の費用負担は、A・Bの帰責事由の割合に応じて決定され、これは、AがBに対し庭石の占有の妨害の予防を求める場合であっても、BがAに対し庭の占有の妨害の予防を求める場合であっても同じである。

(γ)　庭石の落下しそうなことにつきA・B双方に帰責事由がない場合、前に述べたようにA・B双方に帰責事由がなく庭石が落下した場合にはBがAに対し庭の占有の妨害の停止を請求することができるのを考えれば（本書五五九頁参照）、BはAに対し庭の占有の妨害の予防を求めることができると解してよいであろう。この場合、AはBに対し庭石の占有の妨害の予防を求めることはできない。

(δ)　庭石の落下しそうなことにつきAに帰責事由がないがBにはある場合、AはBに対し庭石の占有の妨害の予防を求めることができる。他方、Bは、庭石の落下しそうなことを自ら招いたのであり、Aに対し庭の占有の妨害の予防を求めることはできない。

(b)　損害賠償の担保については、相手方の帰責事由（故意過失）を問わないとするのが有力な見解であるが[1]、損害賠償は不法行為上のものであり、相手方の帰責事由を必要とすると解するのが妥当であろう。相手方は、帰責事由がない以上損害賠償責任を負わないのであり、この場合には損害賠償の担保提供の義務も負わないと解するのが一貫していると思われる。

（1）　末弘・二九九頁、我妻＝有泉・五〇八頁。

(ハ)　占有の妨害のおそれがあっても社会生活上受忍すべき範囲内にある場合、占有保持の訴えの場合と同様、占有保全の訴えは認められない（本書五五九頁参照）。

(3)　効　果　占有者は、占有の妨害の予防や損害賠償の担保を求めることができる。占有者は、どちらか一方を選択して求めるべきであり、両方を求めることは許されない。損害賠償の担保は、通常は金銭の供託であるが、抵当権の設定などであってもよい。

(4)　訴えの提起期間

(イ)　占有保全の訴えは、妨害のおそれがある間に提起されなければならない（二〇一条二項前段）。これは、出訴期間である。

(ロ)　工事により占有物に損害の生じるおそれがある場合、占有保全の訴えは、占有保持の訴えの場合と同様、工事着手の時から一年を経過し、または、工事が完成したときは提起することができない（二〇一条二項後段。本書五六〇頁参照）。損害賠償の担保請求についても同じである。

四　占有回収の訴え

(1)　序　占有回収の訴えとは、占有者が占有を奪われた場合にその物の返還と損害賠償を求める訴えである（二〇〇条一項）。

(2)　要　件

(イ)　占有が奪われることである。占有が奪われるとは、ＢがＡの占有を奪う場合でいえば、ＢがＡの意に反してＡ

による物に対する現実的な支配を解消させ、代わってBが物に対する現実的な支配をすることである。占有が奪われても、それにより占有者の占有が直ちに消滅するわけではない。占有の侵奪は、占有者が占有の侵奪の時から一年以内に占有回収の訴えを提起しないことを条件に占有を消滅させ、したがって、占有権を消滅させるにすぎない（二〇三条但書）。それゆえ、占有者は、占有を奪われても占有を継続するものとみなされ、この占有に基づく占有権により占有回収の訴えを提起することができるのである。占有者が占有を奪われた時から一年以内に占有回収の訴えを提起しない場合、占有はそれが奪われた時に遡って消滅し、したがって、占有権も占有が奪われた時に遡って消滅すると解される。

なお、占有の回収とは、AがBから占有を回収する場合でいえば、AがBによる物に対する現実的な支配を解消させ、代わってAが物に対する現実的な支配を行う（再び行う）ことである。

(ロ) 占有者の意に反して占有が奪われることが必要である。

間接占有の場合には、占有代理人の意に反するかどうかで判断される（最判昭三四・一・八民集一三巻一号一七頁参照）。もっとも、占有代理人の意に反しても本人の意に反しない場合には、占有代理人の占有（直接占有）が奪われたにとどまり、本人の占有（間接占有）は奪われていないというべきであろう。それゆえ、この場合、占有代理人の占有回収の訴えだけが許容される（本書五二九頁参照）。

占有の騙取（占有者が相手方に騙されて物に対する現実的な支配を解消し、代わって相手方が物に対する現実的な支配をすること）は、占有者の意に基づくから占有の侵奪ではない（大判大一一・一一・二七民集一巻六九二頁）。相手方の当初の占有が占有者の意に基づくものであれば、途中で相手方による占有の継続が占有者の意に反するようになっても占有の侵奪ではない。たとえば、賃借人が賃貸借の終了後に目的物の占有を続けても占有の侵奪ではない（大判昭七・四・一三新聞三四〇〇号一四頁参照）。占有代理人が本人に対し以後自己のために占有物を所持する意思を表示した場合、本人の占有権は消滅するが（二〇四条一項二号）、占有代理人の当初の占有が本人の意に基づく以上、占有の侵奪ではない（最判昭三四・一・八民集一三巻一号一七頁参照）。

占有補助者が本人の意に反して独自の占有を始めた場合、占有の侵奪になるとされる（最判昭五七・三・三〇判時一〇三九号六一頁）。この判例の事案は明らかでないが、私見によれば、占有補助者とされる者と本人が共同占有していた場合には占有補助者とされる者が本人の意に反して自己の単独占有にすれば占有の侵奪に該当すると考える（本書五一三頁参照）。強制執行による占有の取得は、それが外観上強制執行とはいえないような場合に限り占有の侵奪に該当する（最判昭三八・一・二五民集一七巻一号四一頁）。

(ハ)　占有の侵奪は、動産について行われることが多いが、不動産について行われることもある。たとえば、相手方が土地の占有者に無断で当該土地上に建物を建てるというのがこれである（大判昭三・六・一一新聞二八九〇号一三頁、同判昭一五・九・九新聞四六二二号七頁）。なお、相手方が土地の占有者に無断で当該土地を耕作するのは占有の妨害であるとされるが（大判昭一〇・二・一六新聞三八一二号七頁）、これは耕作の態様にもよるであろう。

(ニ)　権利者が占有を奪った場合であっても、自力救済が認められる場合[1]を除き占有回収の訴えの対象になる（大判大八・四・八民録二五輯六五七頁）。一般に、学説は、ドイツ民法（八六一条二項）にならい、占有を奪われて占有回収の訴えをなしうるAが訴えの提起期間内に侵奪者Bから占有を自力で奪還した場合、最初の占有状態が継続していてAによる占有の奪還は秩序の回復と認められ、BのAに対する占有回収の訴えは許容されないとする。しかし、この場合であっても無条件に占有回収の訴えを否定するのは疑問であり、Aが本権を有するかどうか、AがBに対し物に対する現実的な支配の解消を催告したかどうか、AがBの抵抗を排除したかどうか、Aの占有回復が相当な方法で相当な期間内になされたかどうかなどを考慮してBによる占有回収の訴えが認められるかどうかを決定すべきである[2]。

（1）　石田（穣）・七二頁以下参照。

（2）　石田（穣）・七〇頁以下参照。

(ホ)　(a)　占有回収の訴えの相手方は、占有の侵奪者（包括承継人を含む）および侵奪の事実を知っていたその特定承継人である（二〇〇条二項）。前主が占有を侵奪した可能性があるとの認識は、侵奪の事実を知っていたことに当たらないとされる（最判昭五六・

三・一九民集三五巻二号一七一頁）。いったん善意の特定承継人が介在すれば、その後の特定承継人が悪意であっても占有回収の訴えの相手方にはならない（大判昭一三・一二・二六民集一七巻二八三五頁）。

(b) 占有の侵奪者が賃借人や受寄者などの占有代理人によって物を占有している場合、賃借人や受寄者などが善意であれば占有者は侵奪者に対して指図による占有承継（一般にいわれる指図による占有移転。一八四条。本書五三六頁参照）を求めることができる。賃借人や受寄者などが悪意であったとすれば、これらの者は悪意の特定承継人であり、占有者はこれらの者に対して占有回収の訴えを提起することができる（大判昭一九・二・一八民集二三巻六四頁参照）。

(3) 効　果　占有者は、奪われた物の返還と損害賠償を求めることができる。損害賠償は、占有が奪われたことによる損害の賠償である（大判大四・九・二〇民録二一輯一四八一頁は、家屋の占有が奪われたケースで、占有者が他に宿泊したために生じた一か月につき二円の出費と、一か月につき三円の慰謝料、合計一か月につき五円の損害賠償を認めた）。

(4) 訴えの提起期間　占有回収の訴えは、占有が奪われた時から一年以内に提起されなければならない（二〇一条三項）。占有物が占有者の知らないうちに盗取されたような場合、占有回収の訴えは占有が奪われたのを知った時から一年以内に提起されればよいと解すべきであろう。一年は、出訴期間である。損害賠償についても適用される。

五　占有訴権と本権の訴訟法上の関係

(1) 序

(イ) 占有訴権と本権（所有権、地上権、賃借権など）は、訴訟法上どのように関係するのであろうか。(1)

(1) この問題については、島田礼介「民法第二〇二条の一考察――占有の本訴に対する本権の反訴について――」道工隆三先生還暦記念論集（民事法特殊問題の研究）七頁以下（昭和三七年）、三ケ月章「占有訴訟の現代的意義――民法二〇二条一項の比較法的・系譜的考察――」民事訴訟法研究三巻一頁以下（昭和四一年）、田代有嗣「民法二〇二条における登記国日本と無登記国フランスとの葛藤」内山尚三＝黒木三郎＝石川利夫先生古稀記念（続現代民法学の基本問題）一〇七頁以下（平成五年）、小山昇「物権的請求訴訟の訴訟物」小山昇著作集一巻一〇八頁以下（平成六年）、勅使川原和彦「民法二〇二条の訴訟法的考察」早法七〇巻一号一頁以下（平成六年）参照。

(ロ)　一般に、訴訟法上この両者は大なり小なり分離して扱われている。たとえば、ローマ法においては、本権は通常の訴訟 actio で扱われていたが、占有訴権は特示命令 interdictum で扱われ、特示命令においては本権を主張することが許されていなかった。近代法においては、フランス法が最も厳格に訴訟法上占有訴権と本権を分離して扱っており（non-cumul の原則）[1]、両者の訴えの併合が禁止されるのはもちろん、占有訴訟に対して本権による反訴を提起するのも許されていない。ドイツ法においては、占有訴訟において本権による抗弁を主張するのが制限されているにとどまり（ドイツ民法八六三条）、本権による反訴を提起するのは差し支えないとされている[2]。スイス法においても、ドイツ法におけるのとほぼ同様の扱いがされているが[3]（スイス民法九二七条一項・九二八条一項）、スイス民法九二七条二項は、占有回収の訴えに関し、被告が占有物につき占有すべき権利を直ちに立証し、その権利により原告から占有物を取り戻せる場合、被告は占有物の引渡しを拒否できるとする[4]。

（1）　Cf. Mazeaud–Chabas, t. II, vol. 2, n° 1460.

（2）　Baur–Stürner, S. 84 f. ; Münchener Kommentar, § 863 Nr. 9.

（3）　Berner Kommentar, Vorbemerkungen Besitzesschutz zu § 926–929 Nr. 97 ff.

（4）　その理由は、訴訟経済と一般の人に対する法秩序の信頼性であるとされる（Kommentar zum Schweizerischen Privatrecht, § 927 Nr. 6）。

(ハ)　わが国の民法も二〇二条において「占有の訴え」と「本権の訴え」の分離を規定しているが、これには以下に述べるように問題が多い。

(2)　民法二〇二条一項について

(イ)　民法二〇二条一項は、「占有の訴えは本権の訴えを妨げず、また、本権の訴えは占有の訴えを妨げない」と規定する。この規定の解釈として、従来、占有訴訟と本権訴訟は全く別であり、占有者が占有訴訟で敗訴しても本権訴訟を提起するのは差し支えなく、また、占有者が本権訴訟で敗訴しても占有訴訟を提起するのは差し支えないとされてきた（旧訴訟物理論）。

(ロ)　これに対し、最近は、新訴訟物理論に基づき、「占有の訴え」と「本権の訴え」を占有権に基づく請求権と本権に基づく請求権と解しつつ、民法二〇二条一項はこの二つの請求権はそれぞれ別個のものであることを規定したにすぎないとし、占有者が占有訴訟で敗訴すれば本権訴訟を提起することができず、また、占有者が本権訴訟で敗訴すれば占有訴訟を提起することができないとする見解が有力である。(1)

(1)　代表的なのは、三ケ月章「占有訴訟の現代的意義――民法二〇二条一項の比較法的・系譜的考察――」民事訴訟法研究三巻一頁以下（昭和四一年）。

(ハ)　起草者は、旧訴訟物理論と同じように、「占有の訴え」と「本権の訴え」を文字通り占有訴訟と本権訴訟であるとし、両者の訴えは全く別個であると考えていたようである。(1)　そして、起草者がこのように考えたのは、「占有の訴え」を迅速に処理するためであり、「占有の訴え」に関し特別の裁判管轄権（区裁判所）や簡易な立証方法を予定していたようである。(2)　しかし、今日、「占有の訴え」は他の事件と同様通常の訴訟手続きで処理され、「占有の訴え」につき特別の裁判管轄権や簡易な立証方法は設けられていない。そうだとすれば、占有訴訟と本権訴訟を全く別個に処理するために起草者が前提とした事項は今日大きく変化しているというべきであり、このような状況のもとでは民法二〇二条一項を起草者の見解から離れて解釈することも許されると解すべきである。(3)

(1)　民法議事速記録七巻二頁以下。
(2)　民法議事速記録六巻二〇七頁。
(3)　広中・三五九頁以下も参照。

(ニ)　(a)　占有訴訟と本権訴訟を全く別個に処理する場合、占有者は、占有訴訟で敗訴しても本権訴訟を提起することができるし、また、本権訴訟で敗訴しても占有訴訟を提起することができる。しかし、これでは同じような訴訟を二度提起される相手方にとって酷である。他方、占有者が占有訴権の主張と本権の主張を一つの訴訟の中で行わなければならないとしても占有者に不当に大きな負担を強いるとは思われない。もっとも、占有訴権の主張と本権の主張を一つの訴訟の中で行わなければならないとした場合、占有訴権の問題を迅速に処理するのが困難になるとも考えられる。しかし、裁判所が占有訴権の主張を本権の主張に優先して審理し、占有訴権の主張が認められると判断した場合に一部判決（民訴二四三条二項）をすれば、この問題を回避することができるのである。

(b)　以上により、民法二〇二条一項の「占有の訴え」と「本権の訴え」はそれぞれ占有権に基づく請求権と本権に基づく請求権と解しつつ、この二つの請求権は別個のものであるが、新訴訟物理論により、単に攻撃防御方法の違いにとどまり、占有者が一方で敗訴すればその既判力は他方にも及び別訴で他方を主張することは許されないと解するのが妥当であろう(1)。

もっとも、占有者が帰責事由なく他方の主張をすることができなかった場合、判決の既判力は他方の主張に及ばず、占有者は別訴で他方の主張をすることができると解すべきである。たとえば、占有者が複雑な本権の立証の準備に時間がかかり、占有訴権の主張とともに本権の主張をするのができなかった場合、占有者は別訴で本権の主張をすることができる。請求異議の訴えにおいては、確定判決についての異議の事由は口頭弁論の終結後に生じたものに限るとされているが（民執三五条二項）、これは、口頭弁論の終結後に生じた事由は前訴において主張することができなかったからである。そうだとすれば、口頭弁論の終結前に生じた事由であっても当事者が帰責事由なく主張することができなかった場合には同様に扱われるべきである(2)。両者を区別して扱う理由は全くないからである。それゆえ、当事者が帰責事由なく主張することができなかった攻撃防御方法には判決の既判力が及ばず、当事者は別訴でこれを主張することができると解するのが妥当である(3)。

（1）　旧訴訟物理論の立場に立っても、占有者の相手方は占有者が占有訴訟を提起した場合には所有権存在確認の反訴を提起しておけば後で占有者から本権訴訟を提起されないですむという見解がある（鈴木・八二頁）。しかし、たとえば、占有者が占有回収の訴えを提起し相手方が所有権存在確認の反訴を提起したが本訴と反訴の双方が棄却された場合、占有者の所有権に基づく返還請求権は影響を受けないから、占有者が所有権に基づき返還請求の訴訟を提起することが十分に考えられる。それゆえ、相手方は、所有権存在確認の反訴を提起しても、占有者から本権訴訟を提起されるのを回避しえないのである。

（2）高橋宏志・重点講義民事訴訟法(上)五三七頁（平成一七年）参照。

（3）兼子一＝松浦馨＝新堂幸司＝竹下守夫・条解民事訴訟法六三六頁（昭和六一年）、高橋・前掲五三六頁以下、新堂幸司・新民事訴訟法（三版補正版）六二五頁（平成一七年）参照。

(3) 民法二〇二条二項について

(イ) 民法二〇二条二項は、「占有の訴えについては、本権に関する理由に基づいて裁判をすることができない」と規定する。これは、占有訴訟において相手方は本権に基づく抗弁を主張することができないという趣旨のものである。たとえば、占有者が占有回収の訴えを提起する場合、相手方は所有権に基づき占有している旨を主張することができない（大判大八・四・八民録二五輯六五七頁）。

(ロ) 自力救済が認められる場合、相手方は本権に基づく主張をすることができる。それゆえ、この場合、民法二〇二条二項は適用されない（本書五五五頁参照）。

(ハ) (a) 占有者の相手方が本権に基づき反訴を提起することは差し支えない(1)（最判昭四〇・三・四民集一九巻二号一九七頁）。相手方の反訴を認めれば占有訴訟が遅延するとも考えられるが、反訴が提起されても裁判所はまず占有訴訟の方を審理し、占有者の主張が認められると判断すれば一部判決（民訴二四三条三項）をすべきであり、これによって占有訴訟の遅延を回避することができるのである。

（1）法典調査会に提出された民法原案には「本権ノ訴ハ反訴トシテ之ヲ提起スルコトヲ得ス」という規定があったが（二〇三条但書）、法典調査会の審議過程で訴訟法上の問題であるという理由で削除された（民法議事速記録七巻六頁以下）。

(b)　占有回収の本訴と本権に基づく引渡請求の反訴の双方が認められる場合、裁判所は、本訴につき認容の判決、反訴につき占有者が物の占有を回復した場合を条件とする認容判決を下すのが妥当であろう。これに対しては、占有回収の本訴を無意味にし、本権を有する者の実力行使が肯定されることになるという批判も考えられる。(1) しかし、本権を有する者が反訴でなく別訴を提起した場合にも同様の結果が生じうるのである。また、本権を有する者は本権に基づく反訴という大きな犠牲を払わなければ占有回収の本訴を実質上覆すことはできなかったのであり、占有回収の本訴が無意味になるわけではないのである。

(1)　星野・一〇二頁参照。

(ニ)　相手方が本権に基づき別訴を提起することができるのはもちろんであり、この場合に占有訴訟と本権訴訟を併合(民訴一五二条一項)することも可能である。

(ホ)　AのBに対する本権訴訟の勝訴判決が確定した後でBがAに対し占有訴訟を提起することは許されるであろうか。たとえば、A所有の土地をBが占有しているケースでAが当該土地に木材を搬入し、その後にAがBに対し所有権に基づき土地の明渡しを求めて訴えを提起し勝訴判決が確定した場合、BはAに対し占有の妨害を理由に木材の除去を求めることができるであろうか。この場合、AのBに対する所有権に基づく土地明渡しの勝訴判決が確定しており、木材を除去してみても土地の明渡しを受けたAが再び木材を搬入することは全く自由であるから、BがAに対し占有の妨害を理由に木材の除去を求めるのは許されないというべきであろう。(1)

これに対し、AのBに対する所有権に基づく妨害予防の勝訴判決が確定した後で、BがAに対し占有回収の訴えを提起することは許されるであろうか。たとえば、Aが所有し占有する土地に関し、AのBに対する所有権に基づく妨害予防の勝訴判決が確定した後で、その土地の賃借人であるBがAに対し占有回収の訴えを提起することは許されるであろうか。許されないとする見解もあるが、(2) Aが所有権に基づく妨害予防において勝訴しても、これによりBの実力行使による妨害が禁止されるにとどまり、Bが法的手続きをとる、すなわち、占有回収の訴えを提起することは禁止されないと解すべきである。また、Aの妨害予防の勝訴判決によりBの占有回収の訴えによる占有の回収が無意味になるわけではない（Bは占有を取り戻されない）。それゆえ、Bが占有回収の訴えを提起するのは許されると解すべきである。

以上により、AのBに対する本権訴訟の勝訴判決が確定した後でBがAに対し占有訴訟を提起することが許されるかどうかは、場合によって異なるということになるであろう。

（1）同旨、広中・三六八頁。

（2）広中・三六八頁。

第六節　占有権の消滅

一　序

占有権の消滅について、民法は、直接占有権と間接占有権に分けて規定している（二〇三条・二〇四条）。そこで、以下、それぞれについて説明する。なお、占有権は、物の滅失により消滅するが、混同や消滅時効により消滅することはない。

二　直接占有権の消滅

(1)　序　直接占有権は、占有意思の放棄や占有物の所持の喪失によって消滅する。

(2)　占有意思の放棄

(イ)　占有権は、占有者が占有意思を放棄した場合に消滅する（二〇三条本文）。

(ロ)　占有権は、占有意思の喪失によっても消滅すると解される（占有者が意思無能力者になった場合など）。

(3)　占有物の所持の喪失

(イ)　占有権は、占有者が占有物の所持を失うことにより消滅する（二〇三条本文）。ただし、占有者が占有回収の訴えを提起した場合はこの限りでない（二〇三条但書）。民法二〇三条但書の趣旨は、占有が奪われても占有者が占有の侵奪の時から一年以内に占有回収の訴えを提起すれば、占有は継続するものとみなされ、したがって、占有権は消滅しないというものであるが、占有回収の訴えを提起しても敗訴した場合には別であるのは当然である。それゆえ、結局、占有が奪われても占有者が占有回収の訴えを提起して勝訴し占有を回収すれば、占有は継続していたものとみなされ占有権は消滅しないということになるであろう（最判昭四四・一二・二民集二三巻一二号二三三三頁）。占有回収の訴えの要件があるケースで侵奪者が任意に物を返還した場合も、占有が継続していたものとみなしてよいであろう。

(ロ)　占有物の所持を失うとは、占有物の現実的な支配を失うことであり、社会通念により決定される（本書五一二頁参照）。たとえば、土地上に建物を所有する者は建物が焼失しても土地の所持を失わないが（大判昭三・六・一一新聞二八九〇号一三頁、同判昭五・五・六新聞三一二六号一六頁）、劇場内の一区画を借り売店を開いていた者が再三の催促にもかかわらず二年八か月にわたってその売店を使用しない場合にはその区画の所持を失う（最判昭三〇・一一・一八裁判集民二〇号四四三頁）。所持の放棄は、占有意思の放棄ということになるであろう。

三　間接占有権の消滅

(1)　序　間接占有権は、占有代理権の消滅や占有代理人の占有の喪失によって消滅する。しかし、占有代理権でない代理権の消滅によっては消滅しない。

(2)　占有代理権の消滅　間接占有権は、占有代理権（本書五二六頁以下参照）が消滅すれば消滅する。占有代理権の消滅については民法二〇四条一項が規定している。

(イ)　本人が占有代理人に占有させる意思を放棄した場合（二〇四条一項一号）

(a)　本人が占有代理人に占有させる意思を放棄した場合、それが占有代理人に表示されるか占有代理人がそれを知るのを条件に占有代理権が消滅し、占有権（間接占有権）も消滅する（本書五二八頁参照）。なお、法定占有代理人の場合、本人による占有代理人に占有させる意思は不要であり（本書五二六頁参照）、それゆえ、この意思の放棄は占有権を消滅させない。

(b) 前に説明したように、本人が占有代理人に占有させる意思を喪失した場合にも、それが占有代理人に表示されるか占有代理人がそれを知るのを条件に占有代理権が消滅し、占有権も消滅する（本書五二八頁参照）。なお、法定占有代理人の場合、本人による占有代理人に占有させる意思は不要であり、この意思の喪失は占有権を消滅させない。

(ロ) 占有代理人が本人に対し以後自己または第三者のために占有物を所持する意思を表示した場合（二〇四条一項二号）

(a) これは、占有代理人が本人のために占有する意思を放棄し本人に表示した場合である。この場合、占有代理権が消滅し、本人の占有権も消滅する。

(b) 占有代理人が本人のために占有する意思を喪失した場合にも、それが本人に表示されるか本人がそれを知るのを条件に占有代理権が消滅し、本人の占有権も消滅すると解される（本書五二六頁参照）。

(3) 占有代理人の占有の喪失　占有代理人は占有者でなければならないと解する場合、占有代理人が占有を喪失（放棄を含む）すれば本人の占有権は消滅する（本書五二四頁以下参照）。これには、次の二つの場合がある。

(イ) 占有代理人が占有意思を喪失した場合　前に示唆したように、この場合、占有意思の喪失が本人に表示されるか本人がそれを知るのを条件に、本人の占有権が消滅し、占有代理人の直接占有権も消滅する（本書五二五頁参照）。

(ロ) 占有代理人が占有物の所持を喪失した場合（二〇四条一項三号）　この場合、本人の占有権が消滅し、占有代理人の直接占有権も消滅する。

(4) 占有代理権でない代理権の消滅

(イ) 占有権は、代理権の消滅のみによっては消滅しない（二〇四条二項）。ここで代理権とは、占有代理権を指すのではない。なぜなら、占有代理権が消滅すれば占有権も消滅するからである。そこで、民法二〇四条二項の代理権とは、法律行為上の代理権や賃借人、受寄者などの地位を指すと解するのが妥当である。すなわち、法律行為上の代理権や賃借人、受寄者などの地位が消滅しても占有権は消滅しないのである。

これについては、法定占有代理人の場合と任意占有代理人の場合を分けて考察する必要がある。

(ロ)　法定占有代理人の場合、占有権は代理権が消滅しただけでは消滅しないという趣旨は、代理権が消滅しても本人や別の法定占有代理人が占有物を占有することができるまで占有代理権は存続し、法定占有代理人はその時まで本人のために占有を継続しなければならないというものであると解すべきであろう（六五四条参照）。

(ハ)　任意占有代理人の場合、占有権は代理権が消滅しただけでは消滅しないという趣旨は、代理権が消滅しても、本人が任意占有代理人に占有させる意思を有し、任意占有代理人が本人のためにする意思をもって占有物を占有する限り、占有代理権は存続するのであり、それゆえ、占有権は消滅しないというものであると解すべきであろう（本書五二七頁参照）。

第七節　準占有権

一　序

準占有権(1)とは、準占有、すなわち、自己のためにする意思をもって財産権の行使をすることにより生じる占有権に準じた物権である（二〇五条）。準占有は、たとえば、他人の預金債権につき自己の預金債権として払戻しを請求するというのがこれである。物を現実的に支配するのは占有であるが、財産権＝権利を現実的に支配するのは準占有である。

準占有権には占有権に関する規定が準用される（二〇五条）。

（1）　準占有権については、岩田新「準占有」占有理論六八二頁以下（昭和七年）参照。

二　準占有

(1)　序　準占有は、自己のためにする意思と財産権の行使という二つの要素によって構成される。自己のためにする意思は占有意思に対応し、財産権の行使は物の所持に対応する。

(2)　自己のためにする意思　自己のためにする意思とは、占有意思と同じく、何らかの利益のためにする意思である（本書五一〇頁参照）。他人の代理人がその他人の債権を行使する場合、代理人は、報酬をえたり本人からの責任追及を受けたりしないためにも債権を行使するから自己のためにする意思を有し、債権を準占有（直接準占有）しているといえる。この場合、本人も代理人により債権を準占有（間接準占有）している。他人の代理人と称して債権を行使する者は、自己のためにする意思を有し債権を準占有している（最判昭三七・八・二一民集一六巻九号一八〇九頁（四七八条のケース）参照）。

(3)　財産権の行使

(イ)　財産権の行使とは、財産権を現実的に支配していることをいう（物の所持についての本書五一二頁参照）。狭義の行使に限定されない。たとえば、債権証書と印を管理すること、「二千円名古屋銀行ニテ受取レ」という電報送達紙を騙取して所持すること（大判明四一・一一・三〇刑録一四輯一〇三三頁（四七八条のケース）参照）、債権の転付命令を取得すること（大判大二・四・一二民録一九輯二二四頁（四七八条のケース）参照）、株式につきその名義人になること（大判大五・五・一五民録二二輯九五三頁（四七八条のケース）参照）などは財産権の行使に該当する。

(ロ)　一回の行使で消滅する取消権や解除権についても、これらを現実的に支配しているといえれば準占有が成立する。

(ハ)　占有を内容とする財産権、たとえば、所有権、地上権、賃借権などについては、占有が成立するから準占有を認める必要はない。これに対し、占有を内容としない財産権、たとえば、抵当権、工業所有権などについては準占有が成立する。地役権には占有を伴うものと伴わないものの二つがあるが（本書四六九頁以下参照）、占有を伴わない地役権については準占有が成立する（大判昭一二・一一・二六民集一六巻一六六五頁は通行地役権について準占有の成立を認めたが、通行地役権は通常占有を伴うと考えられる）。

三　効　果

(1)　準占有あるいは準占有権には占有あるいは占有権と同じ効果が附与される。そこで、一般的には、本権の推定、果実収取権、費用償還請求権、占有訴権などが附与されるが、問題の財産権に応じてこれらの効果がどこまで附与されるか慎重に検討されなければならない。

(2)　民法一九二条の善意取得は、動産取引の頻繁さにかんがみ設けられた制度であり、準占有には準用されないと解される。

(3)　民法四七八条の債権の準占有者に対する弁済の保護は、債権者と信じて弁済した者を保護する制度であり、民法二〇五条の準占有権とは別のものである。したがって、民法四七八条の準占有者は同条の立法趣旨に則して考えられるべきである。

【事項索引】

さ

し

す

せ

そ

た

な

に

は

る

わ

【判例索引】

［大審院判例］

大判明28・2・6民録1輯83頁 ………………29
大判明29・3・27民録2輯3号111頁 ………306
大判明29・5・6民録2輯5号11頁 …………29
大判明32・12・22民録5輯11号99頁 ….436, 437
大判明33・3・9民録6輯3号48頁 ……….440
大判明34・2・1民録7輯2号1頁 ……….497
大判明34・6・24民録7輯6号60頁 ……….439
大判明34・10・28民録7輯9号162頁 ……..430
大判明35・10・14刑録8輯9号58頁 ……….291
大判明35・11・24民録8輯10号150頁 ……..437
大判明36・2・20刑録9輯232頁 ……………361
大判明36・6・19民録9輯759頁 ……………496
大判明36・11・16民録9輯1244頁 ………….435
大判明36・12・23民録9輯1472頁 ………….438
大判明37・2・15新聞195号16頁 ……………437
大判明37・3・7刑録10輯429頁 ………..29, 31
大判明37・3・11民録10輯264頁 ……………447
大判明37・6・22民録10輯861頁 ……………239
大判明37・11・2民録10輯1389頁 ………….438
大判明38・2・13民録11輯120頁 ……………15
大判明38・4・26民録11輯589頁 ……………502
大判明38・4・28民録11輯621頁 ……………434
大判明38・10・11民録11輯1326頁 ……………29
大判明38・12・20民録11輯1702頁 ………….306
大判明39・2・5民録12輯165頁 ……..493, 497
大判明39・6・1民録12輯893頁 ………….180, 190, 191
大判明39・11・12民録12輯1514頁 ………….460
大判明40・2・4刑録13輯86頁 ……………287
大判明40・3・12民録13輯272頁 ……………445
大(連)判明40・4・29民録13輯452頁 ……..447
大判明40・11・15民録13輯1134頁 ………….437
大判明40・12・6民録13輯1174頁 ………….268
大判明41・9・22民録14輯907頁 ……………143
大判明41・10・20民録14輯1027頁 ………….254
大判明41・11・30刑録14輯1033頁 ………….575
大(連)判明41・12・15民録14輯1276頁 ……204
大(連)判明41・12・15民録14輯1301頁 ……219
大判明42・2・25民録15輯158頁 ……………388
大(連)判明43・11・26民録16輯759頁 ……..447
大判明43・12・23民録16輯976頁 ……………434
大判明44・4・7民録17輯187頁 ……………540
大判明44・4・26民録17輯234頁 ……..296, 449
大判明45・6・1民録18輯569頁 ……………205
大判大元・9・24民録18輯739頁 ……………143
大判大元・10・2民録18輯772頁 ……………268
大判大元・10・30民録18輯931頁 ……………529
大判大2・4・12民録19輯224頁 ……………575
大判大2・10・25民録19輯857頁 ……………143
大(連)判大3・3・10民録20輯147頁 ……..397
大判大3・5・9民録20輯373頁 ……………444
大判大3・8・10新聞967号31頁 ……………312
大判大3・11・3民録20輯881頁 ……………379
大判大3・12・1民録20輯1019頁 ……209, 236
大判大3・12・10民録20輯1064頁 ………….198
大判大3・12・18民録20輯1117頁 ………….439
大判大4・3・9民録21輯299頁 ……………333
大判大4・3・16民録21輯328頁 ……………492
大判大4・4・27民録21輯590頁 ……………248
大判大4・5・20民録21輯730頁 ……………268
大判大4・5・24民録21輯803頁 ……………239
大判大4・6・3民録21輯886頁 ……………306
大判大4・6・23民録21輯1005頁 ………….539
大判大4・9・20民録21輯1481頁 ………….565
大判大4・9・29民録21輯1532頁 ………..243, 245, 535
大判大4・10・23民録21輯1755頁 ………….144
大判大4・12・2民録21輯1965頁 ……………77
大判大4・12・3民録21輯1977頁 ………….205
大判大4・12・8民録21輯2028頁 ‥15, 253, 258
大判大5・2・22民録22輯165頁 ……………254
大判大5・3・11民録22輯739頁 ……………256
大判大5・4・11民録22輯691頁 ……………175
大判大5・4・19民録22輯782頁 ……………248
大判大5・5・15民録22輯953頁 ……………575
大判大5・5・16民録22輯961頁 ……………272
大判大5・6・12民録22輯1189頁 ……444, 445
大判大5・6・13民録22輯1200頁 ………….392
大判大5・6・23民録22輯1161頁 ……….55, 56
大判大5・7・12民録22輯1507頁 ………….535
大判大5・9・12民録22輯1702頁 ………….176
大判大5・9・20民録22輯1440頁 ……..15, 256
大判大5・11・8民録22輯2078頁 ………….143
大判大5・11・29民録22輯2333頁 ………….349
大判大5・12・13民録22輯2417頁 ………….240
大判大5・12・25民録22輯2504頁 ………….234

大判大14・4・14新聞2413号17頁……………435
大判大14・6・9刑集4巻378頁……334, 512
大判大14・6・17民集4巻599頁……………160
大(連)判大14・7・8民集4巻412頁……227
大判大14・7・18新聞2463号14頁……………297
大判大14・12・25新聞2535号9頁……………248
大(連)判大15・2・1民集5巻44頁…………130
大判大15・3・5民集5巻112頁……………288
大判大15・4・30民集5巻344頁……………185
大判大15・6・23民集5巻536頁……………193
大判大15・10・4新聞2618号9頁……………185
大判大15・11・3評論16巻諸法235頁………396
大判昭2・2・16評論16巻商485頁…………550
大判昭2・3・8新聞2689号10頁…………29, 32
大判昭2・4・22民集6巻198頁……471, 476
大判昭2・4・22民集6巻260頁……209, 236
大判昭2・6・6新聞2719号10頁……………385
大判昭2・9・8新聞2755号9頁……………499
大判昭2・12・17新聞2811号15頁……………535
大判昭3・2・2民集7巻33頁……………339
大判昭3・5・25新聞2876号9頁……………171
大判昭3・6・11新聞2890号13頁……564, 572
大判昭3・7・4新聞2901号9頁……………268
大判昭3・8・8新聞2907号9頁……………268
大判昭3・10・11民集7巻903頁……………143
大判昭3・11・8民集7巻970頁…………56, 191
大判昭3・12・5評論18巻民287頁…………143
大判昭3・12・17民集7巻1095頁……………390
大決昭4・1・30民集8巻41頁……………293
大判昭4・2・23新聞2957号13頁……………242
大判昭4・2・27新聞2957号9頁……………268
大判昭4・4・6民集8巻384頁……………169
大判昭4・12・11民集8巻923頁……284, 289
大判昭4・12・11評論19巻民31頁……………447
大判昭5・2・4民集9巻137頁……………183
大判昭5・5・6新聞3126号16頁……………572
大判昭5・5・10新聞3145号12頁……268, 271
大判昭5・5・20新聞3153号14頁……………272
大判昭5・6・12民集9巻532頁……………518
大判昭5・6・16民集9巻550頁……………242
大判昭5・10・31民集9巻1009頁……………79
大判昭5・12・18民集9巻1147頁……………14
大判昭6・1・14新聞3224号11頁……………266
大判昭6・3・31民集10巻150頁……511, 525
大判昭6・6・13新聞3303号10頁……………261
大判昭6・7・22民集10巻593頁……258, 259
大判昭6・8・7民集10巻763頁……………519
大判昭6・10・21民集10巻913頁……………96
大判昭6・10・30民集10巻982頁……………348
大判昭6・11・27民集10巻1113頁……………330
大判昭7・1・26民集11巻169頁……………143
大判昭7・2・16民集11巻138頁……………545
大判昭7・2・23民集11巻148頁……………267
大判昭7・4・13新聞3400号14頁……………563
大判昭7・4・20新聞3407号15頁……………96
大判昭7・5・9民集11巻824頁……………239
大判昭7・5・18民集11巻1963頁……………268
大判昭7・5・19新聞3429号12頁……………349
大判昭7・5・27民集11巻1279頁……………205
大決昭7・7・19新聞3452号16頁……195, 242
大判昭7・7・23新聞3449号14頁……………209
大判昭7・8・10新聞3453号15頁……………306
大判昭7・10・14裁判例(6)民277頁…………529
大判昭7・11・9民集11巻2277頁……………84
大判昭7・12・9裁判例(6)民334頁…………552
大判昭7・12・22新聞3517号13頁……………272
大判昭7・12・26裁判例(6)民361頁…………269
大判昭8・3・3新聞3543号8頁……………256
大判昭8・3・15民集12巻366頁……………187
大判昭8・5・9民集12巻1123頁……………205
大判昭8・5・24民集12巻1565頁……………270
大判昭8・9・12民集12巻2151頁……………162
大判昭8・11・7民集12巻2691頁……………175
大判昭8・12・18民集12巻2854頁……………246
大判昭9・1・30民集13巻93頁……195, 205
大判昭9・4・6民集13巻492頁……………268
大判昭9・6・2民集13巻931頁……………536
大判昭9・7・19刑集13巻1043頁……………143
大判昭9・7・25判決全集昭和9・10年度
391頁……………………………………257
大判昭9・10・19民集13巻1940頁……………559
大判昭9・10・23判決全集昭和9・10年度
723頁……………………………………29
大判昭9・10・30民集13巻2024頁……………258
大判昭9・11・6民集13巻2122頁……………70
大判昭9・12・28民集13巻2427頁……………258
大判昭10・1・25新聞3802号12頁……………246
大判昭10・2・16新聞3812号7頁……………564
大判昭10・2・25民集14巻226頁……………173
大判昭10・4・4民集14巻437頁……………165
大判昭10・7・9判決全集昭和9・10年度
1044頁……………………………………271
大判昭10・9・3民集14巻1640頁……334, 512
大決昭10・9・14民集14巻1617頁……………396
大判昭10・10・5民集14巻1965頁……………79
大判昭10・11・6法学5巻4号115頁……239

大判昭10・11・14新聞3922号８頁……………220
大判昭10・11・29民集14巻2007頁……………209
大判昭11・１・14民集15巻89頁………………174
大判昭11・１・17民集15巻101頁……………268
大判昭11・１・21新聞3941号10頁……………493
大判昭11・４・24民集15巻790頁……………458
大判昭11・７・31民集15巻1587頁……………205
大判昭11・８・７民集15巻1640頁……………160
大判昭12・１・26新聞4109号６頁……………272
大判昭12・３・10民集16巻255頁……………470
大判昭12・５・22民集16巻723頁……………195
大判昭12・５・29法学６巻10号76頁…………130
大判昭12・７・10民集16巻1177頁……………58
大判昭12・７・23判決全集４輯850頁………358
大判昭12・11・19民集16巻1881頁……43, 84, 85
大判昭12・11・26民集16巻1665頁…….469, 575
大判昭12・12・28民集16巻2082頁……………180
大判昭13・１・28民集17巻１頁………………278
大判昭13・４・12民集17巻675頁……………522
大判昭13・４・30新聞4276号８頁……………396
大判昭13・５・27新聞4291号17頁……………458
大判昭13・５・31判決全集５輯12号３頁….529
大判昭13・６・７民集17巻1331頁……………312
大判昭13・６・28新聞4301号12頁……………306
大判昭13・７・７民集17巻1360頁……………209
大判昭13・７・９民集17巻1409頁……………248
大判昭13・７・11新聞4306号17頁……………306
大判昭13・８・３刑集17巻624頁……………361
大判昭13・９・１民集17巻1697頁……………358
大判昭13・９・28民集17巻1879頁……………238
大判昭13・９・28民集17巻1927頁………15, 256
大判昭13・10・24民集17巻2012頁……………250
大判昭13・11・12民集17巻2205頁…….278, 291
大判昭13・12・２民集17巻2269頁……………63
大判昭13・12・26民集17巻2835頁……………565
大判昭14・３・31新聞4448号７頁……………258
大判昭14・５・24民集18巻623頁……………205
大判昭14・７・７民集18巻748頁……………221
大判昭14・７・19民集18巻856頁……………227
大判昭15・５・14民集19巻840頁……………383
大判昭15・６・１民集19巻944頁……………176
大判昭15・６・19新聞4597号９頁……………192
大判昭15・６・26民集19巻1033頁……………435
大判昭15・６・29民集19巻1118頁…….159, 168
大判昭15・８・20新聞4617号12頁……………191
大判昭15・９・９新聞4622号７頁……………564
大判昭15・９・18民集19巻1611頁………29, 257
大判昭15・11・８新聞4642号９頁……………516
大判昭15・11・19判決全集８輯３頁…………438
大判昭16・３・４民集20巻385頁……………189
大判昭16・６・20民集20巻888頁……………189
大判昭16・８・14民集20巻1074頁……………435
大判昭16・９・11新聞4749号11頁……………435
大判昭17・２・24民集21巻151頁……………352
大判昭17・２・28法学11巻11号89頁…………248
大判昭17・４・24民集21巻447頁……………400
大判昭17・９・30民集21巻911頁……………220
大判昭17・11・19新聞4825号14頁……………400
大判昭17・12・18民集21巻1199頁……………205
大判昭18・５・25民集22巻411頁……………358
大判昭18・６・19民集22巻491頁……………548
大判昭18・７・20民集22巻660頁……………240
大判昭18・７・23民集22巻720頁……………262
大判昭19・２・18民集23巻64頁………………565

［最高裁判所判例］

最判昭23・７・20民集２巻９号205頁………174
最判昭24・10・20刑集３巻10号1660頁…….358
最判昭25・11・30民集４巻11号607頁…….195, 205
最判昭25・12・19民集４巻12号660頁………209
最判昭26・４・27民集５巻５号325頁…………68
最判昭26・５・31民集５巻６号359頁…………68
最判昭26・11・27民集５巻13号775頁‥270, 286
最判昭27・２・19民集６巻２号95頁…………513
最判昭28・１・23民集７巻１号78頁…………349
最(大)判昭28・２・18民集７巻２号157頁……………………………………………223
最判昭28・４・24民集７巻４号414頁………514
最判昭28・９・18民集７巻９号954頁‥205, 261
最判昭28・12・18民集７巻12号1515頁…….100
最判昭29・１・28民集８巻１号276頁………174
最判昭29・３・12民集８巻３号696頁………382
最判昭29・６・17民集８巻６号1121頁…….100
最判昭29・７・20民集８巻７号1408頁…….100
最判昭29・８・31民集８巻８号1567頁…….248
最判昭29・10・７民集８巻10号1816頁…….100
最判昭29・11・５刑集８巻11号1675頁………72
最判昭29・12・17民集８巻12号2182頁…….172
最判昭29・12・23民集８巻12号2235頁…….380
最判昭29・12・24民集８巻12号2292頁…….176
最判昭30・４・５民集９巻４号431頁………100
最判昭30・６・２民集９巻７号855頁‥243, 535
最判昭30・６・３裁判集民18号741頁………253
最判昭30・６・24民集９巻７号919頁…………14
最判昭30・９・23民集９巻10号1376頁…….258

最判昭30・11・18裁判集民20号443頁 ………572
最判昭30・12・26民集９巻14号2097頁………476
最判昭31・４・24民集10巻４号417頁 ………205
最判昭31・５・10民集10巻５号487頁 ………391
最判昭31・６・19民集10巻６号678頁 ………348
最判昭31・６・28民集10巻６号754頁 ………198
最判昭31・６・29民集10巻６号764頁 ………290
最判昭31・７・17民集10巻７号856頁 ………171
最判昭31・７・27民集10巻８号1122頁………172
最判昭31・12・18民集10巻12号1559頁………528
最判昭31・12・27裁判集民24号661頁 ………516
最判昭32・１・31民集11巻１号170頁 ………548
最判昭32・２・15民集11巻２号270頁………515, 516
最判昭32・６・７民集11巻６号936頁 ………159
最判昭32・６・７民集11巻６号999頁 ………220
最判昭32・６・11裁判集民26号881頁 ………502
最判昭32・９・13民集11巻９号1518頁………502
最判昭32・９・19民集11巻９号1574頁………205
最判昭32・９・27民集11巻９号1671頁………165
最判昭32・11・14民集11巻12号1943頁………367
最判昭32・12・３民集11巻13号2018頁 ………69
最判昭32・12・27民集11巻14号2485頁………272
最判昭33・２・14民集12巻２号268頁 ………476
最判昭33・３・14民集12巻３号570頁 ………248
最判昭33・６・14民集12巻９号1449頁………221
最判昭33・６・20民集12巻10号1585頁………143
最判昭33・７・22民集12巻12号1805頁 ……383, 391
最判昭33・７・29民集12巻12号1879頁 ……251, 261
最判昭33・８・28民集12巻12号1936頁………227
最判昭33・10・14民集12巻14号3111頁………130
最判昭34・１・８民集13巻１号１頁…………196
最判昭34・１・８民集13巻１号17頁…………563
最判昭34・２・12民集13巻２号91頁……189, 192
最判昭34・８・７民集13巻10号1223頁………15, 258
最判昭34・11・26民集13巻12号1550頁………393
最判昭34・12・18民集13巻13号1647頁………459
最判昭35・３・１民集14巻３号307頁………259, 352
最判昭35・３・１民集14巻３号327頁 ………543
最判昭35・３・22民集14巻４号501頁 ………143
最判昭35・４・21民集14巻６号946頁………176, 187
最判昭35・４・21民集14巻６号963頁 ………155
最判昭35・４・26民集14巻６号1071頁………162
最判昭35・６・17民集14巻８号1396頁 ………63
最判昭35・６・24民集14巻８号1528頁………144
最判昭35・９・１民集14巻11号1991頁 ……244, 247
最判昭35・11・24民集14巻13号2853頁………160
最判昭35・11・29民集14巻13号2869頁 ……205, 221
最判昭36・３・14民集15巻３号396頁…………15
最判昭36・３・24民集15巻３号542頁 ………308
最判昭36・４・27民集15巻４号901頁 ………208
最判昭36・４・28民集15巻４号1230頁 ……180, 182, 191
最判昭36・５・４民集15巻５号1253頁………259
最判昭36・６・16民集15巻６号1592頁………167
最判昭36・７・20民集15巻７号1903頁………227
最判昭36・９・15民集15巻８号2172頁………266
最判昭36・11・24民集15巻10号2573頁………190
最判昭37・３・15民集16巻３号556頁 ………312
最判昭37・３・16民集16巻３号567頁 ………171
最判昭37・５・18民集16巻５号1073頁………539
最判昭37・５・24民集16巻７号1251頁………172
最判昭37・６・１訟月８巻６号1005頁………340
最判昭37・６・22民集16巻７号1374頁 ……251, 261
最判昭37・８・21民集16巻９号1809頁………575
最判昭37・10・30民集16巻10号2182頁………314
最判昭38・１・25民集17巻１号41頁…………564
最判昭38・２・22民集17巻１号235頁………174, 234, 379
最判昭38・３・28民集17巻２号397頁 ………205
最判昭38・５・31民集17巻４号588頁………143, 349
最判昭38・６・14裁判集民66号499頁………180, 184
最(大)判昭38・６・26刑集17巻５号521頁 ‥303
最判昭38・10・８民集17巻９号1182頁………198
最判昭38・10・15民集17巻11号1497頁………197
最判昭38・11・７民集17巻11号1330頁………253
最判昭39・１・24判時365号26頁…………72, 290
最判昭39・２・25民集18巻２号329頁 ………382
最判昭39・３・６民集18巻３号437頁………205, 238
最判昭39・７・10民集18巻６号1110頁………167
最判昭39・11・19民集18巻９号1891頁………223
最判昭40・３・４民集19巻２号197頁 ………569
最(大)判昭40・３・17民集19巻２号453頁 ‥173
最判昭40・５・４民集19巻４号797頁 ………174
最判昭40・５・20民集19巻４号822頁 ………502

最判昭40・5・20民集19巻4号859頁……390
最判昭40・5・25裁判集民79号175頁……239
最判昭40・5・27判時413号58頁……379
最判昭40・9・21民集19巻6号1560頁……180, 184, 186
最判昭40・11・19民集19巻8号2003頁……144
最判昭40・12・7民集19巻9号2101頁……52, 555
最判昭40・12・21民集19巻9号2221頁……208
最判昭41・1・20民集20巻1号22頁……435
最判昭41・3・3判時443号32頁……392
最判昭41・3・18民集20巻3号451頁……107
最判昭41・6・9民集20巻5号1011頁……267, 270
最判昭41・10・7民集20巻8号1615頁……334, 514
最判昭41・11・18民集20巻9号1827頁……172
最判昭41・11・22民集20巻9号1901頁……226
最判昭41・11・25民集20巻9号1921頁……485, 499
最判昭41・12・23民集20巻10号2186頁……223
最判昭42・1・20民集21巻1号16頁……235
最判昭42・3・31民集21巻2号475頁……76
最判昭42・4・27判時492号55頁……271
最判昭42・5・30民集21巻4号1011頁……268, 269
最判昭42・6・22民集21巻6号1468頁……69
最判昭42・7・21民集21巻6号1653頁……227
最判昭42・10・27民集21巻8号2136頁……170
最判昭43・8・2民集22巻8号1571頁……208
最判昭43・10・31民集22巻10号2350頁……242
最判昭43・11・15民集22巻12号2671頁……208
最判昭43・11・19民集22巻12号2692頁……207
最(大)判昭43・12・4民集22巻13号2855頁……199
最判昭43・12・19裁判集民93号707頁……530
最判昭44・3・27民集23巻3号619頁……379
最判昭44・3・28民集23巻3号699頁……247
最判昭44・5・2民集23巻6号951頁……188
最判昭44・5・27民集23巻6号998頁……107
最判昭44・7・25民集23巻8号1627頁……407
最判昭44・10・30民集23巻10号1881頁……537
最判昭44・11・4民集23巻11号1968頁……380
最判昭44・11・13判時582号65頁……314
最判昭44・11・21判時581号34頁……271
最判昭44・12・2民集23巻12号2333頁……572
最判昭44・12・18民集23巻12号2467頁……480
最判昭44・5・2民集23巻6号951頁……188
最判昭45・4・8判時590号91頁……365
最判昭45・5・28判時596号41頁……432
最判昭45・6・18判時600号83頁……517
最判昭45・11・6民集24巻12号1803頁……396
最判昭45・12・4民集24巻13号1987頁……267, 270
最判昭46・1・26民集25巻1号90頁……236
最判昭46・3・5判時628号48頁……240
最判昭46・6・18民集25巻4号550頁……396, 397
最判昭46・6・29判時635号111頁……196
最判昭46・10・7民集25巻7号885頁……383, 392
最判昭46・10・14民集25巻7号933頁……294
最判昭46・11・26判時654号53頁……432
最判昭46・11・30民集25巻8号1422頁……185
最判昭46・11・30民集25巻8号1437頁……519
最判昭47・4・14民集26巻3号483頁……311
最判昭47・7・18家月25巻4号36頁……435
最判昭47・11・28民集26巻9号1715頁……107
最判昭47・12・7民集26巻10号1829頁……63
最判昭48・3・13民集27巻2号271頁……492
最判昭48・10・5民集27巻9号1110頁……227
最判昭48・10・9民集27巻9号1129頁……367
最判昭49・2・7民集28巻1号52頁……200
最判昭49・3・19民集28巻2号325頁……205
最判昭49・9・26民集28巻6号1243頁……76, 291
最判昭49・12・24民集28巻10号2117頁……174
最判昭50・9・25民集29巻8号1320頁……458
最判昭50・11・7民集29巻10号1525頁……397
最判昭51・9・7判時831号35頁……392
最判昭51・12・2民集30巻11号1021頁……522
最判昭52・3・3民集31巻2号157頁……518
最判昭53・3・6民集32巻2号135頁……540
最判昭54・1・25民集33巻1号26頁……363
最判昭54・2・15民集33巻1号51頁……12, 16
最判昭54・7・31判時942号39頁……529
最判昭54・9・11判時944号52頁……198
最判昭56・3・19民集35巻2号171頁……564
最判昭56・3・20民集35巻2号219頁……447
最判昭56・6・18民集35巻4号798頁……407
最判昭56・7・17民集35巻5号977頁……408
最判昭57・3・12民集36巻3号349頁……96
最判昭57・3・30判時1039号61頁……514, 564
最判昭57・6・17民集36巻5号825頁……14
最判昭57・7・1民集36巻6号891頁……498, 499

最判昭57・9・7民集36巻8号1527頁……277
最判昭58・3・24民集37巻2号131頁……520, 529
最判昭59・4・20判時1122号113頁……287
最判昭60・3・28判時1168号56頁……519
最(大)判昭62・4・22民集41巻3号408頁‥397
最判昭62・4・23民集41巻3号474頁……238
最判昭62・7・9民集41巻5号1145頁……174
最判平元・9・19民集43巻8号955頁……328
最判平元・11・24民集43巻10号1220頁……378
最判平元・12・22判時1344号129頁……539
最判平2・11・20民集44巻8号1037頁……315
最判平3・3・22民集45巻3号268頁……96
最判平3・4・19民集45巻4号477頁……237
最判平3・11・19民集45巻8号1209頁……75
最判平4・1・24判時1424号54頁……397
最判平5・2・12民集47巻2号393頁……408
最判平5・7・19家月46巻5号23頁……238
最判平5・9・24民集47巻7号5035頁……319
最判平5・12・17判時1480号69頁……314, 315
最判平6・2・8民集48巻2号373頁……63
最判平6・3・8民集48巻3号835頁……375
最判平6・4・7民集48巻3号889頁……380
最判平6・5・12判タ867号171頁……96
最判平6・5・31民集48巻4号1065頁……500
最判平6・12・16判時1521号37頁……476
最判平6・12・20民集48巻8号1470頁……380
最判平7・7・7民集49巻7号2599頁……57
最判平7・7・18民集49巻7号2684頁……383
最判平7・12・15民集49巻10号3088頁……520
最判平8・10・29民集50巻9号2506頁……208
最判平8・10・31判時1592号55頁……397
最判平8・10・31民集50巻9号2563頁……397
最判平8・11・12民集50巻10号2591頁……519, 520
最判平9・12・18民集51巻10号4241頁……57
最判平10・2・13民集52巻1号65頁……206, 208, 232, 315
最判平10・3・10判時1683号95頁……515
最判平10・3・24判時1641号80頁……379, 385
最判平10・10・30民集52巻7号1604頁……418
最判平10・12・18民集52巻9号1975頁……207
最(大)判平11・11・24民集53巻8号1899頁……93, 95, 96
最判平12・1・31判タ1027号95頁……515
最判平12・3・21判時1715号20頁……409
最判平12・4・7判時1713号50頁……379
最判平12・6・27民集54巻5号1737頁……289
最判平14・6・10判時1791号59頁……237
最判平14・10・15民集56巻8号1791頁……318
最判平15・4・11判時1823号55頁……487
最判平15・7・11民集57巻7号787頁……391
最判平15・10・31判時1846号7頁……227
最判平17・3・10民集59巻2号356頁……93, 95, 96
最判平17・3・29判時1895号56頁……93
最判平17・12・16民集59巻10号2931頁……14
最判平18・1・17民集60巻1号27頁……208, 227
最判平18・2・21民集60巻2号508頁……513
最判平18・3・16民集60巻3号735頁……312
最判平18・3・17民集60巻3号773頁……495

[高等裁判所判例]

東京高判昭23・3・26高民集1巻1号78頁……144
東京高判昭30・12・24高民集8巻10号739頁……294
東京高判昭51・4・28判時820号67頁……82

[地方裁判所裁判例]

静岡地浜松支判昭37・1・12下民集13巻1号1頁……50
鹿児島地判昭51・3・31判時816号12頁……297
名古屋地判昭51・4・28判時816号4頁……297

【条文索引】

（日本法）

い

か

き

け

ち

ほ

み

り

(外国法)

す

と

＜著者紹介＞
石田　穣（いしだ　みのり）
昭和15年　生れる
昭和46年　東京大学法学部助教授
平成13年　同上退職

＊主要著作＊
法解釈学の方法（昭和51年、青林書院新社）
民法学の基礎（昭和51年、有斐閣）
損害賠償法の再構成（昭和52年、東京大学出版会）
判例民法第１巻（昭和52年、東京大学出版会）
民法と民事訴訟法の交錯（昭和54年、東京大学出版会）
証拠法の再構成（昭和55年、東京大学出版会）
民法Ｖ（契約法）（昭和57年、青林書院新社）
民法総則（平成４年、悠々社）

民法大系(2)

物権法

2008(平成20)年７月20日　第１版第１刷発行
1162-7:P640¥4800E-013:15-05-02

著　者　石　田　穣
発行者　今　井　貴
発行所　株式会社　信山社
〒113-0033 東京都文京区本郷 6-2-9-102
Tel 03-3818-1019　Fax 03-3818-0344
henshu@shinzansha.co.jp
エクレール後楽園編集部 〒113-0033 文京区本郷1-30-18
笠間才木支店　〒309-1600 茨城県笠間市才木 515-3
笠間来栖支店　〒309-1625 茨城県笠間市来栖 2345-1
Tel 0296-71-0215　Fax 0296-72-5410
出版契約 No.2008.1162-7-01010 Printed in Japan

印刷・製本／亜細亜印刷・長野渋谷文泉閣
ISBN978-4-7972-1162-7 C3332　分類324.201-a011 民法-物権法
1162-0101:013-0150-050-0020

◇塙浩　西洋法史研究著作集◇

1　ランゴバルド部族法典
2　ボマノワール「ボヴェジ慣習法書」
3　ゲヴェーレの理念と現実
4　フランス・ドイツ刑事法史
5　フランス中世領主領序論
6　フランス民事訴訟法史
7　ヨーロッパ商法史
8　アユルツ「古典期ローマ私法」
9　西洋諸国法史（上）
10　西洋諸国法史（下）
11　西欧における法認識の歴史
12　カースト他「ラテンアメリカ法史」
　　クルソン「イスラム法史」
13　シャヴァヌ「フランス近代公法史」
14　フランス憲法関係史料選
15　フランス債務法史
16　ビザンツ法史断片
17　続・ヨーロッパ商法史
18　続・フランス民事手続法史
19　フランス刑事法史
20　ヨーロッパ私法史
21　索　引　未刊